DICCIONARIO
SIGMAR

Sinónimos
Antónimos
Parónimos

16.500 vocablos de la lengua española
con sus respectivos
sinónimos, antónimos y parónimos

EDITORIAL SIGMAR

© 1996, Editorial Sigmar, S. A., Belgrano 1580, Buenos Aires.
Impreso en Argentina. Printed in Argentina. Hecho el depósito de ley.

A NUESTROS LECTORES

Este diccionario pone a disposición del lector el rico caudal léxico de nuestra lengua en constante evolución, a fin de que la utilice en toda su plenitud y pueda incrementar las posibilidades de expresarse con mayor propiedad y eficacia.

La persona que maneja un lenguaje "eficaz" es aquella que logra comunicar, cada vez y en cada situación, lo que se propone comunicar; la que logra estructurar el lenguaje adecuado que cada situación requiere. Para ello es preciso romper un orden recibido y proponer órdenes propios, recrear e integrar modalidades personales inéditas, apelando a ejercitar el uso del lenguaje en toda su vastedad.

Es habitual que la comunicación oral estandarizada por los medios masivos de difusión se valga de expresiones comunes, de unas pocas voces repetidas hasta el cansancio. Pero esta pobreza de lenguaje no condice con las potencialidades del idioma español, cuya característica, entre otras, es la enorme riqueza léxica que permite expresar de múltiples formas una misma idea.

La variación, expansión o sustitución de unos vocablos por otros favorecen sin duda el enriquecimiento del lenguaje y por tanto la precisión del pensamiento y sus diferentes matices.

Por eso, además de los sinónimos más usuales, se incluyen en este diccionario también los antónimos y parónimos.

En cuanto a los antónimos, hemos incluido los más comunes, pretendiendo no forzar el sentido de oposición, ya que no siempre se presenta de manera total. Se observará, entonces, que si bien todos los vocablos tienen su o sus correspondientes sinónimos, no sucede lo mismo con los antónimos.

Respecto de los parónimos, recurrimos a esta palabra en forma genérica, ya que específicamente hablando, algunas voces son parónimas y otras paronomásticas. Se llaman parónimos, aquellos vocablos de igual pronunciación, pero de escritura y significación diferentes (acervo-acerbo). Mientras que los paronomásticos son aquéllos cuya pronunciación, si bien parecida, no es igual (adaptar-adoptar).

OBSERVACIÓN

A cada vocablo del léxico siguen, en letra redonda, los sinónimos y a éstos, en *bastardilla*, los correspondientes antónimos. Precedidos por un asterisco, y en **negra**, figuran luego los parónimos.

Las barras separan los sinónimos de acuerdo a las diferentes acepciones que tiene la palabra principal.

ABACERÍA Almacén, despensa.

ABACIAL Abadengo, monacal.

ÁBACO Numerador, tanteador, contador.

ABAD Cura, superior.

ABADEJO Bacalao.

ABADÍA Convento.

ABAJAR Bajar. *Elevar.* // Humillar. *Enaltecer.*

ABAJO Bajo, debajo. *Arriba, encima, sobre.*

ABALANZAR Equilibrar, igualar.

ABALANZARSE Arrojarse, lanzarse, tirarse. *Retroceder.* // Acometer, arremeter, embestir, precipitarse. *Contenerse, reprimirse.*

ABALAR Agitar, ahuecar, esponjar. **Avalar.*

ABALDONAR Envilecer, ofender, denigrar, avergonzar. *Ennoblecer, dignificar.*

ABALEAR Separar, seleccionar, escoger.

ABALORIO Lentejuela, cuenta. // Oropel, quincalla.

ABANDERADO Portaestandarte.

ABANDERAR Proteger, cobijar, acoger.

ABANDONADO Desamparado, desvalido. *Amparado.* // Abúlico, dejado, descuidado, desidioso. *Diligente.* // Desaliñado, desaseado, sucio. *Aseado.*

ABANDONAR Dejar, despoblar. *Habitar, poblar.* // Desatender. *Cuidar.*

ABANDONO Aislamiento, desamparo, desvalimiento, soledad. *Abrigo, amparo.* // Cesión, renuncia. // Dejadez, descuido, incuria, indolencia, negligencia. *Atención, cuidado, esmero.* // Defección, deserción, huida.

ABANICO Abano, flabelo, abanillo, ventable, soplillo.

ABANO Abanico. **Habano.*

ABARATAMIENTO Rebaja, depreciación, desvalorización. *Encarecimiento.*

ABARATAR Depreciar, rebajar.

ABARCAR Ceñir, rodear. // Comprender, contener, englobar, incluir. *Excluir.*

ABARRAGANARSE Amancebarse, amontonarse, juntarse, entenderse.

ABARRANCADERO Atolladero, escollera, atascadero.

ABARRANCAR Embarrancar, encallar.

ABARROTAR Atestar, atiborrar, colmar, llenar. *Aflojar, vaciar.*

ABASTAR Abastecer.

ABASTECER Aprovisionar, avituallar, equipar, proveer, suministrar, surtir. *Privar.*

ABASTECIMIENTO Abasto, provisión, suministro.

ABASTO Provisión.

ABATANAR Golpear, batir, tundir, maltratar, machacar.

ABATATAR Asustar, azorar. *Animar.*

ABATE Eclesiástico, tonsurado, presbítero, clérigo.

ABATIDO Decaído, desalentado, desanimado, desfallecido, humillado, postrado. *Animado.* // Abyecto, despreciable. *Noble.*

ABATIMIENTO Agobio, anonadamiento, aplanamiento, debilidad, desánimo, desconsuelo, descorazonamiento, desfallecimiento, languidez, postración. *Ánimo, energía.* // Abyección, humillación, vileza. *Ensalzamiento.*

ABATIR Arruinar, derribar, derrocar, desbaratar, desmantelar, tumbar. *Levantar.* // Avergonzar, humillar, rebajar. *Encomiar.* // Debilitar, desalentar, desanimar, postrar. *Animar.*

ABDICACIÓN Abandono, cesión, renuncia, resignación.

ABDICAR Abandonar, ceder, dimitir, renunciar, resignar. *Asumir, reasumir.*

ABDOMEN Barriga, panza, vientre. // Andorga, mondongo.

ABECEDARIO Abecé, alfabeto, cartilla, silabario.

ABEJAR Colmenar.

ABEJÓN Abejorro, zángano.

ABELLACADO Agranujado, perverso, sinvergüenza.

ABELLACARSE Encanallarse, enviciarse, envilecerse, pervertirse, rebajarse. *Ennoblecerse.*

ABERRACIÓN Descarrío, desvío, engaño, equivocación, error. *Acierto.*

ABERRAR Desviarse, descarriarse, extraviarse, desencaminarse. *Acertar, encaminarse.*

ABERTURA Apertura, inauguración. // Agujero, boquete, brecha, grieta, hendidura, ranura, raja, rendija, resquebrajadura, resquicio. // Ensenada. // Franqueza, sencillez. *Reserva.* ***Apertura, obertura.**

ABETUNADO Embetunado.

ABIERTAMENTE Claramente, paladinamente, sinceramente, sin reservas. *Ocultamente.*

ABIERTO Desembarazado, llano, raso. *Cerrado.* // Claro, franco, ingenuo, sincero. // Patente. *Oscuro.* // Agrietado, cortado, hendido, rajado, resquebrajado.

ABIGARRADO Confuso, mezclado, heterogéneo. *Homogéneo.*

ABIGARRAMIENTO Confusión, embrollo, enredo, lío, maraña.

ABIGARRAR Confundir, intrincar, descomponer, enmarañar, entremezclar.

ABIGEATO Cuatrerismo.

ABISMADO Absorto, ensimismado, meditabundo, pensante, silencioso.

ABISMAR Embebecerse, ensimismar. // Abatir, hundir, sumergir, sumir. *Elevar.*

ABISMO Barranco, precipicio, sima. *Cima, cumbre.* // Vacío. // Averno, infierno.

ABJURACIÓN Apostasía, desdecimiento, retractación.

ABJURAR Apostatar, desdecirse, renegar, retractarse. ***Adjurar.**

ABLACIÓN Amputación, extirpación, supresión. ***Oblación.**

ABLANDAR Molificar, laxar, reblandecer, suavizar. // Aplacar, calmar, desenfadar, desenojar, templar. *Enfadar.* // Enternecer. *Endurecer.*

ABLUCIÓN Lavatorio, purificación.

ABNEGACIÓN Altruismo, celo, desinterés, renunciamiento, sacrificio, renuncia. *Egoísmo.*

ABOBAR Atontar, alelar, perturbar, entorpecer. *Despabilar.*

ABOCARDADO Abocinado.

ABOCARSE Acercarse, avistarse, conferenciar. *Alejarse.*

ABOCETADO Bosquejado, esbozado, insinuado.

ABOCETAR Bosquejar, esbozar.

ABOCHORNADO Confuso, corrido, acalorado.

ABOCHORNAR Avergonzar, ruborizar, sofocar, sonrojar.

ABOFETEAR Moquetear, sopapear.

ABOGADO Asesor jurídico, defensor, intercesor, jurista, legista, letrado. // Picapleitos.

ABOGAR Apoyar, asesorar, defender, hablar en favor, interceder, proteger.

ABOLENGO Alcurnia, ascendencia, linaje, casta, estirpe. // Patrimonio.

ABOLIR Abrogar, anular, derogar, eliminar, extinguir, prohibir, quitar, retirar, revocar. *Instituir.*

ABOLLADURA Bollo, depresión.

ABOMBAR Combar, curvar. // Asordar, aturdir, ensordecer. // Atolondrar, turbar. // Corromper.

ABOMINABLE Aborrecible, atroz, detestable, execrable, incalificable, odioso, vitando. *Admirable, adorable.*

ABOMINACIÓN Horror, espanto, execración, repulsión, asco, aversión. *Veneración, amor, admiración.*

ABOMINAR Condenar, detestar, execrar, odiar. *Amar.*

ABONADO Avalado, garantizado, honorable, respaldado, fiable. // Suscrito, suscritor.

ABONANZARSE Aclararse, apaciguarse, calmarse, despejarse, serenarse. *Aborrascarse.*

ABONAR Pagar, satisfacer. // Estercolar, fertilizar. // Acreditar, respaldar, responder.

ABONARÉ Pagaré.

ABONO Estiércol, fertilizante. // Aval, fianza, garantía. // Suscripción.

ABOQUILLADO Abocardado.

ABORDAR Atracar, chocar. // Aproximarse, tocarse. // Acometer.

ABORIGEN Indígena, nativo, natural, vernáculo. *Forastero, extraño.*

ABORRASCARSE Cubrirse, encapotarse, nublarse, oscurecerse. *Abonanzarse.*

ABORRECER Abominar, despreciar, detestar, odiar. *Amar, admirar, apreciar, querer.*

ABORRECIMIENTO Aversión, desprecio, inquina, malquerencia, odio, rabia, rencor, repulsión, saña. *Cariño, estima.*

ABORTAR Malparir. // Fracasar, frustrar, malograrse. *Realizar.*

ABORTO Frustración, malogro, engendro, monstruo.

ABOTAGARSE Hincharse, inflarse.

ABOTONAR Abrochar.

ABOVEDADO Arqueado, combado, curvado.

ABRA Ensenada. // Grieta, hendidura. *Abra (abrir), **habrá** (haber).

ABRASADOR Agostador, ardiente, candente. *Glacial. *Abrazador.*

ABRASAR Agostar, incendiar, quemar, tostar. *Abrazar.*

ABRAZAR Ceñir, envolver. // Abarcar, estrechar, rodear. // Aceptar, adoptar, enrolarse, seguir. *Abrasar.*

ABRAZO Apretón, estrujón, lazo, saludo, estrechón. *Abraso (abrasar).

ABREVADERO Aguadero, aguaje.

ABREVAR Beber. *Abreviar.*

ABREVIADO Compendiado, resumido, simplificado, sintetizado.

ABREVIAR Acortar, compendiar, resumir, sintetizar. *Alargar, aumentar.* // Acelerar, apresurar. *Abrevar.*

ABREVIATURA Cifra, sigla.

ABRIBOCA Bobalicón, papanatas.

ABRIGAR Arropar, cubrir, embozar, resguardar, tapar. *Desabrigar.* // Amparar, auxiliar, proteger.

ABRIGO Refugio. // Gabán, sobretodo, tapado. // Amparo, auxilio, cobijo, defensa, patrocinio, protección, reparo, resguardo. *Desamparo.*

ABRILLANTAR Bruñir, lustrar, pulimentar, pulir. *Deslucir.*

ABRIR Agrietar, agujerear, cascar, hender, horadar, rasgar. *Cerrar, obstruir, tapiar.* // Descubrir, destapar. // Comenzar, empezar, iniciar. *Clausurar.* // Abonanzar, aclarar.

ABRIRSE Apartarse, desistir.

ABROCHAR Abotonar, cerrar, sujetar.

ABROGAR Abolir, derogar, revocar. *Arrogar.*

ABROQUELARSE Defenderse, escudarse, parapetarse.

ABRUMAR Aburrir, agobiar, apesadumbrar, incordiar, fastidiar, hastiar, molestar, oprimir. *Entretener. *Arrumar.*

ABRUPTO Áspero, escabroso, escarpado, fragoso, intrincado, quebrado. *Llano, liso, suave.*

ABSCESO Apostema, flemón, furúnculo, tumor. *Acceso.*

ABSENTA Ajenjo.

ABSOLUCIÓN Condonación, gracia, indulgencia, liberación, perdón, remisión. *Condena.*

ABSOLUTISMO Autocracia, despotismo, dictadura, tiranía. *Democracia.* // Arbitrariedad.

ABSOLUTO Categórico, dogmático, ilimitado, independiente, tajante. *Relati-*

vo, dependiente. // Arbitrario, autoritario, despótico, imperioso. *Comprensivo, democrático.*

ABSOLVER Liberar, perdonar, remitir. *Condenar.* *Absorber.

ABSORBER Chupar, embeber, sorber, tragar. *Exhalar, emanar, rezumar.* // Consumir, dilapidar. // Atraer, cautivar. *Irradiar, repeler.* *Absolver.

ABSORCIÓN Embebimiento, filtración, impregnación. *Adsorción.

ABSORTO Abismado, abstraído, atónito, cautivado, encantado, ensimismado, extático, maravillado, meditabundo, pasmado, pensativo, petrificado, suspenso. *Distraído.*

ABSTEMIO Enófobo, sobrio, frugal. *Bebedor.*

ABSTENCIÓN Contención, dieta, privación. // Renuncia.

ABSTENERSE Callar, contenerse, inhibirse, privarse. *Participar, intervenir.*

ABSTERGER Lavar, limpiar, purificar.

ABSTERSIÓN Desinfección, limpieza, purificación, lavado, riego.

ABSTINENCIA Ayuno, continencia, dieta, privación.

ABSTINENTE Sobrio, moderado, frugal. *Desenfrenado.*

ABSTRACCIÓN Enfrascamiento, ensimismamiento.

ABSTRACTO Complejo, ideal, indeterminado, vago, impreciso. *Definido, concreto, preciso.*

ABSTRAER Separar.

ABSTRAERSE Absorberse, enfrascarse, ensimismarse, meditar. *Distraerse.*

ABSTRAÍDO Absorto, apartado, enfrascado, ensimismado, meditabundo, preocupado. *Distraído.*

ABSTRUSO Abstracto, incomprensible, profundo, recóndito. *Claro.*

ABSUELTO Condonado, perdonado, remitido. *Condenado.*

ABSURDO Incoherencia, inconsecuencia. // Ilógico, incoherente, inconsecuente, irracional, desatinado. *Comprensivo, racional, sensato.*

ABUCHEO Rechifla, siseo. *Aplauso, aprobación, ovación.*

ABUELO Anciano, antecesor, antepasado, ascendiente.

ABULIA Inacción, desinterés, indiferencia, pasividad, desgana, aburrimiento. *Interés, actividad, gana.*

ABÚLICO Apático, indolente. *Activo, enérgico.*

ABULTADO Desmesurado, exagerado, grueso, voluminoso. *Enjuto, liso.*

ABULTAR Agrandar, dilatar, ensanchar. *Deshinchar.* // Acrecentar, encarecer, exagerar, ponderar. *Disminuir.*

ABUNDANCIA Caudal, copia, exuberancia, muchedumbre, plétora, profusión, raudal, riqueza. *Carestía, escasez, exigüidad, miseria.*

ABUNDAR Colmar, rebozar, hormiguear, pulular. *Escasear.*

ABUR Adiós, agur, chau. *Albur.

ABURRARSE Embrutecerse.

ABURRIDO Desganado, harto, hastiado. *Animado, entretenido.*

ABURRIMIENTO Cansancio, esplín, hastío, fastidio, tedio. *Distracción.*

ABURRIR Cansar, fastidiar, hartar, hastiar, incomodar, incordiar, molestar, secar. *Divertir, entretener, solazar.*

ABUSAR Aprovecharse, atropellar, engañar, excederse, forzar, propasarse, seducir, violar. *Contenerse, reprimirse.*

ABUSIVO Desmedido, excesivo.

ABUSO Atropello, exageración, exceso, extralimitación, injusticia, tropelía. *Uso, utilización.*

ABYECCIÓN Abatimiento, bajeza, degradación, envilecimiento, servilismo. *Nobleza.*

ABYECTO Abatido, bajo, despreciable, ignominioso, rastrero, servil, vil.

ACÁ Aquí, al lado. *Allá.*

ACABADO Agotado, destruido, consumido, gastado, usado, viejo. // Concluido, consumado, esmerado, perfecto, pulido, terminado. *Incompleto, inconcluso, fragmentario.*

ACABAR Agotar, concluir, consumar,

consumir, dar fin, finalizar, rematar, terminar. *Comenzar, iniciar.* // Perfeccionar, pulir. // Morir.

ACABÓSE Colmo, desenlace. // *Desastre.*

ACADEMIA Colegio, escuela.

ACADÉMICO Universitario. // Atildado, elegante.

ACAECER Acontecer, ocurrir, pasar, sobrevenir, suceder.

ACAECIMIENTO Acontecimiento, advenimiento, caso, hecho, sucedido, suceso, evento.

ACALORADO Agitado, animado, embalado, enardecido, entusiasmado, exaltado, violento. *Sereno.*

ACALORAMIENTO Ardor, arrebato, encendimiento, entusiasmo, exaltación, excitación. *Frialdad.*

ACALORAR Alentar, animar, enardecer, encender, entusiasmar, estimular, excitar, fomentar. *Enfriar.*

ACALLAR Aplacar, aquietar, calmar, sosegar, tranquilizar. *Excitar.*

ACAMAR Tender, tumbar, recostar.

ACAMPANADO Abocardado.

ACAMPAR Campar, vivaquear.

ACANALAR Estriar, rayar. *Alisar.*

ACANALLADO Encanallado, pervertido, despreciable, soez. *Ennoblecido.*

ACANTILADO Escarpadura.

ACANTONAMIENTO Puesto, posición, emplazamiento, plaza.

ACANTONAR Acampar, emplazar, abarracar, localizar.

ACAPARAMIENTO Acopio, monopolio. *Entrega.* // *Agio.*

ACAPARAR Retener, acopiar, acumular, almacenar, monopolizar. *Entregar, soltar, distribuir.*

ACARAMELADO Enamorado, melifluo, obsequioso.

ACARICIAR Halagar, mimar. // Abrazar, besar, rozar. *Maltratar.*

ACARREAR Conducir, llevar, transportar. // Causar, ocasionar, proporcionar.

ACARREO Conducción, transporte, traslado.

ACARTONARSE Amojamarse, apergaminarse, momificarse.

ACASO Azar, casualidad, imprevisto, hado. // Quizá. **Ocaso.*

ACATAMIENTO Obediencia, respeto, sometimiento, sumisión, veneración. *Desobediencia.*

ACATARRARSE Constiparse, resfriarse, engriparse.

ACATO Obediencia, observancia, acatamiento. *Desacato, desobediencia.*

ACAUDALADO Adinerado, millonario, opulento, potentado, pudiente, rico. *Menesteroso, pobre.*

ACAUDALAR Atesorar, enriquecerse.

ACAUDILLAR Capitanear, dirigir, encabezar, mandar. *Obedecer, seguir.*

ACCEDER Autorizar, ceder, condescender, conformarse, consentir, permitir, transigir. *Disentir, negar, rechazar.*

ACCESIBLE Abordable, alcanzable, asequible. // Comprensible, inteligible. // Franco, sencillo. *Inaccesible, impenetrable, arrogante.*

ACCESIÓN Acceso.

ACCESO Acogida, camino, entrada. *Salida.* // Ataque, indisposición, trastorno. **Absceso.*

ACCESORIO Accidental, circunstancial, secundario. *Básico, capital, esencial, primordial.* // Repuesto.

ACCIDENTADO Agitado, borrascoso. // Abrupto, desigual, escabroso, fragoso. *Liso, llano.*

ACCIDENTAL Casual, eventual, fortuito, impensado, provisional, contingente. *Esencial, intrínseco, permanente, previsto.*

ACCIDENTARSE Dañarse, lastimarse, herirse.

ACCIDENTE Suceso, incidente. // Desmayo, indisposición, patatús, síncope, vértigo. // Contratiempo, desgracia, percance. // Choque, peripecia. **Incidente.*

ACCIÓN Acto, función, gesto, hecho, intervención, labor, movimiento, obra, operación, suceso. // Batalla, combate. **Ación.*

ACCIONAR Gesticular, mover.

ACCIONISTA Socio, asociado, capitalista, rentista, interesado.

ACECHANZA Acecho, espionaje. *****Asechanza.**

ACECHAR Aguaitar, aguardar, atalayar, atisbar, avizorar, espiar, observar, vigilar. *****Asechar.**

ACECHO Atisbo, espionaje. *****Asecho.**

ACECINADO Acartonado, amojamado, apergaminado, momificado, magro, seco. *****Asesinado.**

ACECINAR Ahumar, curar. *****Asesinar.**

ACEDAR Acidular, agriar. // Desazonar, disgustar, molestar. *****Asedar.**

ACEDO Ácido, agrio, avinagrado. // Áspero, ceñudo. *****Asedo** (asedar).

ACÉFALO Decapitado, descabezado, guillotinado.

ACEITAR Lubricar.

ACEITE Lubricante, óleo.

ACEITOSO Craso, graso, oleaginoso.

ACEITUNA Oliva.

ACEITUNADO Verdoso.

ACELERACIÓN Celeridad, rapidez.

ACELERAR Activar, aligerar, apresurar, precipitar. *Atrasar, dilatar, retardar, retrasar.*

ACENDRADO Delicado, depurado, entrañable, exquisito, puro. *Impuro.*

ACENDRAR Depurar, limpiar, purificar. *Impurificar.*

ACENTO Dejo, entonación, tonillo.

ACENTUAR Destacar, hacer hincapié, insistir, marcar, recalcar. // Realzar, subrayar. *Atenuar, disimular.*

ACEÑA Molino, azud.

ACEPCIÓN Sentido, significación, significado.

ACEPILLAR Alisar, cepillar.

ACEPTABLE Admisible, pasable, pasadero, tolerable, suficiente, común, apto. *Inaceptable.*

ACEPTACIÓN Admisión, aprobación. *Rechazo.* // Boga, éxito. *Fracaso.*

ACEPTAR Admitir, aprobar, confesar, consentir, recibir, tomar. *Declinar, rehusar, repudiar, rechazar.* // Comprometerse, obligarse. *Rehuir.*

ACEPTO Bienquisto. *Malquisto.*

ACEQUIA Canal, zanja.

ACERA Vereda.

ACERADO Afilado, duro, punzante. // Incisivo, mordaz, ofensivo, penetrante.

ACERAR Afilar, endurecer, templar.

ACERBO Áspero, cruel, desabrido, desapacible, doloroso, riguroso, rudo. *Dulce, suave.* *****Acervo.**

ACERCA (DE) Con respecto a. // En lo tocante a, en relación a, referente a, sobre.

ACERCAR Aproximar, arrimar, juntar, unir. *Alejar, apartar.*

ACERO Espada, hoja, tizona. // Ánimo, brío, denuedo, resolución.

ACÉRRIMO Implacable, tenaz.

ACERTADO Adecuado, apropiado, conveniente, oportuno. *Desatinado, erróneo, desacertado.*

ACERTAR Adivinar, atinar, descifrar, enfocar. // Encontrar, hallar, topar. *Equivocarse, extraviarse, fallar, pifiar.*

ACERTIJO Adivinanza, charada, enigma, jeroglífico.

ACERVO Caudal. *****Acerbo.**

ACEZAR Jadear. *****Asesar.**

ACHACAR Atribuir, endosar, imputar. *Defender, disculpar.*

ACHACOSO Enclenque, enfermizo, doliente, mórbido. *Sano.*

ACHANTARSE Acobardarse, agazaparse, aguantarse, esconderse, conformarse. *Envalentonarse.*

ACHAPARRADO Rechoncho. *Esbelto, alto, enjuto.*

ACHAQUE Enfermedad, alifafe, dolencia, indisposición. // Disculpa, excusa, pretexto. // Asunto, materia, tema.

ACHICAR Abreviar, acortar, disminuir, menguar, mermar, reducir. *Agrandar, aumentar.* // Desaguar.

ACHICHARRAR Asar, quemar, tostar, chamuscar. // Molestar, importunar.

ACHISPADO Borracho. *Sobrio.*

ACHISPARSE Emborracharse.

ACHUCHAR Azuzar, empujar. // Aplastar, estrujar.

ACHURAR Matar, destripar.

ACIAGO Desdichado, desgraciado, funesto, infausto, infeliz, malhadado, nefasto. *Fausto, feliz.*

ACÍBAR Áloe. // Amargura.

ACIBARAR Amargar, atormentar, turbar, entristecer.

ACICALADO Adornado, aseado, ataviado, atildado, limpio, perfilado, peripuesto, pulcro, pulido, terso.

ACICALAR Adornar, alisar, ataviar, pulir, bruñir, componer, limpiar, maquillar. *Descuidar.* *Acicular.

ACICATE Aguijón, espuela. // Aliciente, estímulo, incentivo.

ACIDEZ Acritud, agrura.

ACIDIA Desidia, negligencia, pereza, flojedad, desgana, laxitud. *Diligencia, gana, rapidez.*

ÁCIDO Acedo, acre, agrio. *Asido (asir).

ACIERTO Destreza, habilidad. *Torpeza.* // Puntería. // Cordura, prudencia, tacto, tiento, tino. *Imprudencia.* // Éxito, suerte. *Fracaso.*

ACLAMACIÓN Aplauso, ovación, homenaje, glorificación, aprobación. *Rechifla, protesta.*

ACLAMAR Aplaudir, ovacionar, vitorear. *Abuchear, silbar.* // Proclamar.

ACLARACIÓN Elucidación, explicación, justificación, puntualización.

ACLARAR Amanecer. *Oscurecer.* // Espaciar, regletear. *Apretar.* // Clarificar, descifrar, desembrollar, dilucidar, elucidar, explicar, poner en claro. *Embrollar, ocultar.* // Abonanzar, calmar, escampar. *Aborrascarse.*

ACLIMATACIÓN Acomodo, arraigo, adaptación, connaturalización, costumbre, hábito, habituación.

ACLIMATAR Acostumbrarse, adaptarse, connaturalizarse, habituar.

ACLOCAR Arrellanarse, repantigarse.

ACOBARDAR Abatir, acoquinar, achicar, amedrentar, amilanar, apocar, arredrar, atemorizar, desalentar, desanimar, intimidar. *Alentar, animar, envalentonar.*

ACODAR Sostener, apoyar, aguantar, apuntalar.

ACODARSE Sostenerse, apoyarse, apuntalarse, acodalarse.

ACOGER Amparar, asilar, favorecer, guarecer, proteger. *Desamparar.* // Admitir, recibir, recoger. *Rechazar.* // Refugiarse.

ACOGIDA Hospitalidad, recepción. *Despido, expulsión.*

ACOGOTAR Derribar, domeñar, dominar, sujetar. *Liberar.*

ACOLCHADO Enguatado, mullido.

ACÓLITO Monacillo, monaguillo. // Ayudante, compinche, cómplice.

ACOLLARAR Uncir, enjaezar, guarnecer.

ACOMETEDOR Agresivo, violento, emprendedor, impetuoso. *Apocado.*

ACOMETER Abalanzarse, agredir, arremeter, atacar. *Huir.* // Emprender, intentar. *Evitar.*

ACOMETIDA Agresión, asalto, ataque, arremetida, embate, embestida, hostigamiento, acometimiento.

ACOMETIMIENTO Irrupción, ofensiva, invasión, agresión.

ACOMODACIÓN Arreglo, ajuste, compostura. *Desarreglo.*

ACOMODADIZO Acomodaticio.

ACOMODADO Pudiente, rico. // Adecuado, apropiado, apto, conveniente, oportuno.

ACOMODAMIENTO Acuerdo, ajuste, arreglo, convenio, transacción. *Desacuerdo.* // Comodidad, conveniencia. *Inconveniencia.*

ACOMODAR Ajustar, convenir, ordenar. *Desacomodar.* // Adaptar, adecuar, aplicar, apropiar. // Atemperar, concertar, conciliar. // Colocarse, emplearse. // Avenirse, conformarse. *Rebelarse.*

ACOMODATICIO Acomodadizo, complaciente, contemporizador, dúctil, sociable. *Intransigente.*

ACOMODO Cargo, colocación, destino, empleo, ocupación, puesto. // Arreglo, conveniencia, enjuague.

ACOMPAÑAMIENTO Comitiva, compañía, cortejo, escolta, séquito.

ACOMPAÑANTE Lazarillo, acólito, edecán.

ACOMPAÑAR Conducir, escoltar, seguir. *Abandonar.* // Añadir. *Quitar, separar.*

ACOMPASADO Isócrono, medido, rítmico. *Arrítmico, irregular.*

ACONDICIONADO Adaptado, arreglado, adecuado.

ACONDICIONAR Adaptar, adecuar, amoldar, arreglar, disponer.

ACONGOJADO Afligido, aquejado, dolorido, gimiente, tembloroso, turbado. *Alegre.*

ACONGOJAR Afligir, apenar, apesadumbrar, atribular, contristar, entristecer, desconsolar. *Confortar.*

ACONSEJAR Advertir, asesorar, avisar, sugerir, influir, alentar. // Amonestar, sermonear.

ACONTECER Acaecer, ocurrir, pasar, sobrevenir, suceder.

ACONTECIMIENTO Acaecimiento, caso, evento, ocurrencia, suceso.

ACOPIAR Acumular, aglomerar, allegar, amontonar, juntar, reunir. *Desperdigar.*

ACOPIO Abundancia, acaparamiento, depósito, provisión.

ACOPLAMIENTO Conexión, enganche, enlace, ensambladura.

ACOPLAR Adosar, aparear, conectar, ensamblar, juntar, unir, encajar. *Desunir, separar.*

ACOQUINAR Acobardar, amedrentar. *Alentar.*

ACORAZAR Blindar, fortalecer.

ACORCHARSE Embotarse, secarse.

ACORDAR Concordar, convenir, decidir, determinar, quedar, resolver, pactar. // Componer, conciliar, reconciliar. // Afinar, armonizar. *Desacordar.*

ACORDARSE Evocar, recordar, rememorar. *Olvidar.*

ACORDE Concorde, conforme, conteste. *Discorde, disconforme.*

ACORDELAR Señalar, medir, circunscribir, acotar.

ACORDONAR Cercar, rodear, encerrar. // Ajustar, sujetar, ceñir.

ACORRALAR Aislar, arrinconar, cercar. // Acobardar, intimidar.

ACORRER Acudir, socorrer, amparar, auxiliar, ayudar. *Desamparar.*

ACORTAMIENTO Reducción, merma, disminución, aminoración, encogida, achique, encogimiento, abreviación. *Alargamiento.*

ACORTAR Abreviar, achicar, disminuir, encoger, reducir. *Alargar.*

ACOSAMIENTO Persecución, importunación, hostigamiento, acoso, molestia, acometimiento.

ACOSAR Hostigar, perseguir. *Defender.* // Fatigar, molestar.

ACOSO Acosamiento.

ACOSTAR Echar, encamar, extender, tender. *Levantar.* // Adherir, inclinar, ladear. // Acercar, aproximar.

ACOSTUMBRADO Corriente, habitual, normal, tradicional, usual. *Desacostumbrado, inusitado.* // Avezado.

ACOSTUMBRAR Avezar, familiarizar, habituar. *Asombrar, desacostumbrar.*

ACOTACIÓN Apuntamiento, nota, señal, aclaración.

ACOTAR Fijar, señalar, referir. // Amojonar, jalonar. // Elegir, aceptar, admitir. // Atestiguar, asegurar, testificar.

ACOYUNDAR Uncir. *Acoyuntar.

ÁCRATA Anarquista, libertario, nihilista.

ACRE Áspero, incisivo, irritante, picante. *Suave.* // Desabrido.

ACRECENTAMIENTO Acrecimiento, crecimiento, aumento, acrecencia, desarrollo, incremento. *Disminución.*

ACRECENTAR Acrecer, aumentar. *Menguar, reducir.*

ACRECER Agrandar, aumentar, engrandecer, ensanchar, extender. *Disminuir.*

ACREDITADO Afamado, celebrado, conocido, famoso, renombrado, reputado. *Desconceptuado, desprestigiado.*

ACREDITAR Afirmar, justificar, probar, reputar. *Desacreditar, infamar.* // Abonar, asegurar. *Cargar.*

ACREEDOR Merecedor, digno. *Deudor.*

ÁCREMENTE Ásperamente, agriamente, acerbamente, secamente. *Suavemente, dulcemente.*

ACRIBILLAR Agujerear, herir, taladrar. // Molestar.

ACRIMINAR Acusar, imputar, inculpar. *Defender.*

ACRIMONIA Acritud, aspereza, causticidad, desabrimiento, mordacidad. *Dulzura, suavidad.*

ACRISOLAR Aquilatar, depurar, purificar. *Impurificar.*

ACRITUD Acrimonia. *Suavidad.*

ACROBACIA Equilibrismo.

ACRÓBATA Equilibrista, saltimbanqui, trapecista, volatinero.

ACTA Memoria, relación, relato, certificación. *Apta, afta.

ACTITUD Compostura, postura, porte, ademán, posición, gesto, aspecto, talante. // Disposición. *Aptitud.

ACTIVAMENTE Prontamente, vivamente, rápidamente, aceleradamente. *Pasivamente.*

ACTIVAR Acelerar, apresurar, excitar, mover. *Parar.*

ACTIVIDAD Agilidad, diligencia, dinamismo, eficacia, presteza, prontitud. *Inactividad, pasividad, quietud.*

ACTIVISTA Provocador.

ACTIVO Ágil, diligente, dinámico, eficaz, enérgico, laborioso, ligero, poderoso, rápido. *Inactivo, pasivo, apático.*

ACTO Acción, hecho, suceso. // Reunión. *Apto.

ACTOR Artista, comediante, cómico, ejecutante, histrión, intérprete. // Acusador, demandante, litigante, querellante. *Autor.

ACTUACIÓN Desempeño, intervención. // Diligencia.

ACTUAL Presente, vigente, efectivo, existente, contemporáneo. *Antiguo, inactual, futuro, pasado, potencial.*

ACTUALIDAD Moda, novedad. // Ahora, todavía, aún.

ACTUALMENTE Ahora, hoy.

ACTUAR Conducirse, portarse, proceder, representar. *Abstenerse, inhibirse.* // Elaborar, hacer, trabajar.

ACTUARIO Escribano.

ACUARIO Pecera.

ACUARTELAR Alojar, recluir, acantonar, instalar, estacionar.

ACUATIZAR Amarar.

ACUCHILLAR Apuñalar.

ACUCIA Deseo, vehemencia, solicitud, diligencia, anhelo.

ACUCIAR Aguijonear, espolear, estimular, pinchar. *Aplacar, tranquilizar.*

ACUCIOSO Activo, diligente. *Desidioso, perezoso.*

ACUDIR Asistir, ir, llegar. *Ausentarse.* // Auxiliar, socorrer. *Desamparar.* // Apelar, recurrir.

ACUEDUCTO Conducto.

ACUERDO Armonía, avenencia, concordancia, concordia, conformidad, convenio, pacto. *Desacuerdo, discrepancia.* // Determinación, dictamen, parecer, resolución. // Madurez, reflexión.

ACUIDAD Agudeza, penetración, sutileza, finura, intensidad.

ACUITAR Acongojar, afligir, apenar, apesadumbrar, apurar, atribular, contristar. *Consolar.*

ACUMULACIÓN Acopio, montón, amontonamiento, hacinamiento, acervo. *Disgregación.*

ACUMULAR Acopiar, aglomerar, amontonar, apilar, hacinar, juntar, reunir. *Disgregar, esparcir.*

ACUNAR Cunear, mecer.

ACUÑAR Embutir, estampar, troquelar.

ACURRUCARSE Doblarse, encogerse, ovillarse. *Erguirse.*

ACUSACIÓN Delación, denuncia, imputación, inculpación, reproche. *Defensa, disculpa.*

ACUSADO Procesado, reo.

ACUSADOR Delator, denunciante, soplón. // Fiscal.

ACUSAR Achacar, delatar, imputar, reprochar. *Disculpar, excusar.*

ACUSÓN Soplón.

ACÚSTICA Sonido, vibración, propagación, intensidad.

ACÚSTICO Auditivo, sonoro.

ADAGIO Máxima, proverbio, refrán, sentencia.

ADALID Cabecilla, caudillo, guía, jefe. *Secuaz, seguidor.*

ADAMADO Afeminado, amadamado, maricón.

ADÁN Dejado, desaliñado, desaseado, harapiento, sucio. *Elegante, limpio.*

ADAPTACIÓN Acomodación, ajuste, aplicación, apropiación, conformación. *Inadaptación.*

ADAPTAR Acomodar, ajustar. *Adoptar.

ADARGA Broquel, escudo.

ADECUADO Apropiado, apto, conveniente, oportuno. *Impropio, inadecuado, inconveniente.*

ADECUAR Acomodar, apropiar, igualar. *Desarreglar, desigualar.*

ADEFESIO Espantajo, esperpento. // Disparate, extravagancia.

ADELANTADO Precoz. *Atrasado.* // Excelente. // Audaz, imprudente, osado.

ADELANTAMIENTO Anticipo, medro, mejora, mejoramiento, progreso. *Retraso, retroceso.*

ADELANTAR Anticipar, avanzar, aventajar, exceder, sobrepasar. *Atrasar, retardar, retrasar, aplazar, demorar.* // Aumentar, mejorar, perfeccionarse, progresar, prosperar. *Retrogradar.*

ADELANTO Adelantamiento, anticipo, mejora. *Atraso, retroceso.*

ADELGAZAR Enflaquecer. *Engordar.* // Depurar, purificar. // Sutilizar.

ADEMÁN Actitud, gesto, seña, manera, modales, accionamiento, afectación.

ADEMÁS Aparte de, asimismo, igualmente, también.

ADENTRARSE Entrar, meterse, penetrar. *Salir.*

ADENTRO Dentro. *Afuera, fuera.*

ADEPTO Adicto, afiliado, asociado, iniciado, partidario, secuaz, seguidor. *Contrario, opositor.*

ADEREZAR Acicalar, adornar, ataviar, hermosear. // Adobar, aliñar, condimentar, guisar, sazonar. // Componer, remendar, reparar. *Romper.* // Disponer, preparar, aprestar.

ADEREZO Adorno, atavío. // Adobo, condimento. // Disposición, prevención.

ADEUDAR Deber, endeudarse. *Cargar.*

ADHERENCIA Adhesión, cohesión, unión. *Rotura, separación.* // Viscosidad, pegajosidad.

ADHERENTE Adjunto, anexo, unido. // Adepto. *Enemigo.*

ADHERIR Pegar, unir. *Arrancar, despegar, desprender, separar.*

ADHESIÓN Afección, apego, devoción, fidelidad, solidaridad, unión. *Disconformidad, discrepancia.*

ADICIÓN Aditamento, agregación, añadidura, aumento, suma. *Disminución, rebaja, sustracción.*

ADICIONAR Agregar, añadir, aumentar, sumar. *Cercenar, restar.*

ADICTO Adepto, dedicado, parcial, partidario, secuaz, seguidor. *Desleal, enemigo, contrario.*

ADIESTRAR Aleccionar, amaestrar, ejercitar, entrenar, instruir.

ADINERADO Acaudalado. *Necesitado, pobre.*

ADIÓS Abur, agur, chau.

ADIPOSO Gordo, obeso. *Enjuto, flaco.*

ADITAMENTO Añadidura, apéndice.

ADIVINACIÓN Augurio, adivinanza, vaticinio, pronóstico, oráculo, acertijo.

ADIVINANZA Acertijo.

ADIVINAR Anunciar, predecir, presentir, pronosticar, vaticinar. // Acertar, descifrar, descubrir.

ADIVINO Adivinador, augur, vaticinador, vidente, nigromante, hechicero.

ADJETIVO Calificativo, epíteto, atributo, agregado.

ADJUDICAR Atribuir, ceder, dar. // Retener. *Expropiar, quitar.*

ADJUNCIÓN Añadidura, agregación, complemento. *Resta, disminución.*

ADJUNTO Agregado, junto, unido. *Se-*

parado, despegado. // Aditamento.

ADJUTOR Coadjutor, auxiliar, ayudante.

AD LÍBITUM A gusto, a voluntad.

ADMINÍCULO Objeto, utensilio.

ADMINISTRACIÓN Dirección, gerencia, gestión, gobierno, régimen.

ADMINISTRADOR Gerente, mayordomo, regente, intendente, rector, gobernador, apoderado.

ADMINISTRAR Conducir, cuidar, dirigir, gobernar, regir. // Aplicar, conferir, dar, propinar. *Negar.* // Suministrar.

ADMIRABLE Asombroso, estupendo, extraordinario, maravilloso, notable, pasmoso, sorprendente. *Despreciable.*

ADMIRACIÓN Asombro, estupor, fascinación, maravilla, pasmo, sorpresa. *Desdén, desprecio, indiferencia.*

ADMIRADO Pasmado, suspenso, fascinado, estupefacto.

ADMIRAR Asombrar, embobar, encantar, extasiar, fascinar, maravillar, pasmar. // Aprobar, elogiar, ensalzar.

ADMISIBLE Aceptable, verosímil.

ADMISIÓN Aceptación, recepción. *Despido, expulsión, rechazo.*

ADMITIR Aceptar, acoger, recibir, tomar. *Excluir, rechazar.* // Aprobar, conceder, consentir, permitir, suponer, tolerar. *Desaprobar, prohibir.*

ADMONICIÓN Advertencia, amonestación, reconvención, regaño, reprimenda, sermón.

ADOBAR Aderezar, aliñar, condimentar, guisar, salpimentar, sazonar. // Arreglar, componer, remendar.

ADOBE Ladrillo. *Adobo.

ADOBO Aderezo, aliño, salsa. *Adobe.

ADOCENADO Común, ordinario, trivial, vulgar. *Destacado, distinguido.*

ADOLECER Padecer, sufrir.

ADOLESCENCIA Juventud, mocedad. *Madurez.*

ADOPCIÓN Prohijamiento.

ADOPTAR Aceptar, amparar, aprobar, favorecer, prohijar, proteger, tomar. *Repudiar.* // Abrazar, seguir. *Adaptar.

ADOPTIVO Prohijado, protegido, amparado, favorecido, afiliado, aprobado.

ADOQUÍN Piedra. // Ignorante, rudo, torpe, zote. *Sagaz.*

ADOQUINAR Empedrar, pavimentar.

ADORABLE Amable, encantador, delicioso, exquisito. *Despreciable.*

ADORACIÓN Amor, devoción, pasión, apasionamiento, fervor, éxtasis, idolatría, exaltación.

ADORADOR Admirador, devoto, fiel.

ADORAR Amar, orar, querer, reverenciar, rezar, venerar. *Despreciar.*

ADORMECER Acallar, aletargar, amodorrar, anestesiar, calmar, sosegar. *Excitar, despertarse.* // Entumecerse.

ADORNADO Acicalado, emperifollado, emperejilado, peripuesto.

ADORNAR Acicalar, aderezar, ataviar, componer, embellecer, engalanar, ornar. *Afear, desaliñar, deslucir, despojar.*

ADORNO Aderezo, atavío, guarnición, ornamento, ornato.

ADOSAR Apoyar, arrimar, juntar, respaldar, pegar.

ADQUIRIR Alcanzar, comprar, conseguir, ganar, lograr, obtener. *Perder, vender.*

ADQUISICIÓN Compra, conquista, ganancia, hallazgo, ventaja. *Pérdida.*

ADREDE Deliberadamente, intencionadamente. *Involuntariamente.*

ADUCIR Alegar, argumentar.

ADUEÑARSE Apoderarse, apropiarse, conquistar, enseñorearse, ocupar.

ADULACIÓN Halago, lisonja, zalamería. *Difamación, crítica, murmuración.*

ADULADOR Adulón, lisonjeador, lisonjero, mimoso, zalamero. *Difamador, denigrador.*

ADULAR Halagar, incensar, lisonjear, mimar.

ADULTERACIÓN Falsificación, mistificación.

ADULTERAR Falsear, falsificar, sofisticar. *Purificar.*

ADULTERINO Falsificado, falso.

ADUNAR Juntar, unir. *Separar.*

ADUNCO Curvo, corvo, combado, arqueado, alabeado.

ADUSTO Austero, esquivo, hosco, huraño, rígido, seco, serio, severo, arisco, melancólico. *Afable, campechano, tratable.* // Quemado, tostado.

ADVENEDIZO Extranjero, forastero, intruso.

ADVENIMIENTO Aparición, arribo, llegada, venida. *Avenimiento.

ADVENIR Acontecer, llegar, ocurrir. *Avenir.

ADVERAR Certificar, testificar, avalar, testimoniar, atestiguar, confirmar.

ADVERSARIO Antagonista, competidor, contrario, contrincante, enemigo, rival. *Aliado, amigo, auxiliar, defensor, simpatizante.*

ADVERSIDAD Desdicha, desgracia, desventura, infortunio, fatalidad, infelicidad. *Dicha, prosperidad.*

ADVERSO Contrario, desfavorable, desgraciado, hostil. *Favorable.*

ADVERTENCIA Aviso, consejo, indicación, observación, precaución, prevención, apercibimiento.

ADVERTIDO Avisado, despabilado, despierto, ducho, listo, prevenido, sermoneado. *Ignorante, inadvertido.*

ADVERTIR Aconsejar, amonestar, avisar, enseñar, indicar, informar, notar, observar, prevenir, reparar, reprender, señalar. *Engañar, ocultar.*

ADYACENTE Contiguo, inmediato, lindante, lindero, medianero, próximo. *Distante, lejano, mediato.*

AERACIÓN Ventilación.

AÉREO Leve, sutil, volátil, vaporoso.

AERONAUTA Aviador.

AERONÁUTICA Aerostación, aviación, navegación aérea.

AERONAVE Avión, aeroplano, bimotor, trimotor, helicóptero.

AEROPLANO Avión.

AERÓSTATO Globo.

AFABILIDAD Afecto, amabilidad, benevolencia, campechanía, cordialidad, dulzura. *Adustez, brusquedad, hosquedad, aspereza.*

AFABLE Acogedor, afectivo, amable, atento, benigno, cordial, cortés. *Áspero, ceñudo, hosco, huraño, intratable, seco.*

AFAMADO Admirado, célebre, conocido, famoso, prestigioso, nombrado, reputado. *Desacreditado, desconocido, impopular.*

AFÁN Anhelo, ansia, aspiración, deseo, vehemencia. *Desaliento.* // Actividad, voluntad. *Desgano, desgana.*

AFANARSE Bregar, empeñarse, esforzarse. *Holgar, holgazanear.*

AFANOSO Trabajador, diligente, vehemente, esforzado, voluntarioso. *Apático, desganado.*

AFEAR Desfavorecer, deformar. *Embellecer.* // Vituperar.

AFECCIÓN Afecto, afición, apego, aprecio, cariño, inclinación, simpatía, tendencia, ternura. *Antipatía, odio.* // Enfermedad.

AFECCIONARSE Aficionarse, simpatizar, interesarse, querer, apetecer.

AFECTACIÓN Amaneramiento, disimulo, empaque, fingimiento, presunción, pedantería, doblez, extravagancia, ostentación. *Espontaneidad, llaneza, naturalidad.*

AFECTADO Amanerado, estudiado, presuntuoso, rebuscado, relamido. *Natural, sencillo.* // Aquejado, inquieto, molestado, dolorido. // Destinado.

AFECTAR Fingir, interesar. // Anexar, vincular. *Desvincular.* // Afligir, herir, impresionar.

AFECTIVO Afectuoso, sensible.

AFECTO Afección, afición, amor, apego, cariño, inclinación, simpatía. *Antipatía, indiferencia, rencor.* // Agregado, unido.

AFECTUOSO Afable, amable, amistoso, amoroso, cariñoso. *Arisco, hosco.*

AFEITAR Rapar, rasurar. // Acicalar, componer, hermosear.

AFEITE Colorete, cosmético, polvos.

AFELPADO Aterciopelado, peludo, velloso, lanoso.

AFEMINADO Marica, maricón, adamado, amaricado, amujerado, barbilindo, blando. *Macho, varonil, viril.*

AFÉRESIS Sinalefa, supresión, metaplasmo, elisión.

AFERRAR Agarrar, asir, atrapar, afianzar, amarrar, asegurar. *Soltar.*

AFIANZAR Aferrar, afirmar, amarrar, apuntalar, consolidar. *Aflojar, debilitar, desasirse.* // Garantizar.

AFICIÓN Afecto, cariño, gusto, inclinación. *Aversión, desapego, desvío, repulsión.* // Afán, ahínco, empeño.

AFICIONARSE Enamorarse, engolosinarse, prendarse, simpatizar. // Habituarse. *Desinteresarse.*

AFIJO Prefijo, sufijo.

AFILADO Cortante, punzante.

AFILAR Adelgazar, aguzar. // Cortejar, enamorar.

AFILIADO Adepto, adicto, correligionario, iniciado, partidario. *Intruso.*

AFILIAR Asociar, iniciar, prohijar.

AFILIGRANAR Acicalar, hermosear, pulir.

AFÍN Adyacente, análogo, contiguo, parecido, próximo, semejante, similar. *Dispar, distinto.* // Allegado, deudor, pariente.

AFINACIÓN Tiento, punto, entonación, temple, ajuste, consonancia.

AFINAR Acordar, mejorar, perfeccionar, purificar. *Desafinar.*

AFINCARSE Establecerse, fijarse, radicarse.

AFINIDAD Analogía, atracción, semejanza, simpatía. *Disparidad, repelencia.*

AFIRMACIÓN Aserción, aseveración. *Negación, negativa, denegación.*

AFIRMADO Firme, pavimento.

AFIRMAR Afianzar, consolidar, fortificar, sostener. *Debilitar.* // Asegurar, asentir, aseverar, atestiguar, reiterar. *Negar, rectificar.*

AFLICCIÓN Amargura, angustia, congoja, cuita, desconsuelo, dolor, pena, pesadumbre, pesar, sinsabor, tribulación, tristeza. *Alegría, consuelo, dicha, felicidad, júbilo, placer.*

AFLIGIDO Apesadumbrado, triste, desolado, apenado, angustiado. *Alegre.*

AFLIGIR Acongojar, amargar, angustiar, apenar, apesadumbrar, apesarar, atribular, consternar, contrariar, contristar, desconsolar. *Alegrar, consolar.*

AFLOJAMIENTO Decaimiento, flojera, laxitud, flaccidez.

AFLOJAR Desceñir, soltar. *Apretar, comprimir, ceñir.* // Ceder, debilitar, flaquear. *Aumentar.*

AFLORAR Asomar, brotar, manar, surgir, salir.

AFLUENCIA Abundancia, concurso, aglomeración, concurrencia, copia. *Escasez, insuficiencia.* // Facundia.

AFLUENTE Confluente, tributario.

AFLUIR Acudir, aglomerarse, concurrir. // Desaguar, desembocar, verter.

AFONÍA Ronquera. *Sonoridad.*

AFÓNICO Áfono, mudo, ronco.

AFORAR Apreciar, calcular, tasar, valuar.

AFORISMO Apotegma, axioma, máxima, refrán, sentencia.

AFORTUNADAMENTE Venturosamente, felizmente, dichosamente, prósperamente. *Desgraciadamente.*

AFORTUNADO Dichoso, fausto, feliz, próspero, rico, venturoso. *Desafortunado, desdichado, infeliz.*

AFRENTA Agravio, deshonor, deshonra, escarnio, injuria, insulto, ofensa, oprobio, ultraje, vilipendio. *Homenaje, pleitesía.*

AFRENTAR Agraviar, denostar, deshonrar, escarnecer, infamar, injuriar, ultrajar, vejar. *Elogiar, honrar.* *Afrontar.

AFRENTOSO Avergonzante, infamante. *Honroso.*

AFRODISÍACO Estimulante, excitante. *Atenuante, mitigante.*

AFRONTAR Arrostrar, carear, desafiar, enfrentar. // Dar la cara. *Huir, esquivar.* *Afrentar, aprontar.

AFUERA Fuera. *Adentro, dentro.*

AFUERAS Alrededores, arrabal, contornos, suburbio.

AFUSIÓN Baño, ducha, remojón.

AGACHADA Ardid, treta.

AGACHAR Agazaparse, bajar, encogerse, humillarse, inclinar. *Erguirse, levantarse, alzarse.*

AGALLA Branquia.

AGALLAS Ánimo, audacia, coraje, valor. *Cobardía, miedo, temor.*

ÁGAPE Banquete, comida.

AGARENO Árabe, ismaelita, mahometano, moro, musulmán, sarraceno.

AGARRADA Altercado, contienda, disputa, pelea, pendencia, porfía, riña.

AGARRADERO Asa, asidero, mango. // Arbitrio, recurso.

AGARRADO Asido a. // Amarrete, avaro, mezquino, miserable, roñoso, tacaño.

AGARRAR Aferrar, asir, atrapar, coger, conseguir, pillar, sujetar. *Dejar, soltar.* // Apoderarse. *Largar.*

AGARROTAR Apretar, inmovilizar, oprimir. // Entumecerse.

AGASAJAR Festejar, halagar, homenajear, lisonjear. *Ofender.* // Obsequiar, regalar.

AGASAJO Halago, homenaje, obsequio, presente. *Desdén.*

AGAVE Pita.

AGAVILLAR Atar, juntar, liar, ligar.

AGAZAPARSE Acurrucarse, agacharse. *Enderezarse.* // Esconderse, ocultarse. *Mostrarse.*

AGENCIA Delegación, sucursal.

AGENCIAR Diligenciar, gestionar, procurar, solicitar. // Adquirir, alcanzar, conseguir, lograr, obtener.

AGENDA Memorándum.

AGENTE Policía, vigilante, comisionista, apoderado, intermediario.

AGIGANTADO Agrandado, descomunal, enorme. *Empequeñecido.*

ÁGIL Activo, desembarazado, diligente, ligero, listo, pronto. *Pesado, tardo, torpe.*

AGILIDAD Actividad, diligencia, ligereza, prontitud, rapidez, soltura, viveza.

AGIO Agiotaje, especulación.

AGITACIÓN Conmoción, inquietud, intranquilidad, perturbación, revuelo, turbación. *Calma, quietud, sosiego.*

AGITADO Conmovido, convulso, desasosegado, inquieto, intranquilo, tembloroso, trémulo.

AGITADOR Amotinador, instigador, perturbador, provocador, revolucionario, rebelde.

AGITAR Alterar, conmover, inquietar, intranquilizar, perturbar, turbar. *Apaciguar, aquietar.* // Rebullir. // Mover, remover, sacudir.

AGLOMERACIÓN Acumulación, amontonamiento, muchedumbre.

AGLOMERADO Conglomerado.

AGLOMERAR Acumular, amontonar, conglomerar, juntar, reunir, unir. *Disgregar, dispersar, separar.*

AGLUTINACIÓN Reunión, unión, masa, conglutinación.

AGLUTINADO Juntado, unido, amasado, ligado, pegado, fijado.

AGLUTINAR Encolar, juntar, pegar, unir.

AGNACIÓN Parentesco, afinidad, consanguinidad.

AGOBIAR Abrumar, aburrir, cansar, fastidiar, molestar, oprimir. *Despreocupar.*

AGOBIO Angustia, cansancio, molestia, opresión, pesadumbre, pesar, peso, sofocación, sufrimiento.

AGOLPAR Amontonar, apretujar, hacinar.

AGONÍA Aflicción, angustia, ansia, congoja, dolor. *Alegría.* // Desenlace, fin.

AGONIZAR Extinguirse, morir.

ÁGORA Plaza, asamblea.

AGORAR Predecir, pronosticar, vaticinar.

AGORERO Adivino, augur, pronosticador, profeta.

AGOSTADOR Abrasador.

AGOSTAR Abrasar, marchitar, secar.

AGOTADO Débil, flaco, cansado, exhausto. *Fuerte.* // Vacío. *Lleno.*

AGOTAMIENTO Cansancio, consunción, debilidad, extenuación, postración. *Vigor.*

AGOTAR Acabar, consumir, debilitar, extenuar, extinguir, fatigar, gastar, secar, terminar. *Fortalecer, llenar.*

AGRACIADO Agradable, gracioso, hermoso. *Feo.* // Favorecido, premiado. *Castigado, sancionado.*

AGRADABLE Amable, afable, ameno, deleitable, deleitoso, delicado, delicioso, grato, lisonjero, placentero, sabroso. *Antipático, ingrato, odioso.*

AGRADAR Alegrar, atraer, complacer, contentar, deleitar, encantar, interesar, placer, satisfacer, simpatizar. *Desagradar, disgustar, enfadar, asquear.*

AGRADECIDO Reconocido, obligado. *Desagradecido, ingrato, olvidadizo.*

AGRADECIMIENTO Gratitud, reconocimiento. *Ingratitud.*

AGRADO Alegría, amenidad, complacencia, contentamiento, encanto, gracia, placer, satisfacción, simpatía.

AGRANDAR Acrecentar, ampliar, aumentar, dilatar, engrandecer, ensanchar, extender, multiplicar. *Achicar, disminuir, empequeñecer.*

AGRANUJADO Abellacado, bellaco, granuja, truhán.

AGRARIO Campesino, rural.

AGRAVAR Acrecentar, aumentar, cargar, gravar. // Empeorar, oprimir. *Atenuar.*

AGRAVIAR Afrentar, calumniar, denostar, deshonrar, injuriar, insultar, ofender, ultrajar. *Desagraviar, satisfacer.*

AGRAVIO Afrenta, calumnia, denuesto, deshonra, injuria, insulto, ofensa, ultraje. *Elogio.* // Daño, perjuicio. *Favor.*

AGRAZ Amargura, sinsabor, disgusto, desazón.

AGREDIR Arremeter, asaltar, atacar, golpear, herir. *Huir, esquivar.*

AGREGADO Adherido, adjunto, anexo, añadido, apéndice.

AGREGAR Adicionar, anexar, añadir, aumentar, sumar. *Disminuir, quitar, sacar.* // Asociar, incorporar, juntar, unir. *Separar.*

AGRESIÓN Acometida, asalto, ataque.

AGRESIVO Cáustico, insultante, mordaz, provocador. *Cariñoso.*

AGRESOR Atacante. *Víctima.*

AGRESTE Áspero, campesino, grosero, inculto, rudo, rústico, salvaje, silvestre, tosco.

AGRIADO Ácido, descompuesto, alterado, deteriorado, cortado.

AGRIAR Acedar, acidular. *Endulzar.* // Exacerbar, exasperar. *Suavizar.*

AGRICULTOR Cultivador, labrador.

AGRICULTURA Agronomía, cultivo, siembra, labranza.

AGRIETADO Rajado, fisurado, resquebrajado.

AGRIETAR Hender, rajar, resquebrajar. *Pegar, unir.*

AGRIMENSOR Topógrafo.

AGRIO Acedo, acerbo, ácido, acre, áspero, avinagrado, desabrido. *Dulce, suave.*

AGRIPNIA Desvelo, nerviosismo, insomnio, inquietud.

AGRO Campo.

AGRUPAR Aglutinar, apiñar, congregar, reunir. *Desunir, disgregar, separar.*

AGRURA Hiel. // Acritud, acrimonia, resentimiento.

AGUACERO Chaparrón, chubasco, nubada.

AGUADA Abrevadero.

AGUADO Mojado, empapado, calado, húmedo. *Seco.*

AGUAFIESTAS Cascarrabias, pesimista.

AGUAITAR Acechar.

AGUAMANIL Palangana, lavamanos, lavabo, jofaina, jarro.

AGUAMARINA Berilo.

AGUANTABLE Llevadero, pasadero, soportable, tolerable, sufrible. *Insufrible, intolerable.*

AGUANTAR Pasar, resistir, sobrellevar, soportar, sostener, sufrir, tolerar. *Reaccionar.*

AGUANTE Paciencia, resistencia, sufrimiento, tolerancia, vigor. *Flojedad, intolerancia.*

AGUAR Entorpecer, frustrar, interrumpir, perturbar. *Ajuar.*

AGUARDAR Esperar. *Desesperar, irse, largarse, marcharse.*

AGUARDIENTE Caña.

AGUDEZA Ingenio, ocurrencia, penetración, perspicacia, sagacidad, sutileza, viveza. *Ingenuidad, simpleza.* // Chiste, gracia. *Necedad.*

AGUDO Aguzado, puntiagudo, punzante, delgado, afilado. *Romo.* // Ingenioso, ocurrente, oportuno, penetrante, perspicaz, sagaz, sutil. *Simple, torpe.*

AGÜERO Augurio, presagio, pronóstico. // Premonición, señal, vaticinio.

AGUERRIDO Avezado, baqueteado, experimentado, fogueado, veterano. *Bisoño, novato.*

AGUIJADA Picana.

AGUIJAR Espolear, incitar, pinchar. *Desalentar.*

AGUIJÓN Pincho, púa. // Acicate, aliciente, estímulo, incentivo, incitación.

AGUIJONEAR Alentar, espolear, estimular, incitar, picanear, picar, pinchar, punzar.

AGUILEÑO Corvo, ganchudo. *Romo.*

AGUINALDO Gratificación. *Retención.*

AGUJA Manecilla, minutero. // Obelisco.

AGUJEREAR Acribillar, horadar, perforar, taladrar. *Obturar, tapar.*

AGUJERO Abertura, brecha, boquete, hoyo, orificio.

AGUR Adiós, chau.

AGUZADO Agudo, penetrante, puntiagudo. *Chato, romo.*

AGUZAR Aguijar, avivar, despabilar. *Adormecer.* // Afilar, agudizar.

AHERROJAR Encadenar, poner grillos. // Avasallar, esclavizar, oprimir, subyugar. *Arrojar.*

AHERRUMBRARSE Enmohecerse, herrumbrarse, oxidarse.

AHIJAR Adoptar, prohijar. // Achacar, atribuir.

AHINCADO Vehemente, esforzado, insistente, voluntarioso, empeñado, eficaz.

AHÍNCO Diligencia, empeño, esfuerzo, tesón. *Apatía, desgano.*

AHITARSE Atiborrarse, empacharse, hartarse. *Ayunar.*

AHÍTO Harto, lleno, repleto, saciado. *Hambriento.* // Aburrido, fastidiado.

AHOGAR Ahorcar, asfixiar, estrangular. // Amortiguar, extinguir, sofocar. *Avivar.* // Acongojar, fatigar, oprimir. *Animar, entretener.* // Frustrar, malograr.

AHOGO Angustia, aprieto, apuro, congoja. // Estrechez, necesidad, penuria. *Bienestar, desahogo.*

AHONDAR Cavar, penetrar, profundizar, sondar, sondear. // Escudriñar.

AHORA Actualmente, hoy, ya, hoy en día.

AHORCADO Endeudado.

AHORCAR Colgar, estrangular. // Oprimir, suspender.

AHORMAR Conformar, amoldar.

AHORRAR Economizar, guardar, reservar. *Derrochar, gastar, malgastar.* // Evitar, excusar.

AHORRO Economía, reserva.

AHUECAR Esponjar, mullir, inflar. *Ceñir, deshinchar.* // Socavar, ahondar. // Irse, largarse, marcharse. // Engreírse, pavonearse.

AHUMAR Zahumar, acecinar, ennegrecer, oscurecer.

AHUYENTAR Alejar, espantar, asustar. *Atraer.*

AIRADO Encolerizado, enfurecido, enojado, furioso, iracundo, rabioso. *Apacible, tranquilo.*

AIRAR Enojar, rabiar, irritar, encolerizar, enfurecer, exasperar, violentar. *Tranquilizar.* *Airear.*

AIRE Atmósfera, viento. // Apostura, aspecto, gallardía, garbo, porte. // Engreimiento, vanidad. *Modestia.* // Canción, melodía, tonada. *Aíre* (airar).

AIREAR Orear, ventilar. *Airar.*

AIRÓN Penacho.

AIROSO Apuesto, arrogante, elegante, esbelto, gallardo, garboso. // Vencedor. *Fracasado.*

AISLADO Desierto, incomunicado, retirado, solitario, solo. *Acompañado.*

AISLAMIENTO Incomunicación, reclusión, retiro, retraimiento, soledad.

AISLAR Apartar, arrinconar, confinar, encerrar, hacer el vacío, incomunicar, acordonar. *Comunicar, relacionar, reunir.* // Retirarse, retraerse. *Concurrir.*

AJAR Deslucir, maltratar, manosear, mustiar, percudir, sobar. *Acariciar, re-*

juvenecer, remozar. // Humillar.

AJENJO Absintio.

AJENO Extraño, impropio. *Personal, propio.* // Diverso, indiferente. // Ignorante. // Exento, libre.

AJETREARSE Cansarse, fatigarse.

AJETREO Agitación, idas y venidas, movimiento, trajín. *Descanso, sosiego.*

AJÍ Chile, pimiento.

AJORCA Brazalete, pulsera.

AJUAR Equipo, menaje, mobiliario, moblaje. *Aguar.

AJUMARSE Achisparse, emborracharse.

AJUSTADO Ceñido, justo, preciso. *Holgado.* // Arreglado, convenido.

AJUSTAR Acordar, amoldar, arreglar, concertar, concordar, conformar, convenir, encajar, pactar. *Desacoplar, desarmar, dislocar.* // Liquidar. // Avenirse, entenderse. *Desavenirse.*

AJUSTE Arreglo, convenio, trato. // Exactitud, precisión. *Irregularidad.*

AJUSTICIAR Ejecutar.

ALA Costado, fila, flanco, hilera, lado. *¡Hala!

ALABANCIOSO Jactancioso.

ALABANZA Apología, cumplido, elogio, encomio, lisonja, loa, loor. *Censura, vituperio.*

ALABAR Aplaudir, celebrar, elogiar, encomiar, enaltecer, encarecer, ensalzar. *Criticar, difamar.* // Loar, magnificar. // Alardear, gloriarse, jactarse, preciarse, vanagloriarse. *Reprochar.*

ALABARDA Lanza, pica.

ALABASTRINO Transparente, traslúcido.

ALABEADO Arqueado, combado, curvado.

ALABEO Curva, arqueamiento, comba, pandeo.

ALACENA Armario.

ALACRÁN Escorpión.

ALADO Alígero, raudo. *Áptero. *Halado (halar).

ALAMAR Adorno, fleco, cairel.

ALAMBICADO Afectado, rebuscado, sutil.

ALAMBICAR Destilar, sutilizar.

ALAMBRE Alambrado, cable, hilo.

ALAMEDA Arboleda, parque.

ÁLAMO Chopo.

ALANCEAR Lancear.

ALARDE Gala, jactancia, ostentación. *Modestia.*

ALARDEAR Alabarse, compadrear, jactarse, preciarse, ufanarse, vanagloriarse. *Reprocharse.*

ALARGAR Aumentar, dilatar, estirar, extender, prolongar. *Acortar.* // Dar largas, retardar. *Apresurar.* // Alejarse, apartarse, desviarse.

ALARIDO Grito, chillido, bramido, clamor, rugido, clamoreo.

ALARMA Inquietud, intranquilidad, sobresalto, susto, temor.

ALARMAR Atemorizar, inquietar, intranquilizar, sobresaltar. *Tranquilizar.*

ALAZÁN Anaranjado, rojizo, canela. // Potro, yegua, caballo.

ALBA Amanecer, aurora, madrugada. *Crepúsculo.*

ALBACEA Testamentario.

ALBAÑAL Alcantarilla, cloaca.

ALBARDA Aparejo, cincha, carga.

ALBEDRÍO Antojo, arbitrio, gusto, voluntad, elección.

ALBEDRÍO (LIBRE) Autodeterminación, independencia, libertad. *Fatalismo.*

ALBERCA Acequia, charca, estanque, pozo.

ALBERGAR Alojar, cobijar, hospedar. *Desalojar.*

ALBERGUE Cobijo, hospitalidad, refugio, hospedaje.

ALBINO Blanquecino. *Alvino.

ALBO Blanco

ALBOR Albura, blancura, pureza. // Alba, alborada. // Inicio, principio. *Fin, final.* // Infancia, niñez.

ALBORADA Alba, aurora, amanecer.

ALBOREAR Amanecer, apuntar el alba, clarear. *Anochecer, oscurecer.*

ALBORNOZ Capa, capote.

ALBOROTADO Atolondrado, aturdido, irreflexivo, precipitado.

ALBOROTAR Alterar, excitar, gritar,

perturbar, revolver. *Apaciguar, calmar.* // Amotinar. *Someter.* // Encolerizarse, encresparse. *Sosegarse.*

ALBOROTO Barahúnda, batahola, bochinche, desorden, disturbio, estrépito, jaleo, pelotera, trifulca, vocinglería. *Calma, quietud, silencio.* // Asonada, motín. // Sobresalto, zozobra.

ALBOROZO Alegría, gozo, placer, regocijo. *Aflicción, consternación.*

ALBRICIAS Felicitación, parabién. // Obsequio, regalo.

ALBUR Azar, contingencia. *Abur.

ALBURA Albor. *Suciedad.*

ALCACHOFA Alcaucil.

ALCAHUETA Celestina, encubridora, proxeneta.

ALCAHUETE Chismoso, soplón. *Discreto.* // Proxeneta.

ALCAHUETERÍA Chisme. // Lenocinio.

ALCAIDE Carcelero, guardián.

ALCALDE Corregidor, juez, magistrado.

ALCANCE Efecto, importancia, trascendencia. // Persecución, seguimiento. // Distancia.

ALCANCES Capacidad, inteligencia, talento, luces.

ALCANCÍA Cepillo, hucha.

ALCANTARILLA Sumidero, cloaca, albañal.

ALCANZABLE Posible, asequible, factible, lograble.

ALCANZADO Empeñado. // Necesitado. // Sobrepasado.

ALCANZAR Dar alcance, llegar, tocar. *Desistir.* // Conseguir, lograr, obtener. *Perder.* // Comprender, entender.

ALCAUCIL Alcachofa.

ALCÁZAR Castillo, fortaleza, palacio.

ALCOBA Aposento, dormitorio.

ALCORÁN Corán.

ALCORNOQUE Bruto, ignorante, zopenco. *Inteligente, sagaz.*

ALCURNIA Abolengo, ascendencia, estirpe, linaje, prosapia.

ALDABA Llamador.

ALDEA Pueblo, villorio.

ALDEANO Lugareño, rústico, inculto.

Educado, fino, culto, urbano.

ALEACIÓN Amalgama, liga, mezcla.

ALEAR Amalgamar, ligar, mezclar. *Desintegrar, separar.* // Aletear.

ALEATORIO Casual, eventual, incierto.

ALECCIONAR Aconsejar, enseñar, instruir, adiestrar.

ALEDAÑO Colindante, contiguo, inmediato, ladero, limítrofe, lindante, vecino. *Alejado, lejano.*

ALEDAÑOS Confín, límite, término.

ALEGACIÓN Aducción, cita, discurso, disculpa, exposición, pretexto.

ALEGAR Aducir, argüir, citar, exponer, fundamentar, pretextar.

ALEGATO Defensa, disculpa, fundamento, apoyatura.

ALEGORÍA Apólogo, ficción, parábola, símbolo.

ALEGRAR Alborozar, divertir, holgar, regocijar, solazar. *Entristecer.* // Complacer, satisfacer. *Disgustar.* // Achisparse, embriagarse

ALEGRE Alborozado, animado, contento, chistoso, divertido, entretenido, festivo, gozoso, gracioso, juguetón, regocijado, risueño. *Apenado, melancólico, triste.* // Achispado. *Sobrio.*

ALEGRÍA Alborozo, contento, dicha, diversión, felicidad, gozo, júbilo, placer, regocijo, satisfacción. *Aflicción, congoja, nostalgia.*

ALEJAR Apartar, desviar, evitar, retirar, separar. // Distanciarse, irse, marcharse. *Acercar, aproximar.*

ALELADO Atontado, aturdido, confundido, desconcertado, embobado.

ALELUYA Júbilo, alegría, regocijo.

ALENTADO Animoso, bravo, esforzado, valiente, valeroso. *Pusilánime.*

ALENTAR Animar, confortar, excitar, reanimar, estimular. *Desalentar, disuadir.* // Respirar.

ALERTA Atento, listo, preparado, prevenido. *Desprevenido, distraído.*

ALERTO Cuidadoso, vigilante, rápido. *Descuidado.*

ALETARGAR Adormecer, amodorrar,

narcotizar. *Despertar, avivar.*
ALETEAR Alear.
ALEVE Alevoso, traidor, desleal, infiel, pérfido, ingrato. *Fiel, leal.* *Leve.
ALEVOSÍA Felonía, infidelidad, perfidia, traición, deslealtad, ingratitud. *Fidelidad, lealtad.*
ALEVOSO Aleve, desleal, felón, infiel, pérfido, traidor. *Leal.*
ALFABETO Abecé, abecedario, silabario.
ALFALFA Mielga.
ALFANJE Sable, cimitarra, espadón.
ALFARERO Ceramista, ollero.
ALFEÑIQUE Delicado, enclenque, raquítico. *Robusto.*
ALFILER Aguja, espetón, imperdible, broche, fíbula, prendedor.
ALFILERAZO Indirecta, pinchazo.
ALFILETERO Agujetero.
ALFOMBRA Moqueta, tapiz, tapete.
ALFORJA Bolso, talega. *Alforza.
ALFORZA Dobladillo, pliegue. // Cicatriz, costurón. *Alforja.
ALGARABÍA Algazara, confusión, gritería, jaleo.
ALGARADA Alboroto, asonada, motín, revuelta, tumulto. *Quietud.*
ALGAZARA Alboroto, bulla, bullicio, gritería, jolgorio, tumulto. *Silencio.*
ÁLGIDO Frígido, glacial. *Caliente.*
ALGUACIL Corchete, esbirro, polizonte, policía, funcionario.
ALGUIEN Alguno. *Nadie.*
ALGUNOS Ciertos, determinados, varios.
ALHAJA Aderezo, joya, presea. // Buena persona.
ALHAJAR Adornar, amueblar.
ALIADO Amigo, socio. *Enemigo.* *Hallado (hallar).
ALIANZA Casamiento, coalición, conferencia, liga, pacto, unión. *Discordia, rivalidad.* // Anillo.
ALIARSE Asociarse, coligarse, confederarse, unirse. *Separarse.* *Hallarse.
ALIAS Apodo, mote, sobrenombre. *Hallas (hallar), **hayas** (haber).
ALICAÍDO Decaído, deprimido, desalentado, desanimado, entristecido, triste.

Animado, contento, alegre.
ALICATE Tenacilla.
ALICIENTE Acicate, aguijón, atractivo, estímulo, incentivo. *Freno.*
ALIENADO Chiflado, demente, loco, orate. *Cuerdo.*
ALIENAR Enajenar, vender. *Comprar, guardar.*
ALIENTO Ánimo, denuedo, esfuerzo, valor. *Cobardía, temor.* // Hálito, respiración, resuello.
ALIFAFE Achaque, dolencia.
ALIGACIÓN Liga, ligazón, trabazón, unión. *Desintegración, desunión.*
ALIGERAR Aliviar, atenuar, descargar, disminuir, moderar, suavizar, templar. *Agravar, recargar.* // Abreviar, acelerar, activar, apresurar, apurar. *Diferir, tardar, retardar.*
ALÍGERO Alado, veloz. *Aligero (aligerar).
ALIJAR Aligerar, descargar.
ALIJO Contrabando.
ALIMAÑA Bicho, sabandija.
ALIMENTAR Mantener, nutrir, sustentar, sostener. *Ayunar, desnutrir.* // Avivar, fomentar. *Ahogar, apagar.* // Aprovisionar. *Desabastecer.*
ALIMENTICIO Nutritivo.
ALIMENTO Comestible, comida, vianda, fomento, pábulo, sostén, subsistencia, sustento.
ALINEACIÓN Alineamiento, formación.
ALIÑAR Acicalar, adornar, limpiar. // Aderezar, adobar, condimentar, sazonar. *Alinear.
ALIÑO Arreglo, aseo, limpieza. *Desaliño, desaseo.* // Aderezo, adobo, condimento.
ALISAR Allanar, aplanar, pulimentar, pulir. *Abultar, arrugar.*
ALISTAR Enrolar, inscribir, matricular. // Aparejar, aprontar, preparar, prevenir.
ALIVIAR Aligerar, alivianar, aminorar, calmar, descargar, disminuir, mitigar, moderar, templar. *Apesadumbrar, reforzar.* // Mejorar, reponerse. *Agravar.*
ALIVIO Aplacamiento, consuelo, descanso, lenitivo, mejoría, confortación, des-

ahogo. *Empeoramiento.*

ALJABA Carcaj.

ALJIBE Cisterna, pozo.

ALLÁ Allí. *Acá.*

ALLANAR Aplanar, igualar, nivelar. *Desigualar.* // Superar, zanjar. // Aquietar, pacificar. *Sublevar.* // Abatir, derribar. *Elevar.*

ALLANARSE Amoldarse, avenirse, conformarse, prestarse, resignarse, someterse. *Resistirse.*

ALLEGADO Cercano, inmediato. *Lejano.* // Deudo, familiar, pariente. *Extraño.*

ALLENDE Al otro lado. *Aquende.* // Además.

ALLÍ Allá, acullá, ahí, acá, aquí. // Entonces.

ALMA Ánima, espíritu, principio vital, sustancia. *Cuerpo, materia.* // Aliento, ánimo, energía, viveza. // Habitante, individuo, persona, ser.

ALMACÉN Abacería, depósito, tienda.

ALMACENAR Acaparar, acopiar, acumular, guardar, juntar, reunir. *Distribuir, repartir.*

ALMÁCIGA Mástique. // Semillero.

ALMADÍA Balsa, jangada.

ALMADREÑA Zueco.

ALMANAQUE Calendario.

ALMIBARADO Dulce, dulzón, empalagoso, meloso. *Agrio.*

ALMINAR Minarete.

ALMIREZ Mortero.

ALMIZCLAR Perfumar, aromatizar, odorizar.

ALMO Alimentador, criador, vivificador. // Excelente, santo, benéfico.

ALMOHADA Almohadilla, almohadón, cabezal.

ALMOHADILLADO Acolchado.

ALMOHADÓN Cojín.

ALMONEDA Subasta.

ALMORRANAS Hemorroides.

ALMORZAR Comer.

ALNADO Entenado, hijastro.

ALOCADO Atropellado, impulsivo. *Cuerdo, juicioso, prudente.*

ALOCUCIÓN Arenga, discurso, coloquio, demostración. *Elocución.

ALODIO Heredad, patrimonio, donación, legado.

ÁLOE Acíbar.

ALOJAMIENTO Albergue, hospedaje, posada, vivienda.

ALOJAR Albergar, aposentar, habitar, hospedar. // Posar, vivir, residir. *Desalojar, echar, expulsar.*

ALÓN Ala. // Aludo.

ALOPECIA Calvicie.

ALOQUE Rojo, tinto, encarnado.

ALPINISTA Andinista, montañista, escalador, excursionista.

ALQUERÍA Finca, cortijo, granja.

ALQUILAR Arrendar, subarrendar. *Desalquilar.*

ALQUILER Arrendamiento, arriendo, locación.

ALQUITARA Alambique.

ALQUITRÁN Brea.

ALREDEDOR Cerca de, en redor, en torno a.

ALREDEDORES Afueras, cercanías, contornos, inmediaciones, periferia, proximidades.

ALTA Ingreso. *Baja.*

ALTANERÍA Altivez, arrogancia, desdén, desprecio, envanecimiento, orgullo, soberbia, vanidad. *Humildad, modestia, sencillez.*

ALTANERO Altivo, arrogante, desdeñoso, despreciativo, engreído, soberbio.

ALTAR Ara.

ALTERACIÓN Cambio, falsificación, modificación, variación. *Permanencia.* // Conmoción, excitación, inquietud, perturbación, trastorno. *Sosiego.* // Motín, tumulto. *Paz.*

ALTERADO Descompuesto, desfigurado, enojado. *Sosegado.*

ALTERAR Agitarse, encresparse, sofocarse. *Tranquilizar.* // Cambiar, falsificar.

ALTERCADO Agarrada, contienda, disputa, gresca, pendencia, querella, reyerta, riña. *Fiesta.*

ALTERCAR Discutir, reñir. *Departir.*

ALTERNACIÓN Alternativa, periodicidad, ritmo, rotación, turno, vez, vicisitud, vuelta.

ALTERNANCIA Sucesión, superposición.

ALTERNAR Relevarse, sucederse, turnarse. // Codearse, convivir.

ALTERNATIVA Azares, opción.

ALTEZA Altura, elevación, excelencia.

ALTILLO Desván. *Sótano.* // Montículo, otero.

ALTIPLANICIE Puna, meseta. *Depresión.*

ALTISONANTE Altísono, campanudo, enfático, hinchado, pomposo, rimbombante. *Preciso, sobrio.*

ALTITUD Altura, elevación, eminencia. *Bajo.*

ALTIVEZ Altanería, arrogancia, desdén, imperio, orgullo, soberbia. *Humildad, modestia.*

ALTIVO Altanero, arrogante, desdeñoso, despreciativo, imperioso, orgulloso, soberbio.

ALTO Elevado, crecido, espigado. *Bajo, desmedrado, pequeño.* // Dominante, eminente, encumbrado, levantado, prominente. // Excelente, superior. // Arduo, difícil. // Profundo, sólido. // Caro, costoso. *Barato.* // Agudo, penetrante. *Sordo.* // Avanzado, tardío. *Tempranero.* // Altura, cúspide, otero. *Depresión, valle.* // Descanso, escala, etapa, parada. ¡*Arre!*

ALTOZANO Cerro, otero.

ALTRUISMO Abnegación, caridad, filantropía, humanidad. *Egoísmo.*

ALTURA Alteza, altitud, alto, elevación. *Bajeza, profundidad.* // Alzada, tala. // Cima, cúspide, pináculo. *Abismo.*

ALUBIA Frijol, habichuela, poroto.

ALUCINACIÓN Ceguera, ofuscación. // Engaño, ilusión, visión. *Clarividencia, realidad.*

ALUCINAR Cegar, deslumbrar, engañar, ofuscar, seducir. // Confundirse. **Ilusionar.*

ALUD Avalancha.

ALUDIR Citar, insinuar, mencionar, ocu-

parse, personalizar, nombrar, referirse. *Callar, omitir.*

ALUMBRADO Luz, luminotecnia, iluminación, luminarias, faro, llama.

ALUMBRAR Dar luz, encender, iluminar. *Apagar, oscurecer.* // Enseñar, ilustrar, instruir. // Dar a luz, parir. // Emborracharse.

ALUMNO Discípulo, educando, escolar, estudiante.

ALUNADO Lunático. **Alumnado.*

ALUSIÓN Cita, indirecta, insinuación, mención, referencia.

ALUSIVO Referente.

ALUVIÓN Inundación. // Muchedumbre, multitud.

ÁLVEO Cauce, lecho.

ALVÉOLO Cavidad, celdilla.

ALVO Vientre, abdomen.

ALZA Aumento, elevación, encarecimiento, puja, subida. *Baja.*

ALZADO Encelado.

ALZAMIENTO Levantamiento, pronunciamiento, rebelión, revolución, sedición. *Sujeción, sumisión.*

ALZAR Elevar, empinar, encaramar, encumbrar, levantar, sobresalir. *Bajar, descender.* // Construir, edificar, erigir. *Destruir.* // Escamotear, hurtar, llevarse. *Devolver.*

ALZARSE Amotinarse, insurreccionarse, rebelarse. *Someterse.*

AMA Dueña, patrona, propietaria, señora. *Criada, empleada.*

AMABILIDAD Afabilidad, afecto, atención, cordialidad, cortesía, gentileza, sencillez, simpatía, urbanidad. *Aspereza, brutalidad.*

AMABLE Afable, afectuoso, agradable, benévolo, cordial, simpático. *Áspero, descortés, intratable.*

AMADAMADO Afeminado. *Viril.*

AMADO Adorado, dilecto, idolatrado, querido. *Odiado.*

AMADOR Adorador, amante, galán.

AMAESTRAR Adiestrar, enseñar, entrenar, instruir.

AMAGAR Amenazar.

AMAGO Amenaza. *Caricia.* // Indicio, señal, síntoma. ***Hámago.**

AMAINAR Aflojar, calmar, ceder, disminuir. *Embravecerse, encresparse.*

AMAITINAR Acechar, atisbar, espiar.

AMALGAMA Mezcla, unión. *Desunión, separación.*

AMALGAMAR Unir, mezclar, amasar, combinar. *Separar, desunir.*

AMAMANTAR Criar, dar el pecho, lactar.

AMANCEBARSE Abarraganarse, cohabitar, enredarse, juntarse.

AMANECER Aclarar, alborear, clarear, despuntar el día. *Anochecer, atardecer, oscurecer.* // Alba. *Crepúsculo.*

AMANERADO Afectado, afeminado, estudiado, rebuscado. *Natural, sencillo.*

AMANERAMIENTO Afectación, remilgo, rebuscamiento. *Naturalidad, sencillez, simplicidad.*

AMANSAR Desbravar, domar, domesticar. // Aplacar, tranquilizar. *Embravecer, excitar.*

AMANTAR Abrigar, arropar, tapar. *Descubrir, destapar.*

AMANTE Adorador, amador, apasionado, querido. // Manceba, querida.

AMANUENSE Copista, escribiente.

AMAÑARSE Arreglarse. // Darse maña.

AMAÑO Ardid, artificio, astucia, estratagema, habilidad, treta, triquiñuela, trampa, truco. // Tejemaneje.

AMAR Querer, adorar, estimar, idolatrar, bienquerer, apreciar, apasionarse, enamorarse, estimar. *Aborrecer, odiar, abominar.*

AMARAR Acuatizar. ***Amarrar.**

AMARGAR Acibarar, afligir, apesadumbrar, atormentar, entristecer. *Consolar, endulzar.*

AMARGO Acerbo, acibarado, áspero, desabrido. *Dulce, melifluo.* // Doloroso, penoso. // Cimarrón. *Azucarado.*

AMARGOR Amargura.

AMARGURA Aflicción, disgusto, pena, pesadumbre, pesar, sufrimiento, tristeza. *Alegría, dulzura.*

AMARICADO Afeminado, amadamado.

AMARILLO Ambarino, azafranado, jalde, dorado, rubio, pajizo.

AMARRA Cable, cuerda, maroma.

AMARRAR Asegurar, atar, encadenar, ligar, sujetar. *Desatar, soltar.* ***Amarar.**

AMARTELADO Enamorado.

AMARTELAR Enamorar, cortejar, galantear, arrullar.

AMASAR Amalgamar, mezclar.

AMASIJO Masa. // Obra, tarea. // Embrollo, enredo.

AMAZACOTADO Indigesto, pesado. *Ligero.* // Informe.

AMAZONA Guerrera, cazadora.

AMBAGES Circunloquios, rodeos.

AMBICIÓN Ansia, aspiración, codicia, deseo. *Apatía, conformismo, modestia.*

AMBICIONAR Anhelar, ansiar, aspirar, codiciar, desear, perseguir. *Desdeñar, renunciar.*

AMBICIOSO Ansioso, avaricioso, codicioso. *Humilde, modesto.*

AMBIENTE Atmósfera, clima. // Habitación. // Medio.

AMBIGÜEDAD Anfibología, doble sentido, equívoco. *Claridad, precisión.*

AMBIGUO Anfibológico, confuso, equívoco, oscuro. *Claro, neto, preciso.*

ÁMBITO Contorno, espacio, perímetro.

AMBOS Los dos, uno y otro.

AMBROSÍA Néctar. ***Ambrosia.**

AMBULANTE Andarín, errante. *Sedentario.* // Pasajero. *Permanente.*

AMEDRENTAR Acobardar, amilanar, arredrar, asustar, atemorizar, espantar, intimidar. *Envalentonar.*

AMÉN Así sea. // Además, a más. ***Amen** (amar).

AMENAZA Amago, conminación, intimidación, ultimátum.

AMENAZAR Amagar, conminar, intimidar. *Eximir, liberar.*

AMENGUAR Deshonrar, disminuir, infamar, menoscabar, mermar. *Aumentar.*

AMENIDAD Atractivo, deleite, encanto, gracia. *Fastidio, tedio.*

AMENIZAR Deleitar, divertir, encantar. *Aburrir, hastiar.*

AMENO Atractivo, deleitable, encantador, entretenido, grato, placentero. *Aburrido, soso.*

AMETRALLAR Disparar, acribillar.

AMIANTO Asbesto.

AMIGA Compañera, camarada, querida. *Enemiga.*

AMIGABLE Amistoso.

AMIGAR Amistar, reconciliar, unir. *Enemistar.*

AMIGO Adicto, afecto, aficionado, amante, amigazo, amigote, apegado, camarada, compañero, devoto, encariñado, inclinado, partidario. *Enemigo.*

AMILANAR Acobardar, acoquinar, amedrentar, apocar, asustar, atemorizar, intimidar. *Alentar, animar.*

AMINORAR Amortiguar, acortar, achicar, atenuar, disminuir, mermar, minorar, mitigar, reducir. *Acrecer, acrecentar, agrandar.* // Paliar. *Agravar.*

AMISTAD Afecto, apego, aprecio, camaradería, cariño, devoción, inclinación, simpatía. *Enemistad, rivalidad.*

AMISTAR Aficionarse, amigar, intimar, reconciliarse, simpatizar. *Enemistar, regañar.*

AMISTOSO Amigable.

AMNISTÍA Indulto.

AMO Dueño, señor, patrón, propietario. *Criado, súbdito.*

AMOBLAR Amueblar.

AMODORRAMIENTO Adormecimiento, modorra, somnolencia, sopor.

AMODORRARSE Adormecerse, adormilarse, aletargarse. *Despabilarse, desvelarse.*

AMOJAMARSE Acartonarse, adelgazar. *Afofarse, engordar.*

AMOJONAR Delimitar, deslindar.

AMOLAR Afilar. // Aburrir, cansar, fastidiar, molestar.

AMOLDADO Acabado, exacto, perfilado, preciso.

AMOLDAR Adaptar, acomodar, ajustar, conformar. *Desacomodar.* // Avenirse. *Rebelarse.*

AMONESTACIÓN Admonición, advertencia, aviso, censura, regaño, reprimenda, reproche. *Elogio.*

AMONESTAR Aconsejar, advertir, apercibir, regañar, reprender, sermonear.

AMONTONAR Acumular, apilar, hacinar. *Esparcir.*

AMOR Adoración, afecto, afición, apego, caridad, cariño, dilección, querer. *Aborrecimiento, animadversión, aversión, ojeriza, odio, rencor.* // Erotismo. // Blandura, delicadeza, suavidad. // Cuidado, esmero.

AMORATADO Cárdeno, lívido.

AMORFO Informe.

AMORÍO Devaneo, enamoramiento.

AMOROSAMENTE Afectuosamente, cariñosamente, entrañablemente, tiernamente. *Bruscamente.*

AMOROSO Afectuoso, apacible, cariñoso, suave, tierno. *Hostil, odioso.*

AMORTIGUAR Amenguar, aminorar, apaciguar, aplacar, atemperar, atenuar, moderar, mitigar, paliar, suavizar. *Atizar, avivar, exagerar.*

AMORTIZAR Cancelar, liquidar, redimir, pagar.

AMOSCARSE Amostazarse, enfadarse, escamarse, picarse.

AMOSTAZARSE Enojarse, escamarse, irritarse.

AMOTINADO Rebelde, revoltoso, alzado, sublevado.

AMOTINADOR Agitador, activista, rebelde, provocador.

AMOTINARSE Alzar, insurreccionar, levantar, revolucionar, sublevar. *Aquietar, obedecer.*

AMOVIBLE Inestable. *Fijo, inamovible.*

AMPARAR Apadrinar, apoyar, defender, patrocinar, proteger. *Desatender.* // Cobijarse, guarecerse, resguardarse. *Desamparar.*

AMPARO Apoyo, auxilio, égida, favor, patrocinio, protección, socorro. *Abandono, desamparo.* // Refugio.

AMPLIACIÓN Amplificación, aumento. *Reducción.*

AMPLIAMENTE Considerablemente,

cumplidamente, generosamente, grandemente. // En abundancia, sin restricciones.

AMPLIAR Agrandar, alargar, amplificar, aumentar, desarrollar, dilatar, ensanchar, extender, profundizar. *Achicar, reducir, sintetizar.*

AMPLIFICACIÓN Aumento, desarrollo.

AMPLIFICAR Ampliar.

AMPLIO Ancho, capaz, dilatado, espacioso, extenso, lato, vasto. *Estrecho, pequeño.*

AMPLITUD Anchura, capacidad, dilatación, extensión, profundidad, vastedad.

AMPO Blancura.

AMPOLLA Vejiga, vesícula.

AMPULOSO Enfático, hinchado, pomposo, redundante. *Escueto, natural, sencillo.*

AMPUTACIÓN Ablación, cercenamiento, mutilación.

AMPUTAR Cercenar, cortar, mutilar, seccionar.

AMUEBLAR Alhajar, amoblar, ornamentar. *Desamueblar.*

AMULETO Fetiche, mascota, talismán.

AMURALLADO Defendido, cercado, fortificado, atrincherado.

AMURALLAR Cercar, murar.

ANACORETA Cenobita, eremita, ermitaño, solitario.

ÁNADE Pato.

ANAGRAMA Trasposción, cambio, inversión.

ANALES Crónica, fastos.

ANALFABETO Ignorante, inculto, iletrado. *Culto.*

ANÁLISIS Examen, descomposición. *Reconstrucción.*

ANALIZAR Examinar, descomponer. *Sintetizar.*

ANALOGÍA Afinidad, correspondencia, parecido, semejanza, similitud. *Antítesis, contraste, diferencia.*

ANÁLOGO Correspondiente, equivalente, parecido, similar, sinónimo. *Antitético, dispar, disímil.*

ANAQUEL Estante, tabla, vasar.

ANARQUÍA Confusión, desconcierto, desorden. *Disciplina, gobierno, orden.*

ANATEMA Excomunión, execración, maldición, reprobación, censura.

ANATOMÍA Disección.

ANATÓMICO Cirujano, disector.

ANCA Cadera, cuadril, grupa.

ANCESTRAL Atávico.

ANCHO Amplio, espacioso, extenso, vasto. *Estrecho, reducido.* // Holgado. *Apretado.* // Desembarazado.

ANCHOA Boquerón.

ANCHURA Amplitud, ancho, desahogo, espacio, extensión, holgura, soltura. *Angostura, estrechez.*

ANCIANIDAD Senectud, vejez, vetustez, longevidad, senilidad. // *Infancia, juventud, niñez.*

ANCIANO Abuelo, longevo, vejete, viejo. *Niño, joven, criatura, muchacho.* // Vetusto.

ANCLA Áncora.

ANCLAR Echar anclas, fondear.

ÁNCORA Ancla.

ANDADA Hábito.

ANDADOR Andante, andariego, andarín. // Andaderas.

ANDAMIAJE Andamiada.

ANDAMIO Andamiaje, tablado.

ANDANADA Reconvención, reprimenda.

ANDANZA Aventura, correría, viaje.

ANDAR Caminar, ir, marchar, pasar, recorrer, transitar, trasladarse, vagar. // Funcionar, moverse. *Detener, parar.*

ANDARIEGO Caminante. *Sedentario.*

ANDARÍN Andariego, trotamundos.

ANDAS Angarillas, camilla, parihuelas.

ANDÉN Apeadero, muelle, plataforma.

*Anden (andar).

ANDINISMO Montañismo.

ANDINISTA Montañista.

ANDORGA Vientre.

ANDRAJO Colgajo, guiñapo, harapo, pingo. *Adorno, atavío, gala.*

ANDRAJOSO Desharrapado, harapiento, zarrapastroso. *Atildado, flamante.*

ANDURRIAL Paraje, sitio, lugar.

ANÉCDOTA Cuento, hecho, historieta,

suceso, historia, relato.
ANEGAR Encharcar, inundar, sumergir. // Hundirse, naufragar, zozobrar.
ANEJO Anexo.
ANESTESIA Hipnosis, insensibilización, narcosis, analgesia.
ANESTESIAR Insensibilizar. *Excitar.*
ANEURISMA Tumor, dilatación.
ANEXAR Agregar, anexionar, incorporar, juntar, unir.
ANEXIÓN Acoplamiento, agregación, incorporación, unión, acompañamiento. *Secesión, separación.*
ANEXIONAR Anexar.
ANEXO Accesorio, adjunto, adscripto, agregado, anejo, unido. // Apéndice, dependencia, sucursal.
ANFIBOLOGÍA Ambigüedad, equívoco.
ANFITEATRO Circo, hemiciclo.
ANFITRIÓN Huésped.
ÁNFORA Cántaro, jarrón.
ANFRACTUOSIDAD Sinuosidad, depresión, desigualdad, fragosidad.
ANFRACTUOSO Sinuoso, desigual, fragoso, quebrado, tortuoso.
ANGARILLAS Andas, camilla.
ÁNGEL Querubín, serafín, querube, arcángel. *Demonio, diablo.* // Atractivo, encanto, gracia.
ANGELICAL Candoroso, casto, inocente, puro. *Diabólico.*
ANGOSTARSE Estrecharse, reducirse, encajonarse. *Ensancharse, abrirse.*
ANGOSTO Acañonado, apretado, estrecho. *Amplio, holgado.*
ANGOSTURA Desfiladero, estrechez, estrechura, garganta.
ANGULAR Básico, fundamental.
ÁNGULO Arista, codo, esquina, recodo, rincón.
ANGURRIA Voracidad, avidez, codicia.
ANGURRIENTO Amarrete, voraz. *Generoso, desprendido.*
ANGUSTIA Aflicción, ansiedad, congoja, desconsuelo, inquietud, pena, tristeza, zozobra. *Alegría, serenidad.*
ANGUSTIAR Acongojar, afligir, apenar, entristecer, apesadumbrar. *Tranquilizar,*

consolar, animar, reconfortar.
ANGUSTIOSO Apremiante, penoso, triste. *Consolador, tranquilizante.*
ANHELAR Ambicionar, ansiar, apetecer, aspirar, codiciar, desvivirse, pretender, querer, suspirar. *Conformarse, desdeñar.* // Respirar.
ANHELO Ansia, aspiración, codicia, deseo, gana. *Decepción.* // Respiración.
ANIDAR Alojarse, habitar, morar, residir.
ANILLA Argolla.
ANILLO Aro, sortija. // Argolla.
ÁNIMA Alma. *Anima (animar).
ANIMACIÓN Actividad, agitación, alegría, calor, excitación, movimiento, vivacidad. *Calma, tranquilidad.* // Viveza. *Abatimiento.* // Bulla, vida.
ANIMADO Animoso, decidido, dispuesto, esforzado, resuelto. *Decaído, desanimado.* // Alegre, concurrido, movido. *Tranquilo.*
ANIMADVERSIÓN Animosidad, antipatía, enemistad, malquerencia, ojeriza, tirria. *Atracción, simpatía.*
ANIMAL Bestia, bruto, fiera. // Ignorante, torpe.
ANIMALADA Bestialidad, estupidez, grosería, brutalidad.
ANIMAR Aguijonear, alentar, confortar, excitar, exhortar. // Arriesgar, atreverse, decidirse. *Desalentar, desanimar, descorazonar.*
ÁNIMO Alma, espíritu. // Acometividad, aliento, ardor, brío, denuedo, resolución, valor. *Cobardía.* // Designio, intención, propósito, voluntad. *Animo (animar).
ANIMOSIDAD Animadversión, aversión, mala voluntad, malquerencia, rencor. *Afecto, amistad.*
ANIMOSO Alentado, bravo, denodado, decidido, enérgico, esforzado, intrépido, resuelto, valiente. *Cobarde, miedoso, temeroso.*
ANIQUILAR Anonadar, arrasar, arruinar, derrotar, desbaratar, destruir, humillar. *Crear, generar, producir.*
ANIVERSARIO Cumpleaños.
ANO Culo.

ANOCHECER Crepúsculo, ocaso. // Oscurecer. *Amanecer.*

ANODINO Ineficaz, insignificante, insustancial, nimio. *Atractivo, enjundioso, violento.*

ANOMALÍA Anormalidad, irregularidad, rareza.

ANÓMALO Extraño, irregular, raro, singular. *Normal, regular, vulgar.*

ANONADAR Aniquilar. // Abatir.

ANÓNIMO Desconocido, ignorado. *Antónimo.

ANORMAL Anómalo, irregular. *Normal.* // Defectuoso, deforme, monstruoso. // Loco.

ANORMALIDAD Irregularidad, perturbación. *Normalidad, regularidad, tranquilidad.*

ANOTACIÓN Acotación, apunte, llamada, nota, observación.

ANOTAR Apuntar, asentar, inscribir. // Aclarar, comentar, glosar. // Matricular. // Empadronar.

ANQUILOSADO Atrofiado, impedido, paralítico.

ANQUILOSARSE Atrofiarse, paralizarse, estancarse.

ÁNSAR Ganso.

ANSIA Ansiedad, congoja, inquietud. *Despreocupación, paz, tranquilidad.* // Afán, anhelo, codicia, deseo, gana. *Inapetencia.*

ANSIAR Anhelar, apetecer, codiciar, desear, querer, suspirar, aspirar. *Desdeñar, despreciar.*

ANSIEDAD Ansia, impaciencia, desasosiego. *Paciencia.*

ANSIOSO Ávido, deseoso, ganoso. *Indiferente.*

ANTA Alce, ante. // Menhir.

ANTAGONISMO Contraposición, contrariedad, oposición, rivalidad, conflicto. *Concordia.*

ANTAGONISTA Adversario, competidor, contrario, contrincante, enemigo, opositor, rival. *Partidario.*

ANTAÑO Antiguamente. *Hogaño.*

ANTÁRTICO Austral, meridional, sur.

Ártico, septentrional, norte.

ANTE Anta. // Delante. *Detrás.*

ANTECÁMARA Antesala, recibidor. *Recámara, trastienda.*

ANTECEDENTE Anterior, precedente. *Consecuente.* // Dato, referencia.

ANTECEDER Preceder. *Seguir.*

ANTECESOR Antepasado, ascendiente, predecesor. *Descendiente, sucesor.*

ANTEDILUVIANO Remoto, primitivo, prehistórico, inmemorial, antiquísimo.

ANTELACIÓN Anterioridad, anticipación, prioridad. *Retraso.*

ANTEMANO (DE) Anticipadamente, por adelantado.

ANTEOJO Catalejo, telescopio, lente. *Antojo.

ANTEOJOS Antiparras, espejuelos, gafas, gemelos, lentes, quevedos.

ANTEPASADO Antecesor, predecesor. *Descendiente.*

ANTEPECHO Baranda, parapeto, pretil.

ANTEPONER Adelantar, preferir, preponer. *Posponer.*

ANTERIOR Antecedente, precedente, previo, antedicho. *Posterior, ulterior.*

ANTERIORIDAD Antelación, anticipación. *Demora.*

ANTERIORMENTE Antes, precedentemente, primeramente. *Posteriormente, después.* // Antaño.

ANTESALA Antecámara.

ANTICIPACIÓN Adelanto, antelación, anterioridad, anticipo.

ANTICIPAR Adelantar. *Diferir, retrasar.*

ANTICIPO Anticipación.

ANTICUADO Anacrónico, antiguo. *Futurista.*

ANTÍDOTO Antitóxico, contraveneno. *Veneno.*

ANTIESTÉTICO Deforme, feo, monstruoso. *Estético.*

ANTIFAZ Careta, máscara.

ANTIGUAMENTE Antaño, en otro tiempo, otrora. *Actualmente.*

ANTIGÜEDAD Pasado. *Futuro.* // Vetustez. *Novedad.*

ANTIGUO Añejo, inveterado, pasado,

primitivo, prístino, remoto. *Moderno, nuevo, reciente.* // Desusado, viejo.

ANTINOMIA Contradicción, oposición.

ANTIPARRAS Anteojos, lentes, gafas. *****Antipara.**

ANTIPATÍA Animadversión, incompatibilidad, repugnancia, repulsión, tirria. *Atracción, simpatía.*

ANTÍPODA Antitético.

ANTISÉPTICO Desinfectante.

ANTÍTESIS Contraste, oposición. *Similitud, concordancia.*

ANTITÉTICO Adversario, contrario, incompatible, opuesto. *Compatible, semejante, concorde.*

ANTITÓXICO Antídoto.

ANTOJADIZO Caprichoso, mudable, veleidoso, versátil, voluble.

ANTOJARSE Encapricharse. // Figurarse, imaginarse, pensar, sospechar.

ANTOJO Berretín, capricho. // Lunar. *****Anteojo.**

ANTOLOGÍA Colección, florilegio, selección.

ANTÓNIMO Contrario. *Sinónimo.* *****Anónimo.**

ANTONOMASIA (POR) Por excelencia.

ANTORCHA Hacha, hachón, tea.

ANTRO Caverna, cueva, gruta.

ANTROPÓFAGO Caníbal.

ANUAL Anuo, añal.

ANUALIDAD Importe, renta, interés, pensión, honorarios.

ANUBARRADO Encapotado, nublado, nubloso.

ANUDAR Enlazar, añudar, atar, juntar, unir. *Desatar, desanudar, desligar.*

ANUENCIA Consentimiento, permiso, venia. *Denegación, oposición.*

ANULAR Abrogar, borrar, derogar, inutilizar, invalidar, revocar, suprimir. *Autorizar, convalidar.* // Inhabilitar. *Confirmar.* // Compensar, contrarrestar, neutralizar. // Humillar, postergar.

ANUNCIANTE Avisador.

ANUNCIAR Avisar, comunicar, dar a conocer, divulgar, informar, noticiar, notificar, participar, proclamar, publi-

car. *Callar, ocultar, tapar.*

ANUNCIO Aviso, bando, cartel, noticia, notificación, proclama, reclamo. // Publicidad. // Presagio, vaticinio.

ANVERSO Cara, faz, haz. *Dorso, envés, reverso.*

ANZUELO Arponcillo. // Aliciente, atractivo, incentivo. // Añagaza, cebo.

AÑADIDO Agregado, postizo.

AÑADIDURA Aditamento, agregación.

AÑADIR Agregar, aumentar, incorporar, juntar, sumar. *Quitar, restar.*

AÑAGAZA Ardid, argucia, artificio, artimaña, engaño, señuelo, treta.

AÑAL Anual.

AÑEJO Antiguo. *Nuevo, reciente.*

AÑICOS Fragmentos, pedazos, trizas.

AÑIL Índigo.

AÑORANZA Melancolía, morriña, nostalgia. *Olvido.*

AÑOS Abriles, primaveras.

AÑOSO Longevo, viejo.

APABULLAR Aplastar, humillar.

APACENTAR Pacer, pastar, pastorear. // Enseñar, instruir.

APACIBILIDAD Bondad, dulzura, suavidad, mansedumbre, afabilidad. // Calma, bonanza, tranquilidad, serenidad.

APACIBLE Afable, bonachón, dulce, manso, placentero, pacífico, plácido, reposado, sosegado, suave, tranquilo. *Desapacible, iracundo.*

APACIGUAR Aplacar, aquietar, calmar, pacificar, sosegar, serenar, suavizar. *Alborotar, enfurecer, inquietar.*

APADRINAR Avalar, proteger, patrocinar, prohijar.

APAGADO Amortiguado, bajo, débil, extinto. *Ardiente, vivo.*

APAGAMIENTO Apagón, extinción.

APAGAR Ahogar, amortiguar, extinguir, matar, reprimir, sofocar. *Encender, inflamar, prender.*

APALABRAR Arreglar, concertar, convenir, comprometer.

APALANCAR Palanquear.

APALEAR Aporrear, vapulear, varear.

APAÑAR Agarrar, coger, tomar. *Soltar.*

// Hurtar. // Aderezar, arreglar, asear, ataviar. // Componer, remendar. // Abrigar. // Encubrir.

APAÑÁRSELAS Agenciárselas, componérselas, arreglarse, industriarse.

APARADOR Armario. // Escaparate.

APARAR Aparejar, disponer, preparar.

APARATO Instrumento, máquina, mecanismo. // Atuendo, lujo, magnificencia, pompa, solemnidad.

APARCAR Colocar, estacionar.

APARCERO Compañero, medianero, socio.

APAREAR Equiparar, igualar. *Descabalar.* // Juntar, unir.

APARECER Encontrarse, hallarse, manifestarse, mostrarse, surgir. *Desaparecer, esconderse, ocultarse.*

APARECIDO Espectro, fantasma.

APAREJADO Apto, dispuesto, idóneo. *Inepto.*

APAREJAR Aprestar, aviar, disponer, preparar, prevenir.

APAREJO Avío, preparación. // Arneses, arreo. // Polea.

APARENTAR Fingir, parecer, simular.

APARENTE Engañoso, fingido, simulado. *Real.* // Conveniente, oportuno. *Inconveniente.*

APARICIÓN Aparecido, visión. // Presentación. *Desaparición.*

APARIENCIA Aire, aspecto, cariz, figura, forma, tipo, traza. *Realidad.* // Probabilidad, verosimilitud. *Verdad.*

APARTADERO Desvío.

APARTADO Aislado, distante, lejano, remoto. *Cercano.*

APARTAR Aislar, alejar, correrse, desechar, desunir, desviar, evitar, quitar, rehuir, retirar, separar. *Acercar, poner, reunir.*

APARTE Separadamente.

APASIONADO Amante, ardoroso, entusiasta, fanático, vehemente. *Desamorado, frío.*

APASIONANTE Emocionante, excitante. *Aburrido.*

APASIONARSE Aficionarse, entusias-

marse, prendarse.

APATÍA Abulia, desgano, desidia, dejadez, impasibilidad, indiferencia, indolencia. *Anhelo, fervor, interés, vivacidad, entusiasmo.*

APÁTICO Abúlico, impasible, indiferente, indolente, insensible. *Animado, enérgico, vehemente.*

APEARSE Bajar, descender, desmontar. *Montar, subir.*

APECHUGAR Aceptar, aguantar, conformarse, admitir.

APEDREAR Lapidar. // Granizar.

APEGO Afecto, afición, amistad, cariño, inclinación, simpatía. *Antipatía, desapego, desinterés.*

APELACIÓN Consulta, reclamación, recurso, interposición.

APELAR Recurrir, suplicar. *Desistir.*

APELMAZAR Apretar, tupir, compactar, comprimir.

APELOTONARSE Amontonarse.

APELLIDAR Llamar, nombrar.

APENADO Contrito, dolorido, melancólico, triste. *Contento, feliz.*

APENAR Acongojar, afligir, apesadumbrar, angustiar, atormentar, atribular, contristar, entristecer. *Alegrar, consolar, regocijar.*

APENAS Casi no, escasamente, penosamente. // Tan pronto como.

APÉNDICE Adjunto, agregado, anexo, prolongación, suplemento. // Cola, extremidad, rabo.

APEÑUSCAR Apiñar, juntar. *Desperdigar, esparcir.*

APERCIBIMIENTO Advertencia, amonestación, aviso, emplazamiento.

APERCIBIR Advertir, amonestar, avisar, emplazar. // Aprestar, disponer, preparar, prevenir. *Descuidar.* // Observar, percibir. *Ocultar.*

APERGAMINADO Acartonado, amojamado, enjuto.

APERGAMINARSE Acartonarse, acecinarse, amojamarse.

APERO Recado.

APERREADO Cansado, fatigado, trabajado. *Descansado.* ***Aporreado.**

APERTURA Comienzo, inauguración. *Clausura, terminación.* ***Abertura.**

APESADUMBRAR Apenar, apesarar. *Consolar.*

APESTAR Heder. *Aromatizar.* // Contagiar, corromper, infectar, inficionar, viciar. *Curar, sanar.* // Fastidiar, hastiar. *Agradar.*

APESTOSO Fétido, hediondo, maloliente, pestilente. *Aromático.* // Fastidioso, inoportuno, insufrible. *Agradable.*

APETECER Agradar. *Desagradar.* // Ambicionar, codiciar, desear, querer. *Rechazar, desentenderse.*

APETITO Apetencia, deseo, gana, hambre, necesidad. *Desgana, hartura, saciedad, inapetencia.*

APETITOSO Apetecible, delicioso, rico, sabroso. *Desabrido.*

APIADARSE Compadecerse, condolerse, dolerse. *Ensañarse.*

ÁPICE Cima, cumbre, punta. // Minucia, nonada, pizca.

APILAR Amontonar. *Esparcir.*

APIÑARSE Amontonarse, apelotonarse, apretujarse. *Dispersarse.*

APIOLAR Prender, sujetar. // Asesinar.

APIPARSE Atiborrarse, hartarse.

APISONAR Pisonear, aplastar, apretar, planchar.

APLACADO Calmado, aliviado. *Irritado, nervioso.*

APLACAR Ablandar, amansar, amortiguar, apagar, calmar, mitigar, moderar, suavizar. // Sosegar. *Excitar, irritar.*

APLANAR Abatir, aniquilar, debilitar, desalentar, extenuar, postrar. *Vigorizar.* // Allanar, igualar. *Amontonar.*

APLASTADO Achatado, apabullado, aplanado.

APLASTAR Achatar, apisonar, aplanar, asentar, comprimir, prensar. *Mullir.* // Anonadar, apabullar, avergonzar, humillar, reventar. *Consolar.*

APLAUDIR Aprobar, encomiar, felicitar, palmotear, ponderar. *Criticar, patear, silbar, sisear.*

APLAUSO Alabanza, aprobación, elogio, palmoteo, ponderación. *Rechifla, reprobación.*

APLAZAMIENTO Demora, dilación, retraso, suspensión.

APLAZAR Demorar, diferir, posponer, retrasar, suspender, postergar. *Anticipar.* ***Emplazar.**

APLICACIÓN Atención, cuidado, diligencia, esmero. *Negligencia.* // Adaptación, superposición.

APLICADO Atento, concentrado, cuidadoso, diligente, esmerado, estudioso. *Desaplicado, perezoso.*

APLICAR Acomodar, adaptar, arrimar, sobreponer. // Achacar, asignar, atribuir, destinar, imputar, referir. // Esmerarse. *Descuidar.*

APLOMADO Ecuánime, juicioso, objetivo, ponderado, prudente, reflexivo, sereno. *Turbado, vacilante.*

APOCADO Cobarde, corto, pusilánime, tímido. *Animoso, esforzado, resuelto.*

APOCALÍPTICO Espantoso, terrorífico.

APOCAMIENTO Timidez, cortedad, temor, desaliento, flaqueza, abatimiento, vergüenza. *Atrevimiento, resolución.*

APOCAR Achicarse, asustarse, humillarse. *Agrandarse, envalentonarse.* // Acortar, achicar, aminorar, menguar, reducir. *Aumentar.*

APÓCOPE Supresión. *Añadido.*

APÓCRIFO Falso, falsificado, fingido, amañado, supuesto, quimérico. *Auténtico, genuino.*

APODERADO Administrador, representante, encargado, delegado, mandatario, poderhabiente. *Poderdante, comitente.*

APODERAR Conferir, facultar.

APODERARSE Adueñarse, apropiarse, enseñorearse, ocupar, quitar, tomar, usurpar. *Ceder, dejar, desocupar.*

APODÍCTICO Convincente, demostrativo, incontrovertible. *Dudoso.*

APODO Alias, mote, sobrenombre. ***Ápodo.**

APOGEO Auge, culminación, cumbre, esplendor. *Perigeo, decadencia, ruina.*

APOLILLADO Carcomido, roído.

APOLOGÍA Alabanza, elogio, encomio, defensa, justificación, panegírico, ponderación. *Crítica, denigración, diatriba.*

APÓLOGO Alegoría, cuento, fábula, ficción, parábola.

APOLTRONARSE Abandonarse, emperezarse. // Repantigarse.

APORREAR Apalear, vapulear, zurrar. *Acariciar.*

APORTAR Causar, contribuir, dar, ocasionar. // Aducir, alegar.

APOSENTAR Albergar, alojar. // Residir.

APOSENTO Cuarto, habitación, morada, domicilio.

APÓSITO Venda, vendaje, cataplasma, compresa.

APOSTA Adrede, deliberadamente, intencionadamente. *Involuntariamente.*

APOSTAR Arriesgar, jugar. // Colocar, emboscar, poner.

APOSTASÍA Retractación, abandono, abjuración, deserción, renuncia. *Fidelidad, ortodoxia.*

APÓSTATA Desertor, perjuro, renegado. *Ortodoxo.*

APOSTATAR Abjurar, renegar.

APOSTILLA Comentario, glosa, nota.

APÓSTOL Evangelizador, misionero, propagandista.

APOSTROFAR Acusar, denunciar, enrostrar. *Alabar, encarecer.*

APÓSTROFE Invectiva. *Elogio, loa.*

APOSTURA Gallardía, garbo, porte.

APOTEGMA Adagio, aforismo, dicho, sentencia. *Apotema.*

APOTEOSIS Deificación, ensalzamiento, exaltación. *Envilecimiento.*

APOYAR Basar, arrimar, asentar, descansar, descargar, estribar, fundar, gravitar, recostar. *Separar.* // Conformar, corroborar, respaldar. *Desaprobar.* // Ayudar, defender, favorecer, secundar. *Atacar.*

APOYO Soporte, sostén, sostenimiento, sustentáculo. // Auxilio, defensa, favor, protección.

APRECIABLE Considerable, estimable, notable, ponderable. *Inapreciable.*

APRECIACIÓN Dictamen, evaluación, juicio, opinión.

APRECIADO Estimado, considerado, reputado. *Despreciado.*

APRECIAR Estimar, calificar, considerar, justipreciar, tasar, valorar, valuar. *Despreciar, menospreciar, repudiar.*

APRECIO Apreciación, bienquerencia, consideración, estima, estimación. *Descrédito, desestimación.* // Evaluación, tasación, valoración.

APREHENDER Asimilar, concebir. // Asir, atrapar, capturar, prender. *Desasir, soltar.* *Aprender.*

APREHENSIÓN Percepción. // Captura. *Aprensión.*

APREMIANTE Perentorio, urgente.

APREMIAR Aprestar, apurar, oprimir, urgir. *Tranquilizar.*

APREMIO Aprieto, apuro, necesidad, premura, urgencia.

APRENDER Estudiar, cultivarse, educarse, ilustrarse, instruirse. *Ignorar, olvidar.* *Aprehender.*

APRENDIZ Novicio, practicante, principiante. *Idóneo, perito.*

APRENDIZAJE Amaestramiento, instrucción, práctica.

APRENSIÓN Recelo, sospecha, temor. *Aprehensión.*

APRENSIVO Delicado, receloso, temeroso. *Animoso.*

APRESADO Capturado, prisionero, prendido, sujeto. *Libre, suelto.*

APRESAR Aprehender, arrestar, asir, capturar, detener, echar mano, prender. *Libertar, soltar.*

APRESTAR Aparejar, disponer, preparar, prevenir. // Aderezar.

APRESTO Preparación, preparativo, prevención. *Imprevisión.*

APRESURAMIENTO Ligereza, prisa, prontitud.

APRESURAR Acelerar, activar. *Diferir.* // Darse prisa, moverse. *Retardar, tardar.*

APRETADAMENTE Miserablemente, pobremente. *Holgadamente.*

APRETADO Miserable, roñoso. *Genero-so.* // Agarrado. *Suelto.* // Arduo, pe-ligroso. // Constreñido, forzado.
APRETAR Abrazar, apretujar, compri-mir, estrechar, estrujar, oprimir, prensar. *Aflojar, soltar.* // Afligir, ahogar, angus-tiar. // Apremiar, constreñir, forzar, ins-tar, obligar. *Ayudar.*
APRETÓN Apretujón, opresión.
APRIETO Ahogo, apretura, apuro, brete, necesidad, prisa. *Holgura.*
APRISCO Corral, redil.
APRISIONAR Encadenar, encarcelar, en-cerrar, esposar, prender. *Desatar, li-bertar, liberar.*
APROBACIÓN Asenso, asentimiento, autorización, beneplácito, conformidad, consentimiento. *Denegación.*
APROBAR Aceptar, admitir, aplaudir, autorizar, consentir, dar por bueno, re-conocer. *Desaprobar, desautorizar, re-chazar.* // Pasar.
APRONTAR Disponer, preparar. // En-tregar. *Afrontar.*
APROPIADO Adecuado, conveniente, oportuno, pertinente, propio. *Inapro-piado, inadecuado.*
APROPIAR Acomodar, adaptar, ade-cuar, ajustar.
APROPIARSE Adjudicarse, adueñarse, apoderarse, arramblar, incautarse, qui-tar, tomar, usurpar. *Ceder, dejar.*
APROVECHABLE Servible, útil, utili-zable. *Inservible, inútil.*
APROVECHADO Aprovechador. // Es-tudioso, diligente, laborioso.
APROVECHADOR Interesado.
APROVECHAR Explotar, utilizar. *Des-aprovechar, despreciar.*
APROVECHARSE Beneficiarse, servir-se, valerse, usar.
APROVISIONAR Abastecer, proveer. *Desabastecer.*
APROXIMACIÓN Acercamiento. *Ale-jamiento, exactitud.*
APROXIMADAMENTE Casi. *Lejos.*
APROXIMAR Acercar, allegar. *Alejar.*
APTITUD Capacidad, competencia, ha-bilidad, idoneidad. *Incapacidad, inep-titud.* *Actitud.*
APTO Capacitado, capaz, competente, hábil, idóneo. *Incompetente, inepto.* *Acto.*
APUESTA Envite, jugada, postura.
APUESTO Airoso, galán, gallardo, gar-boso. *Desgarbado.* // Engalanado.
APUNTACIÓN Anotación, apunte, ins-cripción, registro.
APUNTADOR Anotador, traspunte. // Soplón.
APUNTALAR Afirmar, asegurar, conso-lidar, entibar, sostener. *Derribar.*
APUNTAR Anotar, asentar, indicar, ins-cribir, matricular, señalar. // Asestar, en-cañonar. // Apostar, juzgar. // Insinuar, sugerir. // Aparecer, asomar, nacer, salir.
APUNTE Borrador, croquis, diseño, es-bozo, nota.
APUÑALAR Acuchillar, apuñalear.
APURADO Necesitado, pobre. *Acomo-dado, rico.* // Arduo, difícil, dificultoso, peliagudo, peligroso. *Fácil.* // Esmera-do, exacto, preciso. // Apresurado.
APURAR Acelerar, apremiar, apresurar, urgir. *Detener, retener.* // Beber. // Depurar, purificar. *Impurificar.* // Ave-riguar, investigar. // Acongojar, atribu-lar, molestar. *Consolar.*
APURO Ahogo, angustia, apremio, aprie-to, compromiso, conflicto, dificultad, necesidad, urgencia. *Holgura.* // Prisa.
AQUEJAR Acongojar, afligir. *Consolar, confortar.*
AQUERENCIARSE Aficionarse, encari-ñarse. *Alejarse, desapegarse.*
AQUÍ Acá. *Allí.* // Ahora.
AQUIESCENCIA Anuencia, asenso, autorización, consentimiento, confor-midad. *Denegación.*
AQUIETAR Apaciguar, serenar, sosegar, tranquilizar. *Excitar, inquietar.*
AQUILATAR Apreciar, tasar, valorar. // Apurar, purificar.
AQUILINO Aguileño.
AQUILÓN Bóreas, cierzo.
ARA Altar. *Ara* (arar), **hará** (hacer).

ÁRABE Agareno, arábigo, islamita, muslime, musulmán.

ARADA Aradura.

ARADO Yugo, reja.

ARANA Embuste, estafa, trampa.

ARANCEL Tarifa, tasa, valoración.

ARAÑAR Rasguñar, rasgar, raspar, escarbar, rascar.

ARAÑAZO Escarbadura, rasguño. // Indirecta.

ARAR Labrar, roturar.

ARBITRAJE Arbitrio, decisión, dictamen, laudo, peritaje, veredicto.

ARBITRAR Laudar. // Ingeniarse, procurar, proponer.

ARBITRARIEDAD Atropello, capricho, ilegalidad, injusticia, irracionalidad. *Derecho, legalidad.*

ARBITRARIO Abusivo, autoritario, caprichoso, despótico, injustificado, injusto, ilegal, tiránico. *Justo, legal.*

ARBITRIO Autoridad, facultad. // Expediente, medio, recurso.

ÁRBITRO Juez. // Mediador.

ÁRBOL Asta, eje, palo.

ARBOLAR Blandir, enarbolar, izar.

ARCA Arcón, arquilla, baúl, caja, cofre.

ARCADA Náusea.

ARCADUZ Caño, tubo, conducto.

ARCAICO Antiguo, añejo, desusado, pasado, vetusto. *Moderno, reciente.*

ARCAÍSMO Antiquismo. *Modernismo, neologismo.*

ARCANO Misterioso, recóndito. // Enigma, misterio, secreto.

ARCHIVAR Guardar.

ARCO Aro, bóveda, curva, meta, valla.

ARDER Abrasarse, consumirse, chispear, quemarse.

ARDID Añagaza, artimaña, astucia, engaño, maña, treta. *Ardite.

ARDIENTE Abrasador, ardoroso, candente, comburente, quemante. *Frío.* // Activo, fervoroso, fogoso, vehemente, vivo. *Apagado.*

ARDIMIENTO Ardor, brío, denuedo, intrepidez, valor. *Cobardía.*

ARDITE Bledo, comino, pito. *Ardid.

ARDOR Arrojo, denuedo, entusiasmo, fogosidad, pasión, valor, viveza. // Afán, anhelo, ansia. // Brillo, resplandor. // Calor, hervor. *Frialdad.*

ARDOROSO Apasionado, ardiente, fervoroso, fogoso, impetuoso, vehemente.

ARDUO Difícil, espinoso, peliagudo, penoso. *Fácil, sencillo.* // Fragoso. *Desembarazado, llano.*

ÁREA Superficie.

ARENA Cancha, liza, plaza.

ARENGA Alocución, discurso.

ARENILLA Cálculo.

ARENOSO Polvoroso, polvoriento, pedregoso, granuloso.

ARETE Arillo, aro, pendiente, zarcillo.

ARGAMASA Cemento, mortero.

ARGENTEADO Plateado.

ARGENTO Plata.

ARGOLLA Ajorca, anilla, aro.

ARGUCIA Sofisma, sutileza. *Raciocinio, razonamiento.*

ARGÜIR Explicar, mostrar, probar, razonar. // Argumentar, contradecir, discutir, objetar, refutar, replicar.

ARGUMENTACIÓN Razonamiento.

ARGUMENTAR Argüir, analizar, discutir, replicar.

ARGUMENTO Argumentación, razonamiento. // Indicio, señal. // Guión. // Asunto, materia.

ARIA Aire, canción, solo.

ARIDEZ Esterilidad, sequedad. *Fecundidad, humedad.*

ÁRIDO Estéril, seco, yermo. *Fértil.* // Aburrido, fastidioso. *Entretenido.*

ARIO Indoeuropeo, jafético.

ARISCO Áspero, cerril, esquivo, indócil, insociable, intratable, montaraz. *Afable, amable, sociable, tratable.*

ARISTA Ángulo, borde. *Bisel, chaflán, ochava.*

ARISTARCO Crítico. *Panegirista.*

ARISTOCRACIA Nobleza. *Democracia.*

ARISTÓCRATA Noble, señor, hidalgo, patricio. *Plebeyo.*

ARISTOCRÁTICO Noble, señoril, distinguido. *Democrático, vulgar.*

ARMADA Escuadra, flota.

ARMADÍA Almadía.

ARMADURA Arnés. // Armazón, esqueleto, montura. // Cornamenta.

ARMAR Amartillar. // Aviar, causar, formar, fraguar, mover, promover. // Prepararse. // Empuñar las armas. *Desarmar*. // Concertar, montar, organizar. *Desacoplar*.

ARMARIO Alacena, aparador, ropero. // Escaparate, vitrina.

ARMATOSTE Artefacto, armazón. // Cachivache, trasto.

ARMAZÓN Andamio, armadura, entramado, esqueleto, montura.

ARMISTICIO Suspensión de hostilidades, tregua. *Lucha*.

ARMONÍA Acuerdo, concordia, paz. *Desacuerdo*. // Simetría. // Acorde, cadencia. *Disonancia*.

ARMONIOSO Agradable, cadencioso, melodioso. *Desafinado*.

ARMONIZAR Acordar, amigar, avenir, concertar, concordar. *Discordar, desavenir, enemistar*.

ARNÉS Armadura, guarnición.

ARO Argolla, anilla, anillo, arete, sortija. // Zuncho.

AROMA Fragancia, perfume.

AROMÁTICO Fragante, odorífero, oloroso, perfumado. *Fétido*.

AROMATIZAR Perfumar.

ARPÍA Basilisco, bruja, euménide, furia. *Hada*.

ARQUEAR Alabear, cimbrarse, combar, curvar, doblar, encorvar. *Enderezar*. // Fiscalizar.

ARQUEO Constatación, recuento, tonelaje, reconocimiento.

ARQUERO Guardavalla.

ARQUETIPO Dechado, ejemplar, modelo, prototipo.

ARRABAL Afueras, alrededores, barrio, suburbio. *Centro*.

ARRACADAS Arete, pendiente, zarcillo.

ARRACIMARSE Aglomerarse, apretujarse, juntarse.

ARRAIGAR Enraizar, prender, radicar.

Desarraigar, desprender, extirpar. // Establecerse, hacendarse.

ARRAMBLAR Apoderarse, saquear.

ARRANCAR Arrebatar, desclavar, despegar, depilar, erradicar, extirpar, extraer, quitar, sacar de raíz. *Enraizar, plantar*. // Comenzar, iniciar. *Detener, finalizar*. // Marchar, partir. *Llegar*.

ARRANQUE Arrebato, brío, ímpetu, impulso, pronto, rapto. // Comienzo, inicio. *Fin, final*. // Dicho, ocurrencia, salida.

ARRAPIEZO Chico, chicuelo, mocoso, muchacho, niño.

ARRAS Garantía, prenda, señal. // Dote. *****Arrás**.

ARRASADO Devastado. // Satinado.

ARRASAR Allanar, aplanar, igualar, nivelar, rasar. // Arruinar, asolar, derruir, desmantelar, destruir, devastar, talar. *Construir, edificar, plantar*.

ARRASTRADO Miserable, pobre. // Bribón, pillo, tunante.

ARRASTRAR Acarrear, atoar, remolcar, sirgar, tirar. // Atraer, persuadir, // Envilecerse, humillarse, rebajarse, reptar. *Elevarse, volar*.

ARRASTRE Acarreo, transporte.

ARRATONADO Roído, carcomido.

ARREAR Atizar, dar, fustigar, pegar. // Ataviar, engalanar. *****Arriar**.

ARREBATADO Colérico, iracundo. *Manso, tranquilo*. // Impetuoso, precipitado, violento. // Arrebolado, colorado, encendido.

ARREBATADOR Agradable, seductor, encantador.

ARREBATAR Alzarse con, arramblar, arrancar, desposeer, quitar. *Devolver, ceder*. // Atraer, cautivar, enajenar, encantar, seducir, sugestionar, suspender. *Repugnar*. // Enfurecerse, exaltarse, irritarse. *Apaciguarse*.

ARREBATO Arranque, éxtasis, rapto.

ARREBOL Colorete.

ARREBUJARSE Abrigarse, cubrirse, taparse. *Destaparse*.

ARRECHUCHO Arranque, flechazo.

ARRECIAR Aumentar, crecer, empeorar, recrudecer. *Amainar.*

ARRECIFE Bajo, banco, escollo.

ARRECIRSE Entumecerse, helarse. *Abrasarse, calentarse.*

ARREDRAR Amedrentar. *Enardecer, envalentonar.* // Apartar, retraer.

ARREGLAR Acomodar, aderezar, amañar, componer, concertar, conciliar, disponer, ordenar, organizar, preparar, regular, regularizar. *Desarreglar, descomponer, desordenar.* // Concretar, desembrollar, desenredar, zanjar. // Arreglárselas, contentarse.

ARREGLO Acomodo, avenencia, contrato, convenio, pacto. *Ruptura.* // Ajuste, compostura, remiendo. *Desarreglo, descompostura.*

ARRELLANARSE Acomodarse, repantigarse, extenderse.

ARREMETER Acometer, agredir, atacar, embestir. *Huir.* // Chocar, estrellarse. *Detenerse, evitar.*

ARREMETIDA Acometida, ataque, choque, embestida. *Frenada.*

ARREMOLINARSE Amontonarse, apiñarse. *Dispersarse.*

ARRENDAMIENTO Alquiler, arriendo, locación.

ARRENDAR Alquilar. *Desalquilar.*

ARRENDATARIO Casero, inquilino, locatario.

ARREOS Atavío. // Ataláje, guarnición.

ARREPENTIDO Apenado, compungido, contrito, pesaroso. *Impenitente.*

ARREPENTIMIENTO Contrición, dolor, pesar, sentimiento. *Contumacia.*

ARREPENTIRSE Compungirse, deplorar, dolerse, lamentar, sentir. *Insistir, persistir.*

ARRESTADO Detenido. *Liberado.* // Audaz, intrépido. *Cobarde, pusilánime.*

ARRESTAR Apresar, detener, prender. *Liberar, soltar.*

ARRESTO Captura, detención, prisión. *Liberación.*

ARRESTOS Arrojo, coraje, intrepidez, valentía.

ARRIAR Bajar. **Arrear.*

ARRIBA Encima, en lo alto. *Abajo, debajo.* // Antes.

ARRIBAR Llegar, venir. *Irse, marcharse.*

ARRIBO Llegada. *Partida, salida.*

ARRIENDO Arrendamiento.

ARRIESGADO Arriscado, peligroso. // Imprudente. *Cauto, prudente.*

ARRIESGAR Afrontar, arriscar, aventurar, exponer. *Desistir, temer.*

ARRIESGARSE Atreverse, osar.

ARRIMAR Acercar, aproximar. *Alejar.* // Dar, asestar, aplicar.

ARRIMO Apoyo, sostén. // Amparo, favor, patrocinio, protección. *Desamparo.*

ARRINCONADO Aislado, apartado, olvidado, retirado.

ARRINCONAR Acorralar, acosar, postergar. *Liberar.*

ARRINCONARSE Aislarse, esconderse, retraerse. *Exhibirse.*

ARRISCADO Arrojado, atrevido, audaz, osado, resuelto, temerario. *Apocado.* // Abrupto, escarpado.

ARRISCAR Arriesgar, aventurar. // Encresparse, enfurecerse.

ARROBAMIENTO Enajenamiento, éxtasis, rapto.

ARROBARSE Embelesarse, enajenarse, extasiarse, transportarse.

ARRODILLARSE Hincarse, postrarse, prosternarse. *Erguirse.*

ARROGAMIENTO Usurpación.

ARROGANCIA Altanería, altivez, desdén, desprecio, orgullo, presunción, soberbia. *Humildad, modestia.* // Bizarría, gallardía.

ARROGANTE Altanero, altivo, desdeñoso, despreciativo, imperioso, orgulloso. *Afable, cortés.* // Airoso, bizarro, gallardo.

ARROGARSE Apropiarse, atribuirse.

ARROJADO Arriesgado, arriscado, intrépido, osado, resuelto, valiente. *Cobarde, medroso.*

ARROJAMIENTO Expulsión, lanzamiento, precipitación.

ARROJAR Devolver, echar, exhalar, expulsar, impeler, lanzar, precipitar, proyectar, tirar. *Recibir, recoger.* // Expeler, vomitar. // Abalanzarse, acometer, agredir, atacar, saltar. *Retroceder.*

ARROJO Arrestos, audacia, coraje, intrepidez, osadía, resolución, valentía. *Cobardía, pusilanimidad.*

ARROLLAR Enrollar. // Destrozar, vencer. // Topar. *Arroyar, arrullar.

ARROPAR Abrigar, cubrir. *Desabrigar, destapar.*

ARROSTRAR Afrontar, aguantar, desafiar, resistir, retar. *Desistir.*

ARROYADA Crecida, inundación.

ARROYO Arroyuelo, riacho, riachuelo. // Calle. *Arrollo (arrollar).

ARRUGA Pliegue, rugosidad, surco. *Lisura.*

ARRUGADO Rugoso, estriado, ajado.

ARRUGAR Plegar, doblar, fruncir, marchitar, estriar, ajar. *Estirar, alisar.*

ARRUINADO Empobrecido, fundido, indigente. *Enriquecido, próspero.* // Destruido, devastado, talado, aniquilado. *Refaccionado.*

ARRUINAR Aniquilar, destruir, devastar. *Construir.* // Empobrecer. *Enriquecer.*

ARRULLAR Enamorar, zurear. // Adormecer. *Arrollar, arroyar.

ARRUMACO Carantoña.

ARRUMBAR Alejar, arrinconar, desechar.

ARTE Destreza, habilidad, maestría, maña. *Desmaña.* // Astucia, cautela. *Harte (hartar).

ARTEFACTO Artilugio.

ARTEJO Nudillo.

ARTERIA Conducto, vaso. // Avenida, calle, vía.

ARTERÍA Amaño, astucia, engaño, falsía.

ARTERO Astuto, falso, ladino, mañoso, taimado, traidor, tramposo. *Leal.*

ARTESA Amasadera.

ARTESANO Artífice, obrero. *Artesiano.

ÁRTICO Boreal, norte, norteño, septentrional. *Antártico.*

ARTICULACIÓN Coyuntura, enlace, junta, juntura, unión.

ARTICULAR Hablar, pronunciar. *Ca-*

llar. // Enlazar, juntar, unir. *Separar.*

ARTÍCULO Mercancía.

ARTÍFICE Artista, autor, creador.

ARTIFICIAL Compuesto, ficticio, innatural, postizo. *Natural, instintivo.*

ARTIFICIO Arte, destreza, habilidad, industria, ingenio. // Artería, artimaña, astucia, cautela, engaño, falsedad, fingimiento, truco.

ARTIFICIOSO Artero, disimulado, engañoso, taimado. *Espontáneo, natural.* // Industrioso.

ARTILUGIO Aparato, artefacto, artificio, ingenio, máquina, mecanismo.

ARTIMAÑA Amaño, ardid, artificio, astucia, engaño, intriga, trampa.

ARTISTA Artesano, artífice. // Creador. // Actor, comediante. // Ejecutante.

ARÚSPICE Adivino.

ARVEJA Guisante.

AS Campeón. *Has (haber), haz.

ASA Agarradero, asidero, empuñadura, mango.

ASADO Churrasco.

ASADOR Espetón, varilla.

ASADURAS Menudos, vísceras.

ASAETEAR Acribillar, tirar. // Molestar, disgustar, importunar.

ASALARIADO Empleado, obrero. *Patrón, empleador.*

ASALARIAR Conchabar, contratar.

ASALTAR Abordar, acometer, atracar. // Sobrevenir, sorprender.

ASALTO Abordaje, acometida, atraco, irrupción.

ASAMBLEA Concilio, conferencia, congreso, convención, junta, mitín.

ASAR Abrasar, achicharrar, quemar. *Azar, azahar.

ASAZ Bastante, harto, mucho, suficiente. *Poco, demasiado. *Asas, hazas.

ASCENDENCIA Alcurnia, estirpe, linaje, prosapia. *Descendencia.* // Influencia, predominio.

ASCENDER Elevarse, subir. *Bajar, descender.* // Mejorar, progresar, promover.

ASCENDIENTE Abuelo, antecesor, padre. *Descendiente.* // Autoridad, influencia, predominio, prestigio, valimiento.

ASCENSIÓN Ascenso, asunción, elevación, exaltación, subida. *Bajada, descenso.* ***Asunción.**

ASCENSO Promoción. *Degradación.* // Mejora. // Subida. ***Asenso.**

ASCENSOR Montacargas.

ASCETA Anacoreta.

ASCO Repugnancia, repulsión. *Agrado, placer.* // Asquerosidad, inmundicia, porquería.

ASCUA Brasa.

ASEADO Limpio, pulcro. *Desaseado.*

ASEAR Lavar, limpiar. *Ensuciar, manchar.* // Acicalar, componer.

ASECHANZA Celada, emboscada, engaño, insidia, lazo, perfidia. ***Acechanza.**

ASEDAR Suavizar.

ASEDIAR Acosar, cansar, importunar. // Bloquear, cercar, sitiar.

ASEDIO Bloqueo, cerco, sitio. *Liberación.* // Acoso, molestia.

ASEGURAR Afianzar, apuntalar, consolidar, fijar, sostener. *Derrumbar.* // Afirmar, aseverar, garantizar, testificar. *Dudar, negar.* // Cerciorarse.

ASEMEJARSE Parecerse, semejar. *Diferenciarse.* // Salir a.

ASENDEREADO Acosado, agobiado, cansado, fatigado.

ASENSO Asentimiento, visto bueno. *Negativa.* ***Ascenso.**

ASENTADERAS Nalgas, posaderas, trasero, culo.

ASENTADO Asegurado, establecido, fijo. *Móvil, voluble.*

ASENTAR Colocar, sentar. *Descolocar.* // Basar, establecer, fundamentar, fundar, situar. *Quitar.* // Apisonar. // Anotar, inscribir. // Posarse, reposar, tomar asiento. *Marcharse.*

ASENTIMIENTO Anuencia, aprobación, asenso, confirmación, consentimiento, permiso. *Denegación, desaprobación.*

ASENTIR Admitir, afirmar, aprobar, conformarse, consentir. *Disentir, negar.*

ASEO Compostura, esmero, limpieza, pulcritud. *Desaseo.*

ASÉPTICO Antiséptico, desinfectante. *Infecto, infeccioso.*

ASEQUIBLE Accesible, alcanzable, factible. *Inasequible, imposible.*

ASERCIÓN Afirmación, aserto, aseveración. *Negación.*

ASESINAR Matar, eliminar. ***Acecinar.**

ASESINATO Homicidio.

ASESINO Criminal, homicida. ***Acecino** (acecinar).

ASESOR Consejero.

ASESORAR Aconsejar.

ASESTAR Dar, descargar. // Apuntar, dirigir.

ASEVERACIÓN Afirmación, aserción. *Negación.*

ASEVERAR Afirmar, asegurar, confirmar, ratificar. *Rectificar.*

ASFIXIA Ahogo, estrangulación, sofocación. *Alivio, tregua.*

ASFIXIAR Ahogar, estrangular, sofocar.

ASÍ De esta manera.

ASIDERO Asa. // Ocasión, pretexto. ***Hacedero.**

ASIDUAMENTE Continuamente, con asiduidad.

ASIDUO Constante, frecuente, habitual, puntual. *Discontinuo, ocasional.*

ASIENTO Banco, banqueta, butaca, silla, sitial, taburete. // Anotación, apuntamiento. // Estabilidad, permanencia. // Cordura, sensatez. // Domicilio, residencia, sede, sitio. // Base, fundamento.

ASIGNACIÓN Honorarios, retribución, salario, sueldo. ***Hacinación.**

ASIGNAR Conceder, dar, pensionar. // Destinar, fijar, señalar. ***Hacinar.**

ASIGNATURA Disciplina, materia.

ASILAR Albergar, recluir, recoger. *Despedir, rechazar.*

ASILO Albergue, orfanato, orfelinato, refugio, amparo.

ASIMÉTRICO Irregular. *Simétrico, análogo, equilibrado.*

ASIMILACIÓN Aprovechamiento, nutrición. *Desnutrición.*

ASIMILARSE Asemejarse, compararse, parecerse, semejarse. *Diferenciarse.* //

Nutrirse. *Segregar, eliminar, desnutrirse.*

ASIMISMO También.

ASIR Agarrar, apresar, atrapar, coger, prender, tomar. *Desprender, soltar.*

ASISTENCIA Auxilio, ayuda, socorro. *Abandono.* // Concurrencia.

ASISTENTE Ayudante, auxiliar.

ASISTENTES Circunstantes, concurrentes, espectadores, público.

ASISTIR Apoyar, auxiliar, ayudar, socorrer. *Abandonar.* // Colaborar, contribuir, secundar. // Cuidar. // Concurrir. *Faltar.*

ASNO Borrico, burro, jumento, pollino, rucio. // Necio.

ASOCIACIÓN Compañía, comunidad, consorcio, corporación, institución, sociedad, agrupación.

ASOCIADO Afiliado, consorcio, miembro, socio.

ASOCIAR Unir, juntar. *Separar.* // Afiliar, agremiar.

ASOLAR Arrasar, arruinar, devastar, talar. *Reconstruir.* ***Azolar.**

ASOLEARSE Broncearse, curtirse, tostarse, acalorarse.

ASOMBRADIZO Asustadizo, espantadizo, temeroso.

ASOMBRAR Admirar, fascinar, maravillar, pasmar.

ASOMBRO Admiración, estupefacción, extrañeza, fascinación, pasmo, sorpresa. *Impasibilidad, indiferencia.*

ASOMBROSO Estupendo, maravilloso, pasmoso, portentoso, prodigioso, sorprendente, extraordinario. *Común, intrascendente, vulgar.*

ASOMO Amago, indicio, presunción, señal, sospecha.

ASONADA Alboroto, motín, pronunciamiento, revuelta, sedición, sublevación.

ASORDAR Ensordecer.

ASPAVIENTO Ademán, alharaca, gesto.

ASPECTO Aire, apariencia, catadura, facha, pinta, presencia, porte, traza.

ASPEREZA Acritud, brusquedad, desabrimiento, rudeza. *Amabilidad, blandura.* // Escabrosidad.

ASPERJAR Rociar, salpicar.

ÁSPERO Basto, rasposo, rugoso. *Satinado, suave, sedoso.* // Abrupto, desigual, escabroso. *Liso, llano.* // Desabrido, hosco, insociable. *Afable.*

ÁSPID Víbora.

ASPIRACIÓN Ambición, anhelo, deseo, pretensión. // Absorción. *Espiración.*

ASPIRANTE Candidato, pretendiente, solicitante.

ASPIRAR Ambicionar, anhelar, desear, pretender, querer. *Desistir, renunciar.* // Inhalar, respirar. *Espirar, soplar.*

ASQUEROSIDAD Ascosidad.

ASQUEROSO Inmundo, nauseabundo, repugnante, repulsivo, sucio. *Atractivo.*

ASTA Lanza, pico. // Cuerno. ***Hasta.**

ASTENIA Decaimiento. ***Abstemia.**

ASTERISCO Estrellita, señal.

ASTIL Asa, mango.

ASTILLA Espina, fragmento.

ASTILLAR Fragmentar.

ASTRÁGALO Taba.

ASTROSO Andrajoso, desaliñado, desaseado, harapiento, sucio, zarrapastroso. *Aseado, cuidadoso.*

ASTUCIA Ardid, artimaña, sagacidad, sutileza. *Ingenuidad.*

ASTUTO Artero, diablo, hábil, ladino, pícaro, púa, sagaz, sutil, taimado, tortuoso. *Cándido, ingenuo, simple.*

ASUETO Descanso, fiesta, vacación.

ASUMIR Ocupar, tomar. *Dejar, delegar, renunciar.*

ASUNCIÓN Elevación, exaltación. // Ocupación. ***Ascensión.**

ASUNTO Argumento, cuestión, materia, tema. // Negocio, proyecto, trato.

ASUSTADIZO Asombradizo, espantadizo, medroso, pusilánime. *Impávido.*

ASUSTAR Alarmar, amedrentar, amilanar, aterrorizar, intimidar, sobresaltar. *Animar, envalentonar, tranquilizar.*

ATABAL Tambor.

ATACAR Acometer, arremeter, asaltar, embestir. *Desistir, retroceder.* // Censurar, criticar, impugnar. *Defender.* // Apretar, atestar. *Aflojar.*

ATADO Bulto, paquete.

ATADURA Lazo, ligadura, sujeción. *Desenlace.*

ATAGUÍA Dique.

ATAJAR Acortar. *Alargar.* // Contener, detener, interrumpir, paralizar, parar. *Excitar, largar, mover.*

ATALAJE Arreos, equipo, guarniciones.

ATALAYA Eminencia, torre. // Centinela, observador, vigía.

ATAÑER Concernir, corresponder, importar, incumbir, pertenecer, tocar.

ATAQUE Acometida, acometimiento, agresión, arremetida, asalto. *Defensa.* // Acceso, accidente, patatús. // Altercado, disputa, pendencia.

ATAR Amarrar, ceñir, encadenar, enlazar, ligar, maniatar, pialar, trabar, uncir. *Desatar, desligar, desunir, soltar.* // Embarazar.

ATARDECER Anochecer, crepúsculo. *Aclarar, amanecer.*

ATAREADO Ocupado. *Ocioso.*

ATAREARSE Afanarse, ajetrearse, ocuparse. *Desocuparse, ociar, vaguear.*

ATARJEA Canalón, conducto.

ATASCADERO Dificultad. // Lodazal.

ATASCAMIENTO Dificultad, obstrucción, impedimento.

ATASCAR Atorar, cegar, obstruir. *Desatascar, destapar.* // Detener, empantanar, impedir. *Desembarazar.* // Embotellarse, estancarse.

ATASCO Dificultad, obstrucción.

ATAÚD Caja, cajón, féretro.

ATAVIAR Acicalar, aderezar, adornar, emperifollar, engalanar. *Desarreglar.*

ATÁVICO Ancestral.

ATAVÍO Aderezo, adorno, gala. // Atuendo, vestido.

ATEMORIZAR Acobardar, alarmar, amedrentar, asustar, intimidar. *Envalentonar.*

ATEMPERAR Dulcificar, moderar, suavizar, templar. *Recrudecer.* // Acomodar, amoldar, contemporizar.

ATENACEAR Afligir, martirizar, torturar. *Acariciar.*

ATENCIÓN Curiosidad. *Indiferencia.* // Consideración, cuidado, miramiento, solicitud, vigilancia. *Descuido, distracción, olvido.* // Cortesía, deferencia, obsequio. *Desatención.*

ATENCIONES Asuntos, negocios, obligaciones, ocupaciones.

ATENDER Escuchar, fijarse, mirar, observar. //Cuidar, velar, vigilar. *Desatender.* // Aguardar, esperar. // Acoger, agasajar, satisfacer. *Ofender.*

ATENERSE Ajustarse, amoldarse, ceñirse, limitarse, remitirse, sujetarse.

ATENTADO Asesinato, delito, golpe. // Cuerdo, discreto, prudente. *Desatentado.*

ATENTAMENTE Alerta. *Descuidadamente.* // Respetuosamente, amablemente. *Descortésmente.*

ATENTAR Atacar.

ATENTO Amable, considerado, cortés, fino, respetuoso, servicial. *Desatento, descortés.* // Cuidadoso. *Distraído.*

ATENUAR Aminorar, amortiguar, disminuir, mitigar, paliar, menguar. *Aumentar, fortalecer.*

ATEO Incrédulo, irreligioso. *Deísta.*

ATERCIOPELADO Afelpado.

ATERRADOR Espantoso, espeluznante, horrible, horripilante, pavoroso, terrorífico. *Agradable, deleitoso.*

ATERRAR Aterrorizar.

ATERRIZAR Bajar, descender, planear.

ATERRORIZAR Atemorizar.

ATESORAR Acumular, ahorrar, economizar, guardar. *Dilapidar, malgastar.*

ATESTADO Testimonio. // Terco, testarudo, tozudo. *Dócil.* // Abarrotado, colmado, repleto. *Vacío.*

ATESTAR Atestiguar. // Abarrotar, atiborrar, colmar, llenar. *Vaciar.*

ATESTIGUAR Atestar, declarar, deponer, testificar.

ATETAR Amamantar.

ATEZADO Quemado, tostado.

ATIBORRAR Atestar, colmar. // Hartarse. *Ayunar.*

ATILDADO Elegante, impecable, pulcro. *Desastrado, sucio.*

ATINAR Acertar. *Errar.*

ATINENTE Pertinente, referente, relativo a, tocante.

ATISBAR Acechar, aguaitar, espiar.

ATISBO Barrunto, indicio, presunción, vislumbre. *Certidumbre.*

ATIZAR Aplicar, dar, propinar. // Avivar, despabilar, fomentar. *Sofocar.*

ATLETA Luchador, púgil.

ATMÓSFERA Aire, cielo, clima.

ATOAR Arrastrar, remolcar, sirgar.

ATOLONDRADO Aturdido. *Juicioso, prudente.*

ATOLLADERO Atascadero, barrizal, fangal, lodazal. // Dificultad.

ÁTOMO Partícula.

ATÓNITO Asombrado, espantado, estupefacto, maravillado, pasmado. *Impertérrito.*

ATONTAR Aturdir. // Entontecer.

ATORAR Atarugar, atascar, atragantar, atollar, obstruir. *Desatascar.*

ATORMENTAR Martirizar, torturar. *Acariciar.* // Acongojar, afligir, dolerse. *Confortar, consolar.*

ATORTOLAR Acobardar, aturdir, confundir, atemorizar.

ATOSIGAR Fatigar, importunar, molestar. *Aliviar.* // Envenenar. *Desintoxicar.*

ATRABILIARIO Cascarrabias, colérico, irascible.

ATRACADOR Asaltante, pistolero.

ATRACAR Agredir, asaltar, atacar, saltear. // Arrimar. // Atiborrarse, empacharse, hartarse, llenarse. *Hambrear.*

ATRACCIÓN Afinidad, simpatía, gracia. *Antipatía, repulsión.* // Diversión, espectáculo.

ATRACO Asalto, despojo.

ATRACÓN Hartazgo, panzada. *Hambruna, privación.*

ATRACTIVO Atracción, encanto, fascinación, gracia, hechizo, reclamo. // Aliciente, cebo, incentivo. // Atrayente, encantador, llamativo, seductor, interesante. *Repelente.*

ATRAER Cautivar, encantar, seducir. *Desagradar.* // Causar, motivar, provo-

car. // Captar, conquistar, ganarse, granjearse. *Repeler, repugnar.*

ATRAGANTARSE Atascarse, atorarse. // Cortarse, turbarse. *Animarse.*

ATRANCARSE Asegurar, cerrar. // Encerrarse.

ATRAPAR Agarrar, conseguir, pillar. *Liberar.* // Engatusar.

ATRÁS Detrás. *Delante.* // A la zaga, en pos. *Adelante.*

ATRASADO Rezagado. // Ignorante. *Docto.* // Anticuado, retrógrado. *Avanzado.* // Empeñado.

ATRASAR Retrasar, retroceder, rezagarse. *Adelantar.* // Demorar, dilatar, posponer, postergar, relegar, retardar. *Anteponer, anticipar.*

ATRASO Demora, dilación, retardo, retraso. // Deuda. // Ignorancia, incultura. *Cultura.*

ATRAVESADO Avieso, malo, perverso. *Derecho, noble.*

ATRAVESAR Cruzar, pasar, trasponer, traspasar. // Ensartar, espetar, perforar. // Interponerse.

ATREVERSE Arriesgarse, aventurarse, decidirse, resolverse, osar. *Acobardarse.* // Insolentarse.

ATREVIDO Arriesgado, audaz, bragado, denodado, resuelto, temerario, determinado, arrojado, intrépido. *Pusilánime, timorato.* // Descarado, desvergonzado, insolente. *Correcto, prudente.*

ATREVIMIENTO Arrojo, audacia, determinación, intrepidez, osadía. *Cobardía.* // Avilantez, descaro, desfachatez, desvergüenza, insolencia. *Cortesía, educación, miramiento.*

ATRIBUCIÓN Facultad, poder.

ATRIBUIR Achacar, asignar. // Apropiarse, arrogarse. *Ceder.*

ATRIBULAR Afligir, apenar. *Confortar, consolar.*

ATRIBUTO Cualidad. // Propiedad. // Emblema, símbolo.

ATRICIÓN Arrepentimiento.

ATRIL Facistol.

ATRINCHERARSE Defenderse, para--

petarse, cubrirse, protegerse. *Exponerse.*

ATRIO Porche, portal, pórtico, vestíbulo, zaguán.

ATRITO Dolido, arrepentido, temeroso, apesarado.

ATROCIDAD Barbaridad, crueldad, e-normidad, demasía, salvajada.

ATROFIA Consunción. *Hipertrofia.*

ATROFIARSE Anquilosarse, estropear-se, paralizarse.

ATRONAR Asordar, retumbar.

ATROPELLADAMENTE Atolondra-damente, irreflexivamente. // En tropel.

ATROPELLADO Atolondrado, distraí-do, irreflexivo, precipitado. *Pausado, tranquilo.* // Derribado, empujado.

ATROPELLAR Embestir, empujar, de-rribar. // Agraviar, ofender, vejar, ultra-jar. // Conculcar. *Cumplir.*

ATROZ Bárbaro, bestial, cruel, fiero, inhumano. *Humanitario.* // Feo, repe-lente.//Enorme, inaudito.*Insignificante.*

ATUENDO Aparato, atavío, vestido. // Ostentación.

ATUFARSE Disgustarse, enfadarse, in-comodarse. *Contentarse.*

ATUFO Enojo, disgusto, enfado, moles-tia, irritación.

ATURAR Atorar, atascar, obstruir, ob-turar. // Tapar.

ATURDIDO Abombado, atolondrado, botarate, distraído, irreflexivo.*Juicioso, sensato, sereno.*

ATURDIMIENTO Atontamiento, azora-miento, desconcierto, desorientación, distracción, irreflexión, precipitación, torpeza, turbación, atropellamiento, consternación. *Reflexión, serenidad.*

ATURDIR Atolondrar, atontar, azorar, confundir, conturbar, desorientar, tras-tornar, asombrar, admirar, apocar, ofus-car. *Despabilar, serenar.*

ATURRULLAR Aturdir.

ATUSAR Recortar, igualar. // Adornarse, componerse, acicalarse.

AUDACIA Arrojo, coraje, intrepidez, o-sadía, temeridad, valor. *Pusilanimidad.* // Atrevimiento, descaro.*Comedimiento.*

AUDAZ Arrojado, intrépido, osado, te-merario, valiente. *Apocado, corto, tí-mido.* // Descarado, desvergonzado, sinvergüenza. *Educado, prudente.*

AUDICIÓN Auscultación. // Concierto, lectura, recital.

AUDIENCIA Audición, recepción. // Tribunal, sala.

AUDITOR Oyente. // Juez, informante.

AUDITORIO Concurrencia, oyentes, público.

AUGE Apogeo, elevación. *Decadencia, ocaso, ruina.*

AUGUR Adivino, agorero, pronosticador, mago, sacerdote.

AUGURAR Adivinar, predecir, presagiar, profetizar, pronosticar, vaticinar.

AUGURIO Agüero, predicción, presagio, profecía, vaticinio.

AUGUSTO Majestuoso, reverenciable, venerable, honorable.

AULA Clase, cátedra.

ÁULICO Cortesano, palaciego. *Rústico.*

AULLAR Bramar, rugir, gruñir, ladrar, baladrear.

AULLIDO Rugido, bramido, ladrido, gruñido.

AUMENTAR Acentuarse, acrecer, adi-cionar, agrandar, agregar, alargar, alzar, ampliar, amplificar, crecer, cundir, ele-var, engrosar, exagerar, incrementar, intensificar, reforzar, sumar. *Disminuir.*

AUMENTO Acrecentamiento, adición, ampliación, ascenso, creces, crecimien-to, extensión, multiplicación, medra, mejora.*Disminución, rebaja.* // Adelan-to, avance. *Retroceso.*

AÚN Todavía. // También.

AUNAR Aliar, coligar, concertar, juntar, mezclar, unir.*Desunir, dividir, separar.*

AUNQUE No obstante, si bien.

AUPAR Alzar, levantar.

AURA Brisa, céfiro. *Ciclón, huracán, vendaval.* // Aplauso, favor.

ÁUREO Dorado.

AUREOLA Aréola, corona, halo, nimbo. // Fama, gloria, renombre.

AUREOLAR Nimbar.

AURIGA Cochero.

AURORA Alba, amanecer. *Anochecer.*

AURÚSPICE Adivino, agorero, mago, vidente, arúspide.

AUSCULTAR Reconocer, escuchar, observar.

AUSENCIA Alejamiento, desaparición, separación. *Presencia.* // Carencia, falta, nostalgia, privación.

AUSENTARSE Alejarse, apartarse, expatriarse, irse. *Aparecer, frecuentar.*

AUSENTE Ausentado, desertor, desterrado. *Presente.*

AUSPICIO Agüero. // Protección.

AUSPICIOSO Favorable.

AUSTERIDAD Rigor, severidad, sobriedad. *Blandura, suavidad.* // Ascetismo. *Sibaritismo.*

AUSTERO Rígido, severo, serio, riguroso. // Áspero.

AUSTRAL Antártico, meridional, sur. *Boreal.* *Astral.

AUTARQUÍA Autonomía.

AUTÉNTICO Cierto, fidedigno, genuino, legítimo, original, puro, real, verdadero. *Apócrifo, falso, fingido.* // Autorizado, legalizado.

AUTO Acta, causa, expediente. // Acto, hecho. // Automóvil, coche.

AUTOBIOGRAFÍA Diario, memorias, confesiones.

AUTÓCRATA Dictador, tirano, autarca. *Demócrata.*

AUTÓCTONO Aborigen, indígena, natural, originario.

AUTÓGRAFO Firma.

AUTÓMATA Muñeco, robot.

AUTOMÁTICO Involuntario, maquinal. *Consciente.*

AUTOMÓVIL Auto, coche.

AUTONOMÍA Independencia, libertad. *Dependencia.*

AUTOPSIA Necropsia.

AUTOR Creador, escritor, inventor, padre. // Causante. *Actor.

AUTORIDAD Agente, delegado, representante. // Dominio, facultad, imperio, jurisdicción, mando, poder, policía, potestad. // Ascendiente, influencia, prestigio, influjo.

AUTORITARIO Arbitrario, despótico, imperioso, mandón. *Dócil.*

AUTORIZACIÓN Consentimiento, licencia, permiso, venia.

AUTORIZAR Acceder, aprobar, conceder, facultar, permitir. *Denegar.* // Apoderar, comisionar. *Desautorizar.* // Legalizar, homologar.

AUTUMNAL Otoñal.

AUXILIAR Agregado, ayudante, discípulo, edecán. // Amparar, asistir, ayudar, secundar, socorrer, subvencionar. *Desamparar, entorpecer, estorbar.*

AUXILIO Amparo, asistencia, ayuda, colaboración, concurso, cooperación, favor, mediación, protección, reciprocidad. // Limosna, subsidio, subvención.

AVAL Firmeza, garantía.

AVALANTE Garantizador, responsable.

AVALAR Garantir. *Abalar.

AVALÚO Tasa, valuación.

AVANCE Adelanto, anticipo. // Progreso. *Retroceso.*

AVANZADA Vanguardia. *Retaguardia.*

AVANZAR Adelantar, progresar, prosperar. *Retroceder.* // Acometer. *Cejar.*

AVARICIA Avidez, ambición, cicatería, codicia, mezquindad, ruindad, sordidez, tacañería. *Generosidad, largueza, esplendidez.*

AVARIENTO Avaro. *Liberal, manirroto.*

AVARO Agarrado, avaricioso, avariento, ávido, cicatero, codicioso, mezquino, miserable, ruin, roñoso, sórdido, tacaño. *Desprendido, liberal.*

AVASALLAR Dominar, esclavizar, rendir, sojuzgar, someter, sujetar, tiranizar, atropellar, humillar. *Emancipar, independizar, libertar.*

AVECHUCHO Pajarraco.

AVECINARSE Acercarse, avecindarse, domiciliarse, residir. *Emigrar.*

AVECINDAR Avecinar.

AVEJENTAR Aviejar, envejecer, marchitarse. *Rejuvenecer.*

AVENAR Canalizar.

AVENENCIA Acuerdo, arreglo, concierto. *Desacuerdo, desavenencia.* // Transacción, unión.

AVENIDA Aluvión, crecida, inundación, riada. // Bulevar, calle.

AVENIRSE Amoldarse, arreglarse, concordar, conformarse, prestarse. *Desarreglarse.* // Congeniar, simpatizar. *Enemistarse, malquistar.*

AVENTADOR Abanico.

AVENTAJAR Adelantar, superar. *Achicarse, rebajarse, sobresalir.* // Anteponer, preferir. *Retrasar.*

AVENTAR Airear, orear. // Expulsar.

AVENTURA Andanza, empresa, hazaña, episodio, lance, suceso. // Azar, peligro, riesgo.

AVENTURADO Arriesgado, azaroso, expuesto, peligroso. *Seguro.*

AVENTURAR Arriesgar, atreverse, exponer, osar, probar.

AVENTURERO Bohemio, trotamundos, inquieto, maleante.

AVERGONZAR Abochornar, afrentar, ruborizarse, sonrojarse, encenderse. *Alardear, enorgullecer.*

AVERÍA Daño, desperfecto, deterioro, menoscabo, perjuicio.

AVERIGUACIÓN Indagación, investigación, pesquisa. // Búsqueda, encuesta, escrutinio, información, reconocimiento, sondeo. *Ocultación.*

AVERIGUAR Indagar, inquirir, investigar. // Buscar, curiosear, escrutar, escudriñar, explorar.

AVERNO Antro, infierno. *Cielo, paraíso.*

AVERSIÓN Aborrecimiento, animosidad, antipatía, hostilidad, odio, repugnancia. *Afecto, simpatía.*

AVEZADO Curtido, ducho, experimentado. *Aprendiz, novato, neófito.*

AVEZAR Acostumbrar, curtir, habituar.

AVIACIÓN Aeronáutica, aeronavegación.

AVIADOR Aeronauta, piloto.

AVIAR Alistar, aprestar, disponer, preparar. *Desarreglar.*

AVIDEZ Ansia, codicia, glotonería, voracidad. *Desinterés, saciedad.*

ÁVIDO Anheloso, ansioso, codicioso, insaciable. *Desprendido, indiferente.*

AVIEJAR Avejentar.

AVIESO Atravesado, malintencionado, perverso. *Bienintencionado.*

AVILANTEZ Atrevimiento, desfachatez, desvergüenza, insolencia. *Mesura.*

AVINAGRADO Ácido, agrio, acedo, acre. *Dulce.*

AVINAGRARSE Acedarse, agriarse.

AVÍO Apresto, prevención. // Provisión.

AVIÓN Aeronave, aeroplano, aparato.

AVÍOS Menesteres, trastos, trebejos, utensilios, víveres.

AVISADO Despierto, discreto, listo, prudente, sagaz. *Bobo, lerdo, tonto.*

AVISAR Aconsejar, advertir, amonestar, apercibir, intimar, prevenir. *Engañar.* // Comunicar, informar, notificar, participar, publicar. *Ocultar.*

AVISO Advertencia, amonestación, consejo, indicación, indicio, observación, señal. // Anuncio, comunicación, informe, parte, noticia. // Atención, cuidado, precaución, prudencia.

AVISPADO Agudo, astuto, despabilado, listo, perspicaz, sagaz, sutil, vivo. *Aturdido, bobo.* *Obispado.

AVISPARSE Avivarse, despabilarse, ingeniarse. *Aturdirse.*

AVISPERO Trampa, maraña, celada, emboscada.

AVISTAR Descubrir, ver, divisar, percibir, advertir, avizorar.

AVITUALLAR Abastecer, aprovisionar, proveer. *Desabastecer.*

AVIVAR Animar, atizar, enardecer, excitar, reanimar, vivificar. *Apagar, enfriar.* // Activar, apresurar. *Detener.*

AVIZORAR Acechar, atisbar.

AXILA Sobaco. // Concavidad, enjuta.

AXIOMA Principio, proposición, sentencia, verdad.

AXIOMÁTICO Evidente, incontrovertible, indiscutible, irrebatible. *Discutible, problemático.*

AYA Institutriz. *Haya (haber), **allá, halla** (hallar).

AYO Preceptor. *Hallo (hallar).

AYUDA Apoyo, asistencia, auxilio, colaboración, favor, socorro, amparo, refuerzo, defensa. // Lavativa.

AYUDANTE Asistente, auxiliar, colaborador, cooperador, agregado, subalterno, practicante.

AYUDAR Apoyar, asistir, auxiliar, colaborar, contribuir, secundar, reforzar, acompañar. *Entorpecer, estorbar, obstar.* // Amparar, favorecer, proteger, socorrer, subvenir. *Hundir.*

AYUNAR Abstenerse, privarse. *Alimentarse, comer, sustentarse.*

AYUNO Abstinencia, dieta, privación. *Hartazgo.* // Desconocedor, ignorante. *Conocedor, sabedor.*

AYUNTAMIENTO Cabildo, municipio, municipalidad. // Asamblea, reunión, congreso, junta. // Cópula, unión.

AYUNTAR Aparear.

AZADA Azadón, zapapico, escarda, cavadera.

AZAFATA Camarera, criada. *Azafate.

AZAFATE Bandeja, canastillo, batea. *Azafata.

AZAGAYA Dardo, jabalina, lanza.

AZAR Acaso, casualidad, contingencia, fatalidad, ventura, albur, eventualidad. *Seguridad.* *Asar, azahar.

AZARARSE Asustarse, aturdirse, malograrse. *Serenarse.*

AZARBE Acequia, canal, cauce.

AZAROSO Arriesgado, aventurado, peligroso, riesgoso. *Protegido, resguardado.* // Aciago, fatal, funesto, infausto, nefasto. *Fausto.* // Aturdido, temeroso, turbado.

ÁZOE Nitrógeno.

AZÓFAR Latón.

AZOGAR Amalgamar.

AZOGUE Mercurio.

AZOICO Nítrico.

AZOLVAR Atascar, atorar, obstruir.

AZONZADO Atontado.

AZORAR Abatatar, asustar, aturdir. *Tranquilizar.* *Azarar.

AZOTACALLES Callejero, vagabundo.

AZOTAINA Paliza, vapuleo, zurra.

AZOTAR Flagelar, fustigar, golpear, sacudir, vapulear, zurrar.

AZOTE Golpe, latigazo. *Caricia, mimo.* // Látigo. // Calamidad, castigo, epidemia, flagelo, plaga.

AZOTEA Terrado, terraza, ajarafe, mirador, solana.

AZUCARADO Dulce, meloso, acaramelado, almibarado. *Amargo.* // Afectado, afable.

AZUCARAR Almibarar, dulcificar, endulzar, melar. *Amargar.*

AZUELA Hacha.

AZUFRADO Sulfuroso.

AZUL Azur, añil, índigo, cobalto.

AZULEJO Mosaico.

AZUZAR Aguijar, espolear, estimular, excitar, incitar, instigar, pinchar, avivar. *Refrenar.*

AZUZÓN Cizañero, enredador, instigador, intrigante. *Conciliador.*

B

BABA Saliva.

BABEAR Salivar, babosear, insalivar, escupir.

BABEL Barahúnda, confusión.

BABERO Babador.

BABIECA Bobo, papanatas. *Inteligente.*

BABOSA Limaza.

BABOSO Tierno, dulzón, obsequioso, enamoradizo.

BACALAO Abadejo.

BACANAL Francachela, orgía. *Dieta, privación.*

BACHE Depresión, hoyo, pozo, agujero. *Montículo.*

BACÍA Vasija. *Vacía.*

BACILO Bacteria, microbio, virus. *Vacilo* (vacilar).

BACÍN Orinal, bacinilla.

BACTERIA Bacilo.

BACTERIOLOGÍA Microbiología.

BÁCULO Bastón, cayado, bordón. // Apoyo, ayuda.

BADANA Piel, cuero.

BADÉN Zanja.

BADULAQUE Babieca.

BAGAJE Acervo, equipaje, impedimenta. *Vacaje.*

BAGATELA Chuchería, friolera, futesa, insignificancia, minucia, nadería. *Joya.*

BAGAZO Cáscara, residuo, corteza.

BAGUAL Indómito.

BAHÍA Abra, ensenada, golfo, rada. *Cabo, península.*

BAILAR Danzar.

BAILARÍN Danzante, danzarín.

BAILARINA Danzarina, danzadora.

BAILE Danza, ballet, bailoteo, coreografía, cabriola.

BAILÍA Municipio, diputación, demarcación, territorio.

BAJA Caída, depreciación, descenso, disminución, quebranto. *Alza, suba.* *Bajá.*

BAJADA Declive, cuesta, pendiente, descenso, ocaso. *Subida.*

BAJAMAR Reflujo. *Flujo.*

BAJAR Abatir, apearse, descender, desmontar. *Ascender, levantar, subir.* // Declinar, decrecer, disminuir, menguar. *Aumentar, crecer.* // Depreciar, rebajar, reducir. *Elevar.* // Agacharse, inclinarse. *Erguirse.*

BAJEL Barco.

BAJEZA Indignidad, vileza. *Dignidad, nobleza.*

BAJO Pequeño, petiso. *Alto.* // Despreciable, indigno, innoble, plebeyo, rastrero, ruin, vil. *Digno, elevado, noble.* // Apagado, descolorido. *Vivo.* // Grave. // Humilde. *Enérgico.* // Inferior. // Arrecife, banco, rompiente.

BAJUNO Soez, ruin, vil, servil. *Digno.*

BALA Proyectil. // Bulto, fardo.

BALADA Poema, evocación, canción.

BALADÍ Insignificante, insustancial, trivial. *Importante, sustancial.*

BALADRO Brama, aullido, alarido, grito, chillido.

BALADRÓN Bravucón, fanfarrón, matón, jactancioso.

BALADRONADA Bravata.

BÁLAGO Paja.

BALANCE Arqueo, cómputo. // Balanceo, oscilación, mecimiento, movimiento, meneo.

BALANCEAR Columpiar, mecer. // Compensar, equilibrar. *Desigualar.*

BALANCEO Contoneo, mecimiento, vaivén, movimiento, equilibrio, oscilación, balance.

BALANCÍN Báscula, balanza. // Columpio, mecedora.

BALANZA Báscula, romana, balancín.

BALASTO Grava.

BALAUSTRADA Balcón, baranda, barandal. // Pretil.

BALAZO Tiro.

BALBUCEAR Balbucir. *Chillar, gritar.*

BALBUCIR Balbucear, farfullar, tartamudear, mascullar.

BALCÓN Balaustrada, miranda.

BALDADO Impedido, inválido, paralítico, tullido.

BALDAQUÍN Dosel, pabellón, palio.

BALDE Cubo, barreño, jofaina.

BALDE (DE) Gratis.

BALDE (EN) En vano.

BALDEAR Fregar, regar, limpiar.

BALDÍO Inculto, yermo. *Fértil.* // Vano. // Vago, vagabundo.

BALDÓN Afrenta, deshonor, estigma, injuria, oprobio. *Elogio, mérito.*

BALDONAR Insultar, injuriar, degradar, infamar, deshonrar, afrentar. *Alabar.*

BALDOSA Azulejo, mosaico, tesela.

BALEAR Tirotear.

BALIZA Boya, señal.

BALÓN Pelota. // Fardo, recipiente.

BALSA Almadía, jangada.

BÁLSAMO Gomorresina, resina. // Alivio, consuelo, remedio.

BALUARTE Fortificación. // Amparo, defensa.

BALUMBA Confusión, desorden. *Orden.*

BAMBALINA Colgadura.

BAMBOLEARSE Balancearse, oscilar, tambalearse. *Equilibrar.*

BAMBOLLA Boato, fausto, ostentación, pompa.

BAMBÚ Caña, carrizo.

BANAL Insustancial, trivial, anodino.

Importante, sustancial.

BANANA Plátano.

BANASTA Canasto, cesto, canastillo, canastilla.

BANCA Banco, asiento. // Bolsa, valores.

BANCARROTA Quiebra, desastre, ruina. *Éxito, triunfo.*

BANCO Asiento, escaño. // Bajo, escollo. // Cardumen. // Banca.

BANDA Cinta, faja, lista, zona. // Cuadrilla, gavilla, pandilla. // Costado, lado, margen. *Centro.*

BANDADA Grupo, tropel.

BANDAZO Tumbo.

BANDEARSE Mecerse, balancearse. // Ingeniarse.

BANDEJA Azafate, fuente.

BANDERA Enseña, estandarte, insignia, pabellón, pendón.

BANDERÍA Bando, facción, parcialidad.

BANDEROLA Montante.

BANDIDO Bandolero, malhechor, salteador.

BANDO Edicto. // Bandería, partido.

BANDOLERA Correaje, tahalí.

BANDOLERO Bandido.

BANDULLO Barriga, panza, vientre.

BANQUERO Cambista, accionista.

BANQUETA Escaño, taburete.

BANQUETE Ágape, comilona, festín.

BANQUILLO Asiento, banco, taburete.

BAÑAR Duchar, mojar, sumergir, remojar, lavar, inundar.

BAÑERA Bañadera, baño, pila, tina.

BAÑO Ablución, ducha, remojón, inmersión, natación. // Bañera.

BAQUEANO Baquiano, práctico.

BAQUETEADO Aguerrido, avezado, ducho, entrenado, experimentado, habituado. *Bisoño.*

BAQUETEAR Avezar. // Castigar, fastidiar, golpear, incomodar, molestar.

BAQUÍA Destreza, experiencia, práctica, conocimiento. *Torpeza.*

BAQUIANO Avezado, ducho, experimentado, experto, perito, práctico, rastreador, versado, entrenado.

BAR Taberna, café.

BARAHÚNDA Alboroto, confusión, desorden, ruido, algarabía, jolgorio, batahola. *Calma, tranquilidad.*

BARAJA Naipes.

BARAJAR Confundir, mezclar, revolver, trastornar. *Ordenar.*

BARANDA Barandal, barandilla, barra, borde, pasamanos.

BARANDILLA Antepecho, baranda.

BARATIJA Chuchería, fruslería. *Alhaja, joya.*

BARATO Económico, módico. *Caro, costoso.*

BÁRATRO Averno, infierno.

BARAÚNDA Barahúnda.

BARBA Chiva, perilla.

BÁRBARAMENTE Brutalmente, salvajemente, ferozmente, bestialmente, cruelmente. *Suavemente, humanamente.*

BARBARIDAD Atrocidad, brutalidad, crueldad, desatino, salvajada. *Conmiseración, compasión.*

BARBARIE Crueldad, ferocidad, fiereza, inhumanidad, salvajismo. *Civilización.* // Ignorancia, incultura. *Cultura.*

BARBARISMO Barbaridad, barbarie. // Solecismo.

BÁRBARO Cruel, fiero, inhumano, sanguinario. *Compasivo.* // Salvaje. *Civilizado.* // Arrojado, temerario. // Grosero, inculto, tosco. *Culto.*

BARBERO Fígaro, peluquero, rapabarbas.

BARBIJO Chirlo.

BARBILAMPIÑO Imberbe, desbarbado. *Peludo, velludo.*

BARBILLA Papada, perilla, mentón.

BARBOTAR Mascullar.

BARCA Barcaza, batel, lancha, bote.

BARCAZA Lanchón, gabarra.

BARCO Buque, bajel, embarcación, nao, navío.

BARDO Aedo, poeta, rapsoda, vate.

BARNIZ Capa, tinte, laca.

BARNIZAR Esmaltar, encerar, pavonar.

BARQUINAZO Tumbo, caída, vuelco.

BARRA Barreta, palanca, varilla. // Barandilla. // Bajo. // Banco.

BARRABASADA Barbaridad, desatino,

travesura, atropello, despropósito.

BARRACA Caseta, casilla, refugio, albergue, depósito.

BARRAGANA Concubina.

BARRANCO Barranca, despeñadero, precipicio, quebrada. // Dificultad, embarazo.

BARRENA Broca, fresa, taladro.

BARRENAR Agujerear, fresar, horadar, taladrar, trepanar.

BARRENO Taladro. // Vanidad.

BARREÑO Artesa, vasija, tinaja, jofaina.

BARRER Arrollar, desembarazar, despejar, expulsar, limpiar. *Ensuciar.*

BARRERA Valla. // Impedimento, obstáculo.

BARRIAL Barrizal.

BARRICA Barril.

BARRIGA Abdomen, panza, vientre.

BARRIGUDO Barrigón.

BARRIL Barrica, casco, cuba, pipa, tonel.

BARRILETE Cometa.

BARRIO Distrito, suburbio.

BARRIZAL Cenagal, fangal, lodazal.

BARRO Cieno, fango, légamo, limo, lodo. // Terracota, tiesto.

BARROTE Travesaño.

BARRUNTAR Conjeturar, oler, presentir, prever, sospechar, inducir. *Desconocer, ignorar.*

BARRUNTO Anuncio, conjetura, indicio, pálpito, presentimiento, sospecha. *Certeza, certidumbre.*

BÁRTULOS Enseres, equipaje, maletas, trebejos, utensilios.

BARULLO Alboroto, confusión, desorden, ruido. *Orden, silencio.*

BASA Basamento, base, fundamento, pedestal. ***Baza.**

BASALTO Roca.

BASAMENTO Basa.

BASAR Apoyar, asentar, cimentar, fundamentar, fundar. ***Bazar, vasar.**

BASCA Arcada, náusea. ***Vasca.**

BASCOSIDAD Inmundicia, suciedad.

BÁSCULA Balanza, romana, balancín.

BASE Apoyo, asiento, basa, cimiento, peana, pedestal, pie, soporte. *Cima,* cúspide. // Origen, principio, raíz. *Consecuencia.*

BÁSICO Fundamental, necesario. *Accidental, superfluo.*

BASILISCO Arpía, bruja.

BASTA Hilván. *Vasta.

BASTANTE Asaz, harto, suficiente. *Escaso, insuficiente.*

BASTAR Alcanzar, llegar. *Faltar.*

BASTARDEAR Adulterar, degenerar, desnaturalizar.

BASTARDILLA Cursiva.

BASTARDO Espurio, ilegítimo, natural.

BASTEZA Ordinariez, tosquedad, rusticidad. *Fineza, delicadeza.*

BASTIDOR Armazón, chasis.

BASTIMENTO Abastecimiento.

BASTIÓN Baluarte.

BASTO Burdo, grosero, ordinario, rústico, tosco. *Pulido.* *Vasto.

BASTÓN Báculo, cayado, bordón, vara, muleta, palo, apoyo.

BASTONAZO Garrotazo.

BASURA Desechos, desperdicios, inmundicias, suciedad.

BASURERO Basural, muladar, albañal.

BATACAZO Caída, costalada, porrazo.

BATAHOLA Barahúnda, bulla, jaleo, ruido. *Calma, paz, silencio.* *Batayola.

BATALLA Acción, combate, contienda, choque, encuentro, lucha, pelea.

BATALLADOR Guerrero, belicoso, combatiente. *Pacífico.*

BATALLAR Batirse, combatir, contender, guerrear, lidiar, luchar, pelear.

BATANEAR Sacudir, pegar, golpear.

BATATA Camote, boniato. // Cortedad, timidez.

BATEA Azafate, bandeja. // Artesa.

BATEL Bote, lancha, piragua.

BATELERO Barquero, lanchero.

BATIBORRILLO Fárrago, revoltijo.

BATIDA Acoso, búsqueda, persecución, seguimiento.

BATIDO Derrotado. // Frecuentado, transitado, trillado.

BATIFONDO Bochinche, tumulto. *Tranquilidad.*

BATINTÍN Tantán, gong.

BATIR Acuñar. // Golpear, martillar, sacudir. // Agitar, menear. // Derrotar, vencer. // Explorar, registrar.

BATIRSE Luchar, pelear.

BATRACIO Anfibio.

BATUQUE Batifondo.

BATURRILLO Batiborrillo, desorden, fárrago, revoltijo.

BATUTA Dirección.

BAÚL Arca, cofre, arcón, valija, equipaje, bulto. // Barriga.

BAUTISMO Bautizo, sacramento.

BAUTIZAR Cristianar. // Apodar.

BAUTIZO Bautismo, cristianización.

BAUZA Madero, leña.

BAYADERA Bailarina, danzarina.

BAYETA Lanilla, trapo.

BAZA Tanto, partida. *Basa (basar).

BAZAR Tienda, mercado, comercio. *Basar, vasar.

BAZO Moreno. // Glándula, víscera. *Baso (basar), vaso.

BAZOFIA Desechos, sobras. // Guisote. // Suciedad.

BEATA Devota, santurrona. *Impía.* // Venerable, santa.

BEATIFICACIÓN Canonización, santificación.

BEATIFICAR Venerar, reverenciar. // Canonizar, santificar.

BEATÍFICO Beato, bienaventurado, santo, venerable.

BEATITUD Bienaventuranza, santidad. *Maldad, pecado.* // Bienestar, felicidad, satisfacción. *Infelicidad.*

BEATO Dichoso, feliz, satisfecho. // Devoto, piadoso. // Santurrón.

BEBÉ Nene, niño, rorro.

BEBEDERO Abrevadero.

BEBEDIZO Filtro, medicina, narcótico. // Potable.

BEBEDOR Borrachín, borracho, alcohólico. *Abstemio.*

BEBER Absorber, tomar, brindar, chupar, emborracharse, libar, sorber, gustar, saborear, refrescar.

BEBIDA Líquido, agua, brebaje, zumo,

jugo, copetín, licor, refresco, trago, vino. *Comida, comestible.*

BEBIDO Borracho, achispado, alegre, beodo. *Lúcido, sereno.*

BECERRADA Corrida, lidia.

BECERRO Novillo.

BEDEL Celador, ordenanza.

BEDELÍA Portería, conserjería.

BEDUINO Árabe.

BEFA Burla, desprecio, escarnio, irrisión, mofa. *Alabanza.*

BEFAR Burlar, despreciar, mofar, insultar, desdeñar. *Alabar.*

BEJUCO Liana.

BELCEBÚ Diablo, Satanás.

BELDAD Belleza, hermosura, guapeza. *Fealdad.*

BELÉN Confusión, desorden, embrollo, enredo, tumulto. *Velen* (velar).

BELFO Labio.

BÉLICO Belicoso, guerrero.

BELICOSO Batallador, guerrero, marcial. // Acometedor, agresivo, peleador, pendenciero. *Pacífico.*

BELIGERANCIA Importancia. *Neutralidad.*

BELIGERANTE Contendiente. *Neutral.*

BÉLITRE Ruin, pícaro, vil.

BELLA Hermosa. *Fea.*

BELLACO Astuto, bribón, perverso, pícaro, ruin, taimado, tunante, villano. *Cándido, bueno.*

BELLAQUERÍA Maldad, perversidad, pillería, ruindad, tunantería.

BELLEZA Beldad, hermosura, preciosidad. *Fealdad.* // Atractivo, encanto, gracia.

BELLO Agraciado, bonito, guapo, hermoso, lindo, precioso. // Agradable, delicado, fino, gentil. *Feo. *Vello.*

BENCINA Benceno, esencia, gasolina.

BENDECIR Alabar, ensalzar, magnificar. *Execrar, maldecir.*

BENDICIÓN Aprobación. // Abundancia, prosperidad. *Escasez, infortunio.*

BENDITO Bienaventurado. // Dichoso, feliz. // Humilde, sencillo.

BENEFACTOR Bienhechor.

BENEFICENCIA Caridad. *Egoísmo.* // Filantropía.

BENEFICIAR Favorecer, hacer bien. *Perjudicar.* // Aprovechar, mejorar, utilizar. *Desaprovechar.*

BENEFICIO Bien, donación, favor, merced, socorro. *Daño, mal.* // Fruto, ganancia, producto, provecho, rendimiento, utilidad. *Pérdida.*

BENEFICIOSO Fructuoso, lucrativo, productivo, provechoso, útil. *Dañoso, lesivo, perjudicial, nocivo.*

BENEMÉRITO Merecedor, meritorio. *Desacreditado, indigno.*

BENEPLÁCITO Aceptación, aprobación, asentimiento, autorización, consentimiento, permiso, venia. *Disconformidad, negativa.*

BENEVOLENCIA Bondad, buena voluntad, clemencia, indulgencia, generosidad, magnanimidad. *Animosidad, malevolencia, malquerencia.*

BENÉVOLO Afable, benigno, bondadoso, complaciente, generoso, indulgente, magnánimo. *Malévolo.*

BENIGNIDAD Benevolencia, bondad, clemencia, complacencia, generosidad, indulgencia, liberalidad, magnanimidad, afabilidad. *Dureza, inclemencia, maldad, perversidad.*

BENIGNO Afable, clemente, compasivo, complaciente, generoso, fraternal, liberal, magnánimo, manso, propicio. *Intolerante, maligno.* // Apacible, dulce, suave, templado, tranquilo. *Desfavorable, riguroso.*

BENJAMÍN Menor.

BEOCIO Bobo, estúpido, mentecato, tonto. *Sagaz.*

BEODEZ Borrachera.

BEODO Borracho.

BERBERISCO Beréber.

BERBIQUÍ Taladro.

BERÉBER Beréber, berberisco, moro.

BERENJENAL Confusión, desorden, enredo, lío, maraña.

BERGANTE Bellaco.

BERILO Esmeralda, aguamarina.

BERMEJO Rojizo.
BERMELLÓN Rojo.
BERREAR Chillar, gritar, vociferar.
BERRETÍN Capricho.
BERRINCHE Enfado, enojo, rabieta, disgusto.
BERZA Col, repollo. *Versa (versar).
BESAR Besuquear, tocar, rozar.
BESO Ósculo, caricia. *Bezo.
BESTIA Animal, bruto, irracional. // Bárbaro, cruel. // Bobo, ignorante, tonto. Inteligente.
BESTIAL Bárbaro, brutal, cruel, irracional. Humano, racional.
BESTIALIDAD Animalada, barbaridad, brutalidad, crueldad, ferocidad. Bondad, benignidad.
BESUQUEAR Besar.
BETÚN Alquitrán, asfalto, brea, mástique. // Pomada.
BEZO Labio, belfo. *Beso.
BIABA Paliza.
BÍBLICO Evangélico, edénico.
BICÉFALO Bicípite.
BICHERO Gancho.
BICHO Alimaña. // Pillo.
BICOCA Ganga. Carga, engorro. // Bagatela.
BIEN Beneficio, favor, merced, regalo, utilidad. Mal, daño, perjuicio. // Bastante. Escaso. // Felizmente. // Justamente, perfectamente. Malamente.
BIENANDANTE Afortunado, dichoso, feliz, satisfecho, alegre, optimista. Desdichado, infeliz.
BIENANDANZA Dicha, felicidad, fortuna. Malandanza.
BIENAVENTURADO Santo, venerable. Réprobo. // Afortunado, dichoso, feliz. Desdichado. // Cándido, ingenuo. Malicioso, perverso.
BIENAVENTURANZA Bienandanza, bienestar, prosperidad, dicha, felicidad, tranquilidad, paz, serenidad. Penuria, pobreza.
BIENES Capital, caudal, fortuna, hacienda, rentas, riqueza, dinero, fondos, tesoro, intereses, recursos, beneficio, ga-

nancia. *Vienes (venir), vienés.
BIENESTAR Dicha, tranquilidad, comodidad, conveniencia, ventura, felicidad, paz, serenidad. Desventura, malestar. // Fortuna, riqueza. Infortunio, miseria, pobreza.
BIENHECHOR Filántropo, auxiliador, benefactor, favorecedor, amparador, tutelar. Malhechor.
BIENMANDADO Dócil, obediente, sumiso. Rebelde.
BIENOLIENTE Perfumado, fragante, aromático. Maloliente.
BIENQUISTO Apreciado, estimado, querido. Malquisto.
BIENVENIDA Parabién, saludo.
BIFE Bistec. // Bofeteada. Caricia, mimo.
BÍFIDO Bipartido, hendido, dividido, partido, rasgado.
BIFURCACIÓN Ramificación, derivación, desvío. Unión.
BIFURCARSE Dividirse, ramificarse. Unirse, juntarse.
BIGARDO Vago, holgazán, desenvuelto.
BIGOTE Bozo, mostacho. *Vigota.
BILATERAL Doble.
BILIOSO Atrabiliario, ictérico.
BILIS Hiel, atrabilis. // Acrimonia, amargura, aspereza, desabrimiento, enojo, tristeza. Dulzura.
BILLETE Carta, esquela, tarjeta. // Boleto, bono, ticket.
BILLETERA Cartera.
BIMBA Sombrero, chistera.
BINÓCULO Anteojos, prismáticos.
BINZA Fárfara, película, telilla.
BIOGRAFÍA Carrera, hazañas, hechos, historia, vida.
BIOMBO Mampara, pantalla, bastidor, antipara. // Persiana.
BIRLAR Escamotear, hurtar, quitar, robar. Devolver, restituir.
BIRRETE Bonete, gorro.
BIRRIA Adefesio, mamarracho.
BIS Dos, segundo, repetición.
BISAGRA Charnela, gozne.
BISAR Reiterar, repetir. *Visar.
BISBISEAR Farfullar, mascullar, mur-

murar, musitar, balbucir, susurrar.

BISECAR Partir, dividir.

BISEL Corte, chaflán, ochava, ángulo, filo, borde.

BISEXUAL Hermafrodita.

BISOJO Bizco.

BISOÑÉ Peluca.

BISOÑO Inexperto, novato, novel, nuevo, aprendiz. *Diestro, ducho, fogueado, veterano.*

BISTURÍ Cuchillo.

BISUNTO Sucio, ajado.

BITUMINOSO Abetunado.

BIZANTINISMO Corrupción, decadencia, depravación.

BIZARRÍA Gallardía, garbo, intrepidez, valor. *Cobardía.* // Esplendor, generosidad, esplendidez.

BIZARRO Esforzado, espléndido, gallardo, generoso, valiente, arrogante, bravo, intrépido. *Cobarde.*

BIZCO Bisojo. // Asombrado. *Visco.

BIZCOCHO Bollo, galleta, torta, galletita, pastel.

BIZMA Emplasto.

BIZQUERA Estrabismo.

BLANCA Dinero.

BLANCO Albo, cándido, cano, níveo. *Negro, oscuro.* // Pálido. // Limpio. *Sucio.* // Hito. // Fin, objetivo, objeto. // Intermedio.

BLANCURA Albura, ampo, candor. *Malicia, negrura.*

BLANDAMENTE Suavemente, tiernamente. *Rudamente.*

BLANDEAR Ceder, aflojar, reblandecerse. // Complacer, contemporizar. *Endurecerse, resistirse.*

BLANDICIA Delicadeza, molicie.

BLANDIR Agitar, mover, enarbolar, amenazar, alzar, levantar.

BLANDO Dúctil, esponjoso, mollar, suave, tierno. *Áspero, duro, fuerte, tenaz.* // Apacible, benigno, sereno. // Elástico, maleable. *Consistente, resistente.* // Cobarde, flojo. *Valiente.*

BLANDURA Deleite, molicie, regalo. *Ascetismo.* // Ductilidad, elasticidad,

flaccidez. // Benignidad, mansedumbre, ternura. *Dureza, rigor.* // Debilidad, flojedad, lenidad. *Fortaleza.*

BLANQUEAR Encalar, enjalbegar, emblanquecer. *Ennegrecer.* // Lavar, limpiar, jabonar. *Ensuciar.*

BLANQUECINO Blancuzco, cano, plateado, nacarado. *Negruzco.*

BLASFEMAR Execrar, jurar, maldecir, renegar, vituperar. *Alabar, bendecir, orar, ensalzar..*

BLASFEMIA Execración, juramento, maldición, palabrota, reniego, terno. *Plegaria, oración.*

BLASFEMO Blasfemante, imprecador, malhablado, irreverente, execrador, maldiciente.

BLASÓN Gloria, honor. // Emblema, escudo, armas. // Divisa, insignia, leyenda, mote.

BLASONAR Alabarse, alardear, jactarse, pavonearse, presumir, vanagloriarse, fanfarronear, baladronear. *Abochornarse, avergonzarse.*

BLEDO Ardite, comino, pito. *Oro, tesoro.*

BLINDAJE Coraza. // Protección.

BLINDAR Acorazar. // Proteger.

BLOCAO Fortín, reducto.

BLONDA Encaje.

BLONDO Rubio.

BLOQUE Agrupación, conjunto, pila, montón. // Masa, cantidad.

BLOQUEAR Aislar, asediar, cercar, incomunicar, sitiar. *Fugarse.*

BLOQUEO Aislamiento, cerco, sitio. // Asalto. *Evasión.*

BOA Serpiente. // Piel, plumas.

BOARDILLA Buhardilla.

BOATO Fausto, lujo, ostentación, rumbo, pompa, suntuosidad. *Pobreza, sencillez, humildad.*

BOBADA Bobería, simpleza. *Chispazo, ingeniosidad.*

BOBALICÓN Bobo.

BOBERÍA Bobada, idiotez, majadería, necedad, sandez, tontería, tontada. *Agudeza, ingenio, sagacidad.*

BOBINA Carrete. *Bovina.

BOBO Alelado, babieca, badulaque, ganso, gaznápiro, ignorante, idiota, lelo, majadero, mentecato, necio, papanatas, simple, tonto. *Despierto, inteligente, sagaz.*

BOCA Abertura, agujero, desembocadura, entrada, salida.

BOCADILLO Canapé, emparedado.

BOCADO Dentellada, mordisco, tarazón. // Freno, embocadura.

BOCANADA Boqueada, bocado, mordedura. // Fumarada.

BOCEL Moldura.

BOCETO Apunte, bosquejo, croquis, esbozo, idea, proyecto.

BOCHA Bola. // Cabeza.

BOCHINCHE Alboroto, barullo, tumulto. *Calma, tranquilidad.*

BOCHORNO Calor. *Frío, helada.* // Sofocación. *Languidez.* // Sonrojo, vergüenza. *Desfachatez.*

BOCINA Altavoz, caracola, cuerno, trompeta, trompa.

BOCÓN Fanfarrón.

BOCOY Barril.

BODA Casamiento, enlace, matrimonio, nupcias, unión. *Divorcio.*

BODEGA Depósito, despensa. // Granero, silo, troj.

BODEGÓN Taberna, figón.

BODRIO Bazofia. // Lío. // Mamarracho.

BOFE Pulmón.

BOFETADA Bife, bofetón, cachete, galleta, mamporro, moquete, revés, sopapo, soplamocos, torta, trompada, trompazo. *Caricia.*

BOGA Fama, moda, popularidad, reputación.

BOGAR Navegar, remar. *Anclar.*

BOHARDILLA Buhardilla.

BOHEMIO Gitano, húngaro. // Desordenado, libre, despreocupado, vagabundo, errante.

BOHÍO Cabaña, choza, rancho. *Mansión, palacio.*

BOHORDO Lanza, dardo, venablo, jabalina.

BOICOTEAR Aislar, coaccionar. *Apo-*

yar, ayudar, beneficiar.

BOINA Gorra, casquete.

BOL Ponchera, tazón.

BOLA Balón, esfera, globo. // Embuste, mentira.

BOLADA Oportunidad, casualidad, chiripa. *Volada.*

BOLAZO Disparate, embuste.

BOLEAR Abatatar, enredar, equivocarse. *Volear.*

BOLETA Cédula, papeleta, volante. // Factura, recibo, comprobante, vale, multa.

BOLETERÍA Taquilla.

BOLETERO Embustero, macaneador.

BOLETÍN Boleta. // Noticiero, periódico, revista, circular.

BOLETO Billete.

BOLICHE Cambalache, tenducho.

BÓLIDO Meteorito. *Volido.*

BOLLO Torta, bizcocho, panecillo. // Abolladura. // Puñetazo.

BOLO Mentira, píldora. *Voló* (volar).

BOLSA Bolso, cartera, escarcela, faltriquera, saco, talega. // Lonja. // Caudal, dinero.

BOLSILLO Faltriquera, fondillo.

BOLSISTA Cambista, banquero, accionista, corredor.

BOMBA Burbuja, pompa. // Explosivo, proyectil.

BOMBARDEAR Cañonear, hostigar, destruir, hostilizar.

BOMBARDEO Fuego, cañoneo.

BOMBAZO Estallido, explosión, estruendo, voladura.

BOMBEO Comba, pandeo, convexidad.

BOMBILLA Lámpara. // Canuto.

BOMBO Tambor, tamboril, atabal. // Adulación, elogio, encomio, exageración, lisonja.

BOMBÓN Chocolatín, chocolate.

BOMBONA Garrafa.

BOMBONERA Cajita, estuche, confitera, caramelera, cofrecito.

BONACHÓN Bondadoso, buenazo, crédulo, manso, pacífico, cándido, blando, dócil. *Pillo, tunante.*

BONANCIBLE Sereno, suave, tranquilo. *Tormentoso.*

BONANZA Calma, serenidad. *Tempestad.* // Felicidad, prosperidad. *Desdicha, infortunio.*

BONDAD Abnegación, afabilidad, benevolencia, benignidad, caridad, clemencia, compasión, dulzura, indulgencia, mansedumbre, misericordia, piedad, sensibilidad, ternura, apacibilidad, cordialidad. *Egoísmo, inclemencia, insensibilidad, maldad.*

BONDADOSO Abnegado, benévolo, benigno, caritativo, compasivo, filántropo, generoso, humanitario, indulgente, misericordioso, sensible, tierno. *Malvado, cruel.*

BONETE Gorro.

BONIFICACIÓN Beneficio, descuento, rebaja. *Recargo.*

BONIFICAR Beneficiar, descontar, mejorar, rebajar. *Recargar.*

BONITO Agraciado, airoso, lindo, bello, hermoso. *Feo.*

BOQUEAR Acabarse, agonizar, expirar, morir.

BOQUERA Abertura.

BOQUERÓN Anchoa.

BOQUETE Abertura, brecha.

BOQUIABIERTO Asombrado, pasmado. *Indiferente, frío.*

BOQUILLA Abertura, orificio, agujero, ranura, embocadura.

BORBOLLAR Borbotear, borbotar, borboritar, hervir.

BORBOTÓN Borbollón, burbuja, hervor.

BORCEGUÍ Bota.

BORDADO Labor, labrado, recamado, adornado. // Encaje, pasamanería.

BORDAR Recamar, labrar, festonear, ribetear. // Adornar.

BORDE Arista, canto, extremo, linde, margen, orilla, reborde, vivo, franja, filete, marco. *Centro.*

BORDEAR Orillar, orlar, rodear, circunvalar. // Virar.

BORDO Borde, costado, lado.

BORDÓN Bastón. // Muletilla.

BOREAL Nórdico, septentrional. *Austral.*

BORLA Cairel, alamar, borlón, pompón, madroño.

BORNE Extremo, límite, linde, final, horizonte.

BORRA Hez, poso, sedimento. // Pelusa, vello.

BORRACHERA Curda, ebriedad, embriaguez, merluza, mona, peludo, pítima, tranca. *Sobriedad.*

BORRACHO Achispado, alcoholizado, alcohólico, alumbrado, bebido, beodo, borrachín, curda, chispo, dipsomaníaco, ebrio, embriagado, mamado. *Abstemio, sereno.*

BORRADOR Boceto.

BORRADURA Tachón, tachadura, dele, trazo.

BORRAJEAR Garabatear, borronear, emborronar, garrapatear.

BORRAR Tachar, testar, tildar. // Desvanecer, esfumar, evaporar, quitar, suprimir. // Despintarse.

BORRASCA Huracán, tempestad, temporal, tormenta. // Riesgo, aventura, peligro. *Calma.*

BORRASCOSO Agitado, deshecho, inclemente, tempestuoso, tormentoso. *Apacible, plácido.* // Desenfrenado, licencioso, orgiástico.

BORREGO Cordero. // Niño.

BORRICO Asno, borriquillo, burro, jumento. // Necio.

BORRÓN Defecto, imperfección, mancha, tacha.

BORRONEAR Emborronar.

BORROSO Confuso, desdibujado, ilegible, ininteligible, nebuloso. *Claro, lógico, preciso, visible.*

BOSCOSIDAD Espesura, selvatiquez, fragosidad.

BOSCOSO Selvático, selvoso.

BOSQUE Boscaje, floresta, selva, espesura, frondosidad.

BOSQUEJAR Abocetar, esbozar, delinear, proyectar.

BOSQUEJO Boceto.

BOSTA Boñiga, estiércol.

BOSTEZO Oscitación, casmodia, inspiración, espiración.
BOTA Zapato, borceguí, botín. // Cuba, tonel. *Vota (votar).
BOTÁNICA Fitología, fitografía, fito-geografía, flora.
BOTAR Rebotar, saltar. // Arrojar, tirar. *Votar.
BOTARATE Alocado, atolondrado, aturdido, irreflexivo, precipitado. *Reflexivo, sereno.*
BOTE Brinco, rebote, salto. // Canoa, chalupa, esquife, lancha, barca, batel. *Vote (votar).
BOTELLA Frasco, garrafa.
BOTICA Droguería, farmacia.
BOTICARIO Farmacéutico.
BOTIJA Botijo, vasija.
BOTIJO Botija, vasija, piporro, cántaro, porrón.
BOTÍN Despojos, presa. // Zapato.
BOTO Torpe, rudo, necio.
BOTÓN Botonadura, broche. // Brote, capullo, yema, renuevo.
BÓVEDA Cripta. // Cúpula.
BOVINO Bóvido, boyal, vacuno. *Bobino (bobinar).
BOXEADOR Púgil.
BOXEO Pugilato. *Voseo.
BOYA Baliza.
BOYANTE Afortunado, feliz, próspero. *Desafortunado, mísero, pobre.*
BOYERA Corral, establo.
BOZAL Negro. // Bisoño, idiota, necio. // Mordaza.
BOZO Pelusa, vello.
BRACEAR Nadar. // Esforzarse.
BRACERO Jornalero, obrero, peón, trabajador. *Brasero.
BRACO Desnarigado, romo.
BRAGA Calzón, pantalón.
BRAGADO Animoso, valiente. *Cobarde, pusilánime.*
BRAGADURA Entrepiernas.
BRAGAZAS Calzonazos, indolente. *Trabajador, activo.*
BRAMA Grito, gamitido.
BRAMANTE Cordel, cordón, hilo, piolín.

BRAMAR Aullar, mugir, rugir, gritar, vociferar.
BRAMIDO Aullido, mugido, rugido. // Fragor.
BRANQUIA Agalla.
BRASA Ascua, rescoldo. *Braza.
BRASERO Calentador, fuego, hogar, salamandra, calientapiés. *Bracero.
BRAVAMENTE Ferozmente, valientemente, esforzadamente, fieramente, valerosamente, intrépidamente. *Cobardemente, tímidamente.*
BRAVATA Bravuconada. // Baladronada, fanfarronada.
BRAVEAR Provocar, amenazar, desafiar.
BRAVEZA Fiereza, valentía, bravura, audacia, temeridad. *Cobardía.*
BRAVÍO Bagual, cimarrón, feroz, indómito, montaraz, salvaje. *Manso, doméstico.* // Áspero, fragoso. *Llano.*
BRAVO Audaz, atrevido, decidido, esforzado, intrépido. *Cobarde.* // Áspero, fragoso. *Llano.* // Alborotado, embravecido, tumultuoso. *Calmo.* // Bravucón, enojado, guapo, matón, violento. *Afable, manso.*
BRAVUCÓN Fanfarrón, matón, matasiete, perdonavidas. *Apocado.*
BRAVURA Audacia, bizarría, coraje, fiereza, intrepidez, valor, valentía, ánimo, atrevimiento. *Cobardía, miedo, mansedumbre, temor.*
BRAZALETE Argolla, ajorca, brazal, esclava, pulsera.
BRAZO Rama, ramal. // Apoyo, protección, ayuda.
BREA Alquitrán.
BREBAJE Menjunje, pócima.
BRECHA Abertura, agujero, boquete, fisura.
BREGA Lucha, pendencia, riña, contienda. // Ajetreo, trabajo, trajín, afán. *Descanso, ocio.*
BREGAR Afanarse, ajetrearse, esforzarse, trabajar. *Aquietarse, descansar, ociar.* // Forcejear, luchar, reñir, batallar. *Ceder.*
BREÑA Fragosidad, quebradura. // Ma-

leza, matorral, zarzal.

BRETE Cepo. // Encierro, toril. // Aprieto, apuro, compromiso, trance.

BREVA Higo. // Bicoca, ganga.

BREVE Conciso, corto, limitado, pequeño, reducido, instantáneo, sucinto. *Extenso, largo, prolijo.* // Efímero, pasajero. *Duradero, perenne.*

BREVEDAD Concisión. *Prolijidad.* // Ligereza, prontitud. *Lentitud.*

BREVEMENTE Fugazmente, rápidamente, momentáneamente, prestamente. *Extensamente.*

BREVIARIO Compendio, libro, memorial.

BRIBÓN Bellaco, pícaro. *Honrado, respetable.*

BRIBONADA Bellaquería, canallada, pillería, trastada.

BRIDA Rienda.

BRIGADA Cuadrilla.

BRILLANTE Centelleante, deslumbrante, esplendente, esplendoroso, fulgente, fulgurante, luminoso, radiante, reluciente, resplandeciente, rutilante. *Mate, oscuro, pálido.* // Admirable, sobresaliente. *Común.*

BRILLANTEZ Brillo. *Brillantes.

BRILLAR Centellear, chispear, deslumbrar, fosforescer, fulgurar, irradiar, lucir, reflejar, refulgir, relumbrar, relucir, rielar, titilar. *Apagarse, deslucirse.* // Descollar, figurar, sobresalir.

BRILLO Centelleo, chispeo, esplendor, fulgor, lustre, resplandor, viveza. *Oscuridad, opacidad.* // Lucimiento, realce. *Desmerecimiento.*

BRINCAR Saltar, botar, triscar, retozar. // Omitir.

BRINCO Cabriola, salto, pirueta, gambeta, rebote, bote.

BRINDAR Convidar, dedicar, invitar, ofrecer.

BRINDIS Ofrecimiento, dedicación, convite, invitación.

BRÍO Ánimo, decisión, empuje, esfuerzo, espíritu, ímpetu, pujanza, resolución, valor. *Cobardía, flojera, indecisión.* //

Gallardía, garbo. *Desgarbo.*

BRIOSAMENTE Impetuosamente, resueltamente. *Débilmente.*

BRISA Aura, céfiro. *Briza.

BRIZNA Filamento, partícula.

BROCA Barrena.

BROCADO Bordado, brocatel, brocalado, guadamecí.

BROCAL Antepecho, boca, borde. *Broquel.

BROCHA Escobilla, pincel.

BROCHE Prendedor, hebilla, pasador, imperdible, fíbula, botón, corchete.

BROMA Burla, chasco, chiste, chacota, chunga, guasa, inocentada. *Veras.* // Complicación, fastidio.

BROMEAR Burlarse, chacotear, chancearse, divertirse, reírse.

BROMISTA Burlón, chancero, guasón, jaranero. *Formal, serio.*

BRONCA Alboroto, disputa, gresca, pelotera, trifulca, fastidio, zipizape. *Calma, paz, tranquilidad.*

BRONCO Áspero, brusco, desapacible, duro. *Blando, suave.*

BROQUEL Adarga, égida, escudo, rodela. // Amparo, defensa, protección. *Brocal.

BROTAR Aparecer, emerger, germinar, manar, nacer, salir, surgir. *Desaparecer, morir.* // Arrojar, originar.

BROTE Botón, pimpollo, renuevo, yema, retoño, rama.

BROZA Desecho, desperdicio, hojarasca, maleza.

BRUCES (DE) Boca abajo.

BRUJA Arpía, hechicera.

BRUJERÍA Encantamiento, hechizo, maleficio.

BRUJO Adivino, embaucador, hechicero, nigromántico.

BRÚJULA Calamita, bitácora, cuadrante. // Mira, acecho.

BRUJULEAR Acechar, adivinar, conjeturar, descubrir.

BRUMA Neblina, niebla.

BRUMOSO Neblinoso, nebuloso. *Despejado.* // Confuso, incomprensible, oscuro. *Comprensible, claro.*

BRUNO Negro, oscuro.

BRUÑIR Abrillantar, lustrar, pulir, enlucir. *Opacar.*

BRUSCAMENTE Repentinamente, rudamente, duramente. *Apaciblemente, suavemente.*

BRUSCO Áspero, descortés, desapacible, rudo, violento. *Apacible, suave.* // Repentino. *Lento.*

BRUTAL Atroz, grosero, inhumano, violento. *Amable, humano.*

BRUTALIDAD Animalada, barbaridad, crueldad, desenfreno, ferocidad, rudeza, salvajismo, irracionalidad. *Bondad, caridad, cultura, humanidad.*

BRUTO Incapaz. // Necio, torpe, tosco, zafio, grosero, rudo. // Bestial, irracional, brutal.

BRUZA Cepillo.

BUBA Bubón.

BUBÓN Tumor.

BUCANERO Corsario, filibustero, pirata. // Contrabandista.

BÚCARO Florero, jarrón.

BUCEAR Nadar, sumergirse. // Explorar, investigar.

BUCHE Estómago.

BUCLE Rizo, tirabuzón.

BUCÓLICO Campestre, pastoril.

BUEN Bueno.

BUENAMENTE Cómodamente, fácilmente. // Voluntariamente.

BUENAVENTURA Adivinación. // Dicha, suerte.

BUENO Afable, benévolo, bondadoso, bienhechor, caritativo, comprensivo, excelente, favorable, honesto, justo, servicial, humano, piadoso, indulgente. *Malo.* // Bonachón, crédulo, inocente. *Pícaro.* // Conveniente, útil, utilizable, ventajoso. *Dañoso, inservible, perjudicial.* // Agradable, divertido, sabroso. // Hábil. *Rudo, torpe.*

BUFANDA Chalina, chal, tapabocas.

BUFAR Gruñir, refunfuñar, rezongar. // Resoplar, soplar.

BUFETE Despacho, estudio, oficina.

BUFIDO Gruñido, resoplido, rugido, aullido. // Regaño, rabieta.

BUFO Animador, bufón, cómico, histrión, payaso. // Burlesco, gracioso, grotesco, jocoso, ridículo, risible, extravagante. *Grave, serio.*

BUFÓN Burlón, chocarrero, chunguero, farsante, gracioso, hazmerreír, truhán, jocoso, caradura.

BUFONADA Burla, chocarrería, farsa, jocosidad.

BUHARDILLA Boardilla, desván, guardilla. *Bodega, sótano.*

BÚHO Lechuza, lechuzón, mochuelo.

BUHONERO Mercachifle.

BUIDO Afilado, aguzado, punzante. *Romo.* // Acanalado, estriado.

BUITRE Usurero.

BUJARRÓN Sodomita.

BUJÍA Vela.

BULA Encíclica. // Privilegio, gracia, beneficio. // Documento.

BULBO Cebolla, tubérculo.

BULEVAR Avenida, paseo.

BULLA Algazara, barahúnda, barullo, bochinche, bullicio, desorden, escándalo, estrépito, estruendo, gritería, grita, jaleo, jarana, ruido, tumulto, vocerío. *Calma, quietud, silencio.*

BULLICIO Alboroto, animación, bulla, ruido. *Silencio.*

BULLICIOSO Alborotador, estrepitoso, festivo, jaranero, revoltoso, ruidoso, vivaz, juguetón, inquieto. *Pacífico, silencioso, tranquilo.*

BULLIR Agitarse, menearse, moverse, revolverse. *Aquietarse, pararse.* // Hervir, hormiguear, pulular.

BULO Camelo, chisme, infundio, mentira, patraña. *Verdad.*

BULTO Tamaño, volumen. // Busto, estatua. // Chichón, hinchazón, tumor. // Baúl, fardo, maleta, paquete, valija.

BUQUE Barco, embarcación, nave, navío, nao, bajel.

BURBUJA Ampolla, pompa, espumarajo, jabonadura.

BURBUJEAR Espumar, gorgotear, hervir, borboritar, borbotear.

BURDEL Mancebía, prostíbulo, lupanar.

BURDO Basto, grosero, tosco. *Fino, delicado, exquisito.*

BURGO Aldea, pueblo.

BURGUÉS Patrón. *Proletario.* // Propietario, rentista, pudiente. // Ciudadano, funcionario, burócrata.

BURGUESÍA Mesocracia. *Plebe, vulgo, proletariado.*

BURIEL Leonado, rojizo.

BURIL Punzón, cincel.

BURILAR Cincelar, esculpir, grabar, tallar, inscribir.

BURLA Befa, broma, cachada, coba, chacota, chanza, chasco, engaño, guasa, imitación, irrisión, mofa, pitorreo, remedo. *Respeto, seriedad.* // Morisqueta, mueca.

BURLADO Engañado.

BURLADOR Burlón, guasón. // Seductor.

BURLAR Eludir, escapar. // Frustrar, malograr.

BURLARSE Embromar, ironizar, cachar, chancearse, chasquear, escarnecer, mofarse, pitorrearse, reírse, ridiculizar. // Embaucar, engañar.

BURLESCO Cómico, festivo, jocoso. *Grave, serio.*

BURLÓN Bromista, burlador, sarcástico, irónico. *Grave, serio.*

BURRA Asna, borrica, pollina.

BURRADA Desatino, necedad, tontería. *Agudeza.*

BURRO Asno, borrico, jumento, pollino. // Ignorante, necio.

BUSCA Averiguación, búsqueda, exploración, indagación, investigación, pesquisa, rastreo, registro, rebusca, examen, demanda, batida.

BUSCADOR Buscón, examinador, explorador, perseguidor.

BUSCAR Averiguar, escudriñar, examinar, explorar, indagar, investigar, perseguir, rastrear, rebuscar, registrar, pesquisar, demandar. *Abandonar, desistir, encontrar, tropezar.*

BUSCAVIDAS Activo, diligente, trabajador. *Cansado.*

BUSILIS Quid, nudo, secreto, intríngulis, duda, incógnita.

BÚSQUEDA Busca.

BUTACA Asiento, luneta, sillón.

BUTIFARRA Embutido.

C

CABAL Acabado, ajustado, completo, entero, exacto, justo, honrado, íntegro, recto. *Equivocado, erróneo, incompleto, informal.*

CÁBALA Conjetura. // Superstición.

CABALGADA Galopada. *Cabalgata.

CABALGADURA Bestia, caballería.

CABALGAR Montar.

CABALGATA Desfile. *Cabalgada.

CABALMENTE Justamente, precisamente, perfectamente.

CABALLADA Tropilla.

CABALLAR Equino, hípico, caballuno, ecuestre.

CABALLERESCO Noble, valeroso, valiente, cumplido, galante.

CABALLERETE Lechuguino, mozalbete, pisaverde, petimetre.

CABALLERÍA Bestia, cabalgadura, caballo, montura.

CABALLERIZA Cuadra, establo.

CABALLERO Jinete, cabalgador. // Señor, noble, hidalgo. *Plebeyo.* // Digno, leal, distinguido, honorable. *Canalla.*

CABALLEROSIDAD Generosidad, hidalguía, nobleza, señorío. *Bellaquería, deslealtad.*

CABALLEROSO Desinteresado, generoso, noble. *Innoble, interesado.*

CABALLITOS Calesita, tiovivo.

CABALLO Bridón, corcel, flete, jamelgo, mancarrón, matalón, pinto, potro, rocín, sotreta. *Potranca, yegua.*

CABAÑA Barraca, bohío, rancho, choza. *Mansión, palacio.*

CABECEAR Inclinarse, moverse. // Negar, asentir. // Adormilarse, amodorrarse, adormecerse.

CABECEO Balanceo, oscilación, vaivén.

CABECERA Almohada, cabezal. // Cabeza, principio, título. // Presidencia.

CABECILLA Jefe. *Subordinado.*

CABELLERA Cabello, pelambrera.

CABELLO Cabellera, greñas, melena, pelo.

CABER Entrar, tener lugar. *Sobrar.* // Corresponder, tocar.

CABESTRILLO Cabestro.

CABESTRO Bozal, brida, camal, cuerda, ramal, ronzal.

CABEZA Cacumen, caletre, cráneo, inteligencia, mollera, sesera, talento, testa. // Cabecera, capital. // Individuo, persona, res. // Director, jefe, superior. *Inferior.* // Manantial, origen. // Cima, cumbre. *Cola, rabo.*

CABEZAL Almohada. // Larguero, travesaño, viga.

CABEZAZO Cabezada, topetazo, topetada, golpe.

CABEZO Cerro, colina, cumbre.

CABEZOTA Cabezón, cabezudo, obstinado, porfiado, testarudo, tozudo. *Condescendiente.*

CABIDA Capacidad.

CABILDEAR Gestionar, tramar.

CABILDEO Gestión. // Conspiración.

CABILDO Ayuntamiento, concejo, municipalidad.

CABIZBAJO Abatido, triste. *Alegre, orondo, ufano.*

CABLE Cablegrama. // Cabo, cuerda,

maroma, cordón, soga.
CABO Calabrote, cuerda. // Extremidad, extremo, fin, punta. *Bahía, ensenada.* // Mango. // Lugar, parte, sitio. *Cavo (cavar).
CABOTAJE Navegación, tráfico, travesía, crucero.
CABREARSE Enojarse, irritarse. *Soportar, tranquilizarse.*
CABRERO Cabrerizo. // Enojado, furioso. *Calmado.*
CABRESTANTE Malacate, torno.
CABRIA Cabrestante, grúa, molinete. *Cabría (caber).
CABRÍO Caprino.
CABRIOLA Brinco, corveta, pirueta, salto, voltereta.
CABRIOLÉ Birlocho.
CABRITO Chivito, chivo.
CABRÓN Chivo. // Cornudo.
CABRONADA Canallada.
CABRUNO Caprino, cabrerizo, cabrío.
CACA Excremento. // Suciedad.
CACAHUETE Maní.
CACAO Chocolate.
CACAREAR Cloquear. // Exagerar, jactarse, ponderar, vanagloriarse.
CACAREO Cloqueo. // Charlatanería, palabrería.
CACERÍA Caza.//Persecución. *Casería.
CACEROLA Olla.
CACHA Chapa.
CACHADA Broma, burla. *Agasajo.*
CACHAFAZ Pillo.
CACHAR Rajar, partir, cortar. // Burlar.
CACHARRO Utensilio.
CACHAZA Calma, flema, lentitud, pachorra, parsimonia. *Celeridad, nerviosidad, prontitud.*
CACHAZUDO Calmoso, lento, parsimonioso, flemático. *Rápido, nervioso.*
CACHEAR Registrar.
CACHETE Carrillo. // Bofetada.
CACHIMBA Cachimbo, pipa.
CACHIPORRA Porra.
CACHIPORRAZO Estacazo, porrazo.
CACHIVACHE Cacharro, trasto, trebejo.
CACHO Fragmento, pedazo, trozo.

CACHONDO Lujurioso, libidinoso, sensual. *Flemático, frío.*
CACHORRO Cría, hijo. // Perrito.
CACIQUE Señor, amo, dueño, jefe. // Tirano.
CACIQUISMO Tiranía, despotismo.
CACO Ladrón, ratero.
CACOFONÍA Disonancia, discordancia. *Armonía, eufonía.*
CACOFÓNICO Disonante, discordante. *Armonioso, eufónico.*
CACTO Chumbera, nopal, tuna, airampo. // Cardón.
CACUMEN Agudeza, ingenio, perspicacia. *Simpleza.*
CADALSO Horca, patíbulo.
CADAÑERO Cadañal, anual, añal.
CADÁVER Difunto, fallecido, muerto, restos.
CADAVÉRICO Demudado, pálido.
CADENA Retahíla, serie, sucesión. // Cautiverio, dependencia, esclavitud, sujeción. // Cordillera.
CADENCIA Ritmo. *Candencia.
CADERA Anca, cuadril.
CADUCAR Extinguirse, prescribir. *Empezar, rejuvenecer, revivir, subsistir.*
CADUCIDAD Extinción, prescripción, término.
CADUCO Chocho, decrépito, perecedero, agotado, arruinado, decadente. *Joven, robusto, perenne, persistente.*
CADUQUEZ Decrepitud, ancianidad, vejez, decadencia, chochez, caducidad. *Juventud, lozanía.*
CAER Abatirse, derrumbarse, descender, desmoronarse, despeñarse, desplomarse, desprenderse. *Ascender, elevar, levantar, subir.* // Incidir. // Llegar, presentarse, sobrevenir. // Desaparecer, morir, sucumbir. // Debilitarse, descaecer. *Fortalecer.* // Perder, rebajarse. // Incurrir. // Sentar. // Corresponder.
CAFÉ Cafeto. // Cafetín. // Represión, reto.
CÁFILA Caravana, muchedumbre, multitud, tropel.
CAFRE Bárbaro, cruel.

CAGADA Desacierto, error. *Acierto.*
CAÍDA Batacazo, porrazo, revolcón. // Decadencia, declinación, fracaso, ocaso, ruina. // Derrumbamiento, desmoronamiento, despeñamiento, desprendimiento. // Desliz, falta, pecado.
CAÍDO Abandonado, abatido, amilanado, débil, desfallecido, fracasado, postrado, rendido, vencido. *Animoso, empinado, erguido, firme.*
CAIMIENTO Desfallecimiento, descaecimiento, amilanamiento, caída. *Fortaleza, firmeza.*
CAIREL Fleco, guarnición. // Peluca, casquete.
CAJA Baúl, cajón. // Espacio, hueco. // Ataúd, féretro. // Tambor.
CAJERO Pagador, tesorero.
CAJÓN Caja, gaveta.
CAL Tiza, creta, calcio, puzol, caliza.
CALA Sonda, tienta. // Ensenada.
CALABAZA Zapallo.
CALABOZO Celda, mazmorra, cárcel, prisión.
CALADO Perforado. // Profundidad.
CALAFATEAR Obstruir, taponar.
CALAMBRE Contracción, espasmo.
CALAMIDAD Desastre, desgracia, infortunio, plaga. *Fortuna, ventura.*
CALAMITOSO Aciago, funesto. *Afortunado.* // Desdichado, desgraciado. *Dichoso, feliz.*
CÁLAMO Caña. // Flauta. // Pluma.
CALAMOCANO Borracho. *Sobrio.* // Caduco.
CALANDRAJO Calandraco, harapo, trapo. *Adorno, atavío.*
CALAÑA Modelo, muestra. // Calidad, categoría, especie, índole, laya, naturaleza, ralea.
CALAR Agujerear, atravesar, perforar. // Hender, rajar. // Adivinar, conocer, descubrir. // Encasquetarse. *Descubrirse.* // Empaparse, mojarse.
CALAVERA Cráneo. // Libertino, vicioso. *Virtuoso.* *Carabela.
CALCAR Copiar, reproducir. // Imitar, plagiar.

CALCE Cuña. // Coyuntura, oportunidad.
CALCINAR Carbonizar, incinerar, quemar, torrar, asar.
CALCO Copia, imitación, plagio, reproducción. *Original.*
CALCULAR Computar, evaluar. // Conjeturar, suponer.
CÁLCULO Cómputo, cuenta. // Conjetura, suposición. // Egoísmo, interés. *Desinterés.* // Concreción, piedra.
CALDAS Baños, termas, balneario.
CALDEAR Calentar. *Enfriar, congelar.*
CALDERA Caldero, tina. // Fogón, generador, bomba, termo.
CALDERO Perol.
CALDO Jugo, sopa.
CALDOSO Caldudo. *Seco.*
CALEFACCIÓN Calor. // Estufa, radiador, calorífero, brasero, hogar, chimenea. *Refrigeración.*
CALENDARIO Almanaque, anuario, agenda, efemérides.
CALENTADOR Calefactor, calorífero. *Heladera, refrigerador.*
CALENTAMIENTO Caldeamiento, caldeo, fomento, calda, calefacción. *Enfriamiento.*
CALENTAR Caldear, entibiar, templar. *Enfriar, refrescar.* // Avivar, enardecer, exaltar, excitar, irritar. *Calmar.*
CALENTURA Fiebre, temperatura. *Escalofrío.* // Celo. // Enardecimiento.
CALENTURIENTO Febricitante, febril.
CALERA Cantera. // Barca, chalupa. // Horno.
CALESA Carruaje.
CALETRE Cacumen, meollo, talento.
CALIBRE Diámetro, tamaño, anchura, talla, dimensión. // Importancia.
CALIDAD Clase, importancia. // Nobleza. // Calaña, condición. // Carácter, genio, índole, naturaleza, ralea. *Cualidad.
CALIDEZ Ardor, calor. *Frialdad, indiferencia.*
CÁLIDO Caliente, tropical. // Caluroso, entusiasta. *Frío.*
CALIENTE Ardiente, caldeado, cálido, tórrido. *Glacial, gélido, polar.* // Aca-

lorado, fogoso, furioso. *Calmo.*

CALIFICACIÓN Cualidad, epíteto, nota. *Clasificación.

CALIFICADO Acreditado, capaz, competente, entendido.

CALIFICAR Apreciar, atribuir, conceptuar. *Descalificar, desconceptuar.* // Acreditar, ennoblecer, ilustrar. *Desacreditar.* *Clasificar.

CALIFICATIVO Adjetivo, dictado, epíteto, nombre, título.

CALÍGINE Niebla, oscuridad, nebulosidad. *Diafanidad.*

CALIGINOSO Brumoso, nebuloso, oscuro. *Claro, diáfano.*

CALINA Calígine, bruma, fosca, calima, niebla. // Canícula, bochorno.

CALINOSO Brumoso, neblinoso, calimoso. // Bochornoso, canicular.

CÁLIZ Copa, vaso.

CALLADA Silencio.

CALLADAMENTE Sigilosamente, silenciosamente.

CALLADO Discreto, reservado. *Hablador, locuaz.* *Cayado.

CALLAR Enmudecer. *Hablar.* // Aguantarse. // Ocultar, tapar. *Delatar, descubrir.* // Olvidar, omitir.

CALLE Arteria, arroyo, avenida, bulevar, pasaje.

CALLEJA Calle, callejuela, callejón.

CALLEJEAR Deambular, caminar, pasear. // Vagabundear, vagar.

CALLEJÓN Callejuela, pasaje.

CALLISTA Pedicuro.

CALLO Callosidad, dureza. *Cayo.

CALMA Bonanza, inmovilidad, quietud, paz, reposo. *Agitación, tempestad, tumulto.* // Cachaza, flema, pachorra. *Actividad, energía, rapidez.* // Serenidad. *Turbación.*

CALMANTE Analgésico, narcótico, paliativo, sedativo, sedante. *Excitante.*

CALMAR Abonanzar, apaciguar. // Aplacar, enfriar, moderar, pacificar, serenar, suavizar, templar, tranquilizar. *Agitar, excitar, irritar.*

CALMO Reposado, tranquilo, apacible,

sosegado, sereno. *Intranquilo.*

CALMOSO Cachazudo, flemático, indolente, lento, parsimonioso, perezoso. *Activo, nervioso, rápido.*

CALÓ Germanía, jerga.

CALOR Bochorno, vergüenza. // Actividad, energía, entusiasmo, fervor, vehemencia, vivacidad, viveza. *Frío.*

CALORÍFERO Estufa. *Refrigerador.*

CALUMNIA Difamación, falsedad, impostura, maledicencia. *Alabanza, elogio, verdad.*

CALUMNIADOR Difamador, infamador, maldiciente. // Impostor, mentiroso.

CALUMNIAR Desacreditar, deshonrar, difamar, infamar. *Honrar.*

CALUMNIOSO Infamante, infamatorio, oprobioso. *Honroso.*

CALUROSO Ardiente, cálido. *Frío.* // Entusiasta, vehemente. *Moderado.*

CALVA Calvicie, pelada.

CALVARIO Adversidad, penas, trabajos, viacrucis.

CALVERO Claro.

CALVICIE Alopecia, calva, pelada.

CALVO Pelado.

CALZA Calce, cuña. // Media.

CALZADA Calle. // Pista.

CALZADO Zapato, zapatilla, pantufla, chinela, bota, borceguí, sandalia.

CALZAR Afianzar, asegurar, trabar. *Descalzar.*

CALZÓN Pantalón.

CALZONAZOS Condescendiente.

CAMA Camastro, catre, lecho, tálamo, yacija, litera.

CAMADA Cría, lechigada. // Conjunto, serie. // Banda, cuadrilla, pandilla.

CAMÁNDULA Astucia, bellaquería. // Hipocresía.

CAMANDULERO Astuto, bellaco, embaucador, embustero, truhán, zorro. *Honrado, veraz.*

CÁMARA Aposento, habitación, sala. // Neumático. // Parlamento.

CAMARADA Colega, compañero, amigo, cofrade, igual. *Enemigo.*

CAMARANCHÓN Buhardilla, desván.

CAMARERA Azafata, criada, doncella, muchacha, moza, servidora.

CAMARERO Criado, mozo, sirviente.

CAMARÍN Capilla. // Tocador.

CAMASTRO Cama.

CAMBALACHE Cambio, permuta, trueque, canje. // Boliche, tienducha.

CAMBIABLE Mudable, cambiadizo, modificable, alterable, variable. *Inmutable, permanente, fijo.*

CAMBIANTE Indeciso, inestable, mudable, tornadizo, variable, versátil. // Viso.

CAMBIAR Canjear, conmutar, intercambiar, metamorfosear, modificar, mudar, permutar, reemplazar, reformar, renovar, transformar, transfigurar, transmutar, trocar, variar. *Conservar, permanecer, subsistir.* // Virar. *Seguir.*

CAMBIO Alteración, cambiazo, canje, conmutación, corrección, evolución, innovación, inversión, muda, mudanza, permuta, reforma, renovación, transformación, transición, transustanciación, trueque, variación. *Fijeza, permanencia.* // Vicisitud.

CAMBISTA Banquero, bolsista.

CAMELAR Engañar, requebrar, seducir.

CAMILLA Angarillas.

CAMINANTE Andarín, peatón, transeúnte, paseandero.

CAMINAR Andar, moverse, marchar.

CAMINERO Vial.

CAMINO Atajo, calle, carretera, pasaje, ruta, senda, sendero, trocha, vereda, vía. // Manera, medio, método, procedimiento, modo.

CAMISA Cubierta, forro, funda. // Revestimiento. // Camisón, camisola, camisolín, túnica.

CAMORRA Disputa, pelea, pelotera, pendencia, refriega, riña, trifulca. *Acuerdo, conciliación.*

CAMORRISTA Pendenciero, provocador. *Bonachón, pacífico.*

CAMOTE Batata. // Enamoramiento.

CAMPAMENTO Acantonamiento, campo, vivaque.

CAMPANA Bronce, cencerro, esquila.

CAMPANADA Campaneo, talán, tintineo, retintín.

CAMPANARIO Campanil, espadaña, torre.

CAMPANEAR Repicar, tintinear, campanillear, repiquetear. // Espiar.

CAMPANILLA Timbre.

CAMPANTE Contento, satisfecho, ufano. *Descontento, triste.*

CAMPANUDO Altisonante, hinchado, rimbombante.

CAMPAÑA Campo, llanura. *Montaña, sierra.* // Cruzada, empresa, expedición.

CAMPAR Sobresalir.

CAMPECHANO Alegre, franco, jovial, llano, sencillo, simpático. *Hosco, huraño.*

CAMPEÓN As, defensor, paladín, sostenedor.

CAMPEONATO Certamen.

CAMPERO Rural.

CAMPESINO Agrario, campestre. *Ciudadano.* // Agricultor, labrador, labriego, granjero.

CAMPIÑA Campaña, campo.

CAMPO Afueras. // Campiña, prado, terreno. // Asunto, tema.

CAMPOSANTO Cementerio, necrópolis, fosal, sacramental.

CAN Perro. ***Kan.***

CANAL Canaleta, canalón, caño, conducto, reguera, tubo. // Acequia, zanja. // Estría. // Estrecho, brazo de mar. *Istmo.*

CANALIZAR Encanalar, encañonar, acequiar, regar.

CANALÓN Canal, caño, desagüe.

CANALLA Chusma, gentualla, populacho, gentuza. // Bribón, malvado, pícaro, pillo. *Honorable, honrado.*

CANAPÉ Diván, sofá. // Bocadito.

CANASTA Canasto, cesta, cesto.

CANASTILLO Azafate.

CANASTO Canasta.

CANCEL Biombo, contrapuerta, mampara. ***Cáncer, cárcel.***

CANCELACIÓN Anulación, supresión, derogación, abolición, liquidación.

CANCELAR Liquidar, saldar. *Deber.* // Abolir, anular. *Implantar, promulgar.*

CANCHA Hipódromo, pista. // Sendero. // Habilidad. *Torpeza.*

CANCIÓN Aria, cantar, cantinela, copla, endecha, tonada, balada, cantiga, canto.

CANDADO Cerradura, cierre.

CANDELA Lumbre.

CANDELERO Palmatoria.

CANDENTE Caliente, incandescente, al rojo. *Frío.* *Cadente.

CANDIDATO Aspirante, pretendiente.

CANDIDEZ Candor, ingenuidad, inocencia, sinceridad. *Astucia, picardía.*

CÁNDIDO Blanco, candoroso, crédulo, ingenuo, inocente, sencillo, simple. *Astuto, receloso, suspicaz.*

CANDIL Lámpara, candileja, linterna, farol, fanal.

CANDOR Candidez, pureza, sencillez. *Astucia, hipocresía, malicia.* // Blancura. *Suciedad.*

CANÍBAL Antropófago. // Cruel, inhumano, salvaje.

CANÍCULA Calor, bochorno. *Frío.*

CANIJO Débil, enfermizo, raquítico. *Fuerte, robusto, sano.*

CANILLA Espita, grifo.

CANINO Perruno.

CANJE Cambio, permuta, trueque.

CANJEAR Cambiar, permutar, trocar.

CANO Blanco, canoso, blanquecino, entrécano, pelicano, rucio.

CANOA Bote.

CANON Impuesto. // Catálogo. // Precepto, regla.

CANÓNICO Regular, conforme. // Beneficial, penitenciario. *Irregular.*

CANONIZAR Santificar.

CANONJÍA Beneficio, ganga, prebenda.

CANORO Armonioso, melodioso.

CANOSO Cano.

CANSADO Fatigado, harto, molesto. *Descansado, fresco.*

CANSANCIO Fatiga, hastío, molestia. *Animación, fortaleza.*

CANSAR Aburrir, ajetrear, fastidiar, fatigar, hastiar, importunar, incomodar, molestar. *Descansar, reposar.*

CANTANTE Cantatriz, cantor, diva, divo.

CANTAR Canción, canto. // Celebrar, elogiar, encomiar, loar. // Confesar, delatar, descubrir, espetar, revelar. *Callar, negar.*

CÁNTARO Ánfora, botijo.

CANTAZO Pedrada.

CANTERA Pedregal, pedriscal, cantizal, cascajar, guijarral.

CÁNTICO Canto, salmo.

CANTIDAD Abundancia, cuantía, importe, monto, número, parte, porción, caudal. *Escasez.*

CANTILENA Cantar, cantinela. // Tabarra.

CANTIMPLORA Chifle. // Garrafa.

CANTINA Bar, taberna.

CANTO Canturreo, vocalización. // Canción, copla, tonada. // Borde, margen, orilla. // Guijarro, piedra.

CANTÓN Esquina. // Región, territorio.

CANTOR Cancionista, cantante, payador.

CANTURREAR Tararear.

CÁNULA Tubo.

CAÑA Aguardiente. // Cánula. // Fuste.

CAÑADA Vaguada, valle, hoya. *Colina, meseta.*

CAÑAVERAL Cañal, carrizal, cañavera, cañizar, cañedo, cañizal, cañamelar.

CAÑERÍA Tubería.

CAÑO Conducto, tubo.

CAÑÓN Obús, mortero, lombarda. // Tubo. // Pluma.

CAÑUTO Canuto.

CAOS Confusión, desorden, desorganización, lío, anarquía. *Disciplina, orden, organización.*

CAPA Manteo, manto. // Pretexto. // Baño, mano. // Estrato, vena, veta.

CAPACHO Cesto, espuerta, cesta, canasta, serón.

CAPACIDAD Cabida, espacio, extensión, volumen, tonelaje. // Aptitud, competencia, inteligencia, saber, suficiencia. *Ineptitud, torpeza.*

CAPACITAR Habilitar.

CAPAR Castrar. // Cercenar, disminuir, mutilar.

CAPARAZÓN Concha, cubierta, carapacho, corteza.

CAPATAZ Caporal, encargado.

CAPAZ Amplio, espacioso, grande, vasto. *Pequeño.* // Apto, competente, hábil, idóneo. *Incapaz, incompetente.* // Avezado, conocedor, entendido, experto, práctico. *Inexperto.*

CAPCIOSO Artificioso, engañoso. *Franco, sincero, verdadero.*

CAPEAR Torear, defenderse.

CAPELLÁN Clérigo, cura, sacerdote.

CAPERUZA Bonete, gorra.

CAPILLA Oratorio.

CAPITAL Bienes, caudal, dinero, fortuna, hacienda. // Patrimonio, peculio. // Cabecera. // Esencial, fundamental, principal. *Secundario.*

CAPITÁN Jefe, caudillo.

CAPITANEAR Acaudillar, comandar, conducir, dirigir, guiar, mandar. *Obedecer, seguir.*

CAPITULACIÓN Rendición, cesión, entrega. // Convenio, pacto.

CAPITULAR Ceder, rendirse. *Batirse, luchar, resistir.* // Convenir, pactar.

CAPÍTULO División, apartado.

CAPOLAR Partir, dividir, cortar, despedazar.

CAPÓN Castrado.

CAPORAL Capataz, encargado.

CAPOTA Sombrero, tocado, cubierta.

CAPOTE Gabán, poncho, redingote, sarape, capisayo.

CAPRICHO Arbitrariedad, obstinación. *Condescendencia, justicia.* // Exigencia, pretensión. *Concesión.* // Extravagancia, fantasía, humorada, ocurrencia, tontería. // Antojo, deseo, manía, voluntad. *Necesidad.*

CAPRICHOSO Antojadizo, arbitrario, caprichudo, improcedente, inmotivado, tornadizo, voluble, variable. *Consecuente, constante.*

CÁPSULA Estuche, envoltura. // Píldora.

CAPTACIÓN Atracción, persuasión. *Disconformidad, repulsión.*

CAPTAR Atraer, cautivar, conseguir, ganar, lograr, seducir, sugestionar. *Rechazar, repeler.* *Catar.

CAPTURA Aprehensión, detención, prendimiento. *Liberación.*

CAPTURAR Aprehender, apresar, detener, prender. *Excarcelar.*

CAPUCHA Capillo, capuchón.

CAPULLO Botón, pimpollo.

CARA Rostro, faz, jeta, semblante. // Anverso, fachada, frente. *Cruz, reverso, nuca.*

CARABINA Fusil.

CARÁCTER Genio, idiosincrasia, índole, natural, personalidad, temperamento, temple. *Impersonalidad.* // Estilo, tipo. // Energía, entereza, firmeza, voluntad. *Abulia, apatía.*

CARACTERÍSTICO Congénito, innato. // Inconfundible, peculiar, propio, típico. *Genérico.*

CARACTERIZADO Distinguido.

CARACTERIZAR Determinar, personalizar, significar. *Indeterminar.*

CARACÚ Médula, tuétano.

CARAMBOLA Casualidad, chiripa. suerte. // Enredo, trampa.

CARANTOÑA Caricia, halago, zalamería. *Insulto.*

CARAPACHO Caparazón, concha.

CARÁTULA Careta, máscara, mascarilla.

CARAVANA Multitud, tropel.

CARBÓN Antracita, coque, hulla, lignito, turba, tizón.

CARBUNCO Ántrax. *Carbunclo.

CARBURANTE Combustible.

CARCAJ Aljaba.

CARCAJADA Risotada. *Lamento.*

CARCAMAL Vejestorio. *Carcamán.

CÁRCEL Correccional, penal, penitenciaría, prisión. *Cancel, cáncer.

CARCELERO Guardián, guardia, guarda, alcaide, celador.

CARCOMA Polilla.

CARCOMER Consumir, roer.

CARDENAL Contusión, equimosis, moretón. *Cardinal.

CARDENILLO Verdín.

CÁRDENO Amoratado, lívido.

CARDINAL Capital, esencial, fundamental, importante, primordial. *Accesorio, secundario.* *Cardenal.
CARDIZAL Cardal, cardonal.
CARDO Cardón.
CARDUMEN Banco.
CAREAR Confrontar, enfrentar. *Cariar.
CARECER Escasear, faltar. *Abundar, sobrar, tener.*
CARENCIA Ausencia, escasez, falta, penuria, privación. *Abundancia, posesión, sobra.*
CARENTE Desprovisto, falto, huérfano, necesitado, privado, incompleto, careciente. *Copioso, cuantioso.*
CARESTÍA Carencia, escasez. *Abundancia, baratura, sobra.*
CARETA Antifaz, carátula.
CARGA Cargamento, lastre, peso. // Gabela, gravamen, impuesto, tributo. // Acometida, ataque. // Cuidado, molestia, obligación.
CARGADO Abarrotado, agobiado, repleto. *Desembarazado, vacío.* // Espeso, fuerte, saturado. *Liviano.* // Bochornoso, tempestuoso. *Despejado.*
CARGANTE Chinche, escorchón, fastidioso, importuno, molesto, pesado. *Soportable, tolerable.*
CARGAR Abarrotar, agobiar, embarcar, estibar, llenar. *Descargar, vaciar.* // Agravar, aumentar, imponer. *Aligerar, quitar.* // Achacar, atribuir, imputar. *Disculpar.* // Fastidiar, importunar, irritar, molestar. // Arremeter, atacar, embestir. *Huir.* // Apoyarse, descansar, estribar.
CARGO Cuidado, dignidad, empleo, oficio, plaza, puesto. // Imputación, peso. *Descargo.* // Custodia, dirección, gobierno.
CARGOSO Cargante.
CARIACONTECIDO Triste, turbado, apenado, sobresaltado, asustado. *Alegre, tranquilo.*
CARIARSE Picarse, corroerse.
CARICATURA Ridiculización, exageración, parodia, deformación.

CARICATURIZAR Deformar, exagerar, desfigurar, ridiculizar.
CARICIA Cariño, mimo. *Cachete, golpe.*
CARIDAD Altruismo, filantropía, generosidad, humanidad. *Egoísmo, envidia.* // Auxilio, ayuda, limosna, socorro. *Desamparo, tacañería.*
CARIES Corroedura, picadura, ulceración.
CARILLA Cara, página, plana.
CARIÑO Afecto, amor, apego, benevolencia, dilección, esmero, inclinación, ternura, simpatía. *Desamor, aversión, desapego, odio.* // Caricia, halago, mimo. *Desatención.*
CARIÑOSAMENTE Afectuosamente, tiernamente, cordialmente.
CARIÑOSO Afectuoso, amoroso, benévolo, cordial, mimoso, zalamero. *Desamorado, descariñado, descastado.*
CARITATIVO Compasivo, generoso, humano, misericordioso, altruista. *Egoísta, interesado.*
CARIZ Aspecto, pinta, traza.
CARMENAR Desenredar, desenmarañar, escarmenar.
CARMESÍ Escarlata, grana, rojo.
CARNADA Cebo, señuelo.
CARNADURA Encarnadura, robustez.
CARNAL Lascivo, libidinoso, lujurioso, sensual. *Casto, espiritual.* // Terrenal.
CARNALMENTE Carnosamente. // Lujuriosamente, sensualmente. // Terrenalmente. *Espiritualmente, castamente.*
CARNAVAL Carnestolendas.
CARNEAR Matar, sacrificar.
CARNECERÍA Carnicería.
CARNERO Morueco.
CARNESTOLENDAS Carnaval.
CARNICERÍA Carnecería. // Degollina, matanza, mortandad.
CARNICERO Carnívoro. // Cruel, inhumano, sanguinario. // Matarife.
CARNÍVORO Carnicero.
CARNOSIDAD Excrecencia.
CARNOSO Carnudo, pulposo.
CARO Alto, costoso, salado, subido. *Barato, económico, módico.* // Adorado, amado, apreciado, querido. *Odiado,*

odioso, despreciado, aborrecido.
CAROZO Hueso, pepita.
CARPA Pabellón, tienda.
CARPETA Cartera. // Cubierta.
CARPINTERÍA Ebanistería, marquetería, taller.
CARRADA Carretada.
CARRERA Corrida. // Curso, recorrido, trayecto, trayectoria. // Carretera. // Hilera. // Raya. // Estudio, profesión.
CARRERISTA Burrero.
CARRERO Carretero.
CARRETA Carro, carromato.
CARRETADA Carrada.
CARRETE Bobina, carretel.
CARRETERA Camino, estrada, pista.
CARRETERO Carrero.
CARRETILLA Carretón, volquete.
CARRIL Riel, vía. // Huella, surco.
CARRILLO Cachete, mejilla, pómulo.
CARRO Carreta, carretón, carromato, carruaje. // Carrada.
CARROMATO Carro.
CARROÑA Cadáver, podredumbre.
CARROZA Coche.
CARRUAJE Vehículo.
CARTA Billete, correspondencia, despacho, epístola, esquela, mensaje, misiva, pliego. // Constitución, estatuto. // Naipe. // Mapa. // Menú.
CARTA BLANCA Facultad, poder.
CARTABÓN Regla, escuadra.
CARTAPACIO Carpeta, cuaderno, pliego. // Portapliegos.
CARTEL Cartelón, pancarta, rótulo, título. // Anuncio, bando, edicto, proclama. // Fama, reputación.
CARTEO Correspondencia, correo, mensajería, epistolario.
CARTERA Billetera, bolsa, bolso, monedero, mochila. // Carpeta, portapapeles. // Ministerio.
CARTERISTA Ladrón, ratero.
CARTILLA Abecedario, silabario. // Libreta, cuaderno.
CARTUCHERA Canana.
CARTUCHO Envoltura, tubo. // Carga.
CASA Edificio. // Domicilio, hogar, man-

sión, morada, residencia, vivienda, habitación, aposento. // Familia, linaje, estirpe. // Establecimiento, firma. *****Caza.**
CASAL Pareja.
CASAMIENTO Boda, enlace, nupcias. *Divorcio, separación.*
CASAR Desposarse. *Divorciarse.* // Juntar, unir. *Desunir.* *****Cazar.**
CASCABEL Campanilla, sonajero, sonajas, cencerro.
CASCADA Catarata, salto. *Géiser.*
CASCADO Achacoso. // Rajado, roto. // Trémulo.
CASCAJO Cascote, guijo.
CASCANUECES Rompenueces.
CASCAR Escachar, quebrantar, rajar. // Azotar, pegar. *Acariciar.*
CÁSCARA Cascarón, corteza, cubierta, vaina.
CASCARRABIAS Colérico, irritable, quisquilloso. *Flemático, manso.*
CASCO Pezuña, vaso. // Pipa, tonel. // Yelmo. // Cabeza, cráneo.
CASCOTE Escombro. // Guijo, ripio.
CASERÍA Caserío, villorrio.
CASERO Encargado, propietario. // Hogareño. *Callejero.*
CASETA Casilla, garita.
CASI Aproximadamente, cerca de, por poco.
CASILLA Caseta. // Compartimiento, encasillado. // Escaque. // Retrete.
CASINO Club.
CASO Acontecimiento, asunto, circunstancia, coyuntura, ocasión. // Tema. *****Cazo.**
CASQUETE Casco, gorro, solideo.
CASQUIJO Grava.
CASQUILLO Cápsula, cartucho, vaina.
CASQUIVANO Alocado, ligero, aturdido, irreflexivo. *Grave, formal, reflexivo, serio.*
CASTA Alcurnia, linaje, progenie, ralea, raza. // Calidad, especie.
CASTAÑETEAR Tiritar. *Calentarse.*
CASTAÑUELA Crótalo.
CASTICISMO Purismo.
CASTIDAD Continencia, honestidad,

pureza, virginidad. *Impureza, lujuria, sensualidad.*

CASTIGAR Afligir, escarmentar, golpear, mortificar, reprimir. *Consolar, galardonar, premiar.* // Corregir, enmendar. *Excusar, justificar.*

CASTIGO Correctivo, pena, penalidad, penitencia, punición, represión, sanción. *Galardón, recompensa.*

CASTIZO Correcto, puro. *Exótico, extraño, modernista.*

CASTO Continente, honesto, púdico, puro, virtuoso. *Impuro, sensual.*

CASTRADO Capón, eunuco.

CASTRAR Capar, esterilizar. *Fertilizar.*

CASTRENSE Militar. *Pacifista.*

CASUAL Contingente, fortuito, impensado, inopinado, ocasional. *Esencial, pensado, premeditado, provocado.* *Causal.

CASUALIDAD Acaso, accidente, azar, chiripa, eventualidad, suerte, ventura. *Seguridad, previsión.* *Causalidad.

CASUALMENTE Accidentalmente, fortuitamente, impensadamente, eventualmente. *Pensadamente, previsiblemente.*

CATA Prueba.

CATACLISMO Catástrofe, desastre, diluvio, terremoto.

CATADOR Degustador.

CATADURA Degustación. // Aspecto, facha.

CATAFALCO Túmulo.

CATALOGAR Clasificar, inventariar, registrar.

CATÁLOGO Inventario, lista, registro.

CATAPLASMA Emplasto, tópico. // Importuno, pelmazo. *Entretenido.*

CATAR Degustar, probar. // Examinar, mirar, observar, registrar, ver. *Captar.

CATARATA Cascada, torrente.

CATARRO Constipado, resfriado, tos. *Cotarro.

CATASTRO Censo, padrón.

CATÁSTROFE Cataclismo.

CÁTEDRA Aula, clase. // Púlpito.

CATEDRÁTICO Maestro, profesor. *Alumno.*

CATEGORÍA Clase, condición, esfera,

jerarquía, rango, autoridad.

CATEGÓRICO Claro, decisivo, preciso, rotundo, terminante. *Dubitativo, equívoco, evasivo.*

CATEQUIZAR Adoctrinar, enseñar, instruir. // Convencer, persuadir.

CATERVA Banda, cáfila, montón, multitud, pandilla, turba.

CATILINARIA Invectiva. *Desagravio.*

CATÓLICO Universal.

CAUCE Álveo. // Lecho, canal, arroyo.

*Cause (causar).

CAUCHO Goma.

CAUCIÓN Fianza, garantía, prevención.

CAUDAL Abundancia, cantidad, copia. *Escasez.* // Bienes, fortuna, hacienda, patrimonio, riqueza. *Penuria.*

CAUDALOSO Abundante, acaudalado, copioso. *Insignificante, pobre.*

CAUDILLAJE Caciquismo.

CAUDILLO Adalid, jefe.

CAUSA Base, fuente, fundamento, génesis, germen, motivo, móvil, origen, principio, razón. *Consecuencia, efecto, resultado.* // Doctrina, interés, partido. // Litigio, pleito, proceso, sumario.

CAUSALIDAD Causa, origen, motivo. *Casualidad, eventualidad, contingencia, azar.* *Casualidad.

CAUSAR Acarrear, engendrar, irrogar, motivar, ocasionar, originar, promover, redundar, suscitar, dar lugar, dar pie.

CAUSTICIDAD Acidez, malignidad, mordacidad. *Broma, chiste.*

CÁUSTICO Corrosivo, quemante. // Vejigatorio. // Agresivo, incisivo, irónico, mordaz, picante, punzante.

CAUTELA Astucia, maña, sutileza. *Ingenuidad, sinceridad.* // Precaución, tacto. *Imprudencia, temeridad.*

CAUTELOSO Astuto, callado, reservado, prudente, cauto. *Temerario.*

CAUTERIO Cauterización.

CAUTERIZAR Restañar. // Corregir.

CAUTIVADOR Seductor.

CAUTIVAR Apresar, capturar, domar, esclavizar, someter. *Libertar.* // Atraer, encantar, seducir. *Aburrir, desencantar,*

repeler, repugnar, rechazar.
CAUTIVERIO Cautividad, esclavitud, prisión, encarcelamiento. *Libertad.*
CAUTIVO Encadenado, esclavizado, esclavo, preso, prisionero, sometido, sojuzgado. *Libre.*
CAUTO Astuto, precavido, sagaz. *Imprudente, ingenuo.*
CAVA Bodega. // Foso.
CAVAR Ahondar, profundizar.
CAVERNA Antro, cueva, gruta. // Concavidad, subterráneo.
CAVERNOSO Lúgubre, profundo. // Bronco, sordo. *Agudo.*
CAVIDAD Concavidad, excavación, hoyo, hueco, nicho, seno.
CAVILACIÓN Meditación, reflexión. *Irreflexión.*
CAVILAR Discurrir, meditar, pensar, preocuparse, reflexionar, rumiar. *Despreocuparse.*
CAYADO Bastón. *Callado.*
CAZA Cacería, cinegética. *Casa.*
CAZAR Acosar, perseguir. *Casar.*
CAZO Cucharón. // Perol, puchero. *Caso.*
CAZOLETA Receptáculo, depósito.
CAZUELA Cacerola. // Galería, paraíso.
CAZURRO Astuto, callado.
CEBAR Alimentar, engordar, engrosar. *Adelgazar.* // Fomentar. // Atraer, engolosinar, halagar. // Preparar. // Encarnizarse, ensañarse.
CEBO Aliciente, anzuelo, carnada, señuelo. // Fomento, incentivo, pábulo. *Sebo.*
CECINA Charqui, tasajo, chacina.
CEDA Ceta, zeta. *Seda.*
CEDAZO Cernidor, criba, harnero, tamiz, zaranda.
CEDER Dar, dejar, endosar, entregar, transferir, trasladar, traspasar. *Quitar, tomar.* // Acceder, condescender, consentir, transigir. *Denegar, rechazar.* // Rendirse, replegarse, retirarse, someterse. *Combatir, pelear.* // Aflojar, aminorarse, cejar, cesar, disminuir, flaquear, mitigarse. *Mantenerse, porfiar.*
CÉDULA Documento, escrito, ficha, papeleta. *Célula.*

CÉFIRO Aura, brisa. *Huracán.* *Zafiro.*
CEGAR Deslumbrar, exasperarse, obcecarse, ofuscarse. *Distinguir, reconocer.* // Cerrar, obstruir, tapar, taponar. *Desatascar.* *Segar.*
CEGATO Corto de vista.
CEGUEDAD Ceguera. *Visión.* // Deslumbramiento, exasperación, obcecamiento. *Comprensión, percepción.*
CEGUERA Ceguedad.
CEJAR Abandonar, ceder, desistir, flaquear, replegarse, retroceder. *Avanzar, insistir, machacar, rechazar.*
CELADA Yelmo. // Asechanza, emboscada, engaño, fraude, trampa.
CELADOR Vigilante, guardián.
CELAR Atender, cuidar, observar, velar, vigilar. *Confiar.* // Disimular, encubrir, ocultar. *Descubrir.*
CELDA Calabozo. // Celdilla.
CELEBRACIÓN Conmemoración. // Aclamación, aplauso, apoteosis, ovación.
CELEBRAR Conmemorar, festejar, oficiar, solemnizar. // Alabar, aplaudir, elogiar, enaltecer, encomiar. *Execrar, maldecir.* // Reverenciar.
CÉLEBRE Afamado, famoso, glorioso, ilustre, insigne, popular, renombrado. *Desconocido, ignorado.*
CELEBRIDAD Fama, nombradía, nombre, notoriedad, popularidad, renombre, reputación. *Anonimato, desprestigio, impopularidad.* *Celeridad.*
CELERIDAD Actividad, diligencia, prontitud, rapidez, velocidad. *Lentitud.* *Celebridad.*
CELESTE Celestial.
CELESTIAL Celeste, divino, glorioso, paradisíaco. *Infernal, terrenal.* // Delicioso, perfecto.
CELESTINA Alcahueta, encubridora, proxeneta.
CELIBATO Soltería.
CÉLIBE Mozo, soltero. *Casado.*
CELO Actividad, afán, ahínco, ardor, asiduidad, cuidado, diligencia, intrepidez, pasión. *Apatía, indolencia, negligencia.*

CELOS Antagonismo, duda, emulación, envidia, rivalidad. *Indiferencia.* // Inquietud, recelo, sospecha. *Confianza.*
CELOSÍA Enrejado, persiana.
CELOSO Encelado. // Envidioso, receloso, suspicaz. *Confiado.* // Activo, cuidadoso, diligente. *Dejado, desidioso.*
CÉLULA Cavidad, celda, seno. *Cédula.
CEMENTERIO Camposanto, necrópolis, fosal, sacramental.
CEMENTO Argamasa, pegamento. *Cimiento, segmento.
CENA Comida. *Sena.
CENADOR Quiosco, glorieta, emparrado, veranda.
CENAGAL Barrizal, ciénaga, fangal, lodazal, pantano.
CENAR Comer.
CENCEÑO Enjuto, flaco.
CENCERRO Campanilla, esquila.
CENDAL Velo, manto.
CENIZA Escoria, pavesa, residuo.
CENIZAS Escombros, restos.
CENOBITA Ermitaño, monje.
CENOTAFIO Mausoleo, sepulcro.
CENSO Carga, contribución, gravamen, impuesto, tributo. // Empadronamiento, registro.
CENSOR Crítico, interventor, examinador, corrector. *Sensor.
CENSUAL Censal. *Sensual.
CENSURA Condena, crítica, diatriba, objeción, reparo, reproche. *Aprobación, elogio.* // Murmuración, tacha, vituperio. // Dictamen, examen, juicio.
CENSURABLE Incalificable, vituperable, reprobable. *Elogiable.*
CENSURAR Corregir, criticar, murmurar, reprochar, vituperar. *Alabar, aprobar.* // Tachar, suprimir. *Dejar, permitir.*
CENTELLA Chispa, rayo.
CENTELLEANTE Brillante, luminoso, llameante, resplandeciente, rutilante. *Apagado, opaco.*
CENTELLEAR Brillar, chispear, fulgurar, lucir, relucir, resplandecer, fulgurar. *Apagarse.*
CENTELLEO Brillo, fulgor, llama, resplandor, relampagueo. *Opacidad.*
CENTENARIO Longevo. // Siglo.
CENTINELA Guardia, vigilante.
CENTRADO Medio, equidistante. *Descentrado.* // Correcto, sensato. *Insensato, alocado.*
CENTRAL Céntrico. // Matriz, principal.
CENTRALIZACIÓN Concentración.
CENTRALIZAR Centrar. *Dispersar, esparcir.*
CENTRAR Centralizar, concentrar. *Descentrar, separar.*
CÉNTRICO Central. *Periférico.*
CENTRO Corazón, foco, medio. *Contorno, periferia; barrio, suburbio.* // Club, sociedad. // Fin, meta, objeto.
CEÑIDOR Cinto, cinturón, faja.
CEÑIR Ajustar, apretar, oprimir, cercar, encerrar, rodear. *Aflojar, desatar, desceñir.* // Abreviar, compendiar. *Ampliar.* // Atenerse, concretarse, circunscribirse, limitarse. *Explayarse.*
CEÑO Cerco. // Entrecejo, expresión, gesto. // Cariz, aspecto.
CEÑUDO Cejijunto. *Amable.*
CEPA Parra. // Casta, familia, linaje, origen, raza, tronco. *Sepa (saber).
CEPILLAR Limpiar. // Desbastar.
CEPILLO Escobilla. // Alcancía.
CEPO Trampa.
CERÁMICA Arcilla, barro, terracota. // Alfarería.
CERAMISTA Alfarero.
CERBERO Cancerbero, guardián, vigilante, vigía.
CERCA Próximo. *Lejos.* // Barrera, empalizada, tapia, valla, vallado.
CERCADO Cerca.
CERCANÍA Inmediación, proximidad, vecindad. *Lejanía.* // Alrededores, contornos. // Acercamiento.
CERCANO Contiguo, inmediato, limítrofe, próximo, vecino. *Distante, lejano, remoto.*
CERCAR Circuir, circundar, circunvalar, encerrar, rodear, tapiar. *Abrir.* // Asediar, sitiar. *Liberar.*
CERCENAR Cortar, mutilar, recortar. //

Acortar, disminuir, reducir, suprimir. *Ampliar, aumentar, prolongar.*

CERCIORARSE Asegurarse, comprobar, convencerse. *Desmentir.*

CERCO Aro, marco. // Asedio. // Corrillo.

CERDA Chancha. // Crin, pelo.

CERDO Cochino, chancho, marrano, puerco. // Desaseado, sucio.

CEREALES Granos, mies.

CEREBRO Encéfalo, sesos, meollo. // Mente. // Inteligencia, juicio, talento, capacidad, ingenio.

CEREMONIA Aparato, pompa, solemnidad, rito.

CEREMONIAL Etiqueta, protocolo, rito, ritual.

CEREMONIOSO Ritual, solemne. // Afectado, amanerado. *Natural, sencillo.*

CERILLA Fósforo.

CERNER Cernir, colar, cribar, tamizar, zarandar, filtrar.

CERNERSE Amenazar. // Elevarse, remontarse.

CERNÍCALO Rudo, ignorante, zoquete.

CERO Nada. // Inútil, nulidad.

CEROTE Cerumen. // Miedo.

CERRADO Atrancado, clausurado, tapiado. *Abierto, destapado.* // Incomprensible, oculto, oscuro. *Claro, evidente, franco.* // Negado, obtuso, torpe. *Sagaz.* // Cubierto, encapotado, nublado. *Despejado.* *Serrado.

CERRADURA Candado, pestillo, cerrojo, picaporte, pasador, aldaba, falleba.

CERRAMIENTO Cerradura, cierre, oclusión.

CERRAR Atrancar, clausurar, encerrar, obstruir, obturar, tapiar, amurallar. *Abrir, comunicar, destapar.* // Cercar, enclaustrar, rodear. // Acabar, concluir, terminar. // Acometer, arremeter, atacar, embestir. *Huir.* // Cicatrizarse. // Obstinarse. *Serrar.

CERRAZÓN Oscuridad. *Claridad.*

CERRIL Arisco, bravío, indómito, montaraz, salvaje. *Manso.* // Rústico, tosco. // Áspero, escabroso. *Llano.*

CERRO Colina, collado, loma, monte.

Llano, llanura, planicie.

CERROJO Pasador, pestillo, candado.

CERTAMEN Concurso.

CERTERO Acertado, cierto, diestro, seguro. *Errado.*

CERTEZA Certidumbre, convencimiento, convicción, seguridad. *Duda, indecisión.*

CERTIDUMBRE Certeza.

CERTIFICABLE Testimoniable, atestiguable, legalizable, autentificable.

CERTIFICAR Afirmar, asegurar, aseverar, dar por cierto, responder. *Desmentir, negar.*

CERÚLEO Azul.

CERVIZ Cogote, nuca. *Servís (servir).

CESACIÓN Suspensión, terminación, prescripción, interrupción, desuso, paro, tregua, conclusión, fin. *Iniciación, principio.*

CESANTÍA Despido, suspensión, cese. *Empleo.*

CESAR Acabarse, concluir, finalizar, terminar. *Continuar, proseguir.*

CESARISMO Despotismo. *Democracia.*

CESE Cesantía. // Huelga, interrupción, pausa. *Prosecución.*

CESIÓN Abandono, donación, entrega, paso, transmisión, traspaso. *Retención.* *Sesión, sección.

CESTA Canasta, cesto, espuerta. *Sexta, secta.

CESTO Cesta. *Sexto, seto.

CESURA Corte, pausa. *Cisura.

CETRINO Amarillento, verdoso.

CETRO Gobierno, mando. // Preeminencia, superioridad.

CHABACANERÍA Ordinariez, ramplonería, vulgaridad. *Delicadeza, refinamiento, distinción.*

CHABACANO Grosero, ordinario, pedestre, ramplón, vulgar. *Delicado, fino.*

CHACHA Nodriza, niñera.

CHÁCHARA Charla, charlatanería, palabrería, picoteo.

CHACOLOTEAR Chapalear.

CHACOTA Broma, burla. // Diversión. *Desánimo.*

CHACOTEAR Bromear, chancearse.
CHACOTERO Burlón, bromista, chancero, guasón. *Serio.*
CHAFALONÍA Baratija.
CHAFAR Ajar, aplastar, arrugar, deslucir. *Estirar, planchar.*
CHAFARRINADA Borrón, mancha.
CHAFLÁN Bisel, borde, ochava.
CHAIRA Cuchilla, trinchete.
CHAL Pañoleta, mantón.
CHALADO Chiflado, ido. // Enamorado.
CHALANA Barca, barcaza, chata.
CHALANEAR Cambalachear, negociar, traficar.
CHALARSE Enloquecer. // Enamorarse.
CHALINA Corbata.
CHALUPA Bote, canoa, lancha.
CHAMBA Suerte, fortuna, azar, casualidad. *Seguridad, certeza.*
CHAMBERGO Sombrero.
CHAMBÓN Chapucero, torpe. *Hábil, práctico.*
CHAMBONADA Desacierto, error, torpeza. *Habilidad, tino.*
CHAMIZO Choza, barracón, refugio. // Tugurio.
CHAMORRO Esquilado, trasquilado.
CHAMUSCAR Quemar.
CHAMUSQUINA Alboroto, riña, trifulca.
CHANCEAR Bromear, burlarse.
CHANCHADA Bajeza, porquería, ruindad. // Suciedad.
CHANCHO Cerdo, cochino, puerco. // Sucio, roñoso.
CHANCHULLO Componenda, enjuague, trampa.
CHANCLETA Pantufla, zapatilla. // Hembra, mujer, niña.
CHANCLO Zueco, zapato. *Chancro.
CHANFLE Chaflán.
CHANGÜÍ Ventaja.
CHANTAJE Extorsión, amenaza, timo.
CHANTAR Decir, cantar, espetar, largar. // Vestir, poner.
CHANZA Broma, burla, chiste.
CHAPA Hoja, lámina, plancha.
CHAPADO Chapeado, laminado. // Acostumbrado, habituado, apegado.

CHAPALEAR Chapotear.
CHAPAR Chapear. // Agarrar, apoderarse. *Soltar.* // Asentar, encajar.
CHAPARRÓN Aguacero, chubasco.
CHAPEAR Blindar, enchapar, laminar.
CHAPÍN Zapato, chanclo, zueco.
CHAPOTEAR Chapalear, salpicar.
CHAPUCERÍA Remiendo, pegote. // Embuste, engaño.
CHAPUCERO Chambón, frangollón. *Cuidadoso, esmerado.*
CHAPURRAR Chapurrear, farfullar.
CHAPUZÓN Inmersión, zambullida.
CHAQUETA Saco, cazadora, americana.
CHARADA Acertijo, enigma.
CHARANGA Banda, murga.
CHARCO Bache, charca, hoyo, laguna, charcal.
CHARLA Conversación, labia, parloteo. *Silencio.*
CHARLAR Conversar, departir, hablar, parlotear. *Callarse.*
CHARLATÁN Embustero, farsante, parlanchín. *Parco, veraz.*
CHARLATANERÍA Charlatanismo, habladuría, locuacidad, palabrería. *Parquedad.*
CHARNELA Bisagra, gozne.
CHARQUE Cecina, tasajo.
CHARRANADA Canallada.
CHARRASCA Machete, sable.
CHARRETERA Galón, hombrera.
CHARRO Cursi, chabacano, ramplón, vulgar.
CHASCAR Chasquear. // Restallar, crujir, triturar.
CHASCARRILLO Anécdota, cuento, chiste.
CHASCO Broma, burla. // Decepción, desencanto, desengaño. *Éxito, triunfo.*
CHASIS Armazón, bastidor.
CHASQUEADO Burlado. // Decepcionado, desairado, desilusionado.
CHASQUEAR Burlar, chascar.
CHASQUIDO Crujido, estallido.
CHATA Bacín. // Carro. // Chalana.
CHATARRA Escoria, desecho.
CHATO Aplanado, aplastado. // Ñato,

romo. *Narigón, agudo.*

CHAVAL Joven, muchacho.

CHAVETA Clavija, pasador. // Juicio, seso.

CHEPA Giba, corcova, joroba.

CHICANA Embrollo, enredo.

CHICHARRA Cigarra. // Cotorra, charlatán. // Timbre.

CHICHE Juguete. // Pequeño, bonito.

CHICHÓN Hinchazón, bollo, bulto, burujón.

CHICHONERA Gorro.

CHICO Chiquilín, niño, pibe. // Bajo, corto, estrecho, pequeño, reducido.

CHICUELO Chico, niño.

CHIFLA Silva, pitidos.

CHIFLADO Loco, trastornado.

CHIFLADURA Capricho, locura, manía, rareza.

CHIFLAR Silbar. // Burlarse, mofarse. // Enamorarse, trastornarse.

CHIFLO Pito, silbato.

CHILLAR Aullar, gritar. // Chirriar.

CHILLIDO Alarido, grito.

CHILLÓN Berreador, gritón. // Agudo, penetrante. *Suave.* // Charro, recargado. *Elegante.*

CHIMENEA Fogón, hogar.

CHINCHARSE Incomodarse, fastidiarse.

CHINCHORRO Barquilla, bote.

CHINELA Chancleta, pantufla, zapatilla.

CHINGAR Errar, fallar.

CHIQUERO Pocilga.

CHIQUILICUATRO Mequetrefe.

CHIQUILLADA Niñada, niñería, travesura, chiquilinada.

CHIQUILLO Chico, niño.

CHIRIBITIL Buhardilla, cuartucho, cuchitril, zahúrda.

CHIRIGOTA Broma, burla, cachada, cuchufleta, chanza.

CHIRIMBOLO Trasto, trebejo.

CHIRIPA Azar, casualidad, coincidencia, potra, suerte. *Previsión.* ***Chiripá.**

CHIRLE Aguanoso, insípido, insulso, insustancial.

CHIRLO Azote. // Barbijo, cicatriz, corte, cuchillada, herida, tajo.

CHIROLA Moneda.

CHIRONA Calabozo, cárcel, prisión.

CHISGARABÍS Botarate, chiquilicuatro.

CHISME Cuento, chismografía, habladuría, murmuración, chismorreo, cotilleo, comadreo. // Cachivache, trasto.

CHISMOSO Cizañero, cuentero, enredador, murmurador. *Verídico, veraz.*

CHISPA Centella, rayo. // Agudeza, gracia, ingenio.

CHISPAZO Destello. *Eclipse.*

CHISPEANTE Centelleante. // Agudo, gracioso, ingenioso, ocurrente.

CHISPEAR Chisporrotear. // Lloviznar.

CHISPO Achispado, borracho, curda. *Sobrio.*

CHISTE Agudeza. // Cachada, chanza, chasco. *Seriedad.*

CHISTOSO Agudo, gracioso, ingenioso, ocurrente. *Serio.*

CHITA Astrágalo, taba.

CHIVO Cabrito, chivato.

CHOCANTE Extraño, original, raro, sorprendente. *Conocido, normal.* // Ridículo, absurdo.

CHOCAR Topar, tropezar. // Extrañar, sorprender. // Disputar, pelear, reñir.

CHOCARRERÍA Bufonada.

CHOCARRERO Bufón, burlón, guasón.

CHOCHO Encariñado. // Decrépito.

CHOCLO Mazorca, maíz.

CHOCOLATÍN Bombón.

CHOQUE Colisión, encontronazo, topetazo, tropezón. // Combate, disputa, pelea, pendencia, riña.

CHORLITO Cándido, crédulo. *Avisado, sagaz.*

CHORREAR Brotar, caer, fluir, rociar, salpicar. // Robar.

CHORRO Manantial, surtidor. // Ladrón, ratero.

CHOTO Cabrito, chivo.

CHOZA Bohío, cabaña, casucha, tapera. *Mansión, palacio.*

CHUBASCO Aguacero, chaparrón.

CHÚCARO Arisco, montaraz.

CHUCHERÍA Baratija, fruslería.

CHUCHO Miedo, temor. // Escalofrío.

// Cuzco, perro, cachorro.
CHULETA Costilla.
CHULO Presumido, valentón.
CHUMBERA Cacto. // Nopal, tunal, tuna.
CHUNGA Broma, burla, cachada, guasa.
CHUPADO Consumido, extenuado, flaco. // Ebrio.
CHUPAR Absorber, mamar, sorber, succionar. // Embeber, empapar. // Consumir. // Adelgazar.
CHURRE Pringue.
CHURRIGUERESCO Barroco, recargado, pomposo.
CHUSCO Bromista, chistoso, gracioso, picaresco. *Serio, soso.*
CHUSMA Gentuza.
CIAR Aflojar, cejar. *Apretar.* // Retroceder. *Avanzar.*
CICATERÍA Avaricia, mezquindad, miseria, roña, roñosería, ruindad, tacañería. *Generosidad, largueza.*
CICATERO Avaro, mezquino, miserable, roñoso, ruin, tacaño. *Dadivoso, liberal.*
CICATRIZ Costurón, chirlo. // Huella, señal.
CICATRIZANTE Hemostático.
CICATRIZAR Cerrarse, curarse, cauterizar. // Olvidar.
CICERONE Baquiano, guía.
CICLISMO Velocipedismo.
CICLO Época, período. *Siclo.
CICLÓN Huracán, tormenta.
CÍCLOPE Gigante, titán. *Enano, pigmeo.*
CICLÓPEO Colosal, enorme, gigantesco.
CIDRA Limón. *Sidra.*
CIEGO Alucinado, deslumbrado, ofuscado. *Vidente.* // Cegado, obstruido, taponado. *Destapado. *Siego (segar).
CIELO Bienaventuranza, edén, empíreo, gloria, paraíso, salvación. *Averno, infierno.* // Atmósfera. // Bóveda celeste, firmamehto.
CIÉNAGA Barrizal, cenagal, fangal, lodazal, pantano.
CIENCIA Conocimiento, erudición, saber. *Ignorancia.* // Habilidad, maestría. *Torpeza.*

CIENO Barro, fango, légamo, limo, lodo.
CIENTÍFICO Sabio, maestro, teórico, docto, facultativo.
CIERRE Clausura. *Apertura, inauguración. *Sierre (serrar).
CIERTAMENTE Cierto, indudablemente. *Dudosamente.*
CIERTO Auténtico, inconcuso, incontestable, incuestionable, indiscutible, indubitable, innegable, irrefutable, patente, positivo, seguro. *Discutible, dudoso, erróneo, incierto, inexacto, problemático.*
CIFRA Guarismo, número, signo, símbolo. // Abreviatura, sigla. // Compendio, suma.
CIFRADO Criptográfico, en clave. // Misterioso, oscuro. *Claro, comprensible.*
CIFRAR Abreviar, compendiar, resumir. // Reducir.
CIGARRA Chicharra.
CIGARRERA Petaca, pitillera.
CIGARRILLO Pitillo.
CIGARRO Habano, puro.
CIGOÑAL Cigüeñal.
CILICIO Suplicio, tormento, mortificación, penitencia.
CILINDRO Rodillo, rulo.
CIMA Cumbre, cúspide, pico, pináculo. *Abismo, profundidad, sima.* // Fin, culminación, término. *Inicio, comienzo. *Sima, sigma.*
CIMBEL Señuelo.
CIMBRA Curvatura, arco, vuelta.
CIMBRAR Cimbrear, torcerse, vibrar, flexionarse.
CIMBREANTE Flexible. *Rígido.*
CIMENTAR Asentar, fundamentar, fundar. *Demoler.*
CIMERO Superior, alto, culminante. *Inferior, bajo.*
CIMIENTO Base, fundamento, origen, principio. *Culminación. *Cemento.*
CINC Zinc, calamina.
CINCEL Escoplo, buril, cortafrío.
CINCELAR Esculpir, grabar, labrar.
CINCHAR Ceñir, fajar. *Aflojar, soltar.* // Esforzarse. *Desistir.*

CINE Cinematógrafo.

CINEMATOGRAFIAR Filmar.

CINEMATÓGRAFO Cine, cinema.

CÍNICO Caradura, descarado, desfachatado, fresco, impúdico, insolente, procaz. *Considerado, decente, respetuoso.* *Sínico.

CINISMO Descomedimiento, desfachatez, tupé. *Respeto.* // Desvergüenza, impudor, procacidad. *Decencia, pudor, vergüenza.*

CINTA Banda, tira. // Filme, película.

CINTO Cinturón. // Ceñidor.

CINTURA Cinto, talle.

CINTURÓN Ceñidor, cinto, correa.

CIRCO Anfiteatro, arena, estadio.

CIRCUIR Cercar, circunvalar, rodear.

CIRCUITO Círculo, contorno, perímetro, recinto, vuelta.

CIRCULABLE Transitable, libre, franqueable. *Intransitable.*

CIRCULACIÓN Desplazamiento, difusión, movimiento, paso, tráfico, tránsito, transporte. *Paro.*

CIRCULAR Curvo, redondo, curvado. // Carta, notificación. // Andar, caminar, moverse, pasar. *Detenerse.* // Correr, difundirse, divulgarse, propagarse, expandirse. *Ocultar.*

CÍRCULO Circunferencia, redondel. // Cerco, disco, rueda. // Centro, club, sociedad.

CIRCUNDAR Cercar, rodear, circunvalar, circuir.

CIRCUNFERENCIA Círculo.

CIRCUNLOQUIO Rodeo, giro, perífrasis, alusión, ambages, insinuación, evasiva. *Concisión.*

CIRCUNNAVEGACIÓN Periplo.

CIRCUNSCRIBIR Ajustar, ceñir, concretar, limitar, reducir, restringir. *Ampliar, dilatar, extenderse.*

CIRCUNSCRIPCIÓN Barrio, demarcación, distrito.

CIRCUNSPECCIÓN Atención, cordura, gravedad, prudencia, sensatez, seriedad. *Inconsciencia, insensatez, irreflexión, ligereza.*

CIRCUNSPECTO Mesurado, prudente, serio, reservado, cauteloso. *Alocado, aturdido, indiscreto.*

CIRCUNSTANCIA Caso, coincidencia, coyuntura, eventualidad, particularidad, situación, suceso. // Condición, modo, requisito.

CIRCUNSTANCIAL Accidental, casual. *Esencial, deliberado.*

CIRCUNSTANTES Asistentes, concurrentes, espectadores.

CIRCUNVALAR Circundar.

CIRCUNVECINO Cercano, colindante, contiguo, inmediato, próximo, vecino, lindante.

CIRIO Vela. *Sirio.

CISCO Carbonilla. // Alboroto, riña, trifulca. *Paz.*

CISMA Desavenencia, discordia, disensión, división, escisión, separación. *Acuerdo, concordia, unión.*

CISTERNA Aljibe, pozo, tanque.

CISURA Abertura, hendidura, rotura. *Cesura.

CITA Encuentro, entrevista. // Ejemplo, testimonio. *Sita.

CITACIÓN Emplazamiento, intimación, llamamiento, notificación, orden, requerimiento.

CITADO Antedicho, dicho, nombrado, susodicho. // Convocado, llamado, requerido.

CITAR Avisar, convocar. // Mencionar, transcribir.

CIUDAD Urbe, metrópoli, capital, localidad, población. *Campaña, campo.*

CIUDADANO Natural, vecino. // Elector.

CIUDADELA Fortaleza, fuerte.

CÍVICO Civil, patriótico.

CIVIL Ciudadano, cívico. // Paisano. // Cortés, sociable. *Grosero, incivil.* *Sibil.

CIVILIDAD Ciudadanía, sociabilidad, urbanidad.

CIVILIZACIÓN Cultura, educación, ilustración, instrucción, progreso, refinamiento, adelanto. *Barbarie, incultura, salvajismo, atraso.*

CIVILIZADO Culto, educado, cultivado.

Salvaje, inculto, ignorante.
CIVILIZAR Educar, ilustrar, instruir, refinar.
CIVISMO Patriotismo.
CIZAÑA Discordia, enemistad, hostilidad, odio. *Concordia, unión.* // Broza.
CLAMAR Lamentarse, quejarse. *Resignarse.* // Gritar, implorar, protestar, reclamar, rogar, suplicar. *Calmarse.*
CLAMOR Gritería, lamentación, vocerío. *Silencio.*
CLAMOROSO Gritón, vocinglero.
CLAN Familia, tribu. // Pandilla.
CLANDESTINO Furtivo, ilegal, secreto. *Legal, manifiesto, patente, público.*
CLARAMENTE Notoriamente, claro, manifiestamente, patentemente, abiertamente. *Oscuramente, confusamente.*
CLAREAR Alborear, amanecer.
CLARIDAD Luminosidad, luz, resplandor. *Oscuridad, tinieblas.* // Franqueza, sinceridad. *Confusión.*
CLARIFICAR Iluminar. *Oscurecer.* // Aclarar, depurar, esclarecer, limpiar, purificar.
CLARÍN Trompeta.
CLARIVIDENCIA Penetración, perspicacia, sagacidad. *Ceguera, ofuscación.*
CLARO Alumbrado, iluminado. *Oscuro, sombrío.* // Diáfano, limpio, puro, transparente. *Borroso, confuso, nebuloso, turbio.* // Desembarazado, despejado, ralo. *Enmarañado, intrincado.* // Cierto, evidente, notorio, preciso, redondo, rotundo, seguro, terminante. *Ambiguo, equívoco.* // Agudo, perspicaz. // Ilustre, insigne. // Abertura, espacio, hueco, intermedio, intervalo.
CLASE Aula, curso, lección. // Carácter, categoría, condición, cualidad, suerte. // Especie, variedad.
CLÁSICO Corriente, usual. *Moderno, novedoso.*
CLASIFICACIÓN Orden, ordenación. ***Calificación.**
CLASIFICAR Catalogar, ordenar, encasillar, archivar. *Confundir, mezclar, revolver.* ***Calificar.**

CLAUDICAR Ceder, someterse, rendirse. *Encarar, enfrentar, provocar, rebelarse, resistir.*
CLAUSTRO Convento. // Clausura. // Personal docente.
CLÁUSULA Condición, disposición. // Artículo, párrafo.
CLAUSURA Cierre. *Apertura.* // Claustro, retiro.
CLAUSURAR Cerrar, finalizar. *Abrir, inaugurar.*
CLAVA Cachiporra.
CLAVADO Cabal, exacto.
CLAVAR Clavetear, hincar, hundir, introducir, plantar. // Engañar. *Pagar.*
CLAVE Clavicordio. // Cifra, explicación, secreto. // Capital, esencial.
CLAVETEAR Guarnecer.
CLAVO Contrariedad, daño, perjuicio.
CLEMENCIA Benignidad, indulgencia, misericordia, piedad. *Dureza, fiereza, inclemencia.*
CLEMENTE Benigno, indulgente, misericordioso, piadoso. *Cruel, despiadado, insensible.*
CLEPTÓMANO Ladrón, ratero.
CLERICAL Sacerdotal. *Laico.*
CLÉRIGO Eclesiástico, cura, sacerdote, fraile, religioso, canónigo, prelado.
CLIENTE Comprador, consumidor, parroquiano, adquirente.
CLIMA Ambiente, temperatura.
CLÍNICA Dispensario, hospital, sanatorio, consultorio.
CLOACA Albañal, alcantarilla, sumidero, caño.
CLORHÍDRICO Hidroclórico, muriático.
CLUB Círculo, peña, sociedad.
COACCIÓN Apremio, coerción, fuerza, violencia.
COACCIONAR Apremiar, forzar, obligar. *Permitir.*
COACTIVO Obligatorio, apremiante, coercitivo.
COADJUTOR Auxiliar, ayudante.
COADUNAR Unir, mezclar, añadir, incorporar.
COADYUVAR Ayudar, colaborar, con-

tribuir, cooperar, secundar.

COAGULACIÓN Solidificación, cuajamiento, consolidación. *Fluidez.*

COAGULAR Condensar, cuajar, espesar. *Fluir, licuar, liquidar.*

COÁGULO Cuajarón, grumo.

COALICIÓN Alianza, liga, unión. *Disgregación.* ***Colisión.**

COARTADA Defensa, justificación. *Inculpación.*

COARTAR Coercer, limitar, restringir. *Dejar, permitir.*

COAUTOR Colaborador, cómplice.

COBA Adulación. // Broma.

COBARDE Miedoso, blando, cagón, cagueta, gallina, irresoluto, pusilánime, temeroso, amilanado. *Animoso, esforzado, intrépido, valiente.*

COBARDÍA Apocamiento, miedo, pusilanimidad, temor. *Audacia, bravura, denuedo, valentía.*

COBERTIZO Hangar, tinglado.

COBERTOR Cobija, colcha, cubrecama, edredón, manta, frazada.

COBERTURA Cubierta.

COBIJA Frazada, manta.

COBIJAR Abrigar, cubrir, tapar. *Desabrigar, desamparar.* // Albergarse, ampararse, guarecerse, refugiarse.

COBIJO Albergue, amparo, protección.

COBRANZA Cobro, recaudación. *Pago.*

COBRAR Ganar, percibir, recaudar, recibir. *Abonar, pagar, satisfacer.* // Recuperar.

COBRO Cobranza, recaudación. *Desembolso, pago.*

COCCIÓN Cocimiento, cochura.

COCEAR Patear.

COCER Cocinar, hervir. ***Coser.**

COCHAMBRE Porquería, suciedad. *Limpieza.*

COCHE Automóvil, auto, carruaje, vehículo, vagón.

COCHERA Garaje.

COCHINADA Inmundicia, porquería, suciedad. *Aseo.* // Bajeza, grosería, indecencia.

COCHINO Cerdo, sucio. *Limpio.*

COCHITRIL Cuchitril, pocilga, tabuco, tugurio.

COCIDO Puchero. // Guisado. *Crudo.* ***Cosido.**

COCIMIENTO Infusión.

COCINA Gastronomía, arte culinario. // Fogón, horno, hogar.

COCINAR Cocer, guisar, aderezar, adobar, aliñar.

COCO Cabeza. // Mueca. // Cuco, fantasma. // Bacteria.

COCUYO Luciérnaga.

CODAZO Golpe. // Aviso, advertencia.

CODEARSE Alternar, relacionarse, tratarse, frecuentar.

CODICIA Avaricia. *Desprendimiento.* // Ambición, ansia, apetencia, avidez, envidia. *Desinterés.*

CODICIABLE Apetecible. // Envidiable.

CODICIAR Ambicionar, anhelar, apetecer, ansiar, desear, envidiar. *Desechar, renunciar.*

CODICIOSO Ansioso, avaricioso, ávido, deseoso.

CODIFICAR Legalizar, recopilar, reglamentar, catalogar.

CÓDIGO Reglamento. // Clave.

CODO Codillo, ángulo, curva, recodo, esquina.

COEFICIENTE Factor, multiplicador.

COERCER Coartar, cohibir, contener, constreñir, refrenar. *Acicatear, estimular, permitir.*

COETÁNEO Contemporáneo.

COFRADE Camarada, colega, congregante, asociado, hermano.

COFRADÍA Congregación, hermandad.

COFRE Arca, baúl.

COGER Aferrar, agarrar, aprehender, apresar, asir, atrapar, pillar, prender, tomar. *Arrojar, soltar.* // Recoger, recolectar. *Esparcir.* // Contener, ocupar. // Encontrar, hallar, sorprender. // Adivinar, descubrir.

COGITABUNDO Meditabundo, pensativo, reflexivo.

COGOTE Cerviz.

COHABITAR Convivir. // Amancebarse.

COHECHAR Sobornar.

COHERENCIA Conexión, enlace, relación. *Incoherencia.*

COHESIÓN Adherencia. // Coherencia, consistencia, densidad.

COHETE Proyectil, bólido, petardo, bengala, señal, luminaria.

COHIBIRSE Contenerse, reprimirse.

COHONESTAR Disculpar, disimular, encubrir, excusar.

COIMA Soborno. // Comisión.

COINCIDENCIA Simultaneidad. // Coexistencia.

COINCIDIR Coexistir, concordar, corresponderse. *Discrepar, disentir.*

COITO Ayuntamiento, cópula.

COJEAR Renguear. // Adolecer.

COJERA Renguera.

COJÍN Almohadón.

COJO Rengo.

COL Repollo, coliflor, berza.

COLA Rabo. *Cabeza.* // Apéndice, extremo. // Goma, pegamento.

COLABORACIÓN Coadyuvación, cooperación. *Agresión, ataque.*

COLABORADOR Coautor, cooperador, contribuyente.

COLABORAR Auxiliar, coadyuvar, contribuir, cooperar, participar.

COLACIÓN Refacción, refrigerio, piscolabis, tentempié. // Confrontación, cotejo.

COLADOR Cedazo, filtro, manga, tamiz.

COLAPSO Desmayo, patatús, síncope.

COLAR Filtrar, pasar. // Deslizarse, infiltrarse.

COLCHA Cobertor, sobrecama, frazada, manta, edredón.

COLCHÓN Colchoneta, jergón.

COLECCIÓN Conjunto, repertorio, serie, surtido.

COLECCIONAR Compilar, recopilar, reunir. *Dispersar, separar, desperdigar.*

COLECTA Recaudación, suscripción. *Pago.* *Coleta.

COLECTIVO Común. *Individual.* // Microómnibus.

COLEGA Camarada, cofrade, compañe-

ro, asociado. *Adversario, enemigo.*

COLEGIAL Alumno, escolar, estudiante. *Maestro, profesor.*

COLEGIO Escuela, instituto, academia. // Corporación.

COLEGIR Deducir, inferir, sacar. // Juntar, unir.

CÓLERA Enojo, furia, ira, rabia. *Calma, placidez.* *Colera.

COLÉRICO Airado, irritado, furioso. *Manso, pacífico, tranquilo.*

COLETA Trenza. *Colecta.

COLETAZO Coleada.

COLGADO Suspenso, pendiente. // Burlado, chasqueado.

COLGADURA Cortina, tapiz.

COLGAJO Andrajo, harapo.

COLGANTE Pendiente, pinjante.

COLGAR Suspender. // Tender. // Ahorcar. // Achacar, imputar.

COLIGARSE Aliarse, asociarse, confederarse, unirse. *Desunirse, desligarse, separarse.*

COLILLA Pucho, punta.

COLINA Altura, cerro, collado, eminencia, montículo, otero. *Valle.*

COLINDANTE Contiguo, inmediato, limítrofe, lindante, vecino, rayano. *Alejado, distante.*

COLISEO Circo, teatro.

COLISIÓN Conflicto, choque, encuentro, pugna. *Pacificación.* *Colusión.

COLLADO Altozano, colina.

COLLAR Gargantilla. // Carlanca.

COLMAR Atiborrar, llenar, atestar, abrumar, cargar, satisfacer. *Vaciar.*

COLMILLO Canino.

COLMO Acabóse. // Exceso. // Complemento, saturación, término.

COLOCACIÓN Cargo, empleo, ocupación, puesto. // Instalación, situación, posición, orientación.

COLOCAR Emplear, ocuparse. // Acomodar, aplicar, apostar, estacionar, instalar, poner, situar, ubicar. *Desordenar, sacar.*

COLONIZADOR Colono, poblador.

COLONIZAR Poblar, asentar, afincar.

Despoblar. // Dominar. *Emancipar.*
COLONO Colonizador. // Cultivador, labrador.
COLOQUIO Conferencia, conversación, diálogo, plática.
COLOR Coloración, colorido, tonalidad, tono. *Blanco, decoloración.* // Motivo, pretexto. // Carácter, cualidad. // Aspecto, semblante.
COLORADO Coloreado. *Descolorido, pálido.* // Encarnado, rojo.
COLORANTE Pigmento, tinte.
COLOREAR Iluminar, pintar, teñir, matizar, policromar. *Blanquear, decolorar, palidecer.*
COLORETE Arrebol.
COLOSAL Bonísimo, estupendo, extraordinario, formidable. *Pésimo.* // Ciclópeo, gigantesco, grandioso, titánico. *Mínimo, pequeño.*
COLOSO Cíclope, gigante, titán. *Enano, pigmeo.*
COLUMBRAR Distinguir, divisar, entrever, percibir, vislumbrar. // Barruntar, conjeturar, sospechar, intuir. *Afirmar, asegurar.*
COLUMNA Pilar, pilastra. // Apoyo, sostén.
COLUMPIARSE Hamacarse, mecerse.
COLUMPIO Balancín, mecedora.
COMA Sopor, letargo.
COMADRE Partera. // Vecina.
COMADREAR Chismear, chismorrear. *Enmudecer.*
COMADRONA Partera.
COMARCA Región, territorio, lugar, sitio, paraje.
COMARCANO Aledaño, cercano, circunvecino, limítrofe.
COMBA Cuerda. // Alabeo, arqueamiento, combadura.
COMBADO Curvo, alabeado, abovedado, combo.
COMBARSE Alabearse, arquearse, curvarse. *Enderezar.*
COMBATE Acción, batalla, choque, encuentro, pelea, refriega.
COMBATIENTE Beligerante, guerrero,

guerrillero, soldado, batallador.
COMBATIR Atacar, batallar, contender, guerrear, luchar, pelear, reñir. *Defender.* // Contradecir, impugnar, refutar. // Oponerse.
COMBATIVO Agresivo, belicoso. *Manso, pacífico.*
COMBINACIÓN Mezcla. // Arreglo, maniobra, maquinación, plan.
COMBINAR Ajustar, arreglar, armar, casar, compaginar, concertar, tejer. *Descomponer, desintegrar, desarmar, descompaginar.*
COMBUSTIBLE Inflamable. *Incombustible, ininflamable.* // Alcohol, nafta, petróleo.
COMBUSTIÓN Ignición, incendio, inflamación. *Apagamiento.*
COMEDERO Comedor, refectorio. // Pesebre.
COMEDIA Farsa, ficción, fingimiento, teatro, enredo.
COMEDIANTE Actor, artista, cómico, histrión, intérprete, representante. // Hipócrita, simulador.
COMEDIDO Atento, circunspecto, cortés, discreto, prudente. *Descortés, indiscreto.*
COMEDIMIENTO Cortesía, prudencia, urbanidad, política, moderación. *Descortesía, indiscreción.*
COMEDIRSE Moderarse, contenerse. // Ofrecerse, disponerse. *Indisponerse, importunar.*
COMEDOR Comedero, refectorio. // Figón, restaurante, cantina, bodegón.
COMENSAL Convidado, huésped, invitado, boca.
COMENTAR Explicar, glosar, aclarar. *Confundir.*
COMENTARIO Crítica, exegésis, explicación, glosa, paráfrasis.
COMENZAR Abrir, empezar, emprender, incoar, iniciar, inaugurar, principiar. *Acabar, terminar.*
COMER Devorar, embaular, embutir, engullir, masticar, mascar, tragar, zamparse. // Alimentarse, atiborrarse, nutrir-

se, sustentarse. // Almorzar, cenar. *Abstenerse, ayunar, privarse.* // Consumir, corroer, derrochar, descolorir, dilapidar, disipar, gastar, rebajar, roer. *Conservar, guardar.*

COMERCIAL Mercantil.

COMERCIANTE Mercader, negociante, traficante, tratante.

COMERCIAR Negociar, traficar.

COMERCIO Compraventa, negocio, tráfico, trato, transacción, operación, compraventa, bolsa, banca. // Tienda.

COMESTIBLE Alimento, manjar, vituallas, víveres. // Comible. *Incomible.*

COMETA Barrilete.

COMETER Caer, incidir, incurrir, perpetrar, realizar. *Abstenerse, deshacer.*

COMETIDO Deber, obligación. // Incumbencia. // Comisión, encargo, encomienda, misión.

COMEZÓN Picazón, picor, prurito. // Desazón, inquietud.

COMICIDAD Gracia.

COMICIOS Elección. // Asamblea, junta.

CÓMICO Actor, artista, comediante. // Divertido, festivo, gracioso, jocoso, risible. *Conmovedor, dramático, lastimoso, patético.*

COMIDA Alimento, manjar, pan, pitanza, sustento, vianda. // Almuerzo, cena, comilona.

COMIDILLA Maledicencia, murmuración.

COMIENZO Iniciación, inicio, origen, principio. *Fin, final, resultado, término.*

COMILÓN Glotón, tragón.

COMISAR Confiscar, decomisar.

COMISIÓN Delegación, misión. // Cometido, encargo, encomienda. // Mandato. // Retribución.

COMISIONAR Delegar, encargar, encomendar, facultar.

COMISIONISTA Corredor, viajante.

COMISO Confiscación, decomiso.

COMISURA Juntura, unión.

COMITÉ Comisión, junta.

COMITIVA Acompañamiento, compañía, cortejo, séquito.

COMO Así que. // En calidad de. // A manera de, así, tal, tan.

CÓMODAMENTE Fácilmente.

COMODIDAD Bienestar, desahogo, holgura, satisfacción, prosperidad. *Incomodidad.* // Facilidad, oportunidad, provecho, utilidad, ventaja. *Desinterés, estorbo.*

CÓMODO Acomodado, agradable, confortable, descansado, conveniente, oportuno. *Fastidioso, molesto.* // Fácil, proporcionado. *Fatigoso, penoso.* // Comodón, egoísta, holgado.

COMPACTO Apretado, denso. *Claro, esponjoso.* // Firme, macizo, tupido. *Inconsistente, líquido.*

COMPADECER Apiadarse, condolerse, conmoverse, deplorar, lamentarse. *Burlarse.* // Armonizarse, compaginarse. *Discordar.*

COMPADRE Camarada, compañero, compinche. // Compadrito, fanfarrón.

COMPADREAR Alardear, presumir. *Humillarse.*

COMPAGINACIÓN Organización, arreglo, orden, ajuste. *Desorganización, desarreglo.*

COMPAGINARSE Ajustarse. // Armonizarse, compadecerse, corresponder.

COMPAÑERA Amiga, esposa, mujer.

COMPAÑERISMO Amistad, camaradería. *Enemistad.*

COMPAÑERO Acompañante. // Amigo, camarada, colega, socio.

COMPAÑÍA Acompañamiento, comitiva, séquito. *Aislamiento, soledad.* // Corporación, sociedad. // Elenco.

COMPARACIÓN Comparanza, confrontación, semejanza.

COMPARAR Colacionar, confrontar, cotejar, parangonar. *Distinguir.*

COMPARECENCIA Presentación.

COMPARECER Acudir, presentarse. *Ausentarse, faltar.*

COMPARSA Extra, partiquino. // Acompañamiento, corte, séquito.

COMPARTIMIENTO División. // Participación.

COMPARTIR Distribuir, dividir, repartir. *Acaparar, acumular.* // Ayudar, colaborar.

COMPÁS Medida. // Regla. // Brújula. // Ritmo, cadencia.

COMPASADO Medido, reglado. // Cuerdo, moderado.

COMPASAR Arreglar, disponer, medir, proporcionar.

COMPASIÓN Conmiseración, lástima, misericordia, piedad. *Crueldad, sadismo, mofa, impiedad.*

COMPASIVO Benigno, caritativo, misericordioso, piadoso, humanitario, sensible, altruista.

COMPATIBLE Conciliable. *Contrario, incompatible.*

COMPATRIOTA Coterráneo, conciudadano, paisano.

COMPELER Apremiar, coaccionar, constreñir, forzar, obligar. // Estimular, impulsar, impeler.

COMPENDIAR Abreviar, acortar, extractar, recapitular, reducir, resumir. *Ampliar, extender, alargar.*

COMPENDIO Epítome, extracto, resumen, sumario. // Elementos, fundamentos, manual, principios, prontuario, rudimentos.

COMPENDIOSO Sucinto, resumido, abreviado, preciso, conciso. *Ampliado.*

COMPENETRACIÓN Identificación. // Afinidad.

COMPENETRARSE Entenderse, identificarse. *Desentenderse, discrepar.*

COMPENSACIÓN Equilibrio, equivalencia. // Indemnización, resarcimiento.

COMPENSAR Indemnizar, reparar, resarcir. // Equivaler.

COMPETENCIA Competición, contienda, lucha, rivalidad. // Autoridad, incumbencia, jurisdicción, potestad. // Aptitud, capacidad, idoneidad. *Incompetencia, insuficiencia.*

COMPETENTE Apto, capaz, entendido, hábil, idóneo. *Inepto.*

COMPETER Corresponder, incumbir, pertenecer. ***Competir.***

COMPETICIÓN Competencia.

COMPETIDOR Antagonista, contendiente, contrario, contrincante, émulo, rival.

COMPETIR Luchar, rivalizar, contender. ***Competer.***

COMPILACIÓN Colección, recopilación, antología.

COMPILAR Recopilar, reunir, recoger, inventariar, agrupar. *Desperdigar.*

COMPINCHE Camarada, compañero.

COMPLACENCIA Agrado, contento, gusto, placer, satisfacción. // Tolerancia.

COMPLACER Acceder, condescender, contentar, satisfacer. *Humillar, molestar, ridiculizar.* // Alegrarse, regocijarse. *Dolerse.*

COMPLACIDO Contento, satisfecho. *Molesto.*

COMPLACIENTE Benévolo, condescendiente, tolerante.

COMPLEJIDAD Complicación. *Facilidad, sencillez.*

COMPLEJO Complicado, compuesto, difícil, intrincado. *Sencillo, simple.* // Conjunto.

COMPLEMENTO Apéndice, suplemento. // Integridad, plenitud, perfección.

COMPLETAMENTE Del todo, de pe a pa, enteramente, íntegramente, plenamente, totalmente. *Parcialmente, relativamente.*

COMPLETAR Integrar. // Acabar, perfeccionar. *Descabalar.*

COMPLETO Íntegro, cabal, entero, intacto, justo, lleno. *Defectuoso, incompleto, falto.*

COMPLEXIÓN Constitución, naturaleza, temperamento.

COMPLICACIÓN Agravación, dificultad, entorpecimiento, enredo, lío, tropiezo. *Facilidad.*

COMPLICADO Complejo, confuso, enmarañado, enredado, enrevesado, espinoso, intrincado, oscuro, peliagudo. *Sencillo.*

COMPLICAR Confundir, dificultar, embrollar, enredar, entorpecer, obstaculizar. *Aclarar.* // Agravarse, empeorarse. *Mejorar.*

CÓMPLICE Coautor, colaborador, copartícipe.

COMPLICIDAD Connivencia, cooperación, participación.

COMPLOT Confabulación, intriga, maquinación, conspiración.

COMPONENDA Arreglo, chanchullo, transacción. *Desacuerdo, desarreglo, incomprensión.*

COMPONER Constituir, formar, integrar. // Armar, arreglar, concertar, disponer. *Descomponer.* // Aderezar, preparar. // Corregir, enmendar, moderar, reparar. // Acicalar, adornar, ataviar, embellecer. *Afear, desarreglar.* // Reconciliar. *Enemistar.* // Escribir, redactar.

COMPORTAMIENTO Conducta.

COMPORTAR Soportar, sufrir. // Conducirse, portarse, proceder.

COMPOSICIÓN Obra, producción. *Desarreglo, desunión, desintegración.*

COMPOSTURA Arreglo, remiendo, reparación, restauración. *Desarreglo, destrucción.* // Aliño, afeite, adorno. // Circunspección, decoro, mesura, modestia, recato. *Inmodestia.* // Ajuste, convenio, transacción.

COMPRA Adquisición.

COMPRADOR Cliente. // Halagador.

COMPRAR Adquirir. *Enajenar, vender.* // Cohechar, sobornar.

COMPRENDER Alcanzar, concebir, entender, penetrar. *Ignorar.* // Abarcar, abrazar, ceñir, rodear. *Excluir.* // Contener, incluir.

COMPRENSIBLE Claro, concebible, inteligible. *Abstruso, incomprensible, ininteligible.* *Compresible.

COMPRENSIÓN Alcances, entendimiento, inteligencia, penetración, perspicacia. *Incomprensión.* // Condescendencia. *Compresión.

COMPRESOR Prensa.

COMPRIMIDO Pastilla, tableta. // Apretado, aplastado.

COMPRIMIR Aplastar, apretar, estrechar, estrujar, prensar, reducir. *Aflojar, ensanchar.* // Contener, reprimir.

COMPROBACIÓN Compulsa, cotejo, prueba, verificación.

COMPROBANTE Justificante, recibo, talón.

COMPROBAR Asegurarse, cerciorarse. *Suponer.* // Compulsar, constatar, cotejar, probar, verificar.

COMPROMETER Arriesgar, exponer. // Desacreditar. // Obligar, responsabilizar.

COMPROMISO Aprieto, apuro, brete, dificultad, riesgo, trance. // Deber, obligación. // Convenio, pacto.

COMPUESTO Mezcla, mezcolanza, mixtura. // Complejo. *Sencillo, simple.* // Arreglado, aseado, ataviado. *Descompuesto.*

COMPULSA Comprobación.

COMPULSAR Comparar, comprobar, confrontar, cotejar.

COMPUNCIÓN Dolor, pesar, sentimiento. *Alegría.*

COMPUNGIDO Apenado, arrepentido, contrito, dolido, lloroso, triste. *Consolado, risueño.*

COMPUTAR Calcular, contar, medir. *Descontar.*

CÓMPUTO Cálculo, computación, cuenta, totalidad.

COMÚN Colectivo, comunal, mutuo. *Personal, propio.* // Corriente, frecuente, general, habitual, ordinario, público, usual. *Extraordinario.* // Trivial, vulgar. *Original.* // Retrete.

COMUNA Municipio.

COMUNAL Municipal.

COMUNICACIÓN Comunicado, oficio. // Correspondencia, relación, unión. *Aislamiento, incomunicación.*

COMUNICADO Aviso, notificación, parte.

COMUNICAR Anunciar, avisar, manifestar, notificar, participar. *Encubrir.* // Conversar, relacionarse, tratarse. *Incomunicar.* // Consultarse, conferir. // Contagiar, contaminar, pegar, transmitir. *Inmunizar.*

COMUNICATIVO Accesible, expansivo, sociable, tratable, afable, demostrativo.

Callado, inaccesible.
COMUNIDAD Asociación, congregación, corporación, sociedad.
COMUNIÓN Participación, relación, trato, correspondencia.
COMÚNMENTE Generalmente, usualmente, frecuentemente, ordinariamente. *Desusadamente, personalmente.*
CONATO Amago, intento, tentativa. *Consumación.* // Empeño, esfuerzo. // Propensión, tendencia.
CONCATENACIÓN Enlace, unión.
CONCAVIDAD Cavidad, depresión, hoyo, hueco, nicho, oquedad. *Convexidad, prominencia, protuberancia.*
CÓNCAVO Profundo, hueco, entrante. *Convexo.*
CONCEBIR Comprender, forjar, imaginar, pensar, proyectar, tramar, urdir.
CONCEDER Adjudicar, asignar, dar, dar el sí, dispensar, conferir, otorgar. *Negar.* // Admitir, permitir. *Rechazar.*
CONCEJAL Edil.
CONCEJO Ayuntamiento, cabildo, municipalidad. ***Consejo.***
CONCENTRACIÓN Centralización, reunión. *Dispersión.*
CONCENTRAR Agrupar, juntar, reunir. *Desunir.* // Centralizar. *Desparramar.*
CONCÉNTRICO Centrado, concentrado, central, focal. *Excéntrico.*
CONCEPCIÓN Concepto, idea, noción, pensamiento, proyecto. ***Concesión.***
CONCEPTO Conocimiento, idea, noción, pensamiento, sentencia. // Juicio, opinión. // Crédito, fama, reputación.
CONCEPTUAR Juzgar.
CONCEPTUOSO Favorable, ingenioso.
CONCERNIENTE Referente, relativo, tocante, atinente.
CONCERNIR Atañer, corresponder, referirse, tocar.
CONCERTAR Acordar, armonizar, arreglar, conciliar. *Desconcertar.* // Convenir, pactar, tratar. // *Deliberar.*
CONCESIÓN Licencia, privilegio. // Adjudicación, donación, otorgamiento. *Negativa.* ***Concepción.***

CONCHA Caparazón, valva.
CONCHABAR Asalariar, contratar. // Asociar, juntar, mezclar, unir.
CONCIENCIA Alma, corazón, delicadeza, moralidad, sentimiento. // Conocimiento, noción. *Ceguedad, inconciencia.*
CONCIENZUDAMENTE Escrupulosamente, meticulosamente. *Irreflexivamente, ligeramente.*
CONCIENZUDO Atento, reflexivo, aplicado, meticuloso.
CONCIERTO Ajuste, convenio, pacto, trato. // Armonía, orden. // Audición, recital.
CONCILIABLE Avenible, concordable. *Irreconciliable.*
CONCILIÁBULO Conjuración, conspiración, maquinación, intriga, complot. // Asamblea.
CONCILIACIÓN Arreglo, avenencia, reconciliación. *Desavenencia, disputa, riña.*
CONCILIADOR Árbitro, componedor, reconciliador.
CONCILIAR Armonizar, concordar, pacificar. *Desavenirse, reñir.* // Atraerse, ganar, granjearse.
CONCILIATORIO Amistoso, transigente, moderador.
CONCILIO Sínodo.
CONCISIÓN Brevedad, laconismo, parquedad. *Imprecisión, prolijidad.*
CONCISO Breve, corto, escueto, lacónico, parco, sucinto.
CONCITAR Conmover, excitar, incitar, instigar. *Amilanar.*
CONCIUDADANO Compatriota, paisano, compatricio.
CÓNCLAVE Junta, reunión.
CONCLUIR Acabar, consumar, rematar, terminar, ultimar. *Comenzar, empezar.* // Agotar, apurar, consumir, gastar. // Colegir, deducir, inferir.
CONCLUSIÓN Consumación, fin, final, remate, terminación, término. // Colofón, corona, cima. // Consecuencia, deducción, resultado.
CONCLUSO Terminado, acabado, con-

cluido, resuelto. *Inconcluso.*
CONCLUYENTE Aplastante, convincente, definitivo, indiscutible, irrebatible, perentorio, terminante. *Discutible.*
CONCOMITANCIA Coincidencia, concordancia, correspondencia.
CONCORDANCIA Conformidad, correspondencia. *Discordancia, disconformidad.*
CONCORDIA Armonía, conformidad, paz, unión. *Desavenencia, guerra.* // Arreglo, convenio. *Desarreglo.*
CONCRETAR Abreviar, resumir. // Circunscribirse, ceñirse, limitarse. *Alargar, desarrollar, exceder.*
CONCRETO Determinado, preciso, fijado, delimitado. *Abstracto, ideal, indefinido, vago.* // Abreviado, resumido, sucinto. // Cemento.
CONCUBINA Querida.
CONCUBINATO Amancebamiento.
CONCULCAR Hollar, infringir, pisotear, quebrantar, vulnerar. *Cumplir, honrar, respetar.*
CONCUPISCENCIA Codicia. // Lascivia, sensualidad. *Castidad.*
CONCURRENCIA Asistentes, auditorio, espectadores, público. // Competencia, rivalidad.
CONCURRENTE Asistente, espectador, presente.
CONCURRIDO Animado, frecuentado, lleno. *Desierto.*
CONCURRIR Asistir, confluir, converger, presenciar, reunirse, visitar. *Ausentarse, faltar.* // Ayudar, cooperar.
CONCURSO Afluencia, concurrencia, público. // Intervención. // Asistencia, auxilio, ayuda, cooperación. // Certamen, competición, torneo.
CONCUSIÓN Conmoción, sacudimiento. // Exacción.
CONDECIR Armonizar, convenir, corresponder.
CONDECORACIÓN Distinción, honor, galardón.
CONDENA Castigo, pena, sentencia. *Perdón, premio.*

CONDENACIÓN Censura, condena, desaprobación.
CONDENADO Reo, réprobo, procesado. *Absuelto, bienaventurado.* // Endemoniado, perverso.
CONDENAR Castigar, sentenciar. *Absolver, perdonar.* // Censurar, desaprobar, reprobar, vituperar. *Disculpar.* // Cerrar, tapar, tapiar. *Abrir.* // Acusarse, culparse. *Exculparse.*
CONDENSACIÓN Concentración. // Amontonamiento. // Espesamiento, reducción. *Ampliación, aflojamiento.*
CONDENSADOR Acumulador.
CONDENSAR Apretar, concentrar, reducir. // Compendiar, resumir. *Ampliar.*
CONDESCENDENCIA Blandura, indulgencia, tolerancia, transigencia. *Intolerancia.*
CONDESCENDER Contemporizar, tolerar, transigir. *Rebelarse.* // Deferir, dignarse. *Negarse.*
CONDICIÓN Calidad, estado, posición, situación. // Cláusula, estipulación, restricción. // Carácter, índole, naturaleza, temperamento.
CONDICIONAR Acondicionar, arreglar, organizar. // Supeditar, subordinar, restringir, limitar.
CONDIMENTAR Aderezar, adobar, salpimentar, sazonar. *Desalar.*
CONDIMENTO Aderezo, adobo, aliño, salpimentación.
CONDOLENCIA Pésame.
CONDOLERSE Apiadarse, compadecerse. *Alegrarse, burlarse, complacerse.*
CONDONAR Perdonar. *Penar.*
CONDUCCIÓN Acarreo, transporte. // Dirección, gobierno, manejo.
CONDUCENTE Conveniente, procedente. *Improcedente.*
CONDUCIR Acarrear, llevar, transportar, trasladar. // Administrar, dirigir, encaminar, guiar, gobernar, mandar, pilotar. // Actuar, portarse, proceder.
CONDUCTA Comportamiento, proceder. // Dirección, gobierno, mando.
CONDUCTO Canal, caño, tubo. // Verte-

dor, desagüe. // Mediación.

CONDUCTOR Director, guía, mentor. *Discípulo.* // Carrero, cochero, chofer, piloto, timonel. *Pasajero.* // Jefe.

CONECTAR Enchufar, relacionar, unir. *Desconectar.*

CONEJO Gazapo.

CONEXIÓN Enchufe, enlace, ligazón, nexo. *Interrupción.*

CONEXIONES Amistades, relaciones.

CONEXO Unido, ligado, enlazado, relacionado, conectado, afín, vinculado. *Inconexo, desconectado.*

CONFABULACIÓN Complot, conjura, maquinación.

CONFABULARSE Complotar, conspirar, maquinar, tramar.

CONFECCIÓN Fabricación, realización. // Hechura, costura. *Confesión.

CONFECCIONAR Componer, elaborar, fabricar, hacer, preparar.

CONFEDERACIÓN Alianza, coalición, liga, pacto, unión.

CONFERENCIA Coloquio, conversación, plática. // Discurso, disertación. // Asamblea.

CONFERENCIANTE Disertante, orador, disertador.

CONFERENCIAR Conversar, deliberar.

CONFERIR Asignar, conceder, dar, otorgar. *Desposeer, privar.* // Examinar, tratar. // Comparar, cotejar.

CONFESAR Admitir, cantar, declarar, reconocer. *Disimular, fingir.*

CONFESIÓN Confidencia, declaración. *Confección.

CONFIADO Cándido, crédulo. // Tranquilo. // Presumido.

CONFIANZA Esperanza, fe, tranquilidad, creencia, seguridad. *Desconfianza, recelo.* // Ánimo, presunción, vigor. // Amistad, familiaridad, franqueza, naturalidad, intimidad, llaneza.

CONFIAR Esperar, fiarse. *Desconfiar.* // Encargar, encomendar. // Abandonar, entregarse.

CONFIDENCIA Secreto.

CONFIDENTE Diván. // Cómplice, es-

pía. // Fiel, seguro. *Infiel.*

CONFIGURACIÓN Conformación, figura, forma.

CONFÍN Frontera, límite, linde, término.

CONFINANTE Colindante, fronterizo, limítrofe, lindante.

CONFINAR Limitar, lindar, colindar, rayar. // Desterrar. *Repatriar.*

CONFINES Fronteras, límites.

CONFIRMACIÓN Corroboración, ratificación, seguridad.

CONFIRMAR Asegurar, corroborar, ratificar, reafirmar, revalidar. *Desmentir, rectificar.*

CONFISCACIÓN Comiso, decomiso, incautación. *Reembolso, restitución.*

CONFISCAR Comisar, decomisar, incautarse.

CONFITADO Almibarado, azucarado, acaramelado.

CONFITE Peladilla, gragea, caramelo.

CONFITERÍA Repostería, dulcería, pastelería.

CONFLAGRACIÓN Incendio. // Guerra, perturbación.

CONFLICTO Dificultad. // Antagonismo, choque, disputa. *Paz.*

CONFLUENCIA Convergencia, afluencia, concurrencia. *Separación.*

CONFLUIR Concurrir, converger, unirse, juntarse, acudir. *Dividirse, separarse.* // Desembocar.

CONFORMACIÓN Configuración, disposición, distribución, figura. *Deformación.*

CONFORMAR Adaptar, ajustar, concordar. *Deformar.* // Allanarse, plegarse, resignarse. *Rebelarse, resistirse.*

CONFORME Correspondiente, igual, proporcionado. // Acorde, ajustado. // Resignado.

CONFORMIDAD Igualdad, proporción, semejanza, similitud. *Divergencia.* // Concordia, correspondencia, unión. *Discordia.* // Aquiescencia, aprobación, consentimiento. *Negativa.* // Paciencia, resignación, tolerancia. *Rebeldía.*

CONFORT Comodidad, bienestar, lujo.

CONFORTABLE Cómodo.

CONFORTAR Alentar, animar, consolar, fortalecer, reconfortar. *Desalentar, desanimar.*

CONFRATERNIDAD Amistad, fraternidad. *Discordia, disensión.*

CONFRONTACIÓN Careo, colación, comparación, verificación, cotejo.

CONFRONTAR Carear, comparar, comprobar, cotejar.

CONFUNDIR Barajar, desordenar, mezclar, revolver. *Ordenar.* // Aturdir, equivocarse, perturbar, turbar. *Discernir, discriminar.* // Abatir, avergonzar, humillar. *Aclarar, animar.*

CONFUSIÓN Barullo, caos, desconcierto, desorden, embrollo, enredo, lío, maraña, mezcolanza, revoltijo, trastorno. *Claridad, concierto.* // Desasosiego, duda, perplejidad, turbación, vacilación. *Sosiego.* // Abatimiento, humillación. // Bochorno, vergüenza. *Desvergüenza.*

CONFUSO Embrollado, enredado, mezclado, revuelto. // Borroso, dudoso, incomprensible, oscuro, vago. *Claro, comprensible, elemental.* // Abochornado, avergonzado, corrido, desconcertado, humillado, perplejo.

CONFUTAR Impugnar, rebatir, refutar. *Ratificar, sostener.*

CONGELADO Helado, yerto, gélido, rígido, entumecido.

CONGELAR Helar, coagular, escarchar. *Calentar, desentumecer.*

CONGÉNERE Semejante.

CONGENIAR Avenirse, concordar, simpatizar. *Discrepar.*

CONGESTIÓN Apoplejía. // Acumulación, exceso.

CONGLOMERAR Aglomerar, reunir. // Conglutinarse.

CONGLUTINAR Pegar, unir. // Conglomerar, densificar.

CONGOJA Desmayo. // Angustia, desconsuelo, fatiga, pena, zozobra. *Alegría, euforia, tranquilidad.*

CONGRATULACIÓN Felicitación, parabién, pláceme.

CONGRATULAR Felicitar, aprobar, aplaudir. *Condolerse, deplorar.*

CONGREGACIÓN Cofradía, hermandad, orden.

CONGREGAR Reunir, unir. *Desintegrar, disociar.*

CONGRESO Asamblea, junta, reunión.

CONGRUENCIA Conformidad, conveniencia, oportunidad. *Incongruencia, inconveniencia.*

CONGRUENTE Conveniente, preciso, proporcionado.

CONJETURA Hipótesis, presunción, suposición. *Confirmación, verificación.*

CONJETURAR Imaginar, presumir, sospechar.

CONJUGAR Unir, juntar.

CONJUNCIÓN Junta, reunión, unión.

CONJUNTAMENTE Juntamente, simultáneamente, colectivamente. *Aisladamente, personalmente.*

CONJUNTO Reunión, suma, todo, totalidad. // Agregado, ligado, unido.

CONJURA Conjuración.

CONJURACIÓN Complot, confabulación, conspiración, intriga, maquinación, conjura.

CONJURADO Conspirador.

CONJURAR Complotar, conspirar, maquinar. // Exorcizar. // Implorar, rogar, suplicar. // Alejar, evitar, impedir, remediar.

CONJURO Exorcismo, sortilegio. // Imprecación, ruego.

CONLLEVAR Aguantar, soportar, sobrellevar, sufrir, tolerar.

CONMEMORACIÓN Recordación, rememoración. *Olvido.*

CONMENSURABLE Evaluable, valorizable, medible. *Inconmensurable.*

CONMINAR Amenazar, apercibir, ordenar. *Eximir.*

CONMISERACIÓN Compasión, lástima, misericordia.

CONMOCIÓN Sacudida, sacudimiento, temblor, perturbación. // Alteración, movimiento, tumulto.

CONMOVEDOR Emocionante, enternecedor, impresionante, patético, emotivo. *Risible.*

CONMOVER Emocionar, enternecer, impresionar. *Burlarse, endurecerse.* // Inquietar, sacudir. *Consolidar.*

CONMUTAR Cambiar, permutar, trocar. *Penar, sancionar.*

CONNIVENCIA Complicidad, disimulo, tolerancia, indulgencia. *Inocencia.* // Confabulación, conspiración.

CONOCEDOR Entendido, erudito, experto, sabedor.

CONOCER Entender, saber, aprender. *Ignorar, olvidar.* // Distinguir, reconocer. *Confundir.*

CONOCIDO Acreditado, afamado, ilustre, popular, reputado. *Desconocido.* // Sabido, entendido. *Ignorado.* // Amigo, compañero.

CONOCIMIENTO Entendimiento, inteligencia, intuición. // Conciencia. *Inconsciencia.* // Baquía. // Noción, sentido. *Ignorancia.*

CONOCIMIENTOS Ciencia, competencia, cultura, saber.

CONQUISTAR Conseguir, ganar, rendir, tomar. // Convencer, persuadir. // Enamorar, seducir.

CONSABIDO Aludido, citado, nombrado, mencionado.

CONSAGRACIÓN Dedicación, ofrecimiento, coronación, apoteosis.

CONSAGRAR Deificar. *Profanar.* // Dedicar, destinar, ofrecer.

CONSCIENTE Cuidadoso, escrupuloso. *Involuntario.* // Conocedor, previsor. *Ignorante.*

CONSCRIPCIÓN Reclutamiento.

CONSECUCIÓN Adquisición, obtención, logro.

CONSECUENCIA Conclusión, deducción. // Efecto, derivación, resultado, secuela. *Causa.*

CONSECUENTE Siguiente. // Razonable, justo.

CONSEGUIR Adquirir, alcanzar, lograr, obtener. *Malograr, perder.*

CONSEJA Fábula, patraña.

CONSEJERO Asesor, guía, mentor.

CONSEJO Advertencia, aviso, dictamen, parecer, recomendación, sugestión, lección, juicio. // Acuerdo. // Asamblea, junta. *Concejo.

CONSENSO Asenso, consentimiento, unanimidad, conformidad.

CONSENTIDO Malcriado, mimado. // Cornudo. // Autorizado, permitido. *Prohibido.*

CONSENTIMIENTO Aquiescencia, anuencia, asenso, autorización, licencia, permiso, venia.

CONSENTIR Acceder, autorizar, condescender, permitir, tolerar. *Desautorizar, oponerse.* // Malcriar, mimar.

CONSERJE Portero, ordenanza, bedel, mayordomo.

CONSERVACIÓN Protección, defensa, guarda, custodia, conserva, mantenimiento. *Descuido, destrucción.*

CONSERVAR Custodiar, mantener, proteger. *Perder, pudrirse.* // Ahorrar, guardar, retener. *Ceder, enajenar.*

CONSIDERABLE Cuantioso, grande, importante, numeroso, vasto.

CONSIDERACIÓN Aprecio, atención, deferencia, estima, miramiento, respeto, urbanidad. *Desatención, desdén.* // Motivo, razón, reflexión.

CONSIDERADO Atento, deferente, respetuoso. // Apreciado, estimado, respetado.

CONSIDERAR Estudiar, examinar, pesar. // Conceptuar, juzgar, reputar. // Estimar, respetar.

CONSIGNA Contraseña, orden.

CONSIGNACIÓN Entrega, donativo, paga. // Depósito, envío.

CONSIGNAR Depositar, designar, destinar. // Entregar, remitir, señalar.

CONSIGUIENTE Consecuente.

CONSISTENCIA Coherencia, trabazón. // Estabilidad, firmeza, solidez. *Flojedad, inconsistencia.*

CONSISTIR Estribar, fundamentarse, residir.

CONSOLACIÓN Consuelo, remedio,

confortación, alivio. *Desconsuelo.*
CONSOLAR Aliviar, animar, confortar, reanimar, reconfortar, tranquilizar. *Apenar, atribular.*
CONSOLIDACIÓN Afianzamiento, apuntalamiento, fortalecimiento.
CONSOLIDAR Apuntalar, asegurar, fijar, fortalecer. *Caerse, debilitar.*
CONSONANCIA Similicadencia. // Armonía, proporción. *Disonancia.*
CONSORCIO Sociedad.
CONSORTE Cónyuge.
CONSPICUO Visible. *Invisible.* // Distinguido, ilustre, insigne, notable, sobresaliente. *Vulgar.*
CONSPIRACIÓN Confabulación, conjuración, intriga, maquinación, trama, complot, engaño.
CONSPIRAR Complotar, confabular, conjurarse, intrigar, maquinar, tramar.
CONSTANCIA Empeño, firmeza, perseverancia, persistencia, tenacidad, tesón. *Inconstancia, volubilidad.*
CONSTANTE Consecuente, continuo, firme, invariable, perseverante, tenaz, tesonero. *Veleidoso, versátil.*
CONSTAR Componerse, constituirse.
CONSTERNACIÓN Asombro, sorpresa, abatimiento, aflicción, angustia, turbación. *Dicha, júbilo.*
CONSTIPADO Catarro, resfriado.
CONSTITUCIÓN Complexión, físico, naturaleza, temperamento. // Estatuto, Carta Magna.
CONSTITUIR Establecer, formar, organizar. *Derogar, descomponer.*
CONSTREÑIR Apremiar, compeler, impeler, impulsar, forzar, obligar, precisar. // Apretar, cerrar, oprimir.
CONSTRUCCIÓN Edificación, edificio.
CONSTRUIR Edificar, elevar, erigir, fabricar, levantar. *Arrasar, derribar, destruir.*
CONSUELO Alivio, calmante, descanso, lenitivo, consolación, alegría. *Aflicción, desconsuelo.*
CONSUETUDINARIO Acostumbrado, común, frecuente, habitual, tradicional,

ordinario. *Insólito, raro.*
CONSULTA Consejo. // Dictamen, opinión, parecer. // Conferencia.
CONSULTAR Aconsejarse, asesorarse. *Objetar.* // Conferenciar, deliberar. // Estudiar, examinar.
CONSULTOR Asesor, consejero.
CONSUMACIÓN Acabamiento, extinción. *Iniciación.*
CONSUMADO Acabado, realizado, terminado. *Inconcluso.*
CONSUMAR Acabar, realizar, terminar. *Empezar, intentar.*
CONSUMICIÓN Consunción, extenuación. // Consumo, gasto.
CONSUMIDO Gastado. // Extenuado, flaco, macilento.
CONSUMIR Acabar, agotar, derrochar, dilapidar, disipar, gastar. *Guardar.* // Afligir, apurar, desazonar, roer. *Animar.* // Desesperarse.
CONSUMO Gasto.
CONSUNCIÓN Agotamiento, enflaquecimiento, extenuación. *Vigor.*
CONTABLE Tenedor de libros.
CONTACTO Empalme. // Relación, trato, acercamiento, frecuentación.
CONTADO Determinado, escaso, raro, señalado. // Numerado, sumado.
CONTADOR Medidor, ábaco. // Contable.
CONTAGIAR Contaminar, infectar, infestar, pegar, transmitir. *Depurar, desinfectar, sanear.* // Corromper, pervertir, viciar.
CONTAGIOSO Infeccioso, pegadizo.
CONTAMINAR Contagiar.
CONTAR Calcular, computar, enumerar, numerar. // Narrar, referir, relatar. // Incluir. *Omitir.*
CONTEMPLACIÓN Observación, mirada, examen, apreciación, admiración. // Meditación.
CONTEMPLAR Admirar, considerar, examinar, imaginar, meditar, mirar, observar. // Complacer, mimar.
CONTEMPLATIVO Contemplador, observador, curioso. // Soñador. // Complaciente.

CONTEMPORÁNEO Actual, coetáneo, coexistente, moderno, simultáneo.

CONTEMPORIZAR Acomodarse, a-moldarse, avenirse, transigir. *Encarar, provocar.*

CONTENDER Batallar, combatir, competir, luchar, pelear. // Debatir, disputar, pleitear. *Pacificar, apaciguar.*

CONTENDIENTE Beligerante, combatiente. // Pleiteante.

CONTENER Abarcar, comprender, encerrar, entrañar, incluir. // Dominar, moderar, refrenar, reprimir, sujetar, vencer. // Comedirse, reportarse.

CONTENIDO Incluido, incluso, adjunto, implícito, encerrado.

CONTENTAMIENTO Alborozo, alegría, contento, gozo, júbilo, placer.

CONTENTAR Agradar, alegrar, complacer, satisfacer. *Desagradar.*

CONTENTO Contentamiento, satisfacción. // Alegre, complacido, encantado, gozoso, satisfecho. *Descontento, disgustado, pesaroso.*

CONTERA Extremo, regatón. // Remate.

CONTERRÁNEO Compatriota.

CONTESTACIÓN Réplica, respuesta. *Pregunta.* // Altercado, disputa.

CONTESTAR Replicar, responder. // Comprobar, corroborar.

CONTESTE Acorde, conforme. *Disconforme.*

CONTEXTO Texto, trabazón, encadenamiento, enlace. *Contesto (contestar).

CONTEXTURA Compaginación, disposición. // Configuración.

CONTIENDA Disputa, gresca, guerra, lucha, pelea, pendencia, refriega.

CONTIGÜIDAD Cercanía, proximidad, tangencia. *Lejanía, separación.*

CONTIGUO Adyacente, allegado, finítimo, inmediato, lindante, pegado, vecino. *Distante.*

CONTINENCIA Moderación, sobriedad, templanza. *Destemplanza.* // Abstinencia, castidad. *Impureza.*

CONTINENTE Aire, compostura. // Casto. // Sobrio.

CONTINGENCIA Eventualidad, posibilidad, riesgo. *Certeza, seguridad.*

CONTINUACIÓN Prolongación, prosecución, secuencia.

CONTINUAMENTE Aún, de continuo, incesantemente.

CONTINUAR Durar, prolongar, proseguir. *Interrumpir.* // Extender, seguir, subsistir. *Desistir.*

CONTINUIDAD Continuación, persistencia, consecuencia. // Unión.

CONTINUO Constante, incesante, ininterrumpido, prolongado. *Discontinuo, intermitente, momentáneo.*

CONTORNEAR Circunscribir, perfilar, rodear.

CONTORNO Silueta, perfil. // Borde. // Derredor, perímetro, vuelta.

CONTORNOS Afueras, aledaños, alrededores, cercanías, inmediaciones, proximidades.

CONTORSIÓN Contracción, convulsión, retorcimiento. // Mueca.

CONTRA Contrariedad, dificultad, inconveniente, oposición. *Pro.* // Enfrente. // Hacia.

CONTRABALANCEAR Compensar, contrarrestar, equilibrar.

CONTRACCIÓN Convulsión, crispamiento, encogimiento.

CONTRADECIR Confutar, impugnar, objetar, oponer, rebatir, refutar, replicar. *Asentir.*

CONTRADICCIÓN Contrasentido. // Impugnación. *Ratificación.* // Contrariedad, incompatibilidad. // Antinomia, oposición.

CONTRADICTORIO Antagónico, contrario, opuesto. *Conforme.*

CONTRAERSE Acortarse, crisparse, encogerse. *Dilatarse, estirarse.*

CONTRAHACER Copiar, falsificar, imitar.

CONTRAHECHO Deforme, giboso, jorobado.

CONTRAPELO (A) Al revés. En sentido contrario.

CONTRAPESO Balancín. // Compensa-

ción, igualación. *Desequilibrio.*
CONTRAPONER Enfrentar, oponer. *Armonizar.* // Comparar, cotejar.
CONTRAPOSICIÓN Antagonismo, oposición, rivalidad.
CONTRARIAR Contradecir, dificultar, entorpecer, estorbar, oponerse, resistir. *Facilitar.* // Fastidiar, incomodar, molestar, mortificar. *Complacer.* // Decepcionar. *Alegrar, contentar.*
CONTRARIEDAD Dificultad, percance. // Disgusto. *Satisfacción.* // Oposición. *Identidad.*
CONTRARIO Antípoda, antónimo, reverso. // Antitético, dañino, dañoso, hostil, nocivo, opuesto. *Coincidente, favorable.* // Adversario, antagonista, competidor, contrincante, enemigo, rival. *Amigo.*
CONTRARRESTAR Compensar, contrabalancear. // Oponerse, resistir, afrontar. *Eludir.*
CONTRASENTIDO Contradicción, disparate. *Acierto.*
CONTRASEÑA Consigna.
CONTRASTAR Comprobar, verificar. // Resistir.
CONTRASTE Contratiempo. // Comprobación, verificación. // Diferencia, disparidad, oposición. *Semejanza.*
CONTRATA Contrato.
CONTRATAR Acordar, ajustar, convenir, estipular, pactar.
CONTRATIEMPO Dificultad, percance, revés.
CONTRATISTA Contratante. // Empresario, constructor.
CONTRATO Arreglo, compromiso, concordato, convenio, estipulación, pacto, tratado, trato. ***Contracto.***
CONTRAVENCIÓN Desobediencia, infracción, transgresión.
CONTRAVENENO Antídoto, antitóxico. *Tóxico, veneno.*
CONTRAVENIR Desobedecer, infringir, quebrantar, transgredir, violar, vulnerar. *Cumplir, obedecer, respetar.*
CONTRIBUCIÓN Gabela, impuesto, tributo, subsidio, prestación.
CONTRIBUIR Ayudar, colaborar, concurrir, cooperar, cotizar, participar. *Eximir.*
CONTRICIÓN Arrepentimiento, dolor, pesar.
CONTRINCANTE Adversario, competidor, émulo, opositor. *Camarada.*
CONTRISTAR Afligir, apenar, entristecer. *Consolar.*
CONTRITO Arrepentido, compungido, pesaroso, triste.
CONTROL Dominio, examen, inspección, verificación, vigilancia.
CONTROLAR Comprobar, contrastar, examinar, inspeccionar, verificar, vigilar, censurar.
CONTROVERSIA Debate, discusión, disputa, polémica. *Transacción.*
CONTROVERTIR Debatir, discutir, polemizar, disputar.
CONTUBERNIO Alianza. // Confabulación, complot.
CONTUMAZ Obstinado, rebelde, tenaz, terco.
CONTUMELIA Injuria, oprobio.
CONTUNDENTE Concluyente, convincente, decisivo, terminante, categórico. *Débil, discutible.*
CONTURBADO Confuso, nervioso, perturbado, turbado. *Tranquilo.*
CONTURBAR Turbar, perturbar, alterar, conmover, intranquilizar. *Tranquilizar, apaciguar.*
CONTUSIÓN Equimosis, golpe, lesión, magulladura.
CONVALECENCIA Mejoría, recuperación, recobramiento.
CONVALECER Recobrarse, recuperarse, mejorarse. *Empeorar, recaer.*
CONVALIDAR Confirmar, ratificar, revalidar. *Anular.*
CONVECINO Vecino.
CONVENCER Catequizar, persuadir. *Disuadir.*
CONVENCIMIENTO Certeza, convicción, persuasión. *Duda.*
CONVENCIÓN Acuerdo, concierto, con-

venio, pacto, trato. // Conformidad, conveniencia. // Asamblea.

CONVENIENCIA Conformidad. // Correlación, correspondencia. // Beneficio, interés, provecho. // Acomodo, ajuste. // Convenio.

CONVENIENTE Provechoso, útil. *Inconveniente, perjudicial.* // Adecuado, a propósito, decente, decoroso, proporcionado.

CONVENIO Convención, estipulación, pacto, transacción, tratado.

CONVENIR Ajustar, establecer, pactar. // Corresponder, cuadrar, encajar.

CONVENTO Abadía, monasterio.

CONVENTUAL Monacal, monástico.

CONVERGENCIA Coincidencia, afinidad, concurrencia, unión, juntura. *Divergencia.*

CONVERGER Convergir, concurrir, coincidir. *Divergir, irradiar.*

CONVERSACIÓN Coloquio, conferencia, charla, plática.

CONVERSAR Comunicar, conferenciar, charlar, departir, dialogar, hablar, platicar. *Callar.*

CONVERSIÓN Metamorfosis, mudanza, mutación.

CONVERTIR Cambiar, metamorfosear, mudar, transformar.

CONVEXIDAD Comba, alabeo. // Panza, barriga, curvatura, prominencia. *Concavidad.*

CONVEXO Abombado, prominente, esférico, panzón. *Cóncavo.*

CONVICCIÓN Convencimiento. *Duda.* // Certeza, persuasión, seguridad. *Incertidumbre.*

CONVIDADO Invitado, comensal, huésped, agasajado.

CONVIDAR Invitar, ofrecer. // Atraer, incitar, inducir, llamar, mover.

CONVINCENTE Concluyente, contundente, persuasivo, terminante, decisivo. *Discutible.*

CONVITE Invitación, ágape, banquete, agasajo, brindis.

CONVIVIR Cohabitar. // Entenderse.

CONVOCACIÓN Convocatoria, apelación, invitación, aviso, reclamo, indicción, cita, citación, llamamiento.

CONVOCAR Citar, congregar, llamar. *Despedir.*

CONVOCATORIA Citación, edicto, llamamiento.

CONVOY Acompañamiento, escolta, séquito. // Tren.

CONVULSIÓN Contracción, pataleta, temblor, tic.

CONVULSIONAR Agitar, conmover, trastornar. *Tranquilizar.*

CONVULSO Trémulo, agitado, tembloroso, espasmódico.

CONYUGAL Nupcial, matrimonial, marital, connubial.

CÓNYUGE Consorte, desposado.

COOPERACIÓN Asociación, colaboración, contribución, alianza, apoyo, reciprocidad, ayuda, asistencia.

COOPERAR Ayudar, coadyuvar, colaborar, contribuir, participar, favorecer, socorrer. // Secundar.

COORDINACIÓN Arreglo, compaginación, disposición. // Unión, combinación. *Desconcierto.*

COORDINAR Arreglar, organizar, regularizar. *Desordenar, desorganizar.*

COPA Cáliz, copón, vaso.

COPAR Envolver, rodear, sorprender.

COPARTÍCIPE Coautor, cómplice, copropietario, cointeresado.

COPELAR Fundir, purificar.

COPETE Mechón, moño, penacho, tupé. // Altanería, presunción.

COPIA Calco, duplicado, facsímil, reproducción. *Modelo, original.* // Imitación, remedo, plagio, trasunto. // Abundancia, profusión. *Escasez.*

COPIAR Calcar, duplicar, reproducir, transcribir. // Imitar, plagiar, remedar, trasuntar.

COPIOSAMENTE Abundantemente. // Mucho.

COPIOSO Abundante, cuantioso, exuberante, numeroso. *Escaso.*

COPISTA Copiador, escribiente, pasante, mecanógrafo, amanuense.

COPLA Canción, cantar, tonada.

COPLERO Cantor, cancionista, cantador, romancero, rapsoda.

COPO Mechón. // Grumo. // Coágulo.

COPÓN Cáliz.

CÓPULA Apareamiento, coito, unión, enlace, ayuntamiento, cohabitación. // Trabazón, atadura.

COQUETA Vanidosa, frívola, fatal, presumida, casquivana.

COQUETEAR Flirtear.

COQUETERÍA Coqueteo, galanteo. // Gracia.

CORAJE Ánimo, arrojo, bravura, esfuerzo, intrepidez, valentía. *Cobardía, desánimo, miedo.* // Furia, irritación. *Serenidad.*

CORAZA Armadura, blindaje, caparazón.

CORAZÓN Amor, benevolencia, voluntad. // Espíritu, valor. // Centro, interior. *Exterior.*

CORAZONADA Pálpito, presentimiento, presagio.

CORCEL Bridón, caballo, flete, pingo, potro, trotón.

CORCHETE Alguacil. // Policía, polizonte. // Broche.

CORCHO Tapón.

CORCOVA Giba, joroba.

CORCOVADO Contrahecho, giboso, jorobado.

CORCOVO Brinco, respingo, salto, corcoveta, sacudida.

CORDEL Bramante, cuerda, piola, piolín, cinta.

CORDERO Borrego.

CORDIAL Afable, afectuoso, amable, cariñoso, sencillo. *Huraño.*

CORDIALIDAD Afectuosidad, amabilidad, cariño. *Desafecto.* // Franqueza, llaneza, sencillez.

CORDILLERA Cadena, serranía, sierra, montaña.

CORDÓN Barrera. // Encintado.

CORDURA Circunspección, discreción, juicio, prudencia, sensatez. *Insensatez, locura.*

CORIÁCEO Resistente, fuerte, tenaz, duro. *Blando.*

CORIZA Catarro, romadizo.

CORNAMENTA Astas, cuernos.

CORNEAR Empitonar, topar.

CÓRNER Ángulo, rincón, esquina.

CORNETA Cuerno, clarín, trompeta, cornetín. // Estandarte

CORNISA Coronamiento, remate.

CORNUDO Consentido.

CORO Orfeón. // Conjunto.

COROLARIO Consecuencia, deducción, secuela. *Causa, principio.*

CORONA Diadema. // Aureola, halo, nimbo. // Coronilla, tonsura. // Galardón, premio, recompensa.

CORONAMIENTO Fin, remate, término, coronación.

CORONAR Galardonar, premiar. // Concluir, finalizar, rematar.

CORONILLA Corona, tonsura.

CORPORACIÓN Asociación, compañía, comunidad, entidad, instituto.

CORPORAL Corpóreo, físico, material, orgánico. *Espiritual.*

CORPORALMENTE Físicamente, orgánicamente, materialmente, corpóreamente.

CORPULENCIA Grandeza, magnitud, volumen.

CORPULENTO Enorme, gordo, grande, grandote, grueso. *Esmirriado.*

CORPÚSCULO Célula, elemento, molécula, partícula.

CORRAL Aprisco, chiquero, establo, gallinero, pocilga, toril.

CORREA Correaje. // Cinturón, bandolera. // Aguante, paciencia.

CORRECCIÓN Compostura, cortesía, educación, urbanidad. *Incorrección.* // Enmienda, lima, rectificación, retoque. // Castigo, correctivo. *Premio, recompensa.*

CORRECCIONAL Penitenciaría, reformatorio.

CORRECTAMENTE Educadamente, discretamente, urbanamente. // Fielmente, justamente. *Incorrectamente.*

CORRECTIVO Castigo, reprimenda, corrector.

CORRECTO Castizo, justo, puro. // Comedido, educado. *Incorrecto.*

CORREDERA Carril, riel, ranura. // Cordel, carretel.

CORREDOR Galería, pasillo, pasaje, tránsito, arcada, pórtico, túnel, subterráneo. // Comisionista, viajante. // Atleta.

CORREGIR Enderezar, enmendar, limar, mejorar, modificar, rectificar, salvar, subsanar. *Ratificar.* // Atemperar, moderar, suavizar. *Empeorar.* // Amonestar, castigar, escarmentar, reprender.

CORRELACIÓN Analogía, relación.

CORRELIGIONARIO Camarada, compañero, colega. *Rival, enemigo.*

CORREO Correspondencia. // Correos, posta. // Cartero, mensajero.

CORREOSO Elástico, flexible.

CORRER Escapar, huir. // Andar, recorrer. // Deslizarse, pasar, transcurrir. // Devengar. // Acosar, perseguir. // Descorrer, echar, mover, tender. // Abochornar, avergonzar, confundir, sofocarse. // Difundirse, divulgarse, propagarse, propalarse.

CORRERÍA Excursión. // Incursión, irrupción, intrusión.

CORRESPONDENCIA Carta, comunicación, correo, mensaje, misiva. // Reciprocidad. // Relación, trato. // Equivalencia.

CORRESPONDER Agradecer, pagar, recompensar. // Atañer, incumbir, pertenecer, tocar. // Comunicarse, escribirse, relacionarse.

CORRESPONDIENTE Conveniente, adecuado, oportuno. *Inconveniente, inoportuno.*

CORRETEAR Callejear, vagar. // Recorrer.

CORREVEIDILE Alcahuete, cuentista, chismoso.

CORRIDA Carrera. // Lidia.

CORRIDO Perseguido. // Abochornado, avergonzado, confundido, cortado. //

Avezado, baqueteado, ducho, experimentado.

CORRIENTE Fácil, fluido, llano, natural. // Admitido, cierto, sabido. // Acostumbrado, habitual, ordinario, usual. *Desacostumbrado, chocante, raro.* // Electricidad.

CORRIENTEMENTE Vulgarmente, llanamente, sencillamente.

CORRIMIENTO Vergüenza, sonrojo, rubor, empacho, bochorno.

CORRO Reunión, rueda.

CORROBORAR Confirmar, ratificar. *Objetar.* // Apoyar, aprobar, fortalecer, probar, robustecer. *Rechazar.*

CORROER Desgastar, roer, consumir, carcomer, socavar.

CORROMPER Averiar, dañar, descomponerse, echarse a perder, picarse, pudrir. // Depravar, enviciar, pervertir, seducir. // Cohechar, comprar, sobornar. // Incomodar, irritar.

CORROMPIDO Pocho, podrido, putrefacto, pútrido. *Incorrupto, sano.* // Libertino, perverso, vicioso. *Virtuoso.*

CORROSIÓN Desgaste.

CORROSIVO Acre, cáustico, mordaz, corroyente, hiriente, irónico, incisivo, sarcástico.

CORRUPCIÓN Descomposición, putrefacción. // Abuso, corruptela, depravación, perversión.

CORSARIO Bucanero, filibustero, pirata, contrabandista.

CORTADO Amputado, cercenado, dividido, mutilado, podado, segado. // Ajustado, proporcionado. // Desconcertado, turbado.

CORTADURA Corte, poda, tajo. // Grieta, hendidura. // Recorte.

CORTAFRÍO Cincel, escoplo.

CORTANTE Autoritario, brusco, incisivo, tajante.

CORTAPISA Condición, limitación, obstáculo, restricción, traba.

CORTAPLUMAS Navaja.

CORTAR Abrir, escindir. // Amputar, cercenar, decapitar, mutilar, rebanar, seccionar. *Agregar.* // Esquilar, pelar, rapar, recortar, segar. // Detener, interrumpir, suspender. // Atajar, atravesar. *Alargar.* // Hender, surcar. // Abatatarse, correrse, desconcertarse, turbarse.

CORTE Filo. // Chirlo, herida, incisión, tajo. // Ablación, amputación, cercenamiento, extirpación, mutilación, sección, separación.

CORTEDAD Brevedad, pequeñez. // Embarazo, encogimiento, pusilanimidad, timidez, vergüenza. *Decisión, descaro, cinismo.*

CORTEJADOR Pretendiente, galanteador, piropeador, enamorado, conquistador.

CORTEJAR Enamorar, festejar, galantear, requebrar.

CORTEJO Acompañamiento, comitiva. // Agasajo, fineza, regalo.

CORTÉS Amable, comedido, correcto, fino, obsequioso, urbano. *Descortés, grosero, ordinario.*

CORTESANÍA Cortesía.

CORTESANO Palaciego.

CORTESÍA Atención, cortesanía, educación, finura, gentileza, política, tacto, urbanidad.

CORTÉSMENTE Civilmente, urbanamente, distinguidamente, atentamente. *Groseramente.*

CORTEZA Cáscara, costra, cubierta, envoltura. // Apariencia, exterioridad. // Rusticidad.

CORTINA Antepuerta, visillo. // Pantalla, tapadera. // Telón.

CORTO Diminuto, escaso, insuficiente, mezquino, miserable, pequeño, raquítico. *Abundante, grande.* // Breve, efímero, fugaz. *Largo.* // Conciso, lacónico. *Extenso.* // Apocado, pacato, pusilánime, tímido. *Atrevido.*

CORVO Alabeado, arqueado, combado, curvo, curvado.

COSA Ente, cuerpo. // Bien.

COSCORRÓN Golpe, mamporro.

COSECHA Recolección, siega, producción, producto.

COSECHAR Juntar, recolectar, recoger. *Plantar, sembrar.*

COSER Hilvanar, pespuntear, remendar, zurcir, dobladillar. *Descoser.* *Cocer.

COSMÉTICO Afeite, unto, tintura, esmalte, maquillaje.

COSMOPOLITA Universal, mundano. *Local, regional.*

COSMOS Mundo, universo.

COSQUILLOSO Puntilloso, quisquilloso, susceptible.

COSTA Ribera, litoral, orilla, playa, rompiente, borde.

COSTADO Flanco, lado.

COSTALADA Golpazo, rodada.

COSTAS Expensas, importe.

COSTO Coste, valor, precio, importe, tarifa.

COSTOSO Caro, elevado, subido, gravoso, alto. *Barato.*

COSTRA Corteza, cubierta. // Postilla.

COSTUMBRE Hábito, práctica, rito, rutina, tradición, usanza, uso. *Ley, reglamento.*

COSTUMBRISTA Folclórico, folclorista, tradicionalista.

COSTURA Cosido, labor. // Sutura.

COSTURERA Modista, pespunteadora, zurcidora, pantalonera.

COSTURÓN Cicatriz, chirlo.

COTEJAR Comparar, confrontar.

COTERRÁNEO Conterráneo.

COTIDIANO Diario, común, vulgar, periódico. // Corriente.

COTIZAR Tasar, valorar, valuar.

COTO Hito, mojón. // Límite, término.

COTORRA Papagayo. // Charlatán, parlanchín.

COTORREO Cháchara, chismorreo, palique.

COVACHA Cuchitril.

COYOTE Lobo.

COYUNDA Matrimonio. // Sujeción, yugo. // Correa, soga.

COYUNTURA Articulación, trabazón. // Ocasión, oportunidad, sazón.

COZ Patada. // Injuria.

CRÁNEO Cabeza, calavera.

CRÁPULA Borrachera. // Depravación, libertinaje, vicio. *Honestidad, virtud.* // Depravado, libertino, vicioso. *Honesto, virtuoso.*

CRASCITAR Graznar.

CRASITUD Gordura.

CRASO Gordo, grasiento, grueso. *Flaco, magro.* // Indisculpable. *Leve.*

CRÁTER Boca, boquete. // Abertura. // Volcán.

CREACIÓN Universo. // Invención, producción.

CREADOR Hacedor. // Autor, inventor, artista, productor.

CREAR Concebir, criar, engendrar, hacer, inventar, producir. // Establecer, fundar, instituir, introducir, nombrar. *Aniquilar, destruir, exterminar.*

CRECER Aumentar, desarrollarse, elevarse, extenderse, formarse, medrar, progresar, madurar. *Decrecer, menguar, reducirse.*

CRECES Aumento, demasía, exceso, ventaja.

CRECIDA Aumento. // Avenida, creciente, riada.

CRECIDO Alto, desarrollado, grande, fuerte. // Importante, numeroso.

CRECIMIENTO Aumento, desarrollo, incremento, progreso. *Disminución.*

CRÉDITO Asenso. // Solvencia. // Apoyo, autoridad. // Fama, prestigio, reputación, consideración.

CREDO Creencia, religión.

CREDULIDAD Creencia. *Incredulidad, duda.*

CRÉDULO Cándido, confiado, creyente. *Desconfiado.* // Incauto, sencillo, bonachón. *Suspicaz.*

CREENCIA Credo, fe. // Convicción, opinión. *Duda, sospecha, suspicacia, descreimiento.*

CREER Entender, estimar, imaginar, juzgar, opinar, pensar, sostener. *Desconfiar, dudar, recelar.*

CREÍBLE Posible, verosímil. *Increíble.*

CREMA Nata. // Pomada. // Diéresis.

CREMACIÓN Incineración, quema.

CREPITAR Crujir, chasquear, chisporrotear.

CREPÚSCULO Amanecer, anochecer. // Declinación.

CRESO Acaudalado, rico.

CRESPO Ensortijado, rizado, retorcido, encrespado. *Lacio.* // Artificioso, oscuro. // Alterado, irritado.

CRESPÓN Gasa, tul, muselina, seda.

CRESTA Copete. // Cima, cumbre. *Llano, llanura.*

CRESTOMATÍA Antología, selección.

CRETINO Estúpido, idiota, necio. *Inteligente.*

CREYENTE Crédulo, confiado. *Incrédulo.* // Religioso, piadoso. *Ateo.*

CRÍA Criatura. // Camada, hijos.

CRIADA Doméstica, fámula, sirvienta. *Ama, señora.*

CRIADO Sirviente. *Dueño, patrón.*

CRIADOR Productor. // Vitivinicultor.

CRIADOS Servicio, servidumbre.

CRIANZA Lactancia, amamantamiento. // Cortesía. // Educación.

CRIAR Alimentar, amamantar, lactar, nutrir. // Crear, engendrar, originar, producir. // Cuidar, dirigir, educar, enseñar, instruir.

CRIATURA Crío, chico, chiquillo, niño. // Ser, hombre. // Hechura.

CRIBA Cedazo, zaranda, cernedor, harnero, tamiz, tambor.

CRIBAR Cerner, zarandar, tamizar, cernir, pasar, colar.

CRIC Gato (instrumento mecánico).

CRIMEN Delito. // Asesinato.

CRIMINAL Delincuente, facineroso, malhechor.

CRIN Cerda.

CRÍO Criatura.

CRIPTOGRAFÍA Clave, abreviatura, jeroglífico, cifra.

CRIPTOGRÁFICO Cifrado, en clave.

CRISIS Mutación, vicisitud, cambio, desequilibrio, trance. *Normalidad, estabilidad, permanencia.*

CRISPACIÓN Contracción, encogimiento, estremecimiento.

CRISPARSE Contraerse, convulsionarse, encogerse.

CRISTAL Vidrio, espejo. // Agua.

CRISTALERA Aparador.

CRISTALINO Claro, diáfano, límpido, transparente, traslúcido.

CRISTALIZARSE Concretarse, precisarse, determinarse.

CRISTIANAR Bautizar.

CRISTIANDAD Cristianismo.

CRISTIANIZACIÓN Evangelización, catequesis.

CRISTIANO Creyente. *Idólatra, infiel, pagano.* // Individuo, persona.

CRISTO Crucifijo, Jesucristo.

CRITERIO Norma, pauta, regla. // Discernimiento, juicio, parecer. *Ofuscación, irreflexión.*

CRÍTICA Censura, juicio, opinión. // Murmuración. // Reparo.

CRITICABLE Censurable, reprensible, reprochable.

CRITICAR Analizar. // Acusar, censurar, desaprobar, motejar, notar, reprobar, tildar, vituperar. *Defender, elogiar, apologizar.*

CRÍTICO Aristarco, censor, juez. // Culminante, crucial, decisivo.

CRITICÓN Censurador.

CRÓNICA Artículo, nota. // Anales.

CRÓNICO Inveterado, habitual.

CRONISTA Articulista, historiador, comentarista, analista.

CRONOLOGÍA Cronografía, historia, cómputo, calendario.

CRONÓMETRO Reloj.

CROQUIS Boceto, bosquejo, esbozo, borrador, diseño.

CROSCITAR Graznar, crascitar, crocitar.

CRÓTALO Castañuela.

CRUCE Crucero, encuentro, empalme, entrecruzamiento, corte, cruzamiento, confluencia, encrucijada, intersección. *Paralelismo.*

CRUCERO Cruce. // Travesía.

CRUCIAL Crítico, decisivo.

CRUCIFICAR Sacrificar.

CRUDAMENTE Ásperamente, desabridamente, rigurosamente.

CRUDEZA Aspereza, desabrimiento, dureza, rigor. *Suavidad.*

CRUDO Cruel, despiadado. *Cobarde.* // Áspero, destemplado, frío, riguroso. *Bonancible.* // Verde. *Maduro.*

CRUEL Bárbaro, brutal, desalmado, feroz, inhumano, sanguinario. *Compasivo.* // Duro, inclemente, insoportable, riguroso. *Dulce, suave.*

CRUELDAD Brutalidad, ferocidad, fiereza, inhumanidad, sevicia. *Benignidad, humanidad.*

CRUELMENTE Cruentamente, inhumanamente, atrozmente, despiadadamente. *Suavemente, humanamente.*

CRUENTO Sangriento.

CRUJIDO Chasquido, rechinamiento.

CRUJIR Chirriar, chascar, rechinar, restallar, crepitar.

CRUP Difteria.

CRUZ Aspa. // Crucifijo. // Aflicción, carga, peso, trabajo.

CRUZADA Campaña, expedición.

CRUZAR Entrecruzar, entrelazar. // Atravesar, cortar, pasar, trasponer, traspasar. // Encontrarse, inmiscuirse, interponerse, coincidir.

CUADRA Caballeriza, establo.

CUADRADO Bruto, torpe. *Inteligente.* // Cabal, perfecto.

CUADRAR Encuadrar. // Ajustarse, convenir. // Erguirse, plantarse.

CUADRIL Cadera.

CUADRILÁTERO Paralelogramo. // Cuadrangular, cuadrado, cuadriforme, cuadrilongo, cuadricular.

CUADRILLA Banda, gavilla, pandilla. // Grupo.

CUADRO Lámina, lienzo, pintura, tela. // Marco. // Escena, acto. // Espectáculo, vista, aspecto.

CUADRÚPEDO Bestia.

CUAJADO Solidificado, macizo, coagulado, apelotonado, apretado, comprimido. // Lleno, poblado.

CUAJADURA Coagulación, cuajo, con-

solidación. *Fluidez, liquidación.*
CUAJAR Coagular, congelar, solidificar, condensar, apelotonar. *Liquidar, fluir.* // Llenarse, poblarse.
CUAJARÓN Coágulo, grumo.
CUALIDAD Calidad. *Defecto.* // Atributo, carácter, condición, naturaleza, prenda. *Entidad, esencia, sustancia.*
CUANTÍA Cantidad, suma. // Importancia. *Insignificancia.*
CUANTIAR Tasar, apreciar, valorar.
CUANTIOSO Abundante, considerable, copioso, grande. *Escaso, exiguo.*
CUARTEAR Descuartizar, partir, dividir. // Abrirse, agrietarse, rajarse, resquebrajarse.
CUARTEL Alojamiento. // Acuartelamiento, acantonamiento. // División, sección, parte. // Barrio, distrito. // Gracia, misericordia, perdón.
CUARTETA Redondilla.
CUARTO Aposento, estancia, habitación, pieza.
CUARTOS Extremidades. // Dinero.
CUARTUCHO Cubículo, cuchitril, tugurio.
CUBA Barril, casco, tonel, tina, bocoy, pipa, tanque, tonelete.
CUBERO Tonelero.
CUBÍCULO Alcoba, aposento. // Cuartucho.
CUBIERTA Envoltura, forro, sobre, tapa, cobertura, envoltorio. // Neumático. // Simulación, pretexto.
CUBIL Covacha, cueva, guarida, madriguera, escondrijo.
CUBILETE Vaso.
CUBO Balde.
CUBRECAMA Cobertor, colcha, edredón, manta.
CUBRIMIENTO Ocultación, envolvimiento. *Exposición.* // Cobertura, cubierta, envoltura, revestimiento, toldo, paramento, tapiz, funda.
CUBRIR Ocultar, tapar, velar. *Destapar, exponer.* // Arropar, vestir. *Desnudar.* // Forrar, revestir, techar.
CUCHICHEAR Murmurar, secretear,

bisbisear. *Gritar.* *Cuchichiar.
CUCHILLA Cuchillo. // Guillotina.
CUCHILLADA Corte, chirlo, tajo.
CUCHILLO Faca, facón.
CUCHIPANDA Francachela.
CUCHITRIL Cochitril, cuartucho.
CUCHUFLETA Broma, burla.
CUCO Coco, fantasma. // Bonito, lindo, mono. // Astuto.
CUELLO Garganta, pescuezo, gollete.
CUENCA Cavidad, concavidad. // Oquedad, órbita. // Valle.
CUENTA Cálculo, cómputo, operación. // Adición, factura, importe. // Explicación, satisfacción. // Cargo, cuidado, deber, incumbencia, obligación.
CUENTISTA Fabulista, narrador. // Cuentero, chismoso.
CUENTO Fábula, narración, relato. // Chisme, embuste, patraña, quimera. // Desazón, disgusto.
CUERDA Cordel, piola, maroma, soga. // Resorte.
CUERDO Formal, juicioso, prudente, reflexivo, sensato. *Insensato, loco.*
CUEREAR Desollar.
CUERNO Asta, pitón.
CUERO Pellejo, piel. // Odre.
CUERPO Organismo. *Alma, espíritu.* // Cadáver. // Tronco, talle, figura, busto. // Grandor, espesor, tamaño, volumen. // Densidad. // Colección. // Comunidad, corporación.
CUESTA Declive, pendiente, repecho, subida.
CUESTIÓN Problema. // Pregunta. // Duda. // Controversia, disputa, polémica. // Gresca.
CUESTIONABLE Discutible, dudoso, problemático. *Cierto, irrefutable.*
CUESTIONAR Controvertir, discutir, polemizar, disputar, debatir.
CUESTIONARIO Examen, temario. // Consulta. // Programa.
CUEVA Antro, caverna, covacha, gruta, guarida. // Bodega, sótano.
CUÉVANO Cesta, cesto, canasta.
CUIDADO Atención, esmero, pulcritud,

solicitud. *Desatención.* // Inquietud, miedo, temor, zozobra. *Valentía, tranquilidad.* // Cautela, precaución, prudencia, vigilancia. *Despreocupación, descuido.*

CUIDADOSO Aplicado, celoso, esmerado, meticuloso, prolijo, pulcro, solícito. *Descuidado.*

CUIDAR Atender, custodiar, guardar, proteger, asistir, velar. *Desatender, descuidar, desentenderse.*

CUITA Aflicción, angustia, cuidado, desventura, pena, trabajo, zozobra. *Dicha, ventura.*

CUITADO Afligido, desventurado, infeliz, infortunado, pusilánime. *Feliz.*

CULATA Mango, asidero. // Anca, gru-pa, popa, trasera.

CULEBRA Serpiente.

CULEBREAR Ondular, serpentear.

CULEBRILLA Herpe.

CULMINACIÓN Cumbre, cúspide, cima, pináculo. *Abismo, precipicio.* // Máximo. // Perfección.

CULMINANTE Destacado, dominante, prominente. // Principal, superior. *Inferior, insignificante.*

CULMINAR Acabar, perfeccionar. *Empezar, estropear.*

CULO Ano, nalgas, asentaderas, trasero, posaderas. // Suelo, fondo. *Superficie.*

CULPA Delito, falta, pecado, yerro. // Responsabilidad.

CULPABILIDAD Culpa. // Incumplimiento, infracción.

CULPABLE Culpado. *Inocente.* // Responsable. *Irresponsable.*

CULPADO Culpable, delincuente, reo. *Absuelto.*

CULPAR Acusar, achacar, inculpar. // Responsabilizar.

CULTERANISMO Afectación, rebuscamiento. *Claridad, sencillez.*

CULTERANO Afectado, gongorino.

CULTIVADOR Agricultor, labrador, labriego, agrónomo, colono.

CULTIVAR Arar, labrar, sembrar. // Conservar, cuidar, fomentar, mantener.

// Ejercitarse, estudiar, practicar, trabajar. // Producir.

CULTIVO Labor, laboreo, labranza.

CULTO Adoración, veneración. *Irreverencia.* // Cultivado, docto, erudito, instruido, sabio. *Inculto.*

CULTURA Cultivo, erudición, ilustración, instrucción, saber. *Desconocimiento, ignorancia.*

CULTURAL Instructivo, pedagógico, formativo, didáctico, civilizador.

CUMBRE Ápice, cima, cúspide, cresta. *Abismo, base, cimiento.* // Culminación, elevación.

CUMPLEAÑOS Aniversario.

CUMPLIDAMENTE A satisfacción, cabalmente, escrupulosamente.

CUMPLIDO Acabado, completo, concluido, listo, perfecto. *Imperfecto.* // Cabal, largo, lleno. // Abundante. *Escaso.* // Atento, cortés, educado, fino, obsequioso, urbano. *Descortés, rústico.* // Atención, cumplimiento, fineza, galantería, obsequio. *Insulto.*

CUMPLIDOR Cuidadoso, exacto, puntual. *Negligente.*

CUMPLIMENTAR Felicitar, saludar. // Cumplir.

CUMPLIMIENTO Desempeño, observancia, satisfacción.

CUMPLIR Acatar, observar, satisfacer. *Desobedecer, infringir.* // Efectuar, ejecutar, realizar, verificar. *Claudicar.* // Convenir, importar. // Acabarse, expirar, finalizar.

CÚMULO Cantidad, infinidad, montón, multitud, pila, sinnúmero.

CUNA Patria. // Estirpe, familia, linaje. // Origen, principio.

CUNDIR Desarrollarse, dilatarse. *Limitarse, reducirse.* // Divulgarse, propagarse, difundirse.

CUNEAR Acunar, mecer.

CUNEO Balanceo.

CUNETA Badén, zanja.

CUÑA Calce, calza, taco, tarugo. // Influencia, muñeca, padrino, palanca.

CUÑO Impresión, sello, señal. // Troquel.

CUOTA Contribución, cupo, parte, porción, cantidad.

CUOTIDIANO Cotidiano. // Diario.

CUPIDO Amor, Eros. // Enamoradizo, mujeriego.

CUPO Cuota.

CUPÓN Vale, talón, bono. // Papeleta, volante, comprobante.

CÚPULA Bóveda. // Domo.

CURA Clérigo, eclesiástico, sacerdote, presbítero, abate. *Laico, seglar.* // Cuidado. // *Curación.*

CURACIÓN Cura, alivio, tratamiento.

CURADOR Procurador, tutor.

CURALOTODO Panacea, sanalotodo.

CURANDERO Charlatán, ensalmador, saludador.

CURAR Sanar. *Enfermar.* // Acecinar, salar. // Curtir. // Cuidar. *Descuidar.*

CURATIVO Restablecedor, reconstituyente, fortificante. // Saludable.

CURATO Vicaría, parroquia.

CURDA Borrachera, borracho.

CURIA Iglesia, nunciatura, signatura.

CURIOSEAR Averiguar, indagar, espiar, fisgonear, husmear, huronear, investigar, oliscar, escudriñar.

CURIOSIDAD Fisgoneo, indiscreción. *Discreción.* // Deseo, gana. // Novedad, rareza. *Vulgaridad.* // Aseo, limpieza, pulcritud. *Suciedad.*

CURIOSO Averiguador, escudriñador, preguntón. *Indiferente.* // Indiscreto. *Discreto.* // Aseado, limpio, pulcro. *Sucio.* // Extraño, notable. *Vulgar.*

CURSADO Acostumbrado, curtido, perito, práctico, versado.

CURSAR Acostumbrar, frecuentar. // Estudiar. // Tramitar.

CURSI Chabacano, presumido, presuntuoso, pretencioso, ridículo. *Discreto, elegante.*

CURSILERÍA Afectación, ridiculez, amaneramiento, vulgaridad. *Sencillez, elegancia.*

CURSIVA Bastardilla.

CURSO Dirección, recorrido, rumbo, carrera.//Transcurso.//Corriente.//Manual, tratado.//Continuación, serie.//Circulación, difusión, divulgación.//Desempeño.

CURTIDO Avezado, endurecido, experimentado. *Bisoño, novato.* // Atezado, tostado.

CURTIEMBRE Curtiduría.

CURTIR Adobar, curar. // Acostumbrar, ejercitar, endurecer. *Afeminarse.* // Tostarse. *Cutir.*

CURVA Meandro, sinuosidad, vuelta.

CURVADO Curvo.

CURVATURA Alabeo, combadura, redondez, curva.

CURVIDAD Curvatura.

CURVO Alabeado, combado, corvo, curvado, curvilíneo, redondo. *Derecho, recto.*

CÚSPIDE Cumbre, pináculo. *Abismo, precipicio.*

CUSTODIA Cuidado. *Descuido* // Escolta, guardia.

CUSTODIAR Defender, guardar, proteger, velar, vigilar. *Descuidar.*//Escoltar.

CUTIR Percutir, batir, golpear. *Curtir.*

CUTIS Epidermis, pellejo, piel.

CUTRE Avaro, miserable, tacaño, ruin, mezquino. *Generoso, pródigo, dadivoso, gastador.*

CUZCO Cachorro, gozque.

D

DABLE Factible, hacedero, posible, viable. *Imposible.*

DACTILAR Digital.

DACTILÓGRAFO Mecanógrafo, tipiador.

DÁDIVA Don, regalo, obsequio.

DADIVOSO Generoso, liberal, pródigo, desprendido. *Interesado, tacaño, mezquino.*

DADO Cubo. // Donado, regalado, cedido, entregado.

DADOR Librador. // Portador, comisionado. *Receptor.*

DAGA Puñal, estilete.

DAMA Mujer, señora.

DAMAJUANA Bombona, garrafa.

DAMASQUINADO Embutido, incrustado, taraceado, adornado.

DAMISELA Damita, doncella, jovencita.

DAMNIFICACIÓN Perjuicio, deterioro, daño, detrimento. *Beneficio.*

DAMNIFICAR Dañar, perjudicar.

DANZA Baile, ballet. // Chanchullo.

DANZANTE Bailarín, bailador, danzarín.

DANZAR Bailar, bailotear.

DANZARINA Bailarina.

DAÑAR Damnificar, deteriorar, estropear, lesionar, malear, menoscabar, perjudicar. *Beneficiar.*

DAÑINO Dañoso, funesto, malo, nocivo, perjudicial, pernicioso. *Beneficioso.*

DAÑO Avería, deterioro, detrimento, estrago, estropicio, mal, menoscabo, perjuicio. *Beneficio, mejora.*

DAÑOSO Dañino, nocivo, perjudicial.

DAR Ceder, entregar. *Quitar.* // Donar, dotar, gratificar, proporcionar, regalar, suministrar. *Aceptar, recibir.* // Administrar, aplicar, propinar. // Adjudicar, conceder, facilitar, otorgar. *Posesionarse, tomar.* // Atribuir, imputar. // Considerar, declarar. // Causar, ocasionar. // Producir, redituar, rendir. // Distribuir, repartir. // Ejecutar, hacer. // Golpear, pegar. // Sonar. // Acertar, atinar, descubrir. // Caer, incurrir. // Presentar. // Anunciar, presagiar. // Asignar, fijar, señalar. // Dedicarse, entregarse.

DARDO Saeta, venablo, jabalina, flecha, azagaya.

DÁRSENA Fondeadero, ancladero, muelle, desembarcadero.

DATA Fecha.

DATAR Fechar. // Durar, corresponder, remontarse.

DATO Antecedente, detalle, nota, pormenor. // Documento, fundamento, testimonio.

DEA Diosa.

DEAMBULAR Andar, caminar, pasear. *Detenerse.*

DEBAJO Bajo. *Encima, sobre.*

DEBATE Controversia, discusión, polémica. // Combate, contienda, lucha.

DEBATIR Altercar, controvertir, discutir, disputar, polemizar. *Acordar.* // Guerrear, pelear.

DEBELAR Rendir, vencer, conquistar, derrotar. *Develar.

DEBER Obligación. *Derecho, irresponsabilidad, opción.* // Deuda. // Adeudar.

DEBIDAMENTE Cumplidamente, justamente, estrictamente.

DÉBIL Delicado, endeble, flaco, flojo, raquítico. *Enérgico, fuerte, vigoroso.*

DEBILIDAD Anemia, astenia, decaimiento, lasitud, desfallecimiento, flaqueza, flojedad, raquitismo. *Fortaleza, vigor.*

DEBILITAR Enervar, extenuar. *Tonificar, vigorizar.* // Aflojar, consumirse, decaer, flaquear. *Robustecer.*

DÉBILMENTE Flojamente, lánguidamente. *Fuertemente.*

DÉBITO Deuda. *Crédito.*

DÉCADA Decenio.

DECADENCIA Decaimiento, declinación, ocaso, descenso. *Apogeo, auge, esplendor, opulencia, postración.*

DECAER Arruinarse, debilitarse, declinar, desfallecer, flaquear, empeorar. *Fortalecerse, mejorar.*

DECAIMIENTO Abatimiento, desaliento, decadencia.

DECAMPAR Irse, partir, marchar, huir.

DECANTAR Engrandecer, ponderar, propalar.

DECAPITAR Degollar, descabezar, guillotinar.

DECENCIA Aseo, compostura, decoro, dignidad, honestidad, pudor, recato. *Indecencia, indignidad, suciedad, vileza.* *Docencia.

DECENIO Década.

DECENTE Aseado, limpio. // Debido, digno, justo. // Decoroso, honesto. *Indecente.* *Docente.

DECEPCIÓN Desencanto, desengaño, desilusión, fracaso. *Ilusión.*

DECESO Fallecimiento. *Nacimiento.*

DECHADO Ejemplo, modelo, muestra, tipo.

DECIDIDO Resuelto, osado, desenvuelto. *Indeciso, perplejo, vacilante.*

DECIDIR Determinar, disponer, resolver. *Dudar, titubear, temer.* *Disidir.

DECIR Dicho. // Declarar, explicar, expresar, hablar, indicar, insinuar, manifestar, mencionar, nombrar. *Callar, omitir.* // Asegurar, opinar, proponer, sostener. *Desdecir.* // Denotar. // Armo-

nizar, convenir. // Escribir.

DECISIÓN Determinación, firmeza, resolución. *Indecisión.* // Fallo, sentencia.

DECISIVO Concluyente, rotundo. *Dudoso, provisional.*

DECLAMACIÓN Recitación.

DECLAMAR Recitar, pronunciar, decir, orar.

DECLARACIÓN Explicación, exposición, manifestación, testimonio.

DECLARAR Atestiguar, decir, deponer, exponer, manifestar.

DECLINACIÓN Decadencia. // Caída, descenso, ocaso. *Subida.*

DECLINAR Decaer, disminuir, menguar. *Ascender.* // Rehusar. *Aceptar.*

DECLIVE Bajada, cuesta, declinación, inclinación, pendiente, rampa, vertiente. *Ascensión.*

DECOCCIÓN Cocción.

DECOLORACIÓN Desteñimiento.

DECOLORAR Desteñir, descolorar, despintar, descolorir. *Colorear.*

DECOMISAR Comisar, confiscar, incautar. *Abastecer, dar, restituir.*

DECOMISO Comiso, confiscación, incautación.

DECORACIÓN Adorno, ornato, ornamentación. // Decorado, escenografía.

DECORAR Adornar, hermosear, ornar, ornamentar. *Deslucir.*

DECORO Honra, respeto. // Circunspección, gravedad. // Honestidad, recato. *Indignidad, impudor.*

DECOROSAMENTE Dignamente, decentemente, honrosamente. *Indecorosamente.*

DECOROSO Digno, honesto, recatado, respetable. *Indecoroso.*

DECRECER Bajar, debilitarse, decaer, descender, menguar. *Aumentar, crecer, progresar.*

DECRECIENTE Menguante.

DECRECIMIENTO Disminución, declinación, decadencia. *Aumento.*

DECRÉPITO Caduco, chocho, senil. *Rejuvenecido, lozano.*

DECREPITUD Vejez, ancianidad, ve-

tustez, senilidad, chochez. *Juventud.*
DECRETAR Decidir, determinar, dictar, ordenar, resolver.
DECRETO Decisión, determinación, resolución. // Bando, edicto.
DECÚBITO Horizontal, yacente.
DECURSO Continuación, sucesión, transcurso. **Discurso.*
DÉDALO Laberinto. // Enredo, lío.
DEDICACIÓN Consagración, ofrecimiento, dedicatoria.
DEDICAR Consagrar, ofrecer, dar, regalar. *Negar.* // Aplicar, asignar, destinar.
DEDUCCIÓN Descuento, rebaja *Aumento.* // Consecuencia, inferencia. *Inducción.*
DEDUCIR Descontar, disminuir, rebajar. *Añadir, aumentar.* // Colegir, derivar, inferir, seguir.
DEFECAR Evacuar.
DEFECCIÓN Abandono, deserción, huida, traición. *Adhesión, incorporación.*
DEFECTO Deficiencia, falla, imperfección, falta, carencia. *Eficacia, perfección.*
DEFECTUOSO Imperfecto, incompleto. *Bueno, normal, perfecto.*
DEFENDER Amparar, apoyar, auxiliar, conservar, disculpar, exculpar, mantener, sostener. *Agredir, culpar, perseguir.* // Preservar, proteger. *Lastimar, destruir.* // Vedar, prohibir.
DEFENSA Abrigo, amparo, apoyo, auxilio. // Protección, resguardo, resistencia. // Disculpa, justificación. *Ofensa, acusación.*
DEFENSOR Paladín, valedor, abogado.
DEFERENCIA Atención, condescendencia, consideración, respeto. *Desconsideración, menosprecio. *Diferencia.*
DEFERENTE Respetuoso, atento, cortés, considerado, solícito. **Diferente.*
DEFERIR Adherirse, condescender. // Comunicar. **Diferir.*
DEFICIENCIA Defecto, imperfección, insuficiencia. *Perfección, suficiencia.*
DEFICIENTE Imperfecto, incompleto, insuficiente. *Magistral, perfecto.*

DÉFICIT Descubierto, falta. *Excedente, sobrante, superávit.*
DEFINICIÓN Decisión, determinación. // Declaración.
DEFINIDO Determinado, explicado.
DEFINIR Determinar, fijar, precisar. // Decidir. *Vacilar.*
DEFINITIVO Concluyente, decisivo, terminante. *Provisional.*
DEFLAGRACIÓN Incendio, ardimiento. // Catástrofe.
DEFLAGRAR Arder, incendiarse.
DEFORMACIÓN Deformidad, distorsión. *Belleza, proporción.*
DEFORMAR Desfigurar.
DEFORME Contrahecho, desproporcionado, informe, imperfecto.
DEFORMIDAD Deformación. // Error.
DEFRAUDACIÓN Estafa, fraude, hurto. *Donación.*
DEFRAUDAR Engañar, estafar. *Restituir, devolver.*
DEFUNCIÓN Fallecimiento, muerte, óbito. *Nacimiento.*
DEGENERADO Pervertido. *Virtuoso.*
DEGENERAR Decaer, declinar, empeorar. *Mejorar, regenerar.* // Pervertirse. *Merecer.*
DEGLUTIR Tragar.
DEGOLLAR Decapitar, guillotinar. // Cortar. // Asesinar.
DEGRADACIÓN Humillación. *Ascenso, enaltecimiento.* // Envilecimiento, vileza, degeneración.
DEGRADANTE Deshonroso, humillante, ruin. *Dignificante.*
DEGRADAR Exonerar, humillar, rebajar. *Ensalzar.* // Envilecer. *Ennoblecer.*
DEGÜELLO Degollación, decapitación, guillotinamiento. // Matanza.
DEGUSTAR Catar, probar, saborear.
DEHEZA Coto. // Pasto, prado, monte.
DEIDAD Divinidad. *Mortal.*
DEIFICAR Divinizar, ensalzar.
DEJACIÓN Cesión. *Resistencia.* // Desistimiento, renuncia. *Insistencia.*
DEJADEZ Abandono, desidia, incuria, negligencia, pereza. *Ánimo, gana, dili-*

gencia, cuidado, esmero.

DEJAR Abandonar, desamparar, plantar. *Amparar.* // Desistir. // Apartarse, ausentarse, desertar, irse, retirarse. // Confiar, designar, encargar, encomendar. // Dar, legar. *Tomar.* // Producir, redituar, rentar, valer. // Consentir, permitir, tolerar. // Descuidar, olvidar, omitir. // Entregarse, someterse. *Rebelarse.*

DEJO Acento, deje, tonillo, entonación. // Gusto, sabor.

DELACIÓN Acusación, denuncia.

DELANTAL Guardapolvo, mandil.

DELANTE Enfrente. *Detrás.* // Frente, primero.

DELANTERA Frente, cara, faz, fachada. // Principio. // Adelanto, anticipación.

DELATAR Acusar, denunciar, descubrir, soplar. *Encubrir, tapar.*

DELATOR Acusador, acusón, denunciante, soplón.

DELECTACIÓN Deleite, fruición.

DELEGACIÓN Agencia, filial, sucursal, representación.

DELEGADO Comisionado, enviado, representante, testaferro, encargado.

DELEGAR Comisionar, encargar, encomendar, facultar. *Asumir.*

DELEITAR Agradar, complacer, encantar, gustar. *Aburrir, hastiar.*

DELEITE Delectación, fruición, goce, gusto, placer, satisfacción. *Dolor, infelicidad.*

DELETÉREO Mortal, mortífero, destructor, venenoso. *Respirable, sano.*

DELEZNABLE Despreciable. *Valioso.* // Inconsistente, quebradizo, resbaladizo. *Consistente.*

DELGADEZ Flacura. *Obesidad.* // Tenuidad.

DELGADO Afilado, cenceño, enjuto, flaco, magro. *Adiposo, gordo, grueso.* // Delicado, suave. // Agudo, ingenioso.

DELIBERACIÓN Debate, discusión. // Decisión, resolución.

DELIBERADAMENTE Adrede, premeditadamente.

DELIBERAR Considerar, debatir, re-

flexionar. // Resolver.

DELICADEZA Exquisitez, finura, primor. // Atención, suavidad. *Aspereza, desatención.* // Escrupulosidad.

DELICADO Débil, enclenque, enfermizo. // Exquisito, fino, refinado. // Sabroso, suave. // Frágil, quebradizo. // Susceptible, suspicaz, vidrioso.

DELICIA Deleite, voluptuosidad. *Dolor, fastidio.*

DELICIOSO Agradable, deleitoso, encantador, grato.

DELICTIVO Delictuoso.

DELIMITAR Demarcar, fijar.

DELINCUENTE Criminal, facineroso, forajido, malhechor, reo.

DELINEACIÓN Dibujo, diseño, trazo, croquis, mapa.

DELINEAR Dibujar, diseñar.

DELINQUIR Infringir, transgredir, violar, vulnerar, contravenir.

DELIQUIO Desfallecimiento, desmayo, éxtasis.

DELIRAR Desvariar, fantasear.

DELIRIO Desvarío. // Despropósito, disparate.

DELITO Crimen, culpa, infracción.

DELUDIR Burlar, engañar.

DEMACRARSE Adelgazar, consumirse, enflaquecer. *Engordar, mejorar.*

DEMANDA Petición, reclamación, ruego, solicitud, súplica. // Cuestión, pregunta. *Réplica.* // Encargo, pedido. // Empresa, intento.

DEMANDAR Exigir, pedir, rogar, solicitar. // Apetecer, desear. // Preguntar.

DEMARCACIÓN Limitación, circunscripción, deslinde, separación, delineación. *Indeterminación.*

DEMARCAR Delimitar, delinear, determinar, marcar, señalar.

DEMASÍA Exceso, exorbitancia. *Escasez.* // Atrevimiento, insolencia. *Cortesía.* // Maldad.

DEMASIADO De sobra, excesivo. *Escaso, poco.*

DEMENCIA Locura, alienación, insanía, vesania. *Cordura.*

DEMENTE Loco, orate. *Cuerdo.*

DEMÉRITO Desmerecimiento. *Mérito.*

DEMOLER Derribar, deshacer, desmantelar, destruir. *Construir.*

DEMONÍACO Endemoniado, satánico, diabólico.

DEMONIO Diablo, Lucifer, Luzbel, Satán. // Malvado, perverso.

DEMONTRE Demonio.

DEMORA Dilación, retraso, tardanza. *Anticipo, adelanto.*

DEMORAR Atrasarse, retrasarse, tardar. *Adelantarse.*

DEMOSTRACIÓN Manifestación. // Comprobación, prueba, verificación.

DEMOSTRAR Exponer, manifestar, mostrar, probar, justificar.

DEMOSTRATIVO Probatorio. *Ambiguo, dudoso.*

DEMUDADO Cadavérico, pálido, desfigurado. *Sonrosado.*

DENEGACIÓN Negativa, negación, desaprobación, retractación, oposición. *Aceptación.*

DENEGAR Negar, rechazar, rehusar. *Aceptar, conceder, sostener.*

DENGOSO Delicado, melindroso, afectado, mojigato.

DENGUE Afectación, melindre, remilgo.

DENIGRACIÓN Difamación, ofensa, injuria, infamación, demérito, vileza, infamia. *Honra, mérito, alabanza.*

DENIGRANTE Humillante, infamante, injurioso, oprobioso. *Enaltecedor.*

DENIGRAR Agraviar, difamar, infamar, injuriar. *Alabar, honrar, enaltecer.*

DENODADO Animoso, esforzado, intrépido. *Cobarde.*

DENOMINACIÓN Designación, nombre.

DENOMINADOR Divisor.

DENOMINAR Designar, distinguir, nombrar, señalar, intitular.

DENOSTAR Injuriar, insultar, denigrar, ofender. *Ensalzar.*

DENOTAR Anunciar, indicar, significar, expresar.

DENSIDAD Cohesión, consistencia, condensación, compacidad, viscosidad, concentración. *Fluidez, levedad.*

DENSO Compacto, espeso, pastoso. // Apiñado, unido. *Fofo.*

DENTELLADA Mordisco, mordedura.

DENTERA Envidia. // Amargor.

DENTISTA Odontólogo. // Sacamuelas.

DENTRO Adentro, interiormente. *Afuera, exteriormente.*

DENUEDO Ánimo, arrojo, brío, esfuerzo, intrepidez, valentía. *Cobardía, temor, pusilanimidad.*

DENUESTO Improperio, agravio, insulto, ofensa. *Alabanza, elogio, desagravio, lisonja.*

DENUNCIA Acusación, delación, soplo.

DENUNCIANTE Acusador, delator, soplón, traidor.

DENUNCIAR Acusar, delatar, soplar. *Defender, tapar, encubrir.* // Avisar, revelar, indicar, noticiar, promulgar, publicar. *Ocultar.* // Pronosticar.

DEPARAR Señalar, ofrecer, presentar. // Proporcionar, suministrar, conceder.

DEPARTAMENTO Distrito, partido, jurisdicción. // Vivienda, apartamento. // Compartimiento, división. // Oficina, dependencia.

DEPARTIR Conversar, charlar, hablar. *Callar, enmudecer.*

DEPAUPERAR Empobrecer. *Enriquecer.* // Debilitar, extremar. *Fortalecer, robustecer.*

DEPENDENCIA Subordinación, sujeción. *Superioridad, rebeldía, independencia.* // Sección, sucursal.

DEPENDIENTE Empleado, subordinado. *Autónomo, independiente.*

DEPLORABLE Lamentable, lastimoso, sensible, triste. *Satisfactorio.*

DEPLORAR Dolerse, lamentar, sentir. *Congratular, cumplimentar.*

DEPONER Destituir. *Instituir.* // Afirmar, aseverar, atestiguar, declarar, testificar. *Callar.* // Defecar, evacuar.

DEPORTACIÓN Destierro, exilio, expatriación, ostracismo, proscripción.

DEPORTAR Desterrar, exiliar, expatriar. *Repatriar.*

DEPORTE Diversión, ejercicio, juego, placer, pasatiempo, recreo.

DEPOSICIÓN Destitución, exoneración, expulsión, separación. *Nombramiento.* //Declaración, testimonio.//Defecación, evacuación, heces.

DEPOSITAR Colocar, poner. // Confiar, encomendar, entregar. // Sedimentar.

DEPÓSITO Receptáculo, tanque. // Poso, sedimento. // Entrega.

DEPRAVACIÓN Corrupción, libertinaje. *Decencia, honestidad.*

DEPRAVADO Corrompido, disoluto, libertino, pervertido, vicioso. *Moral, virtuoso.*

DEPRAVAR Corromper, degradar, pervertir, envilecer, viciar. *Moralizar, regenerar.*

DEPRECACIÓN Ruego, súplica.

DEPRECAR Pedir, rogar, suplicar, instar, impetrar.

DEPRECIACIÓN Disminución, rebaja.

DEPRECIAR Bajar, disminuir, desvalorizar, rebajar. *Encarecer, valorar.*

DEPREDACIÓN Pillaje, robo, saqueo, despojo. // Exacción, malversación.

DEPREDAR Saquear, robar, despojar, devastar, desvalijar.

DEPRESIÓN Concavidad. *Convexidad.* //Hondonada. *Altura.* //Baja, descenso. *Alza.* // Decaimiento, postración. *Animación.*

DEPRESIVO Deprimente. //Humillante.

DEPRIMIR Abollar, hundir. // Abatir, desalentar, humillar. *Alentar, exaltar, animar.*

DEPUESTO Derrocado, destituido, exonerado, relevado. *Reincorporado, repuesto.*

DEPURACIÓN Limpieza, purificación. *Corrupción.*

DEPURADO Puro, limpio, refinado, clasificado. *Impuro, sucio.* //Liso, sencillo.

DEPURAR Acendrar, limpiar, purgar, purificar. *Ensuciar, impurificar.*

DERECHAMENTE Directamente, francamente. // Justamente, rectamente.

DERECHO Directo, recto, seguido. //Er-

guido, tieso, vertical. *Inclinado, torcido.* // Fundado, legítimo, razonable. // Honrado, justo. // Cara, frente. // Facultad, opción, poder. *Deber.* // Justicia, razón. *Injusticia.* // Exención, franquicia. *Obligación.*

DERIVA Desvío.

DERIVACIÓN Consecuencia, deducción. *Causa, procedencia.*

DERIVAR Deducirse, proceder, seguirse. // Conducir, encaminar.

DEROGACIÓN Deterioro. // Abolición, anulación.

DEROGAR Abolir, anular. *Implantar, promulgar.* // Reformar. *Ratificar.*

DERRAMAMIENTO Derrame, dispersión, efusión.

DERRAMAR Verter, volcar. // Desbordar, irse, rebasar, salirse. // Desparramar, difundir, dispersar, extender. ***Desramar.**

DERRAME Derramamiento. // Pérdida. // Alféizar.

DERREDOR Circuito, contorno.

DERRENGARSE Cansarse, deslomarse. *Aliviarse.*

DERRETIDO Fundido. // Enamorado, amartelado.

DERRETIR Fundir, licuar. // Disolver. *Solidificar.*

DERRIBAR Abatir, demoler, derruir, desplomar, postrar, tumbar. *Alzar, levantar, construir.* // Deponer, derrocar. *Exaltar.*

DERROCAR Derribar. // Despeñar, precipitar. // Deponer, destituir. *Reincorporar, restituir.*

DERROCHADOR Despilfarrador, dilapidador, manirroto.

DERROCHAR Despilfarrar, dilapidar, disipar, malgastar, tirar. *Ahorrar, guardar, aprovechar.*

DERROCHE Despilfarro, dilapidación, prodigalidad. *Ahorro.*

DERROTA Descalabro, fracaso, desastre. *Éxito, triunfo.* // Senda, ruta.

DERROTADO Vencido. // Andrajoso, harapiento, roto.

DERROTAR Aventajar, batir, desbaratar, vencer, reducir. *Perder.*

DERROTERO Dirección, rumbo, ruta, derrota.

DERRUIR Derribar, destruir. *Reconstruir, edificar.*

DERRUMBAMIENTO Caída, derrumbe, desmoronamiento. // Fracaso, ruina. *Triunfo.*

DERRUMBAR Derribar, destruir. *Reedificar, levantar.*

DESABOTONAR Desabrochar.

DESABRIDO Insípido, soso. *Exquisito, sabroso.* // Áspero, desapacible, destemplado, hosco, seco. *Amable.*

DESABROCHAR Desabotonar. *Abrochar, abotonar.*

DESACATAR Insubordinarse, irreverenciar, menospreciar, profanar. *Acatar, someterse.*

DESACATO Irreverencia. *Reverencia.* // Desconsideración, desobediencia, desprecio, ofensa. *Disciplina, acato.*

DESACERBAR Apaciguar, dulcificar, sosegar, calmar, serenar, suavizar.

DESACERTADO Desafortunado, equivocado. *Acertado.*

DESACERTAR Desbarrar, errar, fallar, pifiar. *Acertar, atinar.*

DESACIERTO Equivocación, pifia, torpeza, disparate, desatino, yerro. *Acierto, destreza, tacto.*

DESACORDAR Desafinar, discordar, disonar. *Acordar, templar.*

DESACORDE Disconforme, discordante, discrepante. *Acorde.*

DESACOSTUMBRADO Insólito, inusitado, inusual, nuevo, raro. *Acostumbrado, corriente, habitual.*

DESACREDITADO Desconceptuado, malquisto, desprestigiado. *Acreditado, reputado.*

DESACREDITAR Denigrar, desautorizar, desprestigiar, difamar, infamar. *Acreditar, garantizar, prestigiar.*

DESACUERDO Desavenencia, disconformidad, discordancia, discordia, discrepancia, diferencia, disentimiento.

Acuerdo, pacto, concordia.

DESAFECCIÓN Desafecto, desamor, antipatía, aversión, animosidad. *Afecto, amistad.*

DESAFECTO Desafección, desamor. // Hostil, opuesto.

DESAFERRAR Soltar, desprender, desasir, libertar. *Atar.*

DESAFIAR Provocar, retar. *Eludir.* // Arrostrar. *Rehuir.* // Competir, contender, rivalizar.

DESAFINAR Desacordar, destemplar, desentonar. *Afinar.*

DESAFÍO Combate, duelo, encuentro, provocación, reto, competencia.

DESAFORADO Desatentado, desatinado, furibundo. // Descomunal, desmedido, enorme, grande. // Arbitrario.

DESAFORTUNADAMENTE Desdichadamente.

DESAFORTUNADO Desdichado, aciago, desgraciado, infeliz, infausto. *Afortunado, feliz, venturoso.*

DESAFUERO Atropello, transgresión, vejación, abuso, exceso.

DESAGRADABLE Antipático, desabrido, desapacible, molesto, repelente. *Placentero.*

DESAGRADAR Disgustar, fastidiar. *Agradar, complacer, gustar.*

DESAGRADECIDO Ingrato. *Agradecido, reconocido.*

DESAGRADO Asco, descontento, disgusto, fastidio, repugnancia. *Agrado.*

DESAGRAVIO Compensación, reparación, resarcimiento, satisfacción. *Escarnio, ofensa, agravio.*

DESAGUADERO Canal, conducto, sumidero.

DESAGUAR Avenar, vaciar, verter. // Afluir, desembocar.

DESAGÜE Avenamiento, desaguadero, drenaje, achique, desembocadura.

DESAGUISADO Agravio. // Barbaridad, desafuero, desatino. *Acierto.*

DESAHOGADO Atrevido, descarado, desvergonzado. // Amplio, desembarazado, despejado, espacioso. // Aliviado,

cómodo, holgado. *Incómodo.*
DESAHOGARSE Reanimarse, recobrarse, reponerse. *Ahogarse, desanimarse, reprimirse.* // Confiarse, franquearse. *Enmudecer.*
DESAHOGO Alivio, consuelo. // Distracción, diversión, esparcimiento. // Anchura, bienestar, expansión, holgura, tranquilidad. // Desembarazo, desenvoltura. *Estrechez, congoja.*
DESAHUCIADO Condenado, insanable, incurable. *Curable, esperanzado.*
DESAHUCIAR Desesperanzar. *Consolar.* // Despedir, desalojar, echar. *Acoger.*
DESAIRADO Desgarbado, ridículo. // Burlado, desdeñado, despreciado. *Airoso, respetado.*
DESAIRAR Despreciar, menospreciar, relegar. *Apreciar, atender, respetar.*
DESAIRE Desgarbo, ridiculez, torpeza. // Desatención, desdén, desprecio, menosprecio. *Atención, delicadeza.*
DESAJUSTAR Desacoplar, desencajar, desmontar. *Ajustar.*
DESALADO Ansioso, presuroso, rápido, anhelante, acelerado.
DESALENTADO Abatido, desanimado, deprimido. *Animado, envalentonado.*
DESALENTADOR Depresivo, deprimente, desmoralizante.
DESALENTAR Acobardar, abatir, amilanar, flaquear. *Alentar, entusiasmar, excitar.*
DESALIENTO Desánimo, descaecimiento, descorazonamiento, desmoralización, flaqueza, postración. *Aliento, entusiasmo.*
DESALIÑADO Desaseado, desarreglado, sucio. *Arreglado, compuesto, limpio.* ***Desalineado.**
DESALIÑO Abandono, desaseo, descuido, incuria, negligencia, suciedad. *Adorno, aseo, pulcritud.*
DESALMADO Bárbaro, bruto, cruel, despiadado, inhumano, monstruo. *Bueno, clemente, humano, compasivo.*
DESALOJAR Desahuciar, desplazar, echar, expulsar, lanzar, sacar. *Alojar,*

aposentar. // Irse, marcharse.
DESALTERAR Apaciguar, calmar, tranquilizar, sosegar. *Inquietar.*
DESAMARRAR Desatar, desprender, soltar. *Amarrar, atar.*
DESAMOR Desafecto, enemistad, malquerencia. *Afecto, cariño.*
DESAMPARADO Abandonado, desabrigado, desvalido, huérfano, solo. *Protegido, amparado.* // Desierto, solitario. *Poblado.*
DESAMPARO Abandono, soledad, desabrigo, desvalimiento. *Amparo, protección, ayuda.*
DESANDAR Retroceder, volver, recular. *Proseguir.*
DESANGRAR Sangrar. // Achicar, desaguar. // Arruinar, empobrecer.
DESANIMAR Desalentar. *Animar.*
DESÁNIMO Desaliento. *Ánimo, aliento.*
DESAPACIBLE Áspero, destemplado, duro, enfadoso, fastidioso, rudo. *Sociable, suave.*
DESAPARECER Eclipsarse, esfumarse, oscurecerse. *Aparecer, manifestarse.* // Huir, ocultarse, perderse. *Regresar, retornar.*
DESAPARICIÓN Desvanecimiento, eclipse, ocaso, ocultación. *Aparición.* // Acabamiento, fin. // Huida, muerte, pérdida. *Vida.*
DESAPASIONADO Desinteresado, imparcial, objetivo. *Apasionado, parcial.*
DESAPEGO Desafecto, desamor, despego, frialdad, indiferencia, tibieza. *Afecto, amor, apego.*
DESAPERCIBIDO Desprovisto, falto. *Provisto.* // Descuidado, desprevenido. *Prevenido.*
DESAPLICADO Descuidado, haragán, perezoso, vago. *Aplicado, esmerado, prolijo.*
DESAPRENSIÓN Desenfado, despreocupación, desvergüenza, frescura. *Preocupación, vergüenza.*
DESAPROBACIÓN Censura, desautorización, reprobación.
DESAPROBAR Censurar, condenar, des-

autorizar, reprobar.
DESAPROVECHAR Desperdiciar, malgastar. *Aprovechar, guardar.*
DESARMADO Indefenso.
DESARMAR Deshacer, desmontar, desunir. // Aplacar, mitigar, moderar, pacificar, templar.
DESARRAIGAR Arrancar, descepar. *Arraigar, prender.* // Extinguir, extirpar, suprimir. *Afianzar.* // Desterrar, expulsar. *Afincar.*
DESARRAPADO Desharrapado.
DESARREGLADO Desordenado. *Arreglado, ordenado.*
DESARREGLAR Descomponer, desordenar, desorganizar, perturbar, revolver. *Arreglar, componer, reparar.*
DESARREGLO Desorden. // Enredo. // Irregularidad.
DESARROLLAR Desdoblar, desenvolver, desenrrollar, desplegar, extender. // Acrecentar, ampliar, amplificar, aumentar, difundir, expandir. // Explayar, explicar. // Perfeccionar, progresar.
DESARROLLO Adelanto, amplificación, aumento, crecimiento, desenvolvimiento, incremento. *Reducción.* // Progreso. *Retroceso.* // Explanación, explicación.
DESARTICULAR Desacoplar, descoyuntar, desembragar, desencajar, desenganchar, desorganizar, desunir, separar. *Articular, acoplar, unir.*
DESASEADO Desaliñado, sucio. *Aseado, limpio.*
DESASIR Desprender, liberar, soltar, largar, desenganchar. *Asir, apretar.*
DESASNAR Instruir.
DESASOSEGAR Inquietar, intranquilizar, perturbar. *Tranquilizar.*
DESASOSIEGO Ansiedad, desazón, inquietud, preocupación, zozobra.
DESASTRADO Roto, desgarrado, descocido, sucio, desaliñado, desastroso. *Aliñado, compuesto.* // Calamitoso, catastrófico.
DESASTRE Adversidad, calamidad, catástrofe, desgracia, fracaso, infortunio, pérdida, revés, ruina. *Ganancia.* // Ban-

carrota. // Derrota. *Triunfo, victoria.* // Devastación, asolamiento.
DESASTROSO Adverso, calamitoso, catastrófico, desafortunado, desgraciado, infausto, ruinoso. *Afortunado, feliz.*
DESATAR Desanudar, desceñir, desencadenar, desenlazar, desenvolver, desligar, desprender, destrabar, desuncir, soltar. *Amarrar, anudar, atar.* // Deshacer, desleír, disolver, derretir, liquidar. // Desmandarse. *Comedirse.*
DESATASCAR Desembarazar, desobstruir, destapar. *Atascar.*
DESATENCIÓN Desaire, descomedimiento, descortesía, grosería, incorrección, inurbanidad. *Cortesía, favor, delicadeza, atención.*
DESATENDER Distraerse. // Abandonar, descuidar, olvidarse. *Atender.*
DESATENTADO Desaforado, desatinado, descomedido, inconsiderado. // Desordenado, excesivo, riguroso.
DESATENTO Desaplicado, distraído. *Atento.* // Descortés. *Cortés.*
DESATINADO Atolondrado, atropellado, desatentado. *Cauto, sensato.* // Absurdo, desacertado, descabellado, disparatado, ilógico, irracional. *Lógico, razonable.*
DESATINAR Desacertar, desbarrar, disparatar, errar. *Acertar, razonar.*
DESATINO Absurdo, barbaridad, dislate, desacierto, despropósito, disparate, error, locura. *Ingeniosidad, acierto.*
DESATRACAR Partir, zarpar, desamarrar. *Atracar.*
DESAUTORIZAR Desacreditar, desprestigiar, negar. *Aprobar.*
DESAVENENCIA Desacuerdo, desunión, disconformidad, discordia, disentimiento. *Concordia, avenencia.*
DESAVENIDO Discorde, disidente. *Avenido, concertado.*
DESAZÓN Desabrimiento, insipidez. *Sazón.* // Congoja, desasosiego, disgusto, inquietud, malestar, pesadumbre. *Sosiego, tranquilidad.*
DESAZONAR Irritar, incomodar, impor-

tunar, intranquilizar, disgustar, fatigar, fastidiar. *Tranquilizar.*
DESBANCAR Suplantar, reemplazar. *Apoyar, secundar.*
DESBANDARSE Desordenarse, desparramarse, desperdigarse, dispersarse, huir. // Apartarse, separarse. *Reunirse, concentrarse.*
DESBARAJUSTE Confusión, desorden, disloque. *Ordenamiento, orden.*
DESBARATAR Desarreglar, desconcertar, desordenar, desorganizar, disparatar, dispersar. *Ordenar.* // Arruinar, deshacer. *Componer.* // Derrochar, despilfarrar, malbaratar, malgastar. *Ahorrar, conservar.* // Dificultar, estorbar, impedir, imposibilitar, obstaculizar. *Facilitar.*
DESBARRANCARSE Despeñarse.
DESBARRAR Deslizarse, escurrirse, patinar. // Desatinar, equivocarse, errar, fallar. *Atinar.*
DESBASTAR Debilitar, disminuir, gastar. // Desasnar, civilizar, educar, instruir, refinar. **Devastar.*
DESBOCADO Descarado, deslenguado, malhablado. *Avergonzado, cortado, inhibido.*
DESBOCARSE Dispararse. // Descararse, desvergonzarse.
DESBORDARSE Derramarse, rebosar, salirse. *Encauzarse.* // Desmandarse. *Medirse.*
DESBRAVAR Amansar, domar, domesticar. // Aplacar.
DESBROZAR Desembarazar, despejar, limpiar, complicar.
DESCABALGAR Apearse, desmontar. *Montar.*
DESCABELLADO Absurdo, desatinado, disparatado, ilógico, insensato. *Acertado, juicioso, racional.*
DESCABEZADO Descabellado. // Guillotinado.
DESCABEZAR Decapitar, desmochar, despuntar, mochar, mondar.
DESCAECER Debilitarse, decaer, desmejorarse, enflaquecer. // Arruinarse.

Levantarse, mejorar.
DESCAECIMIENTO Debilidad, decaimiento, desaliento, desánimo, desmejoramiento, enflaquecimiento, postración. *Aliento, fortaleza, vigor.*
DESCALABRADO Herido, lesionado. *Ileso.* // Perjudicado, timado.
DESCALABRAR Herir, lesionar, dañar, lastimar. // Maltratar, perjudicar.
DESCALABRO Daño, derrota, desgracia, infortunio, perjuicio.
DESCALIFICAR Desacreditar, desautorizar, incapacitar. *Autorizar, habilitar.*
DESCAMINADO Descarriado, equivocado, extraviado. *Encaminado.*
DESCAMISADO Indigente, pobre, miserable. *Potentado, elegante.*
DESCAMPADO Descubierto, desembarazado, despejado, despoblado, libre. *Poblado.*
DESCANSADO Sosegado, tranquilo, calmo, calmado.
DESCANSAR Dormir, reposar, yacer. *Trabajar.* // Confiar, fiarse. *Desasosegarse.* // Apoyarse, basarse, estribar. // Morirse.
DESCANSO Paro, pausa, alivio, reposo, respiro, siesta, sosiego, tranquilidad, tregua, vacación. *Movilidad, trabajo, fatiga.*
DESCARADO Atrevido, desbocado, descocado, desfachatado, deslenguado, desvergonzado, fresco, insolente, procaz, zafado. *Ruboroso, vergonzoso, respetuoso.*
DESCARARSE Desbocarse, descomedirse, desmandarse, insolentarse. *Comedirse, retenerse.*
DESCARGA Andanada, cañonazo, disparo. // Aligeramiento, desembarco, fondeo.
DESCARGAR Descerrajar, disparar. // Aligerar, alijar, desembarcar, quitar. *Recargar.* // Aliviar, desembarazarse. *Agravar.* // Eximir, exonerar, liberar, relevar. // Atizar, dar, largar, propinar. // Confesar, declarar.
DESCARGO Data, salida. // Disculpa,

excusa, justificación, satisfacción, alegato, defensa. *Acusación, cargo.*

DESCARO Cinismo, atrevimiento, descoco, desfachatez, desvergüenza, insolencia, osadía, procacidad, tupé. *Cortedad, timidez.*

DESCARRIARSE Apartarse, descaminarse, extraviarse, perderse. *Orientarse, encaminarse.* // Pervertirse, viciarse.

DESCARRILAR Descarriarse. *Encarrilar, encauzar.*

DESCARTAR Desechar, eliminar, separar, suprimir, quitar, rechazar. *Aceptar.* // Excusarse, rehuir.

DESCARTE Desecho, eliminación, supresión, separación.

DESCASARSE Divorciarse, separarse. *Unirse, casarse.*

DESCASCAR Descascarar. // Romper.

DESCASTADO Desagradecido, ingrato, renegado. *Agradecido, reconocido.*

DESCENDENCIA Hijos, prole, posteridad, sucesión, vástagos. *Ascendencia.*

DESCENDER Bajar, caer, correr, desmontar, fluir. *Ascender.* // Derivarse, originarse, proceder. // Abatirse, apearse, descolgarse, saltar.

DESCENDIENTE Heredero, hijo, sucesor, vástago. *Antecesor, antepasado, ascendiente.* *Descendente.

DESCENSO Bajada, caída, decadencia, declinación, descendimiento, ocaso. *Ascenso, subida.*

DESCENTRADO Excéntrico, apartado. // Desorientado, desviado. *Centrado, ubicado.*

DESCEPAR Desarraigar, desraizar, arrancar. *Plantar.*

DESCERRAJAR Forzar, romper, arrancar, violentar. // Descargar, disparar.

DESCHAVETADO Chiflado.

DESCIFRAR Acertar, aclarar, desembrollar, interpretar, leer. *Equivocarse.*

DESCOCADO Descarado. *Vergonzoso.*

DESCOCO Descaro.

DESCOLGARSE Bajar, escurrirse. // Aparecer, sorprender. // Espetar, soltar.

DESCOLLANTE Destacado, distinguido, dominante, preponderante, sobresaliente. *Irrelevante.*

DESCOLLAR Despuntar, destacarse, diferenciarse, distinguirse, dominar, predominar, resaltar, sobresalir. *Humillarse.*

DESCOLORIDO Macilento, pálido, incoloro, lívido, blanquecino. *Atezado.*

DESCOMEDIDO Desmedido, desproporcionado, exagerado, excesivo. *Mesurado.* // Desatento, descortés, inconsiderado. *Comedido.*

DESCOMPAGINADO Desordenado.

DESCOMPONER Desarreglar, desordenar, desunir, dividir, separar. *Arreglar, ordenar, componer.* // Corromperse, pudrirse. *Sanar.* // Desazonarse, destemplarse, irritarse.

DESCOMPOSICIÓN Descompostura, desconcierto. *Combinación, composición.* // Corrupción, putrefacción.

DESCOMPOSTURA Indisposición. // Descortesía, desentono, insolencia, irrespetuosidad. // Desaliño, desaseo.

DESCOMUNAL Desmesurado, enorme, extraordinario, gigantesco, monstruoso. *Diminuto.*

DESCONCERTAR Desarreglar, descomponer, desordenar, desorganizar. *Componer, concertar.* // Aturdir, confundir, turbar. *Calmar, tranquilizar.*

DESCONCIERTO Alteración, confusión, desbarajuste, descomposición, desorganización. *Orden, concierto.*

DESCONECTAR Desunir, incomunicar, interrumpir. *Conectar.*

DESCONEXIÓN Desunión, desenlace, interrupción. *Conexión, unión.*

DESCONFIADO Incrédulo, malicioso, receloso, suspicaz. *Confiado.*

DESCONFIANZA Duda, incredulidad, recelo, sospecha, suspicacia, temor. *Confianza, fe, seguridad.*

DESCONFIAR Dudar, maliciar, recelar, sospechar, temer. *Confiar, creer, precisar, fiar.*

DESCONFORME Disconforme, discordante. // Improcedente, inadecuado.

DESCONFORMIDAD Disconformidad, desacuerdo, desproporción, discordancia, discordia, discrepancia, diversidad. *Acuerdo, conformidad.* // Incompatibilidad, oposición.

DESCONOCER Ignorar. *Conocer, saber.* // Negar, repudiar.

DESCONOCIDO Cambiado, irreconocible. // Anónimo, ignorado, ignoto, incógnito, inexplorado. *Conocido.* // Desagradecido, ingrato, olvidadizo.

DESCONOCIMIENTO Ignorancia. *Saber.* // Ingratitud.

DESCONSIDERACIÓN Desatención, descortesía, inadvertencia, atolondramiento. *Cortesía, atención.*

DESCONSOLADO Afligido, angustiado, doliente, dolorido, triste. *Alegre.*

DESCONSUELO Aflicción, angustia, dolor, pena, pesar, tristeza. *Dicha, felicidad, júbilo, consuelo.*

DESCONTAR Deducir, rebajar, quitar, reducir, restar. *Acreditar, sumar.*

DESCONTENTO Desagrado, decepción, disgusto, enfado, insatisfacción. *Satisfacción.* // Contrariado, fastidiado, quejoso, resentido. *Contento, encantado.*

DESCORAZONADO Acobardado, abatido, triste, desalentado, desanimado, desmoralizado. *Animoso.*

DESCORCHAR Destapar.

DESCORRER Retroceder, volver. // Encoger, plegar.

DESCORTÉS Desatento, descarado, descomedido, grosero, incivil, inurbano, mal educado, ordinario. *Atento, cortés, educado, fino.*

DESCORTESÍA Desatención, grosería, incivilidad, incorrección, ordinariez. *Aprecio, cortesía.*

DESCORTEZAR Descascarar, mondar, pelar. // *Desbastar.*

DESCOYUNTAR Desarticular, desencajar, dislocar, luxar, torcer. *Articular.*

DESCRÉDITO Desdoro, deshonor, deshonra, desprestigio, mancilla, vergüenza. *Prestigio, crédito.*

DESCREÍDO Ateo, incrédulo, escéptico, agnóstico. *Creyente, piadoso.*

DESCRIBIR Explicar, especificar, definir, reseñar. // Dibujar, pintar, trazar.

DESCRIPCIÓN Detalle, inventario, relación. // Especificación, explicación.

DESCUAJAR Arrancar, descepar, desarraigar. // Liquidar, fluidificar, licuar.

DESCUARTIZAR Despedazar, destrozar, partir, dividir.

DESCUBIERTA Exploración, inspección, reconocimiento.

DESCUBIERTO Desenmascarado, destapado. *Cubierto, tapado.* // Encontrado, visto. // Déficit. *Superávit.*

DESCUBRIDOR Batidor, explorador. // Inventor. // Soplón.

DESCUBRIMIENTO Revelación. // Encuentro, hallazgo, invención.

DESCUBRIR Desenmascarar, destapar, inventar, mostrar, publicar, revelar. *Ocultar, tapar.* // Encontrar, hallar. *Ignorar.*

DESCUELLO Distinción, elevación, superioridad, predominio. // Altanería, altivez.

DESCUENTO Deducción, disminución, rebaja, reducción. *Incremento.*

DESCUIDADO Abandonado, desaliñado, desaplicado, desidioso, desprevenido, negligente, omiso. *Celoso, cuidadoso, atildado, preparado.*

DESCUIDAR Abandonar, desatender, olvidar, omitir. *Atender, cuidar.*

DESCUIDO Desliz, falta, tropiezo. // Abandono, desatención, distracción, inadvertencia, incuria, negligencia. *Cuidado, esmero, vela.*

DESCHAVETADO Chiflado.

DESDECIR Declinar, degenerar, desmerecer. // Retractarse. *Ratificar.*

DESDÉN Desprecio, indiferencia, menosprecio. *Aprecio, estimación.* // Altivez, arrogancia, orgullo. *Respeto.*

DESDEÑAR Desechar, desestimar, despreciar, menospreciar. *Apreciar, atender, estimar.*

DESDEÑOSO Altanero, altivo, arrogante, despectivo, despreciativo, menospreciador. *Amable, modesto, deferente.*

DESDIBUJADO Borroso, confuso. *Claro, nítido.*

DESDICHA Desgracia, infortunio. *Suerte, dicha.* // Miseria, necesidad. *Bienestar.*

DESDICHADO Cuitado, desgraciado, infeliz, desventurado, infortunado. *Dichoso, venturoso.*

DESDOBLAR Desarrollar, desenrollar, desenvolver, desplegar, extender.

DESDORAR Deslucir, deslustrar, desprestigiar, denigrar. *Honrar, alabar.*

DESDORO Baldón, desprestigio, mácula, deshonra, mancha.

DESEABLE Apetecible, codiciable, envidiable.

DESEAR Ambicionar, anhelar, ansiar, apetecer, codiciar, envidiar, querer, pretender. *Rechazar, renunciar.* // Antojarse, aficionarse. // Consumirse, desvivirse, perecerse.

DESECAR Secar. *Humedecer, mojar.*

DESECHAR Apartar, excluir, rechazar, separar. *Aprovechar.* // Arrojar, expeler.

DESECHO Bazofia, desperdicio, despojos, residuos, restos, sobras, escoria. ***Deshecho.***

DESEMBALAR Desempacar, desempaquetar, desenfardar. *Embalar.*

DESEMBARAZADO Despejado, expedito, libre. // Suelto. *Obstruido.*

DESEMBARAZAR Desocupar, despejar, limpiar. *Obstruir.* // Librarse, soslayar, zafarse.

DESEMBARAZO Desenfado, desenvoltura, desparpajo, despejo, soltura. *Encogimiento, inhabilidad.*

DESEMBARCADERO Muelle, puerto, fondeadero.

DESEMBARCAR Bajar, descender, salir. *Embarcar.*

DESEMBOCADURA Boca, delta, estuario, salida.

DESEMBOCAR Afluir, desaguar.

DESEMBOLSAR Abonar, pagar. // Gastar. *Guardar, embolsarse.*

DESEMBOLSO Coste, dispendio, gasto, pago, entrega. *Embolso.*

DESEMBROLLAR Aclarar, desenmarañar, desenredar, esclarecer. *Enredar, mezclar, embrollar.*

DESEMBUCHAR Confesar, decir, declarar, hablar. *Callar, reprimirse.*

DESEMEJANTE Desigual, diferente, distinto, diverso. *Análogo, parecido, similar.*

DESEMPACAR Desembalar. // Aplicarse, desenojarse.

DESEMPAQUETAR Desembalar, desenvolver, desempacar. *Embalar, empaquetar, envolver.*

DESEMPEÑAR Rescatar. *Empeñar, pignorar.* // Cumplir, ejecutar, ejercer, realizar.

DESEMPEÑO Rescate. *Pignoración.* // Cumplimiento, observancia. *Incumplimiento, omisión.*

DESEMPEORARSE Aliviarse, convalecer, mejorar, recuperarse, restablecerse. *Agravarse.*

DESENCADENAR Desligar, liberar, libertar, soltar. // Desatarse, estallar. *Contenerse.*

DESENCAJAR Descoyuntar, desquiciar. *Encajar.* // Demudarse, descomponerse, palidecer.

DESENCANTAR Desengañar.

DESENCANTO Desengaño, decepción, desilusión. *Anhelo, ilusión.*

DESENCAPOTARSE Aclarar, despejarse. *Encapotarse.* // Desempacarse, desenfadarse.

DESENCOGER Desenrollar, desplegar, estirar, extender. *Encoger, enrollar.* // Desentumecerse. *Entumecerse.*

DESENFADO Desahogo, soltura, desenvoltura. *Mesura.*

DESENFRENO Inmoralidad, escándalo, libertinaje. *Continencia, moralidad.*

DESENGANCHAR Desprender, separar, soltar. *Enganchar.*

DESENGAÑADO Decepcionado, desilusionado, escarmentado.

DESENGAÑAR Decepcionar, desilusionar. *Embaucar, engañar, seducir.*

DESENGAÑO Contrariedad, chasco, decepción, desencanto, desilusión. *Ansia, aspiración.*

DESENLACE Conclusión, fin, final, solución, término. *Enredo.*

DESENLAZAR Desatar, soltar. // Desenredar, solucionar, resolver.

DESENMARAÑAR Desembrollar, desenredar, aclarar. *Embrollar, enredar, enmarañar.*

DESENMASCARAR Descubrir, destapar. *Ocultar.*

DESENOJARSE Desenfadarse.

DESENREDAR Aclarar, desembrollar, desenmarañar. *Complicar, enredar.*

DESENROLLAR Desarrollar, desplegar, extender. *Enrollar.*

DESENROSCAR Desatornillar.

DESENTENDERSE Abstenerse, prescindir, despreocuparse, inhibirse, excusarse. *Interesarse, obstinarse, preocuparse, atender.*

DESENTERRAR Descubrir, exhumar. *Enterrar.* // Evocar, recordar.

DESENTONAR Desafinar, discordar. // Descomedirse, descomponerse.

DESENTONO Discordancia, disonancia. *Entonación.* // Descompostura, insolencia. *Comedimiento.*

DESENTRAÑAR Descifrar, desenmarañar, aclarar.

DESENTUMECER Desentumir.

DESENVAINAR Desenfundar. *Envainar.*

DESENVOLTURA Desembarazo, desenfado. // Naturalidad, soltura. *Recato.*

DESENVOLVER Abrir, desarrollar, desdoblar, desencoger, desplegar. *Enrollar, envolver.* // Aclarar, descifrar, descubrir. *Encubrir.* // Gobernarse, manejarse, valerse.

DESENVOLVIMIENTO Ampliación, desarrollo, expansión, difusión, extensión. *Recogimiento.*

DESENVUELTO Desenfadado, expeditivo, resuelto.

DESEO Afán, ambición, anhelo, ansia, aspiración, capricho. *Desinterés.* // A-

petencia, apetito, gana, hambre, sed. *Aversión, inapetencia.*

DESEQUILIBRADO Loco, maniático, neurasténico, perturbado. *Sensato, equilibrado.*

DESEQUILIBRIO Inestabilidad, inseguridad. *Equilibrio, normalidad.* // Locura. *Sensatez.*

DESERCIÓN Abandono, apostasía, defección, fuga, huida, traición. *Fidelidad.*

DESERTAR Abandonar, separarse.

DESERTOR Prófugo, tránsfuga. *Fiel, leal.*

DESESPERANZA Desaliento, pesimismo, incredulidad. *Esperanza, confianza.*

DESESPERAR Desanimarse, desconfiar, desmoralizarse, impacientarse, irritarse. *Confiar, esperar.*

DESESTIMAR Desechar, rechazar. *Aceptar.* // Desdeñar, despreciar, menospreciar. *Estimar.*

DESFACHATADO Descarado.

DESFACHATEZ Descaro. *Cortedad, timidez.*

DESFALCO Robo, sustracción, hurto.

DESFALLECER Debilitarse, desanimarse, descaecer, flaquear. *Reanimar.*

DESFALLECIMIENTO Desmayo, desvanecimiento, mareo, vahído. // Debilidad, desaliento, desánimo, descaecimiento, extenuación.

DESFAVORABLE Adverso, contrario, hostil, perjudicial. *Propicio, favorable.*

DESFIGURAR Alterar, deformar, desnaturalizar, disfrazar, encubrir, falsear, modificar. *Arreglar.* // Demudarse, inmutarse. *Recobrarse.*

DESFILADERO Paso.

DESFILE Parada, revista.

DESFLORAR Ajar, deslucir. // Desvirgar, violar.

DESFOGARSE Desahogarse.

DESGAIRE Afectación, desaire. *Naturalidad.* // Descuido, desaliño. *Cuidado, aliño.*

DESGAJAR Desgarrar, arrancar, despedazar, romper, separar. // Apartarse, desprenderse.

DESGANA Inapetencia, anorexia. *Ape-*

tito. // Hastío, apatía, fastidio, indiferencia, disgusto, tedio. *Interés, gusto.*

DESGANADO Inapetente. *Gustoso, hambriento.* // Cansado, indolente. *Ansioso, ganoso.*

DESGAÑITARSE Enronquecerse, gritar.

DESGARRAR Arrancar, rasgar, despedazar, romper.

DESGARRÓN Andrajo, jirón, rasgón, siete, rotura.

DESGASTADO Raído, usado, lamido.

DESGASTAR Consumir, gastar, roer, romper. *Durar.* // Dañar, debilitar, viciar. *Fortalecer.*

DESGLOSAR Separar, quitar. *Unir.*

DESGOBIERNO Abandono, desarreglo, desbarajuste, desconcierto, desorden, desorganización. *Orden.*

DESGRACIA Accidente, adversidad, calamidad, desastre, desdicha, desventura, fatalidad, infelicidad, infortunio, percance, revés, tragedia, tribulación. *Felicidad, suerte, tranquilidad, ventura, dicha.*

DESGRACIADAMENTE Fatalmente, infortunadamente.

DESGRACIADO Cuitado, desafortunado, desdichado, desventurado, infeliz, infortunado, mísero. *Afortunado.* // Aciago, fatídico, infausto, trágico. *Fausto.*

DESGRACIARSE Estropearse, fracasar, frustrarse, malograrse, perderse. *Triunfar, prosperar.*

DESGREÑADO Despeinado. *Peinado.*

DESGUARNECER Desnudar, despojar. *Guarnecer, amparar, cuidar.*

DESGUAZAR Desbastar. // Desmontar, desarmar, desbaratar, deshacer. *Armar, montar.*

DESHABITADO Desierto, vacío, solitario, yermo, abandonado. *Poblado.*

DESHABITUAR Desacostumbrar.

DESHACER Aniquilar, derrotar, desarmar, desbaratar, desmigajar, desorganizar, dividir. *Crear, hacer, organizar.* // Derretir, desleír, disolver. // Desvanecerse, esfumarse. // Dañarse, desfigurar-

se, estropearse. // Desvivirse. // Afligirse, consumirse, impacientarse, inquietarse.

DESHARRAPADO Andrajoso, desarrapado, desastrado, harapiento. *Elegante.*

DESHECHO Arruinado, desmantelado, pulverizado, roto. // Fuerte, impetuoso, violento. *Débil.* ***Desecho.**

DESHILVANADO Incoherente, inconexo, incongruente, discontinuo. *Enlazado, congruente.*

DESHINCHAR Desinflar. // Desahogarse. // Reducirse, achicarse. *Hincharse, agrandarse.* ***Descinchar.**

DESHOJAR Arrancar, exfoliar, despojar. ***Desojar.**

DESHONESTIDAD Descoco, libertinaje, liviandad, impudicia, impureza, indecencia, obscenidad, pornografía. *Honestidad.*

DESHONESTO Impúdico, impuro, libidinoso, obsceno, pornográfico, sicalíptico, torpe. // Sobornable, venal. *Íntegro, honesto.*

DESHONOR Deshonra. *Honra, honor.* // Afrenta, deshonor, ignominia, infamia, oprobio. *Prestigio.*

DESHONRA Descrédito, desdoro, deshonor, desprestigio. *Reputación.*

DESHONRAR Desacreditar, desprestigiar, difamar, infamar, ultrajar. *Acreditar, alabar, respetar.* // Desflorar, violar.

DESHONROSO Afrentoso, ignominioso, indecoroso, infamante, vergonzoso, ultrajante. *Honorable.*

DESIDIA Dejadez, descuido, negligencia, pereza. *Presteza, celo.* // Desaliño, desaseo. *Aseo, cuidado.*

DESIERTO Deshabitado, desolado, despoblado, inhabitado, solitario, vacío, yermo. *Poblado, populoso.*

DESIGNACIÓN Nombramiento, nombre, nominación, señalamiento.

DESIGNAR Denominar, destinar, elegir, escoger, indicar, nombrar, señalar.

DESIGNIO Fin, idea, intento, intención, mira, objeto, proyecto, ideal, término. *Ejecución, logro.* // Maquinación, pensa-

miento, plan, propósito, voluntad.
DESIGUAL Diferente, distinto, diverso, otro. *Igual, mismo.* // Cambiante, inconstante, mudable, variable. *Constante.* // Áspero, barrancoso, escabroso, quebrado. *Llano.*
DESIGUALDAD Diferencia, disparidad, distinción, variedad, desemejanza, discrepancia. *Igualdad.*
DESILUSIÓN Decepción, desencanto, desengaño. *Ilusión, quimera.*
DESINENCIA Terminación.
DESINFECCIÓN Asepsia, antisepsia, esterilización, limpieza, pureza. *Infección, suciedad.*
DESINFECTANTE Antiséptico. *Infecto, infeccioso.*
DESINFECTAR Desinficionar, fumigar, purificar. *Infectar.*
DESINTEGRAR Desunir, descomponer, disociar. *Anexar, fusionar, integrar.*
DESINTERÉS Abnegación, altruismo, desprendimiento, generosidad. *Egoísmo.*
DESINTERESADO Abnegado, altruista, desprendido, generoso, liberal. *Egoísta, tacaño.*
DESISTIR Abandonar, abdicar, ceder, dejar. *Continuar, perseverar.*
DESLEAL Aleve, alevoso, falso, felón, infiel, pérfido, traidor, vil. *Amigo, fiel, leal.*
DESLEALTAD Indignidad, infamia, infidelidad, traición, vileza, ingratitud. *Lealtad, amistad.*
DESLEÍR Disolver, aguar, licuar.
DESLENGUADO Atrevido, desbocado, descarado, desvergonzado, insolente, malhablado, procaz. *Educado.*
DESLIGAR Desatar, soltar. *Ligar.* // Desenmarañar, desembrollar, desenredar. // Dispensar, eximir, librar. *Obligar.*
DESLINDAR Delimitar, demarcar, limitar. // Aclarar, fijar, precisar.
DESLIZ Caída, deslizamiento, resbalón, traspié, falta, error.
DESLIZAR Insinuar, introducir, meter.
DESLIZARSE Escurrirse, patinar, resbalar. // Escabullirse, escaparse, evadirse,

fugarse. *Quedarse, permanecer.*
DESLUCIDO Afeado, ajado, deslustrado. *Brillante, lustroso.* // Desmañado.
DESLUCIR Empañar, oscurecer, deslustrar. // Ajar, desaliñar. *Lucir, brillar, aclarar.*
DESLUMBRAR Alucinar, cegar, encandilar, enceguecer, ofuscar. // Maravillar, asombrar, impresionar, pasmar.
DESLUSTRADO Deslucido, empañado, opaco, mate, apagado. *Brillante.*
DESMADEJADO Abatido, alicaído, caído, decaído, desmazalado, flojo, desanimado. *Vigoroso.*
DESMÁN Atropello, desorden, exceso, maldad, tropelía. // Desgracia.
DESMANDARSE Desbocarse, descomedirse, desordenarse, excederse, insolentarse, propasarse. *Comedirse, someterse.*
DESMANTELAR Abandonar, desamparar, desguarnecer. // Abatir, arrasar, derribar, destruir. *Reconstruir.*
DESMAÑADO Chambón, inepto, inhábil, torpe, chapucero.
DESMAYARSE Desalentarse, desvanecerse, flaquear. *Animarse, recobrarse.*
DESMAYO Colapso, desfallecimiento, patatús, soponcio, síncope, desvanecimiento.
DESMAZALADO Desmalazado, desmadejado, caído, flojo.
DESMEDIDO Descomedido. // Desmesurado, desproporcionado, exagerado, excesivo, extraordinario. *Moderado.*
DESMEDRADO Desmirriado, esmirriado, enclenque, enteco, escuálido. *Crecido, robusto.*
DESMEDRO Detrimento, menoscabo. *Aumento.*
DESMEJORAR Enfermar, enflaquecer, languidecer, empeorar. *Fortalecerse, sanar, mejorar.*
DESMEMBRAR Despedazar, desunir, disgregar, dividir, separar.
DESMEMORIADO Olvidadizo, distraído. *Memorioso, atento.*
DESMENTIDA Desmentido, mentís.

DESMENTIDO Impugnado, negado, refutado. *Comprobado.*

DESMENTIR Contradecir, desvirtuar, impugnar, negar, rebatir, refutar. *Aseverar, confirmar.*

DESMENUZAR Deshacer, desmigajar, destrozar, triturar, dividir, partir. // Analizar.

DESMERECER Desacreditar, desvalorizar, depreciar.

DESMESURADO Desmedido, insolente. *Respetuoso.*

DESMIRRIADO Esmirriado.

DESMOCHAR Descabezar, despuntar, podar, cercenar, cortar.

DESMONTAR Cortar, talar. *Plantar.* // Allanar, aplanar. // Arrasar, derribar. // Esparcir, extender. // Apearse, bajarse, descabalgar. *Montar, subir.* // Desarmar. *Armar.* ***Desmotar.**

DESMORALIZAR Abatir, amilanar, desalentar, desanimar, desconcertar. *Alentar, animar.* // Corromper, pervertir, viciar. *Moralizar.*

DESMORONAMIENTO Caída, derrumbe, destrucción, fracaso, hundimiento, voladura.

DESMORONARSE Caer, derrumbarse, desplomarse. *Construir, erigir.* // Decaer, fracasar. *Triunfar.*

DESNATURALIZADO Cruel, inhumano. // Adulterado. // Ingrato.

DESNATURALIZAR Alterar, deformar, desfigurar, falsear. // Desterrar, expulsar, extrañar. *Admitir, ingresar.*

DESNIVEL Depresión, hondura. *Llanura.* // Desigualdad, diferencia. *Igualdad, nivel.*

DESNUDAR Descubrir, destapar, desvestir. *Cubrir, vestir.* // Despojar, quitar. *Devolver.* // Desprenderse.

DESNUDEZ Desabrigo, desvestimiento. // Indigencia, miseria, necesidad, pobreza.

DESNUDO Desabrigado, en cueros, desvestido. *Vestido.* // Carente, desprovisto, falto, pelado. // Indigente, mísero, pobre. // Claro, manifiesto, patente.

DESNUTRIDO Anémico, débil, agotado, escuálido, extenuado.

DESOBEDECER Indisciplinarse, insubordinarse, rebelarse. *Obedecer.*

DESOBEDIENTE Indisciplinado, indócil, insubordinado, insumiso, rebelde. *Dócil, obediente, sumiso.*

DESOCUPACIÓN Inacción, inactividad, ocio, paro. *Actividad, ocupación.*

DESOCUPADO Disponible, expedito, libre, vacante, vacío. *Lleno, ocupado, obstruido.* // Inactivo, ocioso, vago.

DESOCUPAR Evacuar, sacar, vaciar. *Llenar, ocupar.*

DESOÍR Desatender, rechazar. *Escuchar, oír, atender.*

DESOLACIÓN Destrucción, ruina. // Aflicción, angustia, desconsuelo, dolor, pena, pesar, tristeza. *Alivio, desahogo.*

DESOLADO Asolado, devastado, saqueado. *Reconstruido.* // Apenado, triste, apesadumbrado. *Contento.*

DESOLAR Asolar, destruir. *Construir.* // Afligirse, angustiarse. *Consolar.*

DESOLLAR Cuerear, despellejar. // Criticar, murmurar.

DESORDEN Confusión, desarreglo, desbarajuste, desconcierto, desgobierno, desorganización, desparramo. *Gobierno, orden, organización.* // Anarquía, anomalía, caos, enredo, fárrago, irregularidad, mezcolanza, revoltijo. *Armonía, método.* // Alboroto, barahúnda, barullo, perturbación, tumulto. *Tranquilidad.*

DESORDENADO Alterado, confuso, desarreglado. *Ordenado.* // Desenfrenado, pervertido.

DESORDENAR Desarreglar, desquiciar, descompaginar, disturbar, perturbar, revolver. *Ordenar.*

DESORGANIZACIÓN Desorden.

DESORIENTACIÓN Confusión, perturbación.

DESORIENTAR Aturdir, confundir, desconcertar, despistar, ofuscar, turbar. *Encaminar, guiar, encauzar.* // Perderse. *Orientarse.*

DESOSAR Deshuesar.

DESOVILLAR Desenredar, desenmarañar. // Aclarar, dilucidar.

DESPABILADO Despierto, desvelado, insomne. *Dormido.* // Astuto, listo, vivo. *Atontado, confuso.*

DESPABILAR Desvelarse. *Dormirse.* // Apremiar, despachar. // Avivar, excitar. *Atontar.*

DESPACHAR Resolver, tramitar, ventilar. // Enviar, expedir, mandar, remesar, remitir. // Vender. // Despedir, echar. // Asesinar. // Abreviar, acelerar, apresurar.

DESPACHO Bufete, escritorio, oficina. // Carta, comunicación, radiograma, telegrama. // Expendio, salida, venta. // Decisión, expediente, resolución.

DESPACHURRAR Aplastar, despanzurrar, destripar, estrujar.

DESPACIO Lentamente, pausadamente, poco a poco. *Rápidamente.*

DESPAMPANANTE Asombroso, desconcertante, sorprendente.

DESPANZURRAR Despachurrar.

DESPARPAJO Descaro, desembarazo, desfachatez, frescura, tupé. *Modestia.*

DESPARRAMAR Desperdigar, diseminar, dispersar, esparcir, extender. *Juntar.* // Despilfarrar, derrochar, dilapidar, malbaratar.

DESPAVORIDO Asustado, atemorizado, aterrorizado, espantado, horripilado. *Intrépido, sereno.*

DESPECHAR Destetar. // Desesperar, enfurecerse, importunar, indignar, irritar, molestar. *Esperar, serenarse.*

DESPECHO Cólera, indignación, inquina, furia, malquerencia. // Desengaño, desesperación.

DESPECTIVO Despreciativo, desdeñoso. *Respetuoso.*

DESPEDAZAR Descuartizar, desmembrar, destrozar, romper, trozar.

DESPEDIDA Adiós. *Bienvenida.* // Despido. *Recibimiento, recepción.*

DESPEDIR Arrojar, desprender, disparar, lanzar, soltar. *Atraer.* // Despachar,

destituir, echar, exonerar, expulsar, largar. // Ausentarse, marcharse, separarse. *Recibir.*

DESPEGAR Desasir, desprender, levantar. *Adherir, pegar.* // Separar. *Unir.*

DESPEGO Desafecto, desapego, indiferencia.

DESPEINAR Desgreñar, desmelenar. *Peinar.*

DESPEJADO Desembarazado. // Despabilado, inteligente. // Limpio, sereno. *Nuboso.*

DESPEJAR Desembarazar. // Aclarar, escampar, serenarse. *Oscurecer.*

DESPEJO Desembarazo, ingenio, inteligencia, talento, viveza. *Torpeza.*

DESPELLEJAR Cuerear, desollar.

DESPENAR Matar.

DESPENSA Almacén, proveeduría. *Dispensa.*

DESPEÑADERO Barranco, derrumbadero, precipicio, sima. // Peligro.

DESPEÑAR Arrojar, precipitar. // Desbarrancarse.

DESPEPITARSE Desgañitarse. // Desmandarse. // Ansiar, desear.

DESPERDICIAR Derrochar, desaprovechar, malgastar. *Aprovechar.*

DESPERDICIO Desecho, residuo, resto, sobra.

DESPERDIGAR Desparramar, diseminar, dispersar. *Acopiar, reunir.*

DESPEREZARSE Desentumecerse, estirarse.

DESPERFECTO Avería, daño, defecto, deterioro, detrimento, imperfección, menoscabo.

DESPERTAR Despabilarse, desvelar. *Dormir.* // Recordar. *Olvidar.* // Avivar, estimular, excitar, provocar. *Atenuar.*

DESPIADADO Bárbaro, cruel, desalmado, duro, impío, inclemente. *Compasivo, bondadoso.*

DESPIDO Separación. *Permanencia.*

DESPIERTO Despabilado, desvelado. // Astuto, avisado, avispado, listo, vivo. *Tardo, dormido.*

DESPILFARRAR Derrochar, dilapidar,

disipar, malbaratar, malgastar, prodigar, tirar. *Ahorrar, guardar.*
DESPILFARRO Derroche, dilapidación, disipación, dispendio. *Ahorro, reserva.*
DESPINTAR Alterar, cambiar, desfigurar, falsear. // Borrar, decolorar, desteñir, desvanecer. *Pintar.*
DESPISTAR Desorientar, desubicar. *Orientar, ubicar.*
DESPLACER Contrariar, desagradar, disgustar, enfadar, molestar.
DESPLANTE Audacia, descaro, desfachatez, insolencia.
DESPLAZAR Desalojar.
DESPLEGAR Abrir, desarrollar, desdoblar. *Cerrar, doblar, plegar, plisar.*
DESPLIEGUE Desarrollo, desenvolvimiento, dispersión.
DESPLOMARSE Caerse, derrumbarse. *Armarse, levantarse.*
DESPLUMAR Pelar. // Desnudar, despojar, desvalijar, estafar, limpiar.
DESPOBLADO Abandonado, deshabitado, desierto, solitario, yermo.
DESPOBLAR Deshabitar, abandonar, marcharse. *Poblar.*
DESPOJAR Confiscar, desposeer. *Adjudicar.* // Desplumar, quitar, robar, saquear. *Reponer, restituir.* // Desprenderse, renunciar. *Retener.*
DESPOJO Expoliación, expropiación, usurpación. // Botín, pillaje, presa, saqueo.
DESPOJOS Residuos, restos, sobras. // Restos mortales.
DESPOSAR Casar. *Divorciar.*
DESPOSEER Despojar, robar, quitar. // Destituir. *Restituir.*
DÉSPOTA Tirano, opresor, dictador.
DESPÓTICO Absoluto, abusivo, arbitrario, autoritario, dictatorial, opresor, tiránico.
DESPOTISMO Absolutismo, arbitrariedad, dictadura, tiranía. *Democracia, justicia, libertad.*
DESPOTRICAR Desatinar, disparatar.
DESPRECIABLE Abyecto, bajo, indigno, miserable, rastrero, ruin, vil. *Apre-*

ciable, digno, noble, elevado.
DESPRECIAR Desairar, desdeñar, menospreciar. *Distinguir, estimar, valorar.*
DESPRECIATIVO Altanero, altivo, desdeñoso, despectivo, orgulloso.
DESPRECIO Desaire, desconsideración, desdén, menosprecio. *Estima, respeto.*
DESPRENDER Desatar, desenganchar, desglosar, despegar, destrabar, separar, soltar. *Unir.* // Deducirse, inferirse. // Desasirse, despojarse, quitarse. *Poseer.*
DESPRENDIDO Desatado, desunido, separado, suelto. // Dadivoso, desinteresado, generoso, liberal, magnánimo. *Cicatero, mezquino.*
DESPRENDIMIENTO Alud, avalancha, caída. // Separación. // Desinterés, generosidad, liberalidad. *Tacañería.*
DESPREOCUPACIÓN Flema, indiferencia. *Preocupación.*
DESPREOCUPADO Flemático, indiferente. *Interesado.*
DESPREOCUPARSE Desentenderse.
DESPRESTIGIAR Desacreditar, difamar. *Acreditar, elogiar.*
DESPREVENIDO Desapercibido, descuidado, desprovisto. *Prevenido, previsor, provisto.*
DESPROPORCIÓN Desarmonía, desequilibrio, desmesura. *Armonía, equilibrio, proporción.*
DESPROPORCIONADO Asimétrico, deforme, desmesurado. *Armonioso.*
DESPROPÓSITO Desatino, dislate, disparate. *Acierto.*
DESPROVISTO Desprevenido, falto.
DESPUÉS Luego, más tarde, posteriormente, ulteriormente. *Antes, delante.*
DESPUNTAR Descabezar. // Brotar. // Amanecer, clarear. // Descollar, destacarse, distinguirse, sobresalir.
DESQUICIAR Desencajar, desordenar, perturbar. *Ordenar.*
DESQUITARSE Recobrar, reintegrar, resarcirse. // Vengarse.
DESTACAR Subrayar. // Descollar, despuntar, sobresalir. *Desvanecer, eclipsar.* // Desprenderse.

DESTAPAR Descorchar, abrir. *Tapar, cerrar.* // Desabrigar, desarropar, descubrir. *Abrigar.* // Desenmascarar. *Embozar, ocultar.*

DESTARTALADO Desvencijado, ruinoso, desordenado.

DESTELLO Brillo, centelleo, chispazo, resplandor.

DESTEMPLADO Alterado, descompuesto, descomedido, inmoderado, intemperante. *Sereno.*

DESTEMPLANZA Alteración. *Calma.* // Inclemencia, intemperancia. // Descomedimiento.

DESTEÑIR Decolorar, descolorar, despintar. *Teñir.*

DESTERRAR Deportar, exiliar, expatriar, expulsar. // Alejar, apartar.

DESTIERRO Deportación, exilio, extrañamiento, ostracismo, proscripción. *Repatriación.*

DESTILAR Alambicar, alquitarar.

DESTINAR Aplicar, dedicar, designar, ordenar, señalar, reservar.

DESTINO Cargo, colocación, empleo, ocupación, puesto. *Cesantía.* // Estrella, hado, providencia, sino, suerte. // Fatalidad.

DESTITUIR Deponer, derrocar, despedir, destronar, exonerar, remover. *Designar, instituir, nombrar.*

DESTRAL Hacha.

DESTREZA Habilidad, maestría, maña, pericia. *Impericia, torpeza.*

DESTRIPAR Despanzurrar.

DESTRONAR Deponer, derrocar. *Exaltar, entronizar.*

DESTROZAR Despedazar, fracturar, quebrar, romper, tronchar. *Componer.* // Arrancar, destruir, estrellar, forzar. // Aniquilar, batir, derrotar, deshacer. // Derrochar, dilapidar, malgastar. *Cuidar.*

DESTROZO Destrucción, deterioro, estrago, estropicio, rotura.

DESTRUCCIÓN Aniquilación, asolación, demolición, derribo, desolación, devastación, rotura, ruina. *Construcción, reconstrucción.*

DESTRUCTOR Torpedero. // Asolador, demoledor, devastador, exterminador. // Destrozón. *Cuidadoso.*

DESTRUIR Deshacer, desintegrar, demoler, devastar. *Hacer, organizar.* // Aniquilar, arrasar, arruinar, asolar, exterminar, romper, volar. *Construir, reconstruir.*

DESUNIÓN Separación. // Rompimiento, ruptura. // Desacuerdo, desavenencia, discordia.

DESUNIR Separar, apartar, dividir. *Unir.* // Desavenir, desconectar, encizañar, enemistar, indisponer, malquistar. *Avenir.* // Divorciar.

DESUSADO Desacostumbrado, extraño, insólito, inusitado, inusual, raro. *Habitual, usual.*

DESUSO Cesación, prescripción, olvido. *Moda, boga.*

DESVAÍDO Descolorido, desvanecido, pálido. // Desgarbado.

DESVALIDO Desamparado.

DESVALIJAR Robar.

DESVALORIZACIÓN Baja, depreciación. *Valorización.*

DESVALORIZAR Menguar, rebajar. *Valorizar, cotizar, apreciar, estimar.*

DESVÁN Altillo, boardilla, buharda, buhardilla, guardilla. *Sótano.*

DESVANECER Amortiguar, atenuar, disipar, esfumar. // Anular, deshacer, inutilizar. // Envanecer. // Desaparecer, evaporarse. *Aparecer.* // Desmayarse, marearse.

DESVANECIMIENTO Desmayo, mareo, síncope, soponcio, vahído. // Altanería, engreimiento, presunción. *Humildad, modestia.*

DESVARIAR Delirar, disparatar.

DESVARÍO Capricho, delirio, devaneo, extravío, quimera. // Aberración, desatino, despropósito, disparate, monstruosidad. *Cordura, razón.*

DESVELADO Insomne.

DESVELARSE Despabilarse. *Adormecerse.* // Esmerarse, preocuparse. *Desinteresarse.*

DESVELO Insomnio, despertar. // Cuidado, interés, celo, atención.

DESVENCIJADO Destartalado, estropeado.

DESVENTAJA Daño, inferioridad, mengua, menoscabo.

DESVENTAJOSO Dañoso, inferior, perjudicial.

DESVENTURA Desgracia. *Prosperidad, suerte.*

DESVENTURADO Desgraciado. *Feliz.*

DESVERGONZADO Descarado, deshonesto.

DESVERGÜENZA Descaro, desfachatez. *Timidez, vergüenza.* // Deshonestidad, impudicia, osadía, procacidad. *Honestidad, pudor, recato.*

DESVESTIR Desnudar.

DESVIAR Alejar, apartar, descarriar. *Acercar.* // Extraviarse, perderse. *Encaminar.*

DESVINCULARSE Desentenderse. // Desligarse. *Relacionarse.*

DESVÍO Alejamiento, apartadero. *Encaminamiento.* // Desafecto, desamor, despego, frialdad, retraimiento. *Afecto.*

DESVIVIRSE Afanarse, deshacerse, preocuparse. *Despreocuparse.*

DETALLADO Minucioso, pormenorizado, prolijo. *Sintético.*

DETALLAR Explicar, puntualizar, precisar, especificar. *Resumir.*

DETALLE Fragmento, parte, porción, pormenor. *Total, todo.* // Menudeo, particularidad. *Conjunto.*

DETENCIÓN Detenimiento, dilación, parada, permanencia. // Esmero, minuciosidad, prolijidad. // Arresto, captura.

DETENER Atajar, contener, inmovilizar, paralizar, parar. *Marchar.* // Aprehender, arrestar. *Libertar.* // Conservar, guardar, retener. // Demorarse, quedarse, retardarse. *Adelantar.*

DETENIMIENTO Cuidado. *Rapidez.* // Detención. *Desarrollo, evolución.*

DETENTAR Usurpar.

DETERGER Limpiar, purificar.

DETERIORAR Averiar, empeorar, estropear, menoscabar. *Mejorar, reparar.*

DETERIORO Avería, daño, depreciación, desgaste, desperfecto, empeoramiento, estropeo, rotura.

DETERMINACIÓN Diferenciación, distinción, fijación, individuación, limitación. // Designio, voluntad. *Abulia.* // Intrepidez, osadía, valor. *Vacilación.*

DETERMINADO Fijo, establecido. // Preciso, señalado, designado. *Impreciso.* // Decidido, arrojado, denodado, valeroso, intrépido, resuelto. *Indeciso.*

DETERMINAR Decidir, discernir, disponer, distinguir, establecer, fijar, precisar. *Titubear.* // Prescribir, resolver, señalar. // Causar, ocasionar, producir.

DETESTABLE Abominable, aborrecible, execrable, odioso, pésimo.

DETESTAR Aborrecer, despreciar, execrar, odiar. *Admirar, querer.*

DETONACIÓN Disparo, estampido, tiro, trueno.

DETONAR Estallar, explotar.

DETRACCIÓN Calumnia, difamación, maledicencia, murmuración. *Elogio.*

DETRACTOR Calumniador, infamador, maldiciente, murmurador. *Panegirista.*

DETRÁS Atrás, a la cola, en pos. *Antes, delante.*

DETRIMENTO Avería, daño, lesión. // Menoscabo, pérdida, perjuicio. *Fruto, ganancia.*

DEUDA Debe, débito, obligación. *Activo, haber.* // Pecado.

DEUDO Familiar, pariente.

DEVANAR Arrollar.

DEVANEO Amorío, delirio, disparate. *Desamor.* // Pasatiempo.

DEVASTACIÓN Asolación, asolamiento, desolación, destrucción, ruina. *Reconstrucción, restauración.*

DEVASTAR Arrasar, arruinar, asolar, desolar, destruir. ***Desbastar.**

DEVENGAR Adquirir, apropiarse, atribuirse.

DEVENIR Acaecer, suceder. // Llegar a ser.

DEVOCIÓN Fervor, piedad, veneración.

Irreligiosidad. // Afición, apego, inclinación. *Desdén, frialdad.*

DEVOLUCIÓN Reintegro, restitución, retorno, vuelta. *Recuperación.*

DEVOLVER Reintegrar, restituir, retornar, volver. // Vomitar.

DEVORAR Engullir, tragar, zampar. // Aniquilar, arruinar, destruir.

DEVOTO Beato, fervoroso, piadoso, religioso. *Impío.* // Afecto, aficionado, apegado, cultor, entusiasta, partidario, admirador. *Desafecto.*

DÍA Momento, ocasión. // Jornada. // Cumpleaños, vida. // Luz. *Noche, oscuridad.*

DIABLO Belcebú, demonio, Lucifer, Luzbel. *Ángel.* // Astuto, maligno, perverso, sagaz, travieso. *Ingenuo.*

DIABLURA Chiquillada, travesura.

DIABÓLICO Demoníaco, maligno, malo, perverso. *Angelical, virtuoso.*

DIADEMA Aureola, corona.

DIÁFANO Claro, cristalino, traslúcido, transparente. *Borroso, opaco.*

DIAGNOSTICAR Analizar, calificar, determinar.

DIALOGAR Conversar, charlar, departir, hablar, parlamentar, platicar. *Callar.*

DIÁLOGO Coloquio, conversación, charla, palique, parlamento, plática. *Monólogo.*

DIAMANTINO Duro, inquebrantable, persistente.

DIARIAMENTE Cotidianamente.

DIARIO Periódico. // Cotidiano.

DIATRIBA Invectiva. *Excusa.* // Libelo.

DIBUJAR Delinear, describir, diseñar, esbozar.

DIBUJO Bosquejo, delineación, diseño, figura, imagen.

DICACIDAD Agudeza, mordacidad. *Tontería, ingenuidad.*

DICCIÓN Palabra, término, vocablo, voz.

DICCIONARIO Catálogo, enciclopedia, léxico, vocabulario.

DICHA Felicidad. *Desdicha.* // Suerte, ventura. *Infortunio.* // Fortuna, prosperidad.

DICHARACHERO Bromista, chistoso, ocurrente, gracioso, ingenioso. *Serio.*

DICHO Apotegma, máxima, proverbio, refrán, sentencia. // Agudeza, chiste, ocurrencia. // Antedicho, citado, susodicho.

DICHOSO Afortunado, fausto, feliz, venturoso. *Infeliz.*

DICTADO Inspiración, precepto.

DICTADOR Autócrata, tirano.

DICTADURA Absolutismo, despotismo, totalitarismo, tiranía. *Democracia, liberalidad.*

DICTAMEN Informe, juicio, parecer, sentencia.

DICTAR Expedir, promulgar. // Inspirar, sugerir.

DICTATORIAL Absoluto, arbitrario, autoritario.

DICTERIO Insulto, denigración, provocación. *Lisonja.*

DIDÁCTICO Pedagógico.

DIENTE Colmillo. // Punta, resalto.

DIÉRESIS Crema.

DIESTRA Derecha. *Izquierda.*

DIESTRO Derecho. // Cabestro, ramal, ronzal. // Ducho, entendido, experto, hábil, mañoso, sagaz, versado. *Inhábil, torpe.*

DIETA Ayuno, privación. // Asamblea, congreso. // Estipendio, honorarios.

DIEZMAR Tasar, imponer. // Castigar, dañar, perjudicar.

DIFAMACIÓN Calumnia, detracción, maledicencia, murmuración.

DIFAMAR Calumniar, denigrar, desacreditar, infamar. *Alabar, honrar.*

DIFERENCIA Desemejanza, desigualdad, distinción. *Coincidencia, igualdad, semejanza.* // Controversia, desavenencia, discrepancia, disensión, disparidad, disentimiento, oposición. *Conformidad.* // Residuo, resto. *Deferencia.

DIFERENCIAR Desemparejar, desempatar, diversificar. *Igualar.* // Descollar, distinguirse. *Confundir.* // Diferir, discrepar. *Coincidir.*

DIFERENTE Desemejante, desigual, distinto, dispar, diverso, otro. *Parecido.* // Opuesto. *Igual.* ***Deferente.**

DIFERIR Aplazar, demorar, dilatar, posponer, postergar, retardar, retrasar. *Adelantar, apremiar, cumplir.* // Diferenciarse, distinguirse. *Asemejarse.*

DIFÍCIL Arduo, complicado, desigual, dificultoso, embarazoso, escabroso, espinoso, fatigoso, intrincado, peliagudo, penoso, rudo, trabajoso. *Fácil, sencillo.* // Díscolo. *Dócil.*

DIFICULTAD Duda, embarazo. *Desenvoltura.* // Aprieto, apuro, atolladero, brete, contrariedad, escollo, impedimento, inconveniente, obstáculo, problema, tropiezo. *Facilidad.*

DIFICULTAR Complicar, entorpecer, estorbar, trabar.

DIFICULTOSO Difícil, molesto, embarazoso. *Factible, fácil.*

DIFUNDIR Derramar, divulgar, esparcir, extender, propagar, publicar. *Ocultar, recoger.* // Comunicar, transmitir. // Correr, cundir, volar. // Contagiarse.

DIFUNTO Cadáver, finado, muerto.

DIFUSIÓN Diseminación, divulgación, expansión, irradiación, propagación, publicación, radiodifusión, transmisión.

DIFUSO Ancho, dilatado, extenso, largo. // *Prolijo.*

DIGERIBLE Asimilable, digestivo, estomacal.

DIGERIR Asimilar. ***Dirigir.**

DIGESTIVO Digerible, digestible.

DIGITAL Dactilar.

DIGNAMENTE Merecidamente.

DIGNARSE Acceder, condescender, servirse.

DIGNIDAD Cargo, honor, prerrogativa. // Decoro, gravedad, seriedad. *Indignidad, ruindad.*

DIGNIFICAR Honrar, realzar. *Desprestigiar.*

DIGNO Acreedor, merecedor. *Indigno.* // Grave, majestuoso, solemne. *Frívolo.* // Correspondiente, proporcionado. // Decente, decoroso, honorable, honrado.

DIGRESIÓN Paréntesis.

DIJE Joya, alhaja, medalla.

DILACERAR Desgarrar, despedazar, herir, lastimar.

DILACIÓN Demora, detención, retardo, retraso, tardanza. *Apuro, prisa.*

DILAPIDAR Derrochar, malbaratar. *Acumular, economizar.*

DILATADO Difuso, espacioso, extendido, vasto. *Pequeño.* // Numeroso.

DILATAR Agrandar, alargar, aumentar, ensanchar, extender, prolongar. *Achicar, encoger.* // Aplazar, demorar, diferir, prorrogar, retardar. *Adelantar.*

DILECTO Amado, caro, querido.

DILEMA Alternativa, conflicto.

DILETANTE Aficionado.

DILIGENCIA Gestión, procedimiento, trámite. // Actividad, celo, prisa, rapidez, solicitud. *Descuido, inactividad, indolencia, negligencia.*

DILIGENCIAR Tramitar.

DILIGENTE Ligero, presto, pronto, rápido. *Tardo.* // Activo, celoso, expedito, servicial, solícito. *Desidioso.*

DILUCIDAR Aclarar, elucidar, explicar, ilustrar. *Confundir, embrollar.*

DILUIR Desleír, disolver.

DILUVIAR Llover.

DILUVIO Inundación, lluvia. // Abundancia.

DIMANAR Derivarse, nacer, originarse, proceder, provenir, salir, venir.

DIMENSIÓN Calibre, capacidad, extensión, longitud, magnitud, medida, tamaño, volumen. // Duración.

DIMINUTO Microscópico, minúsculo, pequeño, pequeñísimo. *Gigantesco.*

DIMISIÓN Renuncia, abdicación.

DIMITIR Dejar, renunciar, abdicar. *Aceptar, tomar.*

DINÁMICO Activo, diligente, enérgico, rápido. *Perezoso.*

DINASTÍA Familia.

DINERO Cuartos, guita, metálico, moneda, mosca, numerario, pecunia, plata. // Capital, caudal, fondos, fortuna, peculio, posibles.

DINTEL Lintel, cumbrera.

DIOS Deidad. // Altísimo, Creador, Señor, Todopoderoso, Jehová. // Divinidad, providencia.

DIOSA Deidad, diva.

DIPLOMA Credencial, despacho, título.

DIPLOMACIA Cortesía, habilidad, política. // Astucia, disimulo.

DIPLOMÁTICO Astuto, hábil, sagaz, sutil. *Torpe.* // Circunspecto, fino. *Rudo.*

DIPSÓMANO Borracho, ebrio, alcohólico. *Abstemio.*

DIPUTACIÓN Delegación.

DIQUE Malecón, muelle, presa. // Freno, muro, obstáculo, reparo.

DIRECCIÓN Camino, derrotero, rumbo, trayectoria. // Domicilio, señas. // Administración, conducción, gestión, gobierno, manejo. // Consejo, enseñanza, objeto, orientación.

DIRECTO Derecho, recto, seguido. *Indirecto, sinuoso, torcido.*

DIRECTOR Conductor, guía, jefe, rector, dirigente. *Subordinado.*

DIRECTRIZ Norma, pauta.

DIRIGENTE Directivo, director.

DIRIGIR Conducir, encaminar, enderezar, gobernar, guiar, orientar. // Converger, rumbear, tender a. *Desviar.* // Administrar, gobernar, regir. // Endilgar, enfocar. **Digerir.*

DIRIMIR Resolver, zanjar. // Anular, deshacer, desunir, disolver.

DISCERNIMIENTO Juicio, lucidez, perspicacia. *Inocencia, turbación.*

DISCERNIR Apreciar, comprender, distinguir, juzgar, percibir.

DISCIPLINA Método, norma, orden, regla. // Obediencia, subordinación, sumisión. *Anarquía, subversión.* // Doctrina, instrucción. // Arte, ciencia, facultad.

DISCIPLINAR Aleccionar, enseñar, instruir, corregir. // Metodizar, regularizar. *Subvertir.*

DISCÍPULO Alumno, educando. *Maestro, mentor, guía.* // Adepto, seguidor.

DISCO Cospel, tejo. // Estribillo, repetición, tema.

DÍSCOLO Indisciplinado, indócil, perturbador, revoltoso. *Dócil.*

DISCONFORME Desconforme, discorde, discrepante, desavenido, contrario. *Conforme, acorde.*

DISCONFORMIDAD Discrepancia, oposición, desunión, diferencia, contrariedad. *Conformidad.*

DISCONTINUO Irregular, intermitente, interrumpido. *Continuo.*

DISCORDANTE Contrario, opuesto. *Coincidente.* // Disonante, inarmónico. *Armónico.*

DISCORDE Desacorde, disonante, inarmónico. // Contrario, desavenido, disconforme, discrepante, opuesto. *Conforme, acorde.*

DISCORDIA Contrariedad, desacuerdo, desavenencia, desconformidad, desunión, disensión, división, oposición. *Armonía, avenencia, concordia, convivencia.*

DISCRECIÓN Cordura, circunspección, mesura, moderación, prudencia, sensatez, tacto. *Indiscreción.* // Agudeza, ingenio, oportunidad. *Inoportunidad.*

DISCREPANCIA Desigualdad, diferencia, disentimiento, disonancia, divergencia. *Coincidencia.*

DISCREPAR Diferenciar, discordar, disentir. *Coincidir, convenir.*

DISCRETO Circunspecto, cuerdo, juicioso, mesurado, moderado, prudente, reservado, sensato. *Indiscreto.* // Ingenioso, oportuno.

DISCRIMINAR Diferenciar, distinguir.

DISCULPA Defensa, descargo, excusa, justificación, pretexto.

DISCULPAR Defender, excusar, justificar, pretextar, sincerarse. *Culpar.*

DISCURRIR Cavilar, meditar, pensar, razonar, reflexionar, sutilizar. // Fantasear, inventar. // Calcular, conjeturar, inferir, suponer. // Andar, caminar, correr, deslizarse.

DISCURSEAR Disertar, perorar. // Aconsejar, amonestar.

DISCURSIVO Caviloso, meditabundo,

reflexivo. *Irreflexivo, impensado.*

DISCURSO Alocución, arenga, conferencia, charla, disertación, oración, peroración. // Amonestación. // Raciocinio, razonamiento, reflexión, uso de razón. **Decurso.*

DISCUSIÓN Controversia, debate, disputa, polémica. *Acuerdo, avenencia.*

DISCUTIBLE Controvertible, debatible, disputable. *Indiscutible.*

DISCUTIR Altercar, controvertir, cuestionar, debatir, disputar. // Argumentar, estudiar, examinar, porfiar, razonar, tratar, ventilar.

DISECAR Conservar, preparar.

DISECTOR Anatomista, disecador.

DISEMINACIÓN Siembra. // Dispersión, propagación. *Concentración.*

DISEMINAR Sembrar. *Recoger.* // Desparramar, desperdigar, dispersar, esparcir. *Agrupar, juntar, unir.*

DISENSIÓN Discordia, disentimiento, rozamiento. // Altercado, contienda, disputa, riña. **Disección.*

DISENTIMIENTO Desacuerdo, desavenencia, disconformidad, discordia. *Acuerdo, conformidad, asentimiento.*

DISENTIR Discordar, discrepar. *Asentir, coincidir, convenir.*

DISEÑAR Delinear, dibujar, trazar. // Bosquejar.

DISEÑO Dibujo. // Boceto, croquis, esbozo, traza.

DISERTACIÓN Conferencia, discurso, razonamiento, lección.

DISERTAR Exponer, hablar, perorar. // Razonar.

DISERTO Elocuente, facundo, persuasivo, orador.

DISFAVOR Desaire, desatención, descortesía. // Descrédito, desgracia.

DISFORME Amorfo, deforme, desmesurado, desproporcionado, feo, horrendo, horroroso. // Irregular.

DISFORMIDAD Deformidad, fealdad, monstruosidad. *Forma, belleza.*

DISFRAZ Embozo, máscara, tapujo, velo.

DISFRAZAR Desfigurar, encubrir, enmascarar, ocultar. *Exhibir, mostrar.*

DISFRUTAR Complacerse, gozarse, regocijarse. // Disponer, tener. // Aprovechar, utilizar.

DISFRUTE Aprovechamiento, goce, posesión, usufructo, utilización.

DISGREGACIÓN Separación, desunión, segregación. *Unión, suma, agrupación.*

DISGREGAR Dividir, separar. *Agrupar, congregar, reunir, sumarse.*

DISGUSTADO Apesadumbrado, desabrido, desazonado, enojado, malhumorado. *Contento, satisfecho.*

DISGUSTAR Contrariar, desagradar, desazonar, enfadar, incomodar, molestar, repugnar. *Agradar, gustar.*

DISGUSTO Contrariedad, decepción, desabrimiento, desagrado, desazón, diferencia, enfado, fastidio, pena, pesadumbre, sinsabor. *Agrado, gusto.*

DISIDENCIA Cisma, desacuerdo, desavenencia, discrepancia, escisión. *Acuerdo, unión.*

DISIDENTE Cismático, discorde.

DISÍLABO Bisílabo.

DISÍMIL Desemejante, diferente, dispar, diverso.

DISIMULACIÓN Disimulo.

DISIMULADAMENTE Solapadamente, subrepticiamente. *Claramente.*

DISIMULAR Desfigurar, disfrazar, encubrir, enmascarar, fingir, ocultar. *Descubrir.* // Hacer la vista gorda, permitir, tolerar.

DISIMULO Astucia, disfraz, embozo, eufemismo, fingimiento, tapujo. *Franqueza, revelación.* // Indulgencia, tolerancia.

DISIPACIÓN Derroche. // Evaporación. // Crápula, depravación, disolución, libertinaje, licencia.

DISIPAR Desaparecer, desvanecerse, esfumarse, evaporarse. *Aparecer, surgir.* // Aclarar. // Derrochar, despilfarrar, dilapidar, malbaratar, malgastar. *Guardar, ahorrar.*

DISLATE Desatino, despropósito, barbaridad, absurdo.

DISLOCACIÓN Luxación.

DISLOCAR Desarticular, descoyuntar, desencajar, desquiciar.

DISLOQUE Colmo, desbarajuste.

DISMINUCIÓN Baja, descenso, descuento, mengua, merma, menoscabo, rebaja, reducción. *Ampliación, exceso.*

DISMINUIR Acortar, aminorar, atenuar, debilitar, menoscabar, moderar, rebajar, reducir, restar. *Aumentar, incrementar.*

DISOCIACIÓN Desunión, análisis, desconexión, descomposición. *Suma, unión, fusión.*

DISOCIAR Desunir, separar. *Agrupar, fusionar.*

DISOLUCIÓN Solución, desleimiento, dilución. // Relajación, libertinaje, disipación. *Virtud.* // Ruptura, desvinculación.

DISOLUTO Corrompido, libertino, licencioso, vicioso.

DISOLVER Desleír, diluir. *Solidificar.* // Desbaratar, deshacer, desunir, disgregar, separar. *Reunir.*

DISONANCIA Desacuerdo, discrepancia, inarmonía. *Armonía, melodía.*

DISONANTE Chocante, desacorde, inarmónico. *Acorde, armónico.*

DISPAR Desparejo, diferente, disímil, heterogéneo. *Equivalente, similar.*

DISPARADA Fuga, huida. // Corrida.

DISPARAR Arrojar, despedir, lanzar, tirar, echar, enviar. // Correr, huir, partir. // Desembuchar.

DISPARATADO Absurdo, desatinado, ilógico, irracional. *Lógico, racional.*

DISPARATAR Desbarrar, desvariar.

DISPARATE Absurdo, burrada, desatino, despropósito, desvarío, dislate, enormidad, insensatez, locura, necedad. *Cordura, realidad.*

DISPAREJO Dispar, desparejo.

DISPARIDAD Desemejanza, desigualdad, diferencia, diversidad. *Igualdad, semejanza.*

DISPARO Tiro, balazo. // Detonación, estampido.

DISPENDIO Derroche, gasto, desembol-

so, expendio. *Ahorro, ganancia.*

DISPENDIOSO Caro, costoso. *Barato, económico.*

DISPENSA Excepción, exención, privilegio. **Despensa.*

DISPENSAR Exceptuar, eximir, librar. *Condenar.* // Dar, conceder, distribuir, otorgar. *Denegar.*

DISPENSARIO Clínica.

DISPERSAR Desparramar, desperdigar, difundir, diseminar, esparcir. *Concentrar, juntar.* // Ahuyentar, derrotar, desbaratar, desordenar. *Ordenar.*

DISPERSIÓN Desbandada, desparramo, difusión, esparcimiento. *Agrupamiento.*

DISPLICENCIA Indolencia, indiferencia, apatía, fastidio, desagrado. *Agrado, aliento.*

DISPLICENTE Apático, indolente, indiferente, perezoso. *Voluntarioso.*

DISPONER Aderezar, arreglar, colocar, concertar, instalar, ordenar, preparar. // Decidir, determinar, mandar, ordenar, prescribir, resolver. // Poseer.

DISPONIBLE Aprovechable, utilizable. *Inútil.* // Desocupado. *Ocupado.*

DISPOSICIÓN Apostura, gallardía, gentileza, talle. // Medida, orden, preparativo, presunción, providencia, resolución. // Distribución. *Desorden.* // Aptitud, capacidad, gusto, idoneidad, inclinación, ingenio, vocación. *Incapacidad, ineptitud.*

DISPOSITIVO Mecanismo, ingenio, disposición, instalación.

DISPUESTO Apuesto, gallardo. // Apto, capaz, despierto, hábil, idóneo, listo, preparado. *Apático, inepto.*

DISPUTA Agarrada, altercado, cuestión, discusión, querella. *Conciliación.*

DISPUTAR Altercar, discutir, litigar, polemizar, porfiar, querellarse, reñir. *Ceder.*

DISQUISICIÓN Análisis, examen, razonamiento.

DISTANCIA Espacio, separación. // Apartamiento, lejanía. *Proximidad.* // Trecho. // Alejamiento, desafecto, des-

vío. // Diferencia, disparidad.
DISTANCIAR Apartar, enemistar, separar. *Acercar, amistar.*
DISTANTE Alejado, apartado, lejano, lejos, remoto, retirado. *Cercano.*
DISTAR Diferenciarse. *Parecerse.*
DISTENSIÓN Esguince, relajamiento, torcedura. *Endurecimiento, tirantez.*
Distinción.
DISTINCIÓN Cortesía, elegancia, educación, elevación. // Honor, honra, prerrogativa. // Consideración, deferencia, miramiento. *Desconsideración.* // Diferencia. ***Distensión.***
DISTINGO Limitación, reparo, restricción, sutileza.
DISTINGUIDO Eminente, esclarecido, ilustre, noble, notable. *Vulgar.* // Elegante. // Educado.
DISTINGUIR Diferenciar, separar. // Discernir, divisar, ver. *Confundir.* // Honrar. *Despreciar.* // Descollar, despuntar, resaltar, señalarse, sobresalir.
DISTINTIVO Divisa, emblema, insignia. // Marca, nota, señal, símbolo. // Específico.
DISTINTO Claro, inteligible, preciso, visible. *Confuso, impreciso.* // Diferente, diverso. *Idéntico, igual.*
DISTORSIÓN Desarticulación, dislocación, distensión, luxación, torsión. // Deformación.
DISTRACCIÓN Diversión, entretenimiento, pasatiempo, recreo. *Trabajo.* // Desatención, distraimiento. *Atención.* // Inadvertencia, olvido, omisión. // Defraudación, sustracción.
DISTRAER Alejar, apartar, desviar. // Divertir, entretener. *Aburrir, agobiar.* // Malversar, sustraer. *Reponer.*
DISTRAÍDO Abstraído, olvidadizo, desatento, ido, ensimismado. *Atento.* // Entretenido. *Hastiado.*
DISTRIBUCIÓN Reparto, repartición, repartimiento. // División, participación. // Disposición, ordenación.
DISTRIBUIR Dividir, fraccionar, partir, prorratear, repartir. *Juntar.* // Arreglar,

colocar, disponer, encasillar, ordenar.
DISTRITO Demarcación, partido, territorio, zona.
DISTURBIO Alboroto, alteración, asonada, desorden, motín, perturbación, tumulto.
DISUADIR Desaconsejar, desalentar, desanimar, desviar. *Aconsejar, animar, convencer, persuadir.*
DISUELTO Líquido, licuado, diluido. *Sólido.*
DISYUNCIÓN Desunión, división, separación. *Articulación, unión.*
DISYUNTIVA Alternativa, dilema.
DISYUNTIVO Opuesto, antitético, antagónico, contrario. *Coincidente.*
DITIRÁMBICO Elogioso, ponderativo.
DIVA Cantante, dea, diosa.
DIVAGACIÓN Desviación, digresión, rodeo.
DIVAGAR Delirar, desvariar. *Concretar, precisar.* // Errar, vagabundear, vagar.
DIVÁN Canapé, sofá.
DIVERGENCIA Alejamiento, apartamiento. *Acercamiento.* // Desacuerdo, diferencia, diversidad. *Coincidencia.*
DIVERGIR Alejarse, apartarse. *Acercarse, confluir.* // Discrepar, disentir. *Convenir.*
DIVERSIDAD Abundancia, copia. // Desemejanza, diferencia, variedad. *Homogeneidad, unidad.*
DIVERSIÓN Distracción, entretenimiento, esparcimiento, jarana, juego, recreo, solaz. *Aburrimiento.*
DIVERSO Diferente, distinto, otro, variado, vario.
DIVERTIDO Jocoso, jovial, alegre, festivo, entretenido, animado. *Aburrido.*
DIVERTIMIENTO Diversión, recreación, pasatiempo, juego.
DIVERTIR Alegrar, distraer, entretener, recrear, solazar. *Aburrir, enfadar.* // Alejar, apartar, desviar.
DIVIDENDO Interés, renta, utilidad. ***Dividiendo*** (dividir).
DIVIDIR Cortar, escindir, fraccionar, partir, recortar, seccionar, separar. //

Despedazar, romper, trozar. // Compartir, distribuir, repartir. // Desavenir, desunir, indisponer, malquistar.

DIVIESO Forúnculo, furúnculo.

DIVINIDAD Deidad, Dios. // Beldad, preciosidad, primor.

DIVINIZAR Deificar, glorificar, santificar. // Encarecer, ensalzar, exaltar.

DIVINO Sublime, celestial, adorable, perfecto, admirable. *Infernal, terrenal, humano.*

DIVISA Distintivo, emblema, insignia. // Lema, mote. // Moneda.

DIVISAR Columbrar, percibir, ver, vislumbrar. // Traslucirse. *Ocultarse.*

DIVISIBLE Fraccionable, partitivo, subdivisible. *Indivisible.*

DIVISIÓN Distribución, fraccionamiento, parcelamiento. // Fracción, parcela, porción, sección, segmentación. // Desavenencia, desunión, discordia. *Unificación.* // Guión.

DIVISO Dividido, fragmentado, seccionado. *Entero.*

DIVISOR Divisorio, divisivo. // Denominador, submúltiplo. *Múltiplo.*

DIVISORIO Fronterizo, limítrofe.

DIVO Deidad. // Divino. // Cantante.

DIVORCIAR Apartar, descasarse, desunir, separar. *Casarse.*

DIVORCIO Desacuerdo, ruptura, separación. *Casamiento, unión.*

DIVULGACIÓN Difusión, publicación.

DIVULGAR Difundir, hacer público, propagar, propalar, pregonar, publicar. *Encubrir, ocultar.*

DO Donde.

DOBLADILLO Alforza, pliegue.

DOBLAR Duplicar. // Arquear, combar, encorvar. *Enderezar.* // Agacharse, inclinarse, torcerse. *Erguirse.*

DOBLE Duplo. *Medio, mitad.* // Par. // Copia, duplicado. *Único.* // Fornido, recio. // Artificioso, disimulado, taimado. *Sincero.*

DOBLEGAR Abatir, someter, vencer. *Resistir.* // Blandear, doblar, encorvar. *Enderezar.*

DOBLEZ Pliegue, repliegue. // Disimulo, duplicidad, engaño, fingimiento, hipocresía, simulación. *Franqueza, sinceridad.* *Dobles (doblar).

DOCENCIA Enseñanza. *Decencia.

DOCENTE Didáctico, educativo, instructivo, pedagógico. // Maestro, catedrático, profesor. *Alumno.* *Decente.

DÓCIL Dúctil, manso, obediente, sumiso. *Díscolo, rebelde.* // Apacible, flexible, suave.

DOCILIDAD Flexibilidad. *Inflexibilidad.* // Apacibilidad, mansedumbre, obediencia, subordinación, sumisión. *Desobediencia, indisciplina.*

DOCTO Culto, entendido, erudito, instruido, sabio. *Ignorante.*

DOCTOR Abogado, médico, profesor, facultativo.

DOCTRINA Dogma, enseñanza, escuela, opinión, sistema, teoría. // Ciencia, sabiduría, disciplina.

DOCUMENTADO Enterado. // Fundamentado.

DOCUMENTAR Dar fe, justificar, probar. // Enseñar, informar, instruir.

DOCUMENTO Certificado, diploma, papel, título, carta.

DOGAL Cuerda, soga. // Argolla, horca.

DOGMA Artículo de fe, creencia, verdad revelada. // Base, fundamento.

DOGMÁTICO Imperioso. // Indiscutible. *Discutible.*

DOLAR Pulir, labrar, desbastar. *Dólar.

DOLENCIA Enfermedad, afección, indisposición, achaque. *Salud.*

DOLER Padecer. // Quejarse. // Apiadarse, compadecerse. // Arrepentirse.

DOLIENTE Delicado, enfermo. // Afligido, contristado, desconsolado, dolorido, quejoso.

DOLO Engaño, fraude, mala fe, simulación.

DOLOR Aflicción, arrepentimiento, atrición, congoja, desconsuelo, pena, pesar, sentimiento, sufrimiento. *Consuelo, deleite, goce, placer.*

DOLORIDO Doliente. // Angustiado,

apenado, apesarado, atribulado.
DOLOROSO Lamentable, lastimador, lastimoso. // Sensible.
DOLOSO Engañoso, fraudulento. *Verdadero.*
DOMA Domadura. // Represión, sometimiento.
DOMAR Amansar, domeñar, domesticar, dominar, reprimir, someter, subyugar, sujetar, vencer.
DOMEÑAR Avasallar, dominar, reducir, someter, sujetar.
DOMESTICAR Amansar, domar.
DOMÉSTICO Manso. *Salvaje.* // Criado, servidor, sirviente. *Amo, patrón.*
DOMICILIARSE Avecindarse, establecerse, afincarse.
DOMICILIO Casa, hogar, morada, residencia, vivienda. // Señas.
DOMINACIÓN Dominio, imperio, señorío, poder, autoridad.
DOMINADOR Avasallador, déspota, exigente, opresor, prepotente, sojuzgador, subyugador, tirano. *Humilde.* // Dictador, imperioso, intolerante. // Descollante, predominante.
DOMINANTE Dominador.
DOMINAR Abarcar. // Avasallar, enseñorearse, esclavizar, imperar, refrenar, reinar, someter, sujetar, supeditar, subyugar, sobreponerse, vencer. *Obedecer, servir.* // Descollar, sobresalir. // Poseer, saber.
DOMINGUERO Festivo, galano.
DOMINIO Dominación, feudo, imperio, mando, opresión, poder, posesión, potestad, propiedad, sujeción, superioridad, tiranía, yugo. *Esclavitud, servidumbre.*
DOMO Cúpula.
DON Dádiva, donación, donativo, ofrenda, presente, regalo. // Gracia, habilidad, talento, dotes.
DONACIÓN Cesión, don, limosna, obsequio, propina, subsidio, subvención. *Hurto.* // Legado, manda.
DONAIRE Agudeza, chiste. *Sosera.* // Apostura, donusura, gallardía, garbo,

gracejo, gracia, salero, soltura. *Desgarbo, torpeza.*
DONAR Dar, legar, obsequiar, regalar. *Quitar, robar.*
DONATIVO Cesión, dádiva, don, obsequio, presente, regalo. // Limosna.
DONCEL Adolescente, joven, paje. *Anciano.*
DONCELLA Virgen. // Mocita, moza, muchacha. // Criada. *Señora.*
DONCELLEZ Virginidad.
DONDE Adonde, do.
DONDEQUIERA Doquiera, doquier.
DONOSO Chistoso, gracioso, ocurrente. *Tonto.* // Gallardo, gentil. *Desgarbado.*
DONOSURA Donaire, donosidad, gracia, lindeza.
DORADO Doradura. // Áureo. // Esplendoroso, feliz, halagüeño, venturoso.
DORMILÓN Marmota, perezoso.
DORMIR Cabecear, descansar, dormitar, reposar. *Velar.* // Abandonarse, descuidarse. // Amodorrarse. *Desvelarse.* // Aplacarse.
DORMITAR Adormecerse, cabecear, dormir.
DORNAJO Artesa, batea, barcal.
DORSO Envés, espalda, lomo, reverso, revés. *Cara, frente.*
DOS Ambos, entrambos.
DOSEL Tapiz. // Antepuerta, colgadura, palio.
DOSIFICAR Graduar, partir, distribuir.
DOSIS Cantidad, porción, toma.
DOTACIÓN Equipo, personal, tripulación, servicio.
DOTAR Adornar. // Asignar, conceder. // Donar, proporcionar.
DOTE Asignación, caudal, donación, regalo. *Indigencia.* // Calidad, cualidad, prenda.
DOTES Don, talento, cualidades.
DOZAVO Duodécimo.
DRACONIANO Duro, severo. *Benigno, indulgente.*
DRAGAR Ahondar, limpiar.
DRAMA Desgracia, tragedia. ***Dracma.**
DRAMÁTICO Conmovedor, trágico, pa-

tético. *Grotesco, ridículo.*

DRÁSTICO Enérgico, severo, radical, riguroso. *Suave. Indulgente.*

DROGA Medicamento, remedio. // Engaño, mentira, trampa. // Estimulante, estupefaciente, narcótico.

DUALIDAD Dualismo, duplicidad. *Sinceridad.*

DUCHA Baño.

DUCHO Baquiano, diestro, entendido, experimentado, hábil, perito, versado. *Desconocedor, inhábil, inexperto.*

DÚCTIL Acomodadizo, acomodaticio, condescendiente. *Inflexible.* // Blando, maleable. *Rígido.*

DUCTOR Guía, caudillo, jefe, capitán.

DUDA Aprensión, escrúpulo, hesitación, incertidumbre, perplejidad, recelo, reparo, sospecha, vacilación. *Certeza, seguridad.*

DUDABLE Dubitable, dudoso.

DUDAR Desconfiar, dificultar, fluctuar, hesitar, recelar, sospechar, titubear. *Creer, confiar.*

DUDOSO Eventual, hipotético, improbable, problemático. *Probable, seguro.* // Dubitativo, equívoco, incierto. *Cierto.* // Indeciso, inseguro, irresoluto, perplejo, receloso, vacilante. *Firme.*

DUELO Combate, desafío, pelea. // Fatiga, trabajo. // Aflicción, desconsuelo, dolor, pena. *Fiesta, regocijo.*

DUENDE Espectro, espíritu, fantasma.

DUEÑA Ama, señora. *Criada.*

DUEÑO Amo, señor, patrón, propietario. *Inquilino, operario, sirviente.*

DULCE Bombón, confite, pastel. // Dulzón, grato, gustoso, suave. *Ácido, agrio, amargo.* // Afable, apacible, blando, bondadoso, complaciente, dócil, manso. *Hosco, rudo.*

DULCEDUMBRE Dulzura, suavidad.

DULCERÍA Confitería, pastelería, repostería.

DULCIFICAR Azucarar, endulzar, enmelar. *Amargar.* // Ablandar, apaciguar, calmar, mitigar, suavizar. *Irritar.*

DULZURA Afabilidad, bondad, deleite, docilidad, dulcedumbre, suavidad, ternura. *Aspereza, dureza.*

DUNA Médano, montículo.

DUPLICAR Doblar.

DUPLICIDAD Doble, falsedad, fingimiento, hipocresía. *Franqueza, sinceridad.*

DURABLE Duradero.

DURACIÓN Permanencia, persistencia, continuación, estabilidad, vida, cronicidad. // Perpetuidad, perennidad, perpetuación.

DURADERO Durable, perdurable, persistente. *Breve, efímero, fugaz, pasajero.*

DURAMENTE Ásperamente. // Rígidamente.

DURANTE Mientras.

DURAR Continuar, perdurar, persistir, subsistir, vivir. *Acabar, alternarse.* // Alargarse, extenderse, eternizarse.

DUREZA Callo, callosidad, consistencia. // Endurecimiento, inflexibilidad, reciura, resistencia, rigidez, solidez, tiesura. *Blandura, fragilidad.* // Aspereza, inclemencia, rigor, rudeza, severidad, violencia. *Lástima, piedad.*

DURO Consistente, diamantino, férreo, firme, fuerte, inflexible, inquebrantable, pétreo, recio, resistente, rígido, riguroso, tieso. *Blando, dúctil.* // Porfiado, terco, tenaz. *Maleable.* // Sufrido. // Áspero, cruel, despiadado, inhumano, insensible, rudo, severo, violento. *Clemente, sensible.* // Doloroso, penoso.

EBANISTA Mueblista.

EBONITA Vulcanita.

EBRIEDAD Borrachera, embriaguez.

EBRIO Bebido, beodo, embriagado, borracho, mamado. *Abstemio, sobrio.*

EBULLICIÓN Efervescencia, hervor.

EBÚRNEO Marfileño, marfilino.

ECHADA Expulsión. // Reclinamiento, caimiento, acostadura.

ECHADO Horizontal, yacente, yaciente, plano, tendido, apaisado. // Arrojado, expulsado.

ECHAR Arrojar, barrer, desalojar, despedir, expulsar, lanzar, precipitar, proscribir, tirar. *Recoger.* // Ahuyentar, alejar, apartar, espantar. *Aproximar.* // Deponer, destituir, exonerar. *Exaltar.* // Dar, entregar, repartir. // Hacer, formar, representar. // Conjeturar, suponer. // Decir, pronunciar. // Prevenir, publicar. // Brotar, nacer.

ECHARSE Acostarse, reclinarse, tenderse, tumbarse. *Levantarse.*

ECLESIÁSTICO Clérigo, cura, sacerdote, religioso.

ECLIPSAR Deslucir, oscurecer. *Aclarar, iluminar.* // Aventajar, exceder, sobrepasar. *Oscurecer.* // Desaparecer, escapar, evadirse, huir. *Aparecer, mostrarse.*

ECLIPSE Ausencia, desaparición, evasión, huida, ocultación. *Manifestación.*

ECLOSIÓN Aparición, brote, nacimiento. *Clausura.*

ECO Repetición, resonancia, retumbo. // Noticia, rumor.

ECONOMÍA Ahorro. *Despilfarro.* // Es-

casez, parquedad. // Parsimonia, frugalidad, avaricia. *Derroche.*

ECONÓMICO Ahorrador. *Gastador.* // Mezquino, miserable. *Espléndido.*

ECONOMIZAR Ahorrar, guardar. *Gastar.* // Restringir.

ECUÁNIME Imparcial. *Favorito.* // Inalterable, sereno. // Sufrido. *Impaciente.*

ECUANIMIDAD Imparcialidad, serenidad, objetividad. *Parcialidad.* // Paciencia. *Impaciencia.*

ECUESTRE Equino, hípico.

EDAD Duración, tiempo. // Época.

EDECÁN Acompañante, auxiliar, ayudante. // Correveidile.

EDÉN Cielo, paraíso.

EDICIÓN Impresión, publicación.

EDICTO Aviso, decreto, ley. // Mandato, orden. *Edito* (editar).

EDIFICACIÓN Construcción, obra.

EDIFICANTE Ejemplar, modelo.

EDIFICAR Construir, fabricar, levantar. *Destruir.* // Ejemplarizar. *Pervertir.*

EDIFICIO Casa, construcción, fábrica, inmueble, obra.

EDIL Concejal.

EDITAR Imprimir, publicar.

EDITOR Impresor.

EDREDÓN Colcha, cobertor, almohadón.

EDUCACIÓN Enseñanza. // Cortesía, crianza, urbanidad.

EDUCADO Cortés. *Grosero, ordinario.* // Instruido. *Inculto.*

EDUCADOR Guía, maestro, mentor, preceptor.

EDUCANDO Alumno, colegial, escolar,

estudiante, discípulo. *Educador.*
EDUCAR Dirigir, encaminar, enseñar, ilustrar, instruir. *Malcriar.* // Afinar, desarrollar, perfeccionar. *Viciar.*
EDUCATIVO Formativo, pedagógico, instructivo.
EDUCCIÓN Deducción, inferencia, colación, ilación.
EDUCIR Deducir, inferir, colacionar.
EDULCORAR Endulzar.
EFEBO Adolescente, joven, mancebo.
EFECTISMO Sensacionalismo, artificiosidad, expresionismo.
EFECTIVAMENTE Realmente, positivamente. *Negativamente.*
EFECTIVO Dinero, moneda, billete. // Real, seguro, verdadero. *Abstracto, nominal, sustituto.*
EFECTO Consecuencia, corolario, resultado, secuela. *Causa.* // Impresión. // Fin, motivo, objeto. // Mercancía.
EFECTOS Bienes, enseres, muebles.
EFECTUAR Cumplir, ejecutar, hacer, llevar a cabo, realizar. *Dejar, incumplir.*
EFEMÉRIDES Hechos, sucesos, calendario, crónica.
EFERVESCENCIA Ebullición, hervor. // Acaloramiento, agitación, ardor, exaltación. *Frialdad, tranquilidad.*
EFICACIA Actividad, fuerza, poder, vigencia, virtud, eficiencia, validez. *Deficiencia, ineficacia.*
EFICAZ Activo, eficiente, fuerte, poderoso, válido. *Inválido, ineficaz.*
EFICIENCIA Eficacia.
EFICIENTE Eficaz.
EFIGIE Imagen, figura, representación, retrato.
EFÍMERO Breve, fugaz, pasajero, perecedero, temporal. *Duradero, permanente, perpetuo.*
EFLUVIO Emanación, irradiación.
EFUGIO Recurso, salida, subterfugio. // Escapatoria, evasión.
EFUNDIR Derramar, rebosar, verter.
EFUSIÓN Derramamiento. // Desahogo, expansión. *Ahogo.* // Afecto, cariño. *Frialdad.*

EFUSIVO Afectuoso, expansivo, vehemente. *Adusto, huraño, retraído.*
ÉGIDA o EGIDA Amparo, defensa, escudo, protección. ***Hégira.**
EGOÍSMO Egotismo, egolatría, individualismo, personalismo. *Altruismo, generosidad, desprendimiento.*
EGOÍSTA Ególatra, egotista. *Altruista, benefactor, generoso.*
EGREGIO Afamado, célebre, esclarecido, excelso, famoso, ilustre, insigne, preclaro.
EGRESO Salida.
EJE Base, finalidad, fundamento, tema. // Cigüeñal, barra.
EJECUCIÓN Cumplimiento, interpretación, realización, práctica. *Incumplimiento.* // Fusilamiento.
EJECUTANTE Ejecutor. // Artista, intérprete, músico.
EJECUTAR Ajusticiar. // Realizar. *Abstenerse.* // Tocar. // Embargar.
EJECUTIVO Director, gerente.
EJECUTOR Autor, perpetrador, operador, ejecutante.
EJEMPLAR Dechado, modelo. // Espécimen, original, prototipo, tipo, unidad. // Libro, periódico. // Copia.
EJEMPLARIZAR Aleccionar, mostrar. *Maleducar, pervertir.*
EJEMPLO Modelo. // Cita, muestra, prueba. // Texto.
EJERCER Actuar, practicar, profesar.
EJERCICIO Actuación, práctica. *Inacción, inactividad.* // Adiestramiento, ejercitación, gimnasia. // Maniobra.
EJERCITAR Adiestrar, entrenar, practicar, formar, instruir.
EJÉRCITO Hueste, milicia, tropa.
ELABORACIÓN Preparación, producción, realización.
ELABORAR Fabricar, forjar, hacer, preparar, producir.
ELACIÓN Altivez, arrogancia, presunción, soberbia, altanería. // Elevación, nobleza, grandeza. // Ampulosidad. *Sencillez, humildad.*
ELASTICIDAD Adaptabilidad, flexibi-

lidad. *Inadaptación, inflexibilidad.*
ELÁSTICO Flexible. *Inflexible.* // Acomodaticio. *Rígido.* // Muelle, resorte.
ELATO Soberbio, orgulloso, altivo, arrogante, altanero, fatuo, presuntuoso, engreído. *Modesto, humilde.*
ELECCIÓN Opción, votación.
ELECTO Elegido, escogido.
ELECTRIZAR Electrificar, galvanizar. // Avivar, exaltar, inflamar, entusiasmar.
ELEGANCIA Distinción, finura, gracia. *Cursilería, desaliño, inelegancia.*
ELEGANTE Distinguido, airoso, gallardo, esbelto. *Tosco, ordinario.*
ELEGÍACO Lastimero, triste, melancólico, plañidero.
ELEGIDO Designado, escogido, preferido, seleccionado. *Desdeñado.*
ELEGIR Escoger, preferir, seleccionar, optar, nombrar, votar.
ELEMENTAL Básico, primario, fundamental, primordial, sencillo, simple. *Complicado, secundario.* // Evidente, obvio.
ELEMENTO Base, fundamento. // Ambiente, medio. // Cuerpo simple.
ELEMENTOS Nociones, rudimentos. // Bienes, recursos.
ELENCO Catálogo, índice, lista, nómina, rol, repertorio.
ELEVACIÓN Acrecentamiento, aumento, alza. *Disminución, rebaja.* // Altura, eminencia, prominencia. // Enajenamiento, éxtasis. *Depresión.* // Ascenso. ascensión, exaltación.
ELEVADO Alto, eminente, empinado, encumbrado, levantado, prominente. *Bajo.* // Altísono, excelso, sublime.
ELEVAR Alzar, ascender, izar, levantar, empinarse, encaramarse, enaltecer, engrandecer, ennoblecer, exaltar, promover. *Aterrizar, bajar, descender, humillar.* // Construir, edificar, erigir. *Destruir.* // Enajenarse. // Engreírse, envanecerse. *Rebajarse.*
ELFO Genio, duende, espíritu, deidad.
ELIDIR Eliminar, suprimir. // Desvanecer, frustrar, debilitar.

ELIMINAR Descartar, expulsar, prescindir, separar, suprimir, excluir, dar de baja. *Incluir, poner.*
ELIPSE Órbita, parábola, parámetro, espira, espiral, sinusoide.
ELÍPTICO Oval, ovalado, espiral, helicoidal. // Sobrentendido, omitido.
ELISIÓN Eliminación, supresión, anulación. *Conservación.*
ELIXIR Licor. // Medicamento, pócima, remedio.
ELOCUCIÓN Dicción, estilo, expresión. ***Alocución.***
ELOCUENTE Conmovedor, convincente, fecundo, persuasivo.
ELOGIAR Alabar, encomiar, realzar, ponderar. *Amonestar, reprobar.* // Adular, lisonjear. *Insultar.*
ELOGIO Alabanza, aplauso, panegírico, ponderación. *Censura.*
ELOGIOSO Encomiástico, laudatorio. *Desaprobatorio.*
ELUCIDAR Aclarar, dilucidar, esclarecer, explicar. *Confundir.*
ELUDIBLE Esquivable, soslayable, rehuible, sorteable.
ELUDIR Esquivar, evitar, sortear, soslayar. *Afrontar, desafiar.*
EMANACIÓN Efluvio, exhalación.
EMANAR Desprenderse, exhalarse. // Derivar, nacer, originarse, proceder, provenir. ***Imanar.***
EMANCIPACIÓN Libertad, independencia, autonomía, soberanía. *Sometimiento, esclavitud.*
EMANCIPAR Independizar, libertar, manumitir. *Esclavizar, sojuzgar, someter, dominar.*
EMBADURNAR Embarrar, ensuciar, manchar, pintarrajear, untar. *Limpiar.*
EMBAIDOR Embaucador, mentiroso.
EMBAJADA Delegación, misión. // Mensaje.
EMBAJADOR Diplomático, representante. // Emisario, enviado, mensajero.
EMBALAJE Empaque.
EMBALAR Empacar, empaquetar, envolver. *Desempaquetar, desenvolver.*

EMBALSAMAR Momificar. // Aromatizar, perfumar.

EMBALSAR Estancar, represar, encharcar, recoger.

EMBALSE Presa, represa.

EMBARAZADA Encinta, preñada.

EMBARAZAR Preñar. // Dificultar, entorpecer, estorbar, impedir, incomodar, molestar. *Desembarazar, facilitar.*

EMBARAZO Cortedad, timidez. // Dificultad, entorpecimiento, impedimento, molestia. // Preñez, gestación, gravidez.

EMBARAZOSO Dificultoso, molesto. *Acertado, agradable.*

EMBARCACIÓN Barco, barquichuelo, nave, navío, nao.

EMBARCAR Inducir. // Aventurarse, lanzarse. // Empeñarse.

EMBARGAR Ejecutar. // Estorbar, impedir, paralizar, suspender, detener, retener, frenar.

EMBARGO Comiso, ejecución, incautación, retención. *Recuperación.*

EMBARGO (SIN) A pesar de, empero, no obstante.

EMBARRANCARSE Atascarse, empantanarse, encallar.

EMBARRAR Embadurnar, manchar. // Enfangarse, enlodarse.

EMBARULLAR Confundir, desordenar, embrollar, mezclar, revolver. *Desenredar, ordenar.*

EMBATE Acometida, embestida.

EMBAUCADOR Embustero, engañador, estafador, farsante, impostor, timador, tramposo.

EMBAUCAR Engañar, engatusar, estafar, seducir, timar. *Desengañar.*

EMBAULAR Embuchar, embutir, engullir, tragar, zamparse.

EMBAUSAMIENTO Embobamiento, suspensión, abstracción.

EMBAZADURA Admiración, pasmo, asombro.

EMBAZAR Asombrar, pasmar, suspender, embargar, detener. *Envasar.*

EMBEBER Absorber, empapar, impregnar. // Embelesarse, pasmarse. // Com-

penetrarse, instruirse. // Tupirse.

EMBELECO Embuste, engaño. // Zalamería. *Embeleso.*

EMBELESAR Embobar, entontecer, pasmar. // Encantar, seducir. *Desencantar.*

EMBELLECER Acicalar, adornar, hermosear. *Afear.*

EMBERRINCHARSE Encapricharse, enfadarse.

EMBESTIDA Acometida, arremetida, ataque, embate.

EMBESTIR Abalanzarse, acometer, arremeter, atacar, lanzarse. *Retroceder.* *Investir.*

EMBLEMA Divisa, lema, representación, símbolo, escudo.

EMBOBADO Absorto, admirado, boquiabierto, maravillado, pasmado.

EMBOCADURA Abertura, boca, boquilla. // Bocado.

EMBOCAR Entrar, meter. // Comenzar, empezar. // Tragar, embutir, embaular.

ÉMBOLO Pistón.

EMBOLSARSE Cobrar, guardar, recibir. *Dar, regalar.*

EMBORRACHAR Embriagar, encurdelarse, mamarse, achisparse, alcoholizar.

EMBORRONAR Borronear, manchar.

EMBOSCADA Asechanza, celada, maquinación, sorpresa, trampa.

EMBOTARSE Debilitarse, enervarse, entorpecerse. *Serenarse.*

EMBOTELLAR Acorralar, encerrar, inmovilizar. // Envasar.

EMBOZADO Arrebujado, cubierto, encubierto, envuelto, tapado. *Descubierto, destapado.*

EMBOZAR Disfrazar, encubrir, tapar, ocultar, enmascarar. *Descubrir.*

EMBOZO Recato, disfraz, disimulo. // Indirecta.

EMBRAVECER Encolerizar, enfurecer, irritar. *Amansar, apaciguar.*

EMBRIAGADO Achispado, beodo, borracho, curda, ebrio, mamado.

EMBRIAGAR Emborrachar. // Enajenar, encantar, exaltar, extasiar.

EMBRIAGUEZ Borrachera, ebriedad.

EMBRIÓN Huevo, feto. // Germen, principio, rudimento.

EMBRIONARIO Elemental, rudimentario. // Fetal.

EMBROLLADO Confuso, desordenado, enmarañado, revuelto. *Claro, ordenado.*

EMBROLLO Conflicto, confusión, enredo, maraña. // Embuste, mentira.

EMBROMAR Bromear, cachar, chancear, chasquear, engañar.

EMBRUJAR Hechizar, maleficiar. // Encantar, cautivar.

EMBRUTECIDO Abrutado, entontecido, tonto, estúpido.

EMBUCHAR Embutir, engullir, tragar.

EMBUSTE Cuento, engaño, infundio, macana, mentira, patraña. *Verdad.*

EMBUSTERO Embaucador, engañador, farsante, macaneador, mentiroso. *Franco, sincero, veraz.*

EMBUTIDO Embuchado, encajado. // Incrustación, taracea. // Chorizo, longaniza, salchichón, morcilla.

EMBUTIR Embaular, embuchar, encajar, engullir, ingerir, llenar. // Incrustar, taracear, damasquinar.

EMERGENCIA Accidente, evento, ocurrencia, suceso.

EMERGER Brotar, surgir. // Sobresalir.

EMÉTICO Vomitivo.

EMIGRACIÓN Éxodo, migración. *Inmigración, regreso, repatriación.*

EMIGRAR Expatriarse, partir. *Inmigrar, repatriar.*

EMINENCIA Altura, elevación. // Colina, montículo, otero. *Depresión, valle.* // Superioridad, excelencia, grandeza. *Insignificancia.*

EMINENTE Alto, elevado, encumbrado, prominente. *Bajo.* // Sobresaliente, superior, aventajado. // Célebre, distinguido, excelente, ilustrado, insigne, notable. *Desconocido.*

EMISARIO Enviado, mensajero, correo.

EMITIR Expresar, manifestar. // Difundir, producir. // Arrojar, despedir, echar, exhalar, expulsar, lanzar, prorrumpir. *Absorber.*

EMOCIÓN Agitación, alarma, enternecimiento, exaltación, inquietud, sentimiento, turbación, conmoción. *Insensibilidad, pasividad.*

EMOCIONANTE Conmovedor, enternecedor, impresionante.

EMOLUMENTO Honorario, paga, remuneración, retribución, salario, sueldo. *Quita.* // Propina, utilidad.

EMOTIVO Conmovedor. *Ridículo.*

EMPACAR Embalar, encajonar. // Emperrarse, irritarse, obstinarse, plantarse.

EMPACHAR Ahitar, hartar, indigestar. // Avergonzarse, cortarse, turbarse.

EMPACHO Hartazgo, indigestión. // Embarazo, estorbo. // Cortedad, timidez, turbación, vergüenza. *Frescura, osadía.*

EMPADRONAR Censar, asentar, inscribir, encabezar.

EMPALAGAR Aburrir, cansar, enfadar, fastidiar, hastiar. *Divertir.*

EMPALAGOSO Dulzón, meloso. // Cargante, fastidioso, molesto.

EMPALIZADA Cercado, estacada, vallado, barrera, tapia.

EMPALMAR Combinar, juntar, ligar, unir, enlazar, conectar. *Separar.*

EMPALME Enlace, ensambladura, unión.

EMPANTANAR Encharcar, inundar. // Atascar, detener, embarazar, impedir, paralizar.

EMPAÑAR Deslustrar, enturbiar, deslucir, manchar, oscurecer. *Limpiar, pulir.*

EMPAPADO Húmedo, mojado, rociado. *Seco.*

EMPAPAMIENTO Humectación, mojada, mojadura, remojo, remojón.

EMPAPAR Calar, humedecer, mojar, remojar. *Secar.* // Compenetrarse, imbuirse, impregnarse.

EMPAQUE Aire, aspecto, porte, traza. // Afectación, gravedad, tiesura. // Embalaje.

EMPAQUETAR Embalar, empacar, enfardar, envolver. *Desembalar, desenfardar.* // Acicalarse, emperejilarse.

EMPARDAR Empatar.

EMPAREDADO Bocadillo, sandwich. //

Encerrado, preso, recluso.

EMPAREJAR Aparear. *Desunir.* // Allanar, igualar, nivelar. *Desigualar.*

EMPASTELAR Mezclar, transigir.

EMPATAR Igualar.

EMPECER Impedir, obstar. // Perjudicar. **Empezar.*

EMPECINARSE Emperrarse, obstinarse. *Ceder, comprender.*

EMPEDERNIDO Duro, insensible. *Bondadoso, sensible.*

EMPEDRAR Adoquinar, pavimentar.

EMPELLÓN Empujón, rempujón.

EMPEÑADO Disputado, reñido, acalorado. // Endeudado.

EMPEÑAR Pignorar. *Desempeñar.* // Endeudarse, entramparse. *Cancelar, redimir.* // Emperrarse, obligarse. *Cejar, liberarse.*

EMPEÑO Pignoración. // Obligación. // Afán, constancia, tesón. // Obstinación, perseverancia, porfía.

EMPEORAR Agravar, desmejorar. *Mejorar, progresar.*

EMPEQUEÑECER Achicar, reducir, amenguar, aminorar, disminuir. *Agrandar, aumentar.*

EMPEREJILARSE Acicalarse, ataviarse, emperifollarse, engalanarse.

EMPEREZARSE Dilatarse, retardarse, retrasarse, vaguear.

EMPERIFOLLARSE Emperejilarse.

EMPERO No obstante, pero, sin embargo, a pesar de.

EMPERRARSE Encapricharse, empeñarse, obstinarse. *Ceder, desistir.*

EMPEZAR Comenzar, emprender, incoar, iniciar. *Acabar, cesar.* // Nacer, originarse. *Terminar. *Empecer.*

EMPINADO Alto, elevado, encumbrado. // Estirado, orgulloso.

EMPINAR Alzar, levantar. *Bajar.* // Enderezarse, erguirse. *Agachar.*

EMPINGOROTADO Encumbrado, engreído, presuntuoso.

EMPÍREO Cielo. // Divino, celestial, supremo.

EMPÍRICO Experimental. *Hipotético.* //

Práctico, efectivo, real. *Teórico.*

EMPLASTO Cataplasma, sinapismo, parche. // Arreglo, componenda.

EMPLAZAR Citar, concertar. *Liberar.* // Colocar.

EMPLEADO Dependiente, funcionario, oficinista. // Colocado, ocupado.

EMPLEAR Destinar, ocupar. // Consumir, gastar, usar, utilizar. // Servirse, valerse.

EMPLEO Cargo, colocación, destino, ocupación, puesto. // *Uso. Desuso.*

EMPOBRECERSE Arruinarse, venir a menos. *Enriquecerse, medrar, prosperar, engrandecerse.*

EMPOLLAR Incubar. // Cavilar, estudiar, meditar.

EMPONZOÑAR Envenenar, inficionar, corromper, dañar.

EMPORCAR Ensuciar, manchar, enmugrecer. *Limpiar.*

EMPOTRAR Encajar, hincar, incrustar, meter.

EMPOZARSE Detenerse, atascarse, estancarse, embotellarse.

EMPRENDEDOR Activo, decidido, diligente, resuelto, osado.

EMPRENDER Acometer, comenzar, empezar, iniciar. *Acabar, desistir.*

EMPRESA Designio, intento, obra, operación, proyecto, tarea. // Negocio. // Compañía, sociedad.

EMPRÉSTITO Préstamo.

EMPUJAR Estimular, excitar, impeler, impulsar, incitar, lanzar, presionar. *Refrenar, reprimir, tirar.* // Atropellar.

EMPUJE Arranque, brío, coraje, fuerza, incitación, propulsión. *Debilidad.* // Resolución. *Irresolución.* // Valimiento.

EMPUJÓN Atropello, empellón, impulso, rempujón.

EMPUÑADURA Puño, pomo, mango, manubrio.

EMPUÑAR Asir. *Soltar.*

EMULACIÓN Competencia, rivalidad.

ÉMULO Competidor, rival.

ENAJENACIÓN Distracción, embeleso, locura. *Lucidez, razón.* // Pignoración,

transferencia, venta, traspaso.
ENAJENAR Ceder, pignorar, transferir, traspasar, vender. *Retener.* // Enloquecer. // Arrobar, embelesar, embobar, encantar.
ENALTECER Alabar, encomiar, elogiar, ensalzar, realzar. *Ofender, rebajar.*
ENAMORAR Cortejar, galantear, conquistar, seducir, requebrar. // Acaramelarse, aficionarse, amartelarse, enamoriscarse, encariñarse, prendarse.
ENANO Diminuto, liliputiense, menudo, microscópico, pequeño, pigmeo. *Colosal, coloso, gigante, gigantesco.*
ENARBOLAR Izar, levantar. *Arriar.*
***Enherbolar.**
ENARCAR Arquear. // Abatatarse, achicarse, encogerse.
ENARDECER Animar, entusiasmar, excitar, incitar. *Desalentar.* // Irritarse. *Calmarse, serenarse.*
ENARDECIMIENTO Ardor, calentura, excitación, pasión. // Irritación.
ENARMONAR Alzar, levantar.
ENCABEZAMIENTO Comienzo, principio. // Prefacio, exordio, preámbulo.
ENCABEZAR Acaudillar, capitanear. // Comenzar, iniciar.
ENCADENAMIENTO Conexión, enlace, relación, sucesión, trabazón.
ENCADENAR Aherrojar, eslabonar. // Avasallar, cautivar, esclavizar, sujetar. *Libertar, soltar.* // Enlazar, relacionar, trabar, unir.
ENCAJAR Empotrar, encasquetar, enchufar, endentar, endilgar, incrustar, meter. *Desarticular, desencajar.*
ENCAJE Bordado, puntilla. // Acoplamiento, ajuste, enchufe, enganche.
ENCAJONAR Empacar, encerrar.
ENCALABRINAR Encapricharse, excitar, irritar, enlucir, estucar.
ENCALAR Blanquear, enjalbegar.
ENCALLAR Varar, atascarse, embarrancar, atollarse.
ENCALLECERSE Endurecerse, acostumbrarse, habituarse.
ENCALMARSE Abonanzarse, apaci-

guarse, tranquilizarse. *Enfurecerse.*
ENCAMARSE Acostarse.
ENCAMINAR Conducir, dirigir, encarrilar, encauzar, enderezar. *Desviar.* // Enseñar, guiar, orientar. *Desorientar, perderse.*
ENCAMISAR Enfundar.
ENCAMOTARSE Enamorarse.
ENCANALLAR Corromper, envilecer, degradar, embrutecer, denigrar.
ENCANDILAR Encender, excitarse. // Avivar. // Embaucar. // Alucinar, deslumbrar, ofuscar. *Apagar, serenarse.*
ENCANECER Avejentarse, envejecer.
ENCANTADOR Hechicero, mago. // Agradable, cautivador, embelesador, fascinador, simpático, sugestivo. *Desagradable, antipático.*
ENCANTAMIENTO Conjuro, hechizo, magia, sortilegio. // Seducción.
ENCANTAR Hechizar, hipnotizar. // Agradar, cautivar, deleitar, embelesar, gustar, seducir, sugestionar. *Aburrir, desencantar, repeler.*
ENCANTO Atractivo, belleza, gracia. *Repulsión.*
ENCAÑONAR Apuntar, asestar.
ENCAPOTARSE Emborrascarse, entoldarse, nublarse, ennegrecerse. *Despejarse, aclararse.*
ENCAPRICHARSE Aferrarse, empeñarse, emperrarse, obstinarse, porfiar, insistir. *Ceder, desistir.* // Enamorarse, encalabrinarse.
ENCARAMAR Alzar, aupar, elevar, levantar, subir, trepar. *Bajar, caerse.*
ENCARAR Afrontar, arrostrar, enfrentar. // Asestar, apuntar.
ENCARCELAR Aprisionar, recluir, encerrar, enjaular. *Excarcelar, liberar.*
ENCARECER Alabar, ensalzar, ponderar, recomendar. *Abaratar, denigrar.*
ENCARECIMIENTO Carestía, alza, aumento, subida. *Abaratamiento.* // Alabanza, ponderación. *Denigración.*
ENCARGADO Representante, apoderado, delegado, comisionado.
ENCARGAR Comisionar, confiar, enco-

mendar, recomendar. // Hacerse cargo, responsabilizarse. *Renunciar.* // Aconsejar, prevenir. *Desaconsejar.*

ENCARGO Cometido, comisión, mandado, misión, pedido, recomendación.

ENCARIÑARSE Aficionarse, enamorarse, prendarse.

ENCARNACIÓN Personificación, representación, símbolo.

ENCARNADO Colorado, rojo.

ENCARNAR Representar, simbolizar, personificar.

ENCARNIZADO Duro, porfiado, reñido, sangriento.

ENCARNIZAMIENTO Crueldad, ensañamiento, ferocidad. *Misericordia, piedad.*

ENCARNIZARSE Cebarse, enfurecerse, ensañarse.

ENCARRILAR Encaminar. *Desviar.*

ENCASILLAR Clasificar, archivar, distribuir, catalogar.

ENCASQUETAR Encajar. // Endilgar.

ENCASTILLARSE Encapricharse.

ENCAUSAR Enjuiciar, procesar. *En-cauzar.

ENCAUZAR Encaminar. *Encausar.

ENCENAGARSE Enfangarse, ensuciarse. // Enviciarse, pervertirse.

ENCENDER Incendiar, inflamar, prender. *Apagar, extinguir.* // Causar, originar, motivar. // Enardecer. *Calmar.* // Ruborizarse.

ENCENDIDO Enardecido, encolerizado, inflamado. *Sereno.* // Incendiado, prendido. *Extinguido, apagado.*

ENCERADO Impermeable, hule. // Pizarra, pizarrón.

ENCERRAR Aprisionar, encarcelar, recluir. *Soltar.* // Acorralar, embotellar. // Esconder, ocultar. *Descubrir.*

ENCERRONA Celada, emboscada.

ENCHARCAR Empantanar, inundar.

ENCHUFAR Acoplar, conectar, encajar. *Desconectar, desenchufar.*

ENCHUFE Conectador, conexión, enlace, combinación.

ENCICLOPEDIA Diccionario.

ENCIERRO Calabozo, clausura, prisión, reclusión.

ENCIMA Arriba, sobre. *Debajo.* // Además. *Enzima.

ENCIMARSE Elevarse, encaramarse, levantarse.

ENCINTA Embarazada, gruesa, grávida, preñada.

ENCLAUSTRAR Encerrar, recluir.

ENCLAVADO Encajado. // Situado.

ENCLAVAR Traspasar, atravesar, clavar. // Burlar.

ENCLAVIJAR Fijar, trabar, ensartar.

ENCLENQUE Débil, enfermizo, enteco, raquítico. *Robusto, sano.*

ENCOCORAR Fastidiar, incomodar, molestar.

ENCOGERSE Acurrucarse, achicarse, agacharse, agazaparse, aovillarse, contraerse, estrecharse. *Estirarse, dilatarse.* // Atemorizarse, acobardarse. *Envalentonarse.*

ENCOGIDO Corto, pusilánime, tímido, timorato, vergonzoso. *Osado.*

ENCOGIMIENTO Apocamiento, cortedad, pusilanimidad, retracción, timidez. *Audacia, desenvoltura.*

ENCOLAR Engrudar, pegar.

ENCOLERIZARSE Irritarse, enojarse, enfurecerse. *Sosegarse, aplacarse.*

ENCOMENDAR Encargar, confiar. // Entregarse.

ENCOMIAR Elogiar, ensalzar. *Denostar, vituperar.*

ENCOMIÁSTICO Laudatorio, ponderativo. *Insultante, ofensivo.*

ENCOMIENDA Encargo. // Elogio, recomendación. // Amparo, custodia.

ENCOMIO Alabanza, apología, elogio, panegírico. *Ofensa, ultraje.*

ENCONAR Encolerizar, envenenar, exasperar. *Reconciliar.* // Inflamar, infectar. *Sanar.*

ENCONO Animadversión, odio, rencor, resentimiento, saña, tirria, enemistad.

ENCONTRADO Descubierto, hallado. *Extraviado, perdido.* // Antitético, contrario, opuesto. *Afín.*

ENCONTRAR Descubrir, hallar. *Buscar, perder.* // Chocar, oponerse, topar, discordar. // Estar, hallarse, reunirse. *Desencontrarse.*

ENCONTRÓN Colisión, choque, encontronazo, topetazo. *Caricia.*

ENCOPETADO Ensoberbecido, engreído, presumido. *Humilde.* // Linajudo.

ENCORAJINARSE Encolerizarse, irritarse, rabiar. *Serenarse.*

ENCORCHAR Taponar.

ENCORNADURA Cornamenta, cuernos.

ENCORVAR Arquear, doblar, torcer. *Enderezar.* // Inclinarse. *Erguirse.*

ENCRESPADO Rizado, ensortijado. // Rabioso, gallito.

ENCRESPAR Ensortijar, rizar. // Alborotarse, embravecerse, erizar, irritar. *Calmar, pacificar.*

ENCRUCIJADA Cruce, intersección. // Emboscada, asechanza, dilema.

ENCUADERNACIÓN Empastamiento, encartonamiento. // Arreglo, compostura, armonización.

ENCUADRAR Ajustar, encerrar, encajar, incluir.

ENCUBRIDOR Alcahuete, cómplice, tapadera, pantalla.

ENCUBRIR Esconder, ocultar. *Confesar, delatar.* // Recatar, tapar. *Descubrir, exteriorizar.*

ENCUENTRO Descubrimiento, hallazgo. // Choque, encontronazo, topetazo. // Oposición, pugna.

ENCUESTA Averiguación, sondeo.

ENCUMBRADO Elevado, eminente, prominente. *Caído, desprestigiado.*

ENCUMBRAMIENTO Altura, elevación. // Ensalzamiento, exaltación.

ENCUMBRAR Alzar, levantar, subir. // Engrandecer, ensalzar, ensoberbecerse, envanecerse. *Humillar.*

ENDEBLE Débil, enclenque, flojo. *Duro, fuerte, resistente.*

ENDÉMICO Permanente, habitual.

ENDEMONIADO Endiablado, poseso.

ENDENTAR Encajar, engranar, dentar.

ENDEREZADO Tieso, erecto, empinado. // Propicio, favorable, a propósito.

ENDEREZAR Erguir, incorporarse, subir. *Agachar, torcer.* // Dirigir, encaminar. // Dedicar, remitir. // Corregir, enmendar, rectificar, reformar, destorcer. *Desviarse.*

ENDEUDARSE Empeñarse, entramparse, adeudarse.

ENDIABLADO Endemoniado. // Dañino, malo, perverso, travieso. *Bueno, angelical.* // Deforme, feo.

ENDILGAR Decir, encajar, endosar, enjaretar, espetar.

ENDIOSAMIENTO Engreimiento, ensoberbecimiento. *Humillación.*

ENDOMINGARSE Acicalarse, emperejilarse, engalanarse.

ENDOSAR Endilgar. // Transferir, traspasar, trasmitir.

ENDULZAR Azucarar, dulcificar, suavizar. *Amargar, acibarar.*

ENDURAR Endurecer. // Sufrir, aguantar, tolerar. // Atrasar, retardar.

ENDURECER Curtir, fortalecer, robustecer. *Debilitar.* // Encruelecerse. *Ablandar, humanizar.*

ENDURECIDO Duro, fuerte, resistente, curtido. // Insensible, indiferente.

ENDURECIMIENTO Dureza. // Obstinación, pertinacia, tenacidad, terquedad.

ENEMA Lavativa.

ENEMIGA Encono, enemistad, inquina, tirria. *Afecto.*

ENEMIGO Adversario, contrario, hostil. *Amigo, camarada.* // Demonio.

ENEMISTAD Aversión, hostilidad, odio. *Amistad, fraternidad.*

ENEMISTAR Indisponer, malquistar. // Desavenirse, pelearse. *Amistar.*

ENERGÍA Eficacia, empuje, entereza, fibra, firmeza, fuerza, nervio, poder, vigor, virtud, voluntad. *Blandura, languidez, debilidad.*

ENÉRGICAMENTE Fuertemente, vigorosamente, poderosamente, violentamente. // Tenazmente, firmemente.

ENÉRGICO Eficaz, fuerte, poderoso, tenaz, vigoroso, activo, decidido, vivaz.

Abúlico, indolente, ineficaz.
ENERGÚMENO Endemoniado, poseído, embrujado, poseso. // Exaltado, furioso, frenético.
ENERVACIÓN Enervamiento, dejadez, agotamiento.
ENERVAR Debilitar, embotar, agotar. *Fortalecer.*
ENFADAR Disgustar, enojar, irritar, fastidiar. *Desenfadar, distraer.*
ENFADO Desagrado, enojo, fastidio, molestia. *Agrado, contento.*
ENFADOSO Cargante, desagradable, engorroso, enojoso, fastidioso, latoso, molesto, pesado. *Placentero.*
ENFANGAR Embarrar, enlodar. // Encenagarse, enviciarse, pervertirse.
ENFARDAR Embalar, empaquetar.
ÉNFASIS Ampulosidad, empaque, energía. *Naturalidad, sencillez.*
ENFÁTICO Afectado, ampuloso, hinchado, pomposo, prosopopéyico, rimbombante.
ENFERMAR Descomponerse, indisponerse. *Sanar.*
ENFERMEDAD Achaque, morbo, alteración, afección, dolencia, indisposición, mal, malestar, padecimiento. *Salud.*
ENFERMIZO Débil, delicado, enclenque, morboso, achacoso, inválido, malsano. *Sano.*
ENFERMO Doliente, enfermizo, afectado, caído, indispuesto, paciente. *Repuesto, sano.*
ENFERVORIZAR Alentar, animar, confortar, entusiasmar. *Desalentar.*
ENFILAR Apuntar, asestar. // Ensartar, enhebrar.
ENFLAQUECER Adelgazar. *Engordar.* // Debilitar, desmayar, enervar, demacrarse. *Robustecer.*
ENFLAQUECIMIENTO Delgadez, adelgazamiento, flaqueza, flacura, magrura.
ENFOCAR Encaminar, apuntar, dirigir.
ENFOSCARSE Encapotarse, nublarse. *Despejarse.*
ENFRASCARSE Dedicarse, aplicarse, consagrarse, ocuparse, engolfarse, ata-

rearse, meterse. *Distraerse.*
ENFRENAR Contener, refrenar, reprimir, sujetar, domar.
ENFRENTAR Afrontar, arrostrar, encarar, oponer. *Transigir.*
ENFRENTE Delante. *Detrás.* // En contra. *A favor.*
ENFRIAR Entibiar, refrigerar. *Acalorar, enardecer.* // Calmar, serenar. // Acatarrarse, resfriarse.
ENFUNDAR Cubrir, encamisar, tapar.
ENFURECER Irritar, enojar. *Apaciguar, serenar.*
ENFURRUÑARSE Irritarse, molestarse, acalorarse, arrebatarse.
ENGALANAR Adornar, acicalar, emperifollar, empavesar.
ENGALLADO Derecho, erguido. *Encogido.* // Altanero, arrogante, ensoberbecido. *Humilde.*
ENGANCHAR Alistar, reclutar. // Acoplar, eslabonar, prender. *Desenganchar.* Uncir.
ENGAÑADOR Embaucador, macaneador, tramposo. *Veraz.*
ENGAÑAR Alucinar, burlar, clavar, embaucar, chasquear, engatusar, estafar, fascinar, ilusionar, macanear, mentir, seducir, timar. *Decepcionar, desengañar.* // Equivocarse. *Atinar.*
ENGAÑIFA Engaño.
ENGAÑO Burla, celada, embuste, falacia, falsedad, farsa, ficción, mentira, tramoya, trampa. *Realidad, verdad.*
ENGAÑOSO Capcioso, falaz, ilusorio, irreal.
ENGARCE Engace, engarzamiento, eslabonamiento, encadenamiento, enlace.
ENGARZAR Encadenar, engastar. // Rizar, ensortijar.
ENGASTAR Encajar, montar.
ENGATUSAR Engañar.
ENGENDRAR Procrear, producir. // Causar, formar, ocasionar.
ENGENDRO Aborto, feto, monstruo. *Maravilla.* // Bodrio. // Perverso, malvado, endemoniado.
ENGLOBAR Abarcar, comprender, in-

cluir, reunir, contener, alcanzar.

ENGOLFARSE Abstraerse, enfrascarse.

ENGOLOSINAR Tentar, incitar, estimular, atraer.

ENGOLOSINARSE Aficionarse, enviciarse, acostumbrarse.

ENGOMAR Encolar, engrudar, pegar. *Despegar.*

ENGORDAR Cebar, engrosar. *Adelgazar, enflaquecer.* // Prosperar. *Decaer.*

ENGORRO Dificultad, estorbo, obstáculo, incordio, molestia. *Comodidad.*

ENGRANAJE Enlace, trabazón.

ENGRANAR Endentar, enlazar, trabar, unir.

ENGRANDECER Acrecentar, agrandar, ampliar, aumentar. *Achicar, empequeñecer.* // Crecer, elevar, progresar. *Disminuir.* // Exagerar. // Elogiar, enaltecer. *Denigrar.*

ENGRANDECIMIENTO Aumento, dilatación, progreso. // Elogio, exageración, exaltación.

ENGRASAR Lubricar, lubrificar. // Pringar, untar.

ENGREÍDO Ensoberbecido, envanecido, infatuado. *Humilde.*

ENGREIMIENTO Vanidad, soberbia, petulancia, jactancia, arrogancia. *Modestia, humildad.*

ENGROSAR Aumentar, engordar, engrandecer, engruesar, incrementar.

ENGRUDAR Engomar, encolar, pegar, adherir.

ENGULLIR Comer, devorar, tragar, atiborrarse. *Ayunar.*

ENHEBRAR Ensartar, enfilar, enhilar.

ENHIESTO Erguido, derecho, levantado. *Caído, postrado, encorvado.*

ENHORABUENA Felicitación, norabuena, parabién, pláceme.

ENIGMA Misterio, secreto, arcano. // Acertijo.

ENIGMÁTICO Abstruso, incomprensible, inexplicable, misterioso, oscuro, recóndito, oculto. *Asequible, claro, comprensible.*

ENJABONAR Jabonar, limpiar, lavar. //

Adular. // Reprender.

ENJAEZAR Adornar, ornamentar.

ENJALBEGAR Blanquear, encalar.

ENJAMBRE Muchedumbre, multitud.

ENJARETAR Endilgar.

ENJAULAR Encarcelar, encerrar. *Liberar, soltar.*

ENJOYAR Adornar, embellecer, engalanar, engastar, recamar.

ENJUAGAR Lavar, limpiar. *Enjugar.

ENJUAGUE Lavado. // Chanchullo.

ENJUGAR Secar. *Enjuagar.

ENJUICIAR Encausar, procesar. // Juzgar, sentenciar.

ENJUNDIA Gordura, grasa. // Sustancia, meollo. // Arrestos, fuerza, vigor.

ENJUTO Delgado, magro, flaco, seco. *Gordo.*

ENLACE Casamiento, nupcias. *Divorcio, separación.* // Concatenación, conexión, nexo, trabazón, unión, vínculo. *Desarticulación, desenlace.*

ENLAZAR Amarrar, trincar. *Desenlazar.* // Casar, conectar, ligar, relacionar, unir, vincular. *Desunir, divorciar.*

ENLODAR Embarrar, ensuciar, manchar, enfangar. // Envilecer, infamar, mancillar. *Honrar.*

ENLOQUECER Trastornar, volver loco, trastocarse.

ENLOSAR Losar, pavimentar. *Enlozar.

ENLUCIR Encalar, estucar, enyesar. // Pulir, bruñir, limpiar.

ENLUTAR Oscurecer. // Afligir, entristecer, amargar.

ENMARAÑAR Embrollar, enredar, revolver. *Desenredar.*

ENMASCARAR Disfrazar, disimular, encubrir, ocultar.

ENMENDAR Corregir, perfeccionar, mejorar, revisar, rectificar, reformar, retocar. *Perseverar, pervertir.*

ENMIENDA Corrección, rectificación, remiendo, retoque, reparación. // Recompensa, premio.

ENMOHECERSE Herrumbrarse, oxidarse. // Inutilizarse.

ENMUDECER Callar. *Charlar, hablar.*

ENNEGRECER Atezar, oscurecer, negrear, sombrear, ahumar. *Blanquear.*

ENNEGRECERSE Nublarse, encapotarse. *Aclarar.*

ENNOBLECER Dignificar, elevar, ilustrar, realzar. *Desprestigiar, rebajar, envilecer.*

ENOJAR Enfadar, enfurecer, irritar, encrespar. *Apaciguar.*

ENOJO Cólera, enfado, ira, irritación, molestia. *Dulzura.*

ENOJOSO Pesado, molesto, fastidioso.

ENORGULLECERSE Ensoberbecerse, envanecerse. *Humillarse, avergonzarse.*

ENORME Desmedido, desmesurado, excesivo, exorbitante, colosal, extraordinario, formidable. *Pequeño.* // Perverso, torpe.

ENORMIDAD Abundancia, exceso, exorbitancia. *Carencia.* // Atrocidad, barbaridad, desatino, despropósito, extravagancia.

ENQUISTADO Embutido, encajado.

ENRAIZAR Arraigar, prender.

ENRAMADA Cobertizo, emparrado, follaje, verdura.

ENRAMAR Enlazar, entrelazar, entretejer. // Ocultarse.

ENRARECER Rarefacer, rarificar. // Ralear. // Ahuecar.

ENREDAR Embrollar, enmarañar. *Desenredar, dilucidar.* // Complicar, intrigar, mezclar.

ENREDO Complicación, confusión, embrollo, engaño, enjuague, intriga, lío, maraña, mentira, travesura.

ENREVESADO Confuso, difícil, complicado. *Fácil.*

ENRIQUECER Prosperar. *Empobrecer.*

ENRISCADO Escabroso, peñascoso, quebrado, riscoso, rocoso. *Llano.*

ENROJECER Ruborizarse, sonrojarse.

ENROLAR Alistar. *Licenciar.*

ENROLLAR Arrollar. *Desenrollar.*

ENRONQUECIMIENTO Ronquera, afonía, carraspera.

ENROSCAR Retorcer, atornillar.

ENROSTRAR Reprochar.

ENSALADA Mezcla, mezcolanza, revoltijo, confusión.

ENSALZAR Alabar, elogiar, celebrar, ponderar, exaltar. *Abatir, anonadar, humillar, insultar.* *Enzarzar.

ENSAMBLAR Acoplar, juntar, machihembrar, unir. *Desmontar, desunir.*

ENSANCHAR Ampliar, dilatar, enanchar, extender, explayar. *Encoger.*

ENSANCHE Ampliación, engrandecimiento, ensanchamiento, dilatación.

ENSAÑAMIENTO Crueldad, encarnizamiento, ferocidad. *Humanidad.*

ENSAÑARSE Cebarse, encarnizarse, enfurecerse. *Ablandarse.*

ENSARTAR Enhebrar. // Espetar. // Chasquearse.

ENSAYAR Experimentar, probar, reconocer. // Intentar, procurar, tantear. // Adiestrar, amaestrar.

ENSAYO Examen, experimento, prueba, tanteo, tentativa.

ENSENADA Abra, bahía, cala, golfo, rada.

ENSEÑA Bandera, estandarte, insignia.

ENSEÑANZA Adiestramiento, aleccionamiento, didáctica, educación, ilustración, instrucción, lección.

ENSEÑAR Adiestrar, aleccionar, explicar, ilustrar, instruir. *Aprender.* // Indicar, mostrar, revelar, señalar. *Engañar.* // Exhibir. *Ocultar.*

ENSEÑOREARSE Adueñarse, apoderarse, dominar, ocupar, posesionarse.

ENSERES Efectos, instrumentos, utensilios, trastos. *Enceres (encerar).

ENSIMISMADO Abismado, absorto, abstraído, embebido, enfrascado, meditabundo, pensativo. *Atento.*

ENSIMISMARSE Abstraerse, enfrascarse, reconcentrarse. *Distraerse.*

ENSOBERBECERSE Engreírse, envanecerse, pavonearse. *Humillarse.* // Agitarse, encresparse. *Aquietarse.*

ENSOBERBECIDO Altanero, vanidoso, arrogante, engreído, estirado, fatuo, fanfarrón, presuntuoso, soberbio. *Humilde, modesto, sencillo.*

ENSOMBRECER Oscurecer, nublarse.

Aclarar, despejar. // Afligirse, entristecerse. *Animarse.*

ENSOÑACIÓN Ensueño, fantasía.

ENSORDECEDOR Atronador, estruendoso, sonoro, estrepitoso, estridente, estentóreo.

ENSORDECER Asordar, aturdir. *Oír, percibir.*

ENSORTIJAR Rizar.

ENSUCIAR Embadurnar, emporcar, manchar, salpicar. *Limpiar.* // Defecar. // Venderse.

ENSUEÑO Fantasía, ilusión, quimera.

ENTABLADO Escenario, estrado, tarima, entarimado.

ENTABLAR Comenzar, empezar, emprender, incoar, iniciar, preparar, promover, disponer.

ENTE Entidad, ser. // Esperpento, sujeto.

ENTECO Enclenque, flaco. *Robusto.*

ENTELEQUIA Ficción, invención, irrealidad, artificio.

ENTENDEDERAS Entendimiento.

ENTENDER Alcanzar, comprender, concebir, discernir, interpretar, penetrar, percibir, oír. // Deducir, inferir. // Conocer, creer, juzgar, pensar, saber. *Desconocer, ignorar.*

ENTENDIDO Diestro, docto, perito, sabio, versado.

ENTENDIMIENTO Alma, comprensión, inteligencia, razón, talento.

ENTENEBRECER Ensombrecer, lobreguecer, oscurecer.

ENTERAMENTE Cabalmente, completamente, plenamente.

ENTERAR Comunicar, contar, explicar, informar, imponer, instruir. *Ignorar.*

ENTEREZA Carácter, energía, firmeza, fortaleza, integridad, independencia, rectitud. *Debilidad, pusilanimidad.*

ENTERNECER Ablandar, conmover, emocionar. *Endurecer.*

ENTERO Cabal, completo, cumplido. // Exacto, íntegro, justo, recto. // Robusto, sano. // Constante, ecuánime, firme. // Incorrupto.

ENTERRADOR Sepulturero.

ENTERRAMIENTO Entierro. // Sepulcro, sepultura, fosa, nicho.

ENTERRAR Inhumar. // Sobrevivir. // Clavar, hundir. *Desclavar, desenterrar.* // Retirarse, enclaustrarse.

ENTIBAR Apuntalar. *Socavar.*

ENTIBIAR Templar, enfriar. // Rebajar, disminuir, moderar.

ENTIDAD Ente. // Importancia, valor. // Colectividad, corporación, empresa, firma, asociación.

ENTIERRO Inhumación, sepelio, sepultura. *Exhumación.*

ENTINTAR Teñir, ensuciarse.

ENTOLDARSE Nublarse, encapotarse.

ENTONACIÓN Entono, modulación, armonía, afinación. // Arrogancia, presunción. *Modestia.*

ENTONARSE Engreírse, envanecerse. // Restablecerse.

ENTONCES En aquel momento, en aquel tiempo. // En tal caso.

ENTONO Entonación. // Engreimiento.

ENTONTECER Atontar, idiotizar, embrutecer. *Avivar.*

ENTORCHAR Enroscar, retorcer.

ENTORNAR Entreabrir, entrecerrar.

ENTORPECER Dificultar, estorbar, impedir, paralizar, retardar, turbar. *Allanar, facilitar, posibilitar.* // Entumecerse, envararse.

ENTORPECIMIENTO Entumecimiento. // Torpeza. *Agilidad.* // Dificultad, impedimento, estorbo.

ENTRADA Acceso, boca, ingreso, puerta, vestíbulo. *Salida.* // Acogida, admisión, recepción. // Billete, boleto. // Introducción, invitación, principio. // Amistad, relación, trato. // Invasión, irrupción. *Huida.*

ENTRAMADO Armazón. // Andamio.

ENTRAMBOS Ambos, uno y otro.

ENTRAMPAR Engañar. // Endeudarse. *Pagar.*

ENTRAÑA Centro, esencia, interior. // Afecto, voluntad. // Genio, índole.

ENTRAÑABLE Afectuoso, cordial, íntimo. *Enconado.*

ENTRAR Caber, colarse, desembocar, deslizarse, encajar, ingresar, introducir, invadir, irrumpir, meterse, penetrar. *Salir.* // Afiliarse, asociarse, inscribirse. *Borrarse.* // Abrazar, adoptar, dedicarse, seguir. // Emplearse, entrometerse. // Hallarse, intervenir, tomar parte. *Desligarse.* // Comenzar, empezar.

ENTREABRIR Entornar, separar.

ENTREACTO Intermedio, intervalo.

ENTRECANO Canoso.

ENTRECEJO Ceño. // Sobrecejo. *Entresijo.

ENTREDICHO Censura, prohibición, veto, interdicto.

ENTREGA Cuaderno, fascículo. // Pago. // Rendición.

ENTREGAR Dar, facilitar, prestar, suministrar. *Quitar.* // Abandonarse, prodigarse. // Dedicarse, enfrascarse. // Rendirse, someterse. *Resistir.*

ENTRELAZAR Enlazar, entretejer.

ENTREMETERSE Entrometerse, inmiscuirse, meterse.

ENTREMETIDO Entrometido, indiscreto, inoportuno, intruso, oficioso. *Discreto, oportuno.*

ENTRENAR Adiestrar, ejercitar.

ENTRESIJO Redaño, mesenterio. // Secreto, reserva, dificultad. *Entrecejo.

ENTRETEJER Entrelazar, incluir, injerir, meter, trabar, urdir, tramar, cruzar, enramar, trenzar.

ENTRETELA Forro, guata.

ENTRETENER Distraer, divertir, recrear, solazar. *Aburrir.* // Dilatar, retardar, retener. *Apresurar.* // Conservar, mantener.

ENTRETENIDO Chistoso, divertido, interesante.

ENTRETENIMIENTO Distracción, diversión, esparcimiento, pasatiempo, recreación, recreo, solaz. // Manutención.

ENTREVER Columbrar, percibir, vislumbrar. // Conjeturar, sospechar.

ENTREVERAR Mezclar.

ENTREVERO Camorra, pelea, trifulca.

ENTREVISTA Conferencia, reunión.

ENTRIPADO Desazón, encono, resentimiento, enojo, disgusto, resquemor.

ENTRISTECER Afligir, apenar, acongojar. *Alegrar, regocijar.*

ENTROMETERSE Entremeterse.

ENTROMETIDO Entremetido.

ENTROMPARSE Amoscarse, enfadarse.

ENTRONCAR Empalmar. // Emparentar.

ENTRONIZAR Coronar, entronar, ungir.

ENTUERTO Agravio, injuria, daño, perjuicio, ofensa.

ENTUMECER Entorpecer. *Despabilarse.* // Agarrotarse, entumirse, envararse.

ENTUMECIDO Paralítico, yerto, parapléjico. // Rígido, helado, congelado.

ENTUMIRSE Entorpecerse, entumecerse. *Desentumecerse.*

ENTUPIR Obstruir, taponar, cerrar. // Comprimir, apretar.

ENTURBAMIENTO Turbieza, opacidad.

ENTURBIAR Alterar, turbar. // Oscurecer. *Aclarar.*

ENTUSIASMAR Enardecer. *Apagar.* // Arrebatarse, exaltar.

ENTUSIASMO Admiración, fervor, frenesí, pasión. *Frialdad, indiferencia, tibieza.*

ENTUSIASTA Admirador, apasionado, devoto, incondicional, fanático.

ENUMERACIÓN Cómputo, cuenta, inventario, relación. // Detalle, expresión.

ENUMERAR Contar, computar, inventariar. // Referir.

ENUNCIACIÓN Declaración, enunciado, explicación, exposición, manifestación, mención.

ENUNCIAR Declarar, explicar, exponer, expresar, manifestar. *Retractarse.*

ENVAINAR Enfundar. *Desenfundar, desenvainar.* // Envolver.

ENVALENTONAR Animar. // Fanfarronear. *Acobardarse.*

ENVANECERSE Engreírse, ensoberbecerse, infatuarse, alabarse.

ENVARARSE Entumecerse, entumirse.

ENVASAR Embotellar, enlatar, llenar, enfrascar. *Vaciar.*

ENVASE Recipiente, vaso, vasija. // Embotellado, envolvimiento.

ENVEJECER Aviejar, avejentar, caducar, encanecer. // Ajarse, estropearse, gastarse, deteriorarse.

ENVEJECIDO Avejentado, viejo. *Rejuvenecido.* // *Estropeado.*

ENVENENAR Atosigar, emponzoñar, inficionar, intoxicar. *Desintoxicar.* // Amargar, entristecer. *Contentar, complacer.*

ENVERGADURA Amplitud, anchura. // Alcance, importancia.

ENVÉS Espalda, reverso, revés, dorso. *Anverso, pecho.*

ENVIADO Mensajero, representante, emisario.

ENVIAR Despachar, expedir, mandar, remitir. *Recibir, retener.*

ENVICIAR Corromper, inficionar, pervertir. *Purificar, reformar.*

ENVIDIA Celos, dentera, emulación. *Altruismo, desinterés.*

ENVIDIABLE Apetecible, codiciable, deseable. *Aborrecible.*

ENVIDIAR Apetecer, desear, codiciar. *Despreocuparse.*

ENVIDIOSO Ávido, celoso, ambicioso, resentido.

ENVILECER Corromper, degradar, rebajar. *Dignificar, ennoblecer.*

ENVILECIMIENTO Abyección, bajeza.

ENVÍO Expedición, remesa. *Recepción, recibimiento.*

ENVIÓN Envite. // Empujón, empellón. *Tirón.*

ENVITE Apuesta, jugada. // Envión.

ENVOLTORIO Lío, paquete.

ENVOLTURA Capa, cubierta.

ENVOLVER Arrollar, arropar, ceñir, embalar, enrollar, fajar, ocultar, retobar. *Desceñir, desembalar, desenvolver.* // Cercar, rodear. // Implicar.

ENYESAR Entablillar, entablar.

ENZARZAR Encizañar, enredar. // Pelearse, reñir. **Ensalzar.*

ÉPICO Heroico.

EPICÚREO Sensual, voluptuoso.

EPIDEMIA Peste, plaga. *Profilaxis.*

EPIDERMIS Piel.

EPÍGRAFE Rótulo, título, letrero, inscripción. // Sumario, resumen. // Cita, sentencia.

EPIGRAMA Inscripción. // Agudeza, pensamiento, sátira.

EPILOGAL Resumido, compendiado, recapitulado.

EPILOGAR Compendiar, resumir.

EPÍLOGO Compendio, recapitulación. // Conclusión, desenlace. *Preámbulo, principio, prólogo.*

EPISODIO Aventura, digresión, incidente, suceso.

EPÍSTOLA Carta, misiva.

EPÍTETO Adjetivo, calificativo, atributo. **Epitecto.*

EPÍTOME Compendio, resumen, prontuario, repertorio.

ÉPOCA Era, período, tiempo. // Fecha, sazón, temporada.

EQUIDAD Ecuanimidad, igualdad, imparcialidad, justicia, moderación, rectitud. *Injusticia, parcialidad.*

EQUIDISTANTE Paralelo.

EQUILIBRADO Armónico. // Igualado. // Ecuánime, ponderado, prudente, sensato. *Parcial.*

EQUILIBRAR Compensar, contrarrestar, nivelar.

EQUILIBRIO Armonía, igualdad, proporción. *Desigualdad.* // Ecuanimidad. *Parcialidad.* // Mesura, sensatez. *Inseguridad.*

EQUILIBRISTA Volatinero, acróbata, funámbulo.

EQUIMOSIS Cardenal, contusión, magulladura, moretón.

EQUINO Caballar, hípico. // Caballo.

EQUIPAJE Bagaje, bultos, maletas. // Tripulación.

EQUIPAR Abastecer, proveer, suministrar, surtir.

EQUIPARACIÓN Comparación, confrontación, cotejo, paralelo, parangón.

EQUIPARAR Comparar, confrontar, cotejar, igualar.

EQUIPO Conjunto, cuadro. // Ajuar,

vestuario. // Equipaje, bagaje.
EQUITATIVO Ecuánime, igual, imparcial, justo, recto. *Desigual, injusto.*
EQUIVALENCIA Paridad, igualdad, semejanza. *Desigualdad, oposición.*
EQUIVALENTE Igual, semejante, parecido, parejo, similar. *Diferente, distinto, opuesto.*
EQUIVOCACIÓN Errata, error, gazapo, inexactitud, yerro. *Exactitud, acierto, verdad.*
EQUIVOCARSE Confundirse, errar. *Aceptar, atinar.*
EQUÍVOCO Ambigüedad. // Ambiguo. // Anfibológico, connotativo, connotante, dudoso, sospechoso. *Inequívoco, preciso.*
ERA Época, fecha, temporada, tiempo. *Hera.
ERARIO Tesoro público, fisco, hacienda.
ERECCIÓN Enderezamiento, levantamiento. // Tensión, rigidez, tirantez, tiesura. *Ablandamiento, relajación.*
ERECTO Erguido, levantado, tieso. *Agachado, inclinado.*
EREMITA Anacoreta, ermitaño.
ERGO Por tanto, luego, pues.
ERGUIDO Enhiesto, erecto. *Caído.*
ERGUIR Alzar, empinar, enderezar, levantar. *Bajar.* // Engreírse, ensoberbecerse. *Humillarse.*
ERIAL Páramo, yermo. *Jardín, vergel.*
ERIGIR Alzar, constituir, construir, establecer, fundar, instituir, levantar.
ERIZADO Rígido, tieso. // Arduo, difícil, espinoso. *Fácil.*
ERIZAR Cubrir, llenar. // Azorarse.
ERMITA Capilla, santuario.
ERMITAÑO Eremita.
EROGACIÓN Gasto. *Entrada.*
EROSIÓN Corrosión, desgaste, merma.
ERÓTICO Amoroso, sensual. *Casto.*
ERRANTE Errátil, vagabundo. *Estable, sedentario.*
ERRAR Divagar, pasearse, vagabundear, vagar. *Permanecer.* // Engañarse, equivocarse, fallar, pifiar. *Acertar. *Herrar.*
ERRATA Error, equivocación.

ERRÓNEO Equivocado, errado, falso, inexacto. *Exacto, fiel, verdadero.*
ERROR Equivocación, errata, falsedad, falta, inexactitud, yerro. *Verdad.* // Desacierto, pifia. *Acierto. *Horror.*
ERUCTAR Regoldar. // Jactarse.
ERUCTO Regüeldo, eructación.
ERUDICIÓN Conocimientos, instrucción, saber, sabiduría. *Ignorancia.*
ERUDITO Ilustrado, instruido, culto, docto, leído. *Analfabeto, inculto.*
ESBELTO Airoso, apuesto, grácil, elegante. *Desgarbado.*
ESBIRRO Corchete, polizonte, alguacil.
ESBOZAR Bosquejar, proyectar.
ESBOZO Boceto, borrador, esquema.
ESCABECHAR Adobar. // Matar.
ESCABECHE Adobo.
ESCABEL Banqueta, tarima.
ESCABROSO Abrupto, breñoso, desigual, difícil, peligroso. *Llano.* // Licencioso, verde. *Púdico.*
ESCABULLIRSE Escaparse, huir, irse. *Arrinconar, atrapar, cercar.*
ESCACHAR Cascar, despachurrar.
ESCAFANDRA Escafandro.
ESCALA Escalera. // Escalafón. // Graduación. // Puerto. // Sucesión. // Proporción, tamaño.
ESCALAFÓN Lista, categoría, escala.
ESCALAR Subir, trepar. *Descender.* // Asaltar, irrumpir.
ESCALDADO Abrasado. // Escarmentado, receloso.
ESCALDAR Abrasar, cocer, escocer, caldear, quemar.
ESCALERA Escalinata, gradería.
ESCALFAR Cocer, calentar.
ESCALOFRÍO Calofrío, chucho, espasmo, estremecimiento.
ESCALÓN Grada, peldaño. // Grado.
ESCAMA Placa. // Recelo, sospecha, temor. *Confianza.* // Inquietud, zozobra. *Certeza.*
ESCAMADO Escarmentado, receloso.
ESCAMOTEAR Birlar, quitar, robar. *Devolver, donar.*
ESCAMOTEO Hurto, robo, ocultamien-

to. // Prestidigitación, truco.
ESCAMPADO Descampado. *Poblado.*
ESCAMPAR Aclarar, despejar, librar. *Nublarse.*
ESCANDALIZAR Alborotar, gritar. // Enojarse, irritarse.
ESCÁNDALO Alboroto, gritería, inquietud, ruido, tumulto. *Quietud, silencio.* // Asombro, pasmo. // Desenfreno, desvergüenza, mal ejemplo. *Decencia.*
ESCANDALOSO Bullicioso, gritón, perturbador, ruidoso. *Sosegado, tranquilo.* // Exorbitante, inaudito, irritante. // Depravado, inmoral, libertino, vergonzoso. *Casto, decente, decoroso.*
ESCAÑO Banco, poyo, grada.
ESCAPADA Desbandada, huida.
ESCAPAR Evadirse, huir, fugarse, escabullirse, escurrirse. *Arrinconar, atrapar, cercar, quedarse.*
ESCAPARATE Vidriera.
ESCAPATORIA Huida. // Efugio, evasiva, excusa, recurso, salida, subterfugio.
ESCAPE Filtración, fuga, pérdida.
ESCAQUE Casilla, cuadro.
ESCARA Costra.
ESCARAMUZA Combate, contienda, disputa, pendencia, refriega, reyerta, riña. *Tregua.*
ESCARAPELA Cucarda, divisa.
ESCARBADIENTES Mondadientes, palillo.
ESCARBAR Excavar, remover, arañar. // Inquirir, indagar.
ESCARCEO Cabriola, pirueta. // Divagación, rodeo.
ESCARCHA Rocío, sereno, aljófar, relente, cencellada.
ESCARCHAR Rociar. // Cristalizar. // Congelarse.
ESCARLATA Carmesí, grana, rojo.
ESCARMENTAR Castigar, corregir. // Desengañar. *Obstinarse.*
ESCARMIENTO Castigo, multa, pena. // Desengaño. // Cautela.
ESCARNECER Burlarse, mofarse, zaherir, afrentar.
ESCARNIO Afrenta, befa, injuria, ludi-

brio, mofa. *Alabanza, halago.*
ESCAROLA Achicoria, endibia.
ESCARPA Declive, talud, escarpadura.
ESCARPADO Pendiente, inclinado.
ESCARPÍN Calzado, zapato.
ESCASAMENTE Apenas, difícilmente. *Abundantemente, fácilmente.*
ESCASEAR Faltar. *Abundar.* // Ahorrar, escatimar, excusar.
ESCASEZ Carencia, exigüidad, falta, insuficiencia, mezquindad, penuria, pobreza, tacañería. *Abundancia, exceso, riqueza.*
ESCASO Corto, exiguo, insuficiente, limitado, mezquino, pobre, poco, tacaño. *Abundante, generoso.*
ESCATIMAR Cercenar, disminuir, regatear, escasear. *Prodigar.*
ESCAYOLA Estuco. // Yeso.
ESCENA Escenario, teatro, tablas. // Acto, espectáculo, manifestación. // Suceso, acontecimiento.
ESCÉNICO Teatral.
ESCEPTICISMO Duda, incredulidad, sospecha. *Credulidad, inocencia.*
ESCÉPTICO Incrédulo, desconfiado. *Crédulo, creyente, ingenuo.*
ESCIENTE Docto, sabio.
ESCINDIR Cortar, dividir, partir, separar, tajar.
ESCISIÓN Cisma, ruptura, disidencia, rompimiento, separación.
ESCLARECER Aclarar, dilucidar, explicar, iluminar. *Ensombrecer.* // Alborear. // Ennoblecer. *Difamar.*
ESCLARECIDO Claro, iluminado. // Ilustre, insigne, preclaro, singular, famoso. *Ignoto.*
ESCLAVITUD Servidumbre, opresión, sujeción. *Emancipación, independencia, libertad, soberanía.*
ESCLAVIZAR Oprimir, subyugar, sujetar. *Libertar.*
ESCLAVO Siervo. *Amo.* // Cautivo. // Enamorado, rendido.
ESCLEROSO Duro, fibroso.
ESCLUSA Presa, obstrucción, barrera. // Compuerta.

ESCOBA Escobajo, escobón, lampazo.

ESCOBADA Barrido, escobazo.

ESCOBILLA Cepillo.

ESCOCER Arder, picar. // Escaldarse, escoriarse. // Molestarse, irritarse, resentirse, dolerse.

ESCOGER Designar, elegir, entresacar, optar, preferir, seleccionar. *Dejar, suplantar.*

ESCOGIDO Elegido. // Selecto, excelente, exquisito, superior. *Común.*

ESCOLAR Colegial, educando, estudiante, alumno, discípulo.

ESCOLIO Nota, explicación, comentario, apostilla, anotación. *Escollo.*

ESCOLLERA Rompeolas, muelle, malecón, dique.

ESCOLLO Arrecife, bajo, banco. // Dificultad, obstáculo, peligro, riesgo. *Ayuda, facilidad.* *Escolio.*

ESCOLTA Acompañamiento, custodia, séquito, cortejo, convoy.

ESCOLTAR Acompañar, convoyar, guardar, resguardar. *Desamparar.*

ESCOMBRAR Desembarazar, limpiar, despejar, allanar.

ESCOMBRO Cascajo, cascote, desechos, restos, ripio, ruinas.

ESCONDER Encubrir, ocultar. *Descubrir, evidenciar, mostrar.* // Encerrar. *Abrir.* // Desaparecer, eclipsarse. *Aparecer, manifestarse.*

ESCONDIDO Disimulado, oculto, furtivo, secreto, invisible, incógnito, clandestino. *Visible.*

ESCONDITE Escondrijo, madriguera, guarida.

ESCOPLO Formón, gubia, cuchilla.

ESCORIA Desecho, hez.

ESCORPIÓN Alacrán.

ESCOTE Descote, escotadura. // Cuota, parte, prorrata.

ESCOZOR Desazón, disgusto.

ESCRIBANO Notario, amanuense.

ESCRIBIENTE Copista, mecanógrafo, oficinista.

ESCRIBIR Borronear, componer, garrapatear, pergeñar, transcribir, copiar,

redactar, trazar. // Cartearse.

ESCRITO Alegato, artículo, crónica, documento, manuscrito. *Hablado, oral, verbal.*

ESCRITOR Autor, literato, polígrafo.

ESCRITORIO Bufete, despacho, estudio, oficina, pupitre.

ESCRITURA Escrito. // Grafía. // Copia, documento.

ESCRÚPULO Aprensión, duda, prevención, recelo. *Confianza, creencia, seguridad.* // Escrupulosidad.

ESCRUPULOSIDAD Cuidado, delicadeza, miramiento, reparo, esmero, exactitud, precisión. *Descuido, imprecisión, inexactitud.*

ESCRUPULOSO Aprensivo, concienzudo, puntilloso, cuidadoso, cumplidor, delicado, esmerado, miedoso, puntual, receloso. *Despreocupado, negligente.*

ESCRUTAR Examinar, indagar, averiguar. // Computar.

ESCRUTINIO Averiguación, examen, recuento.

ESCUADRA Cartabón. // Cuadrilla. // Flota. // Horma.

ESCUADRILLA Flotilla.

ESCUÁLIDO Delgado, flaco, esmirriado, extenuado, macilento. *Fornido, robusto, sano.*

ESCUCHAR Atender, oír, estar atento.

ESCUDAR Amparar, defender, proteger, resguardar, cubrir. // Abroquelarse. *Descubrirse.*

ESCUDERO Criado, paje, sirviente. *Caballero.*

ESCUDILLA Plato, cazuela.

ESCUDO Adarga, broquel, rodela. // Amparo, defensa, protección.

ESCUDRIÑAR Averiguar, escrutar, examinar, inquirir, rebuscar.

ESCUELA Colegio. // Doctrina, enseñanza, instrucción, método.

ESCUERZO Sapo. // Desmedrado, enclenque, flaco.

ESCUETO Conciso, estricto. *Ampuloso, reiterado.* // Descubierto, desembarazado, despejado.

ESCULPIR Cincelar, grabar, labrar, modelar, tallar, incrustar, repujar, realzar.

ESCULTURAL Esbelto.

ESCUPIDERA Orinal, salivadera, bacín.

ESCUPIR Esputar, expectorar, salivar. // Arrojar, despedir, expeler.

ESCUPITAJO Esputo, gargajo, salivazo, pollo.

ESCURRIDIZO Resbaladizo, deslizable.

ESCURRIRSE Correrse, deslizarse, escabullirse, escaparse.

ESENCIA Ser, entidad, alma, meollo, naturaleza, propiedad, sustancia. *Accidente.* // Bencina, gasolina, nafta. // Perfume. *Hedor.*

ESENCIAL Notable, principal, fundamental, sustancial. *Accesorio, accidental, secundario, sustituible.*

ESFERA Bola, globo, pelota. // Cielo, firmamento. // Condición, clase.

ESFÉRICO Redondo, esferoidal. *Anguloso.*

ESFORZADO Animoso, denodado, valiente. *Cobarde, pusilánime.*

ESFORZARSE Intentar. *Desistir, renunciar.* // Luchar, procurar, pugnar, querer. *Entregarse.*

ESFUERZO Ánimo, brío, denuedo, valor, vigor. *Flojedad.*

ESFUMAR Desdibujar, desvanecer, disiparse. *Destacar, resaltar.*

ESGRIMIDOR Esgrimista.

ESGRIMIR Usar, utilizar. // Blandir, manejar, batallar.

ESGUINCE Distensión, torcedura. // Esquive, escape.

ESLABONAR Encadenar, engarzar.

ESLORA Longitud.

ESMALTAR Vidriar. // Adornar, hermosear, realzar.

ESMERALDA Berilo. // Verde.

ESMERARSE Afanarse, extremarse. *Descuidar.*

ESMERILAR Pulimentar, pulir.

ESMERO Cuidado, prolijidad, solicitud. *Descuido, negligencia.*

ESMIRRIADO Desmirriado, desmedrado, débil, escuálido.

ESOTÉRICO Oculto, reservado, secreto. *Asequible, claro.* *Exotérico.

ESPABILAR Despabilar.

ESPACIAR Apartar, separar. *Juntar.* // Dilatar, esparcir, extenderse. *Encogerse.*

ESPACIO Ámbito, anchura, capacidad, distancia, extensión, holgura, margen, superficie. // Lapso, transcurso. // Lentitud, tardanza.

ESPACIOSO Amplio, ancho, dilatado, extenso, holgado, vasto. *Pequeño.* // Flemático, lento, pausado. *Especioso.

ESPADA Acero, espadín, espadón, estoque, florete, tizona.

ESPADACHÍN Pendenciero, valentón.

ESPAHÍ Cipayo.

ESPALDA Dorso, envés, lomo. *Pecho.*

ESPALDAR Respaldo.

ESPANTADIZO Asustadizo, cobarde, pusilánime.

ESPANTAJO Espantapájaros, esperpento, adefesio, mamarracho.

ESPANTAPÁJAROS Espantajo.

ESPANTAR Acobardar, asustar, aterrorizar, horrorizar. *Tranquilizar.* // Ahuyentar, ojear. *Atraer.* // Asombrarse, maravillarse, pasmarse. *Desdeñar.*

ESPANTO Asombro, consternación, horror, miedo, pavor, temor, terror. // Fantasma, aparecido.

ESPANTOSO Aterrador, horrible, horroroso, pavoroso, terrible, terrorífico. // Asombroso, pasmoso.

ESPAÑOL Hispánico.

ESPARCIMIENTO Desbandada, desparramamiento, diseminación, disgregación, dispersión, irradiación, separación. *Unión.* // Distracción, diversión, entretenimiento, pasatiempo, solaz, despejo. *Aburrimiento.*

ESPARCIR Desparramarse, diseminar, dispersar, espaciar. *Agrupar, centralizar.* // Difundir, divulgar, propagar, propalar, publicar. *Reservar.* // Alegrar, divertir, solazar. *Aburrirse.*

ESPASMO Contracción, convulsión, pasmo, contorsión.

ESPECIA Condimento, adobo, aderezo,

sabor, yuyos, droga. *Especie.
ESPECIAL Particular, personal, singular, único. *Común, vulgar.* // Adecuado, excelente, propio. *Espacial.
ESPECIALIDAD Particularidad, singularidad. *Generalidad, vulgaridad.*
ESPECIALMENTE Particularmente, principalmente, singularmente.
ESPECIE Clase, conjunto, familia, género, grupo, naturaleza, variedad. // Idea, imagen, proposición, tema. // Chisme, dicho, noticia, rumor. // Apariencia, color, pretexto. *Especia.
ESPECIFICAR Definir, detallar, determinar, explicar, precisar. *Indeterminar.*
ESPECÍFICO Medicamento. // Distinto, especial, típico. *Genérico.*
ESPÉCIMEN Ejemplar, modelo, muestra, prototipo.
ESPECIOSO Aparente, capcioso, engañoso. // Hermoso, perfecto, precioso. *Espacioso.
ESPECTÁCULO Función, representación. // Cuadro, panorama, vista.
ESPECTADOR Asistente, concurrente, público.
ESPECTRO Aparecido, aparición, fantasma, visión.
ESPECULACIÓN Comercio, negocio. // Meditación, reflexión, teoría.
ESPECULAR Comerciar, traficar. // Contemplar, meditar, reflexionar, teorizar, registrar.
ESPECULATIVO Pensativo, reflexivo, teórico. *Práctico.*
ESPEJISMO Ilusión.
ESPEJO Luna, cristal. // Dechado, modelo, ejemplo.
ESPEJUELOS Anteojos, gafas, lentes.
ESPELUZNANTE Horrendo, horripilante, horroroso. *Atractivo, fascinante, grato.*
ESPELUZNAR Erizar, espantar, horrorizar. *Tranquilizar.*
ESPERA Acecho, calma, expectativa, paciencia, plazo, término.
ESPERANZA Confianza, fe, ilusión, creencia, perspectiva. *Desesperación,*

desmoralización, pesimismo.
ESPERANZADO Confiado, ilusionado, optimista. *Desconfiado, pesimista.*
ESPERAR Aguardar, confiar, creer. *Desesperar, despedir.*
ESPERMA Semen.
ESPERPENTO Absurdo, desatino. // Mamarracho, adefesio, espantajo.
ESPESAR Concentrar, condensar. *Desunir.* // Tupir. *Aclarar.*
ESPESO Denso. // Apiñado, apretado, compacto, frondoso, lujuriante, tupido.
ESPESOR Condensación, densidad. // Grosor, grueso.
ESPESURA Frondosidad, bosque, selva, maraña. // Suciedad.
ESPETAR Atravesar, clavar, encajar. // Endilgar.
ESPETÓN Asador, atizador, estoque.
ESPIAR Acechar, aguaitar, atisbar, escuchar, observar, vigilar. *Expiar.
ESPICHAR Pinchar, punzar. // Morir.
ESPIGADO Alto, crecido. *Desmedrado.*
ESPIGAR Rebuscar, recoger. // Crecer.
ESPIGÓN Aguijón, punta. // Mazorca, panoja. // Rompeolas, dique, malecón.
ESPINA Astilla, púa. // Espinazo. // Escrúpulo, recelo. *Estímulo.* // Pesar.
ESPINAL Vertebral.
ESPINAZO Columna vertebral, espina dorsal, raquis.
ESPINGARDA Escopeta.
ESPINILLA Barrito.
ESPINOSO Punzante. // Arduo, difícil, dificultoso, peliagudo. *Fácil, sencillo, simple.*
ESPIRA Espiral, hélice. *Expira (expirar).
ESPIRAL Espira, hélice. // Turbina, rosca, resorte, caracol.
ESPIRAR Alentar, respirar. // Animar, excitar, exhalar, expeler, mover. // Morir. *Expirar.
ESPIRITADO Delgado, extenuado, flaco, macilento.
ESPIRITOSO Animado, eficaz, vivo.
ESPÍRITU Alma, ánima, psiquis. *Carne, cuerpo.* // Aliento, ánimo, brío, energía, esfuerzo, valor, vigor. *Desaliento, fla-*

queza. // Agudeza, ingenio, vivacidad. // Demonio. // Carácter, esencia, principio, sustancia, tendencia.

ESPIRITUAL Místico. *Material.* // *Psíquico. Físico, corporal.* // Agudo, inteligente, fino.

ESPIRITUOSO Espiritoso.

ESPITA Canilla, grifo.

ESPLENDENTE Brillante, resplandeciente, esplendoroso.

ESPLENDIDEZ Abundancia, generosidad, largueza, magnificencia, ostentación. *Sencillez, tacañería.*

ESPLÉNDIDO Brillante, generoso, liberal, magnífico, ostentoso, regio, rumboso, suntuoso. *Pobre, pobretón.*

ESPLENDOR Brillo. // Fama, lustre, nobleza.

ESPLENDOROSO Brillante, fúlgido.

ESPLIEGO Alhucema, lavanda.

ESPLÍN Aburrimiento, fastidio, hastío, tedio, tristeza, melancolía.

ESPOLEAR Aguijonear, estimular, excitar, incitar, acuciar, mover, pinchar. **Expoliar.*

ESPOLÍN Lanzadera.

ESPOLÓN Garrón, uña. // Contrafuerte, malecón, tajamar.

ESPOLVOREAR Polvorear.

ESPONJARSE Envanecerse, hincharse, infatuarse.

ESPONJOSO Fofo, poroso. *Compacto, denso.*

ESPONSALES Desposorios.

ESPONTANEIDAD Desahogo, franqueza. *Desconfianza.*

ESPONTÁNEO Natural, voluntario. *Afectado, estudiado.*

ESPORÁDICO Ocasional. *Cíclico, continuo, frecuente.*

ESPOSA Consorte, cónyuge, mujer.

ESPOSAS Manillas.

ESPOSO Consorte, cónyuge, marido.

ESPUELA Acicate, aguijón, estímulo, incentivo.

ESPUERTA Cesta, cesto, esportilla, serón, capacho.

ESPUMANTE Efervescente, espumoso.

ESPURIO Bastardo, espúreo, falso, ilegítimo, ilusorio. *Legítimo.* // Adulterado, contrahecho.

ESPUTAR Escupir, expectorar.

ESPUTO Escupitajo.

ESQUEJE Tallo, vástago, brote.

ESQUELA Carta, comunicación, misiva, tarjeta, nota.

ESQUELÉTICO Escuálido, flaco. *Gordo, obeso.*

ESQUELETO Armazón, osamenta. // Plan, proyecto.

ESQUEMA Gráfico, croquis, guión, proyecto. **Esquena.*

ESQUEMATIZAR Compendiar, sintetizar. *Ampliar.*

ESQUICIO Apunte, bosquejo, esbozo.

ESQUIFE Batel, bote, canoa, lancha.

ESQUILA Campanilla, cencerro. // Esquileo, zafra.

ESQUILAR Trasquilar, cortar.

ESQUILMAR Agotar, despojar, empobrecer, explotar. *Enriquecer, favorecer.*

ESQUINA Ángulo, arista.

ESQUIRLA Astilla, fragmento.

ESQUIVAR Eludir, evitar, retraerse. *Afrontar, desafiar.*

ESQUIVO Arisco, desdeñoso, hosco, retraído. *Amistoso.*

ESTABILIDAD Duración, firmeza, permanencia. *Inconstancia.* // Equilibrio, inmovilidad, seguridad. *Desequilibrio, inestabilidad, inseguridad.*

ESTABILIZAR Afianzar, consolidar. *Desequilibrar, movilizar.*

ESTABLE Constante, duradero, firme, invariable, permanente. *Inestable, mudable, precario.*

ESTABLECER Fundar, instalar, instituir. // Fijar, mandar, ordenar. // Afincarse, avecindarse.

ESTABLECIMIENTO Fundación, institución. // Comercio, bazar.

ESTABLO Caballeriza, cuadra, pesebre.

ESTACA Garrote, palo.

ESTACADA Empalizada.

ESTACAZO Garrotazo, palo.

ESTACIÓN Época, período, temporada,

tiempo. // Estancia, morada. // Alto, apeadero, detención, parada.

ESTACIONAR Colocar, situar. *Cambiar.* // Estancarse, pararse. *Mover.*

ESTACIONARIO Estacional, inmóvil, invariable. *Dinámico, móvil, variable.*

ESTADÍA Detención, estancia, permanencia, parada.

ESTADIO Campo deportivo, cancha. // Fase, período.

ESTADISTA Gobernante, hombre de Estado, político.

ESTADÍSTICA Censo, padrón, recuento, lista.

ESTADO Calidad, clase, condición, jerarquía, orden, situación. // Gobierno, nación, país. // Inventario, memoria, resumen.

ESTAFA Defraudación, fraude, timo.

ESTAFADOR Defraudador, embaucador, timador.

ESTAFAR Defraudar, sablear, timar, trampear.

ESTAFETA Correo.

ESTALLAR Reventar, romperse. // Prorrumpir, sobrevenir.

ESTALLIDO Explosión.

ESTAMENTO Clase, cuerpo, organismo.

ESTAMPA Figura, grabado, imagen. // Imprenta, impresión. // Huella, vestigio, señal.

ESTAMPAR Grabar, imprimir, timbrar, marcar, señalar, ilustrar, dibujar.

ESTAMPIDO Disparo, tiro, detonación.

ESTAMPILLA Sello.

ESTANCAR Detener, embalsar, paralizar, parar, suspender, empantanar. *Correrse, moverse.*

ESTANCIA Aposento, cuarto, habitación. // Mansión, residencia. // Detención, estadía, permanencia. // Estrofa.

ESTANCIERO Hacendado.

ESTANDARTE Bandera, insignia, pendón, divisa.

ESTANQUE Depósito, piscina, tanque.

ESTANTE Anaquel, repisa.

ESTAR Encontrarse, existir, hallarse, residir, sentir, vivir, permanecer, quedar.

Ausentarse, faltar, irse. // Atañer, tocar. // Caer, sentar. // Costar, valer.

ESTÁTICO Inmóvil, parado, quieto. // Asombrado, pasmado. **Extático.*

ESTATUA Escultura, figura, imagen.

ESTATUIDO Determinado, establecido, instituido, ordenado. // Arreglado, decidido, mandado. *Improvisado.* // Demostrado, probado.

ESTATUIR Determinar, establecer, instituir, mandar, decretar, ordenar. *Derogar, desorganizar, revocar.* // Demostrar, probar.

ESTATURA Altura, alzada, talla.

ESTATUTO Ley, regla, reglamento.

ESTE Levante, naciente, oriente. *Occidente, oeste, ocaso, poniente.*

ESTELA Rastro, señal. // Lápida, monumento, pedestal.

ESTENOGRAFÍA Taquigrafía.

ESTENTÓREO Fuerte, retumbante, ruidoso. *Silencioso.*

ESTEPA Yermo, llano, erial.

ESTERA Alfombra, tapete, felpudo.

ESTERCOLERO Muladar.

ESTEREOTIPAR Calcar, reproducir.

ESTÉRIL Árido, improductivo, infecundo, infructífero, infructuoso, inútil, vano. *Fecundo, fructuoso, útil.*

ESTERILIDAD Aridez, ineficacia, infecundidad, infructuosidad. *Eficacia, fecundidad.* // Asepsia.

ESTERILIZACIÓN Castración. // Desinfección, pasteurización.

ESTERO Bañado, estuario.

ESTÉTICO Artístico, bonito, elegante, vistoso, bello. *Antiestético, deforme, feo, grotesco.*

ESTIBAR Colocar.

ESTIÉRCOL Excremento, abono, guano.

ESTIGMA Llaga, mancha, marca, señal. // Afrenta, baldón, desdoro. *Honra, prestigio.* **Estima.*

ESTIGMATIZAR Marcar. // Afrentar, infamar, tachar.

ESTILAR Acostumbrar, soler, practicar, usar. // Extender, ordenar.

ESTILETE Estilo, punzón, puñal, cuchillo, daga. // Sonda, púa. // Buril, cincel.

ESTILO Punzón, estilete. // Carácter, forma, manera, modo. // Costumbre, moda, práctica.

ESTIMA Aprecio, estimación, respeto. *Estigma.*

ESTIMACIÓN Afecto, aprecio, consideración, estima. *Desprecio, menosprecio.* // Apreciación, evaluación, peritaje, tasación.

ESTIMAR Evaluar, tasar, valorar, valuar. // Conceptuar, considerar. *Desestimar.* // Amar, querer, respetar. *Odiar.*

ESTIMULAR Aguijonear, excitar, incitar, pinchar, punzar. *Coartar, frenar, moderar.*

ESTÍMULO Acicate, aguijón, aliciente. // Incitación.

ESTÍO Verano. *Hastío.*

ESTIPENDIO Paga, honorarios, remuneración, salario, sueldo. *Quita.*

ESTIPULAR Acordar, concertar, contratar, convenir, pactar.

ESTIRADO Alargado, alto, crecido. // Tenso. // Altanero, entonado, orgulloso. // Rebajado.

ESTIRAR Alargar, dilatar, ensanchar, extender, prolongar. *Acortar, contraer, encoger, reducir.* // Desperezarse.

ESTIRÓN Crecimiento. // Tirón.

ESTIRPE Alcurnia, linaje, origen, raíz, tronco. *Extirpe* (extirpar).

ESTIVAL Veraniego. *Invernal.*

ESTOCADA Herida, punzada.

ESTOFA Aliño, atavío. // Calaña, calidad, clase, condición, laya, ralea.

ESTOFADO Guiso, adobo, condimento. // Aliñado, ataviado, engalanado.

ESTOICO Imperturbable, indiferente, insensible. *Susceptible.* // Ecuánime, fuerte.

ESTÓLIDO Bobo, estúpido.

ESTOMACAL Digestivo, gástrico.

ESTÓMAGO Buche.

ESTOQUE Espada, espetón, florete.

ESTORBAR Dificultar, embarazar, entorpecer, impedir, incomodar, molestar, obstaculizar, trabar. *Ayudar, colaborar,*

facilitar, secundar, permitir.

ESTORBO Embarazo, impedimento, molestia, obstáculo, rémora. *Apoyo, refuerzo, óbice, dificultad, tope.*

ESTRABISMO Bizquera.

ESTRADA Camino, carretera.

ESTRADO Entablado, entarimado, tarima. // Sala.

ESTRAFALARIO Desaliñado, estrambótico, extravagante, ridículo. *Elegante.*

ESTRAGAR Corromper, dañar, estropear, viciar. *Estregar.*

ESTRAGO Daño, destrozo, devastación, matanza, ruina.

ESTRAMBÓTICO Estrafalario, excéntrico, raro.

ESTRATAGEMA Astucia, fingimiento. // Ardid, artimaña, celada, engaño.

ESTRATEGIA Habilidad, pericia. *Inhabilidad.* // Táctica, maniobra.

ESTRATO Capa, sedimento. *Extracto.*

ESTRECHAR Apremiar, apretar, apurar, constreñir, forzar, obligar, reducir. *Ensanchar.* // Ceñirse, recogerse.

ESTRECHEZ Angostura, aprieto, apuro. *Holgura.* // Escasez, indigencia, limitación, miseria, necesidad, penuria, pobreza, privación. *Abundancia.*

ESTRECHO Canal, paso, desfiladero, istmo, cañón, garganta. // Ahogado, ajustado, angosto, apretado, reducido. *Ancho, desahogado, espacioso.* // Austero, exacto, rígido. // Escaso, mezquino. *Abundante, copioso.* // Íntimo, cercano, próximo. *Lejano.*

ESTREGAR Frotar, restregar, refregar. *Acariciar.* *Estragar.*

ESTRELLA Astro, lucero. // Destino, fortuna, hado, sino, suerte.

ESTRELLARSE Chocar. // Fracasar.

ESTREMECER Alterar, conmover, sobresaltar, temblar, tiritar, trepidar, turbar, palpitar.

ESTREMECIMIENTO Alteración. // Conmoción, sobresalto, turbación. // Sacudida, temblor. *Serenidad.*

ESTRENAR Comenzar, debutar, empezar. // Inaugurar.

ESTRENO Apertura, inauguración, debut. *Clausura.*

ESTRÉPITO Estruendo, fragor, ruido. *Silencio.* // Aparato, ostentación.

ESTREPITOSO Estruendoso, ruidoso, fragoroso. *Silencioso.*

ESTRÍA Canal, ranura, raya, surco, hendedura, acanaladura.

ESTRIAR Acanalar, rayar.

ESTRIBAR Apoyarse, basarse, consistir, descansar, fincar, fundar, radicar.

ESTRIBILLO Muletilla, repetición.

ESTRIBO Contrafuerte. // Apoyo, fundamento, sostén.

ESTRICTO Ajustado, estrecho, exacto, preciso, riguroso. *Impreciso, inexacto.* // Severo. *Blando, condescendiente.*

ESTRIDENTE Agudo, chirriante, desapacible, estruendoso. *Sordo, suave.*

ESTRIDULAR Chirriar, rechinar.

ESTRO Inspiración, numen. *Astro.

ESTROPAJOSO Andrajoso, desaseado. // Tartajoso.

ESTROPEADO Inútil, inservible, roto, deteriorado, gastado, descompuesto. *Nuevo, útil, sano, aprovechable.*

ESTROPEAR Dañar, deteriorar, lastimar, lisiar, maltratar, menoscabar. *Arreglar, curar.* // Malograr. *Mejorar.*

ESTROPICIO Destrozo, rotura, trastorno. *Reparación.*

ESTRUCTURA Disposición, distribución, orden, organización.

ESTRUENDO Estrépito, ruido, fragor. *Silencio.*

ESTRUJAR Agotar, exprimir. // Apretar, comprimir, oprimir, prensar. *Aflojar, soltar.*

ESTUARIO Desembocadura, estero.

ESTUCAR Blanquear, enlucir, enyesar.

ESTUCHE Caja, cofrecillo, envoltura, bolsa, vaina, funda, envase.

ESTUCO Enlucido, yeso, enyesado, escayola, encalado.

ESTUDIADO Afectado. *Natural.*

ESTUDIANTE Alumno, discípulo, educando, escolar. *Maestro, profesor.*

ESTUDIANTIL Escolar.

ESTUDIAR Aprender, cursar, instruir. // Buscar, examinar, investigar, meditar, observar, preparar.

ESTUDIO Aprendizaje, instrucción. // Análisis, investigación, memoria, monografía, obra, producción, tesis, tratado. // Boceto, croquis, ensayo. // Despacho, bufete, taller. // Habilidad, maña. // Afectación. *Naturalidad, sencillez.*

ESTUDIOSO Aplicado, investigador, laborioso.

ESTUFA Brasero, calentador, calorífero, hogar.

ESTULTICIA Necedad, tontería.

ESTUPEFACCIÓN Asombro, admiración, estupor, pasmo. *Indiferencia.*

ESTUPEFACIENTE Alcaloide, narcótico, soporífero, anestésico.

ESTUPEFACTO Asombrado, atónito, maravillado, pasmado, turulato, admirado. *Impasible.*

ESTUPENDO Admirable, asombroso, maravilloso, pasmoso, portentoso. *Deleznable, horrible.*

ESTUPIDEZ Estulticia, necedad. *Capacidad, inteligencia.*

ESTÚPIDO Bobo, tonto, necio. *Astuto, capaz, listo.*

ESTUPOR Asombro, pasmo. // Consternación. *Serenidad.*

ESTUPRO Violación.

ETAPA Época. // Alto, parada.

ETÉREO Incorpóreo, sutil, vaporoso. *Corpóreo, material.* // Elevado, sublime. *Estéreo.

ETERNAMENTE Inacabablemente, perpetuamente, siempre.

ETERNIDAD Perpetuidad, perpetuación, inmortalidad. *Momento.*

ETERNIZAR Inmortalizar, perpetuar. *Olvidar.* // Durar. *Fenecer, morir.*

ETERNO Imperecedero, infinito, interminable, sempiterno, perdurable. *Mortal, perecedero.*

ÉTICO Moral. *Inmoral.* *Hético.

ETIQUETA Inscripción, marbete, rótulo. // Ceremonia, ceremonial.

ÉTNICO Gentilicio, racial.

EUCARISTÍA Comunión, hostia.

EUFEMISMO Indirecta, disfraz. *Claridad, sinceridad.*

EUFORIA Alegría, optimismo, ímpetu, vehemencia, arrebato, entusiasmo. *Apatía, disgusto.*

EUFÓRICO Alegre, optimista, animoso, exaltado, entusiasmado, exultante. *Descontento, disgustado, apático.*

EUNUCO Castrado.

EURITMIA Armonía, equilibrio.

EVACUACIÓN Defecación, deposición, deyección. // Abandono, desocupación, salida. *Entrada, invasión.*

EVACUAR Cagar, defecar, excretar. // Abandonar, desocupar, retirarse. *Invadir.* // Realizar.

EVADIR Eludir, esquivar, evitar. *Afrontar, rodear.* // Escabullirse, fugarse, huir. *Bloquear, permanecer.*

EVALUACIÓN Apreciación, cálculo, tasación, valoración, valuación.

EVALUAR Apreciar, calcular, estimar, tasar, valorar, valuar. *Desestimar.*

EVANGELIZAR Catequizar, convertir.

EVAPORACIÓN Volatilización, gasificación, vaporización, vaporación, evaporización, sublimación. *Condensación.*

EVAPORARSE Desvanecerse, disiparse, volatilizarse. *Condensar, licuar.* // Desaparecer, fugarse. *Aparecer, mostrarse.*

EVASIÓN Fuga, huida. *Aprehensión, captura, detención.*

EVASIVA Efugio, pretexto, subterfugio. *Apremio, exigencia.*

EVENTO Acontecimiento, suceso, incidente, accidente.

EVENTUAL Accidental, casual, fortuito, incidental, incierto.

EVENTUALIDAD Casualidad, contingencia, posibilidad. *Realidad.*

EVENTUALMENTE Casualmente, inciertamente, ocasionalmente.

EVICCIÓN Despojo, privación.

EVIDENCIA Certeza, certidumbre, seguridad. *Incertidumbre, inseguridad.*

EVIDENCIAR Demostrar, patentizar, probar, constar.

EVIDENTE Cierto, claro, manifiesto, palmario, patente, tangible. *Dudoso, incierto.*

EVITAR Eludir, obviar, prevenir, evadir, esquivar, excusar, huir, precaver, rehuir. *Afrontar, enfrentar.*

EVOCACIÓN Memoria, recordación, rememoración, recuerdo.

EVOCAR Recordar, rememorar. *Olvidar.* // Apostrofar, invocar, llamar.

EVOLUCIÓN Desarrollo, progresión. *Estancamiento.* // Cambio, mudanza, transformación, mutación. // Maniobra, movimiento. *Paralización.*

EVOLUCIONAR Maniobrar. // Desarrollarse, desenvolverse. // Cambiar, transformarse.

EXACCIÓN Exigencia, reclamación, requerimiento, tributo, cobro.

EXACERBAR Agravar, irritar. *Apaciguar, atenuar, mitigar, suavizar.*

EXACTAMENTE Cabalmente, estrictamente, fielmente, puntualmente, al pie de la letra.

EXACTITUD Fidelidad, puntualidad. *Imprecisión, inexactitud.*

EXACTO Cabal, fiel, literal, preciso, puntual, textual. *Erróneo, falso, impreciso, impuntual.*

EXAGERACIÓN Encarecimiento, hipérbole, ponderación, exceso.

EXAGERADO Excesivo. *Escaso.*

EXAGERAR Abultar, encarecer. *Disminuir, reducir.*

EXALTACIÓN Enardecimiento, excitación. // Apoteosis, glorificación. *Humillación.* ***Exultación.**

EXALTADO Apasionado, entusiasta, fanático, hincha.

EXALTAR Elevar, ensalzar, glorificar, realzar. *Agraviar, denigrar, rebajar.* // Acalorarse, arrebatarse, enardecerse, excitarse, entusiasmarse, irritarse, desatarse. *Tranquilizarse.*

EXAMEN Indagación, inspección, prueba. // Reconocimiento.

EXAMINAR Auscultar, considerar, contemplar, estudiar, explorar, inquirir, inspeccionar, observar, probar, reconocer, sondear, tantear, verificar.

EXANGÜE Desangrado, exánime. // Muerto.

EXÁNIME Desfallecido, desmayado, muerto. *Animado, palpitante.* *Examine (examinar).

EXASPERACIÓN Enfurecimiento, irritación, exacerbación.

EXASPERAR Enfurecer, irritar, lastimar. *Aplacar, calmar, tranquilizar.*

EXCARCELAR Libertar.

EXCAVACIÓN Foso, hoyo, pozo, zanja.

EXCAVAR Ahondar, cavar, profundizar, socavar, dragar.

EXCEDENTE Sobrante, enorme, harto, sobreabundante, exorbitante, sobrado, descomedido, excesivo. *Faltante, escaso, carente.* // Resto, residuo.

EXCEDER Aventajar, sobrepasar, superar. *Perder.* // Extralimitarse, propasarse. *Limitarse.*

EXCELENCIA Alteza, superioridad, grandiosidad, excelsitud, exquisitez, eminencia. *Inferioridad.*

EXCELENTE Notable, óptimo, relevante, superior. *Mediocre, malo, pésimo.* // Exquisito, rico. *Insípido.*

EXCELSITUD Excelencia, grandeza, magnitud, majestad.

EXCELSO Alto, eminente, elevado, sublime, excelente.

EXCENTRICIDAD Extravagancia, rareza. *Normalidad.*

EXCÉNTRICO Extravagante, raro. *Elegante, equilibrado, normal.*

EXCEPCIÓN Anomalía, irregularidad, particularidad, singularidad, rareza, exclusión. *Normalidad, inclusión.*

EXCEPCIONAL Estupendo, extraordinario, original. *Vulgar, corriente.*

EXCEPTO A excepción de, exclusivamente, exclusive, fuera de, salvo.

EXCEPTUAR Excluir, omitir. *Incluir, incorporar.*

EXCESIVO Superabundante. // Disparatado, enorme, exorbitante, inmoderado, monstruoso. *Insignificante.*

EXCESO Demasía, excedente, exorbitancia, sobra, sobrante, superabundancia. *Carencia, escasez.* // Abuso, crimen, delito, desarreglo, desorden, violencia.

EXCITACIÓN Acaloramiento, agitación, emoción, entusiasmo, irritación. *Apatía, frialdad, indiferencia.* *Hesitación.

EXCITAR Acalorar, enardecer, entusiasmar, estimular, exacerbar, exaltar, instigar, irritar, mover, provocar. *Desanimar, tranquilizar.* *Hesitar.

EXCLAMACIÓN Apóstrofe, grito, voz, voto, juramento, interjección.

EXCLAMAR Clamar, proferir, prorrumpir, imprecar, apostrofar, emitir.

EXCLUIR Descartar, echar, eliminar, omitir, quitar, separar, exceptuar, expulsar, relegar, dejar, desechar, desterrar. *Incluir, introducir.*

EXCLUSIVA Concesión, monopolio, privilegio, prerrogativa.

EXCLUSIVAMENTE Solamente, únicamente. *Generalmente, globalmente.*

EXCORIACIÓN Corrosión, desgaste, desolladura.

EXCRECENCIA Carnosidad, lobanillo, verruga.

EXCRECIÓN Excremento.

EXCREMENTICIO Excremental, fecal.

EXCREMENTO Bosta, caca, estiércol, guano, heces, mierda, residuos.

EXCRETAR Defecar, evacuar.

EXCULPACIÓN Disculpa, defensa, excusa, justificación, descargo, dispensación, pretexto. *Acusación, cargo.*

EXCULPAR Defender, excusar, justificar. *Acusar, censurar, culpar, imputar.*

EXCURSIÓN Correría. // Paseo, viaje.

EXCUSA Evasiva, exención, pretexto. *Ofensa.* *Escusa.

EXCUSADO Reservado, retrete. // Exento, libre, inútil, superfluo.

EXCUSAR Defender, exculpar, eximir, disculpar, justificar. *Acusar.* // Eludir, evadir, evitar, rehusar, rehuir. *Afrontar.*

EXECRABLE Abominable, maldito, vitando.

EXECRACIÓN Imprecación, juramento, vituperio, amenaza, blasfemia, maldición. *Alabanza, bendición.*

EXECRAR Anatematizar, condenar, maldecir. *Bendecir.*

EXÉGESIS o EXEGESIS Explicación, interpretación.

EXEGETA Glosador, intérprete.

EXENCIÓN Descargo, dispensa, exoneración, franquicia, liberación, prerrogativa, privilegio. *Carga, obligación, recargo.*

EXENTO Desembarazado, exceptuado, exonerado, libre. *Obligado.*

EXEQUIAS Funerales.

EXHALACIÓN Emanación. // Centella, rayo.

EXHALAR Emanar. // Despedir, emitir, lanzar.

EXHAUSTO Agotado, extenuado, vacío. *Fuerte, lozano, lleno.*

EXHIBICIÓN Exposición, manifestación, presentación.

EXHIBIR Enseñar, exponer, exteriorizar, lucir, manifestar, ostentar, presentar. *Esconder, ocultar.*

EXHORTACIÓN Amonestación, incitación, consejo, advertencia, aviso. // Invitación, ruego, súplica.

EXHORTAR Amonestar. // Incitar, inducir. *Acobardar, asustar.* // Pedir, rogar, suplicar.

EXHUMAR Desenterrar. *Enterrar, inhumar, sepultar.*

EXIGENCIA Demanda, pretensión.

EXIGENTE Demandante. // Insistente, pedigüeño. // Escrupuloso, rígido, severo, recto.

EXIGIR Demandar, pedir, reclamar. *Dispensar, eximir, perdonar.*

EXIGUO Escaso, insuficiente, mezquino, mínimo, parvo. *Sobrado.*

EXILIO Destierro, expatriación, expulsión. *Repatriación.*

EXIMIO Excelente.

EXIMIR Dispensar, exonerar, liberar, libertar, relevar, franquear, desligar, exculpar. *Condenar, obligar.*

EXISTENCIA Realidad, ser, vida. *Inexistencia, irrealidad.*

EXISTENTE Real, actual, verdadero, contemporáneo, positivo. *Inexistente, irreal, falso.*

EXISTIR Estar, haber, hallarse, ser, vivir. *Faltar.*

ÉXITO Triunfo, victoria. *Fracaso.* // Fin, resultado, terminación. *Excito (excitar). *Hesitó (hesitar).

ÉXODO Emigración, salida. *Entrada, incursión, invasión.*

EXONERACIÓN Degradación, deposición, destitución. *Reposición.* // Alivio, descargo. // Dispensa, exención, franquicia.

EXONERAR Aliviar, descargar. // Deponer, destituir, eximir, degradar, relevar. *Reponer, restituir.*

EXORBITANTE Excesivo. *Escaso, ínfimo.*

EXORCISMO Conjuro.

EXORDIO Introducción, principio, prólogo, prefacio, proemio, preámbulo.

EXORNAR Adornar, embellecer, engalanar, hermosear. *Afear.*

EXOTÉRICO Asequible, común, fácil. *Esotérico.

EXÓTICO Extranjero. *Indígena, vernáculo.* // Chocante, extraño, extravagante, peregrino. *Castizo, típico, tradicional.*

EXPANDIR Difundir, dilatar, ensanchar, extender, propagar, agrandar, ampliar, desarrollar. *Reducir, sintetizar.*

EXPANSIÓN Difusión, dilatación, extensión, propagación. // Confidencia, desahogo, efusión. // Distracción, esparcimiento, solaz.

EXPANSIVO Cariñoso, comunicativo, efusivo, franco, vehemente, expresivo, simpático, sociable, locuaz. *Retraído, reservado, serio.*

EXPECTATIVA Esperanza, expectación, ilusión. *Desesperanza, desilusión.*

EXPECTORAR Escupir, esputar.

EXPEDICIÓN Envío, remesa, exportación. // Excursión, viaje. // Facilidad, de-

sembarazo, presteza. *Torpeza.*
EXPEDIENTE Asunto, caso, documento. // Curso, despacho. // Medio, motivo, pretexto, recurso. // Desembarazo, facilidad, prontitud.
EXPEDIR Cursar, despachar, enviar, remesar, remitir. *Recibir.*
EXPEDITIVO Diligente, habilidoso, rápido. *Lento.*
EXPEDITO Fácil, rápido. *Difícil, lento.* // Desembarazado, despejado, libre. *Infranqueable, obstruido.*
EXPELER Expulsar.
EXPENDER Gastar, vender, despachar. *Comprar.*
EXPENSAS Costas, gastos, dispendio, expendio.
EXPERIENCIA Conocimiento, costumbre, hábito, pericia. *Inexperiencia, inhabilidad.*
EXPERIMENTACIÓN Ensayo, experimento, prueba, tentativa.
EXPERIMENTADO Ducho, práctico, advertido, corrido, experto, fogueado, versado. *Bisoño, novato.*
EXPERIMENTAL Empírico.
EXPERIMENTAR Notar, sentir, sufrir. // Ensayar, examinar, probar.
EXPERIMENTO Ensayo, experimentación, tentativa.
EXPERTO Avezado, baqueteado, diestro, entendido, experimentado, hábil, idóneo, perito, ducho, versado. *Inhábil, inexperto.*
EXPIACIÓN Castigo, pena, purificación, reparación, satisfacción. *Amnistía, perdón, remisión.*
EXPIAR Pagar, purgar, purificar, reparar, satisfacer. **Espiar.*
EXPIRAR Acabar, boquear, fallecer, morir. *Nacer.* // Finalizar, terminar. *Empezar. *Espirar.*
EXPLANACIÓN Allanamiento, nivelación, explanada. // Explicación.
EXPLANADA Explanación, llano, llanura, extensión.
EXPLANAR Allanar, emparejar, nivelar, terraplenar. // Explicar.

EXPLAYARSE Extenderse. *Limitarse.* // Divertirse, solazarse. // Expansionarse. *Fingir, reprimirse.*
EXPLICACIÓN Aclaración, elucidación, exégesis, exposición, glosa, interpretación, especificación, declaración. *Confusión.* // Satisfacción.
EXPLICAR Aclarar, decir, dilucidar, enseñar, exponer, hablar. // Exculpar, excusar. // Comprender, entender, concebir. *Confundir.*
EXPLÍCITO Claro. *Implícito, tácito, virtual.*
EXPLORACIÓN Incursión. // Investigación, indagación, sondeo.
EXPLORADOR Descubridor, investigador. // Excursionista. // Reconocedor.
EXPLORAR Auscultar, reconocer, sondear, tantear, recorrer. // Averiguar, examinar, inquirir, investigar.
EXPLOSIÓN Estallido.
EXPLOSIVO Detonante, fulminante. // Pólvora, dinamita, nitroglicerina.
EXPLOSOR Detonador.
EXPLOTAR Estallar. // Aprovechar, utilizar. *Desaprovechar.* // Estafar, expoliar. *Beneficiar.*
EXPOLIADOR Abusador, explotador. *Benefactor.*
EXPOLIAR Despojar, robar. *Donar.*
EXPONER Exhibir, explicar, manifestar, mostrar, presentar. *Confundir.* // Arriesgarse, aventurarse, comprometerse. *Acobardarse, atacar.*
EXPORTAR Enviar, expedir, sacar, remitir. *Importar.*
EXPOSICIÓN Explicación, manifestación, narración, relato. // Exhibición, muestra. *Ocultación.*
EXPRESADO Antedicho, indicado, mencionado. *Callado, omitido.*
EXPRESAMENTE Claramente, explícitamente. *Implícitamente.*
EXPRESAR Decir, declarar, manifestar, significar, citar, exponer, formular, enunciar, comunicar. *Callar.*
EXPRESARSE Hablar. *Callarse.*
EXPRESIÓN Dicción, locución, palabra,

término, vocablo, voz. // Actitud, gesto, semblante. // Elocuencia. // Declaración, especificación.

EXPRESIVO Elocuente, gráfico, significativo. *Inexpresivo*. // Afectuoso, cariñoso. *Frío*.

EXPRESO Claro, deliberado, especificado, intencionado. *Confuso*.

EXPRIMIR Estrujar, explotar, retorcer, extraer, macerar.

EX PROFESO Adrede.

EXPROPIAR Confiscar, desposeer, incautarse, privar.

EXPUESTO Descubierto. *Cubierto, oculto*. // Arriesgado, peligroso.

EXPUGNABLE Conquistable, asequible, posible. *Inexpugnable, defendible*.

EXPUGNAR Tomar, conquistar, asaltar, apoderarse.

EXPULSAR Arrojar, desalojar, despedir, desterrar, echar, expeler, lanzar, proscribir. *Acoger, recibir*.

EXPULSIÓN Desahucio, desalojo, destierro. *Admisión, recepción*.

EXPURGACIÓN Purificación, limpieza.

EXPURGAR Limpiar, purificar, enmendar. ***Espulgar***.

EXQUISITEZ Delicadeza, excelencia, finura. *Ordinariez*.

EXQUISITO Delicado, delicioso, excelente, fino. *Insípido, tosco*.

EXTASIARSE Arrobarse, embelesarse, enajenarse, maravillarse. *Hastiarse*.

ÉXTASIS Arrobamiento, embeleso, enajenamiento. ***Éctasis***.

EXTEMPORÁNEO Impropio, inoportuno, inconveniente.

EXTENDER Ampliar, aumentar, dilatar, ensanchar, ocupar, prolongar. *Disminuir, reducir*. // Desparramar, difundir, esparcir, propagar. *Concentrar, recoger*. // Desarrollar, desenvolver, desplegar, estirar, tender. *Encoger*. // Escribir, redactar. // Durar. *Terminarse*. // Incrementarse, ramificarse. *Menguar*.

EXTENSIÓN Amplitud, desarrollo, dilatación, expansión. *Acortamiento*. // Vastedad. *Parvedad*.

EXTENSO Amplio, dilatado, esparcido, vasto.

EXTENUACIÓN Agotamiento, consunción, debilitamiento, enflaquecimiento. *Vigor, vitalidad*.

EXTENUAR Agotar, cansar. *Reanimar, reposar*. // Debilitar. *Fortalecer, vigorizar*. // Enflaquecer.

EXTERIOR Externo, visible, extrínseco, manifiesto, superficial, aparente. *Interno, íntimo, recóndito, interior*. // Exterioridad. *Interioridad*.

EXTERIORIDAD Apariencia, aspecto, porte, traza. *Interioridad*.

EXTERIORIZAR Descubrir, manifestar, revelar. *Callar, ocultar*.

EXTERMINAR Aniquilar, asolar, devastar, extirpar.

EXTERMINIO Aniquilamiento, destrucción, extirpación. // Matanza.

EXTERNO Exterior. *Interno*.

EXTINGUIR Ahogar, apagar, sofocar. *Avivar*. // Enjugar, liquidar. // Desaparecer, expirar, morir. *Aparecer, nacer*.

EXTINTO Fallecido, muerto.

EXTIRPAR Arrancar, desarraigar, exterminar. *Poner, situar*.

EXTORSIÓN Chantaje, daño, perjuicio.

EXTRA Extraordinario, superior, óptimo. // Gratificación, sobresueldo.

EXTRACCIÓN Sacamiento. // Origen, linaje, ascendencia.

EXTRACTAR Abreviar, compendiar, reducir, resumir, sintetizar, acortar. *Ampliar, desarrollar*.

EXTRACTO Compendio, resumen. *Ampliación*. // Esencia, perfume. *Fetidez, hedor*. ***Estrato***.

EXTRAER Arrancar, sacar, descubrir. *Meter, introducir*.

EXTRALIMITARSE Abusar, excederse, propasarse.

EXTRANJERO Extraño, foráneo, forastero. *Aborigen, indígena, nativo*.

EXTRAÑAMIENTO Destierro, exilio, expulsión, confinamiento.

EXTRAÑAR Desterrar, exiliar, expulsar. // Afear, reprender. // Asombrarse, cho-

car, sorprenderse. *Comprender.*
EXTRAÑEZA Extravagancia, rareza. *Normalidad, vulgaridad.* // Asombro, pasmo, sorpresa.
EXTRAÑO Ajeno, extranjero. *Familiar, nacional.* // Curioso, chocante, impropio, insólito, peregrino, raro, singular. *Común, vulgar.*
EXTRAORDINARIO Excepcional, extraño, descomunal, infrecuente. *Corriente, natural, normal, ordinario.*
EXTRAVAGANCIA Adefesio, excentricidad, manía. *Rutina.*
EXTRAVAGANTE Estrafalario, excéntrico, grotesco, ridículo. *Normal, discreto, formal.*
EXTRAVASARSE Derramarse, verterse.
EXTRAVIAR Descarriarse, desorientarse, desviarse. *Encaminar.* // Perder, traspapelarse. *Encontrar.*
EXTRAVÍO Descarrío, desviación. // *Pérdida.* // Desorden, perdición.
EXTREMADO Excesivo.
EXTREMAR Exagerar. // Desvelarse, esmerarse. // Terminar, rematar.
EXTREMIDAD Cabo, extremo, fin, punta, remate.
EXTREMIDADES Miembros.
EXTREMO Esmero. *Descuido.* // Extremidad, final, punta. *Centro, medio, mitad.* // Principio. // Desemejante, distante. *Cercano.* // Excesivo, mucho, sumo, último, máximo.
EXTRÍNSECO Accidental, externo, superficial. *Intrínseco.*
EXUBERANCIA Abundancia, copia, plenitud, profusión, exageración, exceso. *Escasez, pobreza.*
EXUBERANTE Abundante, copioso, superabundante, profuso, pródigo, pletórico, excesivo.
EXULTACIÓN Alegría, gozo, júbilo, regocijo, contento, optimismo. *Tristeza.* *Exaltación.
EXVOTO Ofrenda, don, presente.
EYACULACIÓN Polución, segregación.
EYACULAR Secretar, segregar, expeler, arrojar, emitir.

FÁBRICA Manufactura, factoría, industria, taller. // Construcción, edificio. // Invención, artificio.

FABRICACIÓN Elaboración, producción, obtención. // Industrialización.

FABRICANTE Productor, fabril, fabricador, forjador, manufacturero, inventor, tracista.

FABRICAR Confeccionar, elaborar, hacer, manufacturar, producir. // Crear, forjar, imaginar, inventar.

FÁBULA Alegoría, apólogo, cuento, ficción, invención, leyenda, mito. *Evidencia, realidad, verdad.* // Hablilla, rumor.

FABULOSO Exagerado, excesivo, extraordinario, fantástico, imaginario, increíble, ficticio, inventado, prodigioso, quimérico. *Real.*

FACA Facón.

FACCIÓN Banda, parcialidad, partido.

FACCIONES Cara, rasgos, rostro.

FACCIOSO Inquieto, perturbador, rebelde, sublevado, revoltoso. *Rendido, sumiso.*

FACETA Aspecto, cara.

FACHA Aspecto, figura. // Adefesio, mamarracho.

FACHADA Frontis, frontispicio, portada, frente, cara, delantera. // Aspecto, presencia.

FACHENDA Jactancia, petulancia, presunción, vanidad, fanfarronería, ostentación, alarde. *Modestia.*

FACHENDOSO Fatuo, jactancioso, petulante, presumido, vanidoso. *Humilde, modesto.*

FACHOSO Ridículo, astroso, bufonesco.

FÁCIL Accesible, comprensible, factible, hacedero, posible, realizable, sencillo. *Arduo, difícil, engorroso.* // Frágil, liviano. *Duro.* // Dócil, manejable, tratable. *Indócil, revesado.*

FACILIDAD Comodidad. *Dificultad, obstáculo.* // Aptitud, disposición, habilidad, posibilidad, simplicidad. // Complacencia, condescendencia.

FACILITAR Posibilitar, simplificar. *Dificultar, enredar.* // Entregar, proporcionar. *Negar.*

FÁCILMENTE Cómodamente, descansadamente.

FACINEROSO Delincuente, forajido, malvado. *Decente, honrado.*

FACISTOL Atril.

FACSÍMILE Copia, imitación, reproducción. *Original.*

FACTIBLE Hacedero, posible, realizable. *Irrealizable.*

FACTICIO Artificial, artificioso, falsificado, imitado. **Ficticio.*

FACTOR Agente, autor. // Elemento. *Múltiplo, producto. *Fautor.*

FACTORÍA Fábrica. **Fautoría.*

FACTURA Cuenta, cargo, nota. // Ejecución, hechura.

FACULTAD Autoridad, autorización, licencia, permiso, poder, potencia. // Aptitud, capacidad, derecho, fuerza. // Arte, ciencia.

FACULTAR Autorizar, permitir, delegar, habilitar, encargar, conceder. *Desautorizar, intimar, prohibir.*

FACULTATIVO Médico. // Potestativo, arbitrario.

FACUNDIA Labia, pico, verbosidad, verborrea. *Dificultad, escasez.*

FACUNDO Elocuente, locuaz, verboso.

FAENA Fajina, labor, quehacer, tarea, trabajo, ocupación.

FAENAR Matar, sacrificar.

FAJA Ceñidor, cincha, cinto, corsé. // Lista, moldura, tira, zona.

FAJAR Ceñir, cinchar, envolver, rodear. // Golpear, pegar. *Acariciar.*

FAJINA Faena. // Leña.

FAJO Atado, haz.

FALACIA Engaño, fraude, mentira, falsedad. *Verdad.*

FALANGE Tropa, legión, batallón.

FALAZ Artero, engañador, engañoso, especioso, falso, fingido, impostor. *Franco, natural, sincero, veraz.*

FALCE Hoz, faca.

FALDA Pollera, saya. // Ladera. // Regazo.

FALDERO Mujeriego.

FALENCIA Engaño, error, quiebra.

FALIBLE Equívoco, engañoso, erróneo, inexacto. *Infalible, verdadero, exacto.*

FALLA Defecto, falta. // Hoguera. // Grieta, abertura. ***Faya.**

FALLAR Faltar, fracasar, frustrarse, pifiar, marrar. *Acertar, cumplirse, lograr.* // Decidir, resolver, sentenciar.

FALLEBA Pasador, pestillo.

FALLECER Expirar, extinguirse, finar, morir. *Nacer.*

FALLECIMIENTO Deceso, defunción, muerte, óbito, tránsito.

FALLIDO Frustrado, fracasado, malogrado. // Quebrado.

FALLIR Faltar, frustrarse, malograrse, fracasar.

FALLO Condena, decisión, laudo, resolución, sentencia, veredicto. *Revocación.* // Falta, falto.

FALO Pene.

FALSARIO Falsificador, mixtificador.

FALSEAR Adulterar, contrahacer, corromper, desnaturalizar, falsificar. // Ceder, flaquear. // Desafinar, disonar.

FALSEDAD Artería, calumnia, disimulo, doblez, engaño, falsía, hipocresía, impostura. *Lealtad, verdad.*

FALSÍA Falsedad.

FALSIFICACIÓN Imitación, adulteración, falseamiento, reproducción, remedo.

FALSIFICAR Falsear, adulterar.

FALSILLA Pauta, regla, guión, clave.

FALSO Amañado, aparente, apócrifo, engañoso, equívoco, falsificado, ficticio, ilegítimo, ilusorio, inexacto, simulado, supuesto. *Cierto, legítimo, verdadero.* // Desleal, falaz, felón, pérfido, perjuro, traidor. *Leal, sincero.*

FALTA Culpa, defecto, descuido, desliz, error, falla, imperfección, infracción, pecado, transgresión. // Carencia, escasez. *Abundancia.*

FALTAR Acabarse, consumirse, fallar. *Sobrar.* // Agraviar, ofender, pecar. *Cumplir.*

FALTO Defectuoso, desprovisto, escaso, necesitado. *Provisto.* // Apocado.

FALTRIQUERA Bolsillo, escarcela.

FALÚA Embarcación, bote, falucho, lancha, batel.

FAMA Celebridad, nombradía, nombre, nota, notoriedad, reputación. *Oscuridad, vulgaridad.* // Noticia, opinión, voz.

FAMÉLICO Hambriento, transido. *Harto, inapetente.*

FAMILIA Casta, dinastía, parentela, prole, raza, parentesco, sangre, progenie, linaje. // Clan, tribu, hogar. // Descendencia, nacimiento, generación, sucesión. // Rama, línea.

FAMILIAR Allegado, deudo, pariente. // Conocido, sabido. // Corriente, llano, sencillo, natural.

FAMILIARIDAD Confianza, franqueza, intimidad, llaneza.

FAMILIARIZARSE Acostumbrarse, adaptarse, habituarse.

FAMOSO Acreditado, afamado, célebre, glorioso, ilustre, insigne, memorable, mentado, notable, sonado. *Desconocido, ignorado.*

FÁMULA Criada, doméstica, mucama, sirvienta.

FÁMULO Criado, doméstico, mucamo, sirviente, lacayo.

FANAL Farol, farola, faro, tulipa.

FANÁTICO Apasionado, entusiasta, exaltado, intolerante, intransigente, sectario. *Equilibrado, frío.*

FANATISMO Apasionamiento, entusiasmo, intolerancia, intransigencia, sectarismo. *Ecuanimidad, tolerancia, transigencia.*

FANDANGO Bulla, bullicio, jolgorio.

FANFARRIA Bizarría, bravata, fanfarronada, guapeza, valentonada.

FANFARRÓN Bravucón, compadrón, guapo, valentón. *Modesto.*

FANFARRONADA Baladronada, bravata, bravuconería, jactancia, petulancia.

FANFARRONEAR Alardear, bravear, compadrear, guapear.

FANFARRONERÍA Fanfarronada.

FANGAL Barrizal, cenagal, lodazal.

FANGO Barro, cieno, légamo, limo, lodo.

FANTASEAR Imaginar, soñar.

FANTASÍA Ensueño, fantasmagoría, imaginación, quimera. *Realidad.* // Cuento, novela. // Entono, presunción. *Sencillez.*

FANTASIOSO Presuntuoso, vano. // Soñador. *Realista.*

FANTASMA Aparecido, aparición, espantajo, espectro, visión.

FANTASMAGORÍA Ensueño, ilusión, quimera, alucinación.

FANTÁSTICO Fabuloso, imaginario, increíble, quimérico, ilusorio. *Real.* // Caprichoso, inverosímil, extravagante. *Natural, normal.*

FANTOCHE Títere, polichinela, marioneta, bufón, muñeco.

FAQUÍN Changador, mozo de cuerda.

FARAMALLA Cháchara, charlatanería, habladuría.

FARÁNDULA Teatro.

FARANDULERO Farsante, comediante, cómico, payaso, mimo.

FARAUTE Mensajero, heraldo. // Cabe-

cilla, principal, mandamás.

FARDO Lío, paquete, carga, embalaje, bulto, peso.

FARFULLAR Balbucir, tartajear.

FARINÁCEO Harinoso.

FARISEO Hipócrita, taimado, falso, solapado, simulador.

FARMACÉUTICO Boticario, farmacólogo, herbolario.

FARMACIA Botica, droguería.

FÁRMACO Medicamento, remedio.

FAROL Fanal, farola.

FAROLEAR Presumir, fachendear.

FAROLERO Fanfarrón, jactancioso.

FARRA Jarana, juerga.

FÁRRAGO Revoltijo, confusión, desorden, maraña.

FARRAGOSO Confuso, mezclado, tedioso, amontonado.

FARREAR Parrandear. // Burlarse.

FARRISTA Juerguista.

FARSA Comedia, payasada. // Engaño, enredo, tramoya. *Verdad.*

FARSANTE Bufo, comediante, histrión. // Embaucador, embustero, hipócrita, simulador. *Veraz.*

FASCÍCULO Cuadernillo, entrega.

FASCINACIÓN Encanto, seducción, atracción. // Alucinación, engaño, ofuscación, deslumbramiento.

FASCINAR Deslumbrar, encantar, seducir. *Desencantar, repeler.* // Alucinar, encandilar, engañar, ofuscar.

FASE Apariencia, aspecto, faceta.

FASTIDIAR Aburrir, cansar, disgustar, enfadar, hartar, importunar, jeringar, molestar. *Agradar, deleitar, divertir.*

FASTIDIO Cansancio, enfado, desazón, disgusto, hastío.

FASTIDIOSO Aburrido, cansador, cargante, enfadoso, molesto, pesado. *Divertido, ameno.*

FASTO Fausto. Nefasto. **Fausto.*

FASTUOSO Espléndido, lujoso, ostentoso, pomposo, rumboso, aparatoso. *Sencillo, sobrio.*

FATAL Inevitable, irrevocable. *Evitable.* // Aciago, adverso, desgraciado, fatídi-

co, funesto, infeliz. *Feliz, providencial.*
FATALIDAD Destino, hado, suerte. //
Adversidad, desgracia, infortunio. *Dicha, fortuna.*
FATALISMO Pesimismo, desesperanza, desánimo.
FATÍDICO Fatal, siniestro, adverso.
FATIGA Cansancio, lasitud, trabajo.
Descanso. // Agitación, ahogo. *Animación.* // Molestia, penalidad, sufrimiento. *Optimismo.*
FATIGAR Agotar, cansar, extenuar, rendir. *Avivar, descansar.* // Aburrir, importunar, molestar. *Distraer.*
FATIGOSO Cansador, pesado, trabajoso, agotador.
FATUIDAD Necedad, petulancia. *Discreción.* // Jactancia, presunción, vanidad. *Modestia.*
FATUO Necio, engreído, petulante, presuntuoso, vano. *Sensato, sencillo.*
FAUSTO Afortunado, feliz, memorable, venturoso. *Desdichado.* // Boato, fasto, lujo, magnificencia, pompa, suntuosidad. *Fasto.*
FAUTOR Benefactor, bienhechor. // Ayudante, colaborador. *Factor.*
FAVOR Beneficio, gracia, merced, servicio. // Amparo, auxilio, ayuda, protección, socorro. *Daño, perjuicio.* // Influencia, privanza, valimiento. *Disfavor.*
FAVORABLE Apacible, benévolo, feliz, propicio, próspero. *Adverso, desfavorable, hostil.*
FAVORECEDOR Bienhechor, fautor, padrino, protector, defensor.
FAVORECER Amparar, asistir, servir, auxiliar, conceder, otorgar, ayudar, proteger, secundar. *Damnificar, perjudicar.*
FAVORITISMO Preferencia. *Ecuanimidad, imparcialidad, justicia.*
FAVORITO Preferido, privado, valido, predilecto.
FAZ Cara, rostro, fisonomía, semblante. // Aspecto, fachada, lado. // Anverso.
FE Confianza, creencia, crédito, fidelidad, lealtad. *Desconfianza, incredulidad, infidelidad.* // Aseveración, seguridad,

testimonio. *Inseguridad.*
FEALDAD Deformidad, monstruosidad. *Belleza.* // Deshonestidad, torpeza. *Honestidad.*
FEBLE Débil, flaco, flojo, enfermizo.
FEBRIL Afiebrado, calenturiento, febricitante. *Frío.* // Desasosegado, intranquilo, violento. *Sosegado, tranquilo.*
FECAL Excrementicio.
FECHA Data, tiempo, momento.
FECHORÍA Maldad, travesura, picardía, perversidad.
FÉCULA Almidón, albumen.
FECUNDAR Fecundizar, fertilizar, preñar. *Esterilizar.*
FECUNDIDAD Abundancia, fertilidad. *Esterilidad.*
FECUNDO Fértil, prolífico, feraz, ubérrimo. *Infecundo.*
FEDERACIÓN Asociación, coalición, confederación, liga, unión.
FEDERAL Federalista, federativo.
FEDERAR Asociarse, aliarse, unirse, convenir, pactar. *Separarse.*
FEHACIENTE Fidedigno.
FELICIDAD Contento, dicha, gusto, prosperidad, satisfacción, suerte, ventura. *Desencanto, disgusto, desventura.*
FELICITACIÓN Congratulación, enhorabuena, felicidades, parabién, pláceme. *Condolencia, pésame.*
FELICITAR Alabar, aplaudir, aprobar, congratular, cumplimentar.
FELIGRÉS Parroquiano. // Camarada, compañero.
FELIGRESÍA Parroquia.
FELINO Gatuno. // Ladino, escurridizo.
FELIZ Afortunado, contento, dichoso, satisfecho. *Infeliz, triste.* // Acertado, eficaz, oportuno. *Ineficaz, inoportuno.*
FELÓN Alevoso, fementido, infame, pérfido, traidor, desleal, indigno, falso.
FELONÍA Alevosía, deslealtad, infamia, infidelidad, traición. *Fidelidad, lealtad.*
FELPA Terciopelo, peluche. // Paliza, tunda, zurra. // Represión.
FELPUDO Afelpado, esterilla.
FEMENINO Femenil, femíneo, mujeril.

// Débil, endeble, delicado.

FEMENTIDO Engañoso, falso, felón.

FENDA Grieta, hendidura, raja.

FENECER Acabar, fallecer, sucumbir, terminarse.

FENOMENAL Asombroso, colosal, descomunal, estupendo, extraordinario. // Tremendo, portentoso.

FENÓMENO Portento, prodigio, milagro, rareza. // Manifestación, apariencia. // Monstruo, coloso.

FEO Antiestético, deforme, fiero, grotesco. *Agraciado, bello, guapo.* // Censurable, indigno, indecoroso, reprochable. *Loable.* // Afrenta, desaire.

FERACIDAD Fertilidad.

FERAZ Fértil, fecundo.

FÉRETRO Ataúd, caja.

FERIA Descanso, vacación, fiesta. // Exposición, mercado, certamen. // Convenio, contrato.

FERIADO Festivo.

FERMENTAR Leudar, aleudar, alterarse, agriarse.

FERMENTO Levadura, diastasa.

FEROCIDAD Atrocidad, brutalidad, crueldad, fiereza. *Humanidad, piedad.*

FEROZ Atroz, cruel, violento, despiadado, fiero, inhumano, sanguinario.

FÉRREO Duro, fuerte, inflexible, resistente, tenaz.

FERROCARRIL Tren.

FÉRTIL Fecundo, feraz, fructífero, opimo, productivo, prolífico, ubérrimo. *Estéril, improductivo.*

FERTILIDAD Fecundidad, feracidad. *Esterilidad.*

FERTILIZAR Abonar, fecundar, fecundizar. *Esterilizar.*

FÉRULA Palmeta. // Dictadura, tiranía.

FERVIENTE Apasionado, fogoso, ardiente, entusiasta, férvido, fervoroso, vehemente. *Impasible, frío.*

FERVOR Ardor, celo, entusiasmo, pasión. *Frialdad.* // Devoción, piedad. *Tibieza.*

FESTEJAR Agasajar, cortejar, galantear, regalar, rondar, requerir.

FESTEJO Agasajo, halago, obsequio. // Galanteo. // Fiesta, festividad, diversión, regocijo.

FESTÍN Banquete, comilona, orgía.

FESTIVAL Fiesta.

FESTIVIDAD Conmemoración, fiesta, solemnidad.

FESTIVO Feriado. // Agudo, alegre, chistoso, gozoso, jocoso, jovial, ocurrente. *Grave, serio.*

FESTÓN Adorno. // Bordado. // Orilla, borde.

FESTONEAR Ribetear, adornar, orillar, bordear.

FETICHE Amuleto, ídolo, talismán.

FETICHISMO Idolatría.

FETIDEZ Hediondez, hedor, pestilencia. *Fragancia.*

FÉTIDO Hediondo, maloliente, pestilente, nauseabundo, apestoso. *Fragante.*

FEUDAL Señorial, solariego.

FEUDATARIO Tributario, vasallo, plebeyo. *Señor.*

FEUDO Vasallaje. // Dominio, heredad, posesión.

FIABLE Honrado, íntegro.

FIADOR Garante, garantizador.

FIAMBRERA Portaviandas.

FIANZA Garantía, prenda.

FIAR Confiar. *Desconfiar.* // Responder, garantizar, avalar, afianzar.

FIASCO Chasco, decepción, fracaso. *Éxito, triunfo.*

FIBRA Filamento, hebra, raicilla. // Energía, resistencia, robustez, vigor, fortaleza. *Debilidad.*

FIBROSO Duro, escleroso, coriáceo, resistente, nervudo.

FÍBULA Hebilla, alfiler, pasador.

FICCIÓN Cuento, fábula, invención, fingimiento, mentira, quimera. *Realidad, verdad.* ***Fisión.**

FICHA Cédula, papeleta. // Pieza. // Señas, filiación, datos.

FICHAR Anotar, catalogar, señalar.

FICHERO Archivador.

FICTICIO Fabuloso, falso, fingido, imaginario, imaginado, inventado, supuesto, fantástico, novelesco. *Auténtico, cierto, comprobado.* ***Facticio.**

FIDEDIGNO Auténtico, fehaciente, verdadero. *Falso, mentiroso.*

FIDELIDAD Exactitud, lealtad, probidad, puntualidad, sinceridad, veracidad. *Alevosía, deslealtad, falsedad, traición.*

FIEBRE Calentura, temperatura, pirexia, hipertemia, destemplanza.

FIEL Devoto, leal, perseverante, sincero, verdadero, verídico. *Infiel.* // Exacto, puntual. *Impuntual, inexacto.* // Creyente. *Ateo.*

FIERA Bestia, animal. // Salvaje, inhumano, cruel, indómito.

FIEREZA Braveza, crueldad, ferocidad, inhumanidad, saña. *Dulzura, suavidad.* // Fealdad, deformidad.

FIERO Brutal, feroz, horroroso, inhumano, sanguinario, terrible. // Duro, intratable. *Manso.* // Grande, excesivo.

FIERRO Hierro.

FIESTA Alegría, diversión, placer, regocijo. *Duelo, pena.* // Festividad. // Agasajo, caricia, halago.

FÍGARO Barbero, peluquero.

FIGÓN Bodegón, taberna, fonda.

FIGURA Apariencia, aspecto, cara, gesto, mueca, rostro. // Dibujo, estampa, grabado, ilustración, imagen. // Emblema, símbolo. // Metáfora, tropo.

FIGURACIÓN Actuación, representación. // Símbolo. *Realidad.*

FIGURADO Imaginativo, retórico. *Efectivo, real.*

FIGURANTE Comparsa, extra, partiquino. *Protagonista.*

FIGURAR Configurar, delinear, disponer, representar. // Aparentar, simular. // Creerse, imaginar, pensar, sospechar, suponerse.

FIGURATIVO Emblemático, representativo, simbólico.

FIGURÍN Modelo, patrón, dibujo, diseño. // Lechuguino, petimetre, dandi.

FIJAMENTE Atentamente, cuidadosamente, firmemente.

FIJAR Adherir, asegurar, clavar, hincar,

pegar, encolar, sujetar. *Desclavar, despegar.* // Asignar, designar, determinar, limitar, precisar. // Atender, notar, reparar. // Afincarse, domiciliarse. *Vagar.* // Decidirse, resolverse.

FIJEZA Continuidad, persistencia, inalterabilidad. // Firmeza, seguridad. *Inestabilidad, inseguridad.*

FIJO Asegurado, asentado, firme, inmóvil, invariable, permanente, seguro. *Eventual, provisional, temporal, transitorio, móvil.*

FILA Cola, hilera, línea, ringla, ringlera.

FILAMENTO Fibra, hebra, hilo. *Chapa, lámina, membrana.*

FILANTROPÍA Altruismo, generosidad, caridad. *Egoísmo, interés, tacañería.*

FILÁNTROPO Altruista, generoso, benefactor. *Mezquino, tacaño.*

FILETE Línea, lista, orla. // Lonja.

FILIACIÓN Descendencia, procedencia. // Señas.

FILIAL Sucursal.

FILIBUSTERO Pirata, bucanero, corsario, contrabandista.

FILIGRANA Marca, señal. // Delicadeza, adorno, primor, calado.

FILÍPICA Censura, invectiva, reprensión, reprimenda. *Apología.*

FILO Arista, borde, corte.

FILOLOGÍA Etimología, lingüística.

FILÓN Negocio, recurso, vena, veta.

FILOSOFAR Analizar, discurrir, examinar, meditar, reflexionar.

FILOSOFÍA Conformidad, resignación, serenidad. *Rebeldía.*

FILÓSOFO Pensador, sabio, prudente. // Austero, virtuoso.

FILTRACIÓN Infiltración, exudación. // Malversación.

FILTRAR Colar, desaparecer, escurrirse.

FILTRO Colador. // Bebedizo.

FIN Final, término, terminación, acabóse, conclusión, desenlace. *Fuente, origen, principio.* // Finalidad. // Confín, límite. // Apéndice, cola, punta, remate.

FINADO Difunto.

FINAL Finito, terminable, acabable, concluyente, conclusivo, terminante. *Inicial.* // Finalidad, motivo. // Último, postrero.

FINALIDAD Designio, fin, motivo, objeto, propósito.

FINALIZAR Acabar, concluir, cumplirse, extinguirse, rematar, terminar. *Comenzar, empezar, gestarse.*

FINALMENTE Por último, en definitiva, en conclusión, al fin, últimamente, definitivamente.

FINANCIAR Costear.

FINANCIERO Economista, negociante. // Banquero. // Potentado, acaudalado.

FINAR Expirar, fallecer, morir. *Nacer.*

FINCA Inmueble, propiedad.

FINCAR Consistir, estribar, radicar.

FINÉS Finlandés. *Fines.*

FINEZA Delicadeza, finura, primor. // Obsequio, presente, regalo.

FINGIDO Simulado, aparente, disimulado, artificial, afectado. *Natural, sincero, real.*

FINGIMIENTO Doblez, engaño, hipocresía, simulación. *Franqueza, realidad, sinceridad.*

FINGIR Aparentar, simular.

FINIQUITAR Acabar, concluir, rematar, saldar, terminar. *Iniciar.*

FINÍTIMO Cercano, colindante. *Lejano.*

FINO Airoso, delgado, delicado, esbelto, exquisito, primoroso, sutil. *Basto, ordinario, tosco.* // Atento, comedido, cortés, cumplido, educado. *Grosero, ordinario.* // Acendrado, depurado. *Burdo.* // Astuto, hábil. *Chapucero.*

FINURA Delicadeza, exquisitez, fineza, primor. *Dureza.* // Comedimiento, cortesía. *Inurbanidad.* // Astucia, habilidad, sutileza. *Torpeza.*

FIRMA Nombre, rúbrica. // Razón social.

FIRMAMENTO Bóveda celeste, cielo, espacio.

FIRMANTE Infrascrito, signatario.

FIRMAR Signar, suscribir.

FIRME Constante, entero, estable, fijo, fuerte, íntegro, resistente, seguro, sólido. *Débil, inseguro.* // Pavimento.

FIRMEZA Consistencia, constancia, entereza, estabilidad, fortaleza, perseverancia, resistencia. *Inconsistencia, indecisión, inestabilidad.*

FISCAL Acusador. // Crítico.

FISCALIZAR Controlar, criticar, indagar, inquirir.

FISCO Erario.

FISGÓN Burlón, curioso.

FISGONEAR Curiosear, husmear.

FÍSICO Complexión, constitución, porte, naturaleza.

FISONOMÍA Aspecto, cara, faz, rostro, semblante.

FÍSTULA Úlcera.

FISURA Grieta, hendidura, rendija.

FLÁCCIDO Flaco, flojo.

FLACO Delgado, desmedrado, endeble, enjuto, escuálido, esquelético, magro. *Gordo.*

FLAGELAR Azotar, fustigar, vituperar.

FLAGRANTE Ardiente. // Evidente, actual. *Fragante.*

FLAMANTE Brillante, centelleante. // Fresco, nuevo, reciente. *Ajado, usado.*

FLAMEAR Llamear. // Ondear, ondular.

FLANCO Ala, costado, lado. *Cara, frente, zaga.*

FLANQUEAR Cercar, rodear, ceñir, cerrar, sitiar, envolver.

FLAQUEAR Aflojar, ceder, cejar, claudicar, debilitarse, decaer, desalentarse. *Mantenerse, resistir.*

FLAQUEZA Debilidad, delgadez, desaliento, extenuación, fragilidad. *Gordura, fortaleza.* // Desliz.

FLATULENCIA Flato, viento, aire, ventosidad, eructo, regüeldo, pedo, cuesco.

FLÉBIL Lacrimoso, lamentable, triste.

FLECHA Dardo, saeta, sagita.

FLECHAR Asaetear. // Enamorar.

FLECO Hilo, cordón, pasamanería, adorno, flequillo.

FLEJE Zuncho.

FLEMA Mucosidad. // Cachaza, calma, lentitud, pachorra, tardanza. *Ligereza, nerviosidad.*

FLEMÁTICO Cachaciento, imperturba-

ble, lento. *Impulsivo, vehemente.*
FLEMÓN Inflamación. // Tumor.
FLEQUILLO Tupé. // Fleco.
FLETE Transporte, carga.
FLEXIBILIDAD Maleabilidad, blandura, cimbreo. *Dureza.*
FLEXIBLE Cimbreante, dócil, dúctil, maleable. *Inflexible, rígido.*
FLIRTEAR Coquetear, galantear.
FLOJEAR Acobardarse, aflojar, flaquear. *Endurecerse, fortalecerse.*
FLOJEDAD Debilidad, decaimiento, desaliento, desánimo, flaqueza, flojera, laxitud. // Descuido, indolencia, negligencia, pereza.
FLOJO Débil, descuidado, indolente, negligente, perezoso, tardo. *Fuerte, laborioso.* // Cobarde, pusilánime. *Templado, tenso, tirante.*
FLOR Virginidad. // Cumplido, piropo, requiebro. // Fullería, trampa.
FLORECER Mejorar, progresar, prosperar. *Decaer.* // Brillar, desarrollarse. *Mustiarse.* // Existir, vivir.
FLORECIENTE Florido, próspero, venturoso. *Arruinado, insolvente.*
FLORECIMIENTO Floración. // Adelanto, desarrollo, progreso, prosperidad. *Decadencia, languidez.*
FLOREO Lisonja, alabanza, elogio. // Ingenio, sutileza.
FLORESTA Bosque, arboleda, parque, selva.
FLORETE Espadín, estoque.
FLORIDO Escogido, selecto. // Galano.
FLORILEGIO Antología, selección.
FLOTA Armada, escuadra.
FLOTAR Sobrenadar. *Hundirse.* // Ondear, ondular.
FLUCTUACIÓN Duda, indeterminación, irresolución, oscilación, titubeo, vacilación. *Certeza, fijeza, resolución.*
FLUCTUAR Dudar, titubear, vacilar. *Decidir.* // Ondear, oscilar.
FLUIDO Líquido, vaporoso, gaseoso, fluente, corriente. // Claro, limpio, fácil.
FLUIR Brotar, correr, manar, salir. *Detenerse, secarse.*

FLUJO Derrame, efusión. // Corriente, creciente, oleada, marea.
FLUXIÓN Constipado, resfriado.
FOBIA Aversión, repugnancia, miedo, temor, rechazo. *Afición.*
FOCO Centro, faro, núcleo.
FOFO Blando, esponjoso, fláccido, muelle. *Duro.*
FOGATA Falla, hoguera, pira.
FOGÓN Hogar.
FOGONAZO Chispazo, llama.
FOGOSO Ardoroso, arrebatado, brioso, impetuoso, vehemente, violento. *Flemático, impasible, pasivo.*
FOGUEADO Aguerrido, avezado, baqueteado, curtido, entrenado, experimentado, hecho. *Inexperto, novicio.*
FOGUEAR Acostumbrar, avezar, baquetear, entrenar.
FOJA Gallareta. // Hoja.
FOLIAR Numerar.
FOLIO Hoja.
FOLLAJE Fronda, espesura, hojarasca. // Palabrería.
FOLLETÍN Romance, aventura, novela.
FOLLETINESCO Novelero, aventurero, soñador, imaginativo.
FOLLETO Opúsculo.
FOLLÓN Perezoso, negligente, remolón, abandonado. *Diligente.* // Cobarde, miedoso. *Valiente.*
FOMENTAR Alimentar, atizar, avivar, excitar, impulsar, promover, vigorizar. *Coartar, reprimir, restringir.*
FOMENTO Abrigo, calor, pábulo, protección, sostenimiento.
FONDA Cantina, hostería.
FONDEADERO Ancladero.
FONDEAR Anclar, recalar, atracar.
FONDO Hondura, profundidad. *Superficie.* // Carácter, condición, índole. // Intimidad, interior, esencia. *Exterioridad.* // Retrete.
FONDO (A) Enteramente, absolutamente. *Superficialmente.*
FONDOS Capital, dinero.
FONÉTICA Fonología, pronunciación.
FONÓGRAFO Gramófono, gramola.

FONTANA Fuente.

FORAJIDO Bandido, bandolero, facineroso, salteador.

FORAMEN Agujero, hoyo, taladro.

FORASTERO Ajeno, extraño, extranjero. *Indígena, nativo, vecino.*

FORCEJAR Esforzarse, forcejear, forzar, pugnar. // Oponerse, resistirse.

FORJA Fragua. // Argamasa, mezcla.

FORJAR Fabricar, fraguar, fingir, inventar, urdir.

FORMA Figura, imagen, hechura, configuración, conformación. *Deformidad.* // Estilo, fórmula, manera, modo. // Molde, horma, matriz, modelo.

FORMACIÓN Creación, constitución, elaboración.

FORMAL Determinado, expreso, preciso. // Consecuente, exacto. // Juicioso, puntual, serio, veraz. *Alocado, informal, irresponsable.*

FORMALIDAD Compostura, consecuencia, exactitud, norma, puntualidad, regla, requisito, seriedad. *Frivolidad, inexactitud, informalidad.*

FORMALIZAR Concretar, determinar, fijar, precisar. // Legalizar, legitimar. // Amoscarse, enfadarse.

FORMAR Crear, hacer, modelar, moldear, plasmar, configurar. *Deformar.* // Establecer, fundar, instituir, ordenar, organizar. *Desordenar.* // Componer, constituir, integrar. *Descomponer.* // Adiestrar, criar, educar, instruir. *Malear.* // Desarrollarse.

FORMATO Dimensión, forma, tamaño.

FORMIDABLE Colosal, enorme, gigantesco, monstruoso. *Insignificante.* // Temible, terrorífico, tremendo.

FORMÓN Escoplo, sacabocados, gubia. *Formol.

FÓRMULA Receta. // Pauta, regla.

FORMULAR Exponer, expresar, manifestar. // Recetar.

FORMULISMO Ceremonia, costumbre, rutina.

FORNIDO Corpulento, fuerte, membrudo, robusto, vigoroso. *Enclenque, enfer-*

mizo, débil, flojo, enfermo.

FORO Curia, tribunales, jurisprudencia.

FORRAJE Pasto.

FORRAR Cubrir, revestir. *Desnudar.*

FORRO Cubierta, defensa, resguardo, revestimiento.

FORTACHÓN Fornido, recio, musculoso. *Alfeñique.*

FORTALECER Confortar, entonar, fortificar, robustecer, tonificar, vigorizar. *Ablandar, debilitar.*

FORTALEZA Fuerza, vigor. *Debilidad.* // Alcázar, castillo, ciudadela, fuerte. // Entereza, firmeza, solidez. *Flaqueza, pusilanimidad.*

FORTIFICACIÓN Baluarte, fortaleza, fortín.

FORTIFICAR Fortalecer, reforzar. *Debilitar.* // Entonar, rehacer, robustecer, tonificar, vigorizar. *Extenuar.*

FORTUITO Accidental, casual, eventual, imprevisto, inopinado. *Esencial, previsto, pensado.*

FORTUNA Suerte, acaso, azar, casualidad, destino, estrella, hado, sino, ventura. *Desgracia.* // Caudal, dinero, riqueza. *Miseria.* // Borrasca, tempestad.

FORÚNCULO Divieso, furúnculo.

FORZADO Artificioso, forzoso, obligado, rebuscado. *Natural.*

FORZAR Violar. // Conquistar, tomar. // Forcejear. // Compeler, obligar.

FORZOSO Inevitable, inexcusable, obligatorio, preciso. *Eludible, prescindible, voluntario.*

FORZUDO Fuerte, Hércules.

FOSA Hoyo, sepultura. // Depresión.

FOSCO Oscuro. *Claro.* // Hosco, insociable. *Amable, sociable.*

FOSFORESCENCIA Luminiscencia, fluorescencia.

FÓSIL Petrificado. // Anticuado, viejo. *Moderno.*

FOSO Excavación, hoyo, pozo.

FOTOGRAFÍA Foto, retrato.

FRACASADO Desafortunado, malogrado, decepcionado, desilusionado, frustrado. *Exitoso, afortunado.*

FRACASAR Fallar, frustrarse, malograrse. *Triunfar, alcanzar, lograr.*

FRACASO Frustración, malogro, revés. *Conquista, éxito, victoria.*

FRACCIÓN Fragmento, parte, pedazo, pizca, división, cuota, partícula. *Conjunto, todo, total.* // Quebrado.

FRACCIONAR Dividir, fragmentar, partir. *Sumar, unirse.*

FRACTURA Rotura.

FRACTURAR Quebrantar, quebrar, romper, partir.

FRAGANCIA Aroma, olor. *Fetidez, hedor, tufo.*

FRAGANTE Aromático, oloroso, perfumado. *Pestilente.* ***Flagrante.**

FRÁGIL Rompible, frangible, quebradizo. *Duro, resistente, tenaz.* // Caduco, débil. *Fuerte.*

FRAGILIDAD Debilidad, delicadeza, inconsistencia, inestabilidad. *Fortaleza, dureza, resistencia.*

FRAGMENTAR Dividir, fraccionar, partir, romper, cortar.

FRAGMENTARIO Incompleto. *Entero.*

FRAGMENTO Trozo, añico, astilla, segmento, cacho, fracción, parte, pedazo, porción. *Suma, totalidad, todo.*

FRAGOR Estruendo, ruido.

FRAGOROSO Estrepitoso, estruendoso, fragoso, ruidoso.

FRAGOSIDAD Anfractuosidad, aspereza, escabrosidad, espesura. *Llanura, suavidad.*

FRAGOSO Áspero, escabroso, intrincado, quebrado.

FRAGUA Fogón, forja.

FRAGUAR Forjar. // Tramar, maquinar, urdir. // Imaginar, idear, proyectar.

FRAILE Monje, religioso.

FRANCACHELA Bacanal, comilona, orgía, holgorio.

FRANCAMENTE Sinceramente. *Arteramente, oscuramente.*

FRANCO Abierto, claro, ingenuo, leal, llano, natural, sencillo. // Desembarazado, exento, libre, privilegiado.

FRANGIBLE Frágil, quebradizo, rom-

pible. *Indestructible, irrompible.*

FRANGIR Dividir, partir, cortar, fragmentar, romper, quebrar. *Unir.*

FRANGOLLO Mezcolanza, revoltijo.

FRANGOLLÓN Chapucero.

FRANJA Faja, lista, orla, ribete, tira, guarnición, borde.

FRANQUEAR Exceptuar, liberar, libertar, librar, manumitir. // Abrir, desembarazar, despejar. *Cerrar, disimular, ocultar.* // Estampillar. // Confiarse. *Desconfiar.*

FRANQUEO Estampillado.

FRANQUEZA Claridad, ingenuidad, llaneza, naturalidad, sinceridad. *Fingimiento, simulación.* // Generosidad, liberalidad. *Tacañería.*

FRANQUICIA Exención, libertad, privilegio, dispensa.

FRASCO Botella, vaso, envase.

FRASE Dicho, locución, expresión, oración, proposición, decir.

FRASEOLOGÍA Palabrería.

FRATERNIDAD Hermandad, unión, armonía, concordia, apego.

FRATERNIZAR Armonizar, hermanar, simpatizar. *Desunir, odiarse.*

FRATERNO Fraternal.

FRAUDE Defraudación, dolo, engaño, estafa, superchería, timo, trampa. *Donación, verdad.*

FRAUDULENTO Doloso, engañoso, falaz. *Legítimo, veraz.*

FRAY Fraile.

FRAZADA Manta, cobija, cobertor.

FRECUENCIA Asiduidad, periodicidad, repetición. *Dilación, interrupción.*

FRECUENTAR Concurrir, visitar. *Diferir, tardar.*

FRECUENTE Acostumbrado, común, corriente, habitual, reiterado, usual, endémico, diario, ordinario. *Extraño, extraordinario, insólito, raro.*

FREGADO Lavado, limpieza. // Embrollo, lío. // Refriega, reyerta.

FREGAR Estregar, frotar, lavar, limpiar, restregar, jabonar, trapear. *Ensuciar.* // Fastidiar, molestar. *Entretener.*

FREGONA Criada.

FREÍR Saltear, sofreír, fritar, rehogar. // Importunar, molestar, mortificar.

FRÉJOL Frijol, poroto.

FRENAR Moderar, detener, sujetar, parar, refrenar. *Acelerar.*

FRENESÍ Exaltación, furia, furor, locura, rabia, pasión, arrebato, delirio, ímpetu, cólera. *Placidez, sosiego.*

FRENÉTICO Exaltado, furioso, loco, rabioso. *Tranquilo.*

FRENO Sujeción, tope, dique. *Estímulo, incitación.* // Bocado.

FRENTE Testuz, testera. // Cara, semblante. // Anverso, delantera, fachada. *Banda, costado, zaga.*

FRESA Frutilla. **Freza.*

FRESAR Agujerear. **Frezar.*

FRESCA Aire, fresco.

FRESCACHÓN Robusto, sano.

FRESCO Frescor, frescura, frío. *Calor.* // Flamante, nuevo, reciente. *Viejo.* // Sereno, tranquilo. // Descarado, descocado, desvergonzado, insolente. *Vergonzoso, tímido.*

FRESCOR Fresco, frescura.

FRESCURA Amenidad, lozanía. // Descuido, negligencia. // Serenidad, tranquilidad. // Desenfado, desembarazo. // Atrevimiento, desfachatez, desvergüenza, tupé. // Chanza, pulla.

FREZA Desove. **Fresa.*

FRIALDAD Frío. // Frigidez, impotencia. *Pasión.* // Desapego, descuido, flojedad, indiferencia. *Afecto, entusiasmo.* // Negligencia. *Esmero.*

FRICCIONAR Frotar, restregar.

FRIEGA Frotación.

FRIGIDEZ Frialdad, frío.

FRÍGIDO Destemplado, frío.

FRIJOL Alubia, poroto, fréjol, frisol.

FRÍO Frescor, frialdad. *Calor.* // Aterido, frígido, gélido. *Acalorado, caldeado, caliente.* // Desapegado, impasible, indiferente, reservado. *Afectuoso, vehemente.* // Impotente, ineficaz.

FRIOLERA Bicoca, fruslería. *Magnitud.*

FRIOLENTO Friolero.

FRISAR Acercarse, aproximarse. // Congeniar, confrontar. // Juntarse, unirse.

FRISO Zócalo.

FRITAR Freír.

FRITO Aviado, freído, listo.

FRITURA Fritada.

FRIURA Frialdad.

FRIVOLIDAD Futilidad. *Gravedad, importancia, reflexión.*

FRÍVOLO Fútil, insustancial, ligero, superficial, veleidoso, trivial. *Trascendente, valioso.*

FRONDA Boscaje, espesura, ramaje, hojarasca. *Claro.*

FRONDOSIDAD Fronda, espesura, follaje, ramaje, hojarasca.

FRONTERA Límite, linde, confín. // Frontis.

FRONTERIZO Colindante, limítrofe, confinante, frontero, limitáneo, rayano.

FRONTIS Fachada, frente, frontispicio, portada.

FRONTISPICIO Frontis. // Cara, frente. // Frontón.

FRONTÓN Cancha. // Frontispicio.

FROTAMIENTO Fregado, fricción, refregón, roce, frotación, frote.

FROTAR Friccionar, ludir, refregar, restregar, desgastar.

FRUCTÍFERO Beneficioso, lucrativo, provechoso, redituable. *Improductivo.* // Fértil. *Estéril.*

FRUCTIFICAR Frutar, frutecer, dar fruto, producir, madurar. *Marchitar.* // Redituar, rendir.

FRUCTUOSO Fructífero.

FRUGAL Parco, sobrio.

FRUGALIDAD Moderación, parquedad, sobriedad, templanza. *Destemplanza, gula, voracidad.*

FRUICIÓN Complacencia, goce, disfrute. *Aburrimiento, sufrimiento.*

FRUNCE Arruga, pliegue. *Lisura.*

FRUNCIMIENTO Plegado. // Embuste, fingimiento.

FRUNCIR Plegar, doblar, arrugar. *Alisar, planchar.* // Reducir, estrechar. // Tergiversar. // Enfoscarse.

FRUSLERÍA Bagatela, bicoca, friolera, futesa, insignificancia, menudencia, minucia, nonada, baratija.

FRUSTRACIÓN Desengaño, fracaso. *Anhelo, deseo.*

FRUSTRAR Malograr. *Lograr.* // Fallar, estrellarse, fracasar. *Realizar.*

FRUTA Fruto.

FRUTO Fruta. // Obra, producto, producción. // Recompensa, resultado. // Beneficio, lucro, provecho, utilidad.

FUCILAR Fulgurar, relampaguear, rielar. **Fusilar.*

FUCILAZO Relámpago. **Fusilazo.*

FUEGO Brasa, hoguera, incendio, llama. // Hogar, lumbre. // Ardor, ímpetu, pasión, vehemencia. *Frialdad.*

FUELLE Arruga, pliegue.

FUENTE Fontana, manantial, surtidor, venero. // Bandeja, plato. // Antecedente, fundamento, origen, principio. *Finalidad, fin.*

FUERO Jurisdicción, ley, dominio, poder. // Exención, privilegio. // Arrogancia, presunción.

FUERTE Fornido, fortachón, forzudo, hercúleo, macizo, nervudo, poderoso, pujante, corpulento. *Débil, enteco, raquítico.* // Eficaz, excesivo, grande, grave, impetuoso, imponente, terrible. // Agudo, penetrante. // Animoso, enérgico, esforzado, valiente, varonil, vigoroso, tenaz. *Endeble, flojo.* // Preparado, versado. // Ciudadela, fortaleza. // Aptitud, especialidad.

FUERZA Eficacia, energía, firmeza, fortaleza, ímpetu, intensidad, poder, pujanza, reciedumbre, resistencia, robustez, vehemencia, vigor, violencia. *Blandura, debilidad, pasividad.*

FUGA Escapada, huida. *Aprehensión, captura.*

FUGARSE Huir, escapar, evadirse.

FUGAZ Breve, efímero, pasajero, perecedero. *Perenne, duradero, permanente. *Fugas.*

FUGITIVO Fugaz. // Evadido, prófugo.

FULANO Mengano, perengano, zutano.

FULGENTE Brillante, resplandeciente, rutilante. *Mate, apagado.*

FULGOR Brillantez, brillo, resplandor. *Oscuridad, sombra.*

FULGURAR Brillar, centellear, resplandecer. *Ensombrecer.*

FULIGINOSO Denegrido, oscurecido, tiznado, ahumado.

FULLERÍA Engaño, trampa, fraude, dolo, estafa.

FULLERO Tahúr, tramposo, estafador, pícaro, bribón.

FULMINANTE Rapidísimo, repentino, vertiginoso. // Explosivo.

FULMINAR Aniquilar. // Matar.

FUMAR Pitar. // Birlar, burlar.

FUMIGAR Desinfectar. *Contaminar, infectar, contagiar.*

FUNÁMBULO Volatinero, equilibrista, trapecista.

FUNCIÓN Diversión, espectáculo, representación. // Cargo, empleo, ministerio, ocupación.

FUNCIONAMIENTO Movimiento, articulación, marcha.

FUNCIONAR Andar, trabajar, caminar, marchar, moverse. *Descomponerse, fallar, parar.*

FUNCIONARIO Empleado, oficinista, oficial.

FUNDA Bolsa, cubierta, envoltura, forro, vaina.

FUNDACIÓN Creación, erección, establecimiento, institución. // Legado.

FUNDADOR Patrono, creador, instaurador, autor, constituyente.

FUNDAMENTAL Básico, cardinal, elemental, esencial, primordial, principal. *Accesorio.*

FUNDAMENTAR Basar, cimentar, establecer, fundar.

FUNDAMENTO Apoyo, basa, base, sostén. // Causa, motivo, razón. // Antecedente. // Formalidad, seriedad. // Origen, principio, raíz.

FUNDAR Fundamentar. // Construir, crear, erigir, establecer, instituir, alzar, asentar, levantar. *Liquidar, suprimir.*

FUNDIBLE Fusible.

FUNDIR Derretir, liquidar, refundir, unir. *Coagular, cuajar, solidificar.* // Arruinarse, hundirse. *Prosperar.*

FUNDO Finca, heredad, propiedad.

FÚNEBRE Funesto, luctuoso, lúgubre, necrológico, sombrío, tétrico. *Alegre.*

FUNERAL Exequias.

FUNESTO Aciago, desgraciado, infausto, nefasto, triste, luctuoso. *Favorable.*

FUNGOSO Poroso, ahuecado, esponjoso, fofo.

FURGÓN Vagón, vagoneta, carro.

FURIA Cólera, coraje, furor, frenesí, impetuosidad, ira, rabia, saña, vehemencia, vesania, violencia. *Paz, serenidad.* // Actividad, agitación, prisa. *Tranquilidad, calma.*

FURIBUNDO Airado, colérico, enfurecido, frenético, furioso, iracundo, rabioso. *Sosegado.*

FURIOSO Furibundo, loco, terrible, violento. // Excesivo, extremo.

FURO Áspero, huraño, indómito, arisco. *Sociable.*

FUROR Furia. // Entusiasmo, estro, inspiración, arrebato.

FURTIVAMENTE A escondidas, sigilosamente, cautelosamente, disimuladamente. *Abiertamente, ruidosamente.*

FURTIVO Escondido, oculto, sigiloso, disimulado, cauteloso.

FURÚNCULO Divieso, forúnculo.

FUSCO Oscuro, confuso. // Negro.

FUSIBLE Fundible.

FUSILAR Balear, ejecutar, acribillar. // Plagiar. ***Fucilar.***

FUSIÓN Mezcla. // Unificación, unión. ***Fisión.***

FUSIONAR Unificar, unir. *Desintegrar, desunir, disociar.*

FUSTA Látigo, vara.

FUSTE Asta, palo, vara. // Fundamento, madera, nervio, sustancia.

FUSTIGAR Azotar, latiguear. // Castigar. // Censurar, criticar. vituperar. *Defender, excusar, justificar.*

FÚTBOL Balompié.

FUTESA Bagatela, fruslería, nadería.

FÚTIL Baladí, insignificante, insustancial, trivial, frívolo, inútil, pequeño. *Esencial, valioso.*

FUTILIDAD Frivolidad, insignificancia. *Gravedad, importancia.*

FUTURO Porvenir, mañana, destino. // Venidero, ulterior. *Anterior, pasado, pretérito, remoto, retrospectivo.* // Novio, prometido.

GABÁN Abrigo, sobretodo, gabardina, capote.

GABARDINA Impermeable, sobretodo, gabán, abrigo.

GABELA Contribución, gravamen, impuesto, tributo.

GABINETE Tocador, alcoba, aposento, salita. // Museo. // Ministerio, cartera, gobierno.

GACETA Periódico, diario.

GACETILLA Artículo, noticia.

GACETILLERO Articulista, redactor, periodista.

GACHAS Sopas, masa, pasta, papilla.

GACHO Encorvado, inclinado, doblado.

GACHONERÍA Atractivo, donaire, gracia, seducción.

GAFAS Anteojos, antiparras.

GAJE Emolumento, prenda, señal.

GAJES Consecuencias, molestias.

GAJO Rama. // Racimo. // Parte, división.

GALA Gallardía. // Alarde, ostentación. // Etiqueta, ceremonia. // Atuendo.

GALÁN Galano. // Galanteador, pretendiente. // Actor.

GALANO Adornado, elegante, fresco, galán, gallardo, hermoso, lozano. *Desaliñado, derrotado.*

GALANTE Atento, cortesano, obsequioso. *Desatento, grosero, descortés.*

GALANTEAR Cortejar, festejar, requebrar, enamorar.

GALANTEO Cortejo, coqueteo, festejo, requiebro.

GALANTERÍA Atención, cortesanía, elegancia, gracia, obsequiosidad. *Des-*

cortesía, grosería. // Piropo, requiebro. *Desaire.* // Generosidad, liberalidad.

GALANURA Donosura, elegancia, gallardía, gracia.

GALÁPAGO Quelónido, tortuga.

GALARDÓN Premio, recompensa, lauro, distinción. *Castigo, pena, sanción.*

GALARDONAR Premiar, recompensar, laurear, distinguir, homenajear, retribuir.

GALBANA Pereza, holgazanería, flojera, desidia, indolencia, lentitud, haraganería. *Actividad.*

GALENO Médico.

GALEÓN Nave, velero, galera, bajel.

GALEOTE Preso, penado, presidiario, recluso, forzado, confinado.

GALERA Carro, carromato. // Cárcel, prisión, mazmorra, presidio. // Nave. // Sombrero de copa.

GALERÍA Corredor, pasaje. // Pinacoteca. // Túnel. // Gallinero, paraíso.

GALERNA Tormenta, borrasca, vendaval, ráfaga.

GALIMATÍAS Jerigonza, embrollo, algarabía.

GALLARDAMENTE Airosamente, garbosamente, bravamente.

GALLARDEAR Pavonear, guapear, presumir, jactarse, ostentar.

GALLARDETE Banderola, flámula, insignia, distintivo.

GALLARDÍA Aire, apostura, bizarría, elegancia, galanura, garbo, gentileza. *Desgarbo, desaire.* // Arresto, arrojo, esfuerzo. *Cobardía, temor.*

GALLARDO Airoso, apuesto, bizarro,

desembarazado, garboso, valiente.
GALLEAR Gallardear. // Sobresalir.
GALLETA Bizcocho. // Bofetada.
GALLINA Cobarde, tímido. *León.*
GALLINERO Corral. // Cazuela, paraíso.
GALLO Esputo. // Mandamás, mandón.
// Desafinación, desentono. *Gayo.
GALÓN Pasamano, trencilla, cinta.
GALOPAR Cabalgar, desbocar.
GALOPÍN Bribón, pícaro, taimado. //
Sucio, desharrapado.
GAMA Escala, gradación, sucesión.
GAMBETA Esguince.
GAMITIDO Balido, bramido, ronquido.
GAMUZA Antílope, rebeco. // Bayeta,
paño.
GANA Ansia, apetito, deseo, voluntad,
afán, ambición, anhelo, apetencia, afi-
ción. *Inapetencia, desgana, desinterés,
indiferencia.*
GANADERÍA Hacienda, manada, grey,
rebaño, hato, tropa.
GANADERO Criador, estanciero, hacen-
dado, pecuario.
GANADO Hacienda, manada, rebaño. //
Devengado. *Perdido.*
GANADOR Ganancioso, vividor, ambicioso, ventajista. *Perdedor.*
GANANCIA Beneficio, provecho, rendimiento, utilidad. *Déficit, pérdida,
perjuicio, quebranto.*
GANAPÁN Mandadero, changador, jornalero, maletero.
GANAR Adquirir, cobrar, embolsar, obtener, percibir, sacar. *Gastar.* // Conquistar, triunfar. // Alcanzar, captarse,
conseguir, lograr. // Aventajar, exceder,
sobrepujar, superar, vencer. // Ascender,
medrar, mejorar, prosperar. *Perder,
retroceder, descender.*
GANCHO Anzuelo, arpón, garfio, garabato. // Ángel, atractivo, seducción,
gracia.
GANDIDO Hambriento, indigente, necesitado.
GANDUL Holgazán, poltrón, tumbón,
vagabundo, perezoso. *Diligente, prolijo, trabajador.*

GANDULEAR Haraganear, holgazanear.
Esforzarse, trabajar.
GANGA Breva, canonjía, ocasión, pi-
chincha, sinecura, ventaja, prebenda.
GANGOSO Nasal.
GANGRENA Corrupción.
GANOSO Ansioso, deseoso, afanoso,
ávido. *Apático, indiferente.*
GANSADA Estupidez, sandez.
GANSO Ánsar, oca. // Lerdo, mentecato,
necio, tonto. *Sagaz.*
GAÑÁN Mozo, rústico, quintero, brace-
ro. // Rudo, grosero.
GAÑIDO Aullido, quejido.
GAÑIR Aullar, gruñir. // Graznar. // Que-
jarse, resollar.
GAÑOTE Garguero, gaznate.
GARABATEAR Garrapatear.
GARABATO Gancho, garfio, garrapato.
GARAJE Cochera.
GARANTE Avalista, fiador.
GARANTÍA Aval, caución, fianza, pren-
da. *Desconfianza, inseguridad.*
GARANTIZAR Asegurar, avalar, garan-
tir, proteger, responder.
GARAÑÓN Semental.
GARAPIÑADO Grumoso.
GARBO Gallardía, gracia. *Desgarbo.* //
Desinterés, generosidad, liberalidad.
Tacañería.
GARBOSO Gallardo, airoso. *Desgarba-
do.* // Dadivoso, magnánimo, rumboso.
Mezquino, tacaño.
GARFA Garra.
GARFIO Gancho, arpón, garabato.
GARGAJO Escupitajo, esputo, flema,
expectoración.
GARGANTA Cuello, gañote, gaznate,
garguero, gola. // Angostura, desfilade-
ro, estrechura. // Degolladura.
GARGANTILLA Argolla, collar.
GÁRGOLA Canalón, desagüe, caño, ver-
tedor, cañería.
GARGUERO Garganta.
GARITA Casilla, torrecilla. // Excusado,
letrina.
GARITO Timba, leonera, tasca.
GARLAR Charlar, parlotear, platicar,

charlatanear, parlar, chacharear.

GARLITO Asechanza, celada, trampa.

GARLOPA Cepillo.

GARRA Mano, zarpa, garfa, uña.

GARRAFA Bombona, damajuana, vasija, redoma.

GARRAFAL Enorme, grande, extraordinario, excesivo, descomunal, colosal, monumental. *Diminuto, exiguo, leve, mínimo.*

GARRAPATEAR Borronear, emborronar, garabatear.

GARRAPATO Gancho, garabato, rasgo.

GARRIDO Apuesto, galano, gallardo. *Desgarbado.*

GARROCHA Pértiga, pica, vara.

GARRÓN Calcañar. // Espolón.

GARROTAZO Bastonazo, cachiporrazo, estacazo, trancazo.

GARROTE Bastón, estaca, palo, porra, tranca, vara.

GARROTILLO Crup, difteria.

GARRUCHA Carrillo, polea.

GARRULERÍA Charla, parlanchinería. *Silencio.*

GARÚA Llovizna.

GARZO Azulado, azulino.

GARZÓN Jovenzuelo, mozo.

GAS Vapor, vaho, efluvio, emanación, exhalación. // Flatulencia, pedo.

GASA Cendal, muselina, seda, tul.

GASEOSO Gasógeno, gaseiforme, gasificable, aeriforme, volátil.

GASIFICACIÓN Vaporización, volatilización, evaporación.

GASIFICAR Vaporizar, evaporar, gasear, volatilizar, fumigar.

GASOLINA Bencina, carburante, gasoleno, nafta.

GASTADO Borrado, deslucido, disminuido, raído, usado. *Nuevo.* // Cansado, debilitado, extenuado. *Fuerte.*

GASTADOR Derrochador, dilapidador, disipador, consumidor, manirroto. *Ahorrador, avaro.*

GASTAR Desembolsar, expender, disipar, malgastar. *Ahorrar, embolsar.* // Agotar, apurar, consumir, usar. *Aumen-*

tar. // Estropear, usar, inutilizar. *Renovar, reparar.*

GASTO Consumo, consumición, desembolso, dispendio, egreso, expensas, derroche, presupuesto. *Ahorro, economía, entrada, ganancia.*

GÁSTRICO Estomacal.

GATAS (A) Apenas, casi.

GATEAR Arrastrarse, trepar.

GATILLO Disparador, percusor.

GATO Minino, morrongo. // Sagaz, taimado. // Cric.

GATUNO Felino, gatesco.

GATUPERIO Embrollo, enredo, triga, chanchullo, farsa.

GAUCHADA Favor, servicio. *Trastada.*

GAUCHO Servicial. *Egoísta.* *Guacho.

GAVETA Cajoncillo, cajoncito, compartimiento, cofrecito.

GAVILLA Haz, fajo, manojo. // Pandilla, patota, banda.

GAYO Alegre, vistoso. *Sombrío, triste.* *Gallo.

GAYOLA Cárcel, prisión. // Jaula.

GAZAPERA Conejera, madriguera. // Riña, pelea.

GAZAPO Conejo. // Equivocación, errata. // Mentira. *Verdad.*

GAZMOÑERÍA Hipocresía, mojigatería. *Sinceridad.*

GAZNÁPIRO Bobo, palurdo, simplón, torpe, tonto, patán. *Vivo.*

GAZNATE Garganta, garguero.

GAZUZA Apetito, hambre. *Saciedad.*

GÉLIDO Frío, helado, glacial, álgido, congelado. *Cálido, tórrido.*

GEMA Piedra preciosa. // Botón, yema, renuevo.

GEMEBUNDO Llorón, quejoso, apesadumbrado. *Satisfecho.*

GEMELO Idéntico, igual, mellizo. *Distinto, diferente.*

GEMELOS Anteojos.

GEMIDO Lamento, quejido, queja, sollozo, plañido, lamentación, clamor. *Carcajada, risa.*

GEMIR Clamar, lamentarse, quejarse. // Aullar.

GENEALOGÍA Origen, árbol genealógico, ascendencia, estirpe, linaje, familia, ascendientes, progenitores, parentela, dinastía, alcurnia, cepa, prosapia.

GENERACIÓN Procreación, reproducción. // Casta, especie, género. // Descendencia, progenie.

GENERAL Común, corriente, frecuente, usual. *Característico, especial, excepcional.* // Global, total, universal. *Específico, individual, peculiar, local, relativo, singular.*

GENERALIDAD Mayoría, público, totalidad. *Algunos.* // Imprecisión, vaguedad, ambigüedad.

GENERALIZAR Difundir, divulgar. // Universalizar. // Compendiar, sintetizar. *Singularizar.*

GENERALMENTE Comúnmente, universalmente, colectivamente, totalmente. *Parcialmente.*

GENERAR Procrear, producir, engendrar, fecundar, reproducir, multiplicar.

GÉNERO Clase, especie, orden. // Índole, naturaleza. // Manera, modo, suerte. // Mercadería, mercancía. // Tela.

GENEROSAMENTE Espléndidamente, liberalmente, magnánimamente.

GENEROSIDAD Esplendidez, largueza, liberalidad, desinterés, altruismo, caridad, magnanimidad, munificencia, nobleza. *Escasez, sordidez, tacañería.*

GENEROSO Dadivoso, desinteresado, noble, pródigo, desprendido, espléndido, liberal. *Avaro, mezquino, roñoso.* // Abundante, fértil.

GÉNESIS Origen, principio, fuente, embrión, germen. *Fin, muerte.*

GENIAL Inspirado, sobresaliente. *Chato, vulgar.* // Alegre, deleitoso, placentero, animado.

GENIALIDAD Rareza, singularidad, excelencia. *Vulgaridad.*

GENIO Ingenio, inventiva, talento. // Carácter, disposición, inclinación, índole. // Duende, elfo.

GENTE Concurrencia, público, masa, gentío, muchedumbre. // Familia, parentela. // Nación, pueblo.

GENTIL Idólatra, pagano. // Airoso, bizarro, donoso, galán, gallardo, gracioso, notable. // Noble, aristócrata.

GENTILEZA Aire, bizarría, desembarazo, gala, galanura, gallardía, garbo, gracia, hidalguía, nobleza, ostentación, soltura. *Afectación, desgarbo.* // Cortesía, urbanidad. *Grosería, incorrección.*

GENTILHOMBRE Aristócrata, noble, caballero, hidalgo, cortesano.

GENTILIDAD Paganismo. *Cristianismo.*

GENTÍO Aglomeración, concurrencia, muchedumbre, multitud. *Soledad.*

GENTUZA Chusma, morralla, plebe. *Aristocracia, nobleza.*

GENUFLEXIÓN Prosternación, reverencia, sumisión.

GENUINO Auténtico, fidedigno, legítimo, natural, propio, puro, real. *Apócrifo, falso, ilegítimo, postizo.*

GEODESIA Topografía, planimetría, agronometría, agrimensura.

GEOMÉTRICO Exacto.

GERENCIA Dirección. *Regencia.

GERMANÍA Caló, jerga, jerigonza, argot. // Hermandad, gremio.

GERMEN Embrión, semilla, grano. // Principio, rudimento. // Origen, causa, motivo, fundamento.

GERMINAR Brotar, crecer, desarrollarse, nacer, formarse.

GESTA Hazaña, aventura.

GESTACIÓN Embarazo, preñez, engendramiento, germinación.

GESTICULACIÓN Mímica, gesto, ademán, mueca, mohín.

GESTIÓN Diligencia, trámite, negocio, demanda, encargo, intento, representación, administración.

GESTIONAR Diligenciar, tramitar. *Impedir, obstruir.*

GESTO Apariencia, aspecto, cara, expresión, mueca, rostro, semblante, visaje, actitud.

GESTOR Procurador, delegado, administrador, representante.

GIBA Corcova, joroba. // Incomodidad,

molestia, fastidio. // Deformidad.

GIBOSO Corcovado, contrahecho, jorobado, encorvado. *Erguido.*

GIGANTE Coloso, gigantesco. *Enano, liliputiense, pigmeo.*

GIGANTESCO Ciclópeo, colosal, titánico. // Excesivo, grandioso.

GIMNASIA Ejercicio, calistenia, acrobacia, movimiento, flexión.

GIMNASTA Atleta, acróbata, trapecista, corredor, saltador.

GIMOTEAR Gemir, sollozar, lloriquear. *Alegrarse, reírse.*

GIMOTEO Sollozo, lloriqueo.

GIRA Excursión, viaje. *Jira.

GIRAMIENTO Vuelta, movimiento, rotación, viraje, giro.

GIRAR Rodar, rotar, versar, virar, voltear. *Permanecer.* // Librar.

GIRASOL Mirasol.

GIRATORIO Rotatorio, circulatorio, voluble, rotable.

GIRO Giramiento. // Bravata, fanfarronada. // Aspecto, cariz, dirección. // Letra, libranza.

GITANO Cíngaro, bohemio, calé, flamenco. // Egipcio, caló.

GLACIAL Álgido, frío, gélido, helado. *Ardiente.* // Desabrido, desafecto, antipático. *Simpático.*

GLACIAR Helero, ventisquero.

GLADIADOR Reciario, competidor, púgil, pugilista, luchador.

GLASEAR Abrillantar. *Deslucir.*

GLOBAL General. *Parcial, particular, singular.*

GLOBO Esfera. // Mundo, tierra. // Aeróstato. // Bola, mentira. *Verdad.*

GLORIA Bienaventuranza, cielo, paraíso. *Infierno.* // Fama, honor, reputación. *Deshonra.* // Delicia, gusto, placer. *Dolor.* // Esplendor, magnificencia, majestad. *Vulgaridad, oscuridad.*

GLORIARSE Alabarse, envanecerse, preciarse, vanagloriarse. *Humillarse.* // Alegrarse, complacerse. *Lamentarse.*

GLORIETA Cenador, rotonda, quiosco.

GLORIFICAR Alabar, ensalzar, honrar.

Censurar, degradar, rebajar.

GLORIOSO Bienaventurado. // Célebre, eminente, famoso, insigne, memorable. *Desconocido, ignoto.*

GLOSA Comentario, exégesis, explicación, interpretación, nota, reparo.

GLOSAR Comentar, explicar, interpretar, parafrasear, anotar.

GLOSARIO Léxico, vocabulario, diccionario.

GLOTÓN Comilón, insaciable, tragaldabas, tragón. *Inapetente.*

GLOTONERÍA Gula. *Templanza.*

GLUTINOSO Pegajoso, viscoso, adherente, adhesivo, pegadizo.

GNOMO Duende, genio, espíritu, enano. *Nomo.

GOBERNACIÓN Gobierno.

GOBERNAR Conducir, manejar, administrar, dirigir, guiar, mandar, regir. *Cumplir, obedecer.*

GOBIERNO Gobernación. // Administración, conducción, dirección, mando, manejo. *Subordinación, sumisión.* // Gabinete, ministerio.

GOCE Deleite, placer, gozo, contento, delicia, solaz, bienestar, sensualidad. *Disgusto, dolor, sufrimiento.* // Posesión, uso, usufructo.

GOCHO Cerdo, puerco, marrano.

GOL Meta, hito, término.

GOLFO Pillo, pilluelo, pícaro, vago. // Bahía, rada. *Península.*

GOLLERÍA Delicadeza, demasía, exquisitez. // Superfluidad.

GOLLETE Cuello, abertura, entrada.

GOLOSINA Dulce.

GOLPE Cachete, palo, porrazo, puñetazo, trastazo. *Caricia.* // Abundancia, copia, muchedumbre, multitud. Desgracia, infortunio, revés. // Ocurrencia, salida. // Admiración, sorpresa.

GOLPEAR Apalear, cascar, azotar, maltratar, pegar. *Acariciar.*

GOMA Caucho, cola, liga, mucílago, resina, adhesivo.

GONFALÓN Bandera, pendón, estandarte, insignia.

GONGORISMO Culteranismo. *Claridad, sencillez.*

GORDINFLÓN Gordo, rechoncho. *Esmirriado, flacucho.*

GORDO Abultado, corpulento, gordinflón, grueso, obeso, rollizo. *Delgado, escuálido.* // Grande, importante. // Craso, pingüe. *Magro.* // Gordura, grasa.

GORDURA Corpulencia, obesidad. *Delgadez, enjutez.* // Adiposidad, grasa, unto, crasitud.

GORGORITO Gorjeo, trino.

GORJEAR Trinar, silbar, canturrear.

GORJEO Trino, canturreo, canto.

GORRA Gorro, boina, capucha, capota, cofia.

GORRINO Cerdo, cochino, puerco. *Aseado, educado, limpio.*

GORRO Sombrero, birrete, bonete, casco, quepis.

GORRÓN Gorrista, parásito, vividor. *Caritativo, espléndido.*

GOTA Pinta, gotera, parte, poco, lágrima, glóbulo.

GOTEAR Destilar, escurrir, estilar, rezumar, instilar, chorrear, llorar. // Lloviznar, chispear.

GOTERA Ranura, hendedura, abertura. // Filtración.

GOTERO Cuentagotas.

GÓTICO Ojival. // Ilustre, noble.

GOZAR Complacerse, disfrutar, recrearse, regocijarse. *Entristecerse, padecer, sufrir.* // Poseer, usufructuar.

GOZNE Bisagra, gonce, charnela.

GOZO Alegría, complacencia, contento, goce, placer, regocijo, satisfacción, deleite, gusto, voluptuosidad. *Aflicción, congoja, desagrado, dolor, sinsabor.*

GOZOSO Alegre, contento, jubiloso, satisfecho, feliz, radiante, regocijado, complacido. *Disgustado, insatisfecho.*

GRABADO Clisé. // Estampa, ilustración, viñeta. ***Gravado.**

GRABAR Burilar, cincelar, esculpir. // Fijar, inculcar. ***Gravar.**

GRACEJO Chiste, donaire, gracia.

GRACIA Atractivo, despejo, donaire, garbo. *Antiparía, desgarbo.* // Agudeza, chiste, gracejo, ocurrencia, sal. *Sequedad, sosería.* // Beneficio, don, favor, indulto, merced. // Misericordia, perdón. // Afabilidad, benevolencia. *Crueldad, rudeza.* // Nombre, apellido.

GRÁCIL Delgado, menudo, sutil. *Tosco.*

GRACIOSAMENTE Chistosamente, donosamente. // Gratuitamente.

GRACIOSIDAD Gratuidad, ventaja, regalo, facilidad, utilidad.

GRACIOSO Agudo, chistoso, divertido, donairoso, ocurrente, salado. *Insulso, aburrido, ñoño.* // Atractivo, bonito, encantador, agradable. // De balde, de gracia, gratuito.

GRADA Escalón, peldaño. // Escalinata, gradería.

GRADACIÓN Escala, progresión, serie, sucesión. *Interrupción.* // Jerarquía, escalafón, matiz, gama.

GRADERÍA Gradas, escalinata.

GRADO Peldaño. // Generación. // Instancia, parte, sucesión, título. // Categoría, jerarquía. // Gusto, voluntad.

GRADUAL Escalonado, paulatino, progresivo, graduable, jerárquico, lento.

GRADUALMENTE Paulatinamente, lentamente, sucesivamente, suavemente.

GRADUAR Clasificar, escalonar, matizar. // Doctorarse, licenciarse.

GRAFÍA Escritura, letra, rasgo.

GRÁFICO Esquema, dibujo, boceto, representación. // Claro, expresivo, manifiesto, descriptivo.

GRAGEA Confite, píldora.

GRAMÓFONO Fonógrafo.

GRANA Rojo.

GRANADO Experto, ducho, avezado, maduro. // Escogido, ilustre, notable, principal, distinguido, señalado. *Común.*

GRANDE Amplio, considerable, enorme, espacioso, extenso, extraordinario, grandioso, grandote, holgado, magno, mayúsculo, tremendo. *Apretado, chico, ínfimo, minúsculo, pequeño, reducido.* // Magnate, noble, prócer, jerarca. // Gloria, esplendor, magnificencia.

GRANDEZA Extensión, magnitud, tamaño. *Finitud, parquedad.* // Gloria, esplendor, magnificencia, majestad, honor, dignidad, nobleza, poder. *Miseria.*

GRANDILOCUENCIA Énfasis, altilocuencia, ampulosidad.

GRANDIOSIDAD Grandeza.

GRANDIOSO Grande, colosal.

GRANDOR Tamaño, dimensión, talla, medida.

GRANEL (A) Sin envase. // En abundancia, en cantidad.

GRANERO Hórreo, silo, troj.

GRANIZO Pedrisco, piedra.

GRANJA Cortijo, chacra, hacienda, quinta. // Lechería.

GRANJEAR Adquirir, conseguir, obtener. // Atraerse, captarse. *Contrariar, hostigar.*

GRANJERÍA Beneficio, ganancia, utilidad, provecho.

GRANO Forúnculo. // Semilla. // Partícula, pizca.

GRANOS Cereales.

GRANUJA Bribón, pícaro, pillo, golfo.

GRÁNULO Granito.

GRAPA Arpón, gancho, zuncho.

GRASA Gordura, adiposidad, grasitud, manteca, sebo, tocino. // Mugre, porquería, suciedad.

GRASO Craso, mantecoso, pingüe, grasiento, seboso, gordo.

GRATAMENTE Agradablemente, gustosamente, entretenidamente. *Aburridamente, desagradablemente.*

GRATIFICACIÓN Galardón, premio, propina, recompensa, sobresueldo, aguinaldo, prima.

GRATIFICAR Premiar, recompensar, remunerar, galardonar. *Quitar.* // Complacer. *Enojar.*

GRATIS Gratuitamente, de balde.

GRATITUD Agradecimiento, reconocimiento. *Ingratitud, olvido.*

GRATO Agradable, deleitoso, gustoso. *Desagradable, ingrato.* // Lisonjero, placentero, satisfactorio. // Gratuito.

GRATUIDAD Facilidad, graciosidad,

ventaja, utilidad, regalo. *Interés, precio, gravamen.*

GRATUITAMENTE Gratis.

GRATUITO Gratis, regalado. *Pagado.* // Arbitrario, inmotivado.

GRATULARSE Alegrarse, complacerse, congratularse. *Entristecerse.*

GRAVA Guijo, balasto. *Graba (grabar).

GRAVAMEN Carga, impuesto, obligación. *Exención, franquicia.*

GRAVAR Pesar, cargar. *Aligerar, aliviar.* *Grabar.

GRAVE Importante, capital, trascendental. *Insignificante.* // Arduo, difícil, enfadoso, espinoso, molesto, peligroso, pesado. *Fácil, leve, liviano.* // Circunspecto, formal, reservado, serio. *Informal, jocoso.* // Paroxítono, llano. *Grabe (grabar).

GRAVEDAD Importancia, seriedad. *Levedad.* // Circunspección, compostura. *Familiaridad, formalidad.*

GRÁVIDA Embarazada, encinta, preñada, gestante.

GRAVIDEZ Embarazo, preñez, gestación.

GRAVITAR Apoyar, cargar, descansar, pesar.

GRAVOSO Intolerable, molesto, pesado. *Leve.* // Caro, costoso, oneroso. *Barato, económico, módico.*

GRAZNAR Crascitar, crocitar.

GRAZNIDO Chirrido, grito, chillido.

GRECA Faja, borde, lista, ribete, cenefa.

GREDA Arcilla.

GREGARIO Adocenado, impersonal. *Libre, rebelde.*

GREMIO Sindicato, asociación, agrupación, junta.

GREÑA Maraña. // Confusión.

GREÑUDO Melenudo. *Rapado.*

GRESCA Algazara, bulla, pendencia, riña. *Tranquilidad.*

GREY Rebaño, hato, manada.

GRIEGO Heleno. // Incomprensible.

GRIETA Abertura, fisura, hendedura, rendija, resquebrajadura.

GRIFO Canilla, espita, llave, válvula.

GRILLETE Argolla, pulsera, arco, anilla.

GRILLETES Esposas, grillos, hierros, cepo, argollas.

GRIMA Desazón, disgusto, horror, repugnancia. *Gusto.*

GRINGO Extranjero, forastero.

GRIPE Influenza, trancazo.

GRIS Ceniciento, plomizo. // Apagado, borroso. // Lánguido, triste.

GRITA Abucheo, algazara, gritería, vocinglería. *Aplauso, silencio.*

GRITAR Abuchear, chillar, desgañitarse, vocear, vociferar. *Cuchichear, murmurar, susurrar.*

GRITERÍA Grita, alboroto. *Silencio.*

GRITO Alarido, clamor, vociferación.

GROSAMENTE Groseramente, toscamente, burdamente. *Delicadamente.*

GROSERÍA Descortesía, incultura, ordinariez, tosquedad, descaro. *Delicadeza, urbanidad.*

GROSERO Desatento, descomedido, descortés, incivil, inculto, insolente. *Educado, culto, comedido.* // Patán.

GROSOR Espesor, grueso, dimensión, cuerpo, volumen, bulto.

GROTESCO Chocante, extravagante, ridículo. *Normal, regular, serio.*

GRÚA Cabrestante, cabría, guinche.

GRUESO Abultado, corpulento, gordo, voluminoso. // Grosor.

GRUMO Coágulo, cuajarón, terrón.

GRUÑIDO Bufido, rezongo.

GRUÑIR Bufar, refunfuñar, rezongar. *Bromear.* // Chirriar, rechinar.

GRUÑÓN Regañón, rezongón, protestón.

GRUPA Anca, cadera.

GRUPO Corro, corrillo, peña, reunión. // Caterva, pandilla.

GRUTA Cavidad, cueva, caverna.

GUACHO Huérfano. *Gaucho.

GUADAÑA Hoz, segur, segadera.

GUADAÑAR Segar, cortar, podar.

GUAGUA Bebé.

GUALDA Reseda.

GUALDO Amarillo.

GUALDRAPA Cobertura. // Andrajo.

GUAMPA Asta, cuerno.

GUANO Abono.

GUAPEAR Alardear, fanfarronear.

GUAPEZA Ánimo, intrepidez, valor. *Cobardía.* // Ostentación.

GUAPO Animoso, bizarro, resuelto. *Temeroso.* // Galán, ostentoso. *Adefesio.* // Esforzado, sufrido. // Fanfarrón, matón, perdonavidas.

GUARANGO Grosero. *Cortés.*

GUARDA Guardián, vigilante, portero, carcelero, custodio, conserje. // Tutela. // Cumplimiento, observancia.

GUARDAPOLVO Delantal, bata.

GUARDAR Ahorrar, almacenar, atesorar, conservar, cuidar, custodiar, defender, proteger, tener. *Gastar.* // Cumplir, observar. *Descuidar.* // Abstenerse, precaverse, recelarse.

GUARDARROPA Ropero, armario, arcón, cómoda.

GUARDARROPÍA Vestuario.

GUARDIA Centinela, guardián. // Amparo, custodia, defensa, protección.

GUARDIÁN Custodio, guarda, guardia, vigilante.

GUARDILLA Buhardilla.

GUARECERSE Acogerse, cobijarse, ocultarse, refugiarse. *Exponerse.*

GUARIDA Amparo, cubil, cueva, madriguera, refugio, albergue.

GUARISMO Cifra, número.

GUARNECER Adornar, colgar, ornar, vestir, acicalar. // Dotar, equipar, proveer. *Despojar.*

GUARNICIÓN Aderezo, adorno, ornato, accesorio, engaste. // Guardia, tropa.

GUARRO Cerdo, sucio.

GUASA Burla, chasco, chanza, chiste, pitorreo, chacota.

GUBERNAMENTAL Gubernativo, oficial, estatal.

GUBIA Formón.

GUEDEJA Cabellera, melena, madeja.

GUEDEJOSO Melenudo, peludo.

GUERRA Conflicto, desavenencia, hostilidad, pugna. *Armonía, avenencia, concordia.* // Combate, lucha, batalla, pelea. *Paz.*

GUERREAR Batallar, luchar, reñir, combatir, contender, pelear. *Amigarse, reconciliarse.* // Rebatir, resistir.

GUERRERO Belicoso, marcial, militar. *Pacífico.* // Travieso.

GUERRILLA Partida, facción.

GUERRILLERO Faccioso, partisano.

GUÍA Cicerone, conductor, director. // Indicador, pauta. // Consejero, maestro, mentor, preceptor. // Itinerario.

GUIAR Aconsejar, conducir, dirigir, educar, encaminar, gobernar, orientar. *Confundir, desorientar.*

GUIJA Guijarro.

GUIJARRO Pedrusco, piedra, canto.

GUIJO Balasto, cascajo, grava.

GUILLADURA Chaladura, chifladura, locura. *Cordura.*

GUILLOTINA Patíbulo, cadalso, degolladero.

GUILLOTINAR Descapitar.

GUINDAR Subir, levantar, colgar, ahorcar. // Conseguir, obtener, lograr.

GUIÑADA Guiño.

GUIÑAPO Andrajo, harapo. *Gala.*

GUIÑAPOSO Andrajoso, harapiento, astroso, desharrapado.

GUIÑAR Bizcar, cucar. // Advertir, avisar, indicar.

GUIÑO Seña, señal, aviso, ojeada, guiñada, visaje.

GUIÓN Estandarte, pendón, enseña. // Argumento, sinopsis.

GUIRIGAY Alboroto, algarabía, galimatías. *Calma.*

GUIRNALDA Corona, diadema.

GUISA Manera, modo, semejanza, forma, suerte, modalidad.

GUISADO Guiso, estofado, cocido.

GUISANTE Arveja.

GUISAR Adobar, cocer, cocinar, sazonar, aderezar, dorar, estofar, aliñar. // Componer, disponer, ordenar, preparar, arreglar.

GUISO Guisado, manjar.

GUITA Dinero, plata. // Cordel, piolín, cuerda.

GUITARRA Vihuela. // Dinero, guita.

GUITARREAR Puntear, afinar, rasgar, rasguear, florear.

GUITARREO Rasgueo, rasgueado, punteo, floreo, punteado.

GULA Glotonería, tragonería, voracidad, insaciabilidad. *Frugalidad, sobriedad, templanza, inapetencia.*

GURÍ Chico, muchacho.

GURRUMINO Desmedrado, enclenque, mezquino, ruin. // Niño, chiquillo.

GUSANEAR Hormiguear, picar, cosquillear, bullir.

GUSANO Larva, lombríz, oruga.

GUSANOSO Vermiforme, vermicular, gusaniento.

GUSTACIÓN Degustación, catadura, paladeo.

GUSTAR Catar, experimentar, paladear, probar. // Agradar, complacer, placer, satisfacer. *Desagradar, disgustar.* // Apetecer, desear, querer, codiciar. *Desapasionarse.*

GUSTO Sabor. // Agrado, deleite, placer, satisfacción. *Disgusto.* // Antojo, arbitrio, capricho, voluntad.

GUSTOSO Apetitoso, rico, sabroso, deleitable, apetecible, suculento. *Insípido, soso.* // Agradable, divertido, grato, placentero, ameno. *Fastidioso.*

H

HABANO Cigarro, puro. // Castaño, marrón. *Abano.

HABER Bienes, caudal, hacienda. *Carencia, debe.* // Mensualidad, paga, sueldo. // Tener, poseer. *Carecer.* // Acaecer, acontecer, ocurrir, sobrevenir, suceder. // Estar, existir, hallarse. // Efectuarse, verificarse.

HÁBIL Apto, capaz, competente, diestro, habilidoso, industrioso, mañoso. *Chapucero, desmañado, inhábil.*

HABILIDAD Aptitud, arte, capacidad, competencia, destreza, disposición, industria, inteligencia, maña, muñeca, práctica. *Incompetencia, ineptitud, torpeza, inhabilidad.*

HABILITADO Encargado, sustituto. // Capacitado, digno, idóneo, suficiente, competente.

HABILITAR Capacitar, facultar, proveer. *Incapacitar, inhabilitar.*

HABITACIÓN Aposento, cuarto, sala, salón, vivienda, casa, morada, domicilio, residencia.

HABITANTE Ciudadano, domiciliado, habitador, inquilino, morador, vecino, residente, poblador.

HABITAR Alojarse, aposentarse, domiciliarse, morar, parar, residir, vivir. *Vagar.* *Abitar.

HÁBITO Traje, vestido. // Costumbre, facilidad, práctica, uso, rutina. *Excepción, rareza.*

HABITUADO Acostumbrado, familiarizado, hecho, avezado. *Inexperto.*

HABITUAL Común, frecuente, maqui-nal, usual. *Inusual, raro, desusado.*

HABITUAR Acostumbrar, aficionarse, familiarizar. *Desacostumbrar, deshabituar, extrañar.*

HABLA Lengua, lenguaje, idioma, palabra, dialecto. // Oración, razonamiento, discurso, arenga, sermón.

HABLADOR Charlatán, parlanchín, parlero, locuaz, verboso, charlador, lenguaraz, vocinglero. *Callado.*

HABLADURÍA Cuento, chisme, murmuración, charlatanería, cháchara, hablilla, calumnia.

HABLAR Conversar, charlar, decir, departir, parlotear, perorar, platicar, razonar, conferenciar. *Callar, enmudecer.* // Comunicarse, convenir, tratar. // Balbucear, cuchichear, chapurrear, despotricar, murmurar, musitar, rezongar, susurrar.

HABLILLA Habladuría, murmuración, rumor. *Alabanza.*

HABLISTA Estilista, académico.

HACEDERO Factible, posible, realizable, asequible. *Imposible, irrealizable.* *Asidero.

HACENDADO Estanciero.

HACENDOSO Diligente, trabajador, solícito. *Indolente.*

HACER Efectuar, ejecutar, obrar, perpetrar, practicar, realizar, trabajar. *Descansar, ociar.* // Causar, disponer, elaborar, fabricar, forjar, formar, ocasionar, perfeccionar, producir. *Desbaratar, deshacer.* // Actuar, concluir, cometer. // Arreglar, componer, confeccionar, construir, crear, imaginar, inventar, rehacer, reparar. *Desarmar, descomponer, destruir, romper.* // Caber, contener. // Convenir, proceder. // Aparentar, simular, urdir. // Acostumbrar, habituar, transformar.

HACHA Hachuela, destral, segur, azuela. // Hachón, vela, candela.

HACHERO Leñador. // Candelero.

HACHÓN Antorcha.

HACIENDA Ganado. // Finca, predio, propiedad. // Bienes, caudal. // Fisco, erario, tesoro. *Ascienda (ascender).

HACINA Montón, acervo, conjunto, mezcla, cúmulo.

HACINAMIENTO Amontonamiento, aglomeración, mezcolanza, acumulación.

HACINAR Aglomerar, amontonar, apilar, acumular, mezclar. *Esparcir, separar.* *Asignar.

HADA Maga.

HADADO Encantado, mágico, sobrenatural, maravilloso, prodigioso.

HADAR Pronosticar, augurar, anunciar. // Encantar.

HADO Destino, estrella, fatalidad, fortuna, signo, sino, suerte.

HALAGADOR Agradable, halagüeño, obsequioso. *Desdeñoso, despreciativo.* // Adulador, complaciente, lisonjero, mimoso, zalamero. *Censor.*

HALAGAR Adular, lisonjear, festejar, mimar. *Castigar, desdeñar.* // Agradar, deleitar. *Desagradar.*

HALAGO Agasajo, fiesta, mimo. *Desprecio.* // Adulación, lisonja, zalamería. *Improperio, injuria.*

HALAGÜEÑO Adulador, lisonjero, obsequioso. *Ofensor.* // Atrayente, halagador, risueño, satisfactorio. *Despreciable, insatisfactorio.*

HALAR Atraer, recoger, tirar de.

HÁLITO Aliento, soplo, vapor, vaho.

HALLAR Descubrir, encontrar, entender, inventar, topar, tropezar, ubicar. *Extraviar, perder.* // Estar. // Notar, observar, ver. *Confundir, traspapelar.*

HALLAZGO Descubrimiento, invención, encuentro, acierto. *Pérdida.*

HALO Nimbo, aureola. // Resplandor, fulgor.

HAMACA Columpio, mecedora.

HAMACAR Mecer.

HÁMAGO Fastidio, náusea. *Amago.

HAMBRE Apetito, escasez, gana, gazuza, hambruna, necesidad. *Hartura, inapetencia, saciedad.*

HAMBRIENTO Ansioso, deseoso, famélico, necesitado. *Inapetente, hastiado, repleto.*

HAMPA Bribonería, canalla.

HAMPÓN Bravucón, pillo, valentón.

HARAGÁN Gandul, holgazán, vago, flojo, perezoso. *Activo, trabajador.*

HARAGANEAR Holgazanear. *Trabajar.*

HARAGANERÍA Holgazanería, ociosidad, pereza.

HARAPIENTO Andrajoso, astroso, roto. *Elegante, galano.*

HARAPO Andrajo, calandrajo, pingajo, guiñapo. *Atavíos.*

HARÉN Serrallo. *Aren (arar).

HARINA Almidón, mola, gofio, cernido, gluten, soma.

HARINOSO Farináceo.

HARNERO Cedazo, criba, zaranda.

HARÓN Perezoso, holgazán, vago, flojo.

HARONÍA Holgazanería, pereza, flojedad, poltronería.

HARTAR Atracarse, saciar, satisfacer. *Hambrear, necesitar.* // Cansar, fastidiar, incomodar. *Agradar, deleitar.*

HARTAZGO Atracón, panzada. *Hambre.*

HARTO Ahíto, lleno, repleto, saciado, satisfecho. *Hambriento.* // Cansado. *Deseoso.* // Asaz. *Poco.*

HARTURA Abundancia, copia, hartazgo, repleción. *Apetito, gana.*

HASTIADO Fastidioso, fastidiado, aburrido, harto, cansado.

HASTIAR Aburrir, fastidiar, hartar, repugnar. *Agradar, divertir, satisfacer.*

HASTÍO Esplín, aburrimiento, tedio. *Placer.* // Cansancio, disgusto, fastidio, repugnancia. *Deleite.* *Estío.

HATAJO Cúmulo, abundancia, hato,

montón. Conjunto *Atajo.

HATERÍA Provisiones, equipo, víveres, ajuar, ropa, bagaje.

HATO Ajuar, impedimenta, provisiones, víveres. // Manada, rebaño. // Corrillo, cuadrilla, pandilla. *Ato (atar).

HAZ Atado, gavilla. // Cara, faz, rostro, superficie. *Fondo*. *Has (haber), as.

HAZAÑA Gesta, heroicidad. *Cobardía*.

HAZMERREÍR Esperpento, mamarracho, adefesio. *Hermosura*. // Bufón.

HEBDOMADARIO Semanal, semanario. *Anual, diario, mensual*.

HEBILLA Fíbula, broche, pasador, imperdible, prendedor.

HEBRA Brizna, fibra, filamento, hilo. // Veta.

HEBRAICO Hebreo, judaico.

HEBREO Israelita, judío, semita.

HECATOMBE Inmolación, matanza, mortandad, sacrificio.

HECES Excremento. *Eses.

HECHICERA Bruja, pitonisa, sibila. // Fascinadora, seductora.

HECHICERÍA Brujería, encantamiento, hechizo, maleficio, conjuro.

HECHICERO Brujo, mago, nigromante. // Cautivante, fascinante, seductor.

HECHIZAR Aojar, embrujar. // Cautivar, embelesar, encantar, fascinar. *Conjurar, exorcizar*.

HECHIZO Bebedizo, brujería, conjuro, filtro, hechicería, mal de ojo. // Encanto, fascinación, seducción. *Aversión, disgusto*. // Artificioso, postizo. *Natural*.

HECHO Acción, obra, suceso. *Dicho, expresión, palabra*. // Asunto, caso, materia. // Maduro, perfecto. // Constituido, dispuesto, proporcionado. // Acostumbrado, familiarizado, habituado. // Convertido, envuelto. *Echo (echar).

HECHURA Obra, producción. // Figura, forma, imagen. // Complexión, composición, formación, contextura.

HEDER Apestar. *Perfumar*. // Enfadar, fastidiar. *Divertir*.

HEDIONDEZ Fetidez, hedor, pestilencia. *Aroma, fragancia, perfume*.

HEDIONDO Apestoso, fétido, maloliente, nauseabundo, pestilente. *Aromático, perfumado*. // Repugnante, sucio. // Enfadoso, molesto.

HEDOR Hediondez.

HEGEMONÍA Predominio, superioridad, supremacía. *Sujeción*.

HELADA Congelación, congelamiento, hielo, frío.

HELADO Álgido, frío, gélido, glacial. *Caliente, tórrido, tropical*. // Atónito, pasmado, turulato. *Excitado*. // Desdeñoso, esquivo. // Sorbete.

HELAR Congelar, enfriar. *Calentar*. // Coagular, cuajar. // Pasmar, sobrecoger. // Acobardar, desalentar, desanimar. *Alentar, animar*. // Aterirse.

HELENISMO Grecismo.

HELERO Glaciar, nevero, ventisquero.

HÉLICE Espiral, voluta, espira, paleta.

HELMINTO Gusano.

HEMATOMA Contusión, chichón.

HEMBRA Mujer. *Hombre*. // Matriz, molde, rosca.

HEMICICLO Semicírculo.

HEMICRÁNEA Jaqueca.

HEMORROIDE Almorrana.

HEMOSTÁTICO Cicatrizante, cauterizante.

HENCHIDURA Hinchazón, plenitud, plétora, llenura, colmo, saciedad.

HENCHIR Atestar, colmar, llenar, rellenar. *Desocupar, vaciar*. *Hinchar.

HENDEDURA Fisura, grieta, hendidura, ranura, rendija, resquicio.

HENDER Abrir, agrietar, hendir, cuartearse, rajar, resquebrajar. // Atravesar, cortar, romper.

HENDIMIENTO Agrietamiento, cascadura, cascamiento, rajamiento.

HENO Forraje, pienso.

HEÑIR Amasar, sobar, trabajar.

HERALDO Mensajero, enviado.

HERBAJAR Pastar, pacer, apacentar.

HERBAJE Pasto, herbazal.

HERBOLARIO Herbario.

HERCÚLEO Fornido, fuerte, vigoroso. *Débil, delicado*.

HEREDAD Finca, hacienda, predio, posesión, propiedad.

HEREDAR Adquirir, suceder, recibir. // Parecerse, semejarse, sacar.

HEREDERO Legatario, sucesor.

HEREDITARIO Sucesorio, patrimonial, atávico, heredable, testamentario.

HEREJE Heresiarca, heterodoxo. // Desvergonzado, procaz.

HEREJÍA Error. // Agravio, injuria. *Satisfacción.*

HERENCIA Sucesión, beneficio, transmisión. // Adquisición, usufructo. // Bienes, patrimonio, legado. // Atavismo, temperamento, inclinación, sangre.

HERÉTICO Hereje.

HERIDA Lesión, llaga, corte, excoriación. // Cuchillada, puñalada.

HERIDO Lastimado, lesionado. // Agraviado.

HERIR Lesionar. *Acariciar, curar.* // Acuchillar. // Pulsar, tocar. // Conmover, impresionar. // Agraviar, ofender. *Alabar.*

HERMAFRODITA Bisexual, andrógino.

HERMANA Sor.

HERMANAR Fraternizar. // Avenirse, compadecerse. // Armonizar, juntar, unir. *Desunir, enemistar.*

HERMANDAD Fraternidad, confraternidad, hermanazgo. // Amistad, unión.

HERMÉTICO Cerrado, impenetrable. *Abierto, comprensible.*

HERMOSAMENTE Bellamente, lindamente, garridamente.

HERMOSEAR Embellecer, adornar, realzar. *Afear.*

HERMOSO Bello, bonito, lindo, maravilloso, perfecto, precioso, sublime. *Feo.* // Apacible, despejado, sereno. *Brumoso, desapacible.*

HERMOSURA Belleza, excelencia, proporción. *Fealdad, monstruosidad.*

HERNIA Quebradura.

HÉROE Campeón. *Cobarde.* // Protagonista.

HEROICIDAD Heroísmo, proeza, hazaña, valentía, gesta. *Cobardía.*

HEROICO Épico, bravo, intrépido, invercible, osado. *Cobarde.*

HERRADURA Casquillo, herraje, callo.

HERRAMIENTA Instrumento, utensilio, útil, trebejo.

HERRAR Forjar, encasquillar, clavar. *Errar.

HERRERÍA Ferrería, acería, ferretería, forja, fragua.

HERRERO Forjador, ferretero.

HERRUMBRE Óxido, moho, roya, pátina, verdín, herrín.

HERRUMBROSO Oxidado, mohoso.

HERVIDERO Hormiguero, muchedumbre, multitud.

HERVIR Abundar, bullir. *Escasear.* // Fermentar. // Picarse, encresparse.

HERVOR Ebullición, cocción, fermentación, espuma. // Fogosidad, inquietud, viveza, ardor, vehemencia.

HERVOROSO Impetuoso, ardoroso, fogoso, animoso, inquieto, enardecido. *Apacible, calmo.*

HESITACIÓN Duda. *Convicción, firmeza.*

HETERA Prostituta, ramera.

HETERÓCLITO Extraño, irregular, singular, raro.

HETERODOXO Disconforme, disidente, hereje. *Ortodoxo.*

HETEROGÉNEO Distinto, diverso, mezclado, variado. *Homogéneo, similar, uniforme.*

HÉTICO Tísico, flaco, enfermo. *Sano, gordo.* *Ético.

HEZ Depósito, lía, sedimento, madre, poso, precipitación. // Chusma, escoria, hampa. *Es (ser).

HIBRIDISMO Hibridación, cruzamiento.

HÍBRIDO Cruzado, mestizo. *Puro.*

HIDALGO Hijodalgo, noble. *Plebeyo.* // Generoso, distinguido. *Mezquino.*

HIDALGUÍA Caballerosidad, generosidad, nobleza. *Interés, vileza.*

HIDRÁULICA Hidrostática.

HIDRÓFOBO Rabioso.

HIDRÓPICO Insaciable, sediento.

HIEL Bilis. // Amargura, aspereza, desabrimiento. Adversidad. *Dulzura.*

HIELES Adversidades, disgustos, trabajos, penas, fatigas.

HIELO Nieve. // Desamor, frialdad, indiferencia. // Pasmo.

HIERÁTICO Religioso, sacerdotal. // Solemne, afectado.

HIERBA Yerba, yuyo. // Césped. ***Hierva** (hervir).

HIERBABUENA Menta, poleo.

HIERRO Fierro. // Arma. ***Yerro.**

HIERROS Cadenas, grillos.

HIGA Burla, desprecio. // Amuleto.

HÍGADO Ánimo, valentía. // Asadura.

HIGIENE Aseo, limpieza. *Infección, suciedad.*

HIJASTRO Entenado.

HIJO Nativo, natural, originario, oriundo. // Fruto, obra, producto. // Renuevo, retoño, vástago. *Padre, progenitor.*

HILAS Apósito, vendaje.

HILADA Hilera.

HILAR Discurrir, inferir.

HILARANTE Jocoso, regocijante. *Conmovedor, emotivo.*

HILARIDAD Algazara, risa, jocosidad, alegría. *Dolor, llanto.*

HILERA Fila, línea, ringlera, sarta, ala, cola, sucesión. *Amontonamiento.*

HILO Alambre, filamento, hebra. // Continuación, prosecución.

HILVANAR Embastar, unir. // Forjar, proyectar, tramar.

HIMENEO Boda, casamiento. *Divorcio.*

HIMNO Cántico, loor, canción.

HINCAPIÉ Insistencia, reiteración. *Desistimiento.*

HINCAR Clavar, introducir, plantar. // Arrodillarse.

HINCHA Entusiasta, partidario. // Encono, odio. *Afecto.*

HINCHADO Mórbido, morboso, hidrópico, edematoso, tumefacto, tumescente. // Ensoberbecido. // Ampuloso, pomposo. ***Henchido.**

HINCHAR Abultar, henchir, inflar, inflamar, levantar. *Deshinchar.* // Aumentar, exagerar, hiperbolizar. *Dismi-*

nuir. // Ensoberbecerse. *Empequeñecerse, humillarse.* ***Henchir.**

HINCHAZÓN Tumefacción, tumescencia. // Engreimiento, presunción.

HINCO Punta, estaca, poste, palo, espigón.

HINOJO Rodilla.

HIPAR Jadear, resollar. // Gimotear, lloriquear. // Anhelar, desear.

HIPÉRBOLE Exageración, ponderación. *Disminución, empequeñecimiento.* ***Hipérbola.**

HIPERBÓLICO Exagerado, hinchado, pomposo.

HÍPICO Ecuestre, equino.

HIPNOSIS Hipnotizamiento, sueño, desmayo, insensibilidad.

HIPNOTIZACIÓN Sugestión, hipnosis, sueño.

HIPNOTIZAR Sugestionar, magnetizar, adormecer, dormir.

HIPO Singulto. // Encono, enojo, rabia. // Ansia, deseo.

HIPOCONDRÍACO Melancólico, triste. *Jocoso, optimista.*

HIPOCRESÍA Doblez, falsedad, fingimiento, simulación. *Claridad, franqueza, lealtad, sinceridad.*

HIPÓCRITA Farsante, fingidor, santurrón, simulador.

HIPOTECA Carga, gravamen.

HIPOTECAR Gravar, cargar, afectar, afianzar, asegurar, obligar.

HIPÓTESIS Suposición, supuesto. *Comprobación, tesis.*

HIPOTÉTICO Dudoso, incierto, problemático, supuesto. *Cierto, comprobado.*

HIRIENTE Ofensivo. *Encantador, fascinante, lisonjero.*

HIRSUTO Erizado, enmarañado, híspido. *Liso, suave.*

HISPÁNICO Español, hispano.

HÍSPIDO Hirsuto, erizado, duro, espinoso, áspero.

HISTÉRICO Nervioso, excitado, perturbado, descontrolado, turbado. *Calmo, tranquilo.*

HISTORIA Anales, crónica, fastos, relación, relato. *Leyenda, tradición.* // Cuento, chisme, enredo, fábula. *Verdad.*

HISTORIADO Complicado, recargado.

HISTORIADOR Analista, cronista, historiógrafo.

HISTORIAR Contar, referir, narrar, relatar, detallar.

HISTÓRICO Averiguado, cierto, comprobado, verdadero.

HISTRIÓN Bufón, comediante, farsante, mimo, payaso, volatinero.

HITO Mojón, poste, pilar, liminar, jalón. // Blanco, objetivo. // Unido, junto, contiguo.

HOCICAR Tropezar. // Hozar, husmear. // Besucar, besuquear.

HOCICO Boca, cara, jeta, morro, rostro.

HOCICUDO Jetudo, morrudo.

HOGAR Chimenea, fogón, hoguera. // Casa, domicilio, morada, lar, familia.

HOGUERA Fogata, pira.

HOJA Lámina. // Folio, página. // Espada, tizona, cuchilla.

HOJEAR Trashojar, leer, mirar, examinar. *Ojear.

HOJUELA Cascarilla, hollejo. // Lámina.

HOLGADO Desocupado. *Atestado, lleno.* // Acomodado. // Ancho, desahogado, sobrado. *Apretado, ceñido, chico, estrecho.*

HOLGANZA Descanso, quietud, reposo. *Actividad, trabajo.* // Haraganería, holgazanería, ociosidad. *Laboriosidad.* // Contento, diversión, placer, regocijo.

HOLGAR Descansar, haraganear, pasear, reposar, vagar. *Afanarse, bregar, trabajar.* // Divertirse, entretenerse, alegrarse. *Entristecerse.*

HOLGAZÁN Haragán, indolente, pelafustán, perezoso, tumbón. *Activo, laborioso.*

HOLGAZANEAR Haraganear, holgar, ociar. *Esforzarse, trabajar.*

HOLGAZANERÍA Haraganería, pereza, holganza, ocio. *Dedicación, trabajo.*

HOLGORIO Diversión, fiesta, jarana, juerga, regocijo. *Duelo.*

HOLGURA Amplitud, anchura, como-

didad, desahogo. *Estrechez, incomodidad.* // Diversión, holgorio.

HOLLAR Pisar, pisotear. // Abatir, despreciar, humillar, menospreciar. *Encumbrar, ensalzar.*

HOLLEJO Cascarilla, hojuela, pellejo.

HOLLÍN Tizne, ceniza, suciedad.

HOLOCAUSTO Sacrificio, ofrenda, dedicación.

HOMBRE Individuo, macho, varón. *Dama, hembra, mujer.* // Humanidad.

HOMBREAR Rivalizar.

HOMBRÍA Entereza, valor. *Pusilanimidad, cobardía.*

HOMBRÓN Hombrazo, hombrachón, hombretón, hércules.

HOMBRUNA Marimacho, varona, machona.

HOMENAJE Respeto, sumisión, veneración. *Desacato, rebeldía.*

HOMÉRICO Heroico, épico.

HOMICIDA Asesino, criminal, matador.

HOMICIDIO Asesinato, crimen, muerte.

HOMILÍA Discurso, sermón.

HOMOGÉNEO Semejante, parecido, similar. *Diferente, heterogéneo, vario.*

HOMOLOGAR Comprobar, confirmar, registrar.

HOMÓLOGO Equivalente, similar, sinónimo, análogo.

HOMÓNIMO Tocayo.

HOMOSEXUAL Pederasta, sodomita.

HONDAMENTE Profundamente. // Elevadamente, altamente.

HONDEAR Sondear, tantear, reflexionar. // Restallar, chasquear. // Moverse, mecerse. *Ondear.

HONDO Hondura. // Intenso, profundo. // Misterioso, recóndito. *Superficial.*

HONDURA Profundidad. *Altura, excelsitud.* // Bajío, concavidad, hondonada, hoyada. *Loma.*

HONESTAMENTE Decentemente, recatadamente, pudorosamente, púdicamente. *Impúdicamente.*

HONESTIDAD Castidad, decencia, honra. *Deshonestidad.* // Decoro, modestia, pudor, recato. *Desvergüenza.*

HONESTO Casto, decente, decoroso, pudoroso, recatado. // Honrado, justo.

HONGO Seta.

HONOR Estima, honestidad, honra, prez, pundonor, recato, reputación. *Deshonor, ignominia, infamia.* // Celebridad, fama, gloria. // Cargo, dignidad, empleo.

HONORABILIDAD Decencia, dignidad, honradez, probidad. *Indignidad.*

HONORABLE Distinguido, estimable, respetable, venerable. *Indigno.*

HONORAR Honrar, ensalzar. *Deshonrar.*

HONORARIOS Emolumentos, sueldos, gajes, retribución, estipendio.

HONORÍFICO Honroso. *Degradante.*

HONRA Honor, renombre. // Distinción. // Honestidad, pudor, recato.

HONRADAMENTE Rectamente, lealmente, moralmente, austeramente.

HONRADEZ Honestidad, integridad, probidad, rectitud. *Deshonestidad, inmoralidad, venalidad.*

HONRADO Decente, honesto, íntegro, leal, probo, recto, sano. *Pillo, sinvergüenza.* // Enaltecido, ennoblecido. // Apreciado, respetado. *Despreciado.*

HONRAR Distinguir, enaltecer, favorecer, respetar, reverenciar. *Deshonrar, despreciar, envilecer, injuriar.*

HONRAS Exequias, funerales.

HONRILLA Amor propio, pundonor, puntillo, vergüenza.

HONROSO Decente, honorífico, preciado, señalado.

HOPO Cola, rabo. // Copete.

HORA Instante, momento, tiempo. *Ora (orar).

HORADAR Agujerear, perforar, taladrar.

HORADO Agujero, caverna, concavidad.

HORARIO Reloj, indicador.

HORCA Patíbulo. *Orca.

HORDA Malón, populacho, turba.

HORIZONTAL Plano, yacente, echado, tendido. *Parado, vertical.*

HORIZONTE Confín, perspectiva. // Porvenir.

HORMA Molde, forma.

HORMIGÓN Argamasa, concreto, mezcla, granujo, cemento, mazacote.

HORMIGUEAR Abundar, bullir, pulular. // Cosquillear.

HORMIGUEO Picor, prurito.

HORMIGUERO Afluencia, hervidero, enjambre, muchedumbre.

HORNACINA Concavidad, hueco, nicho.

HORNADA Serie, pléyade, promoción. *Ornada (ornar).

HORNILLA Anafe, cocinilla, parrilla, brasero, hornillo.

HORÓSCOPO Augurio, pronóstico, predicción, oráculo, vaticinio. // Agorero.

HORQUILLA Horqueta, horcón.

HORRENDO Aterrador, atroz, espantoso, horrible, horripilante, hórrido, horroroso, monstruoso, pavoroso, tremebundo. *Admirable, maravilloso.*

HÓRREO Granero, silo, troj.

HORRIBLE Horrendo, horripilante.

HORRIBLEMENTE Espantosamente, horrendamente, pavorosamente, angustiosamente.

HORRIPILAR Aterrar, espantar, espeluznar, horrorizar. *Tranquilizar.*

HORRO Desembarazado, exento, libre, manumitido.

HORROR Aversión, consternación, espanto. *Arrojo, coraje, guapeza.* // Atrocidad, monstruosidad. *Maravilla. *Error.

HORRORIZAR Horripilar.

HORROROSO Espeluznante, horripilante, terrorífico. // Deforme, feísimo. *Admirable, bellísimo.*

HORTAL Huerta, huerto.

HORTALIZA Legumbre, verdura.

HORTELANO Horticultor, labrador, verdulero.

HOSCO Áspero, antipático, huraño. *Gentil, simpático, suave.*

HOSPEDAJE Albergue, alojamiento, refugio, hotel, hostería, fonda, posada, venta, pensión.

HOSPEDAR Albergar, alojar, aposentar. *Desalojar.* // Pernoctar.

HOSPICIO Asilo, albergue.

HOSPITAL Clínica, nosocomio, policlínica, sanatorio. // Asilo, hospicio.

HOSPITALARIO Acogedor, agasajador, protector.

HOSPITALIDAD Acogida, acogimiento, amparo, asilo, cobijo, defensa, protección, seguridad. *Desamparo.*

HOSTERÍA Hotel, parador, posada.

HOSTIA Oblea. // Eucaristía.

HOSTIGAMIENTO Atosigamiento, acoso, molestia, fastidio, persecución.

HOSTIGAR Acosar, perseguir, molestar, fastidiar, atosigar, sitiar. *Acoger, atraer, defender.* // Azotar, castigar.

HOSTIL Adversario, contrario, desfavorable, enemigo, rival. *Amigo, benévolo, favorable.*

HOSTILIDAD Agresión, enemiga, enemistad, odio, oposición. *Armisticio, reconciliación.*

HOSTILIZAR Agredir, atacar. *Acoger, fraternizar.*

HOTO Esperanza, ilusión, confianza.

HOY Actualmente, ahora, hogaño.

HOYA Hondonada, hondura, hoyo. // Fosa, sepultura. ***Olla.***

HOYO Agujero, foso, hoya, hueco, pozo. ***Hollo*** (hollar), **oyó** (oír).

HOZ Segur, falce, guadaña. ***Os.***

HOZAR Hocicar. ***Osar.***

HUCHA Alcancía. // Ahorros, economías.

HUECO Agujero, cavidad, espacio, oquedad. // Intervalo. // Esponjoso, fofo, mullido. *Amazacotado, compacto, macizo.* // Hinchado, presuntuoso.

HUELGA Holganza, ocio, ociosidad, vagancia. // Paro. // Holgura, recreación, diversión, fiesta, asueto.

HUELLA Pisada, paso, pista, impresión, marca, traza, surco, señal, estampa, estela, carril, rodada. // Signo, estigma, cicatriz, golpe, verdugón, contusión. // Memoria, vestigio, recuerdo, reliquia.

HUÉRFANO Abandonado, desamparado, carente, falto, solo. // Expósito.

HUERO Vacío, vano. // Insustancial, insípido, anodino.

HUERTA Huerto, vergel, granja.

HUESA Sepultura, hoya, fosa.

HUESO Carozo, pepita. *Carne, pulpa.* //

Dificultad, trabajo. // Grano, cuesco.

HUÉSPED Convidado, invitado, comensal. // Anfitrión.

HUESTE Ejército, tropa, facción.

HUEVO Óvulo, embrión, germen.

HUIDA Deserción, escabullimiento, escape, evasión, éxodo, fuga. *Captura, detención, persecución.*

HUIR Desbandarse, desertar, escabullirse, escapar, escurrirse, fugarse, tomárselas. *Permanecer, presentarse, quedarse.* // Perseguir.

HULE Linóleo, caucho, goma.

HULLA Carbón. ***Huya*** (huir).

HUMANAMENTE Bondadosamente, sensiblemente, piadosamente, compasivamente. *Cruelmente.*

HUMANARSE Humanizarse.

HUMANIDAD Hombre. // Mundo. // Flaqueza, fragilidad. // Compasión, piedad, sensibilidad. *Crueldad, inhumanidad.* // Afabilidad, benignidad, mansedumbre. // Corpulencia.

HUMANITARIO Compasivo, caritativo, benévolo, bueno.

HUMANIZARSE Ablandarse, apiadarse, desenojarse, humanarse. *Encruelecerse, endurecerse.*

HUMANO Caritativo, compasivo, filantrópico, humanitario, indulgente, misericordioso. *Inhumano.*

HUMEAR Ahumar, fumar, sahumar, fumigar, entiznar.

HUMEDAD Relente, sereno, rocío, niebla, agua, vapor, lluvia. *Sequía.*

HUMEDECER Humectar, impregnar, bañar, mojar, remojar, rociar. *Secar.*

HUMILDAD Docilidad, modestia, sumisión, timidez. *Altanería, orgullo, soberbia, vanidad.* // Plebeyez, pobreza, vulgaridad.

HUMILDE Apocado, dócil, modesto, respetuoso, sumiso. *Altivo, engreído, petulante.* // Pobre. *Poderoso.*

HUMILLACIÓN Burla, degradación, desprecio, ofensa, abatimiento, vileza. *Engrandecimiento, glorificación.*

HUMILLANTE Degradante, denigrante,

deshonroso. // Injurioso, vergonzoso. *Enaltecedor.*

HUMILLAR Abatir, abochornar, rebajar, sojuzgar, someter. *Enaltecer, ensalzar, magnificar.* // Arrastrarse, prosternarse. *Encumbrarse.*

HUMILLO Altanería, fatuidad, presunción, vanidad. *Humildad.*

HUMO Vapor, gas, fumarola, emanación, exhalación, tufo, humarada, bocanada, tizne.

HUMOR Secreción, serosidad, sudor. // Condición, genio, índole, talante. // Agudeza, gracia, jovialidad.

HUMORADA Chuscada, extravagancia, capricho, ironía, jocosidad.

HUMORISMO Agudeza, humor, ironía, sátira, ingenio, donaire. *Mordacidad, sarcasmo.*

HUMORISTA Burlón, epigramático, ironista, satírico.

HUMOS Altivez, humillo.

HUMOSO Humeante, fumoso, fumante, fumígero.

HUMUS Mantillo.

HUNDIMIENTO Caída, derrumbamiento, desmoronamiento, desplome. // Naufragio.

HUNDIR Abismar, sumergir, sumir. *Elevar.* // Derrumbarse, desplomarse. *Construir.* // Naufragar. // Arruinar, confun-

dir. // Derribar, destruir. // Desaparecer, esconderse. *Aparecer.*

HURACÁN Ciclón, tifón, tornado. *Céfiro, brisa.*

HURAÑO Arisco, áspero, esquivo, hosco, insociable, antipático. *Sociable, tratable.* *Uranio.

HURGAR Menear, remover, escarbar. // Manosear, palpar, tocar. // Conmover, incitar, pinchar.

HURGONEAR Atizar, remover.

HURGUETE Fisgón.

HURÓN Huraño.

HURONEAR Curiosear, husmear.

HURTADILLAS (A) Furtivamente. *Abiertamente.*

HURTAR Robar, sisar. *Regalar, restituir.* // Desviar, eludir, esquivar. *Desafiar.* // Ocultarse, zafarse. *Presentarse.*

HURTO Rapiña, robo.

HUSMEADOR Curioso, entremetido, fisgón, inquiridor, investigador, indiscreto, indagador. *Discreto.*

HUSMEAR Fisgonear, curiosear, huronear, ventear, escudriñar, investigar. // Olfatear, rastrear. // Apestar.

HUSMEO Olfateo. // Sondeo, investigación, exploración.

HUSMO Olor, tufo, hedor.

HUSO Devanadera, rueca, malacate. *Uso.

I

IBÉRICO Español, hispano.
IBEROAMERICANO Hispanoamericano.
IDA Arranque, ímpetu, prontitud. *Regreso, vuelta.*
IDEA Imagen, representación. *Dicción, fonema.* // Concepto, conocimiento, juicio, noción, opinión, vislumbre. // Manía, obsesión, prejuicio. // Esbozo, intención, plan, proyecto. *Ejecución, obra.*
IDEAL Ejemplar, elevado, excelente, puro, supremo, sublime. // Dechado, modelo, prototipo, arquetipo. // Ambición, deseo, ilusión.
IDEAR Concebir, discurrir, imaginar, inventar, conceptuar, pensar, trazar. *Obrar, realizar.*
IDÉNTICO Equivalente, igual, semejante. *Desigual, distinto, heterogéneo, diferente.*
IDENTIDAD Homogeneidad, igualdad, uniformidad, semejanza. *Desigualdad, heterogeneidad, inexactitud, oposición.*
IDENTIFICAR Reconocer. // Compenetrarse. *Discrepar, disentir.*
IDEOLOGÍA Ideario.
IDILIO Enamoramiento, noviazgo.
IDIOMA Lengua, lenguaje, habla.
IDIOSINCRACIA Índole, temperamento, carácter, personalidad.
IDIOTA Bobo, estúpido, ignorante, memo, necio, imbécil. *Ingenioso, talentoso, listo.*
IDIOTEZ Mentecatez, necedad. *Entendimiento, inteligencia.*

IDO Chiflado, loco, orate. // Distraído.
IDÓLATRA Gentil, pagano, fetichista, adorador.
IDOLATRAR Adorar, amar.
IDOLATRÍA Fetichismo, gentilismo, paganismo. // Adoración, apasionamiento. *Antipatía, odio.*
ÍDOLO Deidad, fetiche, tótem.
IDONEIDAD Aptitud, capacidad, competencia, suficiencia. *Incapacidad, incompetencia, ineficacia, ineptitud.*
IDÓNEO Apto, capaz, competente, suficiente, útil. *Incapaz.*
IGLESIA Cristiandad, grey. // Basílica, catedral, santuario, templo.
IGNARO Ignorante.
ÍGNEO Ignito, pírico, encendido, ardiente, abrasador.
IGNICIÓN Combustión, incendio, quema, ustión.
IGNOMINIA Afrenta, abyección, baldón, deshonor, deshonra, infamia, oprobio, vergüenza. *Dignidad, honor, honra, prestigio.*
IGNORADO Desconocido, ignoto, anónimo, incógnito.
IGNORANCIA Analfabetismo, oscurantismo, incultura, necedad, ineptitud. *Sabiduría, conocimiento, cultura.*
IGNORANTE Asno, burro, ignaro, iletrado, indocto, insipiente, analfabeto, inculto, lego, profano, zote. *Culto, docto, erudito, instruido.*
IGNORAR Desconocer, no saber. *Conocer, saber.*
IGNOTO Desconocido, ignorado, inex-

plorado. *Conocido, sabido.*

IGUAL Equipotente, equivalente, gemelo, idéntico, semejante. *Antónimo, desigual.* // Liso, parejo. *Desnivelado.* // Constante, invariable, homogéneo. *Diferente, heterogéneo, variable.* // Proporcionado.

IGUALACIÓN Igualamiento, equiparación, empate, ajuste, equilibrio, nivelación.

IGUALAR Allanar, compensar, emparejar, empatar, equilibrar, equiparar, nivelar, pasar. *Desempatar, desequilibrar, desnivelar.*

IGUALDAD Ecuación, equidad, equilibrio, exactitud, equivalencia, identidad, paridad. // Conformidad, correspondencia, consonancia. *Disparidad.*

IGUALMENTE Asimismo, también. *Tampoco.*

IJADA Ijar.

ILACIÓN Enlace, nexo. // Consecuencia, deducción, inferencia.

ILAPSO Ensimismamiento, arrobamiento, embeleso.

ILEGAL Ilegítimo, ilícito, injusto, prohibido. *Justo, legal, legítimo, permitido.*

ILEGIBLE Indescifrable, incomprensible, ininteligible. *Comprensible, legible.*

ILEGÍTIMO Ilegal, falso, espurio. *Auténtico, genuino, legítimo.*

ILESO Incólume, indemne, intacto. *Enfermo, herido, lesionado.*

ILETRADO Analfabeto, ignorante.

ILÍCITO Ilegal, inmoral. *Autorizado, justo, lícito.*

ILIMITADO Infinito, indefinido, incalculable, interminable, inmenso. *Circunscripto, limitado.*

ILÓGICO Absurdo, contradictorio, desatinado, disparatado. *Consecuente, lógico, razonable.*

ILOTA Esclavo, siervo, paria.

ILUMINACIÓN Luz, alumbrado, luminaria, luminosidad, resplandor, claridad. *Oscuridad.*

ILUMINAR Alumbrar. *Apagar, oscurecer.* // Colorear. // Enseñar, ilustrar.

ILUSIÓN Imaginación. // Confianza, esperanza. *Decepción, desencanto.*

ILUSIONAR Confiar, esperar. *Desconfiar, desesperar.* // Engañar, seducir. *Desilusionar.*

ILUSIONISTA Prestidigitador.

ILUSIVO Aparente, falso, fingido, engañoso, ilusorio, mentido. *Cierto.*

ILUSO Idealista, soñador, utopista, visionario. // Engañado, seducido, encandilado.

ILUSORIO Engañoso, fingido, inexistente, quimérico. *Real, verdadero.*

ILUSTRACIÓN Cultura, erudición, instrucción, saber. *Ignorancia, incultura.* // Comentario, explicación. // Dibujo, figura, grabado, lámina.

ILUSTRADO Culto, docto, erudito, instruido, letrado, versado. *Ignorante.*

ILUSTRAR Civilizar, enseñar, iluminar, instruir. // Aclarar, esclarecer, explicar. // Afamar, ennoblecer.

ILUSTRE Afamado, celebrado, célebre, consagrado, conspicuo, distinguido, egregio, eminente, eximio, famoso, glorioso, insigne, preclaro, prestigioso, renombrado, reputado. *Desconocido, ignoto, oscuro.*

IMAGEN Efigie, estampa, estatua, figura, pintura, representación, retrato. // Copia, reproducción. // Símbolo. // Metáfora, semejanza, comparación.

IMAGINABLE Concebible. *Inconcebible, inimaginable.*

IMAGINACIÓN Fantasía, idea, inventiva, visión. *Realidad.*

IMAGINAR Concebir, conjeturar, fantasear, idear, inventar, presumir, sospechar, suponer, evocar, creer, figurarse, pensar.

IMAGINARIA Guardia, vela.

IMAGINARIO Fabuloso, fantástico, ficticio, ideal, inexistente, quimérico, supuesto, falso. *Corpóreo, real, tangible, verdadero.*

IMAGINATIVO Soñador, idealista, iluso, fantaseador, novelero.

IMAGINERO Escultor, estatuario.

IMÁN Aliciente, atractivo.

IMANAR Imantar, magnetizar. ***Emanar.**

IMBÉCIL Alelado, bobo, necio, idiota, tonto. *Astuto, ingenioso.*

IMBECILIDAD Estupidez, necedad, simpleza, tontería, idiotez. *Agudeza.*

IMBERBE Barbilampiño, lampiño. *Barbudo, peludo, velludo.*

IMBIBICIÓN Absorción, hidratación, impregnación.

IMBORRABLE Indeleble, duradero.

IMBRICADO Montado, superpuesto.

IMBUIR Infundir, persuadir, inculcar. *Desaconsejar.*

IMITABLE Remedable, paródico.

IMITACIÓN Emulación. // Falsificación, parodia, remedo, reproducción.

IMITADOR Émulo, mimo, parodista.

IMITAR Copiar, emular, plagiar, remedar, reproducir. *Crear, inventar.*

IMPACCIÓN Impacto, choque, sacudida. // Balazo.

IMPACIENCIA Intranquilidad, urgencia, ansiedad.

IMPACIENTAR Incomodar, inquietar, irritar, perturbar. // Desesperarse. *Tranquilizar.*

IMPACIENTE Inquieto, irritable, nervioso. *Calmo, sosegado.*

IMPACTO Choque. // Huella. // Balazo.

IMPAGABLE Inapreciable.

IMPALPABLE Incorpóreo, intangible, sutil, tenue, imperceptible. *Corpóreo, material, tangible.*

IMPAR Non, único. *Gemelo, par.*

IMPARCIAL Ecuánime, equitativo, justo, neutral. *Parcial.*

IMPARCIALIDAD Equidad, ecuanimidad, igualdad, neutralidad. *Parcialidad.* // Justicia, rectitud. *Injusticia.*

IMPARCIALMENTE Justamente, lícitamente, equitativamente, legítimamente, justificadamente.

IMPARTIR Comunicar, dar, repartir.

IMPASIBILIDAD Imperturbabilidad, insensibilidad. *Nerviosismo, sensibilidad, vehemencia.*

IMPASIBLE Indiferente, imperturbable, insensible. *Nervioso, vehemente.*

IMPÁVIDO Impertérrito, imperturbable, sereno. *Aturdido.*

IMPECABLE Intachable, irreprochable, perfecto. *Reprochable.* // Limpio. *Impuro, incorrecto.*

IMPEDIDO Baldado, inválido, paralítico, tullido. *Sano.* // Incapacitado, inhabilitado, imposibilitado.

IMPEDIMENTA Bagaje, equipaje.

IMPEDIMENTO Dificultad, embarazo, escollo, estorbo, inconveniente, óbice, obstáculo, traba, tropiezo. *Desembarazo, facilidad.*

IMPEDIR Dificultar, embarazar, entorpecer, estorbar, obstar. *Acceder, autorizar, facilitar.*

IMPELER Empujar, estimular, impulsar, incitar, instigar, mover. *Retener, sujetar, frenar.*

IMPENETRABLE Impermeable. // Incomprensible, inexplicable, insondable, misterioso, hermético, clausurado.

IMPENITENTE Contumaz, empedernido. *Arrepentido, contrito.*

IMPENSADAMENTE De repente, de sopetón, inadvertidamente, espontáneamente.

IMPERAR Dominar, mandar, reinar, regir. *Emancipar, librar, obedecer.*

IMPERATIVO Autoritario, categórico, dominante, imperioso. *Débil, sumiso.*

IMPERCEPTIBLE Indiscernible, invisible. *Manifiesto, perceptible, tangible.*

IMPERDIBLE Broche, fíbula, hebilla.

IMPERDONABLE Inexcusable, irremisible. *Perdonable.*

IMPERECEDERO Eterno, inmortal. *Mortal, perecedero.*

IMPERFECCIÓN Defecto, deficiencia, falta, falla, lunar, mota, pero, tacha. *Corrección.* // Deformidad, fealdad. *Perfección.*

IMPERFECTO Defectivo, defectuoso, falto, inacabado, incompleto, inconcluso, incorrecto, tosco. *Perfecto.*

IMPERICIA Incapacidad, incompetencia, inexperiencia, ineptitud, inhabilidad, insuficiencia, torpeza. *Competencia, habilidad, maña.*

IMPERIO Autoridad, dominio, poder, prestigio. *Vasallaje.* // Nación, potencia. // Altanería, orgullo, soberbia, altivez. *Humildad.*

IMPERIOSAMENTE Autoritariamente, despóticamente.

IMPERIOSO Altanero, despótico, imperativo, orgulloso, soberbio. *Sumiso.*

IMPERMEABILIZAR Embrear, alquitranar, barnizar, encerar, engrasar, calafatear.

IMPERMEABLE Impenetrable. *Penetrable, permeable, poroso.* // Gabardina.

IMPERSONAL Adocenado, común, vulgar. *Propio.*

IMPERTÉRRITO Impávido, sereno, imperturbable. *Turbado.*

IMPERTINENCIA Despropósito, disparate, inconveniencia, pesadez. *Conveniencia, discreción.*

IMPERTINENTE Cargante, fastidioso, importuno, molesto, pesado. *Cortés, sociable.*

IMPERTURBABLE Impasible, impávido, impertérrito, inalterable, sereno, tranquilo, inmutable. *Nervioso, quisquilloso, susceptible.*

IMPETRACIÓN Demanda, súplica, ruego, petición.

IMPETRAR Demandar, implorar, pedir, rogar, solicitar, suplicar. // Alcanzar, conseguir.

ÍMPETU Fuerza, impetuosidad, prontitud, resolución, vehemencia, impulso, violencia. *Indiferencia, irresolución, pasividad, placidez, flema.*

IMPETUOSO Arrebatado, fogoso, precipitado, violento. *Tranquilo.*

IMPIEDAD Irreligión, irreligiosidad. *Credulidad, religiosidad.*

IMPÍO Sacrílego, ateo, laico, descreído, irreverente, anticlerical, irreligioso. *Creyente, pío.* Inclemente, inflexible, inhumano, rencoroso, vengativo, vindicativo. *Compasivo, indulgente.*

IMPLACABLE Despiadado, inclemente,

cruel, riguroso, inflexible, exigente, inexorable. *Clemente, compasivo.*

IMPLANTAR Establecer, fundar, instituir, introducir.

IMPLICACIÓN Discrepancia, impedimento, oposición.

IMPLICAR Impedir, obstar, contradecirse. // Contener, encerrar, envolver. // Enredar.

IMPLÍCITO Incluido, sobrentendido, tácito, expreso, virtual. *Excluido, ignorado, explícito.*

IMPLORAR Clamar, impetrar, deprecar, instar, pedir, rogar, suplicar. *Exigir, mandar.*

IMPOLÍTICO Descortés, incivil, rudo, incorrecto, indiscreto, falto de tacto, grosero. *Discreto.*

IMPOLUTO Inmaculado, nítido, limpio. *Manchado, sucio.*

IMPONDERABLE Inapreciable, inestimable, excelente, único. *Mejorable.*

IMPONENTE Enorme, magnífico, formidable, grandioso, majestuoso, maravilloso, respetable, soberbio, temible. *Insignificante.*

IMPONER Cargar, gravar, asignar, colocar, dar. // Imputar, acusar, calumniar, incriminar. // Instruir, enseñar, educar. // Disciplinar, corregir.

IMPOPULAR Desprestigiado, malquisto, odiado. *Afamado, simpático.*

IMPORTANCIA Categoría, consideración, cuantía, fuste, influencia, magnitud, monta, peso, valor. *Intrascendencia, pequeñez, insignificancia.*

IMPORTANTE Cardinal, fundamental, notable, poderoso, preponderante, principal, saliente, señalado, significativo, sustancial, trascendental, valioso. *Baladí, insignificante, intrascendente, trivial.*

IMPORTAR Convenir, interesar, montar, significar. *Desinteresar, desmerecer.* // Costar, valer. // Introducir. *Exportar.*

IMPORTE Coste, costo, cuantía, precio, valía, valor.

IMPORTUNAR Aburrir, jorobar, machacar, moler, molestar. *Alegrar.*

IMPORTUNO Inoportuno, enfadoso, molesto, fastidioso.

IMPOSIBILIDAD Dificultad, impedimento, impotencia. *Perspectiva, posibilidad.*

IMPOSIBILITAR Impedir, incapacitar, inhabilitar. *Capacitar, habilitar.*

IMPOSIBLE Impracticable, inaccesible, inasequible, insoluble, irrealizable. *Factible, posible, realizable.* // Inaguantable, insufrible. *Agradable.* // Utópico.

IMPOSICIÓN Coacción, exigencia. // Impuesto, tributo, gravamen.

IMPOSTOR Calumniador, embaucador, falsario, mentiroso, trapacero. *Veraz, auténtico.*

IMPOSTURA Calumnia, engaño, falacia, imputación, inculpación, superchería. *Verdad.* // Doblez, fingimiento. *Sinceridad.*

IMPOTENCIA Imposibilidad, ineptitud. *Aptitud, autoridad, poder.* // Esterilidad, infecundidad. *Fecundidad, virilidad.*

IMPOTENTE Incapaz, ineficaz, inepto. *Apto, capaz.* // Estéril, infecundo.

IMPRACTICABLE Infranqueable. // Imposible, irrealizable. *Posible.*

IMPRECACIÓN Apóstrofe, execración, maldición. *Alabanza, elogio.*

IMPRECAR Maldecir, execrar, condenar, apostrofar, abominar. *Alabar.*

IMPRECISIÓN Vaguedad, indeterminación, ambigüedad, incertidumbre, desconcierto, confusión, duda, equívoco. *Determinación, certeza, conocimiento, concierto.*

IMPRECISO Ambiguo, confuso, indefinido, indeterminado, vago. *Claro, determinado, preciso.*

IMPREGNAR Embeber, empapar, humectar, humedecer, mojar, saturar.

IMPREMEDITACIÓN Imprevisión.

IMPRESCINDIBLE Esencial, indispensable, insustituible, necesario. *Accidental, sustituible.* // Forzoso, obligatorio. *Evitable.*

IMPRESIÓN Edición, tirada. // Huella, marca, rastro, señal, vestigio. // Efecto,

emoción, sensación, conmoción.

IMPRESIONABLE Emocionable, excitable, sensible, sensitivo, susceptible. *Estoico, impasible, imperturbable, inmutable.*

IMPRESIONAR Afectar, conmover, conturbar, emocionar, sobrecoger, turbar. *Serenar.* // Convencer, persuadir.

IMPRESO Edición, libro, ejemplar, hoja, folleto, formulario.

IMPREVISIÓN Descuido, impremeditación, inadvertencia, ligereza, negligencia. *Cuidado, prudencia.*

IMPREVISOR Confiado, descuidado, seguro, desprevenido. *Prevenido, cauteloso, cuidadoso.*

IMPREVISTO Accidental, casual, fortuito, impensado, inesperado, inopinado, repentino. *Calculado, descontado, esperado, previsto.*

IMPRIMIR Estampar. // Tirar, editar. // Fijar, retener.

IMPROBABLE Remoto, imposible, absurdo, inverosímil. *Posible.*

ÍMPROBO Abrumador, agotador, excesivo, fatigoso. *Leve, reposado.*

IMPROCEDENTE Inadecuado, inoportuno. *Congruente, oportuno.*

IMPRODUCTIVO Estéril, infecundo, inútil, infructífero. *Fértil, productivo.*

IMPRONTA Huella, señal, sello, marca.

IMPROPERIO Injuria, insulto, invectiva, ofensa, vituperio, provocación. *Adulación, lisonja.*

IMPROPIEDAD Despropósito, inoportunidad, incongruencia, inexactitud. *Congruencia, conveniencia.*

IMPROPIO Improcedente, inconveniente, incorrecto, indigno, inoportuno. *Adecuado, correcto, oportuno.* // Chocante, disonante, extemporáneo.

IMPRORROGABLE Impostergable, inaplazable, definitivo.

IMPROVISADOR Repentista.

IMPROVISAR Repentizar, innovar. // Componer, versificar. *Ensayar, preparar, reflexionar.*

IMPROVISO (DE) De pronto, de repen-

te, de súbito, sin pensar, súbitamente.
IMPRUDENCIA Atolondramiento, descuido, irreflexión, ligereza, temeridad. *Cuidado, previsión, tiento.*
IMPRUDENTE Alocado, atolondrado. *Sensato.* // Arriesgado, temerario. *Cauto, prudente.* *Impudente.
IMPÚBER Niño.
IMPUDENCIA Atrevimiento, cinismo, descaro, desfachatez, desvergüenza, impudor. *Imprudencia.
IMPUDICIA Deshonestidad, impudor, indecencia, libertinaje, licencia, liviandad, lujuria, obscenidad. *Decencia, honestidad.*
IMPÚDICO Deshonesto, libertino, lujurioso, obsceno, torpe. *Decoroso, honesto, púdico.*
IMPUESTO Carga, contribución, gabela, gravamen, tributo. // Aleccionado, enterado.
IMPUGNACIÓN Contradicción, objeción, refutación, negación.
IMPUGNAR Combatir, contradecir, objetar, rebatir, refutar. *Abogar, aceptar, aprobar, defender, sostener.*
IMPULSAR Empujar, estimular, impeler. *Contener, frenar, desanimar.*
IMPULSIVO Arrebatado, fogoso, impelente, vehemente, apasionado. *Flemático, pachorrudo.*
IMPULSO Empuje, impulsión, envión, movimiento, promoción. // Estímulo, incentivo, incitación, instigación, sugestión, ánimo.
IMPUNIDAD Indemnidad, irresponsabilidad, acogimiento, seguridad. *Responsabilidad, castigo.*
IMPUREZA Corrupción, adulteración, deshonestidad. // Mancha, suciedad, turbiedad.
IMPURO Deshonesto, manchado, mezclado, sucio, turbio, viciado. *Depurado, limpio, puro.*
IMPUTACIÓN Acusación, cargo, denuncia, inculpación. *Defensa, justificación.*
IMPUTAR Acusar, achacar, atribuir, delatar, denunciar, inculpar, incriminar.

Reprochar. *Defender, exculpar, tapar.*
INABORDABLE Inaccesible. *Accesible.*
INACABABLE Interminable, inagotable, inextinguible, infinito.
INACCESIBLE Inabordable, inalcanzable, incomprensible. *Comprensible, fácil, posible.* // Abrupto, escarpado, impracticable. *Practicable, transitable.*
INACCIÓN Descanso, sosiego, inactividad, inercia, ocio, ociosidad, paro, quietud. *Actividad, ejercicio, movimiento.*
INACEPTABLE Inadmisible. *Aceptable.*
INACTIVIDAD Inacción, pereza, apatía, indolencia, descanso. *Actividad, trabajo, ímpetu, diligencia.*
INACTIVO Inerte, ocioso, perezoso, quieto. *Activo, diligente, laborioso, vivo.*
INADECUADO Impropio, inconveniente. *Adecuado, apropiado, propio.*
INADMISIBLE Falso, inaceptable.
INADVERTENCIA Descuido, distracción, negligencia, olvido. *Atención, cuidado, recuerdo, reflexión.*
INADVERTIDO Atolondrado, irreflexivo, imprudente, desadvertido, distraído.
INAGOTABLE Inacabable, interminable. // Abundante, continuo, fecundo.
INAGUANTABLE Insoportable, insufrible, intolerable, odioso.
INALTERABLE Flemático, impasible, imperturbable, inmutable. *Quisquilloso, susceptible.* // Fijo, invariable. *Inestable, variable.*
INAMOVIBLE Firme, fijo. *Cambiable, movible, mudable.*
INANE Inútil, vano, vacuo, baladí, fútil. *Útil.*
INANICIÓN Debilidad, desfallecimiento, extenuación. *Vigor.*
INANIDAD Inutilidad, futilidad, vanidad, fatuidad, puerilidad. *Provecho.*
INANIMADO Exánime, insensible, muerto. *Animado, vivo.*
INÁNIME Exánime, inanimado.
INAPELABLE Inevitable, irremediable, irrevocable.
INAPETENCIA Desgana, desgano, saciedad, indiferencia, asco, anorexia. *Ape-*

tencia, gana, deseo, interés.

INAPETENTE Desganado. *Hambriento.*

INAPRECIABLE Incalculable, inestimable, invalorable, valiosísimo. // Imperceptible.

INAPROVECHABLE Inservible. *Útil.*

INARMÓNICO Discordante, discorde, disonante. *Armonioso.*

INASEQUIBLE Inaccesible, inalcanzable, inasible. *Accesible.* // Abstruso, incormprensible, intrincado. *Fácil.*

INATACABLE Inmune, invulnerable. // Inexpugnable. // Irreprochable.

INAUDITO Extraordinario, extraño, nuevo, raro. *Corriente, normal, viejo, vulgar.* // Atroz, escandaloso, increíble, monstruoso.

INAUGURACIÓN Apertura, estreno, inicio, principio. *Clausura, cierre.*

INAUGURAR Abrir, estrenar, iniciar, principiar. *Clausurar.*

INCALCULABLE Ilimitado, inapreciable, inconmensurable, infinito. *Calculable, limitado.*

INCALIFICABLE Inconcebible, vergonzoso, vituperable. *Loable.*

INCANDESCENTE Ardiente, inflamado, candente, encendido.

INCANSABLE Infatigable, obstinado, tenaz. *Flojo.*

INCAPACIDAD Ineptitud, inhabilidad, nulidad, rudeza, torpeza. *Aptitud, competencia, experiencia.*

INCAPACITADO Incapaz. // Imposibilitado.

INCAPACITAR Inhabilitar. *Capacitar.*

INCAPAZ Incompetente, inepto, inhábil, negado, nulo, torpe. *Experto, hábil, suficiente.*

INCAUTACIÓN Apropiación, confiscación, decomiso. *Reembolso, restitución.*

INCAUTARSE Apoderarse, confiscar, decomisar, requisar.

INCAUTO Cándido, crédulo, imprevisor, imprudente, ingenuo. *Escéptico, incrédulo, previsor, prudente.*

INCENDIAR Encender, inflamar, quemar, prender fuego, conflagrar.

INCENDIARIO Piromaníaco. // Arrebatado, apasionado, violento, agresivo, escandaloso.

INCENDIO Fuego, ignición, quema. // Siniestro.

INCENSADOR Pebetero, sahumador, perfumador.

INCENSAR Sahumar, perfumar. // Adular. *Calumniar, difamar.*

INCENTIVO Acicate, aguijón, aliciente, estímulo. *Coerción, freno, traba.*

INCERTIDUMBRE Duda, indecisión, inseguridad, irresolución, perplejidad. *Certeza, decisión, seguridad.*

INCESANTE Constante, continuo, perenne, persistente. *Discontinuo, intermitente, periódico.*

INCESANTEMENTE Incansablemente, continuamente, incesablemente, sin cesar, sin descanso.

INCIDENCIA Emergencia, episodio, suceso, acontecimiento.

INCIDENTE Cuestión, litigio, discusión, disputa, trance. *Acuerdo, avenencia.* *Accidente.

INCIDIR Incurrir, influir, pesar, recaer.

INCIENSO Resina, mirra, gomorresina. // Lisonja.

INCIERTO Desconocido, dudoso, ignorado, inseguro. *Cierto, evidente, seguro.* // Mudable, vacilante.

INCINERAR Calcinar, cremar, quemar.

INCIPIENTE Naciente, nuevo, principiante. *Veterano.* *Insipiente.

INCISIÓN Corte, hendedura, hendidura, tajo.

INCISIVO Cáustico, cortante, mordaz, punzante, tajante, irónico. *Encantador, lisonjero.*

INCISO Cortado, dividido, separado, partido.

INCITACIÓN Estímulo, instigación, provocación. *Coerción, represión.*

INCITAR Estimular, inducir, instigar, mover, persuadir, pinchar, provocar. *Calmar, tranquilizar.*

INCIVIL Descortés, grosero, ineducado, maleducado.

INCLEMENCIA Aspereza, dureza, rigor. *Clemencia, compasión, piedad.*

INCLINACIÓN Ángulo, declive, desviación. // Afecto, afición, propensión, tendencia, vocación. *Desafecto, desvío.* // *Reverencia.*

INCLINADO Torcido, oblicuo, transversal, caído. // Propenso, afecto, proclive, tendencioso.

INCLINAR Incitar, mover, persuadir. // Aficionarse, propender, tender. // Decidirse. *Desistir, dudar.*

ÍNCLITO Afamado, esclarecido, ilustre, renombrado.

INCLUIDO Incluso, implícito, adjunto, tácito, encerrado.

INCLUIR Abarcar, adjuntar, contener, encerrar, englobar. *Eliminarse, excluir, omitir.* // Adjuntar, introducir. *Sacar, separar.*

INCLUSIVE Incluido, incluso. *Exceptuado, excluido.*

INCOAR Comenzar, empezar, iniciar.

INCOERCIBLE Incontenible, irrefrenable, irreductible. *Manso.*

INCÓGNITO Desconocido, ignorado. *Conocido, renombrado.* // Anónimo.

INCOGNOSCIBLE Inescrutable, insondable, inasequible, incomprensible, enigmático. *Asequible, comprensible.*

INCOHERENCIA Disconformidad, desunión, desatino, absurdo. *Coherencia, conformidad.*

INCOHERENTE Confuso, incomprensible, inconexo, ininteligible. *Coherente, inteligible, unido, conexo.*

ÍNCOLA Habitante, morador, poblador.

INCOLORO Descolorido, desteñido. *Coloreado.*

INCÓLUME Ileso, intacto, indemne, sano. *Enfermo, herido, lesionado.*

INCOMBUSTIBLE Ignífugo, ininflamable. *Combustible, inflamable.* // Desapasionado.

INCONMENSURABLE Incalculable, insondable.

INCOMODAR Desagradar, disgustar, enojar, fastidiar, molestar, estorbar, enfadar. *Agradar, ayudar, gustar.*

INCOMODIDAD Disgusto, enojo, molestia. *Comodidad.*

INCÓMODO Desagradable, dificultoso, embarazoso, fastidioso, molesto. *Cómodo, grato, llevadero.*

INCOMPARABLE Imparangonable.

INCOMPATIBILIDAD Oposición, repugnancia. *Atracción, conformidad.*

INCOMPATIBLE Antagónico, inconciliable, opuesto. *Compatible.*

INCOMPETENCIA Ineptitud, *Aptitud, capacidad, destreza, idoneidad.*

INCOMPETENTE Inepto.

INCOMPLETO Defectuoso, deficiente, falto, inconcluso, inmaturo. *Cabal, complejo, entero, íntegro, rotundo.*

INCOMPRENSIBLE Abstruso, inconcebible, indescifrable, inimaginable, ininteligible, insondable. *Asequible, claro, inteligible.* *Incompresible.

INCOMPRENSIÓN Desacuerdo, desunión, desavenencia. *Comprensión.*

INCOMUNICACIÓN Aislamiento. *Comunicación, relación, trato.*

INCOMUNICAR Aislar, confinar, retraerse. *Convivir, unir.*

INCONCEBIBLE Extraño, incomprensible, increíble, sorprendente. *Comprensible, normal.*

INCONCILIABLE Incompatible. *Coincidente, concordante.*

INCONCINO Descompuesto, desordenado, trastornado, revuelto, mezclado. *Ordenado.*

INCONCLUSO Inacabado, incompleto. *Concluido.* *Inconcuso.

INCONCUSO Claro, evidente, palmario. *Dudoso, oscuro.* *Inconcluso.

INCONDICIOINAL Ilimitado, absoluto, total. *Limitado, relativo.* // Adepto, partidario, leal. *Desleal.*

INCONEXO Aislado, incoherente, independiente. *Coherente, ligado.*

INCONFUNDIBLE Característico, peculiar, particular.

INCONGRUENTE Impropio, inadecuado, inconveniente, inoportuno, incoherente, ilógico. *Apropiado, oportuno.*

INCONMENSURABLE Ilimitado, infinito, inmenso. *Finito, medible.*

INCONMOVIBLE Firme, permanente. // Impasible, inalterable, insensible.

INCONSCIENCIA Irreflexión, irresponsabilidad. *Conocimiento, reflexión.*

INCONSCIENTE Instintivo, irreflexivo, maquinal. *Consciente.* // *Irresponsable.*

INCONSECUENCIA Informalidad, ligereza, volubilidad.

INCONSECUENTE Ilógico, irreflexivo, voluble. *Consecuente.*

INCONSIDERADO Desatento, imprudente. // Inadvertido.

INCONSISTENTE Blando, dúctil, endeble, flojo, frágil. *Consistente, duro, firme, resistente.*

INCONSOLABLE Apenado, afligido, apesadumbrado, atribulado, acongojado, angustiado, desesperado.

INCONSTANCIA Inconsecuencia, inestabilidad, mudanza, volubilidad, veleidad, versatilidad. *Constancia, estabilidad, lealtad, tesón.*

INCONSTANTE Infiel, caprichoso, inconsecuente, mudable, tornadizo, variable, veleidoso, versátil, frívolo, voluble. *Constante, perseverante, tenaz.*

INCONTABLE Innumerable, numerosísimo, infinito, ilimitado. *Determinable.*

INCONTENIBLE Irrefrenable.

INCONTESTABLE Incuestionable, indiscutible, irrebatible, irrefutable, probado, incontrastable, incontrovertible. *Discutible.*

INCONTINENCIA Desenfreno, lascivia, liviandad, lubricidad, lujuria. *Honestidad, sobriedad.*

INCONTINENTE Libertino, libidinoso, lujurioso, sensual, desordenado. *Sobrio, moderado.*

INCONTINENTI Pronto, prontamente, prestamente, sin demora, al instante.

INCONTRASTABLE Incontestable, incuestionable, invencible. *Discutible.*

***Incontratable.**

INCONTROVERTIBLE Incontestable,

indiscutible, irrebatible. *Discutible, rebatible.*

INCONVENIENCIA Incongruencia, incompatibilidad, inoportunidad, impropiedad, despropósito, grosería, incorrección, discordancia. *Oportunidad, corrección, compatibilidad.*

INCONVENIENTE Dificultad. *Facilidad.* // Inadecuado, incorrecto, indecoroso, inoportuno. *Compatible, oportuno.* // Deshonesto, grosero. *Correcto.*

INCORDIO Incómodo, molesto.

INCORPORACIÓN Admisión, agregación, anexión, ingreso, recepción. *Expulsión, separación.*

INCORPORAR Admitir, afiliar, agregar, agremiarse, asociarse, entrar, fusionar, ingresar, juntar, mezclar, reunir, unir. *Desunir, echar, salir.* // Erguirse, levantarse. *Echarse, tenderse.*

INCORPÓREO Incorporal, inmaterial, irreal, etéreo, impalpable, intangible. *Material.*

INCORRECCIÓN Descortesía, grosería. *Urbanidad.* // Error, falta.

INCORRECTO Defectuoso, inexacto. *Exacto, justo, preciso.* // Descomedido, descortés, grosero. *Cortés.*

INCORREGIBLE Obstinado, pertinaz, rebelde, recalcitrante, terco, testarudo. *Arrepentido.*

INCORRUPTIBLE Íntegro, justo, probo, recto, honesto. *Sobornable, venal, deshonesto.*

INCORRUPTO Íntegro, virginal, honrado. *Corrompido, dañado.*

INCREDULIDAD Ateísmo, escepticismo, irreligiosidad. *Fe, piedad.* // Desconfianza, recelo, suspicacia, sospecha. *Confianza.*

INCRÉDULO Ateo, descreído, escéptico, irreligioso. *Crédulo, creyente.* // Desconfiado, receloso, suspicaz. *Ingenuo, inocente.*

INCREÍBLE Inadmisible, inaudito, inconcebible, inverosímil. *Admisible, creíble, verosímil.*

INCREMENTAR Acrecentar, agrandar,

aumentar, desarrollar. *Disminuir, empequeñecer, reducir.*

INCREMENTO Acrecentamiento, aumento, desarrollo.

INCREPAR Reñir, reprender, regañar, amonestar.

INCRIMINAR Imputar, acusar, inculpar. *Disculpar.*

INCRUSTACIÓN Taracea, embutido.

INCRUSTAR Embutir, taracear.

INCUBAR Empollar, enclocar, encobar.

ÍNCUBO Espíritu, diablo, demonio.

INCUESTIONABLE Incontestable, incontrovertible, indiscutible, irrefragable, irrefutable. *Discutible, refutable. //* Axiomático, evidente. *Dudoso.*

INCULCAR Imbuir, infundir. *Disuadir.*

INCULPABILIDAD Inocencia.

INCULPAR Acusar, achacar, culpar, imputar. *Disculpar, exculpar.*

INCULTO Analfabeto, ignorante, iletrado, indocto. *Culto, docto. //* Desaliñado, rústico, tosco. // Grosero. // Abandonado, agreste, yermo. *Cultivado, labrado.*

INCULTURA Analfabetismo, barbarie, ignorancia, tosquedad. *Sabiduría. //* Grosería. *Educación.*

INCUMBENCIA Cargo, competencia, jurisdicción, obligación, atribución. *Desentendimiento.*

INCUMBIR Competer, concernir, corresponder, interesar, pertenecer, tocar.

INCUMPLIDOR Faltador, informal. *Cumplidor, formal.*

INCUMPLIMIENTO Descuido, inobservancia. *Cumplimiento.*

INCURABLE Deshauciado, insanable.

INCURIA Dejadez, descuido, desidia, despreocupación, negligencia. *Aplicación, cuidado, esmero.*

INCURRIR Atraerse, caer, causar, cometer, merecer.

INCURSIÓN Correría, invasión, irrupción, malón, batida.

INDAGACIÓN Averiguación, búsqueda, inquisición, investigación, pesquisa.

INDAGAR Averiguar, buscar, inquirir, investigar. *Contestar, replicar.*

INDEBIDO Ilícito, injusto, prohibido, vedado. *Debido, legal, permitido.*

INDECENCIA Deshonestidad, liviandad, obscenidad. *Decoro, honestidad.*

INDECENTE Deshonesto, grosero, indecoroso, inmoral, obsceno. *Decente, honesto.*

INDECIBLE Indescriptible, inenarrable, inexplicable, inefable, grandioso. *Explicable.*

INDECISIÓN Duda, irresolución, perplejidad, titubeo, vacilación. *Certidumbre, convicción, decisión, resolución.*

INDECISO Dudoso, fluctuante, irresoluto, perplejo, titubeante, vacilante, variable, versátil. *Decidido, resuelto.*

INDECLINABLE Firme, inevitable.

INDECOROSO Indecente. *Decente, honesto, moral.*

INDEFECTIBLE Infalible, forzoso, preciso, seguro, inevitable. *Falible, incierto, superfluo.*

INDEFENDIBLE Insostenible, refutable.

INDEFENSO Desarmado, inerme. *Armado, protegido.*

INDEFINIBLE Complicado, confuso, inexplicable. *Explicable, fácil.*

INDEFINIDO Ilimitado, impreciso, indeterminado, vago. *Definido, limitado, preciso, rotundo.*

INDELEBLE Imborrable, inalterable, permanente. *Alterable, transitorio.*

INDELIBERADAMENTE Inconscientemente, instintivamente, maquinalmente.

INDELIBERADO Espontáneo, impensado, impremeditado, instintivo. *Consciente, precavido.*

INDEMNE Ileso, incólume, intacto. *Dañado, lesionado, perjudicado.*

INDEMNIZACIÓN Compensación, resarcimiento, reparación, satisfacción.

INDEMNIZAR Compensar, reparar, resarcir, remediar. *Perjudicar.*

INDEPENDENCIA Imparcialidad. *Parcialidad. //* Autonomía, soberanía, libertad. *Esclavitud. //* Emancipación. *Sometimiento.*

INDEPENDIENTE Imparcial, neutral. //

Autónomo, emancipado, libre, soberano. *Dependiente, subordinado.*

INDEPENDIZAR Emancipar. *Esclavizar, someter, oprimir.*

INDESCIFRABLE Incomprensible, impenetrable, ininteligible, oscuro. *Claro, comprensible, inteligible.*

INDESCRIPTIBLE Indecible, maravilloso, sublime. *Explicable.*

INDESEABLE Indigno, peligroso.

INDESTRUCTIBLE Imperecedero, inalterable, inconmovible, irrompible. *Frágil, rompible.*

INDETERMINACIÓN Indecisión, vacilación. *Decisión, precisión.*

INDETERMINADO Impreciso, indeciso, indefinido, confuso, incierto, vago. *Concreto, determinado, definido.*

INDICACIÓN Advertencia, aviso, indicio, manifestación, pista, señal.

INDICAR Advertir, anunciar, avisar, aconsejar, enseñar, marcar, mostrar, señalar. *Esconder.*

ÍNDICE Catálogo, lista. // Indicio, muestra, señal.

INDICIO Asomo, barrunto, conjetura, muestra, pronóstico, señal, signo, síntoma, sospecha, vislumbre. *Prueba, verificación.*

INDIFERENCIA Apatía, desamor, desinterés, despego, frialdad, tibieza. *Amor, curiosidad, estupefacción, interés.*

INDIFERENTE Impasible, insensible, apático, displicente, tibio. *Entusiasta.*

INDÍGENA Natural, oriundo, nativo, originario. // Aborigen, autóctono.

INDIGENCIA Pobreza. *Opulencia.*

INDIGENTE Pobre, menesteroso.

INDIGESTARSE Empacharse.

INDIGESTIÓN Empacho.

INDIGNACIÓN Irritación. *Pasividad, placidez.*

INDIGNAR Irritar, sublevarse.

INDIGNIDAD Bajeza, ruindad, vileza. *Honor, moralidad, nobleza.*

INDIGNO Abyecto, bajo, innoble, rastrero, ruin, vil. *Honorable, leal.* // Impropio, degradante, vergonzoso, inco-

rrecto, inmerecido. *Digno, merecedor.*

INDIRECTA Alusión, insinuación, sugerencia, doblez.

INDISCIPLINA Indocilidad, insubordinación, rebeldía. *Obediencia, sumisión.*

INDISCIPLINADO Desobediente, díscolo, indócil, ingobernable, insumiso, rebelde, revoltoso. *Dócil, disciplinado, sumiso.*

INDISCIPLINARSE Alzarse, insubordinarse, rebelarse, sublevarse.

INDISCRECIÓN Curiosidad, fisgonería, imprudencia, inoportunidad, intromisión. *Delicadeza, oportunidad.*

INDISCRETO Curioso, charlatán, entremetido, fisgón, husmeador, importuno. *Cauteloso, discreto.*

INDISCULPABLE Inexcusable, injustificable. *Disculpable.*

INDISCUTIBLE Evidente, incuestionable, innegable, irrebatible, irrefutable. *Incierto, discutible, refutable.*

INDISOLUBLE Indivisible, inseparable. *Separable.*

INDISPENSABLE Esencial, forzoso, inevitable, insustituible, irremplazable, necesario, obligatorio, preciso, vital. *Accesorio, accidental, innecesario, secundario.*

INDISPONER Desavenir, enemistar, malquistar. *Amistar.* // Enfermar. *Sanar.*

INDISPOSICIÓN Desazón, malestar. *Salud.*

INDISPUESTO Doliente, enfermo. *Sano.* // Contrariado, molesto. *Dichoso, feliz.*

INDISPUTABLE Evidente, indiscutible, innegable. *Discutible, negable.*

INDISTINTO Confuso, indiscernible. // Igual.

INDIVIDUAL Particular, personal, propio. *Colectivo, común.*

INDIVIDUALIDAD Carácter, idiosincrasia, particularidad.

INDIVIDUALISMO Egoísmo, particularismo. *Altruismo.*

INDIVIDUALIZAR Concretar, especificar, particularizar. *Generalizar.*

INDIVIDUO Alma, ente, hombre, persona, ser, sujeto. *Comunidad, sociedad.*

INDIVISO Entero. *Divisible.*

INDÓCIL Díscolo, indisciplinado, remiso, terco. *Disciplinado, obediente.*

INDOCTO Iletrado, inculto, ignorante. *Culto, letrado.*

ÍNDOLE Carácter, condición, natural, idiosincrasia, cualidad, inclinación, genio, género.

INDOLENCIA Apatía, dejadez, desidia, pachorra, pereza, poltronería. *Actividad, fervor.*

INDOLENTE Apático, calmoso, dejado, negligente, poltrón.

INDÓMITO Bravío, ingobernable, indomable, inflexible, montaraz. *Gobernable.*

INDUBITABLE Indudable. *Discutible.*

INDUCCIÓN Incitación, instigación, persuasión. *Deducción.*

INDUCIR Convencer, incitar, mover, persuadir, tentar. *Disuadir.* // Concluir, deducir, desprender, inferir.

INDUDABLE Cierto, evidente, indubitable, innegable, seguro. *Incierto.*

INDULGENCIA Benignidad, clemencia, condescendencia, perdón, remisión, tolerancia. *Impiedad, intolerancia.*

INDULGENTE Benévolo, clemente, condescendiente, tolerante. *Despiadado, malvado.*

INDULTAR Perdonar. *Condenar.* // Exceptuar, eximir.

INDULTO Amnistía, gracia, perdón, remisión. *Castigo, multa.*

INDUMENTARIA Traje, vestido, vestidura, vestimenta.

INDUSTRIA Fabricación, manufactura, producción, construcción, explotación, oficio, industrialización. // Destreza, pericia, habilidad. *Impericia.*

INDUSTRIAL Fabricante.

INDUSTRIAR Adiestrar, amaestrar, instruir. // Arreglarse, ingeniarse.

INDUSTRIOSO Diestro, experto, hábil, ingenioso, mañoso. *Inhábil, torpe.*

INÉDITO Nuevo, original, desconocido. *Conocido, viejo, imitado.*

INEFABLE Indecible, sublime, maravilloso, sagrado.

INEFICAZ Estéril, inactivo, infructuoso, inútil, nulo. *Activo, eficaz, fructuoso, hábil.*

INELEGANTE Cursi, chabacano, desgarbado, ramplón, recargado, tosco. *Elegante, paquete, vistoso.*

INELUDIBLE Forzoso, ineluctable, inevitable, necesario, obligatorio. *Eludible, evitable, revocable.*

INENARRABLE Indescriptible.

INEPTITUD Impericia, incapacidad, incompetencia, inhabilidad, insuficiencia, torpeza. *Capacidad, habilidad.*

INEPTO Incapaz, incompetente, ineficaz, inexperto, inhábil, inútil, negado, nulo, torpe. *Apto, competente, hábil, diestro, experto.*

INEQUÍVOCO Claro, evidente, indudable, palpable, seguro. *Discutible.*

INERCIA Apatía, desidia, flojedad, inacción, negligencia. *Diligencia.*

INERME Desarmado, indefenso.

INERTE Apático, desidioso, flojo, inactivo, indolente, ineficaz, inútil, negligente, perezoso. *Activo.*

INESCRUTABLE Enigmático, impenetrable, insondable. *Descifrable, penetrable.*

INESPERADO Accidental, casual, fortuito, impensado, imprevisto, inopinado, insospechado, repentino, súbito. *Previsto, sospechado.*

INESTABILIDAD Cambio, inseguridad, oscilación, variabilidad. *Fijeza, inmutabilidad.*

INESTABLE Inconstante, inseguro, mudable, precario, vacilante, variable. *Estable, fijo, firme, inamovible, permanente, inmutable.*

INESTIMABLE Inapreciable, valioso. *Barato, desdeñable.*

INEVITABLE Fatal, ineludible.

INEXACTITUD Equivocación, error, falsedad. *Fidelidad, precisión, verdad.*

INEXACTO Equivocado, erróneo, falso. *Correcto, exacto, justo.*

INEXCUSABLE Indisculpable, injustificable. *Disculpable, justificable.*

INEXISTENTE Ilusorio, imaginario, irreal. *Real, vivo.*

INEXORABLE Despiadado, implacable, inflexible. *Blando, tolerante.*

INEXPERIENCIA Impericia, inhabilidad, torpeza. *Experiencia, maestría, pericia.*

INEXPERTO Bisoño, inepto, novato, principiante, inexperimentado, inhábil, torpe. *Experto, hábil.*

INEXPLICABLE Extraño, raro, incomprensible, inconcebible, increíble, misterioso. *Concebible, creíble, descriptible, racional.*

INEXPLORADO Desconocido, ignoto, virgen. *Explorado, estudiado.*

INEXPRESIVO Enigmático, misterioso, reservado. *Expresivo, gráfico.*

INEXPUGNABLE Inconquistable, invencible. *Débil, conquistable.*

INEXTINGUIBLE Inacabable, inapagable, inagotable.

INEXTRICABLE Intrincado.

INFALIBLE Indefectible, seguro, cierto. *Dudoso.*

INFAMANTE Degradante, denigrante, deshonroso, difamatorio, ignominioso, infamatorio, oprobioso.

INFAMAR Afrentar, denigrar, desacreditar, deshonrar, enlodar, vilipendiar. *Acreditar, honrar.*

INFAME Abyecto, depravado, inicuo, malvado, perverso, protervo, ruin, torpe, traidor. *Honorable.*

INFAMIA Descrédito, deshonra, ignominia, indecencia, indignidad, oprobio, traición, vileza, vilipendio. *Decencia, dignidad, honorabilidad.*

INFANCIA Niñez, puericia. *Vejez.*

INFANDO Nefando, torpe, repugnante, indigno, vergonzoso. *Digno, delicado.*

INFANTA Niña. // Princesa.

INFANTE Criatura, crío, chiquillo, mocoso, nene, niño, pequeño. // Príncipe. // Soldado.

INFANTIL Cándido, inocente, inofensi-

vo, pueril. *Adulto, astuto.*

INFATIGABLE Incansable, inagotable, activo. *Cansino.*

INFATUACIÓN Engreimiento, fatuidad, petulancia, vanidad. *Humildad.*

INFATUADO Engreído, envanecido, fatuo, petulante, vanidoso.

INFATUARSE Engreírse, ensoberbecerse, envanecerse, inflarse, jactarse, pavonearse.

INFAUSTO Aciago, desdichado, desventurado, fatídico, funesto, infeliz, infortunado, malhadado, nefasto. *Feliz.*

INFECCIÓN Contagio, contaminación, corrupción, perversión.

INFECTAR Contagiar, contaminar, corromper, inficionar, pervertir. *Desinfectar, purificar.* ***Infestar.**

INFECTO Contagiado, corrompido, infeccioso, inficionado, pestilente, putrefacto.

INFECUNDO Estéril, improductivo, infructífero. *Fecundo, fértil.*

INFELICIDAD Desdicha, infortunio. *Dicha, felicidad, ventura.*

INFELIZ Desdichado, infortunado.

INFERENCIA Consecuencia, deducción.

INFERIOR Dependiente, subalterno, subordinado. *Superior.* // Accesorio, mediano, menor, peor. *Mejor.*

INFERIORIDAD Dependencia, subordinación. *Mando, primacía, superioridad.* // Profundidad. // Desventaja, minoría. *Mayoría, ventaja.*

INFERIR Colegir, concluir, deducir, derivar, desprenderse. // Causar, ocasionar, producir.

INFERNAL Demoníaco, endemoniado, endiablado, maléfico, perjudicial, satánico. *Angelical, bondadoso.*

INFÉRTIL Estéril.

INFESTAR Apestar, inficionar, plagar, pulular. ***Infectar.**

INFICIONAR Infectar, apestar, contagiar, viciar, infestar. *Purificar.*

INFIDELIDAD Deslealtad, traición. *Fidelidad, lealtad.*

INFIEL Adúltero, desleal, felón, pérfido,

traidor. *Leal.* // Pagano. // Inexacto.

INFIERNO Abismo, averno, báratro, gehena, orco. *Cielo, edén, paraíso.* // Alboroto, escándalo, pandemónium.

INFILTRAR Imbuir, inculcar, infundir, inspirar, introducir. *Disuadir.*

ÍNFIMO Mínimo, último. // Bajo, despreciable, inferior, miserable, ruin, vil. *Mejor, superior.*

INFINIDAD Infinito, inmensidad, vastedad. *Pequeñez.* // Cúmulo, muchedumbre, multitud, sinfín, sinnúmero. *Escasez.*

INFINITESIMAL Imperceptible, microscópico, minúsculo.

INFINITO Ilimitado, imperecedero, incalculable, inmenso, innumerable, interminable. *Finito, limitado, perecedero.* // Excesivo, grandísimo. *Escaso.*

INFLACIÓN Engreimiento, ensoberbecimiento, envanecimiento, infatuación. *Humildad.* // Desvalorización. *Valorización.* // Hinchazón.

INFLADO Infatuado.

INFLAMABLE Combustible.

INFLAMACIÓN Hinchazón, congestión, flegmasía.

INFLAMAR Encender, incendiar. *Apagar.* // Acalorar, apasionar, congestionar, enardecer, enconarse, exasperarse, irritarse. *Tranquilizar.*

INFLAR Abultar, exagerar, hinchar. *Desinflar, deshinchar.* // Infatuarse.

INFLEXIBLE Firme, inconmovible, rígido, tenaz. *Débil, flexible.*

INFLEXIÓN Alabeo, comba, torcimiento. // Modulación. // Desinencia, terminación.

INFLIGIR Aplicar, castigar, condenar, imponer. *Infringir.

INFLUENCIA Ascendiente, prestigio, influjo, valía, peso, poder, privanza. // Intervención, mediación.

INFLUIR Apoyar, contribuir, intervenir, mediar, pesar, poder.

INFLUJO Influencia.

INFLUYENTE Poderoso, acreditado, importante, prestigioso. *Insignificante.*

INFORMACIÓN Informe, investigación.

INFORMAL Familiar. // Incumplidor. *Formal, juicioso, serio.*

INFORMALIDAD Familiaridad. *Solemnidad.* // Incumplimiento, inobservancia, omisión, olvido. *Cuidado, observancia.*

INFORMANTE Informador. // Expositor, relator. // Delator.

INFORMAR Anunciar, avisar, comunicar, enterar, instruir, publicar, revelar, notificar.

INFORME Referencia, confidencia, noticia, parte, dato, reseña, crónica, mensaje, carta. // Exposición, discurso, certificación. // Impreciso, indefinido, imperfecto, indeterminado, irregular. // Deforme.

INFORTUNADO Desgraciado, infeliz.

INFORTUNIO Adversidad, desdicha, desgracia. *Dicha, ventura.*

INFRACCIÓN Contravención, falta, transgresión. *Observancia.*

INFRANQUEABLE Intransitable, imposible, impracticable, inabordable, inaccesible, abrupto. *Practicable, posible, transitable.*

INFRECUENTADO Desusado. // Inhabitado, solitario.

INFRECUENTE Desusado, insólito, raro. *Corriente, frecuente, habitual.*

INFRINGIR Conculcar, contravenir, transgredir, vulnerar. *Cumplir, obedecer, respetar.* *Infligir.

INFRUCTÍFERO Infructuoso.

INFRUCTUOSO Estéril, improductivo, ineficaz, infructífero, inútil, vano. *Eficaz, fecundo.*

ÍNFULAS Fatuidad, presunción, vanidad. *Humildad, sencillez.*

INFUNDADO Descabellado, gratuito, inmotivado, insostenible, injustificado. *Fundado, motivado.*

INFUNDIO Embuste, patraña. *Verdad.*

INFUNDIR Comunicar, imbuir, inculcar, inspirar.

INFUSIÓN Cocimiento. // Solución, disolución, extracto.

INGENIARSE Amañarse, apañarse, componérselas, idear, imaginar, industriarse, inventar.

INGENIO Cacumen, imaginación, inteligencia, intuición, mollera, talento, viveza. // Chiste, ocurrencia. // Aparato, artificio, máquina.

INGENIOSO Avispado, chispeante, genial, listo, perspicaz, profundo, sutil. *Necio, tonto.*

INGÉNITO Connatural, innato, ínsito. *Adquirido.*

INGENTE Enorme, infinito, grandioso, inmenso, exorbitante. *Pequeño.*

INGENUIDAD Candor, credulidad, inocencia, naturalidad, llaneza, sencillez, simplicidad, sinceridad. *Astucia, picardía, malicia.*

INGENUO Cándido, candoroso, crédulo, inocente, franco, llano, natural, sencillo, sincero, simple. *Pícaro.*

INGERIR Comer, tragar, introducir, meter, beber. *Arrojar.* *Injerir.

INGLÉS Británico. *Ingles.

INGOBERNABLE Indisciplinado, insurgente. *Sumiso.*

INGRATITUD Desagradecimiento, desconocimiento, deslealtad, egoísmo. *Agradecimiento, desinterés, gratitud, reconocimiento.*

INGRATO Desagradecido, descastado, desleal, egoísta, olvidadizo. // Áspero, desagradable, desapacible.

INGRÁVIDO Liviano, ligero, suelto, tenue, leve. *Pesado.*

INGREDIENTE Componente, droga.

INGRESAR Afiliarse, asociarse. *Salir, separarse.*

INGRESO Entrada. *Salida.* // Cobro, ganancia. *Pérdida, pago.*

INGURGITAR Engullir, tragar.

INHÁBIL Desmañado, incapaz, inepto, torpe. *Capaz, diestro, hábil.*

INHABILITAR Imposibilitar, incapacitar. *Capacitar.*

INHABITADO Deshabitado, desierto, despoblado, solitario. *Habitado, poblado, ocupado.*

INHALAR Absorber, aspirar, inspirar,

respirar. *Expeler, espirar, exhalar.*

INHERENTE Consustancial, inseparable, unido, relacionado. *Separado.*

INHIBICIÓN Abstención, separación. *Acción, intromisión, unión.*

INHIBIR Estorbar, prohibir. // Abstenerse, apartarse, eximirse.

INHOSPITALARIO Inhumano. // Desierto, inhóspito, peligroso.

INHUMANO Bárbaro, brutal, cruel, despiadado, inhospitalario, feroz, sanguinario. *Bondadoso, humano.*

INHUMAR Enterrar, sepultar. *Desenterrar, exhumar.*

INICIACIÓN Aprendizaje, comienzo, principio. *Fin.*

INICIADO Catecúmeno, neófito.

INICIADOR Creador, introductor, promotor, fundador.

INICIAL Original, primordial. // Inaugural. *Final.*

INICIAR Comenzar, empezar, entablar, inaugurar, incoar, promover. *Acabar, finalizar.* // Enseñar, enterar, instruir.

INICIATIVA Iniciación, inicio, adelanto, delantera. // Proposición, idea.

INICIO Comienzo, origen, principio, raíz.

INICUO Arbitrario, injusto, malvado. *Justo, moral.*

INIMAGINABLE Inconcebible, raro, extraño, extraordinario.

ININTELIGIBLE Incomprensible, indescifrable, oscuro, misterioso. *Claro, comprensible.*

ININTERRUMPIDO Continuado, continuo, constante, incesante.

INIQUIDAD Arbitrariedad, injusticia, maldad, perversidad. *Bondad, justicia.*

INJERENCIA Entrometimiento, intromisión, indiscreción.

INJERIR Injertar, introducir, meter. // Entremeterse, inmiscuirse. *Alejar.* *Ingerir.

INJERTAR Inierir, inserir.

INJURIA Agravio, ofensa, ultraje. *Alabanza, apología.* // Daño, menoscabo, perjuicio. *Favor.*

INJURIAR Afrentar, agraviar, denigrar,

infamar, insultar, ofender, ultrajar, vilipendiar. *Alabar, defender.* // Dañar, menoscabar, perjudicar. *Favorecer.*

INJURIOSO Insultante, ofensivo, ultrajante, vejatorio. *Elogioso.*

INJUSTICIA Arbitrariedad, iniquidad, parcialidad, sinrazón. *Ecuanimidad, equidad, justicia.*

INJUSTO Arbitrario, inicuo, parcial. *Legal, moral.*

INMACULADO Impoluto, limpio, puro. *Poluto.*

INMANENTE Inherente.

INMARCESIBLE Inmarchitable, perdurable. *Perecedero, temporal.*

INMATERIAL Espiritual, etéreo, ideal, incorpóreo, mental. *Corpóreo, material, real, tangible.*

INMATURO Precoz, prematuro, adelantado, verde, tierno.

INMEDIACIÓN Cercanía, proximidad, vecindad.

INMEDIACIONES Alrededores, cercanías, proximidades.

INMEDIATAMENTE Enseguida, luego, seguidamente. *Después, tarde.*

INMEDIATO Consecutivo, próximo, seguido. // Contiguo, lindante, vecino. *Lejano.*

INMEJORABLE Excelente, insuperable, óptimo, perfecto, sin par. *Imperfecto.*

INMEMORIAL Antiquísimo, remoto. *Moderno, nuevo.*

INMENSIDAD Infinidad, vastedad. *Pequeñez.* // Muchedumbre. *Escasez.*

INMENSO Ilimitado, incalculable, inconmensurable, infinito. *Exiguo, mínimo.* // Considerable, descomunal, desmedido, enorme, extraordinario, grandioso. *Pequeño.*

INMERECIDO Arbitrario, injusto, infundado. *Merecido.*

INMERSIÓN Sumersión, zambullida.

INMERSO Abismado, sumergido, sumido, hundido.

INMINENTE Cercano, inmediato, próximo. *Lejano, remoto.*

INMISCUIRSE Entremeterse, mezclarse,

participar, interferir. *Desentenderse.*

INMODERADO Desenfrenado, destemplado, excesivo. *Mesurado, moderado, morigerado, sobrio.*

INMODESTIA Fatuidad, jactancia, ostentación, petulancia. *Humildad, modestia, recato.*

INMOLACIÓN Holocausto, sacrificio.

INMOLAR Sacrificar, ofrendar.

INMORAL Deshonesto, disoluto, impúdico, licencioso, obsceno, vicioso. *Casto, honesto, lícito, púdico.*

INMORALIDAD Corrupción, deshonestidad, impudicia, obscenidad, vicio. *Decencia, honradez, moralidad.* // Impiedad, irreverencia, irregularidad.

INMORTAL Eterno, imperecedero, perpetuo, sempiterno. *Mortal, perecedero.*

INMORTALIZAR Eternizar, perpetuar. *Morir.*

INMÓVIL Clavado, fijo, firme, quieto. *Móvil.*

INMOVILIDAD Quietud, reposo. *Movimiento.*

INMOVILIZAR Aquietar, detener, paralizar, parar. *Mover.*

INMUNDICIA Basura, mugre, porquería, suciedad. *Aseo.* // Deshonestidad, impureza, vicio.

INMUNDO Asqueroso, mugriento, puerco, sucio. *Aseado, limpio.* // Deshonesto, impúdico. *Casto.*

INMUNE Exento, protegido, libre. *Expuesto, vulnerable.*

INMUNIDAD Exención, liberación. *Desamparo, vulnerabilidad.*

INMUNIZAR Exceptuar, eximir, librar. *Someter.* // Vacunar. *Infectar.*

INMUTABLE Inalterable, invariable. *Inestable, perturbable, sensible.*

INMUTARSE Alterarse, conmoverse, conturbarse, desconectarse, turbarse. *Tranquilizarse.*

INNATO Connatural, natural, propio. *Adquirido, aprendido.*

INNECESARIO Inútil, superfluo, redundante. *Indispensable, necesario.*

INNEGABLE Cierto, indudable, irrefragable, irrefutable, seguro. *Discutible, dudoso, inseguro.*

INNOBLE Abyecto, bajo, despreciable, ruin, vil. *Caballeroso.*

INNOVACIÓN Novedad.

INNOVAR Cambiar, renovar, transformar. *Imitar, repetir.*

INNUMERABLE Incalculable, innúmero, numeroso.

INOBEDIENTE Indócil, insubordinado, desobediente, díscolo, ingobernable. *Sumiso, obediente.*

INOCENCIA Candor, ingenuidad, sencillez, simplicidad, pureza. *Astucia.* // Honradez, inculpabilidad. *Culpabilidad.*

INOCENTADA Broma, chasco.

INOCENTE Cándido, candoroso, casto, puro. *Impuro.* // Honrado, ingenuo, inofensivo. *Culpable, reo, responsable.*

INOCULAR Comunicar, contagiar, contaminar. // Pervertir. // Vacunar.

INOCUO Inerte, inocente, inerme, inofensivo. *Nocivo.*

INOFENSIVO Inocuo, pacífico, tranquilo, inocente. *Dañino.*

INOLVIDABLE Imborrable, imperecedero, memorable.

INOPIA Indigencia, pobreza. *Abundancia, opulencia.*

INOPINADO Impensado, imprevisto, súbito, repentino, inesperado. *Esperado, previsto.*

INOPORTUNO Importuno, inadecuado, inconveniente, intempestivo. *Apropiado, conveniente, oportuno, propicio.*

INORGÁNICO Mineral. *Orgánico, vegetal, vivo.*

INQUEBRANTABLE Inflexible, rígido, tenaz.

INQUIETANTE Alarmante, amenazador. *Tranquilizador.*

INQUIETAR Alarmar, conturbar, desasosegar, desazonar, intranquilizar, turbar. *Tranquilizar.*

INQUIETO Agitado, desasosegado, excitado, intranquilo, nervioso, revoltoso, turbado, turbulento. *Calmado, calmo, tranquilo.*

INQUIETUD Agitación, ansiedad, intranquilidad, perturbación, turbación, zozobra. *Quietud, reposo, serenidad.*

INQUILINO Arrendatario, locatario.

INQUINA Antipatía, aversión, odio, ojeriza, tirria. *Afecto.*

INQUIRIR Averiguar, indagar, investigar, preguntar. *Responder.*

INQUISICIÓN Averiguación, indagación, investigación, pesquisa.

INQUISIDOR Averiguador, investigador, pesquisidor.

INSACIABLE Ambicioso, ansioso, ávido. *Satisfecho.* // Tragón, glotón, famélico. *Harto, ahíto.*

INSALUBRE Malsano, nocivo, perjudicial. *Saludable, sano.*

INSANIA Demencia, locura. *Cordura, razón.*

INSANO Enfermizo. *Sano.* // Demente, loco, orate. *Cuerdo.*

INSATISFECHO Descontento.

INSCRIBIR Grabar, esculpir, trazar. // Alistar, anotar, apuntar, empadronar, matricular.

INSCRIPCIÓN Epígrafe, leyenda, rótulo. // Anotación, asiento.

INSEGURIDAD Duda, incertidumbre, indecisión, vacilación. *Certeza, resolución.* // Inconstancia. *Seguridad.*

INSEGURO Dudoso, incierto, indeciso, inconstante, mudable, vacilante, variable. *Resoluto, seguro.*

INSENSATEZ Locura, necedad.

INSENSATO Loco, necio. *Cuerdo, juicioso, prudente, sensato.*

INSENSIBILIDAD Apatía, dureza, frialdad, impasibilidad, indiferencia. *Afectividad, sensibilidad, sentimiento.*

INSENSIBILIZAR Anestesiar, embotar.

INSENSIBLE Empedernido, endurecido, frío, impasible, indiferente. *Clemente, sensible.*

INSEPARABLE Inherente, adjunto, unido, junto. // Íntimo.

INSERIR Injerir, injertar, insertar.

INSERTAR Incluir, intercalar, introducir, meter. // Publicar.

INSERVIBLE Inaprovechable, inútil. *Aprovechable, útil.*

INSIDIA Asechanza, celada, engaño, intriga, perfidia. ***Incidía** (incidir).

INSIDIOSO Capcioso, engañoso, pérfido, traidor. *Franco, leal.*

INSIGNE Célebre, famoso, preclaro, renombrado, reputado. *Ignorado.*

INSIGNIA Distintivo, divisa, emblema, enseña, señal. // Bandera, estandarte, pendón.

INSIGNIFICANCIA Fruslería, menudencia, minucia, nadería, pequeñez. // Insuficiencia, inutilidad. *Importancia.*

INSIGNIFICANTE Baladí, despreciable, exigüo, fútil, menudo, módico, trivial. *Grave, importante, serio, trascendental, valioso.*

INSINUACIÓN Alusión, indirecta, sugestión. // Indicación.

INSINUANTE Insinuador, alusivo, sugeridor, sugestivo.

INSINUAR Aludir, sugerir. // Inspirar, soplar. // Infiltrarse, introducirse.

INSIPIDEZ Insulsez, desabrimiento, desazón, sinsabor. *Sabor, gracia.*

INSÍPIDO Desabrido, insulso, insustancial. *Gracioso, gustoso, sabroso.* // Anodino, árido, seco.

INSIPIENTE Ignorante, necio. *Culto, erudito.* ***Incipiente.**

INSISTENCIA Instancia, porfía, reiteración. // Obstinación, pertinacia, pesadez, terquedad, testarudez.

INSISTENTE Machacón, obstinado, pertinaz, pesado, porfiado, terco, testarudo. *Condescendiente.*

INSISTIR Importunar, instar, machacar, perseverar, porfiar, reiterar. *Ceder, desistir, renunciar.*

ÍNSITO Connatural, ingénito, innato, propio. *Adquirido, impropio.*

INSOBORNABLE Íntegro, justo, honrado, recto, probo, honesto. *Sobornable, deshonesto.*

INSOCIABLE Arisco, hosco, huraño, intratable, misántropo. *Comunicativo, sociable, tratable.*

INSOLENCIA Atrevimiento, descaro, desfachatez, procacidad. *Cortesía.* // Insulto, ofensa.

INSOLENTARSE Desbocarse, descararse, desmandarse, desvergonzarse.

INSOLENTE Descarado, desvergonzado, insultante, ofensivo, procaz, soberbio. *Respetuoso.*

INSÓLITO Asombroso, desacostumbrado, desusado, excepcional, inusitado. *Acostumbrado, antiguo, frecuente, habitual.*

INSOLUBLE Indisoluble, irresoluble.

INSOLVENTE Desacreditado, pobre. *Acreditado, rico.*

INSOMNE Desvelado. *Amodorrado.*

INSOMNIO Desvelo, vigilia. *Modorra.*

INSONDABLE Impenetrable, incognoscible, inescrutable, oscuro, profundo. *Claro, comprensible.*

INSOPORTABLE Enfadoso, inaguantable, insufrible, intolerable, molesto, pesado. *Aguantable, llevadero, tolerable.*

INSOSTENIBLE Indefendible, rebatible.

INSPECCIÓN Control, examen, verificación.

INSPECCIONAR Controlar, examinar, reconocer, verificar.

INSPECTOR Contralor, fiscalizador, verificador.

INSPIRACIÓN Estro, musa, numen. // Sugerencia, sugestión.

INSPIRAR Iluminar, infundir, mover, sugerir, soplar. // Aspirar.

INSTABILIDAD Fragilidad, inestabilidad. *Permanencia, seguridad.*

INSTABLE Cambiante, inestable, frágil, perecedero.

INSTALACIÓN Alojamiento, colocación, emplazamiento.

INSTALAR Colocar, establecer, poner. // Acomodar, alojar, aposentar, situar. // Armar. *Desarmar.*

INSTANCIA Memorial, petición, solicitud. // Premura. // Impugnación, refutación.

INSTANTÁNEAMENTE Repentinamente, rápidamente, súbitamente.

INSTANTÁNEO Inmediato. *Mediato.* // Fugaz, momentáneo, rápido. *Constante, largo, lento.*

INSTANTE Momento, periquete, santiamén, segundo, soplo, tris.

INSTAR Apremiar, apurar, insistir, presionar, urgir. *Tranquilizar.* // Suplicar. *Exigir.*

INSTAURAR Renovar, reponer, restablecer, restaurar. *Deponer, invalidar, revocar.*

INSTIGACIÓN Incitación, inducción, impulso, estímulo, provocación.

INSTIGADOR Agitador, azuzador, incitador, inspirador, provocador, soliviantador.

INSTIGAR Azuzar, incitar, inducir, mover, pinchar, provocar, soliviantar. *Amilanar, disuadir.*

INSTILAR Infiltrar, infundir.

INSTINTIVO Inconsciente, involuntario, irreflexivo, maquinal, reflejo. *Consciente, reflexivo.*

INSTINTO Corazonada, inclinación, propensión. *Discernimiento, juicio.*

INSTITUCIÓN Establecimiento, fundación, organización.

INSTITUIR Crear, establecer, fundar. *Abolir.*

INSTITUTO Academia, corporación. // Estatuto, ordenanza, reglamento.

INSTITUTOR Instituidor. // Catedrático, maestro, preceptor, profesor. *Discípulo, alumno.*

INSTITUTRIZ Aya, maestra.

INSTRUCCIÓN Cultura, educación, enseñanza, erudición, ilustración, saber. *Desconocimiento, incultura.* // Advertencia, normas, reglas. // Tramitación.

INSTRUCTIVO Educativo, ilustrativo.

INSTRUCTOR Maestro. *Alumno.*

INSTRUIDO Culto, docto, erudito, leído, sabedor. *Ignorante.*

INSTRUIR Advertir, aleccionar, educar, enseñar, enterar, ilustrar. // Informar.

INSTRUMENTACIÓN Orquestación.

INSTRUMENTO Aparato, herramienta, máquina, utensilio. // Documento, escri-

tura, rebeldía, desobediencia.

INSUBORDINACIÓN Rebeldía, insurrección, indisciplina, rebelión, desobediencia. *Docilidad, sumisión.*

INSUBORDINADO Indisciplinado, rebelde, sublevado, sedicioso. *Obediente, disciplinado.*

INSUBORDINARSE Indisciplinarse, insurreccionarse, levantarse. *Acatar, obedecer, rendirse.*

INSUFICIENCIA Cortedad, deficiencia, escasez. *Abundancia.* // Carencia, falta. *Sobra.* // Incapacidad, inquietud, torpeza. *Aptitud, capacidad, habilidad.*

INSUFICIENTE Corto, deficiente, escaso. *Bastante, suficiente.* // Incapaz, inepto, torpe. *Capaz, competente, hábil.*

INSUFLAR Henchir, introducir, soplar.

INSUFRIBLE Insoportable. *Soportable, tolerable.*

ÍNSULA Isla.

INSULAR Isleño.

INSULSO Insípido, soso. *Sustancioso.* // Inexpresivo, necio, simple, zonzo. *Donoso, expresivo, ingenioso, ocurrente.*

INSULTANTE Afrentoso, humillante, injurioso, ofensivo, provocativo, ultrajante. *Elogioso.*

INSULTAR Afrentar, agraviar, denostar, injuriar, ofender, ultrajar. *Alabar.*

INSULTO Afrenta, agravio, denuesto, dicterio, injuria. *Loa.*

INSUME Caro, costoso, dispendioso.

INSUMISO Desobediente, rebelde. *Dócil, sumiso.*

INSUPERABLE Excelente, inmejorable. *Mejorable.* // Invencible. *Fácil.* // Infranqueable.

INSURGENTE Insurrecto.

INSURRECCIÓN Alzamiento, motín, rebelión, sedición, sublevación. *Disciplina, orden.*

INSURRECTO Amotinado, insurgente, rebelde, revolucionario, sedicioso, sublevado.

INSUSTANCIAL Anodino, huero, insípido, insulso, trivial, vacuo. *Sustancial, sabroso.*

INSUSTITUIBLE Irreemplazable, insuplantable. *Sustituible*.
INTACHABLE Inobjetable, íntegro, irreprochable, recto. *Censurable, deshonrado, despreciable*.
INTACTO Completo, entero, incólume, indemne, ileso. *Dañado, falto, incompleto*. // *Puro. Impuro*.
INTANGIBLE Impalpable, intocable.
INTEGRAL Cabal, completo, entero, total. *Incompleto, parcial*.
ÍNTEGRAMENTE Enteramente, totalmente. *Parcialmente*.
INTEGRAR Completar, componer, formar, totalizar.
INTEGRIDAD Entereza, probidad, rectitud. // Todo, totalidad. *División, parte*. // Pureza, virginidad. // Perfección, plenitud. *Corrupción*.
ÍNTEGRO Completo, entero, total. // Cabal, honrado, honesto, intachable, recto. *Deshonesto*.
INTELECTO Inteligencia.
INTELECTUAL Espiritual, intelectivo. // Erudito, estudioso, literato.
INTELIGENCIA Caletre, cerebro, conocimiento, entendederas, entendimiento, imaginación, ingenio, juicio, mente, razón, sagacidad, talento, tino. *Estupidez, idiotez, imbecilidad*. // Acuerdo, trato.
INTELIGENTE Comprensivo, entendido, hábil, ingenioso, instruido, listo, lúcido, sagaz, talentoso. *Cerrado, necio, negado, tonto*.
INTELIGIBLE Asequible, claro, comprensible, fácil. *Confuso, dificultoso, incomprensible*.
INTEMPERADO Inmoderado, incontinente, desenfrenado. *Moderado*.
INTEMPERANCIA Destemplanza, desenfreno, exceso, gula, incontinencia. *Frugalidad, moderación, sobriedad*.
INTEMPESTIVO Extemporáneo, inoportuno. *Oportuno*.
INTENCIÓN Designio, propósito, proyecto, intento.
INTENCIONADAMENTE Adrede, de-

liberadamente, premeditadamente.
INTENCIONAL Deliberado, premeditado. *Inconsciente, indeliberado*.
INTENDENCIA Municipalidad. // Cuidado, dirección, gobierno.
INTENSAMENTE Enérgicamente, poderosamente, vehementemente, vigorosamente. *Débilmente*.
INTENSIDAD Energía, fuerza, potencia, rigor, vehemencia, vigor, violencia, virulencia, viveza. *Debilidad, pasividad, suavidad*.
INTENSIFICAR Reforzar. *Amenguar, debilitar*.
INTENSO Agudo, fuerte, hondo, penetrante, vehemente, violento, virulento, vivo.
INTENTAR Aspirar, pretender, probar, procurar, tantear, tratar. *Abandonar, cejar, desistir*.
INTENTO Conato, designio, empeño, intención, intentona, propósito, proyecto.
INTENTONA Tentativa, intento. // *Fracaso, chasco, fiasco, malogro*.
INTERCALAR Interlinear, interpolar, interponer, mezclar.
INTERCAMBIO Cambio, canje, permuta, reciprocidad, trueque.
INTERCEDER Abogar, interponerse, mediar, rogar. *Acusar, desentenderse*.
INTERCEPTAR Cortar, detener, impedir, interrumpir, obstruir.
INTERCESIÓN Intervención, mediación. *Intersección*.
INTERCESOR Abogado, mediador.
INTERDICTO Entredicho, prohibición.
INTERÉS Beneficio, ganancia, provecho, rédito, rendimiento, renta, utilidad. *Pérdida*. // Consideración, importancia. *Desatención*. // Atracción, curiosidad, inclinación. *Desafecto, desinterés*.
INTERESADO Apasionado. *Indiferente*. // Codicioso, logrero. // Solicitante.
INTERESANTE Atractivo, atrayente, cautivante, curioso, notable, sugestivo. *Anodino, insulso, vulgar*.
INTERESAR Atraer, cautivar, impresio-

nar, sugestionar. // Atañer, concernir, importar. // Encariñarse.

INTERESES Bienes, fortuna.

ÍNTERIN Interinato, interinidad, intervalo. // Entretanto, mientras.

INTERINIDAD Interinato. // Intermedio, intervalo, pausa. *Continuidad.*

INTERINO Momentáneo, provisional, provisorio, transitorio. *Definitivo.* // Sustituto, suplente. *Efectivo.*

INTERIOR Interioridad. // Interno, intestino, íntimo, intrínseco, profundo, recóndito. *Exterior, extrínseco.* // Doméstico, familiar.

INTERIORIDAD Adentros, alma, conciencia, entrañas, fuero interno. // Hueco, profundidad.

INTERIORMENTE Íntimamente. *Exteriormente.*

INTERJECCIÓN Exclamación.

INTERLINEAR Intercalar, interpolar.

INTERLOCUCIÓN Diálogo.

INTERLOCUTOR Dialogador, platicador, oponente.

INTERLUDIO Intermedio. **Interlunio.*

INTERMEDIAR Interponerse, mediar.

INTERMEDIARIO Mediador, intercesor. // Proveedor.

INTERMEDIO Entreacto, entremés, interludio, intervalo. // Tregua.

INTERMINABLE Inacabable, inagotable, eterno, lento. *Breve.*

INTERMISIÓN Cesación, interrupción.

INTERMITENCIA Intermisión, suspensión. *Continuidad.*

INTERMITENTE Discontinuo. *Continuo, incesante, persistente, seguido.*

INTERNACIONAL Cosmopolita, universal, mundial. *Local.*

INTERNARSE Adentrarse, entrar, introducirse, penetrar.

INTERNO Interior, íntimo. // Pensionista, pupilo.

INTERPELACIÓN Interrogación, petición, requerimiento, pregunta, solicitación, indagación.

INTERPELAR Interrogar, preguntar, requerir. *Contestar, replicar.*

INTERPOLAR Intercalar.

INTERPONER Entremezclar, intercalar, interlinear, interpolar. // Entrometerse, mediar. *Desentenderse.*

INTERPRETACIÓN Comentario, exégesis, explicación, glosa, traducción, paráfrasis.

INTERPRETAR Comentar, explicar, exponer, glosar, parafrasear, traducir. *Tergiversar.* // Descifrar.

INTÉRPRETE Comentador, exegeta, glosador, parafraseador. // Actor, artista.

INTERROGACIÓN Pregunta, interpretación, demanda, cuestión, problema.

INTERROGAR Examinar, inquirir, interpelar, preguntar, sondear. *Contestar.*

INTERROGATORIO Cuestionario, examen, sondeo.

INTERRUMPIR Cortar, detener, suspender, truncar, intermitir, interpolar, diferir, terminar, estorbar. *Continuar, proseguir.*

INTERRUPCIÓN Interferencia, intermisión, intermitencia, intervalo, pausa, suspensión, tregua, detención. *Prosecución, continuación.*

INTERSECCIÓN Cruce, encuentro. **Intercesión.*

INTERSTICIO Espacio, grieta, hendedura, resquicio.

INTERVALO Entreacto, ínterin, interludio, interrupción, pausa, tregua. *Continuación.* // Espacio, hueco, intersticio.

INTERVENCIÓN Intromisión, mediación. // Fiscalización, inspección. // Operación.

INTERVENIR Interponerse, mediar, mezclarse, participar, terciar. *Abstenerse, desligarse.* // Sobrevenir.

INTERVENTOR Fiscalizador, inspector, mediador.

INTESTINO Entraña, tripas. // Civil, doméstico, interior.

INTIMACIÓN Advertencia, aviso, notificación, requerimiento, ultimátum.

ÍNTIMAMENTE Entrañablemente.

INTIMAR Conminar, notificar, ordenar, exigir. // Amistar, congeniar, fraternizar.

Enemistarse. // Introducirse.

INTIMIDAD Amistad, apego, confianza, familiaridad.

INTIMIDAR Asustar, atemorizar. *Animar, concitar, instigar.*

ÍNTIMO Interior. *Extraño.* // Entrañable, inseparable. *Desafecto, hostil.* ***Intimo** (intimar).

INTITULAR Denominar, llamar, titular, nombrar, decir.

INTOLERABLE Inaguantable, insoportable, insufrible.

INTOLERANCIA Fanatismo, intransigencia. *Indulgencia, transigencia.*

INTOXICACIÓN Envenenamiento.

INTOXICAR Emponzoñar, envenenar, inficionar.

INTRADUCIBLE Indecible, inexplicable, inexpresable.

INTRANQUILIDAD Angustia, congoja, desasosiego, inquietud, zozobra. *Calma, quietud, sosiego.*

INTRANQUILIZAR Acongojar, angustiar, desasosegar, desazonar, inquietar, soliviantar. *Serenar.*

INTRANQUILO Angustiado, desasosegado, inquieto, nervioso.

INTRANSFERIBLE Inalienable, intransmisible. *Endosable, transmisible.*

INTRANSIGENCIA Fanatismo, intolerancia, obstinación, pertinacia, terquedad, resistencia. *Indulgencia, paciencia, tolerancia.*

INTRANSIGENTE Fanático, intolerante, obstinado, pertinaz.

INTRANSITABLE Impracticable, infranqueable.

INTRANSITADO Desierto, solo, aislado, solitario, apartado.

INTRATABLE Áspero, desabrido, inaguantable, misántropo. *Cortés, servicial, sociable.*

INTREPIDEZ Arrojo, esfuerzo, osadía, valor. *Cobardía, miedo, reflexión.*

INTRÉPIDO Atrevido, esforzado, osado, valeroso, valiente, audaz. *Cobarde.*

INTRIGA Confabulación, embrollo, enredo, maquinación, trama, tramoya.

INTRIGANTE Maquinador, chismoso, enredador, entremetido.

INTRIGAR Confabularse, conspirar, enredar, maquinar, tramar, urdir.

INTRINCADO Confuso, embrolloso, enmarañado, enredado, laberíntico, oscuro, peliagudo, inextricable, indefinible, espinoso. *Fácil, sencillo.*

INTRINCAR Complicar, embrollar, enmarañar, enredar, tergiversar, confundir. *Desenredar.*

INTRÍNGULIS Incógnita, quid, dificultad, meollo, nudo.

INTRÍNSECO Esencial, interior, íntimo, propio. *Extrínseco.*

INTRODUCCIÓN Exordio, introito, preámbulo, prefacio, preliminar, prolegómenos, prólogo. *Fin, desenlace, epílogo.* // Admisión, entrada, importación, inclusión, infiltración, inserción, inyección, penetración. *Exportación, extracción.*

INTRODUCIR Embutir, importar, ingerir, inyectar, meter, ocasionar, presentar. *Sacar.* // Entrar, deslizarse, inmiscuirse, insinuarse, internarse, penetrar. *Salir.*

INTROITO Introducción. *Epílogo.*

INTROMISIÓN Entremetimiento, intrusión, indiscreción, importunación. *Desentendimiento.*

INTROSPECCIÓN Autoanálisis, introversión.

INTROVERSIÓN Ensimismamiento.

INTRUSO Entremetido. *Discreto.*

INTUICIÓN Percepción, presentimiento, vislumbre, conocimiento. *Especulación, razonamiento.*

INTUIR Adivinar, entrever, presentir, vislumbrar.

INTUMESCENCIA Hinchazón, inflamación, tumefacción, turgencia.

INUNDACIÓN Aluvión, anegación, anegamiento, avenida, crecida, riada. // Multitud.

INUNDAR Anegar, desbordarse, encharcar, sumergir. // Abrumar, colmar, llenar. // Esparcir.

INURBANO Insociable, incivil, descortés, grosero, tosco. *Cortés, educado, sociable.*

INUSITADO Desacostumbrado, insólito, inusual, raro. *Común, frecuente, usual.*

INÚTIL Desmañado, incapaz, ineficaz, inepto, inservible, nulo, superfluo, torpe. *Bueno, provechoso, útil.*

INUTILIDAD Ineficacia, infructuosidad. *Capacidad, eficacia, uso.*

INUTILIZAR Invalidar, incapacitar, anular, desechar, inhabilitar.

INÚTILMENTE Estérilmente, en balde, en vano, infructuosamente, vanamente. *Fructuosamente, provechosamente.*

INVADIR Entrar, irrumpir, maloquear, penetrar, asaltar, violentar, acometer. *Desocupar, evacuar.*

INVALIDACIÓN Inhabilitación, anulación, inutilización, incapacitación. *Aprobación, aceptación, autorización.*

INVALIDAR Anular, inhabilitar, inutilizar, desautorizar, abolir. *Autorizar, capacitar, habilitar.*

INVÁLIDO Desautorizado, inhabilitado, nulo. *Válido.* // Baldado, impedido, lisiado, tullido. *Sano.*

INVARIABILIDAD Inmutabilidad, inalterabilidad, permanencia, estabilidad, fijeza. *Mutabilidad, inestabilidad.*

INVARIABLE Constante, estable, fijo, firme, inalterable, inmutable. *Cambiante, inestable, voluble.*

INVASIÓN Correría, entrada, incursión, irrupción, malón, intrusión, ocupación. *Repliegue, retirada.*

INVECTIVA Catilinaria, injuria, diatriba, filípica. *Elogio.* *Inventiva.

INVENCIBLE Indomable, inquebrantable, insuperable, invicto. *Vencido.*

INVENCIÓN Creación, descubrimiento, innovación, invento. // Engaño, ficción, mentira. *Inversión.

INVENTAR Concebir, descubrir, hallar, idear, imaginar, forjar, fraguar.

INVENTARIAR Catalogar, registrar.

INVENTARIO Relación, registro, repertorio, catálogo, censo, lista.

INVENTIVA Fantasía, imaginación, ingenio, inspiración. *Invectiva.

INVENTO Invención. // Patraña.

INVENTOR Autor, creador, descubridor.

INVERECUNDO Impúdico, insolente, desvergonzado. *Pudoroso, vergonzoso.*

INVERNAL Hibernal, hiemal. *Estival, veraniego.*

INVEROSÍMIL Imposible, improbable, increíble. *Admisible, posible.*

INVERSIÓN Cambio. // Hipérbaton, trasposición. // Colocación, gasto.

INVERSO Alterado, cambiado, invertido, trastocado. *Inalterado.* // Contrario, opuesto. *Directo.*

INVERTIDO Homosexual, maricón, pederasta, sodomita.

INVERTIR Alterar, cambiar, trabucar, trasponer, trastornar. // Colocar, emplear, gastar.

INVESTIDURA Cargo, dignidad.

INVESTIGACIÓN Averiguación, exploración, examen, indagación, sondeo, tanteo, pesquisa.

INVESTIGAR Averiguar, indagar, explorar, husmear, inquirir, pesquisar, sondear, examinar.

INVESTIR Conferir. *Embestir.

INVETERADO Antiguo, arraigado, enraizado, habitual. *Inusual, nuevo.*

INVICTO Triunfador, vencedor, victorioso. *Derrotado, fracasado.* *Invito (invitar).

INVIOLABLE Sagrado. // Irrompible.

INVISIBLE Inmaterial, incorporal, impalpable, oculto, encubierto, secreto. *Corporal, material, descubierto.*

INVITACIÓN Convite. // Entrada. // Incitación.

INVITAR Convidar, ofrecer, servir, brindar. // Incitar, instigar, inducir, instar.

INVOCACIÓN Imploración, ruego, súplica, llamada, petición. // Conjuro.

INVOCAR Alegar, apelar, llamar. // Implorar.

INVOLUCRAR Abarcar, incluir, insertar, mezclar. *Excluir, eliminar.*

INVOLUNTARIO Espontáneo, instinti-

vo, maquinal, reflejo, irreflexivo. *Deliberado, voluntario.*
INVULNERABLE Inatacable, invencible, protegido. *Indefenso, inerme.*
INYECTAR Jeringar, irrigar, introducir, inocular. *Extraer, sacar.*
IPSO FACTO En el acto, inmediatamente, enseguida.
IR Acudir, asistir, caminar, dirigirse, encaminarse, huir, marchar, moverse, mudarse, trasladarse, seguir. *Llegar, venir, volver.* // Consumirse, derramarse, deslizarse.
IRA Cólera, enojo, furia, indignación, irritación, rabia. *Estoicismo, mansedumbre, paciencia.*
IRACUNDO Bilioso, colérico, furibundo, irritable, irascible, rabioso. *Plácido, sufrido, tranquilo.*
IRASCIBLE Excitable, irritable, incontrolado, arrebatado. *Tranquilo, calmado, sereno.*
IRISAR Reflejar, colorear.
IRONÍA Humor, sarcasmo, sátira, causticidad, mordacidad, parodia, burla.
IRÓNICO Burlón, cáustico, mordaz, punzante, sarcástico, socarrón. *Adusto, formal.*
IRRACIONAL Absurdo, bestial, ilógico, insensato, irrazonable, inverosímil. *Coherente, sensato.* // Animal, bestia, bruto. *Persona.*
IRRADIACIÓN Brillo, centelleo. // Difusión, divergencia.
IRRADIAR Centellear, destellar. // Difundir, emitir, trasmitir.
IRRAZONABLE Absurdo, desatinado, ilógico. *Razonable, lógico.*
IRREAL Fantástico, ilusorio, imaginario, inexistente, quimérico. *Real.*
IRREALIDAD Alucinación, entelequia, ficción, fingimiento, inexistencia, quimera, sueño. *Existencia, realidad.*
IRREALIZABLE Imposible, impracticable, inejecutable, utópico. *Factible, posible.*
IRREBATIBLE Incuestionable, indiscutible, irrefutable, indisputable. *Cues-*

tionable, discutible, rebatible.
IRRECONCILIABLE Enemigo, opuesto, adversario, antípoda. *Amigo.*
IRRECUSABLE Inexcusable.
IRREDUCIBLE Incoercible, irreductible.
IRREFLEXIVO Alocado, espontáneo, imprudente, impulsivo, indeliberado, instintivo, involuntario, maquinal. *Premeditado.*
IRREFRAGABLE Cierto, corroborado, demostrado, establecido, incuestionable. *Incierto.*
IRREFRENABLE Incontenible.
IRREFUTABLE Incontrastable, incuestionable, indiscutible, irrebatible. *Cuestionable, rebatible, refutable.*
IRREGULAR Anómalo, anormal, asimétrico, desigual, discontinuo, informe, variable. *Regular, rítmico, uniforme.* // Arbitrario, caprichoso, ilícito, injusto. *Lícito, normal.*
IRREGULARIDAD Anomalía, asimetría, desigualdad, desproporción. // Arbitrariedad, cohecho, exceso, falta, malversación. *Cumplimiento.*
IRRELIGIÓN Ateísmo, incredulidad, irreligiosidad, racionalismo. *Fe, religión, religiosidad.*
IRRELIGIOSO Ateo, descreído, incrédulo, indiferente. *Creyente.*
IRREMEDIABLE Irreparable. *Curable, enmendable, remediable, reparable.*
IRREMISIBLE Imperdonable, culpable. *Perdonable.*
IRREPARABLE Irremediable.
IRREPRENSIBLE Intachable, irreprochable, virtuoso, justo.
IRRESISTIBLE Intolerante, invencible, pujante, violento, indomable.
IRRESOLUCIÓN Indecisión, indeterminación. *Decisión, determinación, resolución.*
IRRESOLUTO Indeciso, tímido. *Decidido, decisivo, rotundo.*
IRRESPETUOSO Desconsiderado, descortés, grosero, irreverente. *Considerado, respetuoso, atento.*
IRRESPIRABLE Asfixiante, fétido.

IRRESPONSABLE Insensato, loco. *Cuerdo, cumplidor, sensato.*

IRREVERENCIA Grosería, insolencia, irrespeto, indelicadeza, desdén, descaro, descortesía. *Respeto, cortesía.*

IRREVERENTE Irrespetuoso, grosero.

IRREVOCABLE Fijo, invariable. *Anulable, cambiable, revocable.*

IRRIGAR Bañar, regar, rociar. *Enjugar, secar.*

IRRISIÓN Burla, desprecio, escarnio, mofa. *Admiración.* // Ridiculez.

IRRISORIO Insignificante, ridículo, risible. *Admirable, valioso.*

IRRITABLE Impaciente, violento, enojadizo, colérico, iracundo, irascible, suceptible. *Tranquilo.*

IRRITACIÓN Berrinche, cólera, enfado, enojo, indignación, rabia. *Calma, tranquilidad.* // Comezón, inflamación. // Anulación, invalidación. *Validez.*

IRRITANTE Enfadoso, enojoso, exasperante, indignante. *Amable, tranquilizador.*

IRRITAR Acalorarse, alterar, enfadar, encolerizar, encorajinarse, enfurecer, enojar, exasperar, sulfurarse, trinar. *Apaciguar, mitigar.* // Anular, invalidar. *Validar.*

ÍRRITO Inválido, nulo. *Válido.* *Irrito (irritar).

IRROGAR Acarrear, causar, ocasionar, producir. *Evitar.*

IRROMPIBLE Indestructible.

IRRUMPIR Invadir, entrar, asaltar.

IRRUPCIÓN Correría, entrada, incursión, invasión, malón. *Escapada, éxodo.* // Desbordamiento. *Contención.*

ISLA Ínsula, isleta, islote. *Albufera, charco, embalse, estanque, lago, laguna.*

ISLÁMICO Agareno, islamita, mahometano, mahometista, musulmán.

ISLAMISMO Islam, mahometismo.

ISLAMITA Islámico, mahometano, musulmán.

ISLEÑO Insulano, insular.

ISMAELITA Agareno, árabe, moro, sarraceno.

ISRAELITA Hebreo, judío.

ÍTEM Aditamento, añadidura. // Además, también.

ITERAR Insistir, reiterar, repetir. *Callar, omitir.*

ITERATIVO Reiterado, repetido.

ITINERARIO Camino, recorrido, trayecto, ruta. // Guía.

IZAR Elevar, subir. *Arriar, bajar.*

IZQUIERDA Siniestra, zurda, zurdería. *Derecha, diestra.* // Babor. *Estribor.*

IZQUIERDO Zurdo, siniestro, zocato. *Diestro.*

J

JABALINA Azagaya, dardo, lanza, venablo, pica.

JÁBEGA Red, malla. // Barca, embarcación.

JABÍ Quiebrahacha, quebracho.

JABÓN Jaboncillo, champú, detergente. // Adulación. // Miedo. // Reprimenda.

JABONADURA Enjabonado, jabonado, fregado, lavado. // Amonestación, reprensión. *Encomio.*

JABONAR Enjabonar, lavar, fregar.

JABONOSO Resbaladizo.

JÁCARA Parranda, alboroto. // Molestia. // Mentira, embuste, patraña, historia, cuento, fábula. // Romance.

JACARANDÁ Molle, terebinto.

JACARANDOSO Airoso, alegre, chistoso, garboso. *Melancólico.*

JACARERO Alborotador, animador, alegre, bromista, jaranero, festivo. *Tranquilo, silencioso.*

JACILLA Señal, vestigio, huella, estampa, paso.

JACO Jamelgo, matalón, penco, rocín, sotreta.

JACOBINO Demagogo, racionalista, enciclopedista.

JACTANCIA Vanagloria, ostentación, orgullo, altanería, farolería, fatuidad, inmodestia, pedantería, presunción, petulancia. *Modestia.*

JACTANCIOSAMENTE Ostentosamente, fanfarronamente, presumidamente. *Humildemente.*

JACTANCIOSO Vanidoso, orgulloso, pedante, inmodesto, presumido, petulante. *Modesto, humilde, sencillo.*

JACTARSE Alabarse, blasonar, farolear, pavonearse, preciarse, presumir, ufanarse.

JACULATORIA Invocación, oración.

JÁCULO Jabalina, dardo, venablo, rejón, lanza.

JADEANTE Acezante, sofocado. *Sosegado, tranquilo.*

JADEAR Acezar, hipar. // Cansarse.

JAEZ Adorno, guarnición. // Calidad, estofa, índole, laya.

JAGUAR Jaguareté, yaguareté, onza.

JALEA Gelatina.

JALEO Bulla, jarana, bullicio, fiesta. *Quietud, silencio.*

JALÓN Hito, mojón, marca, señal.

JALONAR Alinear, estacar, marcar, señalar.

JAMAR Comer, engullir, manducar, yantar. *Ayunar.*

JAMÁS Nunca. *Siempre.*

JAMELGO Jaco, rocín.

JAMÓN Pernil.

JANGADA Balsa, armadía, almadía. // Travesura, impertinencia.

JAPONÉS Nipón.

JAQUE Amenaza, peligro. // Bravucón, guapo, perdonavidas, matasiete, matón, valentón.

JAQUEAR Amenazar, hostigar.

JAQUECA Hemicránea, migraña, neuralgia. // Fastidio, molestia.

JAQUECOSO Fastidioso, molesto, pesado. *Grato.*

JARA Saeta, flecha.

JARABE Sirope, almíbar.

JARANA Alboroto, bulla, farra, gresca, jaleo, juerga, pendencia, riña.

JARANERO Alborotador, juerguista.

JARCIA Aparejo, cabo, cordaje.

JARDÍN Vergel. *Erial, páramo, yermo.*

JARIFO Adornado, acicalado, hermoso, compuesto, vistoso.

JARRA Aguamanil, vasija.

JARRETE Corva, corvejón.

JARRETERA Charretera, liga.

JARRÓN Búcaro, florero.

JASPEADO Veteado, marmolado, listado, salpicado.

JATO Ternero.

JAULA Cárcel, gayola. // Pajarera.

JEFATURA Autoridad, dirección, gobierno, superioridad.

JEFE Cabecilla, capataz, caudillo, conductor, director, líder, patrón, superior. *Dependiente, empleado, subalterno, subordinado.*

JEHOVÁ Dios, Señor, Hacedor, Creador.

JEQUE Jefe.

JERARQUÍA Grado, orden, rango.

JEREMIADA Lamentación, llanto, queja. *Alegría, exultación.*

JEREMÍAS Plañidero, quejoso, llorón.

JERGA Caló, germanía, jerigonza.

JERGÓN Colchón, jerga. // Holgazán, perezoso.

JERIGONZA Jerga, galimatías.

JERINGAR Fastidiar, molestar, mortificar, aburrir. *Agradar.*

JEROGLÍFICO Enigma, problema, secreto, dificultad. // Pasatiempo.

JESUCRISTO Cristo, Redentor, Salvador, Hijo de Dios, Jesús, Mesías, Buen Pastor. *Anticristo.*

JETA Boca, cara, hocico, morro.

JIBIA Sepia.

JÍCARA Pocillo, tacita.

JIFERO Matarife. // Sucio, desaliñado.

JINETA Charretera, galón.

JINETE Amazona, caballero, cabalgador.

JIRA Merienda, banquete. // Jirón. *Gira.*

JIRÓN Andrajo, calandrajo, desgarrón, guiñapo, piltrafa, jira.

JIRONADO Roto, andrajoso, desgarrado.

JOCOSO Alegre, chistoso, gracioso.

JOCUNDO Alegre, jovial, jocoso, divertido. *Triste.*

JOFAINA Palangana, lavamanos, lavabo, aguamanil.

JOLGORIO Jarana.

JOLITO Calma, suspensión, sosiego, tranquilidad. *Intranquilidad.*

JOLLÍN Jolgorio, bulla, jarana.

JORNADA Etapa, excursión, expedición, marcha, trecho, viaje. // Lance, ocasión, oportunidad. // Jornal.

JORNAL Estipendio, salario, sueldo.

JORNALERO Asalariado, obrero, operario, trabajador.

JOROBA Corcova, giba. // Impertinencia, molestia.

JOROBADO Contrahecho, corcovado, giboso.

JOROBAR Fastidiar, importunar, molestar. *Halagar.*

JOVEN Adolescente, muchacho, efebo, mocito, mozo. *Anciano, provecto.* // Fresco, nuevo, reciente. *Maduro vetusto, viejo.*

JOVIAL Alegre, chistoso, gracioso, risueño. *Amargado, desanimado, triste.*

JOVIALIDAD Alegría, gracia, contento, animación, entusiasmo, alborozo. *Tristeza, desánimo.*

JOYA Alhaja, prenda, presea. *Baratija, chuchería.*

JOYERO Cofrecillo, estuche, joyel.

JUBILACIÓN Pensión, retiro. *Actividad.*

JUBILAR Licenciar, pensionar. // Apartar, arrinconar, relegar. *Utilizar.* // Alegrarse, divertirse.

JUBILEO Dispensa. // Concurrencia, muchedumbre, multitud.

JÚBILO Alborozo, alegría, felicidad, gozo, regocijo. *Congoja, tristeza.* *Jubilo (jubilar).*

JUBILOSO Alegre, gozoso, contento, radiante. *Triste, melancólico.*

JUDAÍSMO Hebraísmo.

JUDAS Alevoso, delator, desleal, traidor. *Fiel, leal.*

JUDÍA Hebrea, israelita. // Alubia, frijol, fréjol, habichuela, poroto.

JUDÍO Hebreo, israelita.

JUEGO Chanza, deporte, diversión, entretenimiento, esparcimiento, pasatiempo, recreación, solaz, travesura. // Articulación, funcionamiento, movimiento, movilidad, encaje. // Colección, serie, surtido, equipo.

JUERGA Jarana, jolgorio. *Formalidad.*

JUGADA Partida, tirada, lance, pasada. // Treta, jugarreta, ardid.

JUGADOR Tahúr, fullero. // Deportista.

JUGAR Actuar, divertirse, entretenerse, intervenir, juguetear, mover, recrearse, retozar, tomar parte, travesear, triscar. *Aburrirse.* // Apostar, arriesgar. // Andar, funcionar, marchar. *Detenerse, pararse.*

JUGARRETA Picardía, trastada, truhanería, treta, jugada, ardid.

JUGLAR Bardo, rapsoda, trovador, trovero. // Prestidigitador. // Chistoso, picante, picaresco.

JUGLERÍA Destreza, prestidigitación, habilidad.

JUGO Zumo, sustancia, esencia, néctar, extracto. *Sequedad.* // Provecho, utilidad, ventaja.

JUGOSO Estimable, fructífero, provechoso. // Sustancioso, suculento. *Insulso, seco.*

JUGUETE Muñeco. // Burla, chanza.

JUGUETEAR Jugar, retozar.

JUGUETÓN Bullicioso, inquieto, retozón. *Serio, quieto.*

JUICIO Criterio, discernimiento, inteligencia, razón, sentido común. *Obsesión, prejuicio.* // Cordura, discreción, prudencia, sensatez, tino. *Insensatez.* // Apreciación, dictamen, opinión, parecer. // Sentencia, veredicto.

JUICIOSO Cuerdo, discreto, prudente, sensato, sesudo, lógico, cabal, consecuente. *Insensato, irreflexivo.*

JULEPE Miedo, susto. *Valor.* // Reprimenda. *Elogio, encomio.*

JUMENTO Asno, burro, borrico, pollino, rucio.

JUNCAL Junqueral, junquera, juncar. // Apuesto, bizarro, gallardo, esbelto.

JUNTA Asamblea, comité, cónclave, congregación, congreso, consejo, corporación. // Reunión, sesión. // Empalme, juntura, unión.

JUNTAMENTE Solidariamente, junto, a la par.

JUNTAR Acoplar, acumular, adjuntar, agregar, agrupar, aliar, amontonar, aparear, asociar, aunar, casar, concentrar, congregar, englobar, fusionar, reunir, unificar, unir, yuxtaponer. *Esparcir, separar.* // Acompañarse, arrimarse. *Alejarse, enemistarse.* // Amancebarse.

JUNTO Adjunto, adyacente, cercano, contiguo, inmediato, próximo, vecino, unido, yuxtapuesto, anexo, conexo. *Lejano, separado.*

JUNTURA Acoplamiento, articulación, empalme, unión, ensambladura, coyuntura, costura. *División, separación.*

JURA Juramento, promesa, compromiso, homenaje, testimonio, ofrecimiento.

JURADO Árbitro, juez, tribunal.

JURAMENTARSE Conjurarse.

JURAMENTO Blasfemia, imprecación, reniego, voto. // Jura.

JURAR Afirmar, asegurar, certificar, prometer, prestar juramento. // Rendir homenaje. // Imprecar, blasfemar.

JURÍDICO Legal, lícito, procedente, judicial, forense. *Ilegal, ilícito.*

JURISCONSULTO Jurisperito, jurista, legista, letrado, abogado.

JURISDICCIÓN Autoridad, competencia, dominio, fuero, poder. // Distrito, territorio.

JURISPERITO Jurisconsulto.

JURISPRUDENCIA Jurispericia, derecho, legislación.

JURISTA Abogado, jurisconsulto.

JUSTA Certamen, combate, competencia, pelea, torneo.

JUSTADOR Rival, combatiente, luchador, adversario.

JUSTAMENTE Ajustadamente, cabalmente, justo, precisamente.

JUSTAR Luchar, combatir, rivalizar, pelear.

JUSTICIA Derecho, equidad, razón, rectitud. *Arbitrariedad, iniquidad, injusticia.* // Castigo, pena. // Curia, tribunal. // Juez, magistrado.

JUSTICIERO Justo.

JUSTIFICACIÓN Defensa, prueba, excusa, apología, testimonio. *Culpabilidad, acusación, responsabilidad.*

JUSTIFICANTE Comprobante, justificativo, recibo.

JUSTIFICAR Acreditar, demostrar, evidenciar, probar. *Pretextar.* // Enmendar, corregir, rectificar, reformar. // Defender, disculpar, exculpar, sincerar, vindicar. *Censurar, fustigar.*

JUSTIPRECIAR Apreciar, estimar, tasar, valorar, preciar, evaluar. *Desestimar, despreciar.*

JUSTO Equitativo, imparcial, justiciero, recto, virtuoso. *Injusto, parcial.* // Ajustado, cabal, exacto, fundado, indiscutible. // Legal, legítimo, preciso, procedente, puntual. *Ilegal, ilegítimo, improcedente.*

JUVENIL Joven, adolescente. *Vetusto, viejo, anciano.*

JUVENTUD Adolescencia, mocedad, pubertad. *Senectud, vejez.*

JUZGADO Tribunal. // Judicatura.

JUZGAR Apreciar, calificar, conceptuar, considerar, creer. // Estimar, opinar, reputar. // Arbitrar, dictaminar, sentenciar. *Perdonar.*

KAISER Emperador.
KAN Jefe, príncipe, soberano. *Can.
KERMESE Feria, tómbola.

KILO Kilogramo.
KIMONO Quimono, bata.
KIOSCO Quiosco, templete, pérgola.

L

LÁBARO Cruz. // Estandarte.

LABE Mancha, tacha, plaga, peste. *Lave (lavar).

LABERÍNTICO Confuso, enmarañado, intrincado, tortuoso. *Sencillo.*

LABERINTO Confusión, dédalo, enredo, maraña.

LABIA Facundia, oratoria, verbosidad.

LÁBIL Caduco, débil, frágil. // Deslizable.

LABIO Belfo. // Borde.

LABOR Ocupación, quehacer, trabajo. *Inactividad, ocio.* // Labranza. // Costura, bordado.

LABORAR Labrar, trabajar. *Holgar, holgazanear.* // Gestionar. // Intrigar.

LABOREO Cultivo, trabajo.

LABORIOSO Activo, asiduo, celoso, diligente, trabajador. *Haragán.* // Difícil, penoso, trabajoso. *Fácil.*

LABRADOR Agricultor, cultivador, labriego.

LABRANZA Agricultura, cultivo, cultura, labor, laboreo.

LABRAR Arar, cultivar, laborar, trabajar. // Bordar, coser. // Hacer. // Causar, originar, promover.

LABRIEGO Labrador, agricultor.

LACA Barniz.

LACAYO Criado, doméstico, sirviente. *Amo, patrón, señor.*

LACEAR Enlazar, atar, ligar, atrapar.

LACERAR Golpear, herir, lastimar, magullar. *Acariciar.* // Dañar, perjudicar, vulnerar.

LACERIA Estrechez, miseria, pobreza. *Bienestar, riqueza, abundancia.* // Fatiga, pena, trabajo, miseria. *Lacería.*

LACIO Ajado, decaído, descaecido, caído, marchito, mustio. *Duro, fuerte, tieso.*

LACÓNICO Breve, compendioso, conciso, parco, seco, sucinto. *Verboso.*

LACONISMO Brevedad, condensación, abreviación, síntesis, sobriedad. *Verbosidad.*

LACRA Cicatriz, marca, señal. // Defecto, vicio. *Virtud.*

LACRIMOSO Afligido, compungido, lloroso, triste. *Contento, risueño.*

LACTAR Amamantar, atetar, criar.

LÁCTEO Láctico, lechoso.

LADEADO Inclinado, oblicuo, sesgado, soslayado. *Derecho.*

LADEARSE Inclinarse, torcerse. *Enderezarse.*

LADERA Declive, falda, pendiente.

LADERO Adyacente, lateral.

LADINO Astuto, sagaz, taimado, zorro. *Inocente, necio, tonto.*

LADO Banda, borde, canto, cara, costado, faz, flanco, mano, parte, perfil. // Anverso, reverso. // Lugar, paraje, sitio. // Arista, generatriz. // Favor, protección, valimiento.

LADRAR Amenazar, vociferar. // Motejar, criticar, censurar.

LADRIDO Aullido. // Calumnia, censura, murmuración.

LADRÓN Carterista, estafador, rata, ratero, salteador, bandido, saqueador, caco, bandolero.

LAGAÑA Legaña.

LAGARTO Taimado, pícaro.

LÁGRIMA Llanto.
LAGRIMEAR Llorar, lloriquear.
LAGUNA Alberca, albufera, charca. // Espacio, hueco, vacío. // Olvido.
LAICO Lego, seglar, laicista, civil, irreligioso, terrenal. *Religioso.*
LAJA Lasca, losa.
LAMA Cieno, fango, lodo.
LAMENTABLE Atroz, deplorable, lastimoso, triste. *Alegre.*
LAMENTACIÓN Clamor, lamento, queja, lloro.
LAMENTAR Deplorar, gemir, llorar, sentir. *Celebrar.* // Dolerse, quejarse.
LAMENTO Lamentación.
LAMER Lamber, lengüetear, chupar. // Relamerse.
LAMIDO Afectado, relamido. // Gastado, usado.
LÁMINA Chapa, hoja, hojuela, lámina. *Filamento, hebra, hilo.* // Cromo, figura, estampa, grabado.
LÁMPARA Bombilla, lamparilla, foco, farol, velador, linterna. // Válvula.
LAMPARILLA Bombilla, mariposa.
LAMPARÓN Mancha.
LAMPIÑO Barbilampiño, imberbe. *Barbudo, velludo.*
LAMPO Relámpago, resplandor, brillo.
LANCE Ocasión, trance. // Contienda, encuentro, riña. // Jugada.
LANCEAR Alancear.
LANCETA Bisturí, sangradera.
LANCHA Barca, barcaza, bote. // Laja.
LANDA Llanura. ***Lambda.**
LANGOSTA Acridio, saltamontes.
LANGUIDECER Debilitarse, enflaquecer, flojear. *Fortalecer.*
LANGUIDEZ Debilidad, enflaquecimiento, extenuación, flaqueza, flojedad. *Potencia, vigor, vitalidad.*
LÁNGUIDO Abatido, debilitado, descaecido, flaco, flojo, postrado. *Animado, animoso.*
LANUDO Lanoso, velloso, velludo.
LANZA Asta, pica.
LANZADA Lanzazo.
LANZAMIENTO Botadura, echada, expulsión, impulsión, emisión, tiro.
LANZAR Arrojar, botar, descargar, echar, emitir, exhalar, expulsar, irradiar, soltar, verter, vomitar.
LANZAZO Alanceadura, lanzada, rejonazo, enristre.
LAPICERA Estilográfica, pluma.
LÁPIDA Estela, losa, epitafio.
LAPIDAR Apedrear.
LAPIDARIO Categórico, irrebatible. *Conciliador.*
LAPO Palo, varazo, bastonazo.
LAPSO Curso, espacio, transcurso.
LAPSUS Desliz, error. *Acierto, tacto.*
LAQUEAR Barnizar.
LAR Casa, domicilio, hogar.
LARDEAR Engrasar, pringar.
LARDO Grasa, unto. // Tocino.
LARDOSO Pringoso, grasiento.
LARGAMENTE Holgadamente, alargadamente. *Escasamente.* // Cumplidamente, espléndidamente. // Por mucho tiempo. *Brevemente.*
LARGAR Aflojar, soltar. *Contener.* // Escabullirse, escurrirse, irse, marcharse. *Permanecer.*
LARGO Alargado, amplio, difuso, dilatado, extenso, luengo. *Corto, limitado.* // Lento, tardío. // Abundante, copioso. *Exiguo, reducido.* // Dadivoso, generoso, liberal. *Tacaño.* // Astuto, listo, expedito, pronto. // Largos, largura, longitud. *Anchura.*
LARGOR Longitud, largo, largura.
LARGUERO Barrote, cabezal.
LARGUEZA Esplendidez, liberalidad. *Mezquindad, ruindad, sordidez.*
LARGURA Largor.
LARVA Gusano.
LARVADO Oculto, escondido, agazapado. // Enmascarado.
LASCIVIA Impudicia, lujuria, obscenidad, salacidad, sensualidad. *Continencia, pureza, templanza.*
LASCIVO Libidinoso, lúbrico, lujurioso, sensual. *Casto, pudoroso.*
LASITUD Cansancio, desfallecimiento, flojedad, languidez, postración, agobio,

agotamiento. *Vigor, viveza.* ***Laxitud.**
LASO Cansado, desfallecido, flojo, macilento. *Animoso.* ***Laxo, lazo.**
LÁSTIMA Compasión, pena. *Ferocidad, inhumanidad.* // Lamento, quejido.
LASTIMAR Dañar, herir, lesionar, perjudicar. // Agraviar, ofender. // Dolerse, lamentarse, quejarse.
LASTIMERO Lastimoso.
LASTIMOSO Desgarrador, desolador, deplorable, lamentable, triste. *Bueno, satisfactorio.*
LASTRE Peso. // Madurez, sensatez, juicio. // Impedimento, traba.
LATA Fastidio, pesadez, rollo. // Envase.
LATAMENTE Ampliamente, extensamente.
LATENTE Escondido, oculto, secreto. *Manifiesto.* ***Latiente.**
LATERAL Adyacente, ladero.
LATIDO Palpitación, pulsación.
LATIGAZO Fustazo, guascazo, rebencazo, vergajazo.
LÁTIGO Fusta, rebenque, vergajo.
LATIR Palpitar, pulsar. // Ladrar.
LATITUD Ancho, anchura, extensión. *Longitud.*
LATO Amplio, dilatado, extenso. *Breve, estrecho.*
LATOSO Fastidioso, pesado, molesto. *Entretenido.*
LATROCINIO Estafa, fraude, hurto, robo, ratería.
LAUDABLE Loable, plausible. *Despreciable, indigno.*
LAUDATORIO Adulador, apologético, ditirámbico, elogioso, encomiástico, halagador, lisonjero, panegírico. *Injurioso, ofensivo.*
LAUDO Decisión, fallo, sentencia.
LAUREADO Condecorado, premiado. *Deshonrado, rechazado.*
LAUREL Lauro, corona, palma, éxito, triunfo, victoria, premio, honor.
LAURÉOLA Aureola, corona, halo, resplandor. // Lauro, laurel, triunfo.
LAURO Corona, palma. // Alabanza, gloria, honor, premio, triunfo, victoria.

LAVABO Lavatorio, tocador, jofaina, palangana, lavamanos.
LAVADO Lavada, lavamiento, jabonadura, baño.
LAVANDA Espliego.
LAVAR Baldear, bañar, fregar, limpiar. *Ensuciar, manchar.*
LAVATIVA Ayuda, enema, jeringa. // *Incomodidad, molestia.*
LAVATORIO Lavabo. // Lavado.
LAXANTE Purgante. *Astringente.*
LAXAR Purgar. // Ablandar, aflojar, relajar, suavizar. *Endurecer, fortalecer.*
LAXITUD Atonía, flojedad, debilidad, distensión. *Tensión.* ***Lasitud.**
LAXO Distendido, flojo, relajado. *Tenso, tieso.* ***Laso, lazo.**
LAYA Calidad, clase, especie, género, ralea.
LAZADA Atadura, lazo, nudo.
LAZARETO Leprosería.
LAZO Atadura, lazada, ligadura, nudo. // Ardid, asechanza, trampa. // Afinidad, conexión, unión, vínculo. ***Laso, laxo.**
LEAL Fiel, confiable, honrado, sincero, franco, amigo, noble, devoto. *Desleal, traidor.* // Fidedigno, legal, verdadero, recto. *Engañoso.*
LEALTAD Adhesión, fidelidad, sinceridad. *Deslealtad, infidelidad, traición.* // Legalidad, veracidad. *Ilegalidad.*
LECCIÓN Clase, conferencia, enseñanza. // Lectura. // Interpretación. // Advertencia, amonestación, consejo, ejemplo, escarmiento. ***Lesión.**
LECHAL Lactante, mamón.
LECHERO Granjero, ordeñador, vaquero. // Avaro, mezquino.
LECHIGADA Camada, cría.
LECHO Cama, tálamo. // Álveo, cauce. // Fondo. // Capa, estrato.
LECHÓN Cochinillo, puerco.
LECHOSO Blanquecino, lactífero.
LECHUGUINO Petimetre, pisaverde, figurín, presumido.
LECTOR Leedor, leído, leyente. // Profesor, catedrático.

LECTURA Lección, leyenda, recitación, deletreo, leída.

LEDO Alegre, contento, gozoso, plácido. *Triste.*

LEER Estudiar, releer, repasar, descifrar, deletrear.

LEGACIÓN Embajada, representación.

LEGADO Herencia, manda. // Embajador, nuncio, representante.

LEGAJO Pliego, atado, lío, cartapacio.

LEGAL Estatutario, legítimo, lícito, reglamentario. *Ilegal, prohibido.* // Fiel, verídico. // Exacto, puntual.

LEGALIDAD Legitimidad. *Injusticia, inmoralidad.*

LEGALIZAR Certificar, legitimar, refrendar, reglamentar.

LÉGAMO Cieno, lodo, barro, fango.

LEGAR Dejar, testar, traspasar. *Desheredar, desposeer.*

LEGATARIO Heredero.

LEGENDARIO Fabuloso, proverbial, quimérico. // Antiguo, tradicional, vetusto. *Reciente.*

LEGIBLE Leíble, descifrable. *Ilegible.*

LEGIÓN Multitud, tropel, ejército.

LEGISLACIÓN Código, ley.

LEGISLAR Sancionar, promulgar, codificar, estatuir, regular. *Anarquizar.*

LEGISTA Jurisconsulto.

LEGITIMAR Autenticar, habilitar, justificar, legalizar.

LEGÍTIMO Auténtico, cierto, genuino, legal, verdadero. *Adulterado, bastardo, clandestino, ilegítimo, falsificado.*

LEGO Laico, seglar. *Clérigo.* // Ignorante, iletrado, inculto, indocto. *Culto, docto, letrado.*

LEGULEYO Charlatán, embaucador, picapleitos.

LEGUMBRE Hortaliza.

LEÍBLE Legible, inteligible. *Ilegible, indescifrable.*

LEÍDA Lectura, hojeada, repaso.

LEÍDO Docto, erudito, instruido. *Indocto, analfabeto.*

LEJANÍA Lontananza. *Cercanía, proximidad.* // Pasado.

LEJANO Apartado, distante, remoto, retirado. *Cercano, contiguo, próximo, reciente.*

LELO Bobo, mentecato, tonto. *Inteligente, avispado.*

LEMA Título, encabezamiento. // Divisa.

LENE Agradable, blando, grato, apacible. *Ingrato.*

LENGUA Habla, idioma, lenguaje.

LENGUAJE Habla, idioma, lengua. *Mímica.* // Expresión, estilo, elocución.

LENGUARAZ Deslenguado, insolente, malhablado, zafado, descarado, desvergonzado. *Tímido.*

LENIDAD Benignidad, suavidad, blandura. *Rigor, severidad.*

LENIFICAR Ablandar, suavizar, calmar.

LENITIVO Emoliente, calmante. // Alivio, consuelo.

LENTAMENTE Despacio, despacito, pausadamente. *Rápidamente.*

LENTE Cristal, lupa.

LENTES Anteojos, antiparras, espejuelos, gafas, quevedos.

LENTICULAR Convado, convexo.

LENTITUD Tranquilidad, pereza, flema, pachorra, tardanza. *Celeridad, ligereza, prisa.*

LENTO Despacioso, flemático, lerdo, pachorriento, pausado, tardo. *Apresurado, ligero, veloz.* // Débil, ineficaz. *Activo, expeditivo.*

LEÑA Madera. // Castigo, paliza, zurra.

LEÑADOR Leñatero, leñero.

LEÑO Madera. // Nave. // Necio.

LEÓN Bravo, héroe, valiente.

LEONINO Abusivo, oprimente. *Equitativo, justo.*

LEPROSERÍA Lazareto.

LERDO Lento, tardo, torpe.

LESIÓN Contusión, golpe, herida, lastimadura. // Daño, detrimento, menoscabo, perjuicio. *Lección.*

LESIONADO Herido, lastimado. *Ileso.*

LESIONAR Dañar, herir, lastimar. *Curar, remediar.* // Perjudicar. *Indemnizar, resarcir.*

LESO Agraviado, damnificado, lastima-

do, ofendido, injuriado. *Indemne.*
LETAL Mortal, mortífero. *Inocuo, inofensivo.*
LETANÍA Súplica, invocación. // Retahíla, sarta, serie, sucesión.
LETÁRGICO Aburrido. *Interesante.* // Adormecedor, soporífero. *Incitante.*
LETARGO Modorra, somnolencia, torpeza. *Ánimo, dinamismo, viveza.*
LETRA Signo, carácter, rasgo, trazo, caligrafía.
LETRADO Abogado. // Docto, ilustrado, instruido. *Ignaro.*
LETRERO Cartel, pancarta, rótulo, título, anuncio, inscripción.
LETRINA Excusado, retrete.
LEUDAR Fermentar.
LEVA Enganche, reclutamiento.
LEVADURA Fermento.
LEVANTADO Elevado, sublime. *Chato, ramplón.*
LEVANTADOR Agitador, amotinador, provocador, perturbador, sublevador, sedicioso.
LEVANTAMIENTO Alzamiento, insurrección, motín, rebelión, sedición, sublevación, asonada. *Sumisión.* // Elevación, sublimidad. *Rebajamiento.* // Subida. *Bajada.*
LEVANTAR Alzar, aupar, elevar. *Abatir, caer.* // Encaramar, encimar, izar, subir. *Bajar.* // Enaltecer, encumbrar, engrandecer. *Humillar.* // Erguir, incorporar. *Desplomarse, echarse.* // Arrancar, arrebatar, despegar, recoger, retirar, separar. *Tirar.* // Construir, edificar, erigir, estatuir, fundar, instaurar. *Arruinar.* // Aumentar, encarecer. *Rebajar.* // Perdonar, remitir. *Castigar.* // Amotinar, rebelar, sublevar. *Someter.* // Alistar, enganchar, reclutar. *Licenciar.* // Alentar, esforzar. *Acobardar.* // Causar, ocasionar, producir, suscitar. // Achacar, atribuir, imputar. // Destacar, resaltar, sobresalir. // Remontarse. *Descender.* // Encresparse, irritarse. *Sosegar.* // Despertarse. *Acostarse.*
LEVANTE Este, oriente. *Oeste, poniente.* // Reprimenda. *Felicitación.*
LEVANTISCO Díscolo, indócil, inquieto, revoltoso, turbulento. *Dócil, sumiso.*
LEVAR Zarpar, partir, desanclar, desamarrar.
LEVE Ligero, liviano, vaporoso. *Pesado.* // Venial. *Grave, mortal.*
LEVEDAD Ligereza. *Gravedad, pesadez.* // Insignificancia. *Importancia.*
LEVIGAR Desleír, disolver.
LÉXICO Diccionario, vocabulario, glosario. // Voces, modismos.
LEY Constitución, estatuto, norma, precepto, regla. *Costumbre, moda, uso.* // Amor, fidelidad, lealtad. *Leí (leer).
LEYENDA Letrero. // Fábula, mito, narración, relación, tradición. *Crónica, historia.* // Divisa, lema.
LEZNA Alesna, lesna, punzón.
LÍA Soga, soguilla, ramal, cordel, cuerda. // Heces, sedimento.
LIAR Atar, ligar. *Desatar.* // Empaquetar, envolver. *Desenvolver.* // Engañar, enredarse.
LIBACIÓN Succión, sorbo, bebida, degustación, catadura.
LIBAR Beber, catar, chupar, sorber.
LIBELO Panfleto. *Panegírico.*
LIBERACIÓN Emancipación, libertad. *Esclavitud, sumisión.* // Cancelación. *Libración.*
LIBERAL Espléndido, generoso, pródigo. *Mezquino.* // Expedito, pronto.
LIBERALIDAD Desprendimiento, generosidad, largueza, dadivosidad. *Mezquindad, tacañería.*
LIBERAR Emancipar, libertar. *Esclavizar.* // Librar. *Aherrojar.* // Desempeñarse. // Soltar, zafarse. *Depender, someterse. *Librar.*
LIBERTAD Independencia, liberación. *Dependencia, servidumbre.* // Facultad, licencia, prerrogativa, privilegio. // Desembarazo, facilidad, holgura, soltura. *Encogimiento.* // Familiaridad, franqueza. // Atrevimiento, descaro, osadía. *Moralidad.*
LIBERTAR Eximir, liberar, rescatar, sal-

var. *Encarcelar, encerrar, recluir.*

LIBERTARIO Ácrata, anarquista.

LIBERTICIDA Tirano, dictador, déspota, dominador.

LIBERTINAJE Corrupción, desenfreno, disipación, disolución, inmoralidad, licencia, vicio. *Honestidad, moralidad.*

LIBERTINO Depravado, desenfrenado, disoluto, licencioso, perdido, vicioso. *Casto, virtuoso.*

LIBÍDINE Lascivia, lujuria, sensualidad. *Continencia, pureza.*

LIBIDINOSO Lascivo, libertino, lúbrico, rijoso, sensual. *Inocente, puro.*

LIBRANZA Libramiento, cheque, letra de cambio.

LIBRAR Liberar, libertar. *Apresar.* // Entregar, confiar, fiar, depositar, ceder, abandonar. *Liberar.

LIBRE Desembarazado, disponible, exento, expedito, independiente, inmune, libertado, soltado, suelto. *Ocupado, sujeto.* // Atrevido, osado.

LIBRERÍA Biblioteca.

LIBRETA Cuaderno. // Cartilla.

LIBRO Ejemplar, obra, tomo, volumen. // Libreto.

LICENCIA Anuencia, autorización, facultad, permiso, venia. *Desautorización, prohibición, veto.* // Abuso, atrevimiento, libertinaje. *Continencia.*

LICENCIAR Autorizar, consentir. *Prohibir.* // Despedir. // Graduarse, recibirse. *Suspender.*

LICENCIOSO Libertino. *Casto, decente, moral.*

LICEO Colegio, escuela, gimnasio, instituto.

LICITACIÓN Concurso, subasta.

LICITADOR Licitante, postor, ponedor, aspirante.

LÍCITO Autorizado, justo, legal, legítimo, permitido. *Ilícito, ilegal, vedado.*

LICOR Elixir, néctar.

LICUAR Fundir, liquidar. *Evaporar, solidificar, volatilizar.*

LICUEFACCIÓN Fluidificación, fusión, desleimiento, disolución.

LICURGO Astuto, hábil, inteligente.

LID Combate, contienda, lucha, batalla, lidia, pelea. *Armonía, entendimiento.* // Disputa, debate, controversia, discusión. *Acuerdo.*

LÍDER Caudillo, jefe. *Secuaz, seguidor.*

LIDIA Lid, liza. // Corrida, novillada, encerrona.

LIDIAR Batallar, combatir, pelear, reñir. *Pacificar.* // Torear.

LIENTO Húmedo, empapado, mojado. *Seco.*

LIENZO Tela, paño. // Cuadro, pintura. // Fachada, muro, pared.

LIERO Embrollón, intrigante. *Armonizador.*

LIGA Charretera, jarretera. // Venda. // Mezcla, unión. // Coalición, confederación. *Desunión.*

LIGADURA Amarradura, atadura, dogal, lazo, nudo. *Soltura.* // Sujeción, traba. // Venda.

LIGAMENTO Atadura.

LIGAMIENTO Amistad, avenimiento, armonía, conformidad, unión.

LIGAR Amarrar, atar, liar, sujetar, trabar, unir, vendar. *Desatar, desunir.* // Aliarse, coaligarse, confederarse. *Desvincularse, dividirse.*

LIGAZÓN Conexión, enlace, trabazón, unión.

LIGERAMENTE Levemente, superficialmente. *Gravemente.*

LIGEREZA Levedad. *Pesadez.* // Agilidad, presteza, rapidez. *Lentitud.* // Inconstancia, volubilidad. *Firmeza.* // Inconsideración, irreflexión. *Reflexión.*

LIGERO Leve, liviano. *Pesado.* // Ágil, listo, pronto, rápido, veloz, vivo. *Lento, tardo.* // Somero, superficial. *Profundo.* // Inconstante, irreflexivo, versátil, voluble. *Constante, firme, sensato.*

LILIPUTIENSE Enano, pigmeo. *Gigante, alto.*

LIMA Escofina, fresa, rallador.

LIMAR Pulir, desgastar. // Corregir, enmendar, retocar.

LIMAZA Babosa.

LIMEN Umbral. *Limen (limar).
LIMITACIÓN Barrera, moderación, restricción. *Libertad, permiso.*
LIMITADO Condicionado, escaso, reducido, restringido, restricto, definido, finito. *Amplio, ilimitado.*
LIMITAR Ceñir, cercar, demarcar, restringir. *Libertar, permitir.* // Acortar, reducir. *Ampliar.*
LÍMITE Confín, linde, lindero. // Fin, máximo, mínimo, término.
LIMÍTROFE Aledaño, colindante, confinante, divisorio, finítimo, fronterizo, lindante, lindero. *Lejano.*
LIMO Cieno, lodo, barro, fango.
LIMOSNA Ayuda, caridad, dádiva, donativo, socorro.
LIMOSNEAR Mendigar, pordiosear.
LIMOSNERO Mendigo. // Caritativo, dadivoso. *Avaro.* *Limonero.
LIMOSO Barroso, cenagoso, legamoso.
LIMPIAMENTE Aseadamente, pulcramente, claramente, nítidamente.
LIMPIAR Asear, baldear, bañar, barrer, cepillar, desembarrar, desempolvar, deshollinar, deterger, expurgar, fregar, lavar, purgar, purificar, sonarse. *Ensuciar, manchar.* // Ahuyentar, echar, expulsar. // Hurtar, robar. *Devolver.*
LÍMPIDO Impoluto, limpio, puro, terso. // Claro, cristalino, transparente.
LIMPIEZA Aseo, baldeo, expurgo, higiene, lavado, pulcritud. *Suciedad.* // Castidad, pureza. // Desinterés, integridad. // Destreza, perfección, precisión. *Desmaña.*
LIMPIO Aseado, curioso, depurado, impoluto, lavado, límpido, neto, terso. *Asqueroso, inmundo.* // Virginal. // Despejado. *Nublado.* // Exento, libre. *Manchado, salpicado.*
LINAJE Ascendencia, casta, descendencia, estirpe, familia, progenie, alcurnia. // Calidad, categoría, condición, especie, género, laya.
LINAJUDO Aristocrático, encopetado, noble, señorial. *Democrático, plebeyo.*
LINCE Águila, genio, rayo. // Agudo,

avispado, clarividente, perspicaz, sagaz. *Torpe.*
LINDANTE Limítrofe. *Lejano.*
LINDAR Confinar, rayar, limitar. *Distanciar.*
LINDE Borde, límite, orilla.
LINDERO Limítrofe.
LINDEZA Belleza, hermosura, donosura, gracia. *Fealdad.*
LINDEZAS Improperios, insultos, invectivas. *Elogios.*
LINDO Bello, bonito, hermoso, precioso, agraciado. *Feo.* // Bueno, cabal, exquisito, perfecto, primoroso. *Deficiente, imperfecto.*
LÍNEA Raya, renglón, trazo, rasgo, veta, lista, barra, estría, surco. // Fila, hilera, límite, término. // Camino, ruta, vía.
LINEAL Rayado, rectilíneo, listado, veteado, bandeado.
LINEAMIENTO Bosquejo, esbozo.
LINEAR Rayar, subrayar, reglar, vetear, pautar, surcar.
LINFA Agua.
LINGOTE Barra.
LINGÜÍSTICA Filología.
LINIMENTO Bálsamo, ungüento.
LINTERNA Faro, farol, lámpara.
LINYERA Vagabundo.
LÍO Confusión, desorden, embrollo. *Orden.* // Amancebamiento. // Envoltorio, fardo, paquete.
LIQUIDACIÓN Abaratamiento, saldo, baja, ganga, arqueo, balance. // Licuefacción, licuación.
LIQUIDAR Derretir, fundir, licuar. *Solidificar.* // Finiquitar, pagar, saldar, terminar. *Cobrar, empezar.*
LIQUIDEZ Fluidez, liquidación, licuefacción, licuación, fusión, derretimiento, deshielo. *Solidificación.*
LÍQUIDO Agua, bebida. *Sólido.* // Residuo, saldo.
LIRA Inspiración, numen.
LÍRICO Desinteresado, entusiasta.
LIRIO Lis.
LISIADO Lesionado, mutilado, baldado, inválido, tullido.

LISIAR Baldar, tullir.

LISO Igual, llano, plano, raso, suave. *Abultado, áspero, rugoso.*

LISONJA Adulación, alabanza, halago. *Injuria, insulto.*

LISONJEAR Adular, alabar, ensalzar, requebrar, elogiar. *Denostar.* // Agradar, complacer, deleitar, satisfacer, regalar, gustar. *Desagradar.*

LISONJERO Adulador, complaciente, halagador, incensador. // Agradable, deleitoso, grato, satisfactorio.

LISTA Catálogo, detalle, inventario, nómina, repertorio, retahíla. // Faja, franja, tira.

LISTAR Enumerar, inventariar, registrar, inscribir, empadronar.

LISTEZA Ligereza. *Torpeza.* // Ingenio, inteligencia, talento, viveza. *Ingenuidad, simpleza, tontería.*

LISTO Avispado, despabilado, despejado, despierto, inteligente, sagaz, vivo. *Atontado, babieca, bobo, zoquete.* // Apercibido, dispuesto, preparado. *Desprevenido.* // Diligente, expedito, presto, pronto, veloz. *Lerdo, torpe.*

LISTÓN Barrote, moldura. // Cinta, lista, faja.

LISURA Igualdad, tersura. *Aspereza, desigualdad.* // Campechanía, ingenuidad, sinceridad. *Tortuosidad.*

LITERA Angarillas, parihuela, palanquín. // Camastro, yacija.

LITERAL Exacto, fiel, textual. *Incompleto, inexacto.*

LITERALMENTE Exactamente, fielmente, textualmente, concretamente, al pie de la letra.

LITERATO Autor, escritor, intelectual, poeta, prosista.

LITERATURA Obras, escritos, novelística, poética.

LITIGAR Pleitear, porfiar, contender, reñir, discutir, debatir. *Avenirse.*

LITIGIO Juicio, pleito. // Alteración, contienda, disputa. *Paz.*

LITIGIOSO Pleiteador, querellante.

LITORAL Costero, ribereño. *Central.* //
Costa, ribera, orilla, playa.

LIVIANDAD Deshonestidad, impudicia, lascivia. *Continencia, moralidad.* // Levedad. *Pesadez.*

LIVIANO Leve. *Grave, macizo, pesado.* // Libertino. // Versátil, voluble, tornadizo. *Firme.*

LÍVIDO Amoratado, morado.

LIZA Lid, combate. // Palestra. *Lisa.

LLAGA Úlcera, fístula, herida.

LLAGARSE Ulcerarse.

LLAMA Llamarada. // Claridad, fulgor, luz. // Ardor, pasión.

LLAMADA Llamamiento. // Advertencia, aclaración, nota. *Pausa.*

LLAMADOR Aldaba, aldabón, timbre, campanilla, pulsador.

LLAMAMIENTO Convocatoria, evocación, grito, invitación, llamada. *Interrupción, receso.*

LLAMAR Citar, convocar, chistar, evocar, gritar, invocar, vocear, reclamar. *Despedir, echar, licenciar.* // Golpear, tocar. // Apellidar, designar, denominar, nombrar. *Responder.* // Atraer, incitar, inclinar. *Repeler.*

LLAMATIVO Atractivo, interesante, sugestivo, provocador, atrayente. *Ordinario, sencillo, vulgar.*

LLAMEANTE Ardiente, centelleante, chispeante, brillante, flameante, flamígero.

LLAMEAR Arder, centellear, flamear, chispear, quemar, brillar.

LLANADA Llanura, planicie.

LLANEZA Familiaridad, naturalidad, sencillez, franqueza. *Afectación, inmodestia, soberbia.*

LLANO Llanura. // Liso, plano, raso. *Áspero, fragoso.* // Campechano, sencillo, tratable. // Claro, evidente, fácil, obvio. *Difícil, oscuro.* // Grave, paroxítono.

LLANTO Lloriqueo, lloro. *Risa.*

LLANURA Llano, pampa, planicie, sabana, plano, explanada. *Colina, cerro, cuchilla, montaña.*

LLAVE Llavín, picaporte. // Clave, dato,

información, medio, vía. // Traspié, zancadilla.

LLEGADA Advenimiento, arribada, arribo, venida, aparición. *Ida, marcha, partida, salida.*

LLEGAR Advenir, arribar, dar alcance. // Venir, sobrevenir. // Alcanzar, durar, extenderse. // Dar abasto, satisfacer. // Conseguir, obtener. // Ascender, importar, salir. // Acercarse, comparecer, presentarse. // Adherirse, unirse.

LLENAR Abarrotar, atestar, atiborrar, colmar, embutir, henchir, ocupar, rellenar, saturar. *Sacar, vaciar.*

LLENO Colmado, henchido, pleno, pletórico, repleto. *Desocupado, desprovisto, desierto, hueco, vacío.* // Harto, saciado. *Hambriento.*

LLENURA Plenitud, abundancia, copia, profusión, hartura, pluralidad, montón, acopio, copiosidad. *Falta, vacío.*

LLEVADERO Aguantable, soportable, tolerable, sufrible. *Insufrible, intolerable, pesado.*

LLEVAR Acarrear, conducir, portear, transportar, trasladar. *Traer.* // Cobrar, percibir. // Producir. // Cercenar, cortar, rebanar. *Aportar.* // Conducir, guiar, dirigir, encaminar, manejar. // Aguantar, sobrellevar, tolerar. // Aventajar. // Frisar. // Vestir. // Congeniar. // Incitar, inducir, persuadir. // Conseguir, obtener. // Robar.

LLORAR Gimotear, lagrimear, lamentarse, lloriquear, sentir. *Reír, sonreír.*

LLORIQUEAR Llorar. *Reír.* // Mendigar, suplicar. *Regalar.*

LLORO Llanto.

LLORÓN Lloroso, plañidero, lacrimoso, gemebundo, berreador.

LLOVER Lloviznar, diluviar. *Escampar.* // Pulular.

LLOVIZNA Calabobos, garúa, rocío.

LLOVIZNAR Chispear, garuar.

LLUVIA Chaparrón, chubasco, aguacero, diluvio, temporal, cellisca. // Abundancia, profusión. *Escasez.*

LLUVIOSO Pluvioso.

LOA Alabanza. *Insulto, ofensa.*

LOABLE Alabable, encomiable, laudable. *Reprobable.*

LOAR Alabar, encomiar, incensar. *Denostar.*

LOBEZNO Lobato.

LÓBREGO Oscuro, sombrío, tenebroso. *Claro.* // Melancólico, triste. *Alegre, gozoso.*

LOBREGUEZ Oscuridad, tenebrosidad, tinieblas. // Tristeza, melancolía.

LOCALIDAD Asiento, butaca. // Ciudad, lugar, población, pueblo.

LOCALIZAR Determinar, fijar, situar. *Desplazar.*

LOCAMENTE Excesivamente, tontamente. *Sensatamente.*

LOCATARIO Arrendatario, inquilino.

LOCO Alienado, alocado, chalado, demente, ido, insano, lunático, orate, tocado. *Cuerdo, juicioso, lúcido.* // Disparatado, excesivo, extravagante, sorprendente. *Moderado, prudente.*

LOCOMOCIÓN Traslación.

LOCOMOTORA Máquina, locomotriz.

LOCUACIDAD Verborrea, verbosidad, palabrería, charlatanería. *Gravedad, parquedad, silencio.*

LOCUAZ Charlatán, parlanchín, verboso. *Callado, reservado.*

LOCUCIÓN Expresión, frase.

LOCURA Alienación, chifladura, demencia, enajenación, insania, paranoia, tema. *Cordura, razón.* // Aberración, disparate. *Sensatez.*

LODAZAL Barrizal, cenagal, fangal, ciénaga, pantano.

LODO Barro, cieno, fango, limo.

LODOSO Fangoso, barroso, cenagoso, limoso, pantanoso, legamoso, encenagado, lamoso.

LÓGICA Dialéctica, método, razonamiento, razón.

LÓGICO Razonado. *Irracional.* // Justo, legítimo. *Ilegal, injusto.*

LOGOGRIFO Enigma, jeroglífico.

LOGRADO Perfecto.

LOGRAR Alcanzar, conquistar, conseguir, obtener, captar, tomar. *Perder.*

LOGRERO Agiotista, especulador, usurero, cicatero.

LOGRO Ganancia, lucro, usura. // Consecución. *Propósito, proyecto.*

LOMA Altura, altozano, montículo.

LOMBRIZ Gusano, verme.

LOMO Espalda, dorso.

LONCHA Lonja, rodaja, tajada.

LONGANIMIDAD Generosidad, constancia, magnanimidad. *Tacañería.*

LONGEVO Anciano, viejo, provecto. *Joven.*

LONGITUD Largo, largura. *Latitud.*

LONJA Loncha, tajada.

LONTANANZA Lejanía. *Cercanía, proximidad.*

LOOR Alabanza, elogio, loa. *Denuesto, injuria.*

LOQUEAR Enloquecer, trastornar. // Alborotar, chillar. *Calmar.*

LORO Papagayo, perico, cata, cotorra, guacamayo.

LOSA Laja, lápida. **Loza.*

LOTE Parte, porción, división. *Conjunto, todo, total.*

LOTERÍA Rifa, tómbola.

LOZA Cerámica, mayólica, porcelana, vidriado. **Losa.*

LOZANÍA Gallardía, verdor, frondosidad, frescura, vigor. *Ajamiento, debilidad.* // Altivez, orgullo. *Modestia.*

LOZANO Frondoso, verde. *Marchito, seco.* // Sano. *Enclenque.* // Airoso, gallardo.

LUBRICACIÓN Lubrificación, engrase.

LUBRICAR Engrasar, lubrificar, aceitar.

LUBRICIDAD Impudicia, lascivia. *Continencia, pureza.*

LÚBRICO Lujurioso, lascivo, impúdico, obsceno.

LUBRIFICAR Lubricar.

LUCERO Estrella. // Esplendor, lustre.

LUCES Cultura, ilustración. *Ignorancia.*

LUCHA Batalla, combate, contienda, disputa, guerra, lid, pelea, pugilato, rivalidad. *Armonía, paz.*

LUCHADOR Combatiente, contendiente, púgil, lidiador, competidor.

LUCHAR Batallar, combatir, competir, contender, luchar, pelear, reñir, lidiar, disputar. *Pacificar.*

LUCIDEZ Claridad, inteligencia, perspicacia, sagacidad. *Confusión, simplicidad, tontería.*

LÚCIDO Claro, inteligente, perspicaz, sagaz, sutil. *Rudo, tonto.* **Lucido.*

LUCIDO Brillante, espléndido, luciente, resplandeciente. *Modesto, deslucido.* **Lúcido.*

LUCIÉRNAGA Cocuyo, noctiluca.

LUCIFER Diablo, Luzbel, Maligno, Satán, Satanás.

LUCÍFERO Luminoso, resplandeciente, refulgente.

LUCIO Terso, lúcido, resplandeciente.

LUCIR Brillar, descollar, resplandecer. *Apagarse.* // Sobresalir. // Mostrar, ostentar, presumir. // Adornarse.

LUCRAR Aprovecharse, beneficiarse, enriquecerse, ganar, especular. *Arruinarse, perder.*

LUCRATIVO Beneficioso, provechoso, fructífero, productivo, útil, ventajoso. *Perjudicial.*

LUCRO Beneficio, ganancia, provecho, utilidad. *Pérdida.*

LUCTUOSO Funesto, triste. *Dichoso, fausto, risueño.*

LUCUBRACIÓN Vela, vigilia. *Irreflexión, sueño.*

LUCUBRAR Velar. // Pensar, reflexionar, meditar.

LUDIBRIO Befa, desprecio, escarnio, mofa. *Aprecio.*

LUDIMENTO Frotamiento, estregamiento, rozamiento, estregadura.

LUDIR Estregar, frotar, restregar. *Acariciar, tocar.*

LUEGO Después, en seguida, inmediatamente, pronto. *Antes.*

LUENGO Largo. *Breve, corto.*

LUGAR Espacio. // Paraje, parte, posición, punto, sitio. // Aldea, andurrial, ciudad, población, pueblo, villa. // Ocasión, oportunidad, tiempo. // Dignidad, empleo, oficio, puesto, situación. // Causa, motivo. // Pasaje, texto.

LUGAREÑO Campesino, paisano, pueblerino, pajuerano. *Ciudadano.*

LÚGUBRE Funesto, melancólico, tétrico, triste, fúnebre, luctuoso, sombrío. *Alegre, brillante, claro, luminoso.*

LUJO Boato, esplendor, opulencia, ostentación, pompa, rumbo, suntuosidad, profusión, riqueza, fausto, magnificencia, demasía. *Pobreza, sencillez, sobriedad.*

LUJOSO Fastuoso, espléndido, opulento, ostentoso, pomposo, profuso, rico, rumboso, suntuoso. *Parco, pobretón, sencillo.*

LUJURIA Concupiscencia, deshonestidad, incontinencia, lascivia, lubricidad, obscenidad, rijosidad. *Castidad, continencia, decencia, honestidad, pudor.*

LUJURIOSO Carnal, concupiscente, impúdico, incontinente, libidinoso, lúbrico, obsceno, rijoso, sicalíptico. *Casto.*

LUMBAR Dorsal, escapular.

LUMBRE Brasa. *Ceniza.* // Claridad, esplendor, fuego, luz, llama, resplandor, destello. *Tinieblas.*

LUMBRERA Claraboya, escotilla, ojo, tragaluz. // Genio, sabio.

LUMINARIA Lámpara, lumbrera, luz.

LUMINOSIDAD Luz. *Oscuridad.*

LUMINOSO Brillante, esplendente, refulgente, resplandeciente, rutilante. *Apagado.*

LUNA Satélite. // Espejo.

LUNAR Mancha. // Defecto, falla, tacha.

LUNÁTICO Maniático, raro. *Sensato, razonable.*

LUSTRAR Abrillantar, bruñir, glasear, pulir, satinar, atezar, terzar, avivar. *Oscurecer, empañar.*

LUSTRE Brillo, esplendor, tersura, pulido, barniz. *Opacidad.* // Gloria, fama, esplendor.

LUSTROSO Brillante, esplendente, reluciente, rutilante, terso. *Mohoso, oxidado, roñoso.*

LUTO Duelo, aflicción, pena. *Alegría.*

LUXACIÓN Dislocación, torcedura.

LUZ Claridad, esplendor, fosforescencia, fluorescencia, fulgor, luminaria, luminiscencia, brillo. *Oscuridad, sombra, tinieblas.* // Antorcha, lámpara, vela. // Abertura, ventana. // Aviso, indicio. // Dinero.

LUZBEL Diablo, Lucifer, Satanás, Belcebú, Satán.

MACA Defecto, deterioro. *Perfección.* // Disimulación, engaño, fraude.

MACABRO Fúnebre, mortuorio. *Vital.*

MACACO Simio. // Feo, grotesco. *Bello.*

MACADÁN Asfalto, pavimento.

MACANA Broma, chanza, mentira, trastada. // Cachiporra, garrote.

MACANEAR Fantasear, mentir.

MACANUDO Excelente, extraordinario, portentoso.

MACARRÓNICO Defectuoso, grotesco, ridículo. *Perfecto, serio.*

MACARSE Estropearse, pudrirse.

MACEDONIA Mezcolanza, mezcla, revoltijo, revoltillo.

MACERAR Ablandar, estrujar, exprimir. *Endurecer.* // Mortificar. *Consolar.*

MACETA Tiesto.

MACHACAR Majar, moler, pulverizar, quebrantar. // Porfiar, reiterar. *Cejar, desistir.* *Machucar.

MACHACÓN Insistente, pesado, porfiado. *Agradable, discreto, oportuno.* *Machucón.

MACHAR Machacar.

MACHETE Bayoneta, cuchillo, charrasca, faca.

MACHIHEMBRAR Ensamblar.

MACHO Semental. *Hembra.* // Mulo. // Maslo. // Mazo. // Yunque. // Fuerte, valiente, vigoroso, viril. *Débil, femenil.*

MACHÓN Pilar, pilastra. *Mechón.

MACHORRA Estéril, infructífera, inútil. *Fecunda.*

MACHOTA Marimacho.

MACHUCAR Golpear, magullar.

MACILENTO Descolorido, flaco, pálido, triste. *Fuerte, gordo, vivaracho.*

MACIZAR Rellenar, solidificar.

MACIZO Compacto, firme, sólido. *Débil, flaco, hueco, vacío.*

MÁCULA Desdoro, mancha. *Perfección.* // Engaño, trampa. *Verdad.*

MACULAR Ensuciar, manchar. *Limpiar.* // Deshonrar. *Honrar.*

MADERA Listón, tabla, tablón, tronco, viga. // Talento.

MADERO Leño, poste, puntal, tirante.

MADRE Mamá, mamaíta. *Padre, papá.* // Superiora. // Cauce, lecho. // Causa, origen, raíz.

MADRIGUERA Cubil, cueva, escondrijo, guarida, refugio.

MADRUGADA Alba, amanecer, aurora. *Anochecer, atardecer, crepúsculo.*

MADRUGAR Mañanear. *Trasnochar.* // Adelantarse, anticiparse.

MADURAR Considerar, estudiar, reflexionar, profundizar.

MADUREZ Sazón, punto, maduración. // Cordura, juicio. *Inmadurez.*

MADURO Formado, desarrollado, en sazón. *Agrio, verde.* // Juicioso, prudente, reflexivo, sensato, sosegado. *Inmaturo, imprudente, irreflexivo, insensato.*

MAESTRE Superior.

MAESTRÍA Arte, destreza, habilidad, industria, pericia. *Inhabilidad, torpeza.* // Autoridad, superioridad. *Inferioridad, insuficiencia.*

MAESTRO Consejero, instructor, mentor, pedagogo, profesor. *Alumno, discí-*

pulo, educando, escolar. // Magistral. *Imperfecto.* // Adiestrado, avezado, ducho, enseñado, experto, hábil, perito, práctico. *Aprendiz, novato.*

MAGA Mágica, bruja, adivinadora, pitonisa, hechicera.

MAGANCEAR Haraganear, remolonear, engañar.

MAGANCERÍA Engaño, haraganería, remolonería. *Verdad, actividad.*

MAGANTO Triste, pensativo, melancólico. *Alegre.* // Pálido, enfermizo, débil. *Sano.*

MAGAÑA Astucia, ardid, artificio, engaño, ficción.

MAGDALENA Arrepentida, desconsolada, penitente, llorosa.

MAGIA Encantamiento, hechicería, prestidigitación, sortilegio. // Atractivo, encanto, hechizo, seducción.

MÁGICO Mago. // Asombroso, encantador, estupendo, fantástico, misterioso, pasmoso. *Corriente, normal.*

MAGÍN Caletre, entendimiento, imaginación, mente.

MAGISTERIO Enseñanza, profesorado.

MAGISTRADO Juez, gobernante, ministro, asesor.

MAGISTRAL Admirable, ejemplar, perfecto. *Imperfecto.*

MAGISTRATURA Juzgado, tribunal, judicatura, cancillería, poder judicial.

MAGNANIMIDAD Generosidad, nobleza. *Bajeza, indignidad, ruindad, villanía.*

MAGNATE Ilustre, poderoso, principal, grande.

MAGNETISMO Atracción, repulsión, imán.

MAGNETIZACIÓN Imanación, imantación. *Rechazo.*

MAGNETIZAR Imanar, imantar. // Fascinar, hipnotizar.

MAGNIFICAR Alabar, engrandecer, ensalzar. *Humillar, rebajar.*

MAGNIFICENCIA Generosidad, liberalidad, esplendidez. *Avaricia.* // Grandeza, ostentación, esplendor, pompa, suntuosidad. *Penuria.*

MAGNÍFICO Espléndido, fastuoso, generoso, opulento, pomposo, rico. *Pobre, sencillo.* // Admirable, excelente, magistral, valioso. *Ordinario, tosco.*

MAGNITUD Extensión, grandor, tamaño. *Pequeñez.* // Excelencia, grandeza, importancia. *Menudencia, minucia.*

MAGNO Grande, extenso, extraordinario. *Pequeño.*

MAGO Brujo, encantador, hechicero, saludador, nigromante.

MAGRO Enjuto, flaco. *Gordo, grueso.*

MAGUER Aunque.

MAGULLADURA Contusión, golpe, magullamiento.

MAGULLAR Contundir, golpear, machucar, maltratar, pegar.

MAHOMETANO Agareno, ismaelita, islamita, musulmán, muslímico.

MAÍDO Maullido, maúllo, miau.

MAITINADA Alborada.

MAJADA Hato, rebaño.

MAJADERÍA Imprudencia, necedad, pesadez. *Discreción, ingeniosidad, prudencia, sensatez.*

MAJADERO Imprudente, molesto, necio, pesado. *Amable, discreto, grato.*

MAJAR Machacar. // Cansar, fastidiar, importunar.

MAJESTAD Grandeza, magnificencia, majestuosidad, pompa.

MAJESTUOSO Augusto, imponente, mayestático, solemne. *Modesto.*

MAJO Chulo, guapo. // Ataviado, emperejilado. *Harapiento.* // Hermoso, vistoso.

MAL Maldad. *Bondad.* // Daño, ofensa. *Bien, halago.* // Calamidad, desgracia, dolencia, enfermedad, indisposición. *Fortuna, salud, ventura.* // Tara, vicio. *Perfección.* // Imperfectamente, indebidamente, malamente. *Correctamente, perfectamente.*

MALABARISTA Equilibrista, funámbulo, volatinero.

MALACOSTUMBRADO Consentido, malcriado, mimado.

MALANDANZA Infortunio, desventura,

malaventura. *Fortuna, ventura, dicha.*

MALANDRÍN Bellaco, malintencionado, malvado, maligno, perverso, ruin.

MALAR Pómulo.

MALAVENTURA Contratiempo, desdicha, desgracia, desventura, percance. *Buenaventura, dicha, fortuna.*

MALAVENTURADO Desdichado, desventurado, infeliz, infortunado. *Feliz, dichoso, afortunado.*

MALBARATAR Derrochar, despilfarrar, dilapidar, disipar, malgastar, malvender. *Administrar, ahorrar, guardar.*

MALCONTENTO Descontento, quejoso, disgustado. *Satisfecho.* // Perturbador, revoltoso.

MALCRIADO Consentido, mimado. // Desatento, descortés, grosero. *Comedido, educado, fino.*

MALCRIAR Malacostumbrar, consentir, mimar.

MALDAD Crueldad, malevolencia, malicia, malignidad, perversidad. *Benignidad, bondad.* // Inmoralidad.

MALDECIR Denigrar, detractar. *Alabar, ensalzar.* // Abominar, anatematizar, blasfemar, condenar, execrar. *Bendecir.*

MALDICIENTE Chismoso, detractor, murmurador. // Blasfemo.

MALDICIÓN Anatema, blasfemia, imprecación, juramento, taco. *Alabanza.*

MALDITO Malvado, perverso. *Benévolo.* // Condenado, réprobo.

MALEABLE Dócil, dúctil, flexible, elástico, manejable. *Consistente, duro, rebelde, resistente.*

MALEANTE Burlador, maligno, perverso. // Delincuente.

MALEAR Corromper, enviciar, pervertir. *Arrepentirse, perfeccionar.* // Dañar, estropear, pudrir. *Sanear.*

MALECÓN Dique, escollera, espigón, rompeolas, tajamar.

MALEDICENCIA Chismorreo, habladuría, murmuración. *Adulación, lisonja.*

MALEFICIO Agüero, hechizo, sortilegio, magia, encanto.

MALÉFICO Nocivo, pernicioso, perju-

dicial, dañino, maligno. *Benéfico.*

MALESTAR Desasosiego, desazón, incomodidad, indisposición, inquietud, molestia. *Bienestar, contento, salud.*

MALETA Valija, maletín, cofre, mala, equipaje.

MALEVOLENCIA Enemistad, animosidad, malquerencia, rencor. *Abnegación, amistad, simpatía.*

MALEZA Maraña, matorral.

MALGASTAR Derrochar, dilapidar, disipar, malbaratar, tirar. *Ahorrar.*

MALHABLADO Deslenguado, desvergonzado, maldiciente.

MALHADADO Desdichado, desgraciado, desventurado, infeliz. *Dichoso, feliz, afortunado.*

MALHECHO Contrahecho.

MALHECHOR Criminal, delincuente. *Benefactor, filántropo.*

MALICIA Penetración, sagacidad, sutileza. // Maldad, perversidad. // Recelo, sospecha. *Confianza.* // Astucia, bellaquería, disimulo, maña, picardía. *Ingenuidad, sinceridad.*

MALICIAR Conjeturar, presumir, recelar, sospechar. // Malear.

MALICIOSO Astuto, bellaco, receloso, sagaz, solapado, zorro.

MALIGNIDAD Malicia, perversidad, daño, perniciosidad.

MALIGNO Malo, pernicioso, perverso, taimado. *Bueno, ingenuo.*

MALINTENCIONADO Maligno, perverso. *Bueno.*

MALMIRADO Desacreditado, desconceptuado, malquisto. *Acreditado, honorable, bienquisto.*

MALO Bellaco, malicioso, malvado, pérfido, perverso, ruin. *Benévolo, caritativo, intachable.* // Dañino, dañoso, nocivo, pernicioso, perjudicial. *Bueno, excelente.* // Inquieto, revoltoso. *Tranquilo.* // Enfermo, grave, indispuesto. *Repuesto, sano.* // Difícil, dificultoso, penoso, trabajoso. // Desagradable, molesto. *Agradable.* // Deslucido, deteriorado. *Vistoso.*

MALOGRADO Abortado, fallido, fracasado, frustrado, vano.

MALOGRAR Abortar, desperdiciar, fracasar, frustrarse, perder. *Ganar, lograr, triunfar.*

MALOGRO Frustración, fracaso, pérdida, desacierto, error, desengaño, derrota.

MALOLIENTE Fétido, pestilente, sucio. *Aromático, perfumado.*

MALÓN Correría, irrupción. *Retirada.*

MALPARADO Estropeado, maltrecho. *Ileso, indemne.*

MALPARAR Maltratar, deteriorar, estropear, arruinar.

MALPARIR Abortar.

MALQUERENCIA Antipatía, aversión, malevolencia, tirria. *Amistad, amor, simpatía.*

MALQUISTAR Desavenir, enemistar, indisponer. *Conciliar, unir.*

MALQUISTO Desavenido. *Avenido.* // Malmirado.

MALROTAR Derrochar, gastar, disipar, despilfarrar, dilapidar, malbaratar, tirar. *Ahorrar.*

MALSANO Dañino, enfermizo, insalubre, nocivo. *Salubre, sano.* *Manzano.

MALTRATADO Maltrecho, estropeado, malparado.

MALTRATAR Injuriar, ofender, vejar. *Alabar.* // Apalear, dañar, golpear, pegar, zamarrear, zurrar, lastimar. *Acariciar, regalar.*

MALTRATO Injuria, insulto, menoscabo, ofensa.

MALTRECHO Estropeado, malparado. *Indemne, intacto.*

MALUCO Enfermo, indispuesto.

MALVADO Malo, perverso, ruin, vil. *Bueno, cariñoso, recto.*

MALVENDER Depreciar, malbaratar.

MALVERSACIÓN Desfalco, estafa, robo. *Administración, honradez.*

MAMA Pecho, teta, ubre.

MAMÁ Madre. *Padre, papá.*

MAMADERA Biberón.

MAMAR Chupar, succionar. // Comer, engullir. // Alcanzar, lograr, obtener.

MAMARIO Mamífero, mamilar, lactífero, láctico.

MAMARRACHO Adefesio, espantajo, esperpento.

MAMELUCO Bobo, necio. *Avispado.* // Overol.

MAMELÓN Pezón. // Colina, cima, eminencia, cumbre.

MAMOTRETO Libraco, librote.

MAMPARA Bastidor, biombo.

MAMPORRO Coscorrón, sopapo, golpe. *Caricia.*

MAMPOSTERÍA Albañilería, cantería. // Piedra, argamasa, mampuesto.

MAMPUESTO Parapeto, reparo, defensa. // Pared.

MANADA Hato, majada, rebaño.

MANANTIAL Fuente. // Origen, principio, semillero, venero.

MANAR Brotar, nacer, salir, surgir. *Morir.* // Abundar.

MANCAR Baldar, lisiar.

MANCARRÓN Jamelgo, matalón.

MANCEBA Amante, concubina, entretenida, querida.

MANCEBÍA Burdel, prostíbulo, lupanar.

MANCEBO Joven, mozo, muchacho. *Anciano.* // Soltero.

MANCHA Mácula, mancilla, tacha. // Boceto, borrón.

MANCHADO Pintado, maculado, jaspeado, salpicado, veteado, sucio.

MANCHAR Emporcar, ensuciar, pringar, enlodar. *Limpiar, purificar.* // Desdorar, mancillar.

MANCILLA Afrenta, mancha, deshonor, desdoro. *Honor, pureza.*

MANCILLAR Afrentar, deshonrar, empañar, manchar. *Honrar, respetar.*

MANCIPAR Apresar, sujetar, esclavizar, sojuzgar.

MANCO Defectuoso, lisiado.

MANCOMUNAR Asociar, aunar, unir. *Dividir, separar.*

MANDA Donación, legado, oferta.

MANDADO Mandamiento, orden, precepto. // Comisión, encargo, recado. *Mandato.

MANDAMÁS Amo, jefe, mandón. *Empleado, servidor.*

MANDAMIENTO Ley, orden, precepto, prescripción.

MANDANTE Disponente, imperativo, imperador, conminatorio.

MANDAR Disponer, ordenar, preceptuar. *Obedecer.* // Dirigir, gobernar, regir. *Acatar.* // *Legar.* // Encargar, encomendar, ofrecer, prometer. *Cumplir.* // Enviar, remitir. *Recibir.*

MANDATARIO Gobernante. *Ciudadano, súbdito.*

MANDATO Encargo, orden, precepto. *Mandado.*

MANDÍBULA Quijada.

MANDIL Delantal, guardapolvo. *Mandril.*

MANDINGA Diablo, Luzbel.

MANDO Autoridad, dirección, dominio, gobierno, poder, señorío, imperio, caudillaje, superioridad.

MANDOBLE Cuchillada. // Represión.

MANDÓN Mandamás, amo, gallo.

MANDRIA Apocado, tonto, bobo, pusilánime. *Listo, atrevido, agudo.*

MANDUCA Comida, merienda, alimento, refrigerio, nutrición, colación.

MANDUCAR Comer.

MANDUCATORIA Comida, alimento, sustento, manduca.

MANEA Maniota.

MANECILLA Aguja, saetilla.

MANEJABLE Dúctil, manuable, portátil.

MANEJAR Maniobrar, manipular, usar. // Administrar. // Conducir, dirigir, gobernar. *Obedecer.*

MANEJO Administración, maniobra, manipulación, intriga. // Dirección, gobierno.

MANERA Modo, forma, proceder, sistema, método.

MANERAS Ademanes, modales, porte.

MANES Almas, espíritus, sombras.

MANGA Anchura. // Manguera, tubo. // Multitud, nube. // Portamantas. // Tifón, tromba.

MANGANTE Manguero, pedigüeño, sablista. *Caritativo.* // *Engañador.*

MANGO Agarradero, asidero, cabo, empuñadura, manija, puño.

MANGONEAR Entremeterse. *Manganear.*

MANGUERA Manga, tubo. // Tifón, tromba, turbión.

MANÍ Cacahuete.

MANÍA Antojo, capricho. *Reflexión.* // Extravagancia, locura, rareza. *Mesura, sensatez.*

MANÍACO Enajenado, lunático, maniático, raro. *Razonable, sensato.*

MANICORTO Avaro, mezquino.

MANIDO Ajado, manoseado, resabido, usado, vulgar. *Extraordinario, nuevo.*

MANIFESTACIÓN Aparición, revelación. *Ocultamiento.* // Demostración, exteriorización.

MANIFESTAR Decir, declarar, descubrir, exhibir, exponer, expresar, exteriorizar, evidenciar, revelar. *Callar, esconder, retractarse.*

MANIFIESTAMENTE Abiertamente, públicamente, patentemente, notoriamente, claramente.

MANIFIESTO Claro, descubierto, expuesto, notorio, patente. *Disimulado, encubierto, escondido, latente, oculto, recóndito.* // Declaración, proclama.

MANIJA Mango, manubrio, empuñadura, puño. // Picaporte.

MANILLA Esposas. // Pulsera.

MANIOBRA Ardid, intriga, manejo, maquinación, treta. // Manipulación, operación.

MANIOBRAS Prácticas, ejercicios.

MANIPULACIÓN Manejo, maniobra, manipuleo, operación.

MANIPULAR Manejar, maniobrar, operar, ejecutar.

MANIQUÍ Modelo. // Muñeco. // Dócil, débil.

MANIRROTO Derrochador, gastador, pródigo. *Ahorrativo, cuidadoso.*

MANIVELA Manubrio.

MANJAR Alimento, comestible, comida. // Deleite. *Bazofia.*

MANO Costado, lado. // Lance, turno, vez, vuelta. // Manecilla, saetilla. // Baño, capa. // Manera, medio. // Habilidad, destreza. // Ayuda, socorro. // Castigo, represión.

MANOJO Hacecillo, haz, puñado. // Abundancia, copia.

MANOPLA Guante, guantelete.

MANOSEADO Ajado, manido, sobado, raído, usado, vulgar. *Estirado, limpio, nuevo.*

MANOSEAR Ajar, sobar, tocar, toquetear, zarandear. *Acariciar.*

MANOSEO Manejo, manoteo, manipuleo, toqueteo.

MANQUEDAD Defecto, lesión, falta, imperfección. *Perfección.*

MANSAMENTE Lentamente, quietamente, suavemente, calladamente, dulcemente, benignamente.

MANSEDUMBRE Apacibilidad, benignidad, suavidad. *Cólera, enojo, ira.* // Domesticidad.

MANSIÓN Albergue, morada, residencia. // Detención, estancia.

MANSO Apacible, benigno, obediente, sumiso. *Iracundo, rebelde.* // Doméstico. *Indómito, montaraz.*

MANTA Cobija, frazada.

MANTECA Gordura, grasa, mantequilla, nata, lardo, margarina, unto.

MANTENEDOR Sustentador, defensor, paladín.

MANTENER Alimentar, sustentar. *Ayunar, desnutrirse.* // Amparar, apoyar, defender. *Abandonar.* // Perseverar, resistir, sostener. *Rendirse.* // Conservar, proseguir.

MANTENIMIENTO Conservación. // Manjar, provisiones, víveres.

MANTEQUILLA Manteca.

MANTILLA Manto, velo, rebozo.

MANTILLO Humus, tierra vegetal.

MANTO Capa, capote, abrigo.

MANTÓN Chal, pañolón.

MANUAL Manejable, manuable. // Compendio, epítome. // Dócil, manso.

MANUBRIO Empuñadura, manija. //

Manivela. // Cigüeñal, volante.

MANUFACTURA Obra, producto. // Fábrica, taller.

MANUFACTURAR Elaborar, fabricar.

MANUMISIÓN Emancipación, liberación. *Dependencia, sometimiento.*

MANUTENCIÓN Alimentación, conservación, mantenimiento, sustento. *Abandono, ayuno, desamparo.*

MANZANA Poma. **Malsana.*

MAÑA Destreza, habilidad, maestría. *Impericia, inhabilidad, torpeza.* // Artificio, astucia, picardía. *Candor, ingenuidad.* // Resabio.

MAÑANA Futuro. *Ayer, pasado.*

MAÑANEAR Madrugar.

MAÑERO Astuto, caprichoso, mañoso.

MAÑOSO Diestro, hábil, industrioso. *Torpe.* // Mañero.

MAPA Carta, mapamundi, planisferio, plano.

MAQUETA Modelo, proyecto, esbozo, diseño.

MAQUIAVÉLICO Astuto, pérfido, taimado. *Franco, ingenuo.*

MAQUILLAR Acicalar, embellecer. *Lavar.* // Pintarse.

MÁQUINA Artificio, mecanismo. // Locomotora. // Invención, proyecto, traza. // Abundancia, copia, multitud.

MAQUINACIÓN Asechanza, complot, conspiración, intriga, ardid. *Ingenuidad, simpleza.*

MAQUINAL Automático, habitual, reflejo, involuntario, indeliberado, instintivo. *Desacostumbrado, reflexivo, voluntario.*

MAQUINAR Fraguar, intrigar, tramar, urdir, conspirar, forjar.

MAR Océano, charco, lago, piélago, ponto. *Cielo, tierra.* // Abundancia, cantidad, infinidad, multitud, sinfín. *Exigüidad.*

MARAÑA Embrollo, enredo. *Aclaración, explicación.* // Maleza, matorral.

MARASMO Apatía, inmovilidad, atonía, paralización, suspensión, debilitación. *Actividad, fervor.*

MARAVILLA Admiración, asombro, portento, prodigio.

MARAVILLAR Admirar, asombrar, pasmar, sorprender.

MARAVILLOSO Admirable, extraordinario, fantástico, pasmoso, portentoso, prodigioso. *Común, frecuente, vulgar.*

MARBETE Etiqueta, marca, precinto. // Orilla, filete, perfil.

MARCA Estigma, huella, señal. // Distintivo, lema, nombre.

MARCADOR Señalador, impresor, estigmatizador.

MARCAR Indicar, señalar. // Puntear. // Aplicar, destinar.

MARCHA Partida. *Llegada, permanencia.* // Curso, funcionamiento, movimiento, paso, velocidad. *Suspensión.* // Método, procedimiento, sistema.

MARCHANTE Comercial, mercantil, mercante. // Comerciante, traficante, negociante.

MARCHAR Andar, caminar, funcionar. *Parar.* // Ausentarse, huir, ir, partir, retirarse. *Aguardar, esperar, llegar, permanecer, quedarse.*

MARCHITAR Ajar, deslucir. *Retocar.* // Agostarse, secarse. *Florecer.* // Debilitarse, enflaquecer, envejecer. *Fortalecerse, rejuvenecer, remozar.*

MARCHITO Agostado, ajado, deslucido, mustio, seco. *Fresco, lozano, verde, vigoroso.*

MARCHOSO Apuesto, airoso, gallardo, donoso, garboso.

MARCIAL Bélico, castrense, guerrero, militar. *Civil, pacífico.* // Intrépido, valiente. *Cobarde.*

MARCO Cerco, cuadro, guarnición, recuadro. // Cartabón, patrón, tipo.

MAREA Flujo, reflujo, resaca, pleamar, influjo, bajamar.

MAREAR Enfadar, fastidiar, incomodar, molestar. // Atontarse, aturdirse. // Engreírse, envanecerse.

MAREJADA Oleaje. // Agitación, exaltación, excitación. *Calma.*

MAREMAGNUM Confusión, tumulto, alboroto, bullicio. *Tranquilidad.*

MAREO Vahído, vértigo. // Ajetreo. // Enfado, molestia.

MARFILEÑO Ebúrneo.

MARFUZ Rechazado, recusado, desechado, despreciado, repudiado. *Admitido.* // Embustero, mentiroso, falaz, engañoso.

MARGEN Borde, límite, orilla, ribera. // Motivo, ocasión, pretexto.

MARGINAR Prescindir, preterir, relegar. *Preferir.*

MARICA Afeminado, invertido, maricón, mariquita, sodomita. *Viril.* // Pusilánime. *Valiente.*

MARICÓN Afeminado, marica, sodomita, homosexual. *Viril.*

MARIDAJE Analogía, correspondencia, armonía, casamiento, conformidad, enlace, unión, vínculo. *Diversidad, separación, desunión.*

MARIDAR Casar, desposar, unirse. *Desunir, divorciarse.*

MARIDO Esposo, cónyuge, consorte, casado, hombre. *Esposa, mujer.*

MARIMACHO Machote, varona, madrona, maritornes.

MARIMORENA Alboroto, camorra, riña, pendencia.

MARINA Costa, litoral. // Armada. // Náutica.

MARINAR Aderezar, sazonar, adobar, salar.

MARINERO Marino, navegante, nauta, tripulante, mareante.

MARINO Marítimo, pelágico, naval. *Terrestre.*

MARIONETA Fantoche, muñeco, títere.

MARIPOSEAR Vagar, variar.

MARISABIDILLA Presumida.

MARITAL Conyugal.

MARÍTIMO Marino, náutico.

MARITORNES Criada, sirvienta, moza, fámula. // Marimacho.

MARMITA Cacerola, olla.

MARMOTA Dormilón, zonzo. *Despierto, vivo.*

MAROMA Cuerda, soga.

MARQUESINA Cobertizo. // Pabellón.
MARQUETERÍA Ebanistería, taracea.
MARRANADA Cochinada. *Limpieza.* //
Desaire. Cortesía.
MARRANO Cerdo, puerco. // Sucio, as-
queroso. *Limpio.*
MARRAR Desviarse, errar, fallar. *Acer-
tar, atinar.* // Faltar, carecer.
MARRAS (DE) Pasado, remoto, lejano.
MARRO Falta, yerro, ausencia, omisión.
MARRULLERO Astuto, taimado, zorro.
Franco, ingenuo.
MARSUPIAL Didelfo.
MARTILLAR Batir, golpear, machacar.
// Atormentar, oprimir.
MARTILLERO Rematador.
MARTILLO Mazo, macillo. // Persegui-
dor. // Percutor.
MARTINGALA Artificio, artimaña, cá-
bala, estrategia.
MARTIRIO Muerte, tormento, tortura,
suplicio. *Consolación.* // Ajetreo, fati-
gas, molestias. *Alivio.*
MARTIRIZAR Atormentar, matar, tortu-
rar. // Afligir, importunar, molestar.
Resignarse.
MAS Pero.
MASA Aglomeración, concurrencia, con-
junto, reunión. // Cuerpo, materia, pas-
ta. // Suma. *Maza.
MASCAR Comer, masticar, roer, rumiar.
MÁSCARA Antifaz, carátula, careta, dis-
fraz, mascarilla. // Pretexto, tapujo.
*Mascara, mascará (mascar).
MASCARADA Comparsa, farsa.
MASCOTA Amuleto, talismán.
MASCULINIDAD Hombría, virilidad.
Feminidad.
MASCULINO Enérgico, fuerte, varonil,
viril. *Delicado, femenino.*
MASCULLAR Mascar. // Murmurar,
musitar, rezongar. *Vociferar.*
MASÓN Francmasón.
MASTICAR Mascar, rumiar. // Meditar.
MÁSTIL Árbol, asta, palo, puntal, tallo,
tronco.
MÁSTIQUE Almáciga.
MASTUERZO Berro, cardamina. // Ne-

cio, tonto, bobo, papanatas.
MATA Arbusto, maleza, matorral, plan-
ta, macizo.
MATACÁN Piedra, pedruzco, canto.
MATACHÍN Payaso, bufón, comediante. // Pendenciero. // Matarife.
MATADERO Tablada, degolladero, carnicería. // Ajetreo, reventadero, trabajo.
MATADOR Asesino, criminal, homicida.
MATADURA Herida, llaga.
MATALÓN Jamelgo, mancarrón, penco,
rocín.
MATALOTAJE Víveres, vitualla, provi-
sión, suministro. // Mezcla, revoltijo,
confusión.
MATANZA Carnicería, hecatombe, mor-
tandad, exterminio.
MATAR Asesinar, despachar, despenar,
ejecutar, exterminar, inmolar, sacrificar,
suicidarse. *Reavivar, regenerar, resuci-
tar.* // Aniquilar, extinguir, inutilizar.
Resurgir. // Saciar, satisfacer. // Atenuar, rebajar. *Avivar.* // Abrumar, agobiar. *Reanimar.* // Acongojarse, afanarse, cansarse, desazonarse. *Descansar.*
MATARIFE Carnicero.
MATASANOS Curandero, medicastro.
MATASIETE Matón, valentón.
MATE Calabaza, infusión. // Apagado,
atenuado. *Brillante, lustroso, satinado.*
MATEMÁTICO Exacto, preciso, pun-
tual. *Inexacto.*
MATERIA Esencia, sustancia. *Espíritu.*
// Asunto, objeto, tema. // Causa, moti-
vo, ocasión. // Pus.
MATERIAL Corpóreo, sensible, sustan-
cial. *Incorpóreo, inmaterial.* // Palpable,
tangible. *Impalpable, intangible.* // Gro-
sero. *Espiritual.*
MATERIALIDAD Calidad, apariencia.
// Grosería.
MATERIALES Elementos, instrumentos.
MATERNO Maternal. *Paternal, paterno.*
MATINAL Matutino. *Vespertino.*
MATIZ Gradación, grado, tono.
MATIZAR Colorear, diversificar, graduar,
variar. *Unificar.*
MATÓN Bravucón, guapo, perdonavidas,

valentón, matasiete. *Bonachón.*
MATORRAL Maleza, maraña.
MATRACA Importunación, insistencia, porfía.
MATRERO Cimarrón, indómito. // Marrullero.
MATRÍCULA Catálogo, lista, registro.
MATRICULAR Alistar, inscribir, registrar, empadronar.
MATRIMONIAL Conyugal, marital, nupcial.
MATRIMONIO Casamiento, enlace, nupcias, boda. *Divorcio.* // Consortes, cónyuges, esposos, pareja. *Célibe, novio, soltero.*
MATRIZ Útero. // Molde. // Madre. // Original, principal.
MATRONA Comadrona, partera.
MATUNGO Matalón.
MATUTE Contrabando, fraude.
MATUTINO Mañanero, matinal. *Nocturno, vespertino.*
MAULA Cobarde. *Valiente.* // Holgazán, perezoso. *Diligente, trabajador.* //Tramposo, deudor.
MAULLAR Mayar, miar.
MAULLIDO Maúllo, miau, maído.
MAUSOLEO Panteón, sepulcro, tumba.
MÁXIMA Apotegma. // Norma, regla. // Sentencia.
MÁXIME Principalmente, sobre todo.
MÁXIMO Mayor, superior. *Inferior, menor, mínimo.*
MAYESTÁTICO Majestuoso, solemne.
MAYÓLICA Losa, cerámica.
MAYOR Cabeza, jefe, primogénito, superior. *Inferior, menor.* // Importante. *Insignificante.*
MAYORAL Caporal, pastor. // Conductor, auriga.
MAYORAZGO Primogenitura.
MAYORES Abuelos, antepasados, antecesores, ascendientes, progenitores. *Descendientes.*
MAYORÍA Generalidad. *Excepción, minoría.* // Mayor edad, mayor parte. *Minoridad.*
MAYORMENTE Máxime.

MAYÚSCULA Inicial, capital.
MAYÚSCULO Inmenso, máximo, fenomenal. *Minúsculo.*
MAZA Cachiporra, mazo, porra. **Masa.*
MAZACOTE Guisote. // Latoso, pesado. *Atrayente.*
MAZMORRA Calabozo, prisión, celda, gayola.
MAZNAR Amasar, ablandar, estrujar, manosear.
MAZO Martillo, maza. // Fajo, haz, manojo, gavilla.
MAZONEAR Apisonar. // Golpear.
MAZORCA Espiga, choclo, majorca, panoja.
MAZORRAL Bruto, tosco, basto, grosero. *Delicado.*
MEADA Micción.
MEADERO Letrina, mingitorio, urinario.
MEANDRO Recodo, recoveco, sinuosidad. *Recta.*
MEAR Orinar.
MECÁNICAMENTE Maquinalmente. *Reflexivamente.*
MECÁNICO Automático, maquinal.
MECANISMO Artefacto, artificio, maquinaria, ingenio,. tramoya.
MECANOGRAFÍA Dactilografía.
MECANÓGRAFO Dactilógrafo, tipiador.
MECEDORA Columpio, hamaca.
MECENAS Patrocinador, protector, bienhechor. *Protegido.*
MECER Acunar, columpiar, cunear, hamacar. *Aquietar.* **Mesar.*
MECHA Mechón. // Pabilo, torcida.
MECHERO Encendedor, chisquero.
MECHÓN Bucle, rizo. **Machón.*
MEDALLA Galardón, premio.
MEDALLÓN Medalla, guardapelo.
MÉDANO Duna.
MEDIA Calcetín, escarpín. // Mitad, promedio.
MEDIACIÓN Arbitraje, arreglo, acuerdo, intercesión, intervención, injerencia. *Inhibición.*
MEDIADOR Amigable, componedor, árbitro, conciliador, intercesor, interme-

diario, negociador, juez. ***Medidor.**

MEDIANAMENTE Regularmente.

MEDIANERO Intermedio. // Aparcero, intermediario, mediador.

MEDIANÍA Mediocridad, vulgaridad. *Primacía, superioridad, excelencia.*

MEDIANO Mediocre, pasable, regular. *Óptimo, excelente.*

MEDIANTE Por medio de.

MEDIAR Interceder, interesarse, interponer. *Inhibirse.* // Ocurrir, presentarse. // Transcurrir. // Promediar.

MEDICACIÓN Tratamiento, régimen, indicación.

MEDICAMENTO Específico, fármaco, inyección, medicina, pócima, preparado, remedio, ungüento, vacuna. *Tóxico, veneno.*

MEDICASTRO Matasanos, medicucho.

MEDICINA Medicamento. *Enfermedad.*

MEDICINAL Medicamentoso, curativo, saludable.

MEDICIÓN Medida, mensuración.

MÉDICO Doctor, facultativo, galeno.

MEDIDA Correspondencia, escala, módulo, proporción, regla. // Disposición, prevención, providencia. // Cordura, mesura, prudencia.

MEDIDOR Contador. ***Mediador.**

MEDIO Mitad. // Mediano, mediocre, moderado, ordinario. *Excelente, extremo, inferior, inicial, terminal.* // Ambiente. // Centro, corazón, interior. *Afuera, exterior.* // Médium. // Manera, método, poder, procedimiento. // Arbitrio, expediente, recurso.

MEDIOCRE Común, mediano, regular. *Excelente, óptimo, sobresaliente.*

MEDIOCRIDAD Insignificancia, vulgaridad, pequeñez, imperfección. // Excelencia, perfección, generosidad.

MEDIODÍA Sur. *Norte, septentrión.*

MEDIOS Arbitrio. // Bienes, caudal, fortuna, rentas.

MEDIR Comprar, evaluar, mensurar, verificar. // Contenerse, moderarse. *Excederse.*

MEDITABUNDO Absorto, abstraído, pensativo, contemplativo, reflexivo.

MEDITACIÓN Reflexión, atención, abstracción, especulación, introspección. *Irreflexión, disipación.*

MEDITAR Cavilar, considerar, pensar, ponderar, proyectar, reflexionar, sopesar. *Improvisar.* // Abismarse, ensimismarse, reconcentrarse. *Despreocuparse, distraerse.*

MEDRADO Floreciente, próspero.

MEDRAR Adelantar, crecer, desarrollarse, mejorar, prosperar, progresar. *Arruinarse, debilitarse, decrecer, disminuir, languidecer.*

MEDRO Mejora, aumento, crecimiento.

MEDROSO Miedoso, pusilánime, temeroso, tímido. *Audaz, decidido, valiente.*

MEDULA Médula, meollo, tuétano. // Esencia, substancia.

MEDULAR Esencial, fundamental, meduloso. *Huero, intrascendente.*

MEFISTOFÉLICO Diabólico, perverso, infernal. *Angelical.*

MEFÍTICO Fétido, ponzoñoso.

MEGO Manso, apacible, tratable, halagüeño. *Huraño.*

MEJILLA Carrillo, moflete.

MEJOR Preferible, superior. *Inferior, peor.*

MEJORA Mejoramiento, mejoría.

MEJORAMIENTO Adelantamiento, ascenso, aumento, mejora, mejoría, progreso. *Estancamiento.*

MEJORAR Adelantar, ascender, aumentar, aventajar. *Atrasar, perder.* // Aliviar, convalecer, restablecerse, sanar. *Empeorar, enfermar, recaer.* // Hermosear, perfeccionar, rejuvenecer. // Progresar, prosperar. *Retroceder.*

MEJORÍA Alivio, mejora, restablecimiento. *Recaída.* // Perfeccionamiento, ventaja. *Desventaja.*

MEJUNJE Brebaje, medicamento, menjurje, mezcla, pócima.

MELANCOLÍA Añoranza, nostalgia, tristeza. *Alegría, felicidad, ilusión.*

MELANCÓLICO Mustio, nostálgico, triste, tristón, afligido. *Alegre.*

MELAR Dulcificar, suavizar. // Dorar.

// Endulzar. *Amargar.*
MELENA Cabellera, pelambrera, pelo. // Crin.
MELIFLUO Meloso, dulce, dulzón. *Rudo, áspero.*
MELINDRE Afectación, remilgo. *Naturalidad.*
MELINDROSO Quisquilloso, remilgado, afectado, rebuscado. *Natural.*
MELLA Hendedura, rotura. // Menoscabo, merma.
MELLAR Mancillar, menoscabar, mermar, romper.
MELLIZO Gemelo.
MELOCOTÓN Durazno.
MELODIOSO Armonioso, grato. *Disonante, inarmónico.*
MELODRAMA Drama.
MELÓMANO Musicólogo, musicómano, músico.
MELOSO Afectado, almibarado, dulzón, empalagoso. // Suave.
MEMBRANA Piel, tegumento, tejido, epitelio, película.
MEMBRETE Anotación, apunte, aviso, memoria, recordatorio. // Título, encabezamiento, nombre.
MEMBRUDO Corpulento, fornido. *Débil, enclenque.*
MEMO Bobo, tonto.
MEMORABLE Célebre, famoso.
MEMORÁNDUM Agenda, memento, memorando.
MEMORAR Recordar, rememorar, invocar. *Olvidar.*
MEMORIA Retentiva. *Amnesia.* // Evocación, recordación, recuerdo, remembranza, reminiscencia. *Olvido.* // Fama, gloria. // Saludo. // Estudio, exposición, informe, relación.
MEMORIAL Memorándum, petición, ruego, solicitación.
MENAJE Ajuar, moblaje.
MENCIÓN Cita, memoria, recuerdo,ʼ referencia, citación.
MENCIONAR Citar, nombrar, recordar, referir. *Callar, olvidar, omitir.*
MENDAZ Embustero, mentiroso. *Veraz.*

MENDICANTE Indigente, mendigo, pobre, pordiosero. *Pudiente, rico.*
MENDIGAR Pedir, pordiosear. *Dar.*
MENDIGO Mendicante, pordiosero.
MENDOSO Mentiroso, equivocado, falso, errado. *Veraz, cierto.*
MENDRUGO Pedazo, trozo, cacho.
MENEAR Agitar, mover, remover, sacudir. *Aquietar, contener.* // Gobernar, manejar.
MENEO Agitación, conmoción, movimiento, temblor. *Quietud.* // Baile, contoneo. // Paliza, vapuleo.
MENESTER Ejercicio, empleo, ocupación. // Falta, necesidad. *Sobra.*
MENESTEROSO Indigente, mendigo, necesitado, pobre. *Acaudalado, pudiente, opulento.*
MENESTRAL Artesano, obrero, trabajador, artífice.
MENGANO Fulano, perengano, zutano.
MENGUA Disminución, falta, merma. *Aumento.* // Escasez, necesidad, pobreza. *Exceso, riqueza.* // Descrédito, deshonra, menoscabo. *Honor.*
MENGUADO Mezquino, ruin, tacaño. *Dadivoso, liberal.* // Bobo, mentecato, necio. *Sagaz.* // Apocado, cobarde, pusilánime. *Arrojado, valiente.* // Desdichado, infausto. *Fausto.*
MENGUAR Amenguar, consumirse, decrecer, mermar, disminuir. *Aumentar, crecer.*
MENOR Inferior. *Mayor, superior.* // Niño. *Adulto.*
MENORÍA Minoría, minoridad. // Inferioridad, subordinación. *Superioridad.*
MENOS Excepto, salvo.
MENOSCABAR Acortar, reducir. *Aumentar.* // Dañar, deteriorar, perjudicar. *Valorizar.* // Desacreditar, desprestigiar. *Acreditar, honrar.*
MENOSCABO Daño, desdoro, deterioro, detrimento, mengua, perjuicio.
MENOSPRECIABLE Despreciable, abyecto, infame, vergonzoso, odioso. *Apreciable, estimable.*
MENOSPRECIAR Despreciar, desde-

ñar, desestimar, degradar, rebajar. *Apreciar, estimar, justipreciar.*
MENOSPRECIO Desdén, desprecio. *Aprecio, estima.*
MENSAJE Aviso, comunicación, recado, misiva, encargo.
MENSAJERO Correo, chasque, recadero, enviado.
MENSTRUACIÓN Menstruo, período, regla.
MENSUALIDAD Mes, salario, sueldo.
MÉNSULA Repisa, rinconera.
MENSURA Medida. **Mesura.
MENTA Hierbabuena.
MENTALIDAD Pensamiento, concepción, capacidad, conocimiento, cultura.
MENTAR Citar, mencionar, nombrar, recordar. *Callar, olvidar.*
MENTE Entendimiento, imaginación, inteligencia, magín. // Designio, intención. // Propósito, voluntad.
MENTECATO Fatuo, imbécil, necio, tonto. *Sagaz.*
MENTIR Engañar, falsificar, fingir, mistificar.
MENTIRA Arana, bola, cuento, chisme, embuste, engaño, error, falacia, falsedad, ilusión, infundio, invención, patraña. *Autenticidad, realidad, veracidad, verdad.*
MENTIROSO Aparente, engañoso, fingido. *Real, verdadero.* // Calumniador, chismoso, embustero, engañador, falaz, falseador, falso. *Sincero, veraz.*
MENTÍS Denegación, reprobación, desmentido. *Aprobación.*
MENTÓN Barbilla.
MENTOR Consejero, guía, instructor.
MENUDEAR Detallar, puntualizar. // Repetirse, soler.
MENUDENCIA Bagatela, minucia, nadería, pequeñez. *Magnitud, trascendencia.* // Escrupulosidad, esmero.
MENUDO Chico, pequeño. *Grande, voluminoso.* // Despreciable, insignificante. *Trascendente, valioso, importante.* // Escrupuloso.
MENUDO (A) Frecuentemente, con fre-

cuencia, asiduamente. *Raramente.*
MEOLLO Caracú, médula, miga. // Entendimiento, juicio, sensatez.
MEQUETREFE Tarambana.
MERAMENTE Simplemente, únicamente, puramente.
MERCADER Comerciante, traficante.
MERCADERÍA Mercancía, género, mercaduría, artículo.
MERCADO Tráfico. // Feria.
MERCANCÍA Mercadería.
MERCANTIL Comercial.
MERCAR Adquirir, comprar, vender.
MERCED Beneficio, dádiva, favor. *Pago.* // Galardón, gracia, premio, recompensa. *Castigo.* // Voluntad.
MERCENARIO Asalariado. *Voluntario.*
MERCURIO Azogue, hidrargirio.
MERECEDOR Acreedor, digno, correspondiente. *Indigno.*
MERECER Ganar, lograr, meritar, ser digno, valer. *Desmerecer, perder.*
MERECIDAMENTE Dignamente. *Inmerecidamente.*
MERECIMIENTO Mérito, virtud. *Desmerecimiento, injusticia, virtud.*
MERETRIZ Ramera.
MERIDIANO Clarísimo, patente. *Confuso, oscuro.*
MERIDIONAL Antártico, austral. *Boreal, septentrional.*
MERITÍSIMO Dignísimo, virtuosísimo.
MÉRITO Merecimiento, valía. *Defecto, demérito.*
MERITORIO Alabable, laudable, loable, plausible. *Desdeñable, punible.* // Aprendiz.
MERLUZA Pescadilla. // Borrachera.
MERMA Disminución, pérdida, quebranto. *Aumento, ganancia.* // Sustracción, sisa.
MERMAR Bajar, consumirse, disminuir. *Aumentar, producir.* // Sisar. *Agregar, poner.*
MERMELADA Jalea.
MERO Puro, simple, solo. *Compuesto, complejo.*
MERODEADOR Ladrón, vagabundo.

MERODEAR Vagabundear, vagar.

MES Mensualidad.

MESA Altar. // Presidencia. // Meseta, rellano. // Comida. *Meza (mecer).

MESADA Mensualidad, paga.

MESAR Arrancar, tirar. *Mecer.

MESETA Altiplanicie. *Depresión.*

MESÍAS Jesucristo.

MESÓN Hostería, parador, posada.

MESONERO Posadero, ventero.

MESTIZO Cruzado, híbrido. *Puro.*

MESURA Comedimiento, moderación, prudencia. *Descomedimiento, imprudencia.* // Compostura, cortesía. *Descortesía.* // Gravedad. *Fastuosidad, ostentación.* *Mensura.

MESURADO Moderado, prudente, circunspecto, comedido. *Descomedido, imprudente.*

META Fin, finalidad, objeto, término. *Causa, origen, principio.*

METAFÍSICO Abstracto, abstruso, oscuro. *Concreto, material.*

METÁFORA Figura, imagen, tropo.

METAL Timbre. // Calidad, condición.

METÁLICO Dinero.

METAMORFOSEAR Cambiar, disfrazar, transformar. *Permanecer.*

METAMORFOSIS Cambio, mudanza, transfiguración, transformación.

METECO Advenedizo, extranjero.

METEMPSICOSIS Transmigración.

METER Introducir, embutir, encajar, enterrar, incluir, poner. // Comprometer, enredar, mezclar. // Provocar, ocasionar, hacer, dar. // Entrar, introducirse. // Entrometerse, intervenir, inmiscuirse. *Sacar, extraer, quitar, retirar.*

METERETE Entrometido.

METICULOSO Escrupuloso, exacto, minucioso. *Despreocupado, olvidadizo.* // Medroso, miedoso. *Valiente.*

METÓDICO Arreglado, cuidado, ordenado, regular. *Descuidado, irregular.*

METODIZAR Normalizar, ordenar, regularizar, sistematizar. *Desordenar, irregularizar.*

MÉTODO Norma, orden, procedimiento, regla, sistema. // Costumbre, hábito.

METRO Norma, modelo.

METRÓPOLI Capital.

MEZCLA Amalgama, compuesto, mezcolanza, mixtura. // Argamasa.

MEZCLAR Amalgamar, entremezclar, entreverar, incorporar, ligar, mixturar, unir. *Apartar, clasificar, desunir, distribuir, individualizar.* // Barajar, complicar, enredar, revolver. *Ordenar.* // Inmiscuirse. *Separarse.*

MEZCOLANZA Batiborrillo, promiscuidad, revoltijo.

MEZQUINAR Escatimar.

MEZQUINDAD Avaricia, cicatería, tacañería. *Generosidad, largueza.* // Escasez, miseria, pobreza. *Riqueza.*

MEZQUINO Cicatero, escaso, miserable, roñoso, ruin, tacaño. *Dadivoso, liberal.*

MIASMA Efluvio, emanación, exhalación, fetidez.

MIAU Maullido, mayido, maúllo.

MICO Mono.

MICROBIO Bacilo, bacteria, microorganismo.

MICROSCÓPICO Minúsculo, pequeñísimo. *Grandísimo.*

MIEDO Aprensión, cuidado, julepe, recelo, temor, ansiedad. *Audacia, tranquilidad, valor.*

MIEDOSO Aprensivo, cobarde, medroso, pusilánime, temeroso. *Animoso, corajudo, osado, resuelto.*

MIEMBRO Individuo, órgano, parte. // Extremidad.

MIENTE Pensamiento.

MIENTRAS Durante.

MIERDA Excremento, porquería, suciedad, heces.

MIES Cereal, cereales. // Espiga, grano.

MIGA Migaja, partícula. // Entidad, sustancia. // Restos, sobras.

MIGRACIÓN Emigración. *Inmigración, regreso.*

MIGRAÑA Jaqueca.

MILAGRO Prodigio.

MILAGROSO Maravilloso, portentoso, prodigioso. *Natural, normal, real.* //

Asombroso, estupendo, extraordinario, pasmoso. *Corriente.*

MILENARIO Antiquísimo. // Milésimo.

MILICIA Ejército, servicio militar, tropa, guardia.

MILITAR Soldado, combatiente. *Civil, paisano, particular.*

MILLONARIO Acaudalado, potentado, ricacho. *Pobre.*

MIMADO Consentido, malcriado.

MIMAR Acariciar, halagar. // Malcriar.

MIMBREÑO Flexible.

MÍMICA Gesticulación, imitación.

MIMO Caricia, halago. // Mímico, paródico, imitador.

MIMOSO Melindroso, regalón.

MINA Filón, venero, yacimiento. // Excavación, galería, túnel.

MINAR Socavar. // Consumir, debilitar, destruir.

MINGITORIO Urinario.

MÍNIMO Diminuto, ínfimo, menudo, minúsculo, pequeñísimo. *Grandísimo, máximo.*

MININO Gato, michino.

MINISTERIO Gabinete, gobierno. // Cargo, empleo, función, ocupación, profesión.

MINISTRO Secretario. // Embajador, enviado, legado. // Representante, agente. // Sacerdote.

MINORAR Acortar, aminorar, amortiguar, atenuar, disminuir, reducir. *Alargar, ampliar, aumentar.*

MINORÍA Menoría, minoridad. *Mayoría.* // Oposición.

MINUCIA Bagatela, insignificancia, menudencia, pequeñez. *Importancia.*

MINUCIOSO Meticuloso, prolijo, puntilloso. *Conciso, desprolijo.*

MINÚSCULO Mínimo.

MINUTA Anotación, apuntación, apunte. // Borrador, extracto. // Catálogo, lista, nómina. // Cuenta.

MINUTERO Aguja, manecilla, saeta.

MIRA Designio, intención, propósito.

MIRADA Ojeada, vistazo.

MIRADO Cauto, circunspecto, reflexivo.

Atropellado. // Examinado, visto.

MIRADOR Balcón, galería, terraza.

MIRAMIENTO Atención, circunspección, consideración, respeto, prudencia. *Desatención.*

MIRAR Atisbar, contemplar, examinar, fisgar, observar. // Apuntar, dirigirse. // Pensar, reflexionar. // Apreciar, atender, estimar. // Buscar, indagar, reconocer. // Amparar, atender, cuidar, defender, velar, vigilar. *Desatender.* // Atañer, concernir, pertenecer.

MIRÍADA Multitud.

MIRÍFICO Admirable, hermoso, maravilloso, asombroso.

MIRILLA Miradero, ventanillo.

MIRÓN Curioso.

MISA Sacrificio, culto, ceremonia, ofrenda, oración, festividad.

MISÁNTROPO Amargado, huraño, insociable, intratable. *Alegre, optimista, simpático.*

MISCELÁNEA Mezcla, revoltillo.

MISERABLE Mísero. // Abyecto, canalla, infame, perverso, ruin.

MISERIA Desgracia, desventura. *Ventura.* // Escasez, estrechez, indigencia, infortunio, pobreza. *Fortuna, riqueza.* // Mezquindad, ruindad, tacañería. *Generosidad.*

MISERICORDIA Compasión, lástima, piedad. *Crueldad, inhumanidad, rigor.* // Perdón. *Condena.*

MÍSERO Desdichado, desgraciado, desventurado, infeliz, infortunado. *Dichoso, feliz.* // Abatido, indigente, menesteroso, necesitado, pobre. *Pudiente, rico.* // Avariento, mezquino, miserable, tacaño. *Generoso.* // Exiguo. *Espacioso, grande.*

MISÉRRIMO Paupérrimo, pobrísimo.

MISIÓN Cometido, comisión, encargo.

MISIONERO Apóstol, predicador, propagador.

MISIVA Carta, esquela.

MISMO Idéntico, igual, semejante. *Desigual, diferente, distinto, otro.*

MISTERIO Arcano, secreto. *Revelación.*

MISTERIOSO Arcano, oculto, secreto, sibilino. // Hermético, incomprensible, inexplicable. *Asequible, claro.*

MÍSTICO Asceta, contemplativo. // Piadoso. *Ateo, descreído.* *Mítico.

MITAD Medio. *Doble, duplo.*

MÍTICO Fabuloso, legendario, mitológico. *Místico.

MITIGAR Aplacar, atenuar, calmar, moderar, suavizar, templar. *Agravar, empeorar, enconar, exacerbar, irritar.*

MITIN Concentración, reunión. *Desconcentración.*

MITO Fábula, ficción, leyenda, saga. *Historia.*

MITOLOGÍA Teología, cosmogonía, paganismo, totemismo, fábula, saga.

MIXTIFICACIÓN Adulteración, engaño, superchería, trampa, truco. *Verdad, realidad.*

MIXTIÓN Mezcla, mixtura.

MIXTO Combinado, compuesto, mezclado. // Cerilla, fósforo.

MIXTURA Mezcla, mezcolanza. // Poción, pócima.

MIXTURAR Mezclar. *Separar.*

MOBLAJE Ajuar, mobiliario. // Enseres, bártulos.

MOCEDAD Adolescencia, juventud, pubertad. *Senectud.*

MOCHILA Morral, zurrón.

MOCHO Romo. *Agudo.* // Esquilado, pelado.

MOCIÓN Movimiento. Impulso, inclinación. // Proposición.

MOCO Flema, mucosidad.

MODA Boga, novedad, uso. *Antigüedad, desuso.*

MODALES Ademanes, educación, maneras, modos.

MODALIDAD Característica, manera, particularidad.

MODELAR Esculpir. // Formar.

MODELO Dechado, ejemplar, paradigma, patrón, prototipo. *Remedo.* // Muestra. // Original. *Copia, imitación, reproducción.*

MODERACIÓN Comedimiento, com-

postura, mesura, modestia. *Abuso, inmodestia.* // Sobriedad, templanza. *Fastuosidad, gula.* // Cordura, sensatez. *Indiscreción.*

MODERADO Mesurado, regular, modoso, contenido, arreglado, humilde, parco, sobrio, frugal. *Inmoderado, abusivo, inmodesto, indiscreto.*

MODERAR Aplacar, calmar, contener, morigerar, refrenar, reprimir, suavizar, templar. *Abusar, irritar.*

MODERNIZAR Actualizar, rejuvenecer, remozar, renovar. *Envejecer.*

MODERNO Actual, novísimo, nuevo, reciente, último. *Anticuado, arcaico, clásico, legendario, primitivo.*

MODESTIA Decencia, honestidad, recato, sencillez, timidez. *Alarde, arrogancia, engreimiento, inmodestia, orgullo, pedantería, vanidad.*

MODESTO Honesto, humilde, insignificante, pobre, recatado, sencillo. *Ostentoso.* // Tímido, vergonzoso. *Jactancioso, presumido.*

MÓDICO Escaso, limitado, moderado, reducido. *Abundante, grande.* // Barato, económico, insignificante, pequeño. *Caro, costoso.*

MODIFICABLE Reformable, cambiable, corregible, rectificable.

MODIFICACIÓN Cambio, corrección, enmienda, reforma, variación.

MODIFICAR Alterar, cambiar, enmendar, rectificar, reformar, variar. *Conservar, mantener, ratificar.*

MODISMO Giro, locución.

MODO Estilo, forma, guisa, manera, modalidad, tenor. // Cortesía, decencia, urbanidad. // Circunspección, moderación, prudencia.

MODORRA Letargo, somnolencia, sopor. *Insomnio, vigilia.*

MODOSO Circunspecto, discreto, educado. *Indiscreto, revoltoso.*

MODULACIÓN Variación, armonización, afinamiento, suavización. *Desafinación.*

MÓDULO Canon, regla, patrón, medida.

// Dimensión. // Modulación. ***Nódulo.**
MOFA Burla, escarnio, guasa. *Aplauso, aprobación.*
MOFLETE Carrillo.
MOGOTE Montículo, otero.
MOHÍN Gesto, mueca.
MOHÍNA Enojo, enfado, descontento, despecho, contrariedad. *Contento.*
MOHÍNO Disgustado, melancólico, triste. *Contento, satisfecho.*
MOHO Cardenillo, herrumbre, orín. ***Mojo.**
MOHOSO Herrumbrado, herrumbroso. *Brillante, bruñido, pulido.*
MOJADURA Caladura, empapamiento, remojón.
MOJAR Bañar, calar, empapar, ensopar, humedecer, remojar, rociar. *Secar.*
MOJIGANGA Farsa, mascarada.
MOJIGATO Beato, gazmoño, hipócrita, puritano, santurrón, afectado. *Incrédulo, sincero.*
MOJÓN Hito, poste.
MOLDE Forma, horma, matriz.
MOLDEAR Fundir, vaciar.
MOLDURA Bocel.
MOLE Bulto, corpulencia, masa. *Átomo, brizna, partícula.*
MOLÉCULA Brizna, partícula, pizca. *Mole.*
MOLER Aniquilar, desmenuzar, destruir, machacar, pulverizar, triturar. // Fastidiar, incordiar, maltratar. *Agradar, entretener.*
MOLESTAR Cansar, fastidiar, importunar, irritar, enojar, reventar, sobar. *Alegrar, divertir, recrear.*
MOLESTIA Contrariedad, desagrado, desazón, disgusto, engorro, enojo, fastidio, inomodidad, incordio, lata, pesadez, preocupación. // Trabajo. *Ayuda, favor.*
MOLESTO Cargante, chinche, fastidioso, inoportuno, insoportable, latoso, oneroso, pesado.
MOLICIE Blandura.
MOLIDO Aplastado, pulverizado, triturado. // Cansado, deshecho, fatigado.

// Maltrecho. *Descansado, fresco.*
MOLIENDA Molimiento, molturación, trituración.
MOLIFICAR Ablandar, suavizar, lenificar. *Endurecer.*
MOLIMIENTO Molienda. // Cansancio, fatiga.
MOLINETE Molinillo, torniquete.
MOLLAR Blando. *Duro, sólido.*
MOLLERA Caletre, seso.
MOLLETE Moflete, carrillo, pómulo.
MOMENTÁNEO Pasajero, transitorio. *Duradero, permanente.*
MOMENTO Instante, segundo, soplo. *Eternidad.* // Circunstancia, ocasión, tiempo.
MOMIFICAR Embalsamar.
MOMO Carnaval.
MONA Curda, peludo, tranca, borrachera, embriaguez.
MONACAL Conventual, monástico.
MONADA Encanto, primor. // Mohín, gesto, monería, zalamería. ***Mónada, nonada.**
MONAGUILLO Acólito, monacillo.
MONARCA Rey, soberano. *Súbdito, vasallo.*
MONARQUÍA Soberanía, realeza.
MONASTERIO Convento, abadía.
MONÁSTICO Monacal.
MONDADIENTES Escarbadientes, palillo, limpiadientes.
MONDADURA Cáscara, piel, pellejo, peladura, monda.
MONDAR Descascarar, descortezar, pelar, podar.
MONDO Pelado, limpio.
MONDONGO Abdomen, barriga, intestino, panza, vientre.
MONEDA Dinero.
MONERÍA Gracia, monada, zalamería.
MONIGOTE Muñeco, pelele. // Ignorante, rudo.
MONJA Religiosa.
MONJE Fraile, religioso.
MONO Antropoide, mico, simio. // Bonito, delicado, gracioso. *Feo.*
MONOGRAFÍA Descripción.

MONOGRAMA Cifra, abreviatura.
MONÓLOGO Soliloquio. *Conversación, diálogo, entrevista.*
MONOMANÍA Manía, obsesión, tema.
MONOMANÍACO Maníaco, paranoico.
MONOPOLIO Acaparamiento, centralización, exclusiva. *Competencia.*
MONOPOLIZAR Acaparar, centralizar. *Descentralizar, distribuir, repartir.*
MONOTONÍA Igualdad, invariabilidad, uniformidad. *Variedad.*
MONSTRUO Engendro, espantajo, aborto, fenómeno. // Cruel, inhumano, malvado, perverso.
MONSTRUOSO Antinatural. *Natural.* // Deforme, disforme, contrahecho. // Cruel, horroroso, inhumano. *Bondadoso.* // Colosal, desproporcionado, enorme, excesivo. *Modesto, normal.*
MONTACARGAS Ascensor.
MONTAJE Acoplamiento, ajuste, armazón, estructura.
MONTANTE Banderola.
MONTAÑA Cerro, monte, pico. *Llanura, pampa, planicie, sabana.*
MONTAÑOSO Montuoso.
MONTAR Elevarse, levantar, subir. *Bajar, descender.* // Cabalgar, jinetear. // Importar. // Acaballar, cubrir. // Ajustar, armar. *Desajustar.* // Engastar.
MONTARAZ Agreste, arisco, bravío, indómito, indomable, montés, rústico, selvático. *Doméstico, manso.* *Montarás* (montar).
MONTE Bosque. // Cerro.
MONTÉS Montaraz. // Salvaje, indomable. *Montes.*
MONTÍCULO Colina, eminencia, mogote. *Hoyo.*
MONTÓN Cúmulo, parva, pila, rimero, tropel.
MONTUOSO Montañoso. *Llano.*
MONTURA Arreos. // Cabalgadura. // Armadura, montaje.
MONUMENTAL Descomunal, enorme, gigantesco. *Ínfimo, minúsculo, pequeño.* // Magnífico, majestuoso.
MOÑO Lazo, lazada, moña. // Rodete,

bucle. // Copete, penacho, plumero.
MOQUETE Bofetada, coscorrón, mojicón, soplamocos.
MORA Zarzamora. // Demora, dilación, retraso. *Adelanto.*
MORADA Casa, domicilio, hogar, residencia. // Estadía.
MORADO Cárdeno.
MORADOR Habitante, poblador, residente, vecino, inquilino.
MORAL Ética. // Ético, moralista. *Indecente, inmoral.*
MORALEJA Enseñanza, lección.
MORALIDAD Honradez, integridad. *Amoralidad, deshonor, inmoralidad, obscenidad.* // Moraleja.
MORALIZAR Aleccionar, amonestar, predicar, sermonear, evangelizar, catequizar. *Corromper.*
MORAR Habitar, residir, vivir.
MORATORIA Plazo, prórroga, demora. *Cumplimiento.*
MORBIDEZ Enfermedad, insanidad. *Salud.* // Blandura, suavidad. *Dureza.*
MÓRBIDO Enfermizo, malsano, morboso. *Sano.* // Blando, delicado, muelle, suave. *Áspero, duro.*
MORBO Enfermedad, mal.
MORBOSO Enfermizo, malsano, enfermo. *Sano.*
MORDACIDAD Mortificación, vejación, causticidad, indirecta, invectiva. *Suavidad, alabanza.*
MORDAZ Acre, áspero, cáustico, dicaz, incisivo, picante, punzante, sarcástico, zaheridor. *Elogioso, seductor.*
MORDAZA Censura.
MORDEDURA Dentellada, mordisco. // Murmuración, crítica.
MORDER Corroer, desgastar. *Lamer.* // Mordisquear. // Criticar, murmurar. *Alabar, encomiar.*
MORDIDA Coima.
MORDIENTE Cáustico.
MORENO Morocho, mulato, negro, negruzco. *Blanco, rubicundo, rubio.*
MORETÓN Equimosis.
MORIBUNDO Agonizante, mortecino.

MORIGERADO Mesurado, parco, sobrio. *Destemplado, glotón, incontinente.*

MORIGERAR Moderar, mesurar.

MORIR Acabar, agonizar, espichar, expirar, fallecer, fenecer, finar, perecer, sucumbir. *Brotar, nacer, originarse, proceder, surgir, vivir.* // Desvivirse, matarse.

MORISQUETA Mueca. // Burla.

MORO Agareno, berberisco, islamita, mahometano, marroquí, mauritano, morisco, sarraceno.

MOROSIDAD Demora, dilación, lentitud. *Rapidez.*

MOROSO Lento, tardo. *Diligente.* // Mal pagador. *Cumplidor.*

MORRAL Bolsa, mochila, talego.

MORRIÑA Añoranza, melancolía.

MORRIÓN Chacó.

MORRO Hocico, jeta. // Peñasco.

MORROCOTUDO Dificilísimo. // Fenomenal, importantísimo.

MORRONGO Gato.

MORRUDO Hocicudo, jetudo.

MORTAJA Sudario.

MORTAL Hombre, humano. *Deidad, divinidad.* // Perecedero. *Inmortal, imperecedero.* // Fatal, letal, mortífero. *Vivificante.* // Concluyente, decisivo. // Abrumador, fatigoso, penoso. *Leve.*

MORTALIDAD Muerte, fin, destrucción. *Vida, principio.*

MORTANDAD Carnicería, matanza.

MORTECINO Agonizante, débil, apagado. *Vívido.*

MORTERO Almirez. // Argamasa, mezcla. // Cañón.

MORTÍFERO Letal, mortal.

MORTIFICACIÓN Aflicción, desazón, pesadumbre. *Agrado, satisfacción.* // Humillación.

MORTIFICANTE Ofensivo, humillante, injurioso.

MORTIFICAR Afligir, apesadumbrar, desazonar, jeringar. *Complacer.* // Humillar. *Regalar.*

MOSCA Dinero. // Desazón, inquietud.

MOSCARDÓN Moscón. // Molesto, pesado, impertinente, fastidioso.

MOSQUEAR Replicar, responder. // Darse por aludido.

MOSQUITO Cínife.

MOSTACHO Bigote.

MOSTO Vino.

MOSTRADOR Mesa, tablero, tabla.

MOSTRAR Descubrir, enseñar, exhibir, exponer, exteriorizar, evidenciar, manifestar, ostentar, patentizar, presentar, revelar. *Ocultar.* // Señalar. // Abrirse, aparecer, asomarse. // Franquearse.

MOSTRENCO Bruto, ignorante, rudo, torpe, zote. *Inteligente, sagaz.*

MOTA Hilacha, nudillo. // Defecto, tara. *Mérito.*

MOTE Alias, apodo, sobrenombre. // Divisa, lema.

MOTEAR Vetear, salpicar, manchar.

MOTEJAR Calificar, censurar, notar.

MOTETE Denuesto, mote, apodo, baldón. // Cantata.

MOTÍN Alboroto, alzamiento, asonada, revuelta, sedición, tumulto, rebelión. *Tranquilidad.*

MOTIVACIÓN Motivo.

MOTIVAR Causar, ocasionar, originar, promover, suscitar. *Evitar, impedir.* // Explicar, razonar.

MOTIVO Causa, fundamento, origen, razón. *Consecuencia, resultado.* // Asunto, tema.

MOTOCICLETA Moto.

MOTOR Causa, motivador. // Máquina.

MOVEDIZO Inestable, inseguro, móvil, tornadizo, versátil, voluble. *Fijo, firme, pasivo.*

MOVER Blandir, desplazar, menear. // Alterar, conmover. *Aquietar, tranquilizar.* // Animar, estimular, incitar, inclinar, inducir.

MOVIBLE Movedizo.

MÓVIL Movible. // Causa, motivo, razón. *Finalidad.*

MOVILIZAR Llamar, reunir, levantar, reclutar. // Mover.

MOVIMIENTO Meneo, moción. // Movilidad. *Inacción, paralización.* // Alteración, cambio, conmoción, inquietud. *Calma, quietud.* // Levantamiento, pronunciamiento. *Tranquilidad.*

MOZA Azafata, criada, camarera. // Chica, muchacha.

MOZALBETE Mocito, muchacho.

MOZO Joven, mancebo, mozalbete, muchacho. // Soltero. // Camarero, criado.

MUCAMA Criada, sirvienta. *Señora.*

MUCAMO Criado, sirviente. *Amo, patrón, señor.*

MUCHACHA Adolescente, chica, joven. // Criada, sirvienta. *Ama, patrona.*

MUCHACHADA Muchachería.

MUCHACHO Adolescente, chico, gurí, joven, mancebo.

MUCHEDUMBRE Caterva, concurrencia, enjambre, hervidero, horda, multitud, sinnúmero, tropel, turba, abundancia, conjunto, gente, gentío, infinidad, tumulto. *Escasez.*

MUCHO Abundante, bastante, demasiado. *Algo, apenas, poco.*

MUCHOS Cantidad, copia, exceso, profusión, sinnúmero. // Sobremanera.

MUCOSIDAD Moco, flema.

MUDA Cambio, mudanza.

MUDABLE Tornadizo, voluble, versátil, movedizo. *Firme.*

MUDANZA Alteración, cambio, muda, mutación, traslado, traslación, variación. *Estabilidad, permanencia.*

MUDAR Alterar, cambiar, desfigurar, disfrazar, modificar, variar. // Remover, trasladar. *Confirmar, consolidar.*

MUDO Callado, silencioso, taciturno, reservado. *Hablador.*

MUEBLES Efectos, enseres, mobiliario, moblaje.

MUECA Contorsión, gesto, visaje.

MUELA Molar. // Rueda de molino.

MUELLE Andén, dique, escollera. // Blando, delicado, suave, voluptuoso. *Rígido.*

MUERTE Deceso, defunción, expiración, perecimiento, fallecimiento, óbito, partida, tránsito. *Nacimiento, vida.* // Asesinato, homicidio. // Aniquilamiento, destrucción, ruina. // Parca. // Baja.

MUERTO Cadáver, difunto, extinto, finado, occiso, víctima. *Vivo.* // Apagado, marchito, mortecino, seco. *Animado, palpitante.*

MUESTRA Rótulo. // Fragmento, porción, trozo. // Ejemplar, espécimen, modelo. // Indicio, prueba, señal.

MUESTRARIO Colección, selección.

MUGIR Rugir, bramar, tronar, resonar.

MUGRE Porquería, pringue, suciedad. *Higiene, limpieza.*

MUJER Dama, esposa, hembra, señora. *Hombre, macho, varón.*

MULATO Moreno.

MULETA Apoyo, sostén.

MULETILLA Bordón, estribillo.

MULLIR Ahuecar, esponjar.

MULTA Castigo, escarmiento, pena, sanción. *Bonificación, premio.*

MULTICOLOR Colorido, coloreado, vario, cromático.

MULTIFORME Polimorfo.

MULTIMILLONARIO Acaudalado, creso. *Pobretón.*

MÚLTIPLE Complejo, diverso, vario. *Simple.*

MULTIPLICACIÓN Reproducción, aumento, proliferación, acrecentamiento, crecimiento. *División.*

MULTIPLICAR Reproducirse. *Disminuir.* // Afanarse, desvelarse.

MULTIPLICIDAD Infinidad, copia, multitud, abundancia. *Escasez.*

MULTITUD Gentío, hervidero, masa, muchedumbre, público, pueblo, turba, vulgo. *Escasez.*

MUNDANAL Mundano, terrenal.

MUNDANO Elegante, frívolo, profano, vano.

MUNDIAL Internacional, universal, general. *Nacional.*

MUNDICIA Aseo, limpieza. *Suciedad.*

MUNDO Cosmos, globo, orbe, planeta, Tierra, universo. // Humanidad, género humano.

MUNICIONAR Abastecer, pertrechar, proveer, aprovisionar.

MUNICIONES Pertrechos, víveres, provisiones, aprovisionamiento. // Perdigones, batería.

MUNICIPAL Comunal, urbano.

MUNICIPALIDAD Ayuntamiento, municipio, vecindad.

MUNICIPIO Ciudad, comuna, concejo, municipalidad.

MUNIFICENCIA Generosidad, esplendidez, largueza. *Tacañería.*

MUNÍFICO Generoso, liberal, dadivoso, espléndido. *Tacaño.*

MUÑECA Maniquí, pepona. // Habilidad, influencia.

MUÑECO Pelele, títere, fantoche, monigote, marioneta, maniquí.

MUÑEQUEAR Apoyar, influir.

MURALLA Muro, paredón, murallón, defensa, fortificación.

MURAR Amurallar, fortificar.

MURIÁTICO Clorhídrico.

MURMULLO Rumor, susurro. *Clamor, chillido, grito.*

MURMURACIÓN Comidilla, chisme, habladuría, maledicencia, rumor, rezongo, comentario, susurro.

MURMURAR Susurrar. // Censurar, criticar, chismear, desollar, despellejar. *Alabar, loar.*

MURO Muralla, pared, paredón, tapia, defensa, tapial, cercado.

MURRIA Esplín, melancolía, tedio. *Alegría, ilusión.*

MUSA Inspiración, numen, poesía.

MUSCULOSO Fornido, membrudo, vigoroso. *Débil, enclenque.*

MÚSICA Armonía, melodía.

MUSICAL Armonioso, melodioso, melódico, armónico, ritmado.

MUSITAR Bisbisar, cuchichear, mascullar, susurrar. *Aullar, clamar, gritar, rugir, vociferar.*

MUSTIO Ajado, lacio, marchito. *Fresco, terso, lozano.* // Lánguido, melancólico, triste.

MUSULMÁN Agareno, islámico, islamita, mahometano, morisco, moro.

MUTACIÓN Alteración, cambio, mudanza. *Permanencia.*

MUTILACIÓN Ablación, amputación, cercenamiento.

MUTILADO Inválido, incompleto, cortado, trunco, quebrado.

MUTILAR Amputar, cercenar, cortar, circuncidar, truncar.

MUTIS Retirada, salida, marcha. *Aparición, entrada.*

MUTISMO Silencio. *Alboroto, bullicio, locuacidad, vocerío.*

MUTUAL Mutuo.

MUTUAMENTE Recíprocamente.

MUTUO Mutual, recíproco, solidario. *Intransferible, personal, singular, unilateral.*

MUY Demasiado, harto, sobrado. *Apenas, poco.*

NABAB Acaudalado, potentado, creso, multimillonario.

NÁCAR Nacre, nácara, nacarón.

NACARADO Anacarado, nacarino. // Irisado.

NACENCIA Nacimiento. // Tumor, bulto, apostema.

NACER Aparecer, asomar, brotar, despuntar, germinar, manar, prorrumpir, empezar. *Desaparecer, morir, perecer.* // Deducirse, derivarse, inferirse, originarse, proceder, provenir, seguirse. // Encarnar, renacer.

NACIDO Nato, nativo, natural, hijo. // Propio, apto.

NACIENTE Incipiente, nuevo, principiante. *Final.* // Este, levante, oriente. *Oeste, poniente.*

NACIMIENTO Nacencia, natalicio, navidad, natividad. *Muerte.* // Origen, principio, vida. *Fin.* // Manantial, fuente. // Prole, descendencia, familia.

NACIÓN Estado, país, patria, pueblo, gente, territorio, tierra. // Nacimiento, origen. // Nacionalidad, ciudadanía, población.

NACIONAL Patrio, gentilicio. // Natural, oriundo, originario, hijo, habitante, patriota. *Extranjero, foráneo.*

NACIONALIDAD Ciudadanía, origen, naturaleza, raza.

NACIONALISMO Patriotismo, civismo. // Regionalismo, provincialismo.

NACIONALIZAR Naturalizar.

NADA Cero, inexistencia, poquísimo. *Todo, totalidad.* *Nata.

NADAR Flotar, sobrenadar, bracear, bañarse. *Hundirse.*

NADERÍA Bagatela, fruslería, insignificancia, nonada. *Grandiosidad, importancia, joya.*

NADIE Ninguno, ninguna persona. *Alguien, alguno.* // Insignificante.

NAIPES Baraja, cartas.

NALGADA Azote, azotazo.

NALGAS Asentaderas, posaderas, trasero, traste, culo, ancas.

NALGUEAR Anadear. // Contonearse.

NANA Pupa, daño, lastimadura. // Canto, arrullo.

NAO Nave, navío, barco, bajel.

NARCISO Presumido, afectado.

NARCÓTICO Dormitivo, somnífero, soporífero, estupefaciente, sedante, calmante. *Excitante.*

NARCOTIZAR Adormecer, aletargar. *Despertar, despabilar.*

NARIGÓN Nariguado, narizón, narizudo. *Ñato.*

NARIZ Napia, naso, ñata, trompa, hocico. // Olfato.

NARRABLE Contable, explicable, comentable, narrativo.

NARRACIÓN Cuento, exposición, relato, relación, descripción, crónica, historia, referencia, fábula.

NARRADOR Relator, cuentista, cronista, relatante, relatador, referente, referidor, fabulista.

NARRAR Contar, referir, relatar, novelar, historiar, decir, mencionar, detallar, extenderse. *Callar.*

NARRATIVA Narración. Épica
NARRATIVO Narrable, referible. // Tradicional, legendario, fabuloso.
NASAL Gangoso.
NATA Crema. // Exquisitez, notabilidad.
*Nada.
NATACIÓN Baño, inmersión.
NATAL Nativo. // Natalicio, nacimiento, aniversario.
NATALICIO Cumpleaños, aniversario, natal.
NATIVIDAD Nacimiento, navidad.
NATIVO Nacido, natural, oriundo, originario, propio. *Extranjero, extraño.* // Aborigen, indígena. *Forastero.*
NATURA Naturaleza.
NATURAL Aborigen, indígena, nativo, oriundo. *Extranjero, forastero.* // Congénito, espontáneo, innato, propio, verdadero. *Industrial, postizo, sintético.* // Franco, ingenuo, sencillo. *Artificioso, complicado.* // Común, corriente, habitual, lógico, normal. *Extraño.* // Carácter, condición, genio, índole, instinto, temperamento.
NATURALEZA Calidad, disposición, esencia, propiedad, sustancia, virtud. // Genio, inclinación, índole, instinto, propensión. // Sexo. // Complexión, constitución, temperamento.
NATURALIDAD Espontaneidad, franqueza, ingenuidad, sencillez, simplicidad, sinceridad, llaneza, familiaridad. *Afectación, arrogancia, artificio, desconfianza, extravagancia.*
NATURALISMO Realismo.
NATURALIZAR Nacionalizar. // Aclimatar, adaptar, habituar.
NATURALMENTE Abiertamente, llanamente, simplemente, familiarmente.
NAUFRAGAR Hundirse, perderse, zozobrar, sumergirse. *Flotar.* // Fracasar. *Triunfar.*
NAUFRAGIO Desastre, fracaso, hundimiento, pérdida, ruina, siniestro, zozobra. *Éxito, triunfo.*
NÁUSEA Arcada, basca, regurgitación. // Asco, aversión, repugnancia, disgusto.

Apetencia, deseo, hambre.
NAUSEABUNDO Asqueroso, inmundo, repugnante. *Aromático, fragante.* // Nauseoso, vomitivo.
NAUSEAR Vomitar, asquear, basquear.
NAUTA Marino, navegante, marinero, piloto.
NÁUTICO Naval, marítimo.
NAVAJA Cuchillo, faca, charrasca. // Aguijón, colmillo.
NAVAJADA Puñalada, cuchillada, navajazo, tajo.
NAVAL Marítimo, náutico, naviero. *Aéreo, terrestre.*
NAVE Barco, buque, embarcación, navío, bajel.
NAVEGACIÓN Náutica, marina, marinería. // Mareaje, pilotaje, cabotaje, travesía, periplo, viaje.
NAVEGANTE Nauta, navegador, marino, marinero, mareante.
NAVEGAR Embarcarse, pilotear.
NAVIDAD Nacimiento, natividad.
NAVÍO Embarcación, nave.
NEBLINA Bruma, niebla, celaje.
NEBULOSIDAD Sombra, niebla, oscuridad, celaje. *Luz, limpieza.*
NEBULOSO Brumoso, nublado. *Despejado.* // Confuso, oscuro, problemático. *Claro, nítido, seguro.*
NECEDAD Desatino, estulticia, idiotez, imbecilidad, sandez, torpeza. *Aptitud, ingenio, sabiduría.*
NECESARIAMENTE Irremediablemente, fatalmente, inevitablemente, precisamente.
NECESARIO Forzoso, indispensable, inevitable, obligatorio, preciso, imperioso, vital, esencial, inexcusable, irremediable, ineludible. *Accidental, evitable, innecesario, voluntario.*
NECESIDAD Ahogo, aprieto, apuro, escasez, falta, indigencia, miseria, pobreza, hambre, penuria, carencia, estrechez. *Bienestar, hartura.* // Menester, obligación, urgencia.
NECESITADO Escaso, falto, indigente, menesteroso, pobre. *Rico.*

NECESITAR Carecer, precisar.

NECIO Tonto, bobo, burro, corto, idiota, badulaque, estólido, ignorante, imbécil, imprudente, lelo, mentecato, obtuso, pavo, zampatortas, zoquete. *Ingenioso, lúcido, sagaz.*

NECRÓPOLIS Camposanto, cementerio.

NÉCTAR Ambrosía, licor, elixir.

NEFANDO Abominable, indigno, torpe, infame, ignominioso, execrable, repugnante. *Honorable, listo.*

NEFASTO Funesto, ominoso, triste, aciago, desgraciado. *Afortunado, alegre, propicio.*

NEFRÍTICO Renal.

NEGACIÓN Negativa. *Afirmación, aseveración, sí.*

NEGADO Incapaz, inepto. *Apto, capaz, hábil, inteligente.*

NEGAR Denegar, rehusar. *Aceptar, afirmar, ratificar.* // Impedir, prohibir, vedar. *Consentir, permitir.* // Excusarse. *Incluirse.*

NEGATIVA Negación, oposición, repulsa, recusación, denegación, prohibición. *Aceptación, asentimiento.*

NEGATIVO Inflexible, riguroso, severo, inexorable.

NEGLIGENCIA Apatía, descuido, desgana, desidia, dejadez, incuria, indolencia, omisión, desatención, imprevisión, inadvertencia, flojedad. *Atención, aplicación, cuidado, diligencia, esmero.*

NEGLIGENTE Dejado, descuidado, desidioso, gandul, omiso, holgazán, abandonado, perezoso, desaplicado, apático. *Activo, solícito, aplicado.*

NEGOCIACIÓN Concierto, convenio, negocio, trato, trabajo, encargo, causa, servicio.

NEGOCIADO Negocio, asunto. // Componenda.

NEGOCIANTE Comerciante, mercader, negociador, traficante, especulador, tratante, intermediario. *Cliente.*

NEGOCIAR Comerciar, tratar, traficar, especular, vender, comprar, enajenar. // Descontar. // Traspasar, ceder.

NEGOCIO Comercio, local. // Empleo, ocupación, trabajo, tarea, labor. // Agencia, asunto, convenio, dependencia, negociación, tratado, trato, diligencia, encargo, servicio, causa.

NEGREAR Ennegrecer.

NEGRERO Cruel, despótico, tirano, explotador, abusador. // Esclavista, traficante.

NEGRO Moreno, oscuro, mulato, africano, bruno, negroide. *Blanco, encalado, níveo.* // Apretado, apurado. // Sombrío, triste, melancólico. *Alegre, risueño.* // Desventurado, infausto, infeliz. *Fausto, feliz, venturoso.*

NEGRURA Oscuridad, negror, tinieblas, ennegrecimiento, sombra. *Claridad.* // Maldad. *Bondad.*

NEMA Sello, cierre.

NEMOROSO Boscoso, selvático, silvoso, enselvado.

NEÓFITO Catecúmeno, inexperto, novato, novicio, nuevo, novel, converso, principiante. *Diestro, ducho.*

NEPOTISMO Favoritismo, arbitrariedad.

NERONIANO Cruel, sanguinario.

NERVIO Eficacia, energía, fuerza, vigor. *Debilidad, flaqueza.* // Tendón, neurona, axón, ganglio. // Encéfalo, médula.

NERVIOSAMENTE Histéricamente. *Tranquilamente.* // Fuertemente, vigorosamente, enérgicamente. *Débilmente.*

NERVIOSIDAD Nerviosismo, inquietud, intranquilidad, excitación, exaltación, agitación, irritación. *Tranquilidad, serenidad, calma.*

NERVIOSISMO Nerviosidad.

NERVIOSO Excitable, irritable. *Impasible, insensible.* // Enérgico, fuerte, vigoroso. *Suave.*

NERVUDO Robusto, fuerte, fibroso, fornido. *Débil, enclenque.*

NESCIENCIA Ignorancia, necedad. *Sapiencia.*

NETO Limpio, puro, desnudo, inmaculado, límpido, transparente, claro. *Empañado.* // Líquido. *En bruto.*

NEUMÁTICO Cámara, cubierta.

NEUMONÍA Pulmonía.

NEURÁLGICO Central, vital, fundamental, básico, principal. *Secundario.*

NEURASTENIA Neurosis, manía, excentricidad, rareza, nerviosidad, perturbación, trastorno. *Equilibrio, sosiego.*

NEURASTÉNICO Nervioso, neurótico. *Calmoso, reposado.*

NEUTRAL Imparcial, indiferente, objetivo, equitativo, ecuánime, justo, neutro, indefinido. *Aliado, beligerante, parcial, partidario.*

NEUTRALIDAD Imparcialidad, ecuanimidad, objetividad, abstención, indiferencia, rectitud, justicia. *Parcialidad, sectarismo, beligerancia, militancia.*

NEUTRALIZAR Contrarrestar, debilitar. *Apoyar, intervenir.*

NEUTRO Imparcial, indiferente, neutral, indeciso, nulo, estéril, vago.

NEVADA Nevasca, nevazón, nevisca, torva, cellisca, ventisca, avalancha.

NEVADO Blanco, níveo.

NEVAR Neviscar, ventiscar, cellisquear, ventisquear, trapear.

NEVERA Heladera, refrigerador.

NEVERO Glaciar, helero.

NEXO Enlace, lazo, nudo, unión, vínculo, ligadura, atadura, afinidad. *Desunión, desvinculación.*

NICHO Concavidad, hornacina. *Saliente.* // Sepultura.

NIDADA Crías, huevos.

NIDAL Ponedero, ponedor. // Nido. // Refugio, guarida, abrigo.

NIDO Nidal, palomar, gallinero, avispero, cubil, guarida, madriguera. // Casa, habitación, hogar, morada, patria. // Origen, germen, centro.

NIEBLA Bruma, neblina, calina, calígine, cejo, fosca, vapor, vaho. // Confusión, oscuridad. *Claridad.*

NIGROMANTE Brujo, hechicero, mago, augur.

NIHILISMO Escepticismo, negación.

NIMBAR Aureolar, coronar, circuir.

NIMBO Aureola, corona, halo.

NIMIEDAD Minuciosidad, prolijidad,

amplitud, ampulosidad, pomposidad, circunloquio, detalle, poquedad, parvedad, pequeñez, exigüidad, poco, nonada, miseria, tris. *Mucho, importancia, significación, trascendencia, seriedad, sencillez.*

NIMIO Detallado, exagerado, excesivo. // Insignificante, minucioso, pequeño, prolijo. *Importante, trascendente.*

NINFA Náyade, nereida, ondina, sílfide. // Beldad, belleza, hermosura.

NINGUNO Nadie. *Alguien, alguno.*

NIÑA Chiquilla, nena. // Pupila.

NIÑERA Nodriza, ama, chacha, ñaña, nana, nurse, criada.

NIÑERÍA Chiquillada, travesura, nimiedad, niñada, pavada.

NIÑEZ Infancia, puericia, inocencia. *Vejez.* // Principio, origen. *Fin.*

NIÑO Criatura, crío, chico, hijo, infante, mocoso, nene, pequeño. // Bisoño, inexperto, novato. *Experto, veterano.*

NIPÓN Japonés.

NITIDEZ Pureza, limpidez, tersura, transparencia, claridad, brillo, pulimento. *Impureza, opacidad.*

NÍTIDO Claro, limpio, puro, resplandeciente, terso, límpido, pulido, transparente. *Opaco, sucio.*

NÍTRICO Azoico.

NITRO Salitre.

NITRÓGENO Ázoe.

NIVEL Horizontalidad, paralelismo, superficie. // Altura, elevación.

NIVELACIÓN Horizontalidad, allanamiento, explanación, igualación.

NIVELAR Rasar. // Equilibrar, equiparar, igualar, compensar. *Desequilibrar, desigualar, desnivelar.*

NÍVEO Blanco, nevado.

NOBLE Aristócrata. *Plebeyo, proletario.* // Digno, estimable, excelente, generoso, honroso, ilustre, preclaro. *Despreciable, indigno, ruin.*

NOBLEMENTE Generosamente, dignamente, lealmente. *Indignamente.*

NOBLEZA Aristocracia. *Pueblo, vulgo.* // Caballerosidad, generosidad, hidal-

guía. *Interés, plebeyez, ruindad.*
NOCHE Confusión, ignorancia, oscuridad, sombra, tenebrosidad. *Claridad, día, luz.*
NOCHERNIEGO Noctámbulo.
NOCIÓN Conocimiento, idea.
NOCIONES Elementos, principios, noticias, fundamentos, rudimentos.
NOCIVO Dañoso, perjudicial, pernicioso, dañino, malo, insalubre, maléfico, malsano, desfavorable. *Bueno, inofensivo, saludable, sano.*
NOCTÁMBULO Nocherniego, noctívago, trasnochador, anochecedor, nochero. *Madrugador.*
NOCTILUCA Luciérnaga, cocuyo.
NOCTÍVAGO Noctámbulo.
NOCTURNO Nocturnal. *Mañanero, matinal, diurno.* // Melancólico, retraído, triste.
NODRIZA Nutriz, ama, nana, chacha, criandera.
NÓDULO Núcleo, concreción, masa, tumor, bulto, dureza.
NOGAL Noguera, noguerón, noceda.
NÓMADA Errante, nómade, trashumante, vagabundo, deambulante, caminante. *Estable, sedentario.*
NOMADISMO Trashumancia, traslado, peregrinación, desarraigo. *Asentamiento.*
NOMBRADÍA Celebridad, fama, reputación, renombre, nombre, notoriedad, estimación. *Descrédito.*
NOMBRAMIENTO Ascenso, designación. *Destitución, exoneración.* // Elección. *Jubilación.* // Despacho, diploma, título.
NOMBRAR Llamar, mencionar. *Omitir.* // Elegir, escoger, proclamar. *Expulsar, rechazar.*
NOMBRE Denominación, firma, título. // Apodo, mote, seudónimo, sobrenombre, apelativo. // Fama, opinión, renombre, nombradía.
NOMENCLADOR Índice, nomenclátor, catálogo, nómina, lista, nomenclatura, directorio, guía.
NÓMINA Lista, nomenclatura, relación,

catálogo, enumeración, índice.
NOMINACIÓN Nombramiento.
NOMINAL Nominativo. // Irreal, figurado, representativo. *Concreto, efectivo, positivo, real.*
NON Impar. // Negación.
NONADA Poco. // Fruslería, insignificancia. *Monada.*
NONAGENARIO Noventón, anciano, senil. *Joven, adolescente.*
NORMA Criterio, sistema, principio, guía, pauta, modelo, canon, orden, medida, técnica, método. *Anarquía, irregularidad.* // Regla.
NORMAL Acostumbrado, corriente, habitual, regular, usual, natural, rutinario, común, ordinario, diario, cotidiano. *Desacostumbrado, inusual, irregular.*
NORMALIDAD Regularidad, costumbre, regla, uso, normalización, orden, rutina, naturalidad. *Irregularidad, desuso, anormalidad.*
NORMALIZAR Metodizar, ordenar, regularizar, regular, encauzar, enderezar, encarrilarse. *Desordenar.*
NORMATIVO Regular, preceptivo, formal, sistemático. *Irregular.*
NORTE Septentrión. *Mediodía, sur.* // Dirección, guía. // Fin, finalidad, meta, objeto.
NORTEÑO Nórdico, septentrional, ártico, boreal. *Meridional, austral.*
NOSOCOMIO Hospital, clínica, sanatorio.
NOSTALGIA Añoranza, pena, pesar, ausencia, melancolía, remembranza, tristeza. *Olvido, serenidad.*
NOSTÁLGICO Melancólico, triste, evocador, apenado, afligido, apesadumbrado, añorante. *Alegre, indiferente.*
NOTA Advertencia, anotación, apuntación, apuntamiento, señal. // Comentario, explicación, llamada, noticia. // Censura, reparo. // Concepto, crédito, fama, reputación. // Calificación. // Comunicación, informe.
NOTABLE Considerable, extraordinario, importante, primordial, valioso, distin-

guido, sobresaliente, grande, superior, capital, trascendente, trascendental, principal, esencial, sustancial, vital, culminante, granado. *Insignificante, vulgar.*

NOTACIÓN Escritura, signo, anotación.

NOTAR Advertir, apuntar, distinguir, percibir, señalar, ver. // Desacreditar, infamar. // Censurar, reprender. // Escribir, anotar, acotar, asentar, inscribir, registrar, citar.

NOTARIAL Oficial, legal, legalizado, registrado, autenticado, certificado.

NOTARIO Escribano.

NOTICIA Anuncio, aviso, comunicación, información, nueva, novedad, reseña, reporte, crónica, mensaje, reportaje, suceso. // Idea, noción.

NOTICIAR Enterar, notificar.

NOTICIERO Informador, informativo.

NOTICIOSO Conocedor, enterado, sabedor. *Desconocedor, ignorante.* // Informativo.

NOTIFICACIÓN Aviso, comunicación, noticia, instrucción, circular, anuncio, participación. // Nombramiento, cédula, documento, despacho.

NOTIFICAR Anunciar, avisar, comunicar, informar, manifestar, participar, prevenir, instruir, enterar. *Encubrir, ocultar, sorprender.*

NOTORIEDAD Fama, nombradía, popularidad, reputación, celebridad, prestigio, predicamento, renombre, gloria, notabilidad. *Descrédito, anonimato.*

NOTORIO Claro, evidente, manifiesto, público, sabido, visible. *Confuso, incierto, privado.*

NOVATO Novel, novicio, nuevo, principiante, bisoño, aprendiz, inexperto. *Experto, maestro, viejo, veterano.*

NOVEDAD Noticia, nueva, primicia. *Antigüedad, imitación.* // Admiración, extrañeza. *Indiferencia.* // Alteración, innovación, mudanza, variación. *Permanencia.*

NOVEL Novato.

NOVELA Narración, ficción, folletín, fábula, novelón.

NOVELAR Contar, narrar, historiar, fabular. // Fantasear.

NOVELERO Inconstante, versátil, voluble, variable. *Constante.*

NOVELESCO Fingido, romántico, romancesco, sentimental, soñador. *Realista.* // Interesante, singular.

NOVELISTA Escritor, literato, narrador, novelador, prosista.

NOVENO Nono.

NOVIA Prometida.

NOVIAZGO Relaciones, esponsales, desposorio.

NOVICIADO Aprendizaje. *Experiencia, maestría.*

NOVICIO Inexperto, novel, principiante, iniciado, nuevo. // Seminarista, aspirante, estudiante. *Veterano.*

NOVIO Futuro, pretendiente, prometido.

*Niobio.

NUBADA Nubarrada. aguacero, chubasco. // Nublado. // Abundancia, multitud. *Escasez.*

NUBE Nubarrón, nublado, nublo, nimbo, cúmulo, estrato, celaje. // Velo, gasa, chal. // Pantalla, cortina.

NÚBIL Casadero.

NUBILIDAD Pubertad, pubescencia, madurez. *Niñez, inmadurez.*

NUBLADO Amenazante, encapotado, nuboso, oscuro, tempestuoso, cerrado, cubierto, nebuloso, sombrío, cargado, amenazador. *Claro, despejado.*

NUBLARSE Anublar, encapotarse. *Aclarar, despejarse.*

NUCA Cogote, cerviz, testuz.

NUCLEAR Atómico.

NÚCLEO Centro, foco, corazón. *Perímetro.*

NUDO Enlace, lazada, lazo, ñudo, trabazón, vínculo. *Desunión, división, ruptura.* // Bulto, tumor. // Causa, centro, motivo. *Consecuencia, resultado.* // Intriga, enredo, trama.

NUDOSO Rugoso, desigual.

NUEVA Novedad, noticia, suceso.

NUEVO Diferente, distinto, inédito. *Conocido, igual.* // Novato, principiante.

Experto, maestro. // Fresco, moderno, reciente. *Gastado, usado, viejo.*

NUGATORIO Ilusorio, engañoso, capcioso, desilusorio.

NULIDAD Anulación, invalidación, rescisión, desautorización, abolición, cancelación. *Autorización.* // Incapacidad, ineptitud. *Aptitud.*

NULO Revocado, cancelado, abolido, inválido, rescindido, derogado. *Válido.* // Incapaz, torpe, inepto. *Hábil.*

NUMEN Estro, inspiración, musa, genio, imaginación, ingenio.

NUMERACIÓN Foliación, paginación, inscripción, ordenación.

NUMERAL Numérico, numerario.

NUMERAR Contar, foliar, marcar.

NUMERARIO Dinero, efectivo. // Numeral, numérico.

NÚMERO Cifra, guarismo, signo. // Categoría, clase, condición.

NUMEROSO Compacto, considerable, copioso, muchos, nutrido, profuso. *Escaso, limitado.*

NUNCA Jamás. *Eternamente, siempre.*

NUNCIO Legado, representante, emisario. // Anuncio, señal.

NUPCIAL Conyugal, matrimonial, marital, connubial.

NUPCIAS Boda, casamiento, casorio, desposorio, enlace, esponsales, himeneo, matrimonio. *Divorcio, separación.*

NUTRICIO Nutritivo.

NUTRICIÓN Alimentación, nutrimento, sustentación.

NUTRIDO Abundante, copioso, denso.

NUTRIR Alimentar, mantener, sustentar, sostener, cebar. *Desmejorar, desnutrir.* // Colmar, llenar.

NUTRITIVO Alimenticio, vigorizante, nutricio, sustancioso, suculento, vigorizante. *Insustancial.*

ÑAGAZA Señuelo, cebo.

ÑAPA Yapa, añadidura.

ÑAQUE Residuos, cachivaches.

ÑATA Nariz.

ÑATO Chato, romo. *Narigón, aguzado.*

ÑEQUE Vigoroso, fuerte. // Energía, fuerza, vigor. *Debilidad.*

ÑIQUIÑAQUE Pícaro, astuto, granuja.

ÑOÑERÍA Ñoñez, poquedad, simpleza, tontería, apocamiento, cobardía, pusilanimidad. *Decisión.*

ÑOÑO Necio, pusilánime, tímido. *Avispado, vivaracho.* // Insustancial, soso. *Meolludo.* // Achacoso, chocho. // Lamentoso, quejoso.

ÑUDO Nudo.

OASIS Descanso, refugio, tregua, alivio, consuelo. // Palmeral, manantial, vergel, sombra. *Desierto.*

OBCECACIÓN Ofuscación, ceguera, obstinación, prejuicio, obnubilidad, velo, manía, empecinamiento, terquedad. *Comprensión, claridad, desistimiento.*

OBCECADO Terco, testarudo, obstinado, tozudo, porfiado, obseso, confundido, empeñado, empecinado, insistente, turbado. *Comprensivo, lúcido, reflexivo.*

OBCECARSE Cegarse, empeñarse, emperrarse, ofuscarse. *Reflexionar.*

OBDURACIÓN Porfía, obstinación, terquedad, testarudez.

OBEDECER Ceder, someterse, prestarse, acatar, cumplir, conformarse, inclinarse, respetar, asentir, subordinarse, disciplinarse. *Desobedecer, mandar, rebelarse.*

OBEDIENCIA Acatamiento, docilidad, observancia, sumisión, disciplina, cumplimiento, respeto, dependencia, subordinación, obsecuencia, servilismo. *Rebelión, indisciplina.*

OBEDIENTE Bienmandado, dócil, manejable, sumiso, cumplidor, rendido, disciplinado, respetuoso. *Desobediente, insubordinado, rebelde, renuente.*

OBELISCO Obelo, pilar, monumento.

OBERTURA Preludio, sinfonía, introducción, inicio.

OBESIDAD Gordura, adiposis, corpulencia, grasa. *Delgadez.*

OBESO Gordo, grueso, rollizo, gordinflón, regordete, corpulento, voluminoso, rechoncho, adiposo. *Delgado, flaco.*

ÓBICE Estorbo, impedimento, inconveniente, obstáculo, embarazo, dificultad, rémora, tropiezo. *Posibilidad.*

OBISPO Prelado.

ÓBITO Deceso, defunción, muerte, fallecimiento. *Nacimiento.*

OBJECIÓN Observación, oposición, reparo, negación, negativa, advertencia, dificultad. *Aplauso, aprobación.*

OBJETAR Contradecir, oponer, impugnar, rebatir, refutar, negar, contestar, argüir. *Admitir, aprobar.*

OBJETIVAMENTE Desapasionadamente, fríamente. *Subjetivamente.*

OBJETIVO Fin, finalidad, objeto, meta. // Desapasionado, impersonal. *Interesado, parcial.* // Lente.

OBJETO Asunto, materia, material, cosa, elemento, cuerpo. // Fin, finalidad, intento, objetivo, propósito.

OBLACIÓN Ofrenda, ofrecimiento, don, sacrificio. *Ablación.*

OBLICUAMENTE Al bies, al sesgo, diagonalmente, sesgadamente, transversalmente. *Perpendicularmente.*

OBLICUAR Desviar, torcer, sesgar, soslayar, inclinar, atravesar, escorzar, desnivelar, esquinar. *Enderezar.*

OBLICUO Inclinado, soslayado, diagonal, sesgado. *Derecho.*

OBLIGACIÓN Carga, compromiso, deber, exigencia, incumbencia, necesidad. *Derecho, poder.*

OBLIGADO Agradecido, reconocido. // Impulsado, movido. *Voluntario.*

OBLIGAR Compeler, constreñir, exigir, forzar, imponer. *Eximir, liberar.* // Comprometerse.

OBLIGATORIEDAD Necesidad, exigencia, imposición, sujeción, apremio, intimación, carga, compromiso. *Voluntariedad.*

OBLIGATORIO Forzoso, imperativo, impuesto, indispensable, inevitable, necesario, preciso, imprescindible, debido, exigible, mandado. *Consciente, espontáneo, libre, voluntario.*

OBLITERACIÓN Obstrucción, obturación, oclusión.

OBLITERAR Cerrar, inutilizar, obstruir, obturar.

OBLONGO Alargado, alongado.

OBNUBILACIÓN Anublamiento, oscurecimiento, ofuscación, confusión. *Esclarecimiento.*

OBRA Composición, labor, producción, trabajo, ocupación, hazaña. // Libro, volumen. // Medio, poder, virtud. // Producto, resultado.

OBRADOR Taller, estudio, fábrica, gabinete, laboratorio.

OBRAJE Fábrica, manufactura.

OBRAR Hacer, maniobrar, operar. *Abstenerse, descansar.* // Construir, edificar, fabricar. // Comportarse, portarse, proceder. // Defecar.

OBRERO Operario, trabajador, productor, artesano, asalariado, proletario. *Capataz, contratista, empresario, patrón.*

OBSCENIDAD Deshonestidad, fornicación, impudicia, indecencia, pornografía, sensualidad, sicalipsis, torpeza. *Decencia, honestidad.*

OBSCENO Deshonesto, impúdico, lascivo, licencioso, pornográfico, torpe. *Decente, moral, púdico.*

OBSECRACIÓN Ruego, súplica, instancia, imploración.

OBSECUENCIA Sumisión, obediencia, docilidad, condescendencia.

OBSECUENTE Dócil, obediente, sumiso. *Indisciplinado, reacio.*

OBSEQUIAR Agasajar, regalar. // Galantear, requebrar. *Despreciar.*

OBSEQUIO Atención, regalo, ofrenda, donativo, dádiva, presente. // Afabilidad, deferencia, rendimiento.

OBSEQUIOSIDAD Atención, cortesía, oficiosidad, galantería, halago, adulación, corte, sumisión. *Desatención.*

OBSEQUIOSO Amable, complaciente, cortés, galante, rendido, sumiso. *Desatento, descortés.*

OBSERVACIÓN Advertencia. // Atención, consideración, contemplación, cuidado, examen, reparo. *Distracción, inadvertencia, irreflexión.*

OBSERVADOR Curioso, espectador, mirón, atento, fisonomista. *Despreocupado, distraído, torpe, abstraído.*

OBSERVANCIA Acatamiento, cumplimiento, desempeño. *Descuido, incumplimiento, negligencia.*

OBSERVAR Advertir, contemplar, examinar, mirar, reparar. *Inadvertir.* // Atisbar, espiar, vigilar. // Cumplir, guardar, obedecer, respetar. *Desatender.*

OBSESIÓN Preocupación. *Cordura, ecuanimidad, sensatez.*

OBSESIVO Insistente, reiterativo, repetido, fijo, obseso. *Despreocupado.*

OBSESO Obsesivo, obcecado, tozudo, obnubilado, tenaz, empecinado, ofuscado, neurótico, insistente. *Sereno, ecuánime, amplio.*

OBSTACULIZAR Entorpecer, interponer, impedir, dificultar, obstruir, limitar, estorbar, trabar, atar, sujetar. *Facilitar, desembarazar.*

OBSTÁCULO Dificultad, impedimento, inconveniente, óbice, oposición, traba, tropiezo. *Facilidad.*

OBSTANTE (NO) A pesar de, empero, sin embargo.

OBSTAR Estorbar, impedir, oponerse, ser óbice. *Optar.

OBSTETRICIA Tocología, ginecología.

OBSTINACIÓN Pertinacia, porfía, terquedad, tesón, tozudez. *Desistimiento, transigencia.*

OBSTINADO Perseverante, pertinaz,

porfiado, tenaz, terco, testarudo, tozudo. *Inconsecuente.*

OBSTINARSE Empecinarse, empeñarse, emperrarse, encalabrinarse, porfiar. *Ceder, desistir.*

OBSTRUCCIÓN Atasco, atolladero, atoramiento, dificultad, impedimento, obstáculo, oclusión, taponamiento, estreñimiento, atascamiento, retención, obliteración, estancamiento. *Facilidad, apertura.*

OBSTRUIR Cerrar, ocluir, tapar. *Abrir, perforar.* // Entorpecer, estorbar, interceptar. *Desocupar, facilitar.*

OBTENCIÓN Conquista, consecución, logro, alcance, adquisición, ganancia, beneficio, resultado. *Fracaso, pérdida.*

OBTENER Alcanzar, conquistar, conseguir, lograr, mantener, tener. *Carecer, desperdiciar, malgastar, malograr.*

OBTURACIÓN Atasco, cierre, obstrucción, oclusión, taponamiento.

OBTURAR Cegar, cerrar, ocluir, tapar, taponar. *Abrir, destapar.*

OBTUSO Mocho, romo, despuntado, chato. *Agudo, puntiagudo.* // Tardo, tonto, torpe, zote. *Listo, sagaz.*

OBÚS Granada, proyectil, cañón.

OBVENCIÓN Gratificación, propina, premio, remuneración, utilidad.

OBVIAR Apartar, evitar, rehuir, remediar. // Estorbar, oponerse.

OBVIO Claro, evidente, notorio, patente, visible. *Difícil, incierto, obscuro.*

OCA Ánade, ánsar, ganso, pato.

OCASIÓN Oportunidad, circunstancia, sazón, tiempo, trance, asidero, coyuntura, pie, pretexto. // Peligro, riesgo.

OCASIONAL Fortuito, eventual, azaroso, accidental. *Determinado.*

OCASIONAR Causar, motivar, originar, producir. // Mover, provocar.

OCASO Atardecer, crepúsculo. *Amanecer, aurora.* // Occidente, oeste, poniente. // Decadencia, declinación. *Apogeo, brillantez, principio.* *Acaso.

OCCIDENTE Oeste, ocaso, poniente. *Oriente.*

OCEÁNICO Marítimo, marino, atlántico, transatlántico, pelágico. *Terrestre, continental.*

OCÉANO Mar, piélago, ponto. // Inmensidad, extensión.

OCIO Descanso, holganza, inacción, reposo, quietud, tregua, recreo, diversión. *Acción, actividad.*

OCIOSIDAD Holgazanería, inactividad, pereza. *Actividad, diligencia, ocupación, tarea.*

OCIOSO Desocupado, inactivo, parado, retirado. *Activo, atareado, ocupado.* // Holgazán, vago. *Diligente, trabajador.* // Estéril, infructuoso. *Fecundo.*

OCLUIR Cerrar, obstruir, obturar, tupir. *Destapar, abrir.*

OCLUSIÓN Cierre, obstrucción, obturación. *Abertura.*

OCULAR Visual, oftálmico, oftalmológico.

OCULISTA Oftalmólogo.

OCULTACIÓN Encubrimiento, escondimiento, enmascaramiento, mimetismo, disimulo, desfiguración, disfraz. *Exhibición, manifestación, notoriedad.*

OCULTAMENTE Cubiertamente, calladamente, secretamente. *Abiertamente, francamente.*

OCULTAR Encubrir, esconder, tapar. *Enseñar, exhibir.* // Callar. // Desaparecer, disfrazar, disimular. *Aparecer, salir.* // Emboscarse. *Presentarse.*

OCULTISMO Espiritismo, adivinación, hechicería, magia, superstición.

OCULTO Encubierto, escondido, incógnito, insondable, recóndito, secreto, velado. *Descubierto, expuesto, manifiesto, visible.*

OCUPACIÓN Actividad, empleo, oficio, profesión, quehacer, tarea, trabajo. *Holganza, ociosidad.*

OCUPADO Atareado. *Desocupado, inactivo, ocioso.* // Lleno. *Vacío.*

OCUPAR Adueñarse, apropiarse, posesionarse, apoderarse, enseñorearse, usurpar. *Dejar, abandonar.* // Ejercer, profesar, trabajar, emplear, comisionar.

Descansar, vaguear, haraganear.

OCURRENCIA Caso, circunstancia, coyuntura, ocasión. // Agudeza, chiste, salida.

OCURRENTE Agudo, chistoso, ingenioso, gracioso, oportuno.

OCURRIR Acaecer, acontecer, pasar, sobrevenir, suceder. // Acudir, concurrir. // Pensar, imaginar.

ODA Verso, poema, loa, alabanza, glorificación, cántico.

ODIAR Aborrecer, abominar, detestar. *Amar, querer.*

ODIO Aborrecimiento, antipatía, aversión, inquina, rabia, rencor, enemistad. *Afecto, amistad, amor, cariño, devoción, pasión.*

ODIOSO Abominable, aborrecible, antipático, detestable. *Adorable, amoroso.* // Injusto. *Justo.*

ODISEA Aventura, riesgo, penalidad, persecución, fuga, huida. *Paz, tranquilidad, calma, dicha.*

ODÓMETRO Podómetro. // Taxímetro.

ODONTÓLOGO Dentista.

ODORÍFERO Aromático, fragante, oloroso, perfumado, odorante.

ODRE Cuero, pellejo, bota.

OESTE Occidente, poniente, ocaso. *Este, levante, oriente.*

OFENDER Agraviar, denostar, herir, injuriar, insultar, infamar, vulnerar, baldonar, afrentar. *Alabar.* // Amoscarse, enfadarse, picarse. *Amistarse.*

OFENSA Afrenta, agravio, injuria, insulto, ultraje. *Adulación, elogio.*

OFENSIVA Ataque, asalto, agresión, invasión, incursión, lucha, correría. *Retirada, huida, fuga.*

OFENSIVO Injurioso, insultante, ultrajante, vejatorio. *Laudatorio.*

OFERENTE Donante, dador, donatario, legador, obsequioso. *Receptor.*

OFERTA Ofrecimiento, promesa, proposición, propuesta. *Aceptación.*

OFICIAL Gubernamental, público, solemne. *Particular, privado.*

OFICIALMENTE Autorizadamente, legalmente, públicamente, formalmente.

OFICIANTE Sacerdote, celebrante.

OFICIAR Celebrar.

OFICINA Bufete, despacho, escritorio, estudio.

OFICINISTA Empleado, burócrata, funcionario, auxiliar, ayudante, mecanógrafo, dactilógrafo, taquígrafo, secretario.

OFICIO Cargo, empleo, ocupación, profesión, trabajo, función, ministerio, labor, quehacer, actividad, arte, artesanía, menester. // Comunicación, escrito. // Oficina, despacho. // Rezo.

OFICIOSIDAD Diligencia, solicitud, cuidado, esmero. *Descuido, pasividad.* // Indiscreción, inoportunidad. *Discreción, oportunidad.*

OFICIOSO Diligente, laborioso, solícito. *Apático, displicente.* // Entremetido, importuno, indiscreto, servil. *Discreto.* // Eficaz, provechoso.

OFRECER Presentar, prometer. *Aceptar.* // Brindar, consagrar, dedicar, ofrendar. *Rechazar.* // Comprometerse, obligarse. *Desentenderse.*

OFRECIMIENTO Promesa, proposición, propuesta, puja. // Convite, invitación, ofrenda.

OFRENDA Oblación, ofrecimiento, sacrificio. // Dádiva, obsequio, regalo, don. *Fraude, hurto.*

OFRENDAR Donar, ofrecer, regalar, obsequiar, contribuir.

OFUSCACIÓN Obcecación, ofuscamiento, confusión, obnubilación, perturbación, prejuicio. *Criterio, intuición, juicio, lucidez.*

OFUSCADO Ciego, confundido, obcecado, obnubilado, turbado, perturbado. *Lúcido, perspicaz.*

OFUSCAR Cegar, confundir, deslumbrar, obcecar, obnubilar, oscurecer, perturbar, trastornar.

OGRO Gigante. // Glotón, goloso.

OÍBLE Audible. *Imperceptible.*

OÍDO Oreja. // Audición, atención, percepción. *Sordera.*

OÍR Atender, enterarse, percibir, escuchar, sentir, enterarse. *Aturdir, desoír, ensordecer.*

OJAL Presilla, alamar.

OJEADA Mirada, vistazo. ***Hojeada.**

OJEAR Atisbar, mirar, observar. // Aojar, ahuyentar, espantar. ***Hojear.**

OJERIZA Aversión, malquerencia, rencor, tirria, inquina. *Afecto, amistad.*

OJO Vista. // Abertura, orificio. // Fuente, manantial. // Aviso, atención, cuidado, alerta.

OJOS Vista, luceros.

OJOTA Sandalia.

OLA Onda, embate. ***Hola.**

OLAJE Oleaje.

OLEADA Ola. // Multitud, muchedumbre, tropel, gentío, agolpamiento, infinidad. *Escasez.*

OLEAGINOSO Aceitoso, oleoso, graso-so, pringoso, pringue.

OLEAJE Olaje, ondeo, ondulación, marejada, resaca.

ÓLEO Aceite. // Cuadro, pintura. ***Olió** (oler).

ÓLEOS Unción, extremaunción.

OLEOSO Oleaginoso.

OLER Husmear, olfatear, oliscar, ventear. // Exhalar, trascender. // Averiguar, buscar, indagar. // Parecer, semejar. // Sospechar.

OLFATEAR Oler, oliscar.

OLFATO Perspicacia, sagacidad, instinto, percepción, intuición, astucia, inspiración, sutileza.

OLFATORIO Olfativo, odorífero.

OLÍMPICO Altanero, orgulloso, soberbio, grandioso, soberano, supremo, divino. *Humilde, modesto.*

OLISCAR Husmear, oler, olfatear.

OLIVA Aceituna.

OLLA Cacerola, marmita. // Guiso. // Remolino. ***Hoya.**

OLOR Aroma, fragancia, perfume, tufillo. // Esperanza, indicio, oferta, promesa. // Fama, opinión.

OLOROSO Aromático, fragante, odorífico, perfumado, aromoso, balsámico, odorífero. *Hediondo.*

OLVIDADIZO Desagradecido, desmemoriado, distraído, negligente. *Cuidadoso, escrupuloso, agradecido.*

OLVIDAR Descuidar, omitir, postergar, preterir, perder, abandonar, extraviar, relegar, desatender. *Cuidar, recordar.*

OLVIDO Desmemoria, amnesia, inadvertencia, omisión, distracción, aturdimiento, negligencia. *Memoria, recuerdo.* // Ingratitud, descuido, desagradecimiento. *Gratitud, cuidado.* // Desuso, proscripción.

OMBLIGO Centro, medio, eje.

OMINAR Anunciar, predecir, presagiar.

OMINOSO Azaroso, funesto, trágico, aciago, execrable, odioso, calamitoso, detestable, fatal, fatídico, lamentable. *Fausto, alegre, feliz.*

OMISIÓN Descuido, flojedad, incuria, indolencia, negligencia. *Atención, cuidado, reminiscencia.*

OMISO Descuidado, flojo, negligente, remiso. *Atento.*

OMITIR Callar, excluir, olvidar, prescindir, suprimir, dejar, abandonar. *Citar, nombrar, recordar.*

ÓMNIBUS Coche, autocar, autobús.

OMNÍMODO Absoluto, total, todopoderoso. *Parcial, relativo.*

OMNIPOTENCIA Supremacía, superioridad, absolutismo, dominación, soberanía. *Inferioridad.*

OMNIPOTENTE Todopoderoso. // Poderoso, supremo, superior, soberano, preponderante. *Inferior, débil.*

OMNIPRESENCIA Ubicuidad.

OMÓPLATO Paletilla, escápula, espalda, espaldilla.

ONANISMO Masturbación, autoerotismo. *Coito, abstinencia.*

ONDA Ola. // Curva, curvatura, ondulación. *Recta.* ***Honda.**

ONDEAR Culebrear, curvar, flamear, ondular, fluctuar.

ONDINA Ninfa, sirena, nereida.

ONDULACIÓN Onda. *Zigzag.*

ONDULADO Sinuoso, festoneado, serpenteado, rizado, ensortijado, crespo,

enroscado, encaracolado, retorcido. *Recto, lacio, liso.*
ONDULANTE Ondulatorio, undulante, serpentino, sinuoso, ondulado.
ONDULAR Ensortijar, ondear, rizar.
ONEROSO Caro, costoso, dispendioso, gravoso. *Asequible, barato, gratuito.* // Engorroso, enojoso, molesto, pesado.
ÓNICE Ágata, ónique, ónix.
ONOMÁSTICO Patronímico.
ONOMATOPEYA Imitación, reproducción, remedo, sonido.
OPACIDAD Intransparencia, turbiedad, oscuridad. *Transparencia.*
OPACO Intransparente, turbio, oscuro. *Diáfano, transparente.* // Melancólico, triste. *Entretenido.*
OPADO Hinchado. // Ampuloso, presumido, vano.
OPALESCENTE Irisado, iridiscente, traslúcido, tornasolado, jaspeado. *Opaco, apagado, mate.*
OPCIÓN Elección, disyuntiva, alternativa, selección, decisión, preferencia. *Exigencia, obligación.*
ÓPERA Obra. // Melodrama, drama.
OPERACIÓN Maniobra, manipulación, negociación, trato, convenio. // Intervención quirúrgica.
OPERADOR Cirujano. // Manipulador.
OPERAR Especular, negociar, pactar. // Maniobrar, actuar, ejecutar, realizar, practicar, manipular, manejar, obrar. // Intervenir quirúrgicamente, extirpar, trasplantar, cortar, abrir.
OPERARIO Obrero, trabajador.
OPERATIVO Operacional, operante, táctico, activo, estratégico, eficaz. *Inoperante, ineficaz, pasivo.*
OPERETA Zarzuela.
OPILACIÓN Obstrucción, impedimento, atascamiento, atoramiento, cerramiento. *Abertura.*
OPIMO Abundante, copioso, fértil, rico. *Escaso, estéril.* *Óptimo.
OPINAR Dictaminar, discurrir, juzgar, pensar, valorar, criticar, enjuiciar, decir, calificar, comentar, votar, aconsejar, su-

poner, considerar, estimar. *Callar.*
OPINIÓN Dictamen, idea, juicio, parecer, sentir, crítica, veredicto, convicción, voz, voto, creencia, conjetura. *Abstención.* // Concepto, reputación.
OPÍPARO Abundante, copioso, espléndido, suculento, magnífico, abundoso. *Exiguo, mezquino, pobre.*
OPONENTE Contrario, adversario, contrincante, opositor, rival, antagonista, opuesto, enemigo. *Favorable, aliado, amigo, camarada.*
OPONER Contraponer, contrariar, estorbar, impugnar, objetar, rebatir. *Allanar, ayudar, facilitar, posibilitar.* // Resistir, enfrentar, encarar.
OPORTUNAMENTE A tiempo, convenientemente.
OPORTUNIDAD Coyuntura, ocasión, sazón. *Adelanto, retraso.* // Lugar, pretexto, pie.
OPORTUNISTA Aprovechador, buscavidas. *Desinteresado, generoso.*
OPORTUNO Apropiado, conveniente, pertinente. *Inconveniente, inoportuno, intempestivo.* // Ocurrente.
OPOSICIÓN Antagonismo, antítesis, contradicción, contraste, repelencia, repugnancia, rivalidad, impedimento. *Acuerdo, conformidad.*
OPOSITOR Antagonista, contradictor, contrincante, rival, oponente. *Camarada, compañero.*
OPRESIÓN Avasallamiento, despotismo, dictadura, tiranía. *Justicia, libertad.* // Ahogo, apretamiento, presión.
OPRESIVO Angustioso, sofocante, abrumador, tirante, tenso. *Liberador.*
OPRESOR Autócrata, déspota, dictador, tirano. *Libertador.*
OPRIMIR Agobiar, apremiar, apretar, avasallar, sojuzgar, subyugar, tiranizar, vejar. *Ayudar, libertar.*
OPROBIO Afrenta, deshonra, ignominia, vilipendio. *Honra, respeto.*
OPROBIOSO Afrentoso, denigrante, deshonroso, infamante. *Honorable.*
OPTAR Elegir, escoger, preferir, tomar.

Abstenerse, renunciar. ***Obstar.**
OPTIMISMO Confianza, tranquilidad, seguridad, entusiasmo, euforia, esperanza, ánimo. *Pesimismo.*
ÓPTIMO Bonísimo, inmejorable, perfecto. *Malísimo, pésimo.* ***Opimo.**
OPUESTO Adverso, antagónico, antípoda, antitético, contradictorio, contrapuesto, contrario, enemigo, incompatible, divergente. *Afín, compatible, favorable, propicio.*
OPUGNACIÓN Contradicción, refutación, impugnación.
OPUGNAR Contradecir, enfrentar, oponer. *Afirmar, ayudar, facilitar, convenir.* // Rebatir, refutar. *Admitir.* // Asaltar, atacar.
OPULENCIA Abundancia, riqueza, superabundancia. *Escasez.* // Bienestar, fortuna. *Miseria.*
OPULENTO Abundante, superabundante, ubérrimo. *Empobrecido, escaso, infecundo.* // Acaudalado, adinerado, poderoso, pudiente, rico. *Pobre.*
OPÚSCULO Folleto, monografía, ensayo, comentario.
OQUEDAD Depresión, excavación, hueco, vacío. *Convexidad, redondez.* // Insustancialidad, vacuidad. ***Hosquedad.**
ORACIÓN Deprecación, plegaria, rezo, súplica. *Blasfemia, reniego.* // Alocución, discurso, disertación, frase.
ORACIONES Preces.
ORÁCULO Vaticinio, predicción, augurio, auspicio, adivinación, profecía. // Consulta, réplica, respuesta.
ORADOR Conferenciante, disertante. *Oyente.*
ORAL Verbal. // Bucal.
ORANTE Rezador, devoto, beato.
ORAR Implorar, rezar, rogar, suplicar.
ORATE Loco. *Cuerdo.*
ORATORIA Elocuencia, verbosidad, retórica, dialéctica, elocución, labia.
ORATORIO Capilla.
ORBE Esfera, globo, mundo, universo. // Círculo.
ORBICULAR Circular, esférico, redon-

do, lenticular, anular, orondo.
ÓRBITA Curva, trayectoria.
ORCO Averno, báratro, infierno.
ORDEN Concierto, método, norma, regularidad, serie, sucesión. *Confusión, desbarajuste, desorden, disturbio, trastorno.* // Decreto, disposición, mandato, ordenanza, precepto. *Insinuación, sugestión.* // Armonía, paz. *Anarquía, revuelo.* // Categoría, clase.
ORDENACIÓN Disposición, estructura, ordenamiento, organización, prevención. *Desorganización.*
ORDENADAMENTE Metódicamente, proporcionadamente.
ORDENADO Metódico, cuidadoso, dispuesto, organizado.
ORDENANZA Estatuto, régimen, reglamento. // Subalterno.
ORDENAR Acomodar, arreglar, concertar, desembrollar, disponer, organizar, regularizar. *Desordenar, desorganizar, embrollar, trastocar.* // Decretar, mandar, preceptuar, prescribir. *Desautorizar, revocar.*
ORDINARIEZ Descortesía, grosería, incultura, tosquedad. *Cortesía, educación, urbanidad.*
ORDINARIO Basto, grosero, incivil, incorrecto, malcriado, plebeyo, ramplón. *Educado, fino.* // Común, corriente, habitual, mediocre, regular, vulgar. *Excepcional, extraordinario, superior.*
OREAR Airear, ventilar.
OREJA Oído. // Adulador, chismoso.
ORFANATO Asilo, hospicio.
ORFANDAD Desamparo, abandono. *Amparo, familia, fortuna, tutela.*
ORFEBRE Orífice, platero, joyero.
ORFEÓN Coro.
ORGÁNICO Animado, animal, organizado, vegetal, vivo. *Inanimado, inorgánico, mineral.*
ORGANISMO Entidad, institución.
ORGANIZACIÓN Arreglo, disposición, orden. *Desorden, desorganización.*
ORGANIZAR Arreglar, constituir, establecer, ordenar, reformar, reorganizar.

Desordenar, desorganizar, desquiciar, desunir.

ÓRGANO Conducto, instrumento, medio. // Portavoz, vocero.

ORGASMO Clímax, culminación, exaltación, espasmo, eretismo.

ORGÍA Bacanal, comilona, festín.

ORGULLO Altanería, altivez, arrogancia, soberbia, ufanía. Humildad. // Fatuidad, ínfulas, pedantería, vanidad. Modestia.

ORGULLOSO Altanero, altivo, arrogante, fatuo, inmodesto, presuntuoso, soberbio, vanidoso. Modesto, humilde.

ORIENTACIÓN Consejo, guía, informe, instrucción.

ORIENTAR Aconsejar, encaminar. Descaminar. // Guiar, informar, instruir. Desorientar, extraviarse, perderse. // Situar, colocar, disponer.

ORIENTE Este, levante, naciente.

ORIFICIO Abertura, agujero, boca, boquete, resquicio.

ORIFLAMA Bandera, estandarte, pendón, enseña, gonfalón.

ORIGEN Causa, comienzo, principio, fuente, motivo, raíz. Desenlace, efecto, fin. // Ascendencia, linaje, procedencia. // País, patria.

ORIGINAL Extraño, nuevo, peculiar, personal, singular, único. Común, manido, vulgar. // Inicial, prístino. // Ejemplar, modelo, muestra, patrón, tipo.

ORIGINALIDAD Innovación, novedad. Imitación, plagio. // Afectación, moda. Vulgaridad.

ORIGINAR Acarrear, causar, ocasionar, producir, provocar, suscitar. Terminar, concluir.

ORIGINARIO Indígena, natural, oriundo, procedente.

ORIGINARSE Arrancar, derivarse, dimanar, proceder, provenir, resultar, seguirse, nacer. Extinguirse.

ORILLA Banda, borde, canto, extremo, límite, margen, reborde, remate, ribera, término. Centro, interior.

ORILLAR Arreglar, concluir, resolver,

zanjar. // Bordear, eludir, esquivar. Afrontar.

ORILLO Arista, cenefa. // Orilla.

ORÍN Herrumbre, moho, óxido. // Orina.

ORINA Meada, pis.

ORINAL Escupidera, bacín.

ORINAR Hacer pis, mear.

ORINIENTO Herrumbroso, enmohecido, oxidado.

ORIUNDO Nativo, originario.

ORLA Borde, contorno, orilla, filete.

ORNAMENTACIÓN Adorno, decoración, atavío, gala.

ORNAMENTAL Decorativo.

ORNAMENTAR Adornar, decorar.

ORNAMENTO Adorno, atavío, decoración, ornato.

ORNAR Adornar, engalanar, ornamentar.

ORNATO Adorno, atavío, gala.

ORO Dinero, riqueza, caudal, capital.

ORONDO Hinchado, hueco. Enjuto, macizo. // Engreído, infatuado, orgulloso, ufano. Humilde, sencillo.

OROPEL Baratija, chuchería, relumbrón, quincalla.

ORQUESTAR Instrumentar.

ORTO Aparición, iniciación, nacimiento, salida. Desaparición, ocaso. // Levante, oriente. Poniente.

ORTODOXO Adicto, fiel. Heterodoxo.

ORTOGRAFÍA Corrección.

ORUGA Gusano, larva. *Arruga.

ORUJO Hollejo.

ORZUELO Divieso.

OSADÍA Arrojo, atrevimiento, audacia, intrepidez, temeridad. Cobardía, pánico. // Descaro, insolencia. Timidez, vergüenza, inhibición.

OSADO Atrevido, audaz, resuelto, temerario. Miedoso. // Insolente.

OSAMENTA Esqueleto.

OSAR Atreverse, aventurarse. Retroceder, temer. *Hozar.

OSARIO Osar, calvero, sepultura.

OSCILACIÓN Balanceo, fluctuación, vacilación, vaivén. Fijeza.

OSCILANTE Vacilante, móvil, pendular, fluctuante, cambiante, movedizo, ondu-

lante, flotante. *Fijo, inmóvil.*
OSCILAR Bambolearse, fluctuar, titubear, vacilar, variar. *Aquietarse, fijarse, pararse, resolverse.*
OSCITANCIA Inadvertencia, negligencia, descuido, omisión.
ÓSCULO Beso.
OSCURECER Anochecer, ensombrecer, nublarse, sombrear. *Aclarar, amanecer.*
OSCURIDAD Lobreguez, sombra, tiniebla. *Claridad, luminosidad.* // Ambigüedad, confusión, equívoco. // Bajeza, humildad.
OSCURO Lóbrego, negro, sombrío, tenebroso. *Despejado.* // Desconocido, humilde. *Esclarecido.* // Confuso, embrollado, enigmático, ininteligible, turbio. *Claro, inteligible.* // Incierto, peligroso, temeroso.
ÓSEO Huesoso, ososo.
OSTENSIBLE Claro, manifiesto, patente, visible. *Invisible, oculto.*
OSTENSIÓN Exposición, manifestación. *Ocultación.*
OSTENTACIÓN Aparato, boato, fausto, pompa, tren. *Modestia, sencillez, sobriedad.* // Jactancia, vanagloria, vanidad. *Humildad.*
OSTENTAR Alardear, lucir. // Manifestar, mostrar.
OSTENTOSO Aparatoso, fastuoso, magnífico, suntuoso. *Sencillo, sobrio.*
OSTRACISMO Alejamiento, destierro, exclusión, proscripción. *Repatriación.*

OSTUGO Trozo, pizca. // Rincón.
OTEAR Avizorar, escudriñar, mirar, observar, registrar.
OTERO Cerro, colina, montículo. *Depresión, llano, llanura.*
OTOMANA Canapé, diván, sofá.
OTOÑAL Autumnal. *Primaveral.*
OTORGAMIENTO Concesión, licencia, consentimiento, donación. *Negación, prohibición.* // Estipulación, promesa. *Privación.*
OTORGAR Acordar, conceder, condescender, conferir, consentir, disponer, establecer, estipular, prometer. *Denegar, expropiar, negar, prohibir, quitar.*
OTRO Diferente, distinto. *Mismo.*
OVACIÓN Aclamación, aplauso, aprobación, triunfo. *Abucheo, desaprobación, silbatina.*
OVAL Aovado, ovado, ovalado.
OVALADO Oval.
OVANTE Victorioso, triunfante, vencedor. *Derrotado.*
OVEJA Cordero, borrego. *Abeja.
OVIL Aprisco, redil.
OVILLARSE Encogerse, contraerse. *Estirarse, dilatarse.*
OVILLO Bola, enredo, lío. // Montón.
OVINO Lanar, ovejuno.
ÓVULO Huevo.
OXIDAR Enmohecer, herrumbrar.
ÓXIDO Herrumbre, moho, orín.
OYENTE Asistente, concurrente, radioescucha, oidor.

P

PABELLÓN Bandera. // Carpa, tabernáculo, tienda, quiosco, templete. // Baldaquín, marquesina, colgadura, palio, dosel. // Nación. // Patrocinio, protección.

PABILO Pábilo, mecha, torcida.

PÁBULO Alimento, pasto, comida. // Motivo, tema, mantenimiento, sustento.

PACA Fardo, lío.

PACATO Bonachón, timorato, tranquilo. *Audaz, belicoso.*

PACEDURA Apacentamiento. // Pasto.

PACER Apacentar, pastar, ramonear.

PACHÓN Flemático, pachorrudo, pausado. *Nervioso.*

PACHORRA Cachaza, flema, indolencia. *Celeridad, prisa.*

PACHUCHO Pasado. // Flojo, alicaído.

PACIENCIA Aguante, calma, conformidad, flema, tolerancia. *Furor, intolerancia, ira, porfía.* // Espera, lentitud, tardanza. *Desesperación, impaciencia.*

PACIENTE Manso, resignado, sufrido, tolerante. *Frenético, iracundo.* // Doliente, enfermo.

PACIENZUDO Calmoso, cachazudo, resignado, paciente.

PACIFICADOR Mediador, apaciguador.

PACIFICAR Apaciguar, aquietar, calmar, reconciliar, serenar, tranquilizar. *Encolerizar, exacerbar, irritar, sublevar.*

PACÍFICO Manso, quieto, reposado, sereno, sosegado, tranquilo, plácido. *Inquieto, rebelde.*

PACOTILLA Baratija.

PACTACIÓN Negociación, acuerdo, convenio, pacto, estipulación, trato.

PACTAR Concertar, convenir, estipular, negociar, tratar. *Desunir.* // Contemporizar, transigir.

PACTO Acuerdo, ajuste, componenda, concierto, contrato, convenio, estipulación, tratado. *Desacuerdo, diferendo.*

PADECER Aguantar, pasar, penar, soportar, sufrir, tolerar. *Gozar.*

PADECIMIENTO Pena, sufrimiento. *Dicha, gozo, paz.* // Dolencia, enfermedad. *Salud.*

PADRE Autor, creador, papá, progenitor. *Hijo, vástago.*

PADRES Antepasados, progenitores, ascendientes. *Descendientes.*

PADRILLO Semental.

PADRINO Bienhechor, favorecedor, protector, valedor.

PADRÓN Catastro, censo, lista, nómina. // Modelo, patrón.

PAGA Estipendio, honorarios, salario, sueldo.

PAGADOR Cajero, habilitado, tesorero.

PAGANO Gentil, idólatra. *Cristiano.* // Ateo, incrédulo. *Creyente.*

PAGAR Abonar, cancelar, costear, indemnizar, liquidar, reembolsar, remunerar, satisfacer, sufragar. *Adeudar, cobrar, deber, quitar.* // Agradecer, recompensar. *Olvidar.* // Expiar, purgar. *Merecer.* // Prendarse, ufanarse.

PÁGINA Carilla, plana. // Episodio, lance, suceso.

PAGO Paga, premio, recompensa, remuneración, retribución. // Satisfacción.

// Pagado. // Distrito, región, comarca, territorio.

PAÍS Comarca, nación, patria, provincia, región, territorio. // Pintura, paisaje.

PAISAJE Panorama, vista.

PAISANO Compatriota, coterráneo. // Campesino. // Civil. *Militar, soldado.*

PAJA Broza, hojarasca.

PAJARERA Jaula.

PÁJARO Ave, avecilla, pajarillo.

PAJE Criado, escudero, fámulo.

PALABRA Dicción, término, verbo, vocablo, voz. *Idea, concepto, noción, pensamiento, percepción.*

PALABRERÍA Charla, verborrea, labia. *Mutismo.*

PALABROTA Grosería, blasfemia.

PALACIEGO Cortesano, palatino.

PALACIO Mansión. *Barraca, bohío, cabaña, cuchitril, choza, rancho, tapera.*

PALADAR Gusto, sabor, sensibilidad.

PALADEAR Degustar, gustar, saborear.

PALADÍN Campeón, defensor, sostenedor. *Agresor, asaltante, bandido.*

PALADINO Claro, manifiesto, patente, público. *Confuso, oscuro, privado.*

PALAFRÉN Caballo, cabalgadura, corcel, montura.

PALAFRENERO Cochero, criado, lacayo, picador.

PALANCA Barra, pértiga. // Influencia, valimiento.

PALANGANA Jofaina.

PALANQUÍN Andas, litera, camilla, silla de manos.

PALATINO Palaciego, áulico, cortesano.

PALENQUE Arena, liza, palestra. // Cerca, cercado, estacada, valla.

PALESTRA Palenque, liza, arena.

PALETA Espátula, llana. // Omóplato.

PALETILLA Omóplato.

PALIACIÓN Ocultamiento, encubrimiento, disculpa, excusa, disimulo. *Acusación, delación.* // Alivio, paliativo, mitigación, calma. *Aumento, carga.*

PALIAR Cohonestar, disimular, encubrir. *Acusar, delatar, descubrir.* // Aminorar, atemperar, atenuar, mitigar, suavizar,

apaciguar, serenar. *Aumentar, cargar.*

PALIATIVO Atenuante, calmante, sedante. *Exasperante, excitante.*

PALIDECER Empalidecer. *Enrojecer, ruborizarse.*

PALIDEZ Amarillez, decoloración, lividez. *Colorido.*

PÁLIDO Amarillo, descaecido, descolorido, desvaído, macilento. *Sano, vigoroso, lozano.*

PALILLO Escarbadientes, mondadientes.

PALINGENESIA Regeneración, renacimiento, reviviscencia.

PALINODIA Retractación.

PALIO Baldaquín, dosel, pabellón.

PALIQUE Conversación, charla, parloteo. *Mutismo, silencio.*

PALIZA Tunda, vapuleo, zurra, azotaina. *Caricia, mimo.*

PALIZADA Cerca, empalizada, estacada, valla.

PALMA Palmera. // Gloria, triunfo. *Sambenito.* // Mano.

PALMAR Palmario. // Morir.

PALMARIO Claro, evidente, manifiesto, notorio, palpable, patente. *Confuso, dudoso.*

PALMATORIA Candelero.

PALMEAR Aplaudir, palmotear, aclamar. *Abuchear.*

PALMOTEAR Aplaudir, palmear, aclamar. *Silbar.*

PALO Madera. // Barrote, vara, rama, tronco, estaca, bastón, poste. // Garrote, suplicio, horca. // Golpe, bastonazo, estacazo. *Caricia.*

PALOMADURA Ligadura, atadura.

PALOTE Trazo, rasgo.

PALPABLE Tangible. *Etéreo, inmaterial.* // Evidente, manifiesto, palmario, patente. *Dudoso, oculto.*

PALPAR Tentar, tocar.

PALPITACIÓN Latido, pulsación, pulso, golpe, sístole, diástole. // Estremecimiento.

PALPITANTE Jadeante, anhelante. // Conmovedor, interesante, emocionante, penetrante, cálido. *Pasivo, frío.*

PALPITAR Latir. // Vivir. // Estremecerse, jadear.

PÁLPITO Barrunto, corazonada, sospecha. *Certeza.*

PALÚDICO Palustre, pantanoso, cenagoso, húmedo. // Febril.

PALURDO Rústico. *Culto, fino, gentil, refinado.*

PAMPA Llanura. *Montaña, serranía.*

PÁMPANO Pimpollo, sarmiento.

PAMPLINA Tontería, nadería. *Agudeza, ingeniosidad.*

PAN Alimento, sustento.

PANACEA Curalotodo, droga, remedio, medicamento.

PANAL Colmena, bresca.

PANCARTA Cartel.

PANCISTA Egoísta. *Altruista.*

PANDEMÓNIUM Algarabía, bulla, confusión. *Orden, silencio.*

PANDERO Pandereta.

PANDILLA Caterva, gavilla, patota.

PANEGÍRICO Alabanza, elogio, loa. *Catilinaria, diatriba, injuria.*

PANEGIRISTA Encomiasta, encomiador, alabador, apologista.

PÁNFILO Alelado, bobo. *Sagaz.* // Cachazudo, flojo, tardo. *Diligente, veloz.*

PANFLETO Libelo.

PANIAGUADO Allegado, favorecido, protegido, predilecto, preferido. // Servidor, asalariado.

PÁNICO Espanto, miedo, pavor, pavura, terror. *Serenidad, valor.*

PANOJA Mazorca, racimo.

PANOPLIA Armadura, trofeo.

PANORAMA Paisaje, vista.

PANTAGRUÉLICO Desmesurado, descomunal, desbordante, exhorbitante. // Glotón, bebedor.

PANTALLA Biombo, mampara, telón, tulipa, visera. // Encubridor, tapadera. *Espía.* // Cine, cinematógrafo.

PANTANO Atasco, atolladero, dificultad. // Bañado, estero, lodazal, tremedal.

PANTANOSO Paludoso, palustre, palúdico, anegadizo, lagunoso.

PANTOMIMA Imitación, remedo, mímica, representación, fingimiento.

PANTUFLA Chinela, pantuflo, zapatilla, babucha.

PANZA Abdomen, barriga, tripa, vientre.

PANZADA Atracón, comilona, hartazgo. *Hambre.*

PANZÓN Barrigón. *Flaco.*

PAÑO Tela. // Tapiz, colgadura. // Asunto, materia.

PAÑOL Compartimiento.

PAÑOLÓN Mantón, zorongo, tocado.

PAPADA Sobarba.

PAPAGAYO Loro.

PAPAL Apostólico, pontifical, vaticano.

PAPALINA Gorro, cofia. // Borrachera.

PAPANATAS Badulaque, cándido, crédulo, papamoscas, simple. *Astuto, incrédulo, sagaz.*

PAPAR Comer, engullir, tragar.

PAPARRUCHA Bulo, cuento. *Verdad.*

PAPEL Hoja, pliego. // Papiro. // Periódico, documento. // Carta, credencial, título, manuscrito. // Impreso. // Personaje. // Representación, encargo, ministerio, carácter.

PAPELERA Papelería, cartonería.

PAPELETA Cédula, ficha, tarjeta.

PAPELÓN Plancha, ridículo. *Lucimiento.*

PAPERA Bocio, paperas, parótida.

PAPO Buche, papada. // Bocio, papera.

PAQUEBOTE Buque, vapor.

PAQUETE Atado, bulto, envoltorio, lío. // Elegante, presumido. *Mamarracho.*

PAR Igual, semejante. *Impar, singular, único.* // Pareja, yunta. *Uno.*

PARABIÉN Felicitación. *Pésame.*

PARÁBOLA Narración, alegoría, fábula, enseñanza.

PARADA Detención, pausa, suspensión. *Marcha, oscilación.* // Estación, etapa, parador. // Apuesta. // Quite.

PARADERO Fin, final, término. // Apeadero, estación.

PARADIGMA Ejemplo, modelo.

PARADISÍACO Celestial, delicioso, edénico, feliz, perfecto. *Infernal.*

PARADO Detenido, estacionario, estadizo, estancado, estático, inmóvil. *Andan-*

te, móvil, oscilante. // Derecho, de pie.
// Desocupado, inactivo, ocioso. *Activo,
ocupado.* // Flojo, pánfilo, remiso, tími-
do. // Engreído, orgulloso. *Modesto,
pobre.*
PARADOJA Contradicción, extravagan-
cia, exageración.
PARADÓJICO Contradictorio, extrava-
gante, exagerado.
PARADOR Hostería.
PARAFRASEAR Comentar, explicar,
glosar.
PARÁFRASIS Comentario, exégesis, ex-
plicación, glosa, interpretación. *Pe-
rífrasis.
PARÁGRAFO Párrafo.
PARAGUAS Sombrilla, quitasol, parasol.
PARAGÜERO Bastonero, perchero.
PARAÍSO Cielo, Edén, Elíseo, Olimpo.
Infierno, Limbo, Purgatorio. // Gloria.
// Gallinero, cazuela, anfiteatro.
PARAJE Lugar, punto, sitio.
PARAJISMO Mueca, visaje, gesticula-
ción, mímica.
PARALELAR Comparar, parangonar, e-
quivaler, cotejar.
PARALELISMO Correspondencia, semejanza. *Desemejanza, desigualdad,
disparidad.*
PARALELO Comparable, equidistante,
correspondiente, semejante. *Cruzado,
diagonal, perpendicular, secante, trans-
versal.* // Comparación, cotejo.
PARÁLISIS Entumecimiento, envara-
miento, atonía.
PARALÍTICO Baldado, impedido, tullido, patitieso.
PARALIZACIÓN Detención, inmovi-
lización, estancamiento. *Agilidad, mo-
vilización, movimiento.*
PARALIZAR Detener, entorpecer, inmovilizar, suspender. *Facilitar, mover,
movilizar.*
PARALOGISMO Sofisma.
PARAMENTAR Adornar, ataviar, decorar, ornamentar.
PARAMENTO Adorno, atavío, ornato. //
Cara, fachada.

PÁRAMO Desierto, puna, sabana, erial,
yermo. *Vergel.*
PARANGÓN Comparación, cotejo, paralelo, semejanza. *Diversidad.*
PARANGONAR Comparar, cotejar, paralelar. *Diferenciar.*
PARANOIA Locura, monomanía. *Cordura, razón.*
PARAPETARSE Atrincherarse, protegerse, resguardarse.
PARAPETO Muro, pared, antepecho,
baranda, pretil. // Barricada. // Defensa,
reparo.
PARAPOCO Apocado, tímido, corto,
simple.
PARAR Contener, detener, impedir, inmovilizar, paralizar, sujetar, suspender.
*Andar, avanzar, caminar, correr, mar-
char, soltar.* // Asentarse, enriquecerse.
// Plantarse, posarse, descansar. *Movi-
lizarse, partir.* // Enderezarse, erguirse,
levantarse. *Sentarse.* // Acabar, termi-
nar. *Seguir.* // Alojarse, habitar, hospe-
darse, vivir. // Preparar, prevenir. //
Convertirse, reducirse.
PARÁSITO Insecto. // Piojo, tiña, pulga,
chinche, garrapata, gusano, bacteria. //
Vividor.
PARASOL Quitasol, sombrilla, guarda-
sol. // Paraguas.
PARCA Muerte.
PARCAMENTE Escasamente, módica-
mente. *Abundantemente.*
PARCELA Pizca, porción. *Todo, total.*
PARCHE Cataplasma, emplasto, pegote,
remiendo, retoque. // Tambor.
PARCIAL Fraccionario, incompleto.
Completo, entero, global, íntegro, total.
// Partidario.
PARCIALIDAD Bandería. // Favoritis-
mo, preferencia. *Ecuanimidad, equidad,
igualdad, justicia.*
PARCIALMENTE Injustamente. // En
parte.
PARCO Escaso. *Abundante.* // Frugal,
moderado, sobrio, templado. *Exuberan-
te, glotón.*
PARDO Mulato, oscuro, terroso.

PAREAR Comparar, cotejar, igualar, paralelar, parangonar. *Desigualar, diferenciar, desunir.*

PARECER Dictamen, entender, juicio, opinión.

PARECER Asemejarse. *Diferenciarse.* // Aparecer, comparecer, mostrarse, presentarse. *Desaparecer.* // Creer, juzgar, opinar, pensar.

PARECIDO Semejante, similar. *Diferente, distinto.* // Analogía, semejanza, similitud. *Desigualdad, diferencia.*

PARED Muro, paredón, tabique, tapia.

PAREJA Casal, compañera, compañero, par, yunta.

PAREJERO Flete, pingo.

PAREJO Igual, liso, llano, parecido, plano, regular, semejante. *Áspero, desigual, desparejo, escabroso.*

PAREMIA Adagio, refrán, proverbio, frase, sentencia.

PARENTELA Parientes.

PARENTESCO Conexión, lazo, vínculo. // Afinidad, consanguinidad.

PARÉNTESIS Interrupción, suspensión. *Continuación, prosecución.*

PARIA Apátrida, desheredado. **Paría* (parir).

PARIDAD Igualdad. *Desemejanza, desigualdad, diversidad, diferencia, disparidad.*

PARIENTE Allegado, deudo, familiar. *Ajeno, extraño.*

PARIENTES Parentela.

PARIHUELA Angarillas, camilla.

PARIR Alumbrar, dar a luz. // Crear, producir.

PARLA Conversación, charla, parloteo.

PARLADOR Parlanchín, charlatán, locuaz. *Callado.*

PARLAMENTAR Capitular, conferenciar, conversar, discutir, hablar.

PARLAMENTARIO Embajador, legado, emisario, delegado. // Comicial, bicameral, constituyente.

PARLAMENTO Congreso, asamblea, concilio, cámara.

PARLANCHÍN Charlatán, hablador,

bocazas, lenguaraz, verboso. *Callado.*

PARLAR Charlar, hablar, parlotear, charlatanear. *Callar.*

PARO Detención, huelga, interrupción, suspensión. *Trabajo.*

PARODIA Imitación, remedo, reproducción. *Naturalidad.*

PAROXISMO Exacerbación, exaltación, irritación. *Placidez.* // Síncope, acceso.

PARPADEAR Pestañear.

PARPADEO Guiñada, guiño, pestañeo.

PARQUE Jardín. // Coto, dehesa, cercado, quinta. // Depósito, almacén.

PARQUEDAD Moderación, templanza, parsimonia. *Derroche, exceso, imprudencia, palabrería.* **Parvedad.*

PARRA Vid.

PÁRRAFO Parágrafo.

PARRANDA Diversión, fiesta, jarana, juerga.

PARRILLA Asador. // Potro, tormento.

PÁRROCO Cura, vicario, abad, prior.

PARROQUIA Feligresía, curato. // Iglesia, templo.

PARROQUIANO Cliente. // Feligrés.

PARSIMONIA Frugalidad, moderación, templanza. *Derroche, exceso.* // Circunspección. *Fervor, imprudencia.*

PARTE Fracción, división, fragmento, trozo, pedazo, cuota, cacho, lote, partícula, pieza, porción, ración, rebanada, rodaja, sector, segmento, tajada, tramo. *Conjunto, total.* // Lado, lugar, punto, sitio. // Bando, facción, partido. // Capítulo, libro. // Actor, litigante. // Aviso, comunicación, despacho, noticia, participación.

PARTERA Comadrona.

PARTERRE Jardín.

PARTICIÓN Despedazamiento, división, fraccionamiento, reparto.

PARTICIPACIÓN Colaboración, intervención. // Aviso. // Parte, porción.

PARTICIPAR Colaborar, compartir, contribuir, intervenir. *Apartarse, desentenderse.* // Anunciar, comunicar, informar, notificar. *Ocultar, silenciar.*

PARTÍCIPE Copropietario, condómino,

coposesor, mediero, aparcero. // Cómplice. **Participe, participé** (participar).

PARTÍCULA Brizna, gota, migaja, pizca, parte, ápice.

PARTICULAR Característico, extraño, extraordinario, raro. *Ordinario, vulgar.* // Especial, exclusivo, individual, peculiar, personal, privado, privativo, propio, singular. *Ajeno, común, general, público, universal.*

PARTICULARIDAD Especialidad, individualidad, rareza, singularidad.

PARTICULARIZAR Detallar, especificar. *Generalizar.* // Distinguirse, singularizarse.

PARTICULARMENTE Especialmente, individualmente, privativamente, señaladamente, singularmente. *Generalmente.*

PARTIDA Éxodo, ida, huida, marcha, salida. *Advenimiento, arribo, llegada.* // Anotación, asiento, certificación. // Envío, remesa. // Cantidad, porción. // Muerte. *Nacimiento.* // Banda, cuadrilla, facción, guerrilla, pandilla.

PARTIDARIO Adepto, adicto, secuaz, simpatizante. *Enemigo.*

PARTIDO Cortado, descuartizado, desmembrado, despedazado, dividido, fraccionado, fragmentado, hendido, rajado, roto. *Entero.* // Bandería, facción, parcialidad. // Provecho, utilidad, ventaja. // Amparo, protección, simpatía. // Convenio, pacto, trato. // Medio, procedimiento. // Decisión, opinión, resolución. // Departamento, distrito.

PARTIQUINO Comparsa, extra, figurante, maldito.

PARTIR Abrir, cascar, cortar, dividir, escindir, fraccionar, fragmentar, hender, seccionar, segmentar, separar. *Unir.* // Distribuir, repartir. *Sumar.* // Desmenuzar, fracturar, moler, quebrar, quebrantar, romper, tronchar. // Largarse, marcharse. *Permanecer, llegar.*

PARTO Alumbramiento, parición.

PARVA Trilla. // Montón.

PARVEDAD Escasez, pequeñez, poque-

dad, tenuidad. *Abundancia.*

PARVIFICAR Achicar, empequeñecer, acortar, atenuar. *Agrandar, acrecentar.*

PARVO Pequeño, corto, tenue, escaso. // Resumido, sucinto.

PÁRVULO Niño. // Cándido, inocente. // Humilde, sencillo.

PASADERO Llevadero, pasable, tolerable, soportable. *Inadmisible, insoportable, insufrible.*

PASADIZO Callejón, pasillo, pasaje.

PASADO Antigüedad, ayer. // Antiguo, pretérito, remoto. *Presunto, futuro.* // Pocho, podrido. *Maduro, sano.*

PASADOR Pestillo, cerrojo. // Colador, filtro. // Broche, sujetador.

PASAJE Billete, boleto. // Angostura, callejón, estrechura, galería. // Fragmento, trozo.

PASAJERO Caminante, transeúnte, viajero. // Breve, efímero, fugaz, momentáneo, perecedero, transitorio. *Duradero, permanente.* // Céntrico, concurrido, frecuentado. *Solitario.*

PASAMANERÍA Cordonería, galoneadura. // Cordón, galón, trencilla, vivo, alamar, cairel.

PASAMANO Barandal, barandilla.

PASANTE Ayudante, auxiliar, secretario, asistente. // Viajero, pasajero.

PASANTÍA Aprendizaje, ayudantía, noviciado.

PASAPORTE Pase, permiso, salvoconducto, visado.

PASAR Atravesar, cruzar, traspasar, vadear. // Moverse, trasladarse. *Permanecer, quedarse.* // Transmitir. *Recibir.* // Contrabandear, introducir, meter. // Aventajar, exceder, superar. *Igualar, rezagarse.* // Durar, sufrir, tolerar, vivir. // Colar, filtrar, tamizar, trasegar. // Deglutir, tragar. // Callar, disimular, olvidarse, omitir, prescindir, saltar. // Aprobar, estudiar. // Extenderse, propagarse. *Reducirse.* // Acaecer, ocurrir, suceder. // Transferir. // Pudrirse.

PASARELA Puentecillo.

PASATIEMPO Diversión, entreteni-

miento, juego, esparcimiento, solaz.
PASE Licencia, permiso, salvoconducto.
***Pace** (pacer).
PASEAR Andar, deambular, vagar.
PASEO Caminata, excursión.
PASIBLE Susceptible, sufrible.
PASILLO Corredor, galería, pasaje.
PASIÓN Entusiasmo, vehemencia. *Desapego, indiferencia.*
PASIVIDAD Inacción, indiferencia. *Actividad, ansiedad, inquietud.*
PASIVO Inactivo, indiferente, quieto. *Activo, dinámico, vivo.*
PASMAR Asombrar, aturdir, maravillar. // Desmedrarse. // Enfriar, helar.
PASMO Enfriamiento. // Admiración, asombro, estupefacción, embobamiento. *Apatía, indiferencia.*
PASMOSO Admirable, asombroso, estupendo, maravilloso, prodigioso, sorprendente. *Frío, vulgar.*
PASO Huella, pisada, tranco. // Ascenso, marcha, progreso. // Camino, canal, estrecho, pasaje, senda, vereda. // Diligencia, gestión. // Dificultad, lance, suceso, trance. // Giro, pirueta, mudanza. ***Pazo.**
PASQUÍN Panfleto.
PASTA Masa, fideos. // Encuadernación. // Dinero.
PASTAR Apacentar, pacer.
PASTEL Bollo, torta. // Chanchullo, embrollo, enjuague, fullería.
PASTELERÍA Confitería, repostería.
PASTILLA Comprimido, gragea, tableta.
PASTO Alimento, fomento, incentivo, pábulo. // Hierba, pastura.
PASTOR Zagal, mayoral, vaquero, cabrero, ovejero. // Cura, obispo, prelado.
PASTORAL Bucólico, pastoril, agropecuario. // Égloga, bucólica. // Encíclica.
PASTOSO Espeso, viscoso. // Gangoso.
PATA Pierna.
PATADA Coz, puntapié. // Pateo, pataleo. // Huella, rastro.
PATALEAR Patear, pernear.
PATALEO Pateo, patada. // Queja, protesta, silba.

PATALETA Convulsión, patatús, rabieta, ataque, nervios.
PATÁN Aldeano, rústico, tosco, zafio. *Cortés, culto, delicado.*
PATATA Papa.
PATATÚS Desmayo, pataleta, soponcio, ataque, síncope.
PATEAR Cocear, patalear. // Andar, trajinar. *Descansar.* // Censurar, reprobar.
PATENTE Claro, evidente, notorio, perceptible, visible. *Confuso, imperceptible.* // Invención.
PATENTIZAR Demostrar, exponer, evidenciar, manifestar. *Ocultar.*
PATERNAL Paterno. *Filial, maternal.*
PATÉTICO Conmovedor, emocionante, impresionante, apasionador.
PATIBULARIO Feroz, horripilante, siniestro. *Divertido.*
PATÍBULO Cadalso, horca, suplicio.
PATIDIFUSO Patitieso, sorprendido. *Indiferente.*
PATÍN Esquí, trineo.
PÁTINA Barniz, lustre. ***Patina** (patinar).
PATINAR Deslizarse, esquiar, resbalar. *Tropezar.*
PATITIESO Boquiabierto, sorprendido, extrañado, patidifuso, petrificado. // Desmayado, inanimado.
PATO Ánade. // Seco, sin dinero. *Forrado, rico.*
PATOCHADA Disparate, gansada, desatino, tontería, majadería. *Agudeza, ingenuidad.*
PATOSO Pesado, molesto, cargante, enfadoso, impertinente.
PATOTA Barra, pandilla.
PATRAÑA Cuento, embuste, infundio, mentira. *Realidad, verdad.*
PATRIA Nación, país, suelo natal.
PATRIARCA Jefe. // Prestigioso, influyente.
PATRIARCAL Familiar. // Anciano, antiguo, ancestral.
PATRICIO Noble, prócer, aristócrata, señor. *Plebeyo.*
PATRIMONIAL Hereditario, familiar.
PATRIMONIO Bienes, herencia, pro-

piedad. *Indigencia, pobreza.*

PATROCINAR Amparar, apadrinar, defender, proteger, recomendar. *Atacar, perseguir.*

PATROCINIO Amparo, auxilio, favor, padrinazgo, protección. *Desamparo, inseguridad, riesgo.*

PATRÓN Amo, dueño, patrono, señor. *Obrero, peón, servidor.* // Modelo, molde, muestra, pauta, regla, horma. // Santo, titular.

PATRONÍMICO Apellido, nombre.

PATRONO Defensor, protector. // Patrón, dueño.

PATRULLA Partida, piquete.

PATRULLAR Rondar, vigilar.

PAULATINAMENTE Despacio, lentamente, poco a poco.

PAULATINO Pausado.

PAUPÉRRIMO Misérrimo, pobrísimo. *Potentado, riquísimo.*

PAUSA Lentitud, tardanza. *Diligencia, rapidez.* // Alto, intervalo, interrupción, parada, descanso, paréntesis. *Continuación, sucesión.*

PAUSADO Despacioso, lento, moroso, tardo, paulatino, acompasado, calmoso. *Impetuoso, rápido.*

PAUSAR Interrumpir, retardar, espaciar. *Sincronizar, cronometrar.*

PAUTA Dechado, modelo, norma, patrón.

PAUTAR Modelar, ejemplarizar, acompasar. // Rayar.

PAVADA Insulsez, necedad, ñoñez, sosería. *Gracia, ingenio.*

PAVÉS Escudo, broquel.

PAVIDEZ Pavor.

PÁVIDO Cobarde, miedoso, pusilánime, temeroso, medroso. *Valiente, audaz.*

PAVIMENTAR Adoquinar, asfaltar, enlosar, solar, empedrar.

PAVIMENTO Afirmado, firme, piso, suelo.

PAVO Estúpido, incauto, necio, soso. *Cauto, chistoso, inteligente, sagaz.*

PAVONEARSE Alardear, jactarse, presumir, vanagloriarse, farolear.

PAVOR Espanto, miedo, pavura, temor.

Arrojo, audacia, osadía, valor.

PAVOROSO Espantoso, espeluznante, temible. *Atractivo, fascinante.*

PAVURA Pavor, pavidez, miedo.

PAYASADA Bufonada, extravagancia, farsa. *Drama.*

PAYASO Bufón, gracioso, titiritero.

PAZ Calma, sosiego, tranquilidad. *Contienda, guerra, intranquilidad, lucha, hostilidad, riña.*

PAZGUATO Bobo, simple, tonto.

PEANA Basa, tarima, basamento.

PEATÓN Caminante, peón, transeúnte. *Automovilista.*

PEBETERO Incensador, perfumador.

PECA Efélide, mancha, lunar, mota.

PECADO Falta, infracción. *Inocencia, penitencia, virtud.*

PECAR Delinquir, errar, faltar. // Enviciarse.

PECERA Acuario.

PECHAR Pedir, sablear. *Dar.* // Empujar, apechugar.

PECHAZO Sablazo, petición, pedigüeñería. *Limosna.* // Empujón.

PECHO Busto, mama, pechuga, seno. *Espalda.* // Ánimo, esfuerzo, fortaleza, valentía.

PECHUGA Pecho.

PECHUGÓN Impulso, ímpetu, esfuerzo, empujón.

PECINA Lodo, fango, cieno.

PÉCORA Animal, bestia, res. // Astuto, pícaro, vicioso.

PÉCOREA Robo, hurto, saqueo, abigeato, pillaje. // Diversión.

PECTORAL Torácico.

PECULIAR Característico, exclusivo, particular, privativo, propio. *Común, general, imitado, vulgar.*

PECULIARIDAD Singularidad, especificación, exclusividad. *Generalidad.*

PECULIO Bienes, capital, caudal, dinero, patrimonio.

PECUNIA Dinero, moneda.

PEDAGOGÍA Educación, enseñanza, didáctica.

PEDAGÓGICO Didáctico, docente, educativo, formativo, didascálico.

PEDAGOGO Educador, instructor, maestro, profesor.

PEDANTE Afectado, presumido, sabihondo, vanidoso, purista. *Modesto, natural, sencillo.*

PEDAZO Porción, fragmento, tajada, trozo, cacho.

PEDAZOS Añicos, trizas.

PEDESTAL Basa, base, fundamento, peana, pie, plinto, podio. *Ápice, cima, cumbre.*

PEDESTRE Adocenado, común, corriente, chabacano, vulgar. *Excéntrico, inspirado, original, poético.*

PEDICURO Callista.

PEDIDO Encargo, petición, solicitud.

PEDIGÜEÑO Mendigo, pordiosero, sablista. *Dadivoso, donante.*

PEDIR Demandar, exigir, impetrar, mendigar, recabar, reclamar, rogar, solicitar, suplicar. *Dar, prestar, rechazar, rehusar.* // Apetecer, desear.

PEDRADA Golpe, guijarrazo, cantazo.

PEDREGAL Canchal, cantizal, cantera, peñascal, pedriscal.

PEDREGOSO Pétreo, guijarroso, rocoso, duro, áspero.

PEDRERÍA Joyería.

PEDRISCO Granizo, piedra.

PEDÚNCULO Rabillo.

PEGA Burla, chasco, engaño. // Dificultad, obstáculo.

PEGADIZO Pegajoso. // Postizo.

PEGAJOSO Cohesivo, glutinoso, pegadizo, viscoso. // Contagioso. // Meloso, obsequioso, pegote.

PEGAMENTO Adhesión, adherencia, pegadura, aglutinación.

PEGAR Adherir, aglutinar, encolar, engrudar, engomar, soldar. *Despegar.* // Aplicar, arrimar, coser, fijar, juntar, unir. *Desunir.* // Asestar, castigar, dar, maltratar, propinar, zurrar. *Acariciar.* // Contagiar, contaminarse. *Inmunizar.* // Convenir, resultar, sentar. // Agregarse, insinuarse, introducirse. *Retirarse, retraerse.* // Impresionar. // Rimar.

PEGOTE Emplasto, parche. // Fastidioso. // Bodrio, bazofia.

PEINAR Cardar, desenmarañar, desenredar. // Alisar, acicalar.

PEJE Pez.

PEJIGUERA Dificultad, incomodidad, lata, molestia. *Comodidad, facilidad.*

PELADA Calva, calvicie.

PELADILLA Canto, pedrusco, china, guija. // Almendra.

PELADO Calvo. *Peludo, piloso.* // Desnudo. *Cubierto.* // Escueto. *Detallado.* // Pelagatos. *Adinerado.*

PELAFUSTÁN Holgazán, maula, perdido. *Trabajador.*

PELAGATOS Insignificante, cualquiera, pordiosero, pelado, pelafustán, pobretón. *Personaje.*

PELAJE Calaña, índole, laya, traza, jaez.

PELAMBRERA Calvicie, alopecia, peladera. // Vello.

PELAR Rapar. // Depilar, descascarar, descortezar, desplumar, esquilar, mondar, trasquilar. // Robar.

PELDAÑO Escalón, grada, paso.

PELEA Batalla, combate, contienda, escaramuza, lucha, trifulca. *Paz.* // Afán, agobio, ajetreo, fatiga, trabajo. *Fiesta, holgorio.*

PELEAR Combatir, contender, disputar, enemistarse, luchar, reñir. *Amistarse, encariñarse.* // Afanarse, esforzarse. *Ociar.*

PELECHAR Medrar, aventajar, mejorar. *Arruinarse.*

PELELE Monigote, muñeco.

PELIAGUDO Complicado, difícil, intrincado. *Fácil, inteligible.* // Hábil, mañoso. *Torpe.*

PELÍCULA Cutícula, piel, membrana. // Cinta, filme.

PELIGRAR Amenazar, zozobrar, fluctuar. // Arriesgarse, aventurarse, exponerse, sacrificarse.

PELIGRO Amenaza, inseguridad, riesgo. *Inmunidad, invulnerabilidad, seguridad, solvencia.*

PELIGROSO Amenazador, arriesgado,

aventurado. *Confiable, seguro.* // Aventurero, indeseable, turbulento. *Decente, honorable, tranquilo.*
PELLEJO Cuero, pelleja, piel, vellón. // Borracho.
PELLIZCO Pizca, porción, trocito. // Torniscón. *Caricia.*
PELMACERÍA Indolencia, pasividad, parsimonia, tardanza, lentitud, cachaza. *Rapidez, fervor.*
PELMAZO Fastidioso, inoportuno, pelma, pesado. // Cachaciento, pachorrudo, torpe. *Diligente, rápido.*
PELO Cabello, pelusa, vello. // Minucia, nimiedad.
PELONERÍA Miseria, pobreza, indigencia. *Riqueza.*
PELOTA Balón, bola.
PELOTEAR Botar, rebotar, tomar, volver, lanzar. // Disputar, reñir, contender, pelearse.
PELOTERA Contienda, revuelta, riña. *Jarana.*
PELUCA Bisoñé, cabellera, peluquín. // Filípica, reprimenda, sermón. *Consejo.*
PELUDO Armadillo. // Piloso, mechudo, velludo. *Imberbe, lampiño.*
PELUSA Pelo, vello. // Celos, envidia.
PENA Castigo, penalidad, penitencia. *Recompensa.* // Congoja, cuidado, dolor, pesadumbre, sufrimiento. *Alegría, gozo, júbilo.* // Dificultad, trabajo, fatiga. *Descanso.*
PENACHO Airón, cimera, plumero, copete. // Presunción, soberbia, vanidad. *Modestia.*
PENADO Condenado, presidiario, preso. *Liberado.*
PENAL Cárcel, penitenciaría. // Punitivo, punible.
PENALIDAD Condena, correctivo, multa, pena. *Perdón, recompensa.* // Incomodidad, molestia, trabajo. *Comodidad, descanso, ocio.*
PENAR Castigar, multar. *Perdonar.* // Agonizar, padecer, sufrir. *Descansar.* // Afligirse, apesadumbrarse, entristecerse. *Alegrarse.*

PENATES Lares.
PENCO Jamelgo, matalón, rocín.
PENDENCIA Altercado, contienda, riña. *Armonía, avenencia, concordia.*
PENDENCIERO Camorrista, matón. *Pacífico, tranquilo.*
PENDER Colgar. // Depender.
PENDIENTE Arete, colgante. // Indeciso, suspenso. // Suspendido. // Cuesta, rampa, repecho. *Llano.* // Empinado, escarpado. *Nivelado.*
PENDÓN Bandera, estandarte, insignia, divisa.
PENE Falo, miembro.
PENETRABLE Permeable, diáfano, transparente. *Impenetrable.* // Claro, comprensible, fácil, inteligible. *Difícil.*
PENETRACIÓN Agudeza, perspicacia, sutileza, talento. *Estupidez, simpleza.* // Incursión, correría, invasión. *Retirada.*
PENETRANTE Profundo. *Superficial.* // Agudo, alto, chillón, fuerte, subido. *Bajo, débil, sordo.* // Perspicaz, ingenioso, sutil.
PENETRAR Calar, embeber, impregnar. // Introducir, meter. *Alejarse, irse, sacar, salir.* // Comprender, entender.
PENITENCIA Castigo, mortificación, pena. *Perdón, premio.* // Contrición, dolor, pesar. *Gozo.*
PENITENCIAR Penar, castigar, sancionar, condenar. *Premiar.* // Mortificarse.
PENITENCIARÍA Cárcel, correccional, penal. **Penitenciaria.*
PENITENTE Arrepentido, disciplinante, azotado, flagelado.
PENOSO Difícil, trabajoso, fatigoso. *Fácil, sencillo.*
PENSADOR Filósofo, sabio. // Pensativo, absorto, abstraído.
PENSAMIENTO Intelecto, mente, raciocinio. // Idea, opinión. // Bosquejo, proyecto. // Máxima, proverbio, sentencia. // Malicia, recelo, sospecha.
PENSAR Cavilar, discurrir, especular, meditar, proyectar, recapacitar, reflexionar, rumiar, soñar, suponer. // Idear, imaginar.

PENSATIVO Caviloso, pensador, preocupado, reflexivo. *Despreocupado.*

PENSIL Jardín. *Erial.* // Pendiente.

PENSIÓN Renta, subsidio, subvención. // Hospedaje.

PENSIONADO Pensionario, pensionista, becario, jubilado, retirado, pasivo. // Internado, pupilo, huésped.

PENUMBRA Medialuz, tenuidad, crepúsculo, sombra.

PENURIA Escasez, miseria, pobreza. *Abundancia, riqueza, solvencia.*

PEÑA Peñasco, roca. // Círculo, club, corro, tertulia. *Pandilla.*

PEÑASCO Peñón, peña, roca, morro, castro, farallón, roquedo.

PEÑASCOSO Escabroso, riscoso, rocoso, arriscado.

PEÓN Bracero, jornalero, trabajador. *Capataz.* // Peatón. // Trompo, peonza, perinola.

PEONZA Perinola, trompo.

PEORÍA Agravación, empeoramiento, recaída. *Mejoría.*

PEPITA Carozo, simiente.

PEPONA Muñeca.

PEQUEÑEZ Bajeza, mezquindad. *Elevación, grandeza, superioridad.* // Infancia, niñez. *Vejez.* // Bagatela, fruslería, insignificancia. *Grandor, corpulencia, trascendencia.*

PEQUEÑO Chico, chiquito, diminuto, enano, liliputiense, menudo. *Ciclópeo, corpulento, enorme, grande, gigantesco, ingente, voluminoso.* // Bajo. *Alto, colosal.* // Breve, corto, exiguo, reducido, ruin. *Espacioso, extenso, ilimitado, vasto.* // Niño. *Adulto, hombre.*

PERALTE Desnivel, elevación.

PERCANCE Accidente, avería, contratiempo, daño.

PERCATARSE Advertir, enterarse, considerar, darse cuenta, notar, observar, reparar. *Desconocer, ignorar.*

PERCEPCIÓN Sensación, impresión, aprehensión, conocimiento. // Idea, representación, imagen. // Discernimiento, clarividencia, penetración. // Cobro,

recaudación, ingresos. *Pago.*

PERCEPTIBLE Apreciable, sensible, visible. *Imperceptible.*

PERCHA Perchero, colgadero, gancho, clavijero, garabato.

PERCIBIR Advertir, apreciar, comprender, entender, notar, observar. *Desconocer, ignorar.* // Avistar, descubrir, distinguir, divisar, ver. // Cobrar, recaudar, recibir. *Abonar, pagar.*

PERCUDIR Ajar, deslucir, deteriorar, maltratar.

PERCUSIÓN Golpe, golpeteo, choque.

PERCUSOR Percutor, martillo.

PERCUTIR Batir, golpear, herir.

PERDER Extraviar, inutilizarse, traspapelarse. *Encontrar, hallar.* // Derrochar, desperdiciar, malgastar, malograr. *Ahorrar.* // Corromperse, desgraciarse, destruirse, deteriorarse, frustrarse, pervertirse. *Salvarse.* // Confundirse, desorientarse. *Encaminarse, orientarse.* // Naufragar, zozobrar.

PERDICIÓN Pérdida. *Salvación.* // Daño, destrucción, ruina. *Recuperación.*

PÉRDIDA Extravío. *Hallazgo.* // Daño, menoscabo, merma, perjuicio, quebranto, ruina. *Beneficio, ganancia, provecho, utilidad.*

PERDIDAMENTE Excesivamente. // Inútilmente.

PERDIDO Desorientado, extraviado, fracasado. *Encaminado.* // Libertino, perdulario, vicioso. *Virtuoso.*

PERDÓN Absolución, indulto, remisión. *Condena, satisfacción, vindicta.*

PERDONAR Absolver, condonar, dispensar, exceptuar, eximir, indultar, remitir. *Castigar, condenar, inculpar.*

PERDONAVIDAS Bravucón, fanfarrón, matón, valentón.

PERDULARIO Calavera, vicioso. // Abandonado, descuidado.

PERDURABILIDAD Perpetuidad, eternidad, inmortalidad.

PERDURABLE Eterno, imperecedero. *Perecedero.*

PERDURAR Durar, subsistir, permanecer, continuar. *Extinguirse, fenecer, morir.*

PERECEDERO Efímero, fugaz, pasajero, transitorio. *Duradero, inmortal.*

PERECER Fenecer, morir, sucumbir. *Brotar, nacer, vivir.* // Apetecer, desvivirse, desear.

PEREGRINACIÓN Peregrinaje, viaje, romería, éxodo, cruzada.

PEREGRINO Caminante, viajero. // Romero. // Extraño, extraordinario, perfecto, raro, singular. *Común, vulgar.*

PERENGANO Fulano, mengano, zutano.

PERENNE Continuo, incesante, permanente, perpetuo. *Discontinuo, efímero.*

PERENNIDAD Perdurabilidad, perpetuidad, inmortalidad. *Mortalidad.*

PERENTORIEDAD Apremio, apuro, prisa, urgencia, vehemencia. *Lentitud, pasividad, morosidad.*

PERENTORIO Apremiante, urgente. *Breve, fugaz.* // Concluyente, decisivo, tajante, terminante. *Dubitativo.*

PEREZA Apatía, haraganería, indolencia, ociosidad, pachorra, poltronería. *Actividad, aplicación, diligencia.*

PEREZOSAMENTE Flojamente, haraganamente, indolentemente. *Ágilmente, solícitamente.*

PEREZOSO Haragán, holgazán, indolente, poltrón, remolón, vago. *Trabajador, diligente.*

PERFECCIÓN Excelencia, finura, madurez, sazón. *Anormalidad, defecto, imperfección, tacha.*

PERFECCIONAR Acabar, afinar, completar, pulir, retocar. *Viciar.*

PERFECTAMENTE Cabalmente, intachablemente.

PERFECTO Acabado, cabal, completo, ideal, intachable. *Defectuoso, deficiente, imperfecto.* ***Prefecto.**

PERFIDIA Felonía, traición. *Lealtad, rectitud, sinceridad.*

PÉRFIDO Desleal, infiel, perjuro, traidor. *Fiel, recto, veraz.*

PERFIL Contorno, rasgo, silueta.

PERFILAR Afinar, perfeccionar. // Aci-

calarse, arreglarse, emperifollarse, maquillarse, retocarse, componerse.

PERFORACIÓN Agujero, horadamiento, pozo.

PERFORAR Agujerear, horadar, taladrar.

PERFUMADO Aromático, fragante, oloroso, odorífero. *Fétido, pestilente.*

PERFUMADOR Perfumista, perfumero, aromatizador. // Perfumadero, pebetero, sahumador, fumigatorio, pulverizador.

PERFUMAR Aromatizar, embalsamar, sahumar. *Heder.*

PERFUME Aroma, efluvio, esencia, fragancia. *Fetidez, hedor.*

PERFUSIÓN Baño, untura.

PERGAMINO Piel, vitela. // Título.

PERGEÑAR Arreglar, disponer, ejecutar, preparar.

PERGEÑO Apariencia, aspecto, disposición, figura, traza.

PERICIA Destreza, experiencia, habilidad, práctica. *Ineptitud, inexperiencia, inhabilidad.*

PERICLITAR Decaer, declinar, desvalorizarse.

PERIFERIA Aledaños, alrededores. // Circunferencia, contorno, perímetro. *Centro, interior, núcleo.*

PERIFOLLOS Adornos, alhajas.

PERÍFRASIS Circunloquio, circunlocución, rodeo. ***Paráfrasis.**

PERILLA Barbilla.

PERÍMETRO Ámbito, contorno, espacio. *Centro.*

PERÍNCLITO Grande, heroico, ínclito.

PERINOLA Peonza.

PERÍOCA Argumento, asunto, tema.

PERIÓDICO Diario, rotativo. // Habitual, regular. *Irregular.*

PERIODISMO Prensa.

PERÍODO o PERIODO Ciclo. // Etapa, fase, lapso. // Frase, párrafo. // Menstruación, regla.

PERIPATÉTICO Aristotélico. // Extravagante, ridículo.

PERIPECIA Accidente, incidente, suceso. *Normalidad.*

PERIPLO Circunnavegación.

PERIPUESTO Acicalado, atildado, endomingado. *Desaliñado.*

PERIQUETE Instante, santiamén.

PERISTILO Columnata, galería.

PERITO Conocedor, experimentado, experto, hábil, práctico, sabio, técnico. *Desconocedor, incapaz, inepto, inexperto, inhábil.*

PERJUDICAR Damnificar, dañar, lesionar, menoscabar, vulnerar. *Ayudar, favorecer.*

PERJUDICIAL Dañino, dañoso, lesivo, malo, nocivo, pernicioso, desfavorable. *Beneficioso, conveniente, provechoso, útil, ventajoso.*

PERJUICIO Daño, detrimento, mal, menoscabo, lesión, quebranto. *Bien, favor, provecho, utilidad.* ***Prejuicio.**

PERJURAR Jurar, prevaricar. // Apostatar, renegar.

PERJURIO Apostasía, deslealtad, infidelidad, prevaricación. *Lealtad, fidelidad, verdad.*

PERJURO Apóstata, renegado. *Adicto, fiel, leal.*

PERMANECER Mantenerse, perseverar, persistir, quedarse, residir, sostenerse. *Alterarse, cambiar, modificarse, irse.*

PERMANENCIA Constancia, estabilidad, firmeza, inalterabilidad, inmutabilidad, persistencia. *Inconstancia, inestabilidad, mudanza.*

PERMANENTE Estable, fijo, invariable, persistente. *Mudable, transitorio, variable.*

PERMEABILIDAD Absorción, absorbencia, filtración. *Impermeabilidad.*

PERMEABLE Absorbente, filtrable, embebedor, impregnable. *Impermeable, impenetrable.*

PERMISIBLE Permitido, autorizable, autorizado, lícito, legal, tolerable. *Prohibido, ilegal.*

PERMISO Anuencia, aprobación, asentimiento, aquiescencia, autorización, licencia, venia. *Desautorización, impedimento, negativa, prohibición.*

PERMITIDO Consentido, legal, legíti-mo, lícito, tolerado. *Prohibido.*

PERMITIR Autorizar, consentir, facultar, tolerar. *Denegar, prohibir.*

PERMUTA Cambio, canje, trueque, conmutación. *Retención.*

PERMUTAR Cambiar, canjear, conmutar, trocar.

PERNICIOSO Dañino, dañoso, malo, nocivo, perjudicial. *Bueno, beneficioso, saludable.*

PERNIL Anca, muslo. // Jamón.

PERNOCTAR Detenerse, dormir, parar, posar.

PERO Defecto. *Perfección.* // Obstáculo. *Facilidad.* // Aunque, empero, mas.

PERORACIÓN Discurso, charla, conversación, razonamiento.

PERORAR Discursear, hablar. *Callar, escuchar.*

PERORATA Alocución, arenga, discurso, declamación.

PERPENDICULAR Derecho, parado, eréctil.

PERPETRAR Cometer, consumar.

PERPETUAR Eternizar, inmortalizar. *Acabar, morir.*

PERPETUIDAD Eternidad, inmortalidad, perennidad.

PERPETUO Imperecedero, inmortal, infinito, perdurable, perenne, sempiterno, vitalicio. *Efímero, fugaz, mortal, perecedero, transitorio.*

PERPLEJIDAD Confusión, duda, incertidumbre, indecisión. *Decisión, despreocupación, evidencia, persuasión, resolución.*

PERPLEJO Confuso, dudoso, indeciso, irresoluto, vacilante. *Seguro.*

PERQUIRIR Indagar, investigar, pesquisar, escrutar, escudriñar, examinar.

PERRERÍA Jauría, traílla. // Canallada, vileza.

PERRO Can, chucho, pichicho, gozque. // Engaño.

PERSECUCIÓN Acosamiento, hostigamiento, importunación, instancia, seguimiento. ***Prosecución.**

PERSEGUIR Acosar, hostigar, seguir.

Desertar, escapar, huir. // Oprimir. // Apremiar, importunar, molestar, atormentar. // Buscar, procurar. ***Proseguir.**

PERSEVERANCIA Constancia, empeño, firmeza, persistencia, tenacidad, tesón. *Inconstancia, indecisión.*

PERSEVERANTE Constante, consecuente, invariable, tesonero, tenaz, férreo, empeñoso. *Inconstante.*

PERSEVERAR Continuar, insistir, obstinarse, proseguir, persistir. *Ceder, renunciar, abandonar.*

PERSIANA Celosía.

PERSIGNARSE Santiguarse.

PERSISTENCIA Constancia, insistencia, permanencia, perseverancia. *Inconstancia, renunciamiento.*

PERSISTENTE Constante, continuo, obstinado, porfiado, tenaz, tozudo. *Tornadizo, voluble.*

PERSISTIR Continuar, obstinarse, perseverar. *Renunciar.* // Subsistir, permanecer, durar, perdurar.

PERSONA Individuo, hombre, alma, semejante, prójimo, sujeto, ser humano, vida. *Cosa, objeto.*

PERSONAJE Persona, protagonista, figura, actor.

PERSONAL Dotación. // Particular, privado, privativo, propio, singular. *Colectivo, general.*

PERSONALIDAD Carácter, distintivo.

PERSONARSE Apersonarse, comparecer, presentarse.

PERSPECTIVA Apariencia, faceta, representación. // Contingencia, probabilidad. // Alejamiento.

PERSPICACIA Agudeza, penetración, sagacidad. *Estupidez.*

PERSPICAZ Agudo, lince, penetrante, sagaz, sutil. *Necio, tonto.*

PERSPICUO Claro, inteligible, terso, transparente.

PERSUADIR Convencer, decidir, inducir, mover, sugestionar. *Desengañar, disuadir, dudar.*

PERSUASIÓN Convencimiento, convicción. *Duda.*

PERSUASIVO Convincente, seductor.

PERTENECER Atañer, concernir, corresponder, incumbir, respectar, tocar.

PERTENECIENTE Concerniente, correspondiente, referente, relativo. // Propio.

PERTENENCIA Dominio, propiedad.

PÉRTIGA Garrocha, vara.

PERTINACIA Obstinación, tenacidad, terquedad. *Rendición.*

PERTINAZ Obstinado, tenaz, terco, testarudo. *Resignado.*

PERTINENTE Concerniente, conducente, oportuno, referente, perteneciente. *Inconveniente, inoportuno.*

PERTRECHAR Abastecer, proveer.

PERTRECHOS Armamento, municiones, víveres.

PERTURBACIÓN Alteración, conmoción, desconcierto, desorden, inquietud, revuelo, subversión, trastorno, turbación. *Orden, tranquilidad.*

PERTURBADO Inquieto, conmovido, conturbado, alborotado, soliviantado. *Sereno.* // Loco.

PERTURBADOR Agitador, rebelde, revoltoso, travieso.

PERTURBAR Agitar, alborotar, amotinar, inquietar, intranquilizar. *Aquietar, calmar.* // Desordenar, desorganizar, trastornar, turbar. *Ordenar, organizar.*

PERVERSIDAD Corrupción, maldad, malignidad, perfidia, perversión, crueldad. *Bondad.*

PERVERSIÓN Corrupción, depravación, libertinaje, vicio. *Honestidad.*

PERVERSO Corrompido, depravado, disoluto, libertino, perdido, vicioso. *Casto, virtuoso.* // Inicuo, malvado. *Abnegado, bueno.*

PERVERTIR Corromper, depravar, enviciar, estragar, malear, prostituir. *Enmendar, perfeccionar, regenerar.*

PERVULGAR Divulgar, publicar, anunciar. // Promulgar.

PESA Contrapeso, plomo, equilibrio.

PESADA Peso, ponderación.

PESADAMENTE Aburridamente, fatigosamente, largamente, trabajosamente.

PESADEZ Cargazón, pesantez. *Levedad, ligereza.* // Desazón, pesadumbre, somnolencia. // Cachaza, flema. *Nerviosidad.* // Impertinencia, molestia, terquedad. // Trabajo.

PESADILLA Angustia, congoja. // Preocupación. // Alucinación, ensueño, delirio.

PESADO Deprimente, grave, oneroso, plomizo, recargado. *Leve.* // Soporífero. *Excitante.* // Intenso, profundo. // Cachazudo, lento, tardo. *Ágil, ligero.* // Cargante, fastidioso, insoportable. *Entretenido.* // Áspero, duro, insufrible, ofensivo, violento.

PESADUMBRE Agravio, injuria. // Desazón, disgusto, molestia, pesadez, pesantez. *Alborozo, felicidad.*

PÉSAME Condolencia, duelo. *Albricias, enhorabuena.*

PESANTEZ Gravedad, gravitación, pesadez. // Molestia.

PESAR Arrepentimiento, dolor, aflicción, pena, pesadumbre, remordimiento. *Gozo, júbilo.*

PESAR Examinar, ponderar, sopesar. *Descuidar.* // Arrepentirse, dolerse. *Alegrarse.* // Gravar, gravitar. // Fastidiar, fatigar, importunar. *Divertir, entretener.*

PESAROSO Afligido, arrepentido, dolido, sentido. *Contento, satisfecho.*

PESCAR Agarrar, atrapar, sorprender.

PESCUEZO Cogote, cuello. // Altanería, vanidad.

PESEBRE Comedero, establo.

PESIAR Maldecir, blasfemar, renegar.

PESIMISMO Desilusión, melancolía. *Ilusión, optimismo.*

PESIMISTA Triste, atrabiliario, desilusionado. *Optimista.*

PÉSIMO Detestable, malísimo. *Excelente, óptimo, superior.*

PESO Gravedad, pesadez, pesantez. // Carga, estorbo, gravamen. // Entidad, importancia. *Nimiedad.* // Eficacia, fuerza. // Dinero.

PESQUISA Averiguación, búsqueda, indagación, información, investigación.

PESQUISANTE Detective, investigador.

PESQUISAR Informar, investigar, inquirir, indagar, buscar, averiguar.

PESTAÑA Orilla, saliente.

PESTAÑEAR Parpadear. // Vivir.

PESTE Corrupción. // Fetidez, hedor, pestilencia. *Aroma, fragancia.* // Plaga. *Salubridad, sanidad.*

PESTÍFERO Apestoso, fétido, hediondo, pestilente. // Corruptor, dañino, pernicioso. *Saludable.*

PESTILENCIA Peste.

PESTILLO Cerrojo, pasador, picaporte.

PETACA Cigarrera, tabaquera.

PETARDISTA Estafador, sablista, tramposo, engañador.

PETARDO Cohete. // Estafa, sablazo.

PETATE Bártulos, equipaje. // Esterilla.

PETICIÓN Demanda, pedido, ruego, solicitud. *Mandato, orden.*

PETIGRÍS Ardilla.

PETIMETRE Dandi.

PETISO Bajo, pequeño. *Grandote.*

PETITORIO Petición.

PÉTREO Pedregoso, rocoso.

PETRIFICAR Endurecer, solidificar, fosilizar. *Ablandar.*

PETULANCIA Atrevimiento, descaro, engreimiento, insolencia, presunción, vanidad. *Llaneza, modestia, sencillez.*

PETULANTE Engreído, fatuo, insolente, vanidoso, descarado. *Modesto.*

PEZ Peje.

PEZÓN Tetilla.

PIADOSO Devoto, ferviente, pío, religioso. *Irreligioso.* // Benigno, blando, caritativo, misericordioso. *Cruel, inhumano, insensible.*

PIAFAR Escarbar, patear, atabalear.

PIAR Clamar, gritar, llamar.

PIARA Manada.

PICA Garrocha, lanza, vara.

PICACHO Pico, punta.

PICADA Picadura, picotazo, mordedura.

PICADO Punzado, picoteado, pinchado.

PICADURA Picada, punzada. // Caries.

PICANA Aguijada.

PICANTE Acerbo, acre, cáustico. // Mordaz, picaresco, punzante, satírico. // Sazonado, condimentado.

PICAPLEITOS Trapisondista, leguleyo.

PICAPORTE Pestillo.

PICAR Morder, picotear, pinchar, punzar. // Espolear, estimular, incitar, mover. // Cortar, desmenuzar, dividir, moler. // Desazonar, enojar, inquietar. // Llegar, rayar, tocar. // Agraviarse, enfadarse, ofenderse, resentirse. // Jactarse, preciarse, vanagloriarse.

PICARDÍA Maldad, pillería, ruindad, vileza, travesura.

PICARESCO Atrevido, picante, verde. *Honesto, púdico.*

PÍCARO Astuto, bribón, canalla, granuja, ladino, pillo, ruin, taimado, tunante. // Picarón, sagaz, travieso.

PICAZÓN Comezón, hormigueo, picor, prurito. // Disgusto, enojo.

PICNIC Excursión, paseo.

PICO Boca, lengua. // Fracción, porción. // Facundia, locuacidad, oratoria. // Cima, cresta, cumbre, cúspide, montaña, punta. *Precipicio, valle.*

PICOTEAR Picar.

PICUDO Hocicudo. *Ñato.* // Hablador, charlatán.

PIE Pata, pezuña. // Base, fundamento. // Motivo, ocasión. // Poso, sedimento. *Nata.* // Último. *Mano.* *Píe, pié (piar).

PIEDAD Compasión, lástima, misericordia, caridad. *Crueldad, saña.* // Devoción. *Impiedad.*

PIEDRA Cálculo. // Granizo, pedrusco. // Peña, risco, roca. // Adoquín, guija, guijarro, laja.

PIEL Tegumento, cuero, cutis, dermis, epidermis, pellejo. // Cáscara, corteza. *Carne, pulpa.*

PIÉLAGO Mar, océano, ponto.

PIENSO Pasto, pastura, forraje, hierba, heno, paja.

PIERNA Pata, zanca.

PIEZA Aposento, cuarto, habitación. // Parte, pedazo, trozo. *Conjunto.* // Alhaja. // Ficha. // Moneda. // Mueble.

PIFIA Desacierto, equivocación, error, fallo. *Acierto, tino.* // Indiscreción, plancha, torpeza. *Atención, discreción.*

PIFIAR Equivocarse, errar, fallar. *Acertar, dar.*

PIGMENTO Colorante, tinte.

PIGMEO Enano, liliputiense. *Gigante.* // Diminuto, pequeño. *Ciclópeo.*

PIGNORACIÓN Empeño, hipoteca, prenda. // *Venta.*

PIGNORAR Empeñar, hipotecar, prendar. *Desempeñar.*

PIGRE Desidioso, holgazán, negligente, vago, perezoso. *Diligente.*

PIJOTERÍA Fastidio, impertinencia, molestia, pesadez.

PIJOTERO Cargante, fastidioso, impertinente, inoportuno, pesado. *Discreto, oportuno.*

PILA Cúmulo, montón. // Fuente, bañera, recipiente.

PILAR Columna, pilastra, hito, mojón.

PILASTRA Pilastrón, pilar, estípide, contrafuerte, botarel, columna, apoyo.

PILCHAS Ropa, traje, vestido.

PÍLDORA Comprimido, gragea.

PILETA Piscina.

PILLADA Picardía, pillería.

PILLAJE Depredación, despojo, hurto, latrocinio, rapiña, robo, saqueo, desvalijamiento. *Regalo.*

PILLAR Hurtar, robar, sustraer, timar. *Devolver.* // Agarrar, aprehender, apresar, descubrir, prender. *Soltar.*

PILLO Bribón, canalla, granuja, pícaro, tunante. *Decente, honrado, probo.* // Astuto, ladino, listo, pillín, sagaz. *Honesto, íntegro.*

PILOSO Peludo, velludo. *Lampiño.*

PILOTAR Conducir, dirigir, gobernar, guiar, manejar, pilotear.

PILOTO Aviador, conductor, timonel, guía. // Mentor.

PILTRAFA Residuo.

PIMIENTO Ají, chile, morrón.

PIMPOLLO Capullo, botón, tallo, vástago. // Niña, niño, joven.

PINACOTECA Galería, sala, exposición, museo.

PINÁCULO Apogeo, altura, remate, cima, cumbre. *Abismo.*

PINAR Pineda.

PINCEL Brocha.

PINCELADA Brochazo. // Explicación.

PINCELAR Pintar.

PINCHAR Picar, punzar, zaherir. // Aguijonear, enojar, estimular, incitar, mover, provocar. *Disuadir.*

PINCHAZO Pinchadura. // Punción. // Reventón.

PINCHE Aprendiz, cadete. // Aguijón, espina, punta, punzón.

PINCHO Aguja, punta, punzón, púa, aguijón, ápice, espina, clavo.

PINDONGUEAR Callejear.

PINGAJO Andrajo, colgajo, harapo, jirón. *Adorno.*

PINGÜE Abundante, copioso, cuantioso, fértil. *Árido, escaso, exiguo.* // Craso, gordo, grasiento, mantecoso. *Flaco.*

PINJANTE Arete, pendiente.

PINTA Mancha. // Lunar, peca. // Señal. // Aspecto, facha, traza.

PINTAR Colorear, pincelar. // Describir, narrar, representar. // Exagerar, ponderar, engrandecer. *Rebajar.* // Importar, significar, valer.

PINTIPARADO Igual, parecido, semejante, análogo.

PINTORESCO Expresivo, típico. // Chocante, estrafalario. *Distinguido.*

PINTURA Cuadro, fresco, lienzo, tabla, tela. // Descripción.

PIÑA Ananá. // Puñetazo, trompada. *Caricia.*

PÍO Devoto, piadoso. *Indiferente.* // Benigno, compasivo. *Duro, inhumano.* *Pió (piar).

PIOCHA Pico, piqueta, zapapico.

PIOJOSO Mezquino, miserable, tacaño. *Dadivoso, generoso.* // Sucio. *Aseado, pulcro.*

PIOLA Cordel, piolón. *Hilo.*

PIPA Cachimba. // Barrica, barril, bocoy, cuba, tonel.

PIPIOLO Bisoño, novato, principiante. *Avezado, experto.*

PIQUE Arranque. // Desazón, resentimiento. *Dulzura.*

PIQUETA Pico, zapapico.

PIQUETE Grupo, pelotón.

PIRA Fogata, hoguera.

PIRAGUA Bote, canoa, chalupa.

PIRAMIDAL Colosal, extraordinario. *Corriente, vulgar.*

PIRATA Corsario. // Cruel, despiadado, explotador, malvado. *Honrado, justo.*

PIROPEAR Requebrar. *Maldecir.*

PIROPO Flor, lisonja, requiebro.

PIRUETA Cabriola, voltereta.

PISADA Huella, rastro.

PISAR Apisonar. // Conculcar, hollar, humillar, pisotear. *Honrar, respetar.*

PISCINA Estanque, pileta.

PISCOLABIS Colación, refacción, refrigerio, tentempié. *Ayuno.*

PISO Pavimento, suelo. *Cielo, firmamento.* // Casa, departamento, domicilio, morada, residencia, vivienda.

PISOTEAR Pisar, hollar, aplastar. // Conculcar, humillar, maltratar.

PISTA Cancha, circuito, campo, carretera. // Huella, indicio, rastro, señal, vestigio, estela.

PISTOLERO Asaltante, atracador, matón, asesino.

PISTÓN Émbolo.

PITA Agave, maguey.

PITADA Pitido, clarinada, trompetazo, silbateo.

PITANZA Alimento, comida, ración, vitualla. // Precio, estipendio.

PITAÑOSO Legañoso.

PITAR Abuchear. *Aplaudir, ovacionar.* // Chiflar, silbar. // Fumar.

PITIDO Chiflido, pitada, silbido.

PITILLO Cigarrillo.

PÍTIMA Borrachera, curda. *Sobriedad.*

PITO Chifle, chiflo, silbato.

PITÓN Cuerno. // Pitorro.

PITONISA Adivina, profetisa, sacerdotisa. // Hechicera.

PIZCA Ápice, brizna, partícula, migaja.

PIZPIRETA Vivaracha, aguda, desenvuelta. *Boba.*

PLACA Chapa, lámina, plancha. // Clisé, película.

PLÁCEME Congratulación, enhorabuena, parabién. *Pésame.*

PLACENTERO Agradable, alegre, apacible, encantador, grato. *Desagradable, enojoso.*

PLACER Deleite, diversión, entretenimiento, goce, gozo, satisfacción. *Continencia, dolor, malestar, pena, sufrimiento.* // Aquiescencia, beneplácito, voluntad. *Desagrado, fastidio, grima.*

PLACER Agradar, complacer, gustar, satisfacer. *Desagradar.*

PLACIDEZ Tranquilidad, calma, quietud, sosiego, serenidad. *Intranquilidad, desasosiego.*

PLÁCIDO Placentero. // Apacible, grato, quieto, sereno, sosegado, tranquilo. *Intranquilo, irritado, penoso.*

PLÁCITO Parecer, dictamen, sentido, juicio.

PLAGA Azote, calamidad, desastre, epidemia, infortunio, peste. *Bendición.* // Llaga. // Abundancia, copia, diluvio, multitud. *Escasez.*

PLAGAR Llenar, cubrir, pulular.

PLAGIAR Copiar, imitar. *Crear, inventar.* // Raptar, secuestrar.

PLAGIARIO Copista, imitador, ladrón. // Raptor.

PLAGIO Calco, copia, imitación. *Original.* // Rapto.

PLAN Designio, idea, intento, programa, propósito, proyecto. // Apunte, borrador, esquema, extracto. // Minuta, plano, síntesis. // Intriga, maquinación.

PLANA Cara, carilla, página.

PLANCHA Chapa, lámina, placa, tabla. // Coladura, desacierto, error, papelón, pifia. *Acierto, tino.*

PLANCHAR Alisar, desarrugar, estirar. *Arrugar, plegar.*

PLANEAR Forjar, fraguar, idear, proyectar, concebir.

PLANETA Estrella.

PLANICIE Llanada, llanura, meseta, planada, sabana. *Montaña, serranía.*

PLANO Superficie, cara, extensión. // Llano, liso, igual, chato, romo, aplastado, raso, horizontal. // Plan, mapa, carta, trazado.

PLANTA Vegetal. *Animal.* // Pie. // Plano, proyecto.

PLANTACIÓN Plantel, plantío, vivero. // Replantación, repoblación, siembra, trasplante.

PLANTAR Asentar, establecer, fundar, hincar, instituir. *Asolar.* // Dar, encajar, pegar, propinar, soltar. *Acariciar, mimar.* // Burlar, chasquear. // Cantar, decir, largar. // Llegar, trasladarse. *Irse, marcharse.* // Detenerse, empacarse, pararse. *Andar, correr.*

PLANTE Huelga, paro.

PLANTEAMIENTO Trazado, diseño, esbozo, tanteo. // Proposición, exposición, sugerencia.

PLANTEAR Diseñar. // Exponer, proponer, suscitar. *Rectificarse.*

PLANTEL Plantación, plantío, vivero.

PLANTILLA Patrón, regla. // Plan, planta. // Suela.

PLANTÍO Plantación, plantel, vivero, semillero.

PLANTÓN Centinela, guardia. // Espera.

PLAÑIDERA Llorona.

PLAÑIDERO Lastimero, lloroso, llorón, quejumbroso. *Gozoso, jocoso.*

PLAÑIDO Lamento, lamentación, lloro, lloriqueo, llanto, gemido. *Risa.*

PLAÑIR Gemir, gimotear, llorar, lloriquear, sollozar. *Reír.*

PLASMAR Crear, formar, moldear.

PLASTA Masa, pasta.

PLÁSTICA Dibujo, contextura, disposición, estructura. // Cerámica, alfarería, pintura.

PLASTICIDAD Flexibilidad, maleabilidad, docilidad. *Rigidez, dureza.*

PLÁSTICO Blando, dúctil, flexible, elástico. *Duro.* // Formativo, formante, figurativo. // Cerámico. // Conciso, expresivo, exacto, preciso.

PLATA Bienes, dinero, moneda, riqueza. *Miseria, pobreza.*

PLATAFORMA Tablado, tribuna.

PLÁTANO Banana, banano.

PLATEADO Argénteo, argentino.

PLÁTICA Coloquio, conversación, charla. *Gritería.* // Discurso, sermón.

PLATICAR Conversar, charlar, hablar. *Callar.* // Predicar.

PLATO Comida, manjar, vianda. // Escudilla, patena, bandeja.

PLATÓNICO Desinteresado, honesto, ideal, puro. *Deshonesto, interesado.* ***Plutónico.**

PLAUSIBLE Aceptable, admisible, atendible, recomendable. *Inaceptable.* // *Laudable, loable. Despreciable.*

PLAYA Ribera.

PLAZA Ágora. // Mercado. // Ciudadela, fortaleza, presidio. // Espacio, lugar, sitio. // Ciudad, población. // Empleo, oficio, puesto.

PLAZO Término, vencimiento. // Aplazamiento, prórroga.

PLAZOLETA Plazuela.

PLEBE Pueblo, vulgo. *Aristocracia, nobleza, patriciado.*

PLEBEYEZ Ordinariez, vulgaridad. *Educación, hidalguía, nobleza.*

PLEBEYO Vulgar, ordinario, popular. // Proletario, vulgo. *Noble.*

PLEBISCITO Referéndum, sufragio, votación, elección.

PLEGABLE Plegadizo, flexible, maleable, dúctil.

PLEGAR Doblar. *Desdoblar, extender.* // Tablear. *Estirar.* // Ceder, someterse. *Rebelarse.* // Unirse. *Separarse.*

PLEGARIA Deprecación, oración, súplica. *Blasfemia, juramento.* ***Plegaría** (plegar).

PLEITEAR Litigar, querellar, contender. *Avenirse.*

PLEITESÍA Acatamiento, sumisión, avenencia. *Rebeldía.*

PLEITO Disputa, litigio, querella. *Arreglo, componenda.*

PLENAMENTE Completamente, enteramente. *Escasamente, parcialmente.*

PLENARIO Entero, lleno, pleno.

PLENITUD Integridad, plétora, totalidad. *Carencia, escasez, parte, vacío.*

PLENO Abarrotado, atestado, atiborrado, lleno, saturado. *Desocupado, vacío.* // Junta, reunión.

PLEONASMO Redundancia.

PLÉTORA Abundancia, plenitud, superabundancia. *Carencia, escasez, falta.*

PLIEGO Hoja, cuadernillo. // Carta, memorial, oficio.

PLIEGUE Doblez, frunce, plegadura, alforza.

PLOMADA Sonda.

PLOMIZO Plúmbico, plomoso, plúmbeo, plomífero, plumboso, aplomado.

PLUMA Estilográfica. // Escritor.

PLUMADO Plumoso, plumífero, penígero, emplumado.

PLUMAJE Plumazón.

PLURALIDAD Diversidad, multitud. *Singularidad, unidad, uniformidad.*

PLUS Extra, gratificación, propina, sobresueldo. *Quita.*

POBLACIÓN Aldea, ciudad, localidad, lugar, poblado, pueblo, villa. // Habitantes, vecindario, vecinos.

POBLADOR Habitante.

POBLAR Fundar, colonizar, edificar, urbanizar. // Aumentarse, crecer, incrementarse. *Despoblar, emigrar.*

POBRE Desheredado, indigente, mendigo, menesteroso, necesitado, pordiosero, proletario. *Acaudalado, potentado, rico.* // Desdichado, desvalido, infeliz, insignificante, pelagatos. *Dichoso.* // Escaso, falto, mezquino. *Abundante.* // Miserable, mísero. *Espléndido, liberal.* ***Podre.**

POBREZA Escasez, estrechez, indigencia, inopia, miseria, necesidad, penuria. *Opulencia, prosperidad, riqueza.* // Ahogo, carencia, desnudez. *Hartura.*

POBRÍSIMO Paupérrimo, misérrimo. *Multimillonario, riquísimo.*

POCHO Descolorido, pálido, apagado, desvaído. *Colorido, fresco, sano.*

POCILGA Chiquero.

POCILLO Jícara, taza.

PÓCIMA Brebaje, cocimiento, poción.
POCO Corto, escaso, exiguo, limitado. *Mucho, suficiente.* // Gota, pizca. *Infinidad, sinfín.*
PODAR Cercenar, disminuir, mochar.
PODER Autoridad, dominio, imperio, jurisdicción, mando, señorío, superioridad. *Inferioridad, obediencia.* // Fuerza, poderío, posibilidad, potencia, pujanza, vigor. *Debilidad, incapacidad.* // Autorización, facultad, potestad. // Albedrío, arbitrio. *Sumisión.* // Ser posible. // Conseguir, lograr, obtener. // Saber, valer, tomar.
PODERHABIENTE Apoderado, delegado, facultado.
PODERÍO Dominio, facultad, imperio, jurisdicción, mando, poder, potestad, señorío. // Hacienda, riquezas. // Fuerza, vigor.
PODEROSO Excelente, grande, magnífico. *Insignificante, mediocre.* // Activo, eficaz, enérgico, potente, vigoroso. *Débil, ineficaz.* // Acaudalado, opulento, pudiente, rico, millonario. *Mísero, pobre, miserable.*
PODIO Pedestal.
PODRE Podredumbre, pus, putrefacción. *Pobre.*
PODREDUMBRE Corrupción, putrefacción, pudrición, podre, descomposición, fermentación, pus, infección.
PODRIDO Corrupto, descompuesto, pasado, putrefacto, pútrido. *Higiénico, sano.*
PODRIRSE Pudrirse. *Purificar, sanear.*
POEMA Poesía, balada, canción, tonada, himno.
POESÍA Poema. // Inspiración, musa, lira, estro, numen.
POETA Aedo, bardo, rapsoda, trovador, vate. *Escritor, prosista.*
POÉTICO Lírico. *Prosaico.*
POETIZAR Embellecer, idealizar.
POLARIZAR Concentrar. *Dispersar.*
POLEA Aparejo, garrucha.
POLÉMICA Controversia, discusión, disputa. *Acuerdo, transacción.*

POLEMIZAR Controvertir, debatir, cuestionar, disputar. *Convenir, acordar.*
POLICHINELA Arlequín, muñeco, títere, fantoche.
POLICÍA Vigilancia. // Agente, detective, vigilante. // Aseo, cortesía, urbanidad. *Desaseo, descortesía.*
POLICLÍNICA Consultorio, sanatorio.
POLICROMO Multicolor.
POLIFÓNICO Sinfónico.
POLIPASTO Aparejo, polea, polispasto. // Útil.
POLÍTICA Arte, habilidad, traza. // Cortesía, finura, urbanidad. *Grosería.*
POLÍTICO Atento, cortés, fino, urbano. *Desatento.* // Astuto, diplomático, flexible. *Rudo.*
POLIZONTE Policía, vigilante.
POLLA Gallina. // Muchacha.
POLLERA Falda.
POLLINO Asno, borrico. // Ignorante, simple.
POLLO Cría, pichón, pollito. // Joven, jovenzuelo. // Astuto, sagaz. *Poyo.*
POLO Extremo. // Centro, fundamento.
POLTRÓN Flojo, haragán, holgazán, perezoso. *Activo, laborioso.*
POLTRONERÍA Gandulería, holgazanería, pereza. *Actividad, esfuerzo.*
POLUCIÓN Contaminación. *Purificación.* // Derrame, flujo.
POLUTO Contaminado, sucio. *Limpio.*
POLVAREDA Polvo, tolvanera. // Batahola, trifulca.
POLVO Ceniza, tierra.
POLVORIENTO Polvoroso, pulverulento, cenizoso.
POMA Manzana.
POMADA Betún, crema, ungüento.
POMO Frasco.
POMPA Esplendor, fausto, grandeza, solemnidad, vanidad. *Modestia, sencillez.* // Ampolla, burbuja. // Bomba, elevador.
POMPOSO Aparatoso, magnífico, ostentoso. // Ampuloso, enfático, hinchado, hueco, vano. *Mesurado, sobrio.*
PÓMULO Malar.

PONCHADA Cantidad, porción. *Pizca.*

PONDERACIÓN Encarecimiento, exageración. // Atención, consideración. // Compensación, equilibrio.

PONDERADO Equilibrado, mesurado, sensato.

PONDERAR Encarecer, exagerar, hiperbolizar. *Denigrar, rebajar.* // Compensar, considerar, equilibrar.

PONDERATIVO Exagerativo.

PONENCIA Dictamen, informe, propuesta. // *Discurso.*

PONER Colocar, depositar, disponer, instalar, situar, ubicar. *Apartar, desprender, separar.* // Adaptar, aplicar. *Eliminar.* // Ataviar, preparar, provenir, vestir. *Desarreglar.* // Agregar, añadir. *Quitar, restar.* // Apostar, exponer. // Concurrir, contribuir. // Aovar. // Producir. *Suprimir.*

PONIENTE Ocaso, occidente, oeste. *Este, oriente.*

PONTIFICADO Papado, Santa Sede, Vaticano.

PONTÍFICE Papa, obispo, prelado.

PONTO Mar, piélago.

PONTÓN Lanchón. // Puente.

PONZOÑA Tóxico, veneno, toxina. *Contraveneno.*

PONZOÑOSO Dañino, nocivo, venenoso. *Benigno, compasivo.*

POPULACHERO Demagógico, plebeyo, popular.

POPULACHO Chusma, plebe, vulgo. *Aristocracia, burguesía.*

POPULAR Común, vulgar. // Admirado, estimado.

POPULARIDAD Aplauso, fama, renombre. *Descrédito, desprestigio.*

POPULARIZAR Acreditar, afamar, divulgar. *Difamar.*

POPULOSO Frecuentado, poblado. *Abandonado, despoblado, solitario.*

POQUEDAD Escasez, miseria. *Abundancia.* // Cobardía, timidez. *Osadía.*

PORCHE Cobertizo, pórtico, soportal.

PORCIÓN Fracción, parte, pedazo, segmento, trozo. *Integridad, totalidad.* //

Montón, muchedumbre, sinnúmero.

PORDIOSERO Mendicante, mendigo, pobre. *Acaudalado, rico.*

PORFÍA Discusión, disputa, insistencia, obstinación, tenacidad, terquedad, testarudez, pertinacia.

PORFIADO Obstinado, tozudo. *Comprensivo, transigente.*

PORFIAR Empeñarse, insistir, machacar, perseverar. *Ceder, desistir.*

PORMENOR Detalle, nimiedad, pequeñez, menudencia.

PORNOGRAFÍA Obscenidad. *Honestidad, moral.*

PORNOGRÁFICO Impúdico, licencioso, inmoral, obsceno. *Casto, inocente.*

PORO Intersticio, intervalo. // Orificio, agujero.

POROSIDAD Permeabilidad, esponjosidad, filtrabilidad.

POROSO Agujereado, permeable, esponjoso. *Compacto.*

POROTO Alubia, habichuela, frijol.

PORQUÉ Causa, motivo, razón. *Finalidad.* *Porque.

PORQUERÍA Basura, inmundicia, mugre, roña, suciedad. *Limpieza.* // Indecencia, pornografía. // Canallada, trastada. *Cortesía.*

PORRA Cachiporra, clava, maza.

PORRAZO Golpe, costalada, trancazo, trastazo.

PORREAR Porfiar, insistir, molestar.

PORRÓN Botijo.

PORTADA Cara, fachada, frontispicio.

PORTAL Porche, pórtico, vestíbulo, zaguán, entrada.

PORTAMONEDAS Cartera, monedero, bolsa.

PORTAR Llevar, traer.

PORTARSE Comportarse, conducirse, proceder.

PORTÁTIL Movible, manual, transportable. *Fijo, inmóvil.*

PORTAVIANDAS Fiambrera.

PORTAVOZ Altavoz, bocina, micrófono. // Cabecilla, líder.

PORTE Apostura, aspecto, continente. //

Calidad, nobleza, prestancia. // Capacidad, grandeza, tamaño. // Transporte.

PORTEAR Conducir, llevar, transportar, trasladar.

PORTENTO Maravilla, prodigio.

PORTENTOSO Admirable, estupendo, extraño, grandioso, prodigioso, singular. *Insignificante, natural, vulgar.*

PORTERO Conserje, ujier, bedel.

PÓRTICO Atrio, porche, portal.

PORTILLO Puerta, traspuerta, gatera. // Camino, paso. // Abertura, agujero.

PORVENIR Futuro, mañana. *Pasado.* *Provenir.*

POSADA Albergue, alojamiento, hospedaje, hostería, parador.

POSADERAS Asentaderas, nalgas, trasero.

POSADERO Hotelero, mesonero, ventero, fondista.

POSARSE Alojarse, aposentarse. *Marcharse.* // Asentarse, descansar, pararse, reposar. *Inquietarse.* // Depositarse, sedimentarse. *Removerse.*

POSE Actitud, postura. // Afectación, prosopopeya.

POSEEDOR Dueño, propietario, amo.

POSEER Tener. *Carecer, deber.* // Disfrutar, gozar. // Saber. *Ignorar.*

POSESIÓN Dominio, finca, propiedad. *Posición.*

POSESIONARSE Apoderarse, apropiarse, dominar.

POSESO Endemoniado, poseído.

POSIBILIDAD Probabilidad, potencialidad, aptitud, eventualidad.

POSIBILIDADES Medios, rentas.

POSIBLE Dable, factible, hacedero, realizable. *Imposible, irrealizable.*

POSIBLES Bienes, fortuna, posibilidades, riqueza.

POSICIÓN Categoría, condición, disposición, estado, situación. *Posesión.*

POSITIVO Auténtico, cierto, efectivo, real, seguro. *Dudoso, inseguro, irreal, negativo.*

POSO Heces, lías, madre, sedimento. // Huella, señal. // Descanso, quietud, reposo. *Pozo, posó* (posar).

POSPONER Aplazar, diferir, postergar, preterir. *Anteponer, distinguir, preferir.*

POSTA Tajada, trozo. // Correo, estafeta.

POSTE Columna, estaca, madero, pilar, hito, mojón.

POSTEMA Absceso. // Impertinente, molesto, pesado.

POSTERGAR Posponer, preterir, relegar. *Anteponer, recordar.*

POSTERIDAD Descendencia, sucesión. *Ascendientes.*

POSTERIOR Siguiente, subsiguiente, trasero, ulterior, zaguero. *Anterior, precedente, previo.*

POSTERIORIDAD Cola, espalda, trasera, zaga. *Anterioridad, prelación.*

POSTERIORMENTE Después, detrás, por último.

POSTÍN Entono, ostentación, pisto, presunción, jactancia, alarde. *Modestia.*

POSTIZO Añadido, artificial, fingido, sobrepuesto, agregado. *Natural, propio, verdadero.*

POSTOR Licitador, ponedor.

POSTRACIÓN Abatimiento, debilidad, decaimiento, languidez. *Actividad, energía, vigor.*

POSTRAR Abatir, derribar, humillar. *Ensalzar, levantar.* // Debilitar, languidecer. *Fortalecer.* // Arrodillarse, hincarse. *Erguirse.*

POSTRE Sobremesa. // Postrero. // Dulce, fruta. *Postré* (postrar).

POSTRERO Posterior, postrer, postrimero, último, zaguero. *Primero.*

POSTRIMERÍA Fin, final, ocaso. *Nacimiento, origen, principio.*

POSTULACIÓN Petición, solicitud, demanda, súplica, petitorio. *Dádiva.*

POSTULADO Principio, supuesto.

POSTULANTE Aspirante, candidato, demandante, impetrador, pretendiente, solicitante. *Empleador.*

POSTULAR Pedir, solicitar, demandar, pretender.

POSTURA Actitud, colocación, figura, situación. // Apuesta. // Ajuste, convenio, trato, pacto, concierto.

POTABILIDAD Pureza.

POTABLE Bebible, saludable.

POTAJE Caldo, estofado, guiso, sopa.

POTE Maceta, tiesto. // Tarro, vasija, vaso, bote.

POTENCIA Dominación, fuerza, imperio, poder, pujanza, reciedumbre. *Debilidad, impotencia.* // Estado, Nación.

POTENCIAL Posible, probable. // Capacidad, aptitud.

POTENTADO Monarca, soberano, tirano. *Vasallo.* // Acaudalado, millonario, opulento, poderoso. *Pobre.*

POTENTE Eficaz, enérgico, fuerte, poderoso, pujante, vigoroso. *Anémico, débil, endeble.* // Abultado, grande.

POTESTAD Autoridad, dominio, facultad, jurisdicción, poder.

POTINGUE Brebaje, pócima.

POTRA Yegua. // Hernia. // Suerte.

POTREAR Molestar, mortificar. // Retozar.

POTRO Caballo. // Tormento.

POYO Apeadero, asiento, sitial, estrado, banco. *Pollo.

POZA Charca, alberca, pozuela. *Posa (posar).

POZO Cisterna, hoyo. // Sumidero. *Poso, posó (posar).

PRÁCTICA Experiencia. *Desconocimiento, teoría.* // Destreza, ejercicio, habilidad. *Inexperiencia, inhabilidad, torpeza.* // Costumbre.

PRACTICABLE Hacedero, posible. *Imposible, impracticable.*

PRÁCTICAMENTE Usualmente.

PRACTICANTE Enfermero.

PRACTICAR Ejercer, ejercitar, usar.

PRÁCTICO Avezado, conocedor, diestro, experimentado, industrioso, perito, versado. *Inexperto, inhábil, torpe.*

PRADERA Prado.

PRADO Pradera, pradería, pastos, herbazal, césped.

PRAVEDAD Maldad, depravación, iniquidad, perversidad, corrupción. *Bondad, moralidad.*

PREÁMBULO Encabezamiento, prefacio, proemio. *Desenlace, epílogo, fin, ultílogo.*

PREBENDA Canonjía, sinecura. *Desventaja.* // Empleo, cargo.

PRECARIO Inestable, inseguro, transitorio. *Estable, firme.*

PRECAUCIÓN Cautela, prudencia, reserva. *Espontaneidad, imprudencia, irreflexión.*

PRECAVER Guardarse, prevenir, prever. *Arrostrar.*

PRECAVIDO Cauteloso, cauto, previsor, prudente, sagaz. *Desprevenido.*

PRECEDENCIA Antelación, anterioridad, prioridad. *Postergación, posterioridad.* // Preferencia, prelación, primacía, superioridad. *Inferioridad.*

PRECEDENTE Antecedente, anterior, precitado, previo. *Consiguiente, posterior, ulterior.* *Presidente.

PRECEDER Anteceder, aventajar. *Retrasarse, seguir.* *Proceder.

PRECEPTO Disposición, mandamiento, mandato, orden, regla.

PRECEPTOR Instructor, maestro, profesor. *Alumno, discípulo, educando.* *Perceptor.

PRECEPTUAR Disponer, mandar, ordenar. *Desordenar, irregularizar.*

PRECES Oraciones, plegarias, rezos, ruegos, súplicas.

PRECIADO Caro, costoso, estimado.

PRECIAR Apreciar, estimar, evaluar, tasar, valuar. *Depreciar, despreciar.* // Jactarse, alabarse, gloriarse, presumir. *Humillarse, rebajarse.*

PRECINTO Fleje, zuncho.

PRECIO Coste, costo, importe, valor, valuación.

PRECIOSIDAD Beldad, belleza, hermosura, primor. *Fealdad, imperfección.*

PRECIOSO Costoso, valioso. *Barato.* // Excelente, exquisito, magnífico, primoroso. *Vulgar.* // Hermoso. *Feo.* // Agudo, chistoso, festivo. *Soso.*

PRECIPICIO Derrumbadero, despeñadero, sima.

PRECIPITACIÓN Aceleración, apresuramiento, arrebato, aturdimiento, irreflexión, fogosidad, prisa. *Precaución, prudencia, reflexión, tino.*

PRECIPITAR Acelerar, apresurar, atropellar. *Detener.* // Arrojar, derribar, derrumbar, despeñar, empujar, lanzar, tirar. // Abalanzarse, dispararse, echarse. *Contenerse, sentarse.*

PRECISAMENTE Justamente, necesariamente.

PRECISAR Concretar, determinar, fijar. *Vacilar.* // Forzar, obligar. // Necesitar, requerir, ser menester.

PRECISIÓN Necesidad, obligación, requisito. // Concesión. // Determinación. *Indeterminación.* // Exactitud, puntualidad, regularidad. *Falta, irregularidad, tardanza.*

PRECISO Forzoso, indispensable, necesario, obligatorio. *Libre, voluntario.* // Cierto, determinado, fijo, puntual. *Inexacto.* // Claro, conciso, textual. *Confuso, impreciso.*

PRECLARO Esclarecido, famoso, ilustre, insigne. *Desconocido, vulgar.*

PRECONCEBIDO Meditado, pensado. *Atolondrado.*

PRECONIZAR Elogiar, encomiar, ponderar, alabar.

PRECOZ Prematuro, temprano. *Retardado, tardío.*

PREDECESOR Antecesor, ascendiente. *Sucesor.*

PREDECIR Anunciar, presagiar, pronosticar, vaticinar.

PREDESTINACIÓN Destinación, destino, fatalidad, hado, sino, determinación. *Albedrío, incertidumbre.*

PRÉDICA Discurso, perorata, plática.

PREDICAMENTO Opinión, consideración, dignidad, estimación, reputación.

PREDICAR Evangelizar, exhortar, instruir, aconsejar.

PREDICCIÓN Profecía, pronóstico, vaticinio, presagio, augurio.

PREDILECCIÓN Inclinación, preferencia. *Antipatía.*

PREDILECTO Favorito, preferido.

PREDIO Finca, hacienda, heredad, propiedad, tierra.

PREDISPONER Disponer, preparar. // Atraer, gustar, inclinar.

PREDISPOSICIÓN Inclinación, propensión, tendencia. *Repelencia.*

PREDOMINAR Descollar, preponderar, prevalecer, sobresalir. *Obedecer, rebajarse, someterse.*

PREDOMINIO Ascendencia, dominación, imperio, influjo, preponderancia, señorío, superioridad. *Sumisión.*

PREEMINENCIA Exención, superioridad, preponderancia, prerrogativa, privilegio, preferencia, supremacía, ventaja. *Inferioridad.*

PREEMINENTE Culminante, dominante, eminente, sobresaliente, sublime, superior, supremo. *Inferior, secundario.* *Prominente.

PREFACIO Exordio, introducción, preámbulo, preludio, prolegómeno, prólogo. *Desenlace, epílogo.*

PREFECTO Gobernador, inspector.

PREFERENCIA Primacía, privilegio. *Postergación.* // Favor, parcialidad, predilección, privanza, propensión. *Odio.*

PREFERIBLE Deseable, mejor, superior. *Detestable, inferior.*

PREFERIDO Favorito, predilecto. // Escogido, seleccionado. *Relegado.*

PREFERIR Anteponer, distinguir, elegir. *Posponer, relegar.* *Proferir.

PREGÓN Anuncio, proclama.

PREGONAR Anunciar, proclamar, promulgar, publicar, vocear. *Callar, ocultar.* // Alabar, encomiar. *Censurar.*

PREGUNTA Interrogación, demanda, consulta. *Respuesta.*

PREGUNTAR Inquirir, interrogar. *Contestar, replicar, responder.*

PREGUNTÓN Curioso, indiscreto, fiscalizador. *Discreto.*

PREJUICIO Parcialidad, prevención. *Criterio, diagnóstico, examen.*

PREJUZGAR Preconcebir, preocuparse. // Predisponer, sugestionar.

PRELACIÓN Antelación, anticipación. *Retraso.* // Preferencia. *Postergación.*

PRELADO Clérigo, capellán, obispo, primado, pontífice. // Nuncio, legado, patriarca.

PRELIMINAR Anterior, inicial, preparatorio. *Final.*

PRELUDIAR Ensayar, preparar, probar, comenzar. *Acabar.*

PRELUDIO Obertura, preámbulo.

PREMATURO Adelantado, anticipado, inmaturo, precoz, temprano. *Maduro, oportuno.*

PREMEDITADO Deliberado, pensado, preconcebido, rumiado. *Improvisado, indeliberado.*

PREMIAR Galardonar, gratificar, laurear, recompensar, remunerar. *Condenar, multar, sancionar.*

PREMIO Galardón, recompensa, remuneración, beneficio. *Castigo, merecido, pena.* // Aumento, demasía, sobreprecio. *Rebaja.*

PREMIOSO Ajustado, apretado. // Dificultoso, pausado. *Diligente.* // Estricto, rígido. *Blando.* // Gravoso, molesto.

PREMISA Proposición. // Indicio, señal.

PREMURA Aprieto, apuro, instancia, prisa, urgencia. *Lentitud, tardanza.*

PRENDA Garantía. // Alhaja, mueble. // Cualidad, virtud. *Defecto.*

PRENDARSE Aficionarse, enamorarse, encariñarse. *Desagradar, enemistarse.*

PRENDER Agarrar, aprehender, apresar, aprisionar, asir, coger, cazar, detener, encarcelar. *Soltar.* // Arraigar. // Engancharse, enredarse, enzarzarse. // Arder, inflamarse. *Apagarse.*

PRENDIMIENTO Arresto, captura, detención. *Liberación.*

PRENSA Compresor. // Imprenta. // Diarios, periodismo.

PRENSAR Apretar, comprimir.

PREÑADO Cargado, lleno. *Vacío.*

PREÑEZ Embarazo, gravidez, gestación.

PREOCUPACIÓN Cuidado, inquietud, obsesión. *Despreocupación.*

PREOCUPAR Absorber, desvelar, inquietar, intranquilizar, obsesionar, perturbar. *Sosegar, tranquilizar.*

PREPARACIÓN Apresto, aprontamiento, organización.

PREPARADO Dispuesto, listo, presto, prevenido, pronto. *Espontáneo, impremeditado, impensado.*

PREPARAR Aliñar, alistar, aparejar, aprestar, aprontar, armarse, disponer, elaborar, hacer, organizar, prevenir. *Olvidar.*

PREPARATIVOS Preparación.

PREPONDERANCIA Autoridad, preeminencia, prevalencia, superioridad.

PREPONDERANTE Elevado, influyente, predominante, prevaleciente, sobresaliente, prestigioso. *Inferior, secundario, subalterno.*

PRERROGATIVA Exención, facultad, gracia, privilegio, ventaja. *Desventaja, inferioridad.*

PRESA Botín, captura. // Dique. // Porción, tajada.

PRESAGIAR Anunciar, profetizar, predecir. // Pronosticar, vaticinar.

PRESAGIO Augurio, predicción, profecía, agüero.

PRESBICIA Hipermetropía.

PRESBÍTERO Clérigo, sacerdote, párroco, cura.

PRESCIENCIA Adivinación, augurio, acierto, profecía. *Presencia.

PRESCINDIR Abstenerse, descartar, desechar, eliminar, evitar, privarse. *Actuar.* // Callar, omitir, silenciar. *Incluir, preferir. *Presidir.

PRESCRIBIR Caducar, concluir, extinguirse, terminarse. *Dilatar, empezar, valer.* // Mandar, ordenar, preceptuar, recetar. *Acatar, cumplir. *Proscribir.

PRESCRIPCIÓN Orden, mandato, precepto, disposición, ordenanza, receta.

PRESCRITO Anulado, caducado, tardío. *Vigente.*

PRESEA Alhaja, joya, prenda, gala, filigrana, adorno.

PRESENCIA Asistencia. *Ausencia, inasistencia.* // Apariencia, aspecto, conformación, facha, figura, talle. // Fausto, pompa, boato, representación. *Modestia, humildad.*

PRESENCIAR Asistir, contemplar, ver, mirar, observar.

PRESENTABLE Aseado, limpio.

PRESENTACIÓN Exhibición, manifestación, mostración, revelación. *Ocultación.* // Aparición, asistencia, comparecencia, presencia. // Introducción, preámbulo. *Ultílogo.*

PRESENTAR Exhibir, exponer, introducir, manifestar, mostrar. *Ocultar.* // Ofrecer. // Acudir, aparecer, asistir, comparecer, personarse. *Faltar, huir.*

PRESENTE Asistente, concurrente, espectador, testigo. *Ausente, inasistente.* // Obsequio, ofrenda, regalo. // Actual. *Pasado, futuro.*

PRESENTIMIENTO Barrunto, corazonada, pálpito, sospecha. *Constatación.*

PRESENTIR Barruntar, maliciar, palpitar, sospechar. *Comprobar, cotejar.*

PRESERVACIÓN Defensa, protección, salvaguardia.

PRESERVAR Defender, proteger, resguardar, salvar. *Desamparar, exponer.*

PRESIDENCIA Jefatura.

PRESIDENTE Director, jefe.

PRESIDIARIO Penado, preso, recluso.

PRESIDIO Cárcel, prisión.

PRESIDIR Dirigir, gobernar, mandar, regir. *Preceder, prescindir.

PRESIÓN Compresión. *Depresión.* // Apremio, coacción. *Abandono.*

PRESO Apresado, cautivo, penado, presidiario, recluso. *Liberado, libre.*

PRESTACIÓN Servicio, deber, ayuda, auxilio. // Renta, tributo. // Préstamo.

PRESTAMENTE Rápidamente, velozmente, prontamente.

PRÉSTAMO Empréstito, prestación.

PRESTANCIA Distinción, porte, dignidad. *Vulgaridad, inferioridad.*

PRESTAR Fiar. *Cobrar.* // Ayudar, contribuir, facilitar, suministrar. *Exigir.* // Allanarse, avenirse, ofrecerse. *Negarse.*

PRESTEZA Diligencia, prontitud, rapidez. *Irresolución, lentitud.*

PRESTIDIGITADOR Ilusionista, escamoteador, truquista.

PRESTIGIO Ascendiente, autoridad, crédito, influencia, reputación, valimiento. *Descrédito, desprestigio.* // Engaño, fascinación, ilusión.

PRESTIGIOSO Influyente, renombrado. *Descalificado, indigno.*

PRESTO Diligente, dispuesto, ligero, listo, preparado, pronto. *Lento, pesado, tardo.*

PRESUMIDO Fatuo, vanidoso, jactancioso, ostentoso, ufano, vano. *Humilde, sencillo.*

PRESUMIR Conjeturar, maliciar, sospechar. // Alardear, jactarse, vanagloriarse, engreírse.

PRESUNCIÓN Conjetura, sospecha, suposición. *Desconocimiento.* // Fatuidad, jactancia, petulancia. *Modestia.*

PRESUNTO Probable, supuesto.

PRESUNTUOSO Presumido.

PRESUPUESTO Suposición, supuesto. // Causa, motivo, pretexto. // Cálculo, cómputo.

PRESURA Ahínco, porfía, empeño, tenacidad. *Desidia.* // Presteza. // Congoja, opresión, ansia, desazón.

PRESUROSO Diligente, pronto, veloz. *Lento, pesado.*

PRETENCIOSO Presumido, presuntuoso. *Modesto.*

PRETENDER Ambicionar, aspirar. *Renunciar.* // Exigir, solicitar. *Conformarse.* // Intentar, procurar. *Desistir.*

PRETENDIDO Supuesto, ilusorio, imaginario, fabuloso. *Real.*

PRETENDIENTE Aspirante, candidato, solicitante. // Cortejador, galanteador.

PRETENSIÓN Aspiración, exigencia. *Conformidad.* // Solicitación. *Renuncia.*

PRETENSIONES Ambiciones, anhelos, ganas.

PRETERIR Omitir, postergar, relegar. *Preferir.*

PRETÉRITO Lejano, pasado. *Futuro.*

PRETEXTO Disculpa, evasiva, excusa,

motivo, subterfugio, argucia, tapujo. *Certeza, inculpación, realidad.*

PRETIL Antepecho, baranda, parapeto.

PREVALECER Aventajar, descollar, ganar, predominar, vencer. *Empequeñecerse, perder, retroceder.*

PREVALER Prevalecer. // Servirse, valerse, aprovecharse.

PREVARICAR Delinquir.

PREVENCIÓN Disposición, preparación, previsión, provisión. *Improvisación.* // Desconfianza, recelo, sospecha. *Confianza, crédito.*

PREVENIDO Advertido. *Confiado, desprevenido.* // Dispuesto, preparado, provisto, avisado.

PREVENIR Disponer, preparar. // Estorbar, evitar, impedir. // Precaver, prever. *Descuidar.* // Advertir, avisar, informar, notificar. *Olvidar.* // Imbuir, impresionar, preocupar. **Provenir.*

PREVER Barruntar, conjeturar, presentir, sospechar. *Confiar. *Proveer.*

PREVIAMENTE Anticipadamente, preventivamente. *Posteriormente.*

PREVIO Anterior, anticipado, adelantado. *Siguiente, subsiguiente, pospuesto.*

PREVISIÓN Perspectiva, precaución, preparación, presciencia, presentimiento, precognición. *Aturdimiento, irreflexión. *Provisión.*

PREVISOR Precavido, prudente. *Atropellado, confiado. *Provisor.*

PREZ Estimación, honor, honra.

PRIETO Oscuro. *Claro.* // Comprimido, compreso, prensado, apretado. *Suelto.* // Mísero, avaro, escaso. *Generoso.*

PRIMA Comisión, premio.

PRIMACÍA Preeminencia, superioridad, ventaja, preponderancia. *Desventaja, inferioridad, insignificancia.*

PRIMARIO Primero, principal. *Accesorio, secundario.*

PRIMATE Prócer. // Superior. // Mono, simio.

PRIMERAMENTE Previamente, anticipadamente. *Finalmente.*

PRIMERO Antes. *Después.* // Anterior,

principal. *Posterior, secundario, último.* // Excelente, grande, sobresaliente, superior. *Mediocre.*

PRIMIGENIO Originario, primitivo.

PRIMITIVO Originario, primario, primero, primigenio, prístino. *Derivado.* // Anciano, viejo. *Joven, nuevo.* // Prehistórico. *Actual.* // Tosco, rudo. *Culto.*

PRIMO Primero. // Excelente, primoroso. // Bobalicón, incauto, simple.

PRIMOR Destreza, esmero, excelencia, finura, habilidad, hermosura. *Cursilería, descuido, imperfección.*

PRIMORDIAL Fundamental, primero. *Accesorio, adicional, secundario.*

PRIMOROSO Delicado, excelente, hermoso, perfecto.

PRINCIPAL Esencial, fundamental, necesario, primordial, vital. *Accesorio, incidental, secundario.* // Esclarecido, ilustre, distinguido. // Director, gerente, jefe. *Subordinado.*

PRINCIPALÍSIMO Fundamental, precipuo, preponderante, especialísimo.

PRINCIPALMENTE Primariamente, especialmente.

PRINCIPESCO Espléndido, generoso, magnífico. *Miserable.*

PRINCIPIANTE Principiador, iniciador, aprendiz, cadete, inexperto, neófito, novato, novicio, bisoño. *Avezado, experimentado.*

PRINCIPIAR Comenzar, empezar, emprender, iniciar, preludiar, inaugurar, fundar, estrenar, nacer. *Acabar.*

PRINCIPIO Comienzo, génesis, iniciación, inicio, raíz. *Fin, consumación, término.* // Base, fundamento, origen. // Precepto, regla. *Anarquía.*

PRINCIPIOS Nociones, rudimentos.

PRINGAR Untar, manchar, engrosar. // Infamar, vilipendiar. *Alabar.*

PRINGOSO Grasiento, manchado, sucio, tiznado.

PRINGUE Grasa. // Porquería, suciedad, mugre. *Aseo.*

PRIOR Prelado, superior, párroco.

PRIORIDAD Anterioridad, precedencia,

preferencia. *Posterioridad.*
PRISA Apuro, presteza, prontitud, rapidez, urgencia. *Lentitud, pasividad.*
PRISIÓN Cárcel, gayola, penal, presidio. // Reclusión, arresto. *Liberación.*
PRISIONERO Cautivo, preso, recluso. *Libre.*
PRÍSTINO Antiguo, original, primitivo.
PRIVACIÓN Carencia. *Profusión.* // Despojo, falta, desposeimiento, expropiación. *Devolución, reintegro.*
PRIVACIONES Estrecheces, penurias. *Abundancia, opulencia.*
PRIVADO Familiar, particular, personal, íntimo. *Oficial, público.* // Favorito, válido.
PRIVANZA Favor, valimiento.
PRIVAR Despojar, desposeer, expropiar, quitar. *Devolver, reintegrar.* // Prohibir, vedar. *Conceder, permitir.* // Abstenerse, renunciar. *Gozar, tener.*
PRIVATIVO Exclusivo, personal, propio. *Común, general.*
PRIVILEGIADO Afortunado, favorito, predilecto, preferido.
PRIVILEGIO Comisión, derecho, exención, exclusiva, franquicia, prerrogativa. *Olvido, omisión.*
PRO Provecho, utilidad, ventaja.
PROBABILIDAD Verosimilitud. *Improbabilidad, inverosimilitud.*
PROBABLE Posible, verosímil. *Ilógico, improbable.*
PROBADO Avezado, ducho, experimentado, sufrido.
PROBAR Atestiguar, demostrar, evidenciar, justificar, sentar. *Creer, estimar.* // Ensayar, examinar, experimentar, tantear. // Catar, gustar, paladear. // Intentar, tratar.
PROBATURA Ensayo, prueba, tentativa, experimento.
PROBIDAD Bondad, honradez, integridad, rectitud. *Deshonor.*
PROBLEMA Asunto, complicación, cuestión, dificultad, enigma, rompecabezas. *Facilidad.*
PROBLEMÁTICO Ambiguo, dudoso,

incierto, inseguro. *Cierto, seguro.*
PROBO Honrado, íntegro, recto.
PROCACIDAD Atrevimiento, descaro, desvergüenza, insolencia.
PROCAZ Atrevido, deslenguado, desvergonzado, zafado. *Comedido.*
PROCEDENCIA Origen, naturaleza, principio, fundamento. *Destino, producto, resultado.* *Precedencia.
PROCEDENTE Oportuno. // Originario, proveniente. *Precedente.
PROCEDER Comportamiento, conducta. // Derivar, dimanar, nacer, provenir, venir. *Resultar.* // Actuar, comportarse, obrar. *Preceder.
PROCEDIMIENTO Actuación, forma, manera, método, sistema.
PROCELOSO Borrascoso, tempestuoso, tormentoso. *Calmo.*
PRÓCER Magnate, primate, prohombre. // Alto, eminente, elevado.
PROCERIDAD Altura, elevación, eminencia. *Bajeza, indignidad.* // Lozanía, pujanza, vigor. *Debilidad.*
PROCESADO Acusado, inculpado, reo. *Absuelto.*
PROCESAR Encausar, enjuiciar.
PROCESIÓN Desfile, peregrinación.
PROCESO Causa, juicio. // Desarrollo, evolución, progreso.
PROCLAMA Alocución, banda, pregón.
PROCLAMAR Anunciar, pregonar, promulgar, publicar. *Callar, ocultar.* // Aclamar, elegir, nombrar, ungir. *Deponer, derrocar.*
PROCLIVE Inclinado. *Ajeno, extraño.*
PROCREAR Engendrar, producir.
PROCURAR Intentar, tratar.
PRODIGALIDAD Derroche, desperdicio, dispendio. *Ahorro.* // Generosidad, largueza. *Tacañería.* // Abundancia, copia, multitud, profusión. *Escasez.*
PRODIGAR Derrochar, dilapidar, disipar, malgastar. *Economizar, guardar.* // Empeñarse, esforzarse, excederse, multiplicarse. *Contenerse.*
PRODIGIO Maravilla, milagro, portento, fenónemo. *Vulgaridad.*

PRODIGIOSO Asombroso, extraordinario, maravilloso, milagroso. *Vulgar.* // Excelente, exquisito, primoroso. *Común.*

PRÓDIGO Gastador, disipador, manirroto. *Tacaño.* // Dadivoso, generoso, liberal. *Interesado.*

PRÓDROMO Síntoma.

PRODUCCIÓN Elaboración, fabricación, obra, producto.

PRODUCIR Crear, elaborar, engendrar, fabricar, hacer. *Consumir, deshacer.* // Redituar, rendir, rentar. // Causar, ocasionar, originar, provocar. *Resultar.*

PRODUCTIVO Fecundo, feraz, fértil, fructífero. *Infecundo.* // Lucrativo, provechoso, remunerativo. *Improductivo.*

PRODUCTO Fruto, producción. // Beneficio, lucro, provecho, rendimiento, renta.

PRODUCTOR Trabajador, obrero, fabricante, industrial, artesano.

PROEMIO Preámbulo, prefacio, prólogo. *Epílogo.*

PROEZA Hazaña, heroicidad, osadía, valentía. *Cobardía.*

PROFANAR Desdorar, deshonrar, deslucir, prostituir. *Respetar, venerar.*

PROFANO Ignorante, indocto. // Laico. *Sacro, sagrado, santo.*

PROFECÍA Predicción, pronóstico, vaticinio, augurio, conjetura.

PROFERIR Exclamar, prorrumpir. // Decir, pronunciar. *Callar.* *Preferir.

PROFESAR Ejercer, practicar. // Crecer, confesar.

PROFESIÓN Actividad, carrera, empleo, ocupación, oficio. *Pasividad.* // Creencia, religión.

PROFESO Iniciado, neófito.

PROFESOR Catedrático, maestro, educador. *Discípulo.*

PROFETA Vaticinador, adivinador, vidente, agorero.

PROFETISA Pitonisa, sibila. *Profetiza (profetizar).

PROFETIZAR Anunciar, predecir, pronosticar, vaticinar.

PROFICUO Favorable, provechoso, útil,

ventajoso, eficaz, conveniente.

PROFILAXIS Higiene, preservación. *Contagio, infección.*

PRÓFUGO Desertor, evadido, fugitivo.

PROFUNDAMENTE Hondamente. *Superficialmente.* // Agudamente, sutilmente, extremadamente.

PROFUNDIDAD Abismo, hondura, penetración. *Altura, elevación.*

PROFUNDIZAR Ahondar, sondear, calar. *Subir.* // Analizar, examinar, indagar. *Desestimar, ignorar.*

PROFUNDO Hondo, insondable, recóndito. *Epidérmico, somero.* // Intenso, penetrante. *Superficial.* // Difícil, oscuro. *Asequible.*

PROFUSIÓN Abundancia, exceso, exuberancia, multitud, plétora, prodigalidad, riqueza. *Carencia, defecto, escasez.*

PROFUSO Abundante, copioso, cuantioso, pródigo, colmado.

PROGENIE Casta, familia, generación, linaje, prole.

PROGENITOR Antepasado, ascendiente, padre. *Descendiente, hijo.*

PROGENITURA Ascendencia, progenie.

PROGRAMA Plan, proyecto, sistema.

PROGRESAR Adelantar, ascender, mejorar, perfeccionarse, prosperar. *Declinar, desmejorar, retrasar, retroceder.*

PROGRESIÓN Aumento, progreso.

PROGRESIVO Creciente, floreciente, gradual, próspero.

PROGRESO Adelantamiento, ascenso, aumento, avance, desarrollo, mejora, perfeccionamiento, prosperidad. *Barbarie, incultura, retroceso.*

PROHIBICIÓN Negativa, veto. *Autorización, permiso, venia.*

PROHIBIR Impedir, vedar. *Conceder, permitir.*

PROHIJAR Adoptar.

PROHOMBRE Prócer.

PRÓJIMO Semejante. *Próximo.

PROLE Descendencia, hijos.

PROLEGÓMENO Preámbulo, prefacio, prólogo. *Ultílogo.*

PROLETARIO Jornalero, obrero, trabajador. *Capitalista.* // Plebeyo, pobre, vulgar. *Burgués, noble.*

PROLÍFICO Fecundo, fértil, prolífico. *Estéril.*

PROLIJO Cuidadoso, detallado, difuso, esmerado. *Conciso, parco, reducido.* // Impertinente, molesto, pesado.

PROLOGAR Introducir, preludiar, comenzar, encabezar. *Epilogar, concluir.*

PRÓLOGO Exordio, preámbulo, prefacio, prolegómeno, introducción. *Conclusión, epílogo.*

PROLONGACIÓN Continuación. // Alargamiento, estiramiento. *Acortamiento, reducción.* // Cola, apéndice.

PROLONGADO Continuado, largo, luengo. *Breve.*

PROLONGAR Alargar, dilatar, extender, prorrogar. *Acortar, encoger.*

PROMEDIAR Igualar, repartir, dividir, seccionar. // Terciar, interceder, intermediar. // Nivelar, equivaler. *Desigualar, desnivelar.*

PROMESA Ofrecimiento, ofrenda, voto. // Augurio, indicio, señal.

PROMETEDOR Promisorio.

PROMETER Ofrecer. // Asegurar.

PROMETIDO Novio, pretendiente.

PROMINENCIA Elevación, eminencia, protuberancia, saliente. *Depresión, llanura.* *Preeminencia.

PROMINENTE Elevado, abultado, levantado. *Preeminente.

PROMISCUIDAD Confusión, mezcla, mezcolanza. *Aislamiento, separación.*

PROMOCIÓN Curso, hornada, pléyade. // Empuje, impulso, desarrollo. *Cese, paralización.*

PROMONTORIO Altura, elevación, punta, peñasco, montón.

PROMOTOR Impulsor, iniciador, organizador, promovedor.

PROMOVER Impulsar, iniciar, levantar, originar, suscitar. *Paralizar.*

PROMULGACIÓN Publicación, difusión, divulgación, propaganda, revelación, vulgarización. *Reserva, discreción.*

PROMULGAR Decretar, publicar. *Abro-*

gar, anular, derogar, invalidar.

PRONOSTICAR Augurar, predecir, vaticinar, presagiar.

PRONÓSTICO Augurio, conjetura, predicción, vaticinio, profecía.

PRONTITUD Celeridad, presteza, rapidez, velocidad, vivacidad. *Lentitud, pereza, retardo.*

PRONTO Acelerado, ligero, rápido, veloz. *Tardo.* // Dispuesto, listo, presto. // Inmediatamente, velozmente. *Despacio, después.* // Arranque, arrebato.

PRONTUARIO Compendio, epítome, resumen, síntesis, breviario, extracto. *Ampliación.* // Registro.

PRONUNCIADO Marcado, agudo, señalado, acentuado, recalcado, prominente, perceptible. *Mínimo, imperceptible.*

PRONUNCIAMIENTO Alzamiento, insurrección, levantamiento, rebelión, sublevación, motín. *Fidelidad, lealtad, sujeción.*

PRONUNCIAR Articular, decir, emitir, proferir, hablar. *Callar.* // Juzgar, dictaminar. // Sublevarse, alzarse, amotinarse. *Someterse.*

PROPAGACIÓN Difusión, dispersión, diseminación, siembra, reproducción.

PROPAGANDA Difusión, divulgación, publicación, irradiación. // Anuncio, aviso, publicidad.

PROPAGANDISTA Apóstol, activista, divulgador, misionero, propagador, agitador, vulgarizador.

PROPAGAR Difundir, dilatar, esparcir, extender, publicar. *Callar, ocultar.* // Cundir, multiplicarse, ramificarse, trascender. *Disminuir, limitarse.*

PROPALAR Divulgar, propagar. // Publicar, transmitir.

PROPASARSE Abusar, excederse, extralimitarse, insolentarse. *Contenerse, medirse, retenerse.*

PROPENDER Inclinarse, tender, aficionarse, simpatizar, tirar a, preferir. *Rechazar, repeler.*

PROPENSIÓN Afición, inclinación, proclividad, tendencia, predisposición. *Des-*

gana, disgusto, inquina, oposición.
PROPENSO Inclinado, proclive, tendiente. *Contrario, opuesto.*
PROPICIAR Aplacar, calmar, atenuar, favorecer. *Irritar.*
PROPICIO Dispuesto, inclinado, próspero, útil, favorable. // Oportuno, benigno, benévolo, amable. *Inútil, desfavorable, inoportuno.*
PROPIEDAD Dominio, pertenencia, edificio, finca, heredad, predio, tierra. // Atributo, cualidad, peculiaridad, esencia. // Naturalidad, realidad, ajuste, semejanza, exactitud.
PROPIETARIO Amo, dueño, hacendado, heredero, terrateniente.
PROPILEO Atrio, peristilo, vestíbulo.
PROPINA Gratificación, remuneración, plus, extra.
PROPINAR Aplicar, atizar, dar, descargar, encajar, pegar, proporcionar, suministrar, administrar. *Recibir, acariciar.*
PROPINCUO Allegado, cercano, próximo. *Ajeno, lejano.*
PROPIO Característico, exclusivo, natural, peculiar, personal, privativo. *Ajeno, extraño.* // Adecuado, a propósito, conveniente, oportuno. *Impropio, inadecuado, inconveniente.*
PROPONER Exponer, expresar, insinuar, opinar, plantear, recomendar, sugerir, formular. *Aceptar.* // Intentar, procurar. *Desentenderse.*
PROPORCIÓN Armonía, conformidad, correspondencia. *Desproporción.* // Escala, dimensión, tamaño. // Porcentaje, prorrateo. // Coyuntura, ocasión, oportunidad. *Inoportunidad.*
PROPORCIONADO Adecuado, simétrico, armonioso, equilibrado. *Inadecuado, desmesurado.*
PROPORCIONAL Equitativo, conforme, ajustado, correspondiente, proporcionado, conveniente, equilibrado. *Desigual, desproporcionado.*
PROPORCIONAR Adecuar, ajustar, equilibrar, prorratear. *Desequilibrar.* // Facilitar, proveer, suministrar, abaste-

cer, dar, deparar. *Privar, quitar.*
PROPOSICIÓN Enunciación, oración. // Propuesta. **Preposición.*
PROPÓSITO Ánimo, fin, idea, intención, intento, mira, objeto, resolución, aspiración. *Irreflexión.*
PROPUESTA Invitación, oferta, plan, proposición, propósito.
PROPUESTO Planteado, formulado, presentado, sugerido, insinuado.
PROPUGNAR Amparar, defender, proteger. *Atacar, combatir, desamparar, desvirtuar, rebatir.*
PROPULSAR Impeler, impulsar.
PROPULSIÓN Empujón, impulsión, lanzamiento, empellón.
PRORRATA Cuota, escote.
PRORRATEAR Distribuir, proporcionar, ratear, escotar.
PRORRATEO Rateo, proporción, repartición, distribución. *Desproporción.*
PRORROGABLE Aplazable, dilatable, demorable, retardable.
PRORROGACIÓN Prórroga, continuación, prolongación. // Aplazamiento, moratoria, retraso, retardo. *Cumplimiento, fin.*
PRORROGAR Aplazar, dilatar. *Activar, apurar.* // Extender, suspender. *Acortar, terminar.*
PRORRUMPIR Proferir. // Brotar, surgir, irrumpir, salir.
PROSAICO Insulso, pedestre, ramplón, trivial, vulgar. *Elegante, elevado, lírico, poético.*
PROSAÍSMO Vulgaridad, frivolidad, ordinariez, materialidad, chabacanería. *Elegancia, idealidad, poesía.*
PROSAPIA Alcurnia, ascendencia, linaje, progenie.
PROSCRIBIR Desterrar, excluir. *Amparar, asilar.* // Prohibir, vedar. *Permitir, tolerar.* **Prescribir.*
PROSCRIPCIÓN Destierro, exilio, expatriación, expulsión, ostracismo. *Repatriación.* **Prescripción.*
PROSECUCIÓN Continuación, persecución, prolongación, seguimiento, in-

sistencia, proseguimiento. *Interrupción.*
PROSEGUIR Continuar, seguir, avanzar, persistir, insistir, repetir, reanudar. *Detener, interrumpir.* ***Perseguir.**
PROSELITISMO Propaganda, publicidad, partidismo, propagación.
PROSÉLITO Partidario, sectario, secuaz. *Infiel, traidor.*
PROSOPOPEYA Afectación, presunción, tiesura. // Personificación.
PROSPERAR Adelantar, medrar, mejorar, pelechar, progresar. *Arruinarse, fracasar.*
PROSPERIDAD Adelanto, auge, fortuna, progreso, suerte, ventura, felicidad, éxito, esplendor, apogeo. *Decadencia, indigencia, ruina.*
PRÓSPERO Favorable, floreciente, venturoso, fecundo, feliz, rico. *Adverso, desfavorable, ruinoso.*
PROSTERNARSE Arrodillarse, postrarse, humillarse, hincarse.
PROSTÍBULO Burdel, lupanar.
PROSTITUIR Corromper, deshonrar, envilecer, pervertir. *Ennoblecer, honrar, reformar, regenerar.*
PROSTITUTA Ramera, meretriz, puta, cortesana. *Casta, virtuosa.*
PROTAGONISTA Actor, héroe, personaje, intérprete.
PROTECCIÓN Amparo, defensa, valimiento, ayuda.
PROTECTOR Bienhechor, defensor, mecenas, padrino.
PROTEGER Amparar, ayudar, convocar, defender, escoltar, favorecer, patrocinar. *Desamparar.* // Atrincherarse, parapetarse. *Atacar.*
PROTEGIDO Ahijado, cliente, hechura, recomendado, favorito, pupilo, seguro. *Abandonado, desvalido.*
PROTEICO Cambiante, versátil, vacilante, evolutivo.
PROTERVIDAD Protervia, maldad, perversidad, rebeldía, contumacia, obstinación, pertinacia. *Bondad.*
PROTERVO Malvado, obstinado, perverso. *Bueno.*

PROTESTA Desaprobación, reparo, reprobación, desacuerdo, oposición, crítica. *Aprobación.* // Abucheo, pataleo, rechifla, silba. *Aplauso.*
PROTESTAR Indignarse, oponerse, rebelarse, reclamar, refunfuñar, refutar, contestar, sublevarse. *Consentir, resignarse, someterse.* // Abuchear, patear, silbar. *Ovacionar.* ***Pretextar.**
PROTOCOLO Ceremonia, formalidad, ritual, rito, formulismo, regla, cortesía, ceremonial. *Naturalidad, sencillez.* // Acta, documento.
PROTOTIPO Dechado, ejemplo, modelo. *Imitación.*
PROTUBERANCIA Prominencia, realce, turgencia, eminencia, relieve, elevación, bulto, tumor, joroba, saliente.
PROVECHO Beneficio, fruto, ganancia, utilidad, comodidad, conveniencia. *Daño, inutilidad, perjuicio.*
PROVECHOSO Beneficioso, fructuoso, lucrativo, proficuo, remunerativo, útil, ventajoso, eficaz, conveniente, bueno, valioso, válido, redituable, rentable. *Improductivo.*
PROVECTO Antiguo, maduro, viejo. // Adelantado, aprovechado.
PROVEEDOR Abastecedor, provisor, suministrador, dotador, despensero.
PROVEEDURÍA Almacén, despensa, mercado.
PROVEER Abastecer, aprovisionar, equipar, pertrechar, proporcionar, suministrar, surtir, prevenir, administrar. *Expropiar, incautarse, requisar.* // Disponer, resolver. ***Prever.**
PROVENIENTE Derivado, descendiente, dimanante, procedente, originario.
PROVENIR Derivarse, descender, nacer, originarse, proceder, dimanar, manar, brotar. *Resultar.* ***Prevenir.**
PROVERBIAL Axiomático, sentencioso, aforístico. // Notorio, sabido, tradicional, conocido.
PROVERBIO Adagio, máxima, refrán, sentencia.
PROVIDENCIA Dios. // Disposición,

medida, prevención, resolución. // Destino, hado, fatalidad.

PROVIDENCIAL Afortunado, feliz, milagroso.

PROVIDENCIAR Dictaminar, sentenciar, señalar, destinar, asignar, consignar, marcar, diputar.

PROVIDENTE Prudente, sagaz, hábil, cauto, avisado, diestro, listo. *Imprudente, irreflexivo, inhábil.*

PRÓVIDO Cuidadoso, diligente, prevenido. // Benévolo, favorable, propicio. *Dañoso.*

PROVISIÓN Abastecimiento, suministro. **Previsión.*

PROVISIONAL Interino, momentáneo, provisorio. *Definitivo, fijo, permanente.*

PROVISIONALMENTE Transitoriamente, efímeramente. *Permanentemente.*

PROVISIONES Vituallas, víveres.

PROVISOR Proveedor, abastecedor, suministrador, surtidor, despensero, dotador, furriel. **Previsor.*

PROVOCACIÓN Desafío, insulto, reto, incitación, excitación.

PROVOCADOR Alborotador, pendenciero, instigador.

PROVOCAR Estimular, exacerbar, excitar, incitar, mover. *Tranquilizar.* // Desafiar, insultar, irritar, retar. *Apaciguar.* // Causar, inducir. *Evitar, prevenir.* // Ayudar, facilitar.

PROVOCATIVO Excitante, incitante, insultante, provocador. // Instigador, tentador.

PRÓXIMAMENTE Cercanamente, recientemente, recién, últimamente, contiguamente, seguidamente.

PROXIMIDAD Cercanía, inmediación, vecindad. *Lejanía.*

PROXIMIDADES Aledaños, alrededores, contornos.

PRÓXIMO Adyacente, cercano, contiguo, inmediato, inminente, lindante, vecino, propincuo, rayano. *Alejado, distante. *Prójimo.*

PROYECCIÓN Lanzamiento, impulso, disparo. // Reflexión, meditación, ima-

ginación, maquinación, urdimbre.

PROYECTAR Concebir, idear, inventar, planear, trazar, forjar, maquinar, urdir, fraguar, calcular, especular, imaginar, hilvanar, borronear. *Ejecutar.* // Arrojar, despedir, lanzar.

PROYECTIL Bala, balín, bomba, flecha, perdigón, saeta, torpedo.

PROYECTO Designio, idea, intención, pensamiento, plan. *Ejecución, obra, realización.* // Boceto, bosquejo, croquis, esquema, borrador, trazado.

PRUDENCIA Cordura, discernimiento, discreción, tacto, tino, sabiduría, sensatez. *Indiscreción, insensatez, ligereza.* // Cautela, precaución, serenidad. *Descuido, temeridad.*

PRUDENCIAL Facultativo, discrecional, potestativo.

PRUDENTE Circunspecto, moderado, discreto, juicioso, precavido, reflexivo, sensato, mesurado, maduro, reservado, formal, equilibrado. *Atolondrado, indiscreto, majadero, insensato.*

PRUDENTEMENTE Juiciosamente, sensatamente, mesuradamente, equilibradamente, discretamente. *Imprudentemente, insensatamente.*

PRUEBA Comprobación, ensayo, experiencia, probatura, tentativa. *Barrunto, sospecha.* // Argumento, justificación, razón, testimonio. // Evidencia, indicio, muestra, señal. // Desgracia, infortunio. *Dicha, felicidad.*

PRURITO Comezón, picazón, picor. // Deseo. // Manía.

PSEUDÓNIMO Seudónimo, sobrenombre, apodo, mote.

PSIQUIATRA Alienista, psiquíatra.

PSÍQUICO Anímico, inmaterial, espiritual. *Corporal, somático.*

PÚA Aguijón, aguja, espina, pincho, punta. // Astuto, ladino, sagaz.

PUBERTAD Adolescencia.

PUBLICACIÓN Artículo, diario, libro, nota, noticia, periódico, revista. // Anuncio, aviso. // Divulgación, información, proclamación, revelación.

PUBLICADOR Divulgador, promulgador, propalador, propagandista, anunciador, anunciante, pregonador, pregonero, nuncio.

PÚBLICAMENTE Notoriamente, abiertamente, a voces.

PUBLICAR Anunciar, divulgar, editar, imprimir. // Informar, revelar, decir, mostrar, denunciar, descubrir. // Pregonar, promulgar, propalar.

PUBLICIDAD Aviso, propaganda, anuncio, pregón, proclama, cartel.

PUBLICISTA Escritor, periodista. // Anunciante, avisador.

PÚBLICO Asistente, auditorio, concurrencia, espectadores, gente, pueblo. // Común, notorio, sabido. *Íntimo, particular, privado.*

PUCHERO Marmita, olla. // Cocido.

PUCHO Colilla.

PUDENDO Feo, torpe, vergonzoso.

PUDIBUNDO Pudoroso.

PUDICICIA Decoro, honestidad, pudor, recato, pudibundez, vergüenza, castidad. *Devergüenza, impudor.*

PÚDICO Casto, honesto, pudoroso, recatado, pudibundo, decoroso, modesto. *Inmoral, obsceno.*

PUDIENTE Acaudalado, hacendado, poderoso, rico. *Indigente, pobre.*

PUDOR Honestidad, modestia, recato. *Erotismo, sensualidad.*

PUDOROSO Pudibundo, púdico, recatado. *Deshonesto, impúdico.*

PUDRICIÓN Putrefacción, corrupción, pudrimiento, podredura.

PUDRIR Corromper, dañarse, descomponerse, podrir, desintegrar, picarse. *Curar, sanar.* // Impacientar, molestar. *Agradar, entretener.*

PUEBLO Aldea, ciudad, población, poblado, villa, villorrio. // Gente, público, vecindario, vulgo. // Casta, ralea, raza, clan, familia.

PUENTE Pasarela, pontón, viaducto.

PUERCO Cerdo, cochino, chancho. // Sucio. *Limpio.* // Ruin, venal.

PUERICIA Niñez, infancia, preadolescencia. *Madurez, adultez.*

PUERIL Infantil, aniñado, inocente, impúber. *Maduro.* // Fútil, trivial, vano, nimio. *Importante.*

PUERILIDAD Chiquillada, niñería. // Candor, ingenuidad, inocencia, inexperiencia, candidez. *Malicia.* // Futilidad, nimiedad. *Importancia.*

PUERTA Abertura, portón, portezuela, entrada, salida, tranquera, pórtico, portillo, escotilla.

PUERTO Fondeadero, desembarcadero, muelle, dique, dársena, apostadero. // Amparo, refugio.

PUES Puesto que, ya que.

PUESTA Ocaso. *Naciente, salida.* // Apuesta, postura.

PUESTO Espacio, lugar, paraje, sitio, situación, zona. // Cargo, empleo, oficio. // Destacamento. // Tenderete, tienda, quiosco.

PÚGIL Boxeador, luchador.

PUGILATO Boxeo, lucha, pelea.

PUGNA Batalla, contienda, pelea. *Tregua.* // Oposición. *Conciliación.*

PUGNAR Batallar, contender, pelear, luchar. *Pacificar.* // Esforzarse, instar, porfiar, procurar, solicitar, insistir. *Desistir, renunciar.*

PUJA Subasta.

PUJANTE Fuerte, vigoroso, poderoso, potente. *Débil, endeble.*

PUJANZA Fortaleza, poder, potencia, vigor, fuerza, impulso, robustez. *Debilidad, impotencia.*

PUJAR Aumentar, esforzarse, subir.

PUJO Ansia, deseo. // Conato, intento.

PULCRITUD Aseo, cuidado, delicadeza, esmero, limpieza. *Desaliño, dejadez, indelicadeza, suciedad.*

PULCRO Aseado, limpio, bello, delicado, esmerado, pulido, acicalado, fino, exquisito, cuidadoso. *Sucio, desaseado.*

PULIDO Alisado, bruñido, terso. *Opaco.* // Agraciado, aseado, atildado, primoroso. *Desaliñado.*

PULIMENTAR Abrillantar, alisar, bruñir, esmerilar, lustrar, pulir. // Aderezar, adornar, desbastar. // Instruir, perfeccionar, refinar.

PULIR Pulimentar.

PULLA Burla, chacota, broma, indirecta, mofa. *Puya.

PULMÓN Bofe.

PULMONAR Respiratorio, bronquial, pleurítico, pleural, pulmonado.

PULMONÍA Neumonía.

PULPA Carne. // Médula, tuétano.

PULPEJO Talón.

PÚLPITO Ambón, plataforma, antepecho, tribuna. *Pulpito.

PULSACIÓN Latido, pulsada, pulso, palpitación, movimiento, temblor.

PULSAR Latir, palpitar. // Sondear, tantear. // Tañer, tocar.

PULSERA Ajorca, brazalete, esclava, manilla.

PULSO Latido, palpitación, pulsación. // Firmeza, seguridad. // Cuidado, tiento, tino.

PULULAR Bullir, hervir, hormiguear. *Aquietarse.* // Abundar, multiplicarse. *Escasear.* // Nacer, originarse, provenir. // Retoñar.

PULVERIZAR Aniquilar, destruir. *Reanimar, reconstruir.* // Moler, triturar, machacar, desmenuzar, desintegrar.

PULVERULENTO Polvoriento, polvoroso.

PUNA Páramo. // Soroche.

PUNCIÓN Incisión, punzada, pinchazo, picadura, aguijonazo.

PUNDONOR Honor, honra, dignidad, honrilla, delicadeza, respeto, decoro, caballerosidad, vergüenza, fama. *Bajeza, deshonor, ruindad.*

PUNDONOROSO Caballeresco, puntilloso, susceptible, digno, decoroso, distinguido, delicado, respetable, orgulloso, formal. *Indecente, indigno.*

PUNGENTE Punzante.

PUNIBLE Castigable, penable.

PUNICIÓN Castigo, sanción. *Perdón, premio.*

PUNIR Castigar. *Premiar.*

PUNITIVO Penal, punible, penitenciario,

disciplinario, correccional, correctivo.

PUNTA Clavo, pincho, punzón, aguja. // Asta, pitón. // Cabo, cresta, espigón, espolón. // Cima, picacho, pico, promontorio. // Extremo. *Centro, medio.* // Pezón. // Agudeza, ironía. // Algo, un poco. *Mucho.*

PUNTADA Punzada. // Alusión, indirecta, insinuación.

PUNTAL Apoyo, estribo, fundamento, soporte, sostén, tentempié, contrafuerte, madero, pilastra.

PUNTEAR Compulsar, marcar, señalar. // Coser. // Dibujar, pintar.

PUNTERA Capellada.

PUNTERÍA Acierto, destreza, ojo, pulso, habilidad. *Desacierto*

PUNTERO Delantero. *Zaguero.* // Vara, palo, punzón.

PUNTIAGUDO Apuntado, afilado, agudo, aguzado, picudo. *Achatado, embotado, romo.*

PUNTILLA Encaje.

PUNTILLO Pundonor.

PUNTILLOSO Quisquilloso, susceptible. *Apático.*

PUNTO Localidad, lugar, sitio. // Instante, momento, segundo. // Fragmento, parte, pasaje. // Cuestión, materia, tema. // Asunto, estado, situación. // Fin, intento. // Sazón. // Jugador, tanto. // Puntada.

PUNTUAL Adecuado, conforme, conveniente. // Cierto. // Cumplidor, diligente, metódico, formal. *Informal.* // Exacto, preciso, regular.

PUNTUALIDAD Cuidado, diligencia, exactitud, precisión, regularidad, formalidad, rigurosidad. *Inexactitud, informalidad, irregularidad.*

PUNTUALIZAR Concretar, detallar, recabar. // Perfeccionar, acabar.

PUNTUALMENTE Exactamente, regularmente, adecuadamente.

PUNZADA Pinchazo, dolor.

PUNZANTE Agudo, doloroso. // Mordaz, pungente, satírico.

PUNZAR Pinchar, picar, pungir, agui-

jonear, clavar. // Incitar.
PUNZÓN Buril.
PUÑADA Puñetazo.
PUÑADO Conjunto, manojo, porción.
PUÑAL Cuchillo, daga, estilete.
PUÑALADA Cuchillada, navajazo. // Pesadumbre. // Traición.
PUÑETAZO Piña, puñada, golpe, tortazo, trompada.
PUÑO Empuñadura, asidero, mango. // Puñado. // Puñetazo.
PUPA Daño, dolor, mal, nana. *Caricia, mimo.*
PUPILO Huésped, pensionista.
PUPITRE Escritorio.
PURAMENTE Estrictamente, únicamente, claramente.
PUREZA Castidad, inocencia, virginidad. *Deshonestidad, corrupción.* // Casticismo, puridad, purismo.
PURGAR Limpiar, purificar. // Expiar, satisfacer. // Corregir, depurar.
PURGATORIO Penitencia, expiación, sufrimiento, dolor, penalidad.
PURIDAD Pureza. // Reserva, secreto.
PURIFICACIÓN Depuración, saneamiento, desinfección, clarificación, descontaminación. *Infección, suciedad, corrupción.*
PURIFICAR Acrisolar, depurar, limpiar, refinar, sanear, expurgar, purgar, destilar, higienizar. *Contaminar, ensuciar.*
PURISMO Casticismo.
PURITANO Austero, severo, rígido, sobrio, recto, riguroso. *Burlón, humorista.* // Mojigato.
PURO Casto, inmaculado, inocente, virginal. *Deshonesto, impuro.* // Castizo, depurado. *Adulterado.* // Limpio, sano. *Contaminado, sucio.* // Mero, simple, solo. *Mezclado, compuesto.*
PÚRPURA Encarnado, rojo, grana.
PURPURADO Cardenal.
PURPÚREO Purpurino, encarnado, rojo.
PUS Humor, materia, podre, supuración, purulencia, virus.
PUSILÁNIME Apocado, cobarde, tímido. *Audaz, decidido, resuelto, templado, osado.*
PUSILANIMIDAD Cobardía, debilidad, cortedad, irresolución, incertidumbre, desaliento, desanimación. *Valentía, animosidad.*
PÚSTULA Úlcera, postilla, costra.
PUTA Ramera, meretriz, prostituta.
PUTATIVO Adoptivo.
PUTREFACCIÓN Corrupción, podredumbre, pudrición, descomposición, fermentación, desintegración, podre, inmundicia, carroña, detrito. *Sanidad, desinfección.*
PUTREFACTO Corrompido, corrupto, infecto, podrido, pútrido, descompuesto, rancio, fétido, fermentado. *Higiénico, profiláctico, sano.*
PÚTRIDO Putrefacto.
PUYA Pica, púa, vara, garrocha, punta.
*Pulla.

QUEBRADA Angostura, portillo, cañón, barranco.

QUEBRADERO Cavilación, inquietud, preocupación. *Despreocupación.*

QUEBRADIZO Delicado, frágil, endeble, rompedero. *Duro, fuerte, resistente.*

QUEBRADO Abrupto, desigual, escabroso. *Llano.* // Debilitado. *Solvente.* // Fraccionado, fracción. *Entero.*

QUEBRADURA Fractura, rotura. // Abertura, grieta, hendidura. // Hernia.

QUEBRANTAMIENTO Infracción, violación. *Cumplimiento.*

QUEBRANTAR Quebrar, romper, dividir, tronchar. *Unir.* // Cascar, hender, rajar. // Forzar, profanar, violar, violentar, vulnerar, desobedecer, infringir, transgredir, traspasar. *Cumplir, obedecer.* // Debilitar, fatigar, molestar, resentirse. *Endurecer, resistir.* // Anular, revocar. *Promulgar.*

QUEBRANTO Daño, pérdida, perjuicio. *Beneficio, ganancia.* // Aflicción, desaliento, desánimo, descaecimiento. *Ánimo, voluntad.*

QUEBRAR Resquebrar, deteriorar, cascar. // Ajar, deslustrar. // Estorbar, interrumpir. *Ayudar.* // Ceder, flaquear. *Endurecerse, fortalecer.*

QUEDAMENTE Calladamente, silenciosamente, quedo.

QUEDAR Permanecer, restar, sobrar. *Faltar.* // Subsistir. // Estar, detenerse. *Ausentarse, marchar, pasar.* // Acabar, cesar. // Convenir. *Diferir.* // Apropiarse, retener. *Devolver.*

QUEDO Quieto. *Inquieto.* // Bajo, suave. *Bullicioso.* // Despacio. *Veloz.*

QUEHACER Ocupación, tarea, trabajo. *Ocio, pasividad.*

QUEJA Gemido, lamento, quejido. *Carcajada, risa.* // Desazón, disgusto, resentimiento. *Contento, satisfacción.* // Reclamación. *Agradecimiento.*

QUEJARSE Gemir, lamentarse, querellarse. *Reanimarse, reírse.*

QUEJIDO Gemido, lamento, queja.

QUEJOSO Gemebundo, quejumbroso. *Feliz.* // Descontento, disgustado, resentido. *Satisfecho.*

QUEMA Combustión, fuego, incendio, quemazón.

QUEMADO Abrasado, incinerado. // Escarmentado.

QUEMAR Abrasar, incendiar, incinerar. // Consumir, destruir, malbaratar. // Desazonarse, enfadarse, escarmentar.

QUEMAZÓN Incendio, quema. // Mordacidad, indirecta, pulla, sarcasmo.

QUENA Flauta.

QUEPIS Gorra, chacó.

QUERELLA Discordia, pendencia, reyerta, riña. *Concordia, paz.* // Litigio, queja, reclamación. *Acuerdo, convenio.*

QUERELLARSE Disputar, pleitear, reñir. *Amistarse.*

QUERELLOSO Querellador, querellante, demandante. // Quejoso.

QUERENCIA Afecto, inclinación, tendencia. // Hogar.

QUERER Amar, estimar. *Odiar.* // Ambicionar, apetecer, desear. *Resignar.* //

Aceptar, determinar, pretender, procurar, resolver. *Desistir.* // Afecto, amor, cariño. *Odio, rencor.*

QUERIDO Amado, amante. // Apreciado, caro, estimado.

QUERUBÍN Ángel, querube, serafín. // Beldad, hermosura. *Fealdad.*

QUEVEDOS Antiparras, lentes.

QUID Busilis, causa, esencia, porqué, razón, motivo.

QUÍDAM Cualquiera, sujeto, ente, alguien, alguno.

QUID PRO QUO Equivocación, equívoco, error.

QUIEBRA Bancarrota, batacazo. *Éxito.* // Abertura, grieta, hendedura, fractura, rotura.

QUIEBRO Contoneo, esguince, ademán.

QUIETAMENTE Reposadamente, sosegadamente, inmóvilmente.

QUIETISMO Quietud, inacción, inercia.

QUIETO Inmóvil, quedo. // Pacífico, tranquilo, reposado.

QUIETUD Descanso, inmovilidad, reposo, sosiego. *Actividad, dinamismo, movimiento, palpitación, sacudida.*

QUIJADA Mandíbula.

QUIJOTE Iluso, soñador. *Realista.* // Caballero, hidalgo.

QUIJOTISMO Caballerosidad, hidalguía. // Engreimiento, orgullo.

QUIMERA Fantasía, ficción, ilusión, imaginación, utopía. *Realidad, verdad.* // Gresca, pendencia, trifulca.

QUIMÉRICO Fabuloso, ilusorio, imaginario, irreal. *Real.*

QUIMERISTA Iluso, novelero, soñador, imaginativo. *Realista.* // Pendenciero.

QUIMONO Túnica, bata, clámide.

QUINCALLA Fantasías, brujería.

QUINQUÉ Lámpara.

QUINQUENIO Lustro.

QUINTA Villa, chalet, finca, huerta, sembradío. // Leva, reclutamiento.

QUINTAESENCIA Esencia, extracto. // Refinamiento.

QUINTO Soldado, recluta.

QUIOSCO Glorieta, templete, pabellón, pérgola, emparrado, mirador.

QUISICOSA Dificultad, sutileza.

QUISQUILLA Reparo, dificultad, tropiezo, inconveniente.

QUISQUILLOSO Delicado, puntilloso, susceptible, irritable. *Apático, comprensivo, inalterable.*

QUISTE Tumor.

QUITA Rebaja. // Liberación.

QUITAR Despojar, hurtar, robar, tomar. *Dar.* // Eliminar, extirpar, remover, suprimir. *Colocar, poner.* // Estorbar, impedir, obstar. // Desembarazar. // Apartarse, irse. *Acercarse.*

QUITASOL Parasol, sombrilla.

QUITE Escape, regate, parada, lance.

QUITO Exento, libre. *Sujeto.*

QUIZÁ Acaso, quizás, posiblemente. *Ciertamente, seguramente.*

QUÓRUM Mayoría. *Minoría.*

R

RABADÁN Mayoral, caporal, pastor.

RABEAR Colear.

RABÍ Rabino.

RABIA Hidrofobia. // Enfado, enojo, ira. *Dulzura, serenidad.*

RABIAR Encolerizarse, impacientarse, irritarse, trinar. *Tranquilizarse.*

RABIETA Berrinche, enojo, impaciencia, regaño, rabia.

RABILLO Pecíolo, pedúnculo, cabo, rabo. // *Cizaña.*

RABIOSO Hidrófobo. // Airado, colérico, enojado, furioso. *Calmo, plácido, sereno.*

RABO Cola.

RABONA Falta, inasistencia. *Asistencia.*

RABOSEAR Ajar, deslucir, manosear, desaliñar.

RABUDO Rabilargo.

RACHA Ráfaga.

RACIAL Étnico, etnográfico.

RACIMO Colgajo, arlo.

RACIOCINAR Discurrir, razonar.

RACIOCINIO Argumento, discurso, razonamiento. // Entendimiento, juicio, lógica. *Intuición, ineptitud, nulidad, presentimiento.*

RACIÓN Parte, porción, medida. *Conjunto, todo.* *Razón.

RACIONAL Justo, lógico, razonable. *Absurdo, ilógico, irracional.*

RACIONALIDAD Discreción, cordura, entendimiento, inteligencia, razón. *Irreflexión, indiscreción, fe.*

RACIONALMENTE Razonablemente, razonadamente, lógicamente, sensata-

mente. *Absurdamente, desatinadamente.*

RACIONAR Distribuir, repartir, proporcionar. *Razonar.

RADA Bahía, caleta, ensenada, abra, fondeadero.

RADIACIÓN Irradiación, propagación. // Fulgor. *Opacidad.*

RADIANTE Brillante, resplandeciente. *Apagado, opaco, tenue.* // Alegre, contento, satisfecho. *Descontento, insatisfecho, triste.*

RADIAR Irradiar, centellear, brillar, resplandecer, rutilar, refulgir, relumbrar. *Apagarse.* // Difundir, divulgar, publicar. // Apartar, separar.

RADICAL Fundamental, sustancial. *Accidental, relativo, secundario.* // Drástico, excesivo, extremado. *Conciliador, ecléctico.*

RADICALMENTE Básicamente, esencialmente. *Superficialmente.*

RADICAR Arraigar, establecerse, estribar, permanecer, residir. *Ausentarse, desarraigar.*

RADIO Radiograma, radiotelefonía. // Sector, zona. *Radió (radiar).

RADIOESCUCHA Radioyente.

RADIOSO Radiante, rutilante, refulgente, resplandeciente, centelleante. *Apagado, mortesino.*

RAEDURA Raspadura.

RAER Raspar. *Roer.

RÁFAGA Racha, torbellino.

RAHEZ Vil, rastrero, despreciable, bajo. *Noble.*

RAÍDO Gastado, usado, viejo, ajado. *Fla-*

mante, nuevo, reluciente.
RAIGAMBRE Seguridad, estabilidad, firmeza. *Inestabilidad.*
RAIGÓN Raíz.
RAIL Carril, raíl, riel.
RAIMIENTO Raedura, raspamiento, raspadura, rasuración. // Descaro, desvergüenza, desfachatez.
RAÍZ Raicilla, raigón. // Origen, causa, principio. *Resultado.*
RÁJA Abertura, grieta, hendedura, resquebrajadura. // Rebanada, tajada, corte, fisura.
RAJAR Abrir, hender, hendir, partir, cascar, agrietar, cuartearse.
RALEA Casta, linaje, raza. // Calidad, especie, género, laya.
RALLAR Triturar, desmenuzar, frotar, restregar. limar. // Fastidiar, incomodar, incordiar. *Rayar.*
RALO Claro, disperso, espaciado. *Compacto, poblado, tupido.* // Raro.
RAMA Gajo. // Bifurcación, ramificación, subdivisión.
RAMADA Enramada, ramaje, fronda.
RAMAL Cabestro, ronzal. // Bifurcación, derivación, ramificación.
RAMALAZO Señal, vestigio, costurón, cicatriz. // Dolor, punzadura.
RAMERA Buscona, cortesana, mantenida, meretriz, prostituta, puta.
RAMIFICARSE Bifurcarse, dividirse, subdividirse. *Unirse.* // Propagarse, extenderse, divulgarse.
RAMILLETE Ramo.
RAMO Manojo, ramillete. // Parte, sección, sector.
RAMPA Declive, cuesta, pendiente, repecho, talud. *Escalera, gradería.*
RAMPLÓN Chabacano, vulgar. *Distinguido, elegante, fino, selecto.*
RANCHO Choza, granja, hacienda.
RANCIO Antiguo, añejo. *Nuevo, reciente.* // Pasado, fermentado. *Fresco.*
RANDA Encaje, guarnición.
RANGO Calidad, categoría, clase, jerarquía, condición.
RANURA Canal, estría, hendedura. *Re-*

lieve, resalto.
RAPACIDAD Rapacería, rapiña, usura, avaricia, latrocinio.
RAPAGÓN Imberbe, lampiño, barbilampiño. *Barbudo.*
RAPAPOLVO Reprensión, sermón.
RAPAR Afeitar, pelar, rasurar. // Robar.
RAPAZ Chico, muchacho. // Avaro, codicioso, ávido, usurero. *Generoso.*
Rapas (rapar).
RÁPIDAMENTE Prontamente, velozmente, prestamente, ligeramente, raudamente, pronto. *Lentamente.*
RAPIDEZ Celeridad, ligereza, velocidad. *Apatía, lentitud.*
RÁPIDO Impetuoso, presuroso, pronto, raudo, veloz. *Calmoso, cansino, pausado, tardo.*
RAPIÑA Expoliación, rapacidad, robo, saqueo. *Donación, regalo.*
RAPIÑAR Robar.
RAPOSA Zorra.
RAPSODA Bardo, juglar, poeta, vate.
RAPTAR Plagiar, robar, secuestrar. *Recuperar, rescatar.*
RAPTO Secuestro. *Rescate.* // Arranque, arrebato, impulso. *Premeditación.* // Éxtasis. *Desvanecimiento.*
RAPTOR Ladrón, secuestrador.
RAQUIS Espinazo, columna vertebral.
RAQUÍTICO Desmedrado, débil, endeble, exiguo. *Fornido, fuerte, generoso.*
RAREFACER Enrarecer, rarificar.
RAREZA Extravagancia, originalidad, singularidad. *Costumbre, normalidad, vulgaridad.* // Escasez, raridad, tenuidad. *Abundancia.*
RARO Escaso, ralo. *Abundante, copioso.* // Desacostumbrado, extraño, extraordinario, extravagante, inusitado. *Común, corriente, frecuente, habitual, usual.*
RAS Igualdad, nivel.
RASA Llano, meseta, altiplanicie. // Raso. ***Raza.***
RASAR Igualar, nivelar. *Desigualar, desnivelar.* // Rozar.
RASCAR Arañar, raer, rasguñar, raspar.
RASGADURA Rasgón, rotura.

RASGAR Desgarrar. *Coser, reparar.*
RASGO Nota, carácter, cualidad, atributo. // Plumazo, perfil. // Acción, expresión, afecto. // Heroicidad, valentía, gallardía.
RASGÓN Desgarrón, rasgadura, rotura.
RASGOS Aspecto, facciones, fisonomía, parecer, talante.
RASGUEAR Tocar, tañer, pulsar. // Rasgar, garrapatear, emborronar.
RASGUÑAR Arañar.
RASGUÑO Arañazo, arañamiento, rasguñón, uñada.
RASO Liso, llano, desembarazado, despejado, pelado. *Abrupto, escarpado.* // Común, vulgar, simple.
RASPA Reprimenda.
RASPAR Raer, rozar, limar.
RASTRA Rastrillo. // Señal, vestigio.
RASTREADOR Baquiano, explorador, guía, experto.
RASTREAR Averiguar, buscar, indagar, olfatear, perseguir.
RASTRERO Bajo, despreciable, vil. *Digno, noble, respetable, sincero.*
RASTRO Huella, indicio, vestigio.
RASURAR Afeitar, rapar.
RATA Ratona, laucha, roedor. // Ladrón.
RATEAR Hurtar. // Disminuir, rebajar. // Distribuir, repartir.
RATERÍA Hurto, estafa, timo.
RATERO Ladrón.
RATIFICACIÓN Revalidación, confirmación, corroboración, adhesión, reafirmación. *Anulación, desaprobación.*
RATIFICAR Confirmar, revalidar, corroborar. *Enmendar, objetar, rectificar.* *Rectificar.
RATO Instante, momento, pausa.
RATÓN Laucha, rato, mur, roedor.
RATONERA Trampa, lazo, cepo.
RAUDAL Abundancia, cantidad, copia. // Inundación.
RAUDO Rápido, veloz. *Lento, pausado.*
RAYA Línea, trazo, lista, tira, veta. // Confín, límite, linde, término. // Perfil, rasgo, *Ralla (rallar).
RAYADO Rayoso, listado, lineal, veteado, barreado.
RAYANO Confinante, limítrofe, lindante, vecino, próximo. *Mediato.* // Cercano. *Distante.*
RAYAR Tachar. // Confinar, limitar, lindar. // Distinguirse, sobresalir. // Asemejarse, parecerse. *Rallar.
RAYITA Tilde, vírgula, guión.
RAYO Centella, chispa, exhalación. // Lince, águila. // Pólvora. // Estrago, infortunio. *Rallo, ralló (rallar).
RAZA Casta, linaje, pueblo, ralea, tribu, clan, familia, especie, género. *Rasa.
RAZÓN Discernimiento, juicio, raciocinio. *Impulso, instinto, locura, pasión.* // Causa, motivo, porqué. // Método, orden. // Justicia, rectitud. *Injusticia.* // Cómputo, cuenta, relación.
RAZONABLE Arreglado, justo. *Arbitrario.* // Inteligente, sensato. *Irreflexivo.* // Mediano, regular.
RAZONAMIENTO Argumento, demostración, discurso, raciocinio. *Contradicción, sutileza.* *Racionamiento.
RAZONAR Argumentar, discurrir, raciocinar. *Racionar.
RAZZIA Correría, incursión.
REACCIÓN Oposición, resistencia. *Sometimiento.* // Tradicionalismo.
REACCIONAR Protestar. *Conformarse, resignarse.* // Rebelarse. *Adaptarse.*
REACCIONARIO Retrógrado. *Innovador, progresista.*
REACIO Desobediente, remolón, renuente, terco. *Disciplinado, dócil, obsecuente.*
REAFIRMAR Confirmar, ratificar. *Rectificar, corregir.*
REAL Auténtico, efectivo, existente, positivo, verdadero. *Fantástico, imaginario, irreal.* // Regio, suntuoso, soberano. // Bonísimo.
REALCE Brillo, estimación, grandeza, lujo, relieve.
REALEZA Soberanía, magnificencia, majestad.
REALIDAD Real. // Existencia. *Fantasía, idealismo.* // Naturalidad, sinceri-

dad. // Verdad. *Invención.*

REALISMO Naturalismo, objetivismo, precisión. // Monarquía, monarquismo.

REALIZABLE Factible, hacedero, posible. *Imposible, improbable.*

REALIZAR Efectuar, ejecutar, hacer. *Abstenerse.* // Vender.

REALMENTE Efectivamente, en realidad, verdaderamente.

REALZAR Levantar, elevar, destacar. // Engrandecer, enaltecer, ensalzar. *Desprestigiar, humillar, menoscabar.*

REANIMAR Confortar, consolar, reconfortar, restablecer. *Entristecer.* // Alentar, animar, reavivar. *Desalentar.*

REANUDAR Continuar, renovar. *Detener, interrumpir, suspender.*

REAPARECER Resurgir.

REATA Correa, cuerda. // Recua.

REAVIVAR Reanimar.

REBABA Reborde.

REBAJA Descuento, disminución, reducción. *Aumento.*

REBAJAR Deducir, descontar, disminuir, reducir. *Aumentar.* // Atenuar, debilitar, moderar. *Avivar.* // Abatir, envilecer, humillar, menospreciar. *Elevar, ensalzar, elogiar.*

REBALSE Estancamiento.

REBANADA Lonja, loncha, rueda.

REBAÑO Grey, grupo, especie. // Hato, majada, manada.

REBASAR Colmar, exceder. *Faltar.* // Extralimitarse. *Contenerse, comedirse.* // Pasar, trasponer.

REBATIR Contrarrestar, impugnar, refutar, rechazar. *Corroborar, sostener.* // Redoblar, reforzar.

REBATO Alarma, conmoción.

REBELARSE Alzarse, levantarse, sublevarse. // Desobedecer, resistirse. *Obedecer, someterse.* *Revelarse.

REBELDE Amotinado, faccioso, sublevado. *Obsecuente, servil.* // Desobediente, indócil, insumiso, recalcitrante. *Dócil, sumiso.*

REBELDÍA Indocilidad, insurrección, insubordinación, levantamiento, rebe-

lión. *Acatamiento, subordinación.*

REBELIÓN Motín, sedición, insurrección. *Fidelidad, sumisión.*

REBENQUE Látigo, talero.

REBLANDECER Ablandar, enternecer. *Endurecer.*

REBLANDECIDO Débil, afeminado, entorpecido. *Duro.*

REBORDE Cornisa, saliente.

REBOSAR Derramarse, desbordarse, excederse. *Vaciar.* // Exteriorizar. *Reprimir.* *Rebozar.

REBOTAR Botar, picar, saltar. // Rechazar, resistir.

REBOTE Bote, retroceso, salto.

REBOZAR Cubrir, embozar, empanar, tapar. *Rebosar.

REBOZO Embozo, tapamiento. // Pretexto, simulación. *Reboso (rebosar).

REBUJAR Enmarañar, enredar, desordenar, confundir. *Desenredar, ordenar.*

REBULLIR Agitarse, moverse. // Alborotar. *Aquietarse.*

REBUSCADO Afectado, amanerado, estudiado. *Natural, sencillo.*

REBUSCAR Escudriñar, huronear, inquirir, explorar.

RECABAR Alcanzar, conseguir. // Pedir, solicitar.

RECADO Encargo, mensaje. // Presente, regalo. // Montura. // Útiles. // Precaución, seguridad.

RECAÍDA Reincidencia, reiteración.

RECALADA Arribo. *Salida.*

RECALAR Arribar, entrar, penetrar. *Zarpar.*

RECALCAR Acentuar, insistir, repetir, subrayar.

RECALCITRANTE Obstinado, reacio, reincidente, terco. *Arrepentido, disciplinado, obediente.*

RECALCITRAR Retroceder, volverse. // Resistir, pugnar, oponerse. *Obedecer.*

RECAMADO Adornado, bordado, labrado, ribeteado.

RECAPACITAR Recordar, reflexionar, meditar.

RECAPITULACIÓN Resumen, revi-

sión, revista, sumario, síntesis. *Ampliación, prolongación, desarrollo.*
RECARGADO Barroco, pomposo, churrigueresco, rococó. // Exagerado, complicado. *Aligerado.*
RECARGAR Aumentar, acumular, agravar. *Disminuir, aligerar.*
RECARGO Aumento, gravamen, sobreprecio. *Disminución.*
RECATADO Cauto, circunspecto, honesto, modesto.
RECATAR Encubrir, ocultar, tapar. *Descubrir, exhibir, mostrar.*
RECATO Decoro, honestidad, modestia. *Desvergüenza, inmodestia, impudor.* // Cautela, reserva. *Jactancia, petulancia.*
RECAUDACIÓN Cobranza, cobro, percepción, colecta.
RECAUDAR Cobrar, percibir, recolectar. *Cancelar, pagar.*
RECAUDO Recaudación. // Cuidado, precaución. // Caución, fianza.
RECELAR Sospechar, temer.
RECELO Barrunto, desconfianza, indicios, presunción, sospecha, temor. *Confianza, fe, seguridad.*
RECELOSO Temeroso, desconfiado, suspicaz. *Confiado.*
RECENSIÓN Reseña, noticia.
RECEPCIÓN Acogida, admisión, recibimiento, ingreso.
RECEPTÁCULO Cavidad, recipiente. // Acogida. // Refugio.
RECEPTAR Acoger, recibir. // Encubrir, ocultar. *Recetar.
RECEPTIVO Receptor.
RECEPTO Retiro, refugio, asilo.
RECEPTOR Aceptador, recibidor, recipiente, destinatario.
RECÉSIT Descanso, recreo.
RECESO Cesación, suspensión, vacación. *Convocatoria.* // Apartamiento, desvío, separación.
RECETA Fórmula, prescripción, récipe.
RECETAR Prescribir. *Receptar.
RECHAZAR Alejar, apartar, echar, expulsar. *Atraer.* // Impugnar, recusar, refutar. *Aceptar, aseverar, ratificar.*

RECHIFLA Abucheo, silbatina, silba, protesta. *Aplauso, elogio, ovación.*
RECHINAR Crujir, chirriar, estridular.
RECHONCHO Gordo, regordete.
RECIBIDOR Antesala, vestíbulo.
RECIBIMIENTO Acogida, bienvenida, recepción. // Recibidor.
RECIBIR Cobrar, percibir, tomar. *Dar, entregar.* // Aceptar, acoger, admitir. *Negar, transferir.*
RECIBO Comprobante, resguardo, vale. // Recepción, recibimiento. // Visita.
RECIEDUMBRE Fortaleza, fuerza, vigor. *Debilidad, decaimiento.*
RECIENTE Actual, fresco, flamante, moderno, nuevo. *Antiguo, estropeado, viejo. *Resiente (resentir).
RECIENTEMENTE Recién, últimamente, actualmente.
RECINTO Ámbito, espacio, perímetro.
RECIO Fuerte, robusto, vigoroso. *Anémico, endeble.* // Abultado, grueso. // Áspero, duro, grave, riguroso. *Suave.* // Impetuoso, veloz.
RÉCIPE Disgusto, desazón. // Receta.
RECIPIENTE Receptáculo, vaso, vasija. // Cauce, presa, envase.
RECÍPROCAMENTE Mutuamente.
RECIPROCIDAD Correspondencia, mutualidad, correlación.
RECÍPROCO Mutual, mutuo. *Opuesto, solo.* // Inverso.
RECITAL Concierto.
RECITAR Contar, referir, explicar. // Decir, declamar.
RECLAMACIÓN Exigencia, petición, protesta, reivindicación, requerimiento.
RECLAMAR Clamar, exigir, pedir, protestar, reivindicar, requerir. *Aceptar, desistir, perdonar.*
RECLAMO Exigencia, reclamación, protesta. // Señuelo, espejismo. // Anuncio, publicidad.
RECLINAR Inclinar, recostar.
RECLINATORIO Apoyo, sostén, balaustrada, puntal.
RECLUIR Encarcelar, internar, encerrar, enclaustrar. *Libertar.*

RECLUSIÓN Aislamiento, encierro, prisión, encarcelamiento. *Liberación.*

RECLUSO Presidiario, preso. // Aislado, interno.

RECLUTA Conscripto, soldado. // Reclutamiento, alistamiento.

RECLUTAR Alistar, enganchar, levar, enrolar. *Licenciar.*

RECOBRAR Desquitarse, reconquistar, recuperar, rescatar. *Conservar, perder.* // Aliviarse, reponerse, restablecerse. *Empeorar.*

RECOCERSE Atormentarse, consumirse. // Requemarse.

RECODO Ángulo, esquina, meandro, revuelta.

RECOGER Guardar, juntar, recolectar. *Esparcir.* // Encoger, estrechar. // Acogerse, encerrarse, refugiarse, retirarse. *Salir.* // Ceñirse, moderarse.

RECOGIMIENTO Acopio, recolección. // Aislamiento.

RECOLECCIÓN Acopio, cosecha. // Recopilación. // Compendio, resumen. // Cobranza, recaudación. // Abstracción, recogimiento.

RECOLECTAR Cosechar, recoger. *Tirar, abandonar.*

RECOMENDABLE Digno, estimable, meritorio, respetable.

RECOMENDACIÓN Encargo, instancia, súplica. // Alabanza, elogio.

RECOMENDAR Confiar, encargar, encomendar, suplicar. *Desconfiar.* // Alabar, elogiar. *Acusar.*

RECOMPENSA Galardón, premio, propina, remuneración, retribución. *Castigo, sanción.*

RECOMPENSAR Compensar, premiar, remunerar, retribuir. *Castigar.*

RECOMPONER Reparar.

RECONCENTRARSE Abstraerse, ensimismarse. *Distraerse.*

RECONCILIARSE Aproximarse, reunirse, amistar. *Separarse, enemistarse.*

RECONCOMIO Inquietud, sospecha, recelo. *Confianza, tranquilidad.*

RECÓNDITO Escondido, oculto, reservado, secreto. *Cognoscible.*

RECONOCER Estudiar, examinar, explorar, mirar, observar, registrar. *Desconocer.* // Auscultar, tantear. // Aceptar, confesar, convenir. *Negar.* // Agradecer. *Olvidar.*

RECONOCIDO Aceptado, admitido. // Examinado, registrado. // Agradecido, deudor, obligado.

RECONOCIMIENTO Examen, exploración, inspección, registro. // Agradecimiento, gratitud, confesión.

RECONQUISTAR Recobrar, recuperar. *Perder.*

RECONSTITUIR Reconstruir, rehacer, reorganizar. // Curar, fortalecer.

RECONSTITUYENTE Analéptico, reconfortante.

RECONSTRUIR Reedificar, rehacer. *Destruir.*

RECONVENCIÓN Recriminación, reproche. *Aplauso, elogio.*

RECONVENIR Censurar, recriminar, regañar, reprochar. *Felicitar.*

RECOPILACIÓN Colección, compilación. // Compendio, resumen.

RECOPILAR Coleccionar, reunir, compilar, recoger. *Separar.* // Compendiar, resumir. *Ampliar.*

RECORDACIÓN Memoria, rememoración, reminiscencia. *Olvido, silencio.*

RECORDAR Acordarse, evocar. *Callar, olvidar.* // Despertar.

RECORDATORIO Advertencia, aviso, comunicación, recomendación.

RECORRER Andar, inspeccionar, ir, observar.

RECORRIDO Trayecto, viaje, camino. // Reprimenda.

RECORTAR Cercenar, cortar, podar. *Añadir.*

RECORTE Retazo, retal, recortadura.

RECOSER Zurcir. ***Recocer.***

RECOSTAR Apoyar, arrimar, inclinar, reclinar.

RECOVECO Meandro, rodeo, revuelta. // Simulación.

RECREACIÓN Diversión, entreteni-

miento, esparcimiento, pasatiempo, recreo. *Ocupación, labor, tarea.*
RECREARSE Divertirse, entretenerse, solazarse. *Aburrirse, entristecerse.*
RECREO Recreación, solaz. *Hastío, tedio.* // Descanso, reposo. *Trabajo.*
RECRIMINACIÓN Reprensión, reprimenda, reproche. *Elogio, felicitación.*
RECRIMINAR Reñir, reprender, reprochar, sermonear. *Exculpar, felicitar.*
RECRUDECER Incrementar. *Disminuir.* // Empeorar. *Mejorar, serenarse.*
RECRUDECIMIENTO Agravación, empeoramiento. // Incremento.
RECTAMENTE Derechamente, directamente. *Sinuosamente.* // Honorablemente, virtuosamente. *Aviesamente.*
RECTÁNGULO Cuadrilongo.
RECTIFICACIÓN Corrección, enmienda, modificación. *Ratificación.
RECTIFICAR Corregir, enmendar, mejorar, modificar, reformar, retocar. *Confirmar, corroborar, convalidar, insistir, ratificar.* *Ratificar.
RECTITUD Derechura. *Torcedura, curva.* // Equidad, exactitud, integridad. *Injusticia.* // Honorabilidad. *Deshonestidad, venalidad.*
RECTO Derecho, directo. *Curvo, retorcido.* // Perpendicular. // Erguido, tieso. // Justo, equitativo, severo. *Falso, malo.* *Reto.
RECTOR Director, superior.
RECUA Reata, manada, tropa, traílla, cabaña, arria.
RECUADRAR Cuadricular, encuadrar.
RECUBRIR Revestir, cubrir. *Desnudar, despojar, destapar.*
RECUENTO Arqueo, inventario.
RECUERDO Memoria, recordación, reminiscencia. *Olvido.* // Regalo, obsequio, presente.
RECUESTA Intimación, requerimiento.
RECUESTAR Demandar, pedir, intimar.
RECULADA Regresión, retroceso, retrogradación, retirada. *Avance.*
RECULAR Retroceder, retirarse, retrogradar. *Avanzar, fluir.*

RECUPERACIÓN Desempeño, desquite, reembolso, rescate, retroventa. *Devolución, recaída.*
RECUPERAR Recobrar, resarcirse, rescatar. *Perder.* // Mejorar, volver en sí. *Empeorar, recaer.*
RECURRIR Acogerse, acudir, apelar.
RECURSO Apelación, demanda, requerimiento, remedio, revisión. // Procedimiento, escrito, memorial, petición, medio, manera, modo, trámite.
RECURSOS Bienes, dinero. *Pobreza.* // Astucia, ingenio, sutileza, talento. *Inhabilidad, torpeza.*
RECUSACIÓN Repulsión, repudio, negativa, destitución, exclusión, expulsión. *Amistad, ayuda, nombramiento, inclusión.*
RECUSAR Rehusar, rechazar, repeler. *Acceder, autorizar, ayudar, nombrar.*
RED Redecilla. // Ardid, asechanza, engaño, lazo.
REDACTAR Componer, escribir. // Extender, librar.
REDADA Lance. // Banda, bandada.
REDAÑOS Bríos, fuerzas, valor.
REDARGÜIR Contradecir, impugnar, rebatir, refutar. *Aceptar, aprobar.*
REDECILLA Malla.
REDEDOR Contorno, redor.
REDENCIÓN Liberación, rescate. *Dependencia, esclavitud.*
REDENTOR Jesucristo. // Salvador, liberador, emancipador.
REDICHO Afectado, pedante.
REDIL Aprisco, ovil, majada.
REDIMIR Liberar, librar, rescatar, salvar. *Esclavizar, oprimir, tiranizar.*
RÉDITO Beneficio, renta, utilidad. *Pérdida, quebranto.* *Reedito (reeditar).
REDITUAR Producir, rendir, rentar.
REDIVIVO Aparecido, resucitado.
REDOBLAR Doblar, duplicar, reiterar, repetir.
REDOBLE Redoblamiento. // Tamborileo, rataplán. // Tañido.
REDOMA Botella, frasco, garrafa, damajuana.

REDOMADO Astuto, cauteloso, sagaz, taimado. *Bobo, cándido, ingenuo.*
REDONDEL Círculo, ruedo, anillo.
REDONDEZ Curvatura, esfericidad.
REDONDILLA Cuarteta, serventesio.
REDONDO Circular, esférico. // Claro, diáfano, rotundo.
REDUCCIÓN Descuento, disminución, mengua, menoscabo, merma, minoración, rebaja. *Aumento, exageración.* // Doma, sujeción.
REDUCIDO Disminuido, mermado. *Agrandado, ampliado.* // Estrecho, limitado, pequeño. *Amplio, extenso, vasto.*
REDUCIR Ceñir, compendiar, disminuir, minorar, rebajar, restringir, resumir. *Aumentar, extender.* // Debilitar, mitigar, moderar. *Exacerbar, fortalecer.* // Domar, someter, sujetar. *Rebelarse.* // Persuadir, convencer, convertir.
REDUCTO Blocao, fortificación, defensa, fortín.
REDUNDANCIA Demasía, exceso. *Exactitud.* // Pleonasmo, repetición. // Superfluidad. *Concisión.*
REDUNDANTE Ampuloso, repetido, reiterado. // Superfluo.
REDUNDAR Rebosar. // Acarrear, causar, resultar.
REEDIFICAR Reconstruir, rehacer.
REEMPLAZAR Cambiar, relevar, representar, subsistir, suceder. *Continuar, mantener.*
REEMPLAZO Cambio, relevo, sustitución, suplencia.
REENCUENTRO Choque, refriega.
REFACCIÓN Colación, refección, tentempié. // Propina, gratificación.
REFECCIÓN Arreglo, compostura, reparación, restauración. *Destrozo.*
REFERENCIA Informe, narración, noticia, relación. // Alusión, cita. // Dependencia, semejanza.
REFERIR Contar, narrar, relacionar, relatar, reseñar. *Callar.* // Aludir, insinuar, sugerir. *Omitir.* // Atenerse, remitirse.
REFINACIÓN Depuración, purificación, refinadura.

REFINADO Distinguido, primoroso, sobresaliente. // Cruel, malvado, taimado.
REFINAMIENTO Afectación. *Naturalidad.* // Esmero. *Abandono, desaliño.* // Crueldad, ensañamiento.
REFINAR Clarificar, depurar, perfeccionar. *Impurificar.*
REFLECTOR Espejo, pantalla.
REFLEJAR Reverberar, rielar.
REFLEJO Espejismo, refracción, reverberación. // Imagen, representación. // Automático, involuntario. *Premeditado, voluntario.*
REFLEXIÓN Consideración, especulación, meditación, ponderación, razonamiento. *Atolondramiento, despreocupación, irreflexión.* // Advertencia, consejo.
REFLEXIONAR Cavilar, meditar, pensar, discurrir, recapacitar, rumiar. *Despreocuparse, descuidarse.*
REFLEXIVO Cogitativo, especulativo, ponderado, prudente. *Fatuo, necio, irreflexivo.*
REFLUIR Volver, retroceder, retirarse. *Avanzar.*
REFLUJO Bajamar.
REFOCILARSE Deleitarse, regodearse, solazarse. *Aburrirse, entristecerse.*
REFORMA Corrección, innovación, perfeccionamiento, renovación. // Restauración. *Empeoramiento, relajación.*
REFORMAR Arreglar, corregir, enmendar, perfeccionar, reparar, restablecer, restaurar. *Desmoralizar, empeorar, persistir, conservar.*
REFORMATORIO Correccional.
REFORZADO Vigorizado, fortificado, fortalecido, robustecido. *Debilitado.*
REFORZAR Acrecentar, alentar, animar, fortalecer, robustecer, vigorizar. *Amortiguar, debilitar.*
REFRACTAR Refringir.
REFRACTARIO Incombustible. *Combustible.* // Contrario, opuesto, rebelde. *Dócil, sumiso.*
REFRÁN Adagio, proverbio, sentencia, dicho, máxima, axioma.

REFREGAR Frotar.
REFRENABLE Reprimible, sujetable, corregible, sofrenable.
REFRENAR Contener, moderar, reprimir, sofrenar, sujetar. *Descomedirse, estimular, impulsar, soltar.*
REFRENDAR Firmar. *Desaprobar.*
REFRENDO Autorización, permiso, acreditación.
REFRESCAR Atemperar, enfriar, refrigerar. *Calentar, entibiar.*
REFRESCO Refrigerio, bebida.
REFRIEGA Combate, contienda, choque, encuentro, escaramuza. *Conciliación, tregua.*
REFRIGERACIÓN Congelación, enfriamiento. *Calefacción.*
REFRIGERANTE Refrescante, refrigerador, frigorífico, refrigerante, enfriador. *Calorífico.*
REFRIGERAR Congelar, helar, enfriar, refrescar. *Caldear, calentar.*
REFRIGERIO Bocadillo, colación, piscolabis, refección, tentempié. // Alivio, ayuda, confortación, consuelo.
REFRINGIR Refractar.
REFUERZO Ayuda, socorro, subsidio. *Desamparo.*
REFUGIAR Acoger, amparar, cobijar, guarecer, socorrer. *Desamparar.* // Esconderse, resguardarse. *Salir.*
REFUGIO Abrigo, amparo, asilo, protección, albergue.
REFULGENCIA Resplandor, brillo, lustre, fulgor, esplendor, lucero, brillantez. *Opacidad.*
REFULGENTE Brillante, luminoso, resplandeciente, rutilante, radiante.
REFULGIR Brillar, fulgurar, resplandecer. *Apagarse, oscurecer.*
REFUNDIR Reformar, rehacer. // Comprender, incluir.
REFUNFUÑAR Gruñir, murmurar, rezongar, mascullar.
REFUTACIÓN Impugnación, rebatimiento. *Aseveración, confirmación.*
REFUTAR Contradecir, impugnar, rebatir, redargüir. *Ratificar.*

REGADIZO Regable, irrigable.
REGALADO Gratis, gratuito. *Costoso.* // Obsequiado. *Comprado.* // Deleitoso, delicado, placentero, suave.
REGALAR Dar, donar, obsequiar. *Quitar.* // Deleitar, recrear. *Aburrir.*
REGALÍA Preeminencia, prerrogativa, privilegio. // Gratificación, sobresueldo, prebenda.
REGALIZ Orozuz.
REGALO Dádiva, fineza, obsequio, presente. // Gusto, placer. // Comodidad, conveniencia.
REGALÓN Comodón, mimoso.
REGAÑAR Disputar, pelearse, reñir. *Pacificar.* // Amonestar, reconvenir, sermonear. *Alabar, celebrar.*
REGAÑO Amonestación, reprensión, reprimenda, sermón.
REGAÑÓN Gruñón, sermoneador.
REGAR Irrigar, rociar, salpicar. // Derramar, esparcir.
REGATE Efugio, escape, pretexto. // Escorzo, esguince, gambeta.
REGATEAR Discutir, debatir, mercar. // Rehusar, escasear.
REGATO Arroyo.
REGATÓN Contera, virola.
REGAZO Falda, enfaldo. // Amparo, refugio, cobijo.
REGENERACIÓN Reconstitución, renovación, restauración, renacimiento. *Degeneración.*
REGENERAR Corregir, reformar. *Corromper, enviciar.* // Renovar, restaurar. *Destrozar, destruir.*
REGENTAR Gobernar, regir, regentear. // Imponer, dominar.
REGIAMENTE Ricamente, suntuosamente, vistosamente. *Pobremente.*
RÉGIMEN Dirección, gobierno. // Tratamiento, sistema, regla.
REGIO Magnífico, majestuoso, real, suntuoso, soberbio.
REGIÓN Comarca, demarcación, país, territorio.
REGIR Administrar, dirigir, gobernar, mandar. *Obedecer.* // Conducir, guiar,

llevar. *Someterse, acatar.*
REGISTRAR Escudriñar, examinar, inspeccionar, mirar, rebuscar, revolver. // Anotar, inscribir, matricular.
REGISTRO Busca, búsqueda, cacheo, examen. // Matrícula, padrón, protocolo. // Índice. // Repertorio.
REGLA Constitución, estatuto, ley, norma, pauta, precepto, principio, reglamento. // Concierto, orden. *Caos, desajuste, desorden.* // Ejemplo, modelo, método. // Menstruación.
REGLAMENTAR Ordenar, regular, sistematizar. *Desordenar.*
REGLAMENTARIO Legal, establecido, convenido, protocolario, ordenado, sistematizado. *Antirreglamentario, desordenado.*
REGLAMENTO Estatuto, ordenanza, regla, norma.
REGOCIJARSE Alegrarse, complacerse, deleitarse, recrearse. *Aburrirse, entristecerse.*
REGOCIJO Alegría, contento, gozo, júbilo, satisfacción. *Melancolía, pena.*
REGODEARSE Alegrarse, complacerse, deleitarse.
REGODEO Alegría, regocijo, placer.
REGOLDAR Eructar.
REGORDETE Gordo, grueso, rechoncho. *Delgado.*
REGRESAR Retornar, volver. *Irse, marchar, salir.*
REGRESIÓN Retroceso. *Avance.*
REGRESO Retorno, vuelta.
REGÜELDO Eructo.
REGULAR Cadencioso, corriente, exacto, moderado, metódico, razonable, uniforme. *Amorfo, arrítmico, anormal, irregular, caprichoso.* // Mediano, mediocre. *Excelente.* // Acompasar, ajustar, arreglar, computar, medir, normalizar, reglar. *Desarreglar, desordenar.*
REGULARIDAD Periodicidad, precisión, uniformidad. *Irregularidad.*
REGULARIZAR Ajustar, metodizar, normalizar, reglar, regular, uniformar. *Revolucionar.*

REHABILITAR Reinvindicar, reponer, restituir. *Degradar, destituir.*
REHACER Reformar, reparar, restablecer, restaurar. *Destruir.* // Fortalecerse, serenarse. *Descomponer.*
REHÉN Garantía, prenda, seguro, fianza, aval, caución.
REHUIR Eludir, esquivar, evitar, excusar, rehusar, soslayar. *Afrontar, desafiar, presentarse.*
REHUSAR Excusar, negarse, rehuir, rechazar. *Admitir, recibir, aceptar.*
REIDOR Alegre, burlón, optimista.
REINANTE Actual, dominante, existente, imperante.
REINAR Dominar, imperar, regir. // Predominar, prevalecer.
REINCIDENCIA Recaída, reiteración.
REINCIDIR Recaer, repetir, reiterar. *Escarmentar.*
REINTEGRAR Devolver, restituir. *Quitar, robar.* // Recobrarse. *Perder.*
REINTEGRO Devolución, pago, restitución, recuperación.
REÍRSE Carcajear, desternillarse. // Bromear, burlarse. *Gemir, llorar, sollozar.*
REITERACIÓN Frecuencia, insistencia, iteración, repetición, reproducción.
REITERADAMENTE Repetidamente.
REITERAR Insistir, iterar, repetir, reproducir. *Desistir.*
REIVINDICACIÓN Demanda, reclamación, exigencia, recuperación, derecho.
REIVINDICAR Reclamar, requerir, demandar, exigir, pedir. *Entregar.*
REJA Enrejado, verja.
REJO Punta, aguijón, pincho. // Robustez, fortaleza.
REJUVENECER Remozar, renovar.
RELACIÓN Comunicación, conexión, contacto, correlación, correspondencia, enlace, parentesco, trato, vinculación. *Aislamiento.* // Descripción, informe, relato.
RELACIONAR Conectar, enlazar. *Desunir.* // Contar, narrar, referir. // Alternar, tratar, visitarse. *Aislarse.* // Atañer, concernir, respectar, tocar.

RELACIONES Amorío, noviazgo.
RELAJACIÓN Alivio, laxitud, aflojamiento. *Tensión, tirantez.* // Deprava-
ción. *Bondad, virtud.*
RELAJADO Flojo, laxo. *Fuerte, tenso.* //
Depravado, licencioso, vicioso. *Hones-
to, virtuoso.*
RELAJARSE Aflojarse, laxarse. *Estirar-
se, fortalecerse.* // Corromperse, estra-
garse, viciarse. *Ennoblecerse.*
RELAMERSE Jactarse, pavonearse, re-
godearse.
RELAMIDO Afectado, presumido, repulido. *Sencillo.*
RELÁMPAGO Fucilazo, fulguración,
refucilo, relampagueo, resplandor.
RELAMPAGUEAR Fucilar, fulgurar,
resplandecer, brillar.
RELANZAR Repeler, rechazar. *Aceptar.*
RELAPSO Reincidente, repetidor.
RELATAR Contar, exponer, narrar, re-
ferir. *Enmudecer.*
RELATIVAMENTE Respectivamente,
correlativamente.
RELATIVIDAD Contingencia, atingen-
cia, concernencia, contacto, respecto.
RELATIVO Relacionado, concerniente,
referente, respectivo, tocante. *Ajeno,
contrario, distinto.* // Dependiente, su-
bordinado. *Absoluto.*
RELATO Cuento, narración, relación. /
/ Descripción, exposición, informe.
RELATOR Cronista, cuentista, narrador,
novelista.
RELEGAR Apartar, arrinconar. *Acercar.*
// Despreciar, posponer. *Admitir, pre-
ferir.* // Desterrar.
RELENTE Humedad, rocío, sereno. *Se-
quedad.* // Burla, frescura, sorna. *Afec-
to, calidez.*
RELEVANTE Excelente, sobresaliente.
Desdeñable.
RELEVAR Excusar, eximir, exonerar,
perdonar. *Acusar, condenar, exigir.* //
Reemplazar, sustituir. *Aceptar, adoptar.*
// Acentuar, enaltecer, realzar, resaltar,
subrayar. *Desprestigiar.* *Revelar.
RELEVO Reemplazo, sustitución.

RELIEVE Bulto, realce, saliente.
RELIEVES Residuos, restos, sobras.
RELIGIÓN Creencia, fe, dogma. *Impiedad, irreligión, laicismo.*
RELIGIOSAMENTE Fervorosamente,
piadosamente. *Indiferentemente.* // Íntegramente, puntualmente.
RELIGIOSIDAD Creencia, devoción, fe,
fervor, piedad. // Exactitud, puntualidad. *Descuido, negligencia, inexactitud.*
RELIGIOSO Creyente, devoto, fervoro-
so, fiel, místico, piadoso. *Agnóstico,
escéptico, indiferente.* // Concienzudo,
escrupuloso, exacto, minucioso. // Pro-
feso, fraile.
RELIQUIA Residuo, resto, sobrante,
vestigio, huella.
RELLANO Descansillo, descanso, me-
seta.
RELLENAR Atestar, henchir, llenar.
Desocupar, vaciar.
RELLENO Abarrotado, colmado, harto,
henchido, lleno, pleno, saciado.
RELOJ Cronómetro, cronógrafo, horario.
// Péndola, despertador, tictac.
RELUCIENTE Brillante, pulido, res-
plandeciente. *Desaseado, opaco.*
RELUCIR Brillar, esplender, lucir, res-
plandecer. // Sobresalir.
RELUCTANTE Reacio, opuesto.
RELUMBRANTE Reluciente.
RELUMBRAR Brillar, relucir.
RELUMBRÓN Oropel. // Apariencia.
REMACHAR Machacar, aplastar. // Re-
calcar, afianzar, robustecer.
REMACHE Roblón, clavo.
REMANENTE Residuo, resto, sobrante.
REMANSO Rebalsa, pozo, hoya. // Fle-
ma, lentitud, pachorra. *Diligencia.*
REMAR Bogar, halar, batir. // Bregar.
REMATADAMENTE Enteramente, to-
talmente.
REMATADOR Martillero.
REMATAR Acabar, concluir, finalizar.
// Subastar.
REMATE Conclusión, extremidad, fin,
punta, término. // Subasta.
REMEDAR Contrahacer, copiar, paro-

diar, imitar.

REMEDIABLE Reparable, subsanable. *Irremediable, irreparable.*

REMEDIAR Corregir, enmendar, subsanar. *Agravar.* // Aliviar, curar, socorrer. *Desamparar, privar.*

REMEDIO Medicina, medicamento. // Corrección, enmienda. // Auxilio, recurso, refugio.

REMEDO Imitación, parodia.

REMEMBRANZA Memoria, recuerdo, evocación. *Olvido.*

REMEMORAR Evocar, recordar.

REMENDAR Recoser, reparar, zurcir.

REMESA Envío, remisión.

REMESAR Enviar, expedir, mandar, remitir. *Recibir.*

REMIENDO Arreglo, compostura, enmienda, parche, zurcido.

REMILGADO Afectado, melindroso, relamido, repulido. *Natural, sencillo.*

REMILGO Afectación, melindre. *Naturalidad, seriedad, sencillez.*

REMINISCENCIA Memoria, recordación, remembranza, recuerdo. *Olvido.*

REMIRADO Prudente, reflexivo.

REMISIÓN Envío, expedición, remesa. *Retención.* // Perdón. *Condena.* // Descuido. *Cuidado.*

REMISO Dejado, flojo, renuente, tardo. *Cuidadoso, expeditivo.*

REMITIR Enviar, expedir, mandar. *Guardar, retener.* // Perdonar. *Condenar.* // Aplazar, diferir, suspender. // Atenerse, referirse.

REMO Aleta, propulsor, palamenta, pala. // Brazo, pierna.

REMOCIÓN Desplazamiento, destitución, eliminación, exclusión. *Inclusión, nombramiento.*

REMOJAR Empapar, ensopar. *Secar.* // Celebrar, convidar.

REMOJÓN Baño, empapamiento, mojadura.

REMOLACHA Betarraga.

REMOLCAR Arrastrar, halar, acarrear. *Despedir, rechazar.*

REMOLINO Tifón, ciclón, torbellino,

tolvanera. // Alteración, disturbio.

REMOLÓN Flojo, holgazán, indolente, perezoso. *Activo, diligente, laborioso.*

REMOLONEAR Holgazanear. *Trabajar.*

REMONTAR Elevar, encumbrar, subir. *Bajar, humillar.* // Ahuyentar, espantar. *Atraer.*

RÉMORA Atasco, dificultad, obstáculo. *Facilidad, prisa.*

REMORDER Alterar, atormentar, desasosegar, inquietar.

REMORDIMIENTO Contrición, arrepentimiento, pesar. *Obstinación.*

REMOTO Antiguo, inmemorial. *Nuevo.* // Apartado, distante, lejano, retirado. *Cercano, próximo.*

REMOVER Agitar, mover. *Aquietar, tranquilizar.* // Apartar, obviar, quitar. // Deponer, exonerar. *Nombrar, poner.* // Conmover, emocionar.

REMOZAR Rejuvenecer, renovar, robustecer. *Envejecer.*

REMPUJÓN Empujón, empellón.

REMUDA Cambio, reemplazo, sustitución, relevo.

REMUNERACIÓN Gratificación, premio, recompensa, retribución, sueldo. // Derechos, honorarios.

REMUNERADOR Beneficioso, compensador, provechoso.

REMUNERAR Galardonar, premiar, recompensar. *Deber, despojar, privar, quitar.*

REMUNERATIVO Productivo, provechoso. *Perjudicial.*

REMUSGAR Sospechar, barruntar, recelar. *Confiar.*

RENACER Resucitar, retoñar, reverdecer, avivar.

RENAL Nefrítico.

RENCILLA Cuestión, riña, disputa, pelea. *Paz, tranquilidad.*

RENCOR Aborrecimiento, encono, odio, resentimiento, tirria. *Amor, cariño, perdón, simpatía.*

RENDICIÓN Capitulación, entrega, sometimiento. *Defensa, resistencia.*

RENDIDO Sometido, sumiso. *Rebelde.*

// Enamorado. *Desamparado.* // Obsequioso. // Agotado, cansado, fatigado, roto. *Fresco.*

RENDIJA Abertura, grieta, hendedura, hendidura, raja.

RENDIMIENTO Rendición, subordinación, sumisión. // Beneficio, ganancia, rédito, utilidad. *Quebranto, ruina.* // Cansancio, fatiga, laxitud.

RENDIR Entregar, someter, subyugar, sujetar, vencer. *Defenderse, resistir.* // Cansarse, fatigarse, flaquear, postrar. *Aguantar.* // Redituar, rentar.

RENEGADO Apóstata. // Descastado.

RENEGAR Blasfemar, maldecir. *Bendecir.* // Abominar, detestar. *Amar.* // Apostatar, negar. *Afirmar, perseverar.*

RENGLÓN Línea.

RENGO Cojo.

RENIEGO Blasfemia, juramento, maldición, taco.

RENGUEAR Renquear, cojear.

RENITENCIA Aversión, repugnancia, renuencia. *Gusto, simpatía, atracción.*

RENITENTE Reacio, renuente, refractario. *Dócil.*

RENOMBRADO Acreditado, célebre, famoso, reputado. *Ignorado, oscuro.*

RENOMBRE Celebridad, fama, gloria, prestigio, reputación.

RENOVACIÓN Reforma, rejuvenecimiento, renacimiento, restauración, transformación. *Conservación, mantenimiento, permanencia.*

RENOVAR Reanudar, reiterar. // Remozar, restablecer, restaurar. // Reemplazar, reformar, reponer. *Desechar.*

RENQUEAR Cojear, renguear.

RENTA Beneficio, interés, rédito, utilidad, provecho.

RENTAR Redituar, rendir.

RENUENTE Reacio, indócil, desobediente, remiso. *Dócil, obediente.*

RENUEVO Brote, retoño, vástago.

RENUNCIA Dejación, desistimiento, renunciamiento. *Aceptación, asistencia.* // Abdicación, dimisión. *Admisión.*

RENUNCIAMIENTO Renuncia.

RENUNCIAR Abandonar, dejar, desistir, despojarse, prescindir. *Asistir.* // Abdicar, dimitir. *Aceptar.*

RENUNCIO Contradicción, dejación, falta, mentira.

RENIDO Disputado, encarnizado, sangriento. // Enojado, peleado.

REÑIR Contender, disputar, pelear. *Pacificar.* // Amonestar, reprender, sermonear. *Aprobar, disculpar.* // Enemistarse, indisponerse, querellarse. *Amistar, unirse.*

REO Delincuente, acusado, culpado, criminoso, culpable. *Inocente.*

REORGANIZAR Restaurar, renovar, mejorar, cambiar, modificar. *Desordenar, empeorar.*

REPANTIGARSE Arrellanarse, acomodarse, aclocarse.

REPARACIÓN Arreglo, compostura, refacción, refección. // Desagravio, explicación, satisfacción. // Indemnización, resarcimiento.

REPARAR Arreglar, componer, corregir, remendar, restaurar, subsanar. *Dañar, descomponer.* // Compensar, desagraviar, resarcir. *Agraviar, lesionar.* // Advertir, percibir, notar, observar, percatarse, reflexionar. *Desatender.* // Contenerse, reportarse.

REPARO Reparación. // Advertencia, duda, nota, objeción, observación. // Abrigo, protección, resguardo. // Dificultad, inconveniente. *Facilidad.* // Escrúpulo, reserva.

REPARTICIÓN Dependencia. // Distribución, división, partición, reparto.

REPARTIR Distribuir, partir, prorratear. *Acumular, sumar.*

REPARTO Distribución, prorrateo.

REPASAR Examinar, releer, repetir, retocar, verificar. // Recoser. // Planchar.

REPASATA Regaño, reprensión, sermón. *Aprobación, elogio.*

REPECHO Cuesta, pendiente, rampa, subida.

REPELAR Carmenar, descañonar. // Quitar, cercenar, disminuir.

REPELENTE Asqueroso, despreciable, repugnante, repulsivo. *Atractivo.*

REPELER Arrojar, excluir. *Atraer, reducir, unir.* // Contradecir, impugnar, objetar, rechazar, resistir. *Aprobar, someterse.*

REPENSAR Meditar, reflexionar.

REPENTE (DE) Impensadamente, imprevistamente, inopinadamente, repentinamente, súbitamente. *Previsoramente, reflexivamente.*

REPENTINO Impensado, imprevisto, insospechado, súbito. *Esperado, premeditado, deliberado.*

REPERCUSIÓN Consecuencia, resultado, trascendencia.

REPERCUTIR Trascender. // Reflejar, reverberar.

REPERTORIO Colección, compilación, recopilación, catálogo.

REPETICIÓN Recaída, reincidencia, reiteración, reproducción. // Insistencia. // Muletilla.

REPETIDAMENTE Reiteradamente.

REPETIR Menudear, reiterar, reproducir, reincidir, duplicar.

REPICAR Tañer, resonar. // Jactarse, presumir, alardear.

REPIQUE Tañido, campaneo, repiqueteo. // Riña, altercado.

REPIQUETEAR Repicar, sonar, tañer, doblar, redoblar.

REPISA Ménsula, rinconera.

REPISAR Apisonar. // Insistir, porfiar.

REPLECIÓN Hartura, colmo, saciedad. *Escasez, falta, hambre.*

REPLEGARSE Retirarse, retroceder. *Adelantar, avanzar.*

REPLETO Colmado, lleno, relleno, rebosante. *Vacío.* // Ahíto, atiborrado, harto. *Hambriento.*

RÉPLICA Contestación, respuesta. // Objeción. *Aprobación.*

REPLICAR Argüir, contestar, objetar, contradecir, reponer, responder. *Acceder, consentir.*

REPLIEGUE Doblez, pliegue. // Retirada, retroceso.

REPOBLAR Replantar.

REPOLLO Col.

REPOLLUDO Achaparrado, gordo. *Esbelto, delgado.*

REPONER Devolver, restituir. *Quitar.* // Rehabilitar, restablecer, restaurar. // Recobrarse, fortalecerse, mejorarse. *Desanimar, debilitar.* // Serenarse, tranquilizarse. *Intranquilizarse.*

REPORTAR Contener, moderar, refrenar, reprimir, sosegar. // Alcanzar, conseguir, lograr, obtener. // Llevar, traer, transportar.

REPORTE Información, noticia.

REPORTERO Informador, periodista.

REPOSADO Quieto, sosegado, tranquilo. *Intranquilo, nervioso.*

REPOSAR Descansar, dormir, echarse, yacer. *Ajetrearse, cansar, moverse.*

REPOSICIÓN Reestreno.

REPOSO Calma, descanso, quietud, sosiego, tranquilidad. *Desasosiego, inquietud.* // Sueño. *Vela, vigilia.*

REPOSTERÍA Confitería, pastelería.

REPRENDER Amonestar, corregir, reconvenir, regañar, reprochar, retar. *Celebrar, encomiar, halagar.*

REPRENSIBLE Censurable, reprobable, reprochable, vituperable. *Loable.*

REPRENSIÓN Amonestación, reconvención, reprimenda, sermón. *Elogio, felicitación, pláceme.*

REPRESA Embalse.

REPRESALIA Venganza, vindicación. *Perdón, recompensa.*

REPRESAR Embalsar, estancar.

REPRESENTACIÓN Figura, idea, imagen, muestra. *Realidad, verdad.* // Reemplazo, sustitución. *Personalidad.* // Autoridad, carácter, dignidad.

REPRESENTANTE Comisionado, delegado, lugarteniente, portavoz, sustituto, testaferro. // Actor, comediante.

REPRESENTAR Encarnar, figurar, imitar, interpretar, simbolizar. *Crear, vivir.* // Declarar, informar, manifestar, mostrar, referir. // Reemplazar, sustituir. *Eludir, negarse.*

REPRESIÓN Contención, detención, freno, moderación, refrenamiento, prohibición. *Libertad.*

REPRIMENDA Regaño, reñidura, sermón, reproche, reconvención.

REPRIMIR Contener, dominar, moderar, templar. *Azuzar, estimular, impulsar, incitar, instigar, lanzar.*

REPROBABLE Censurable, incalificable, reprensible.

REPROBAR Censurar, condenar, criticar, desaprobar, tachar, tildar. *Alabar.* // Abuchear, chillar, gritar, patear, silbar, sisear. *Aplaudir.*

RÉPROBO Condenado, maldito, prescrito. **Reprobó* (reprobar).

REPROCHAR Afear, echar en cara, reconvenir. *Alabar, disculpar.*

REPROCHE Censura, reconvención, reparo, tacha, tilde.

REPRODUCCIÓN Calco, copia, repetición. // Fecundación, multiplicación, proliferación, propagación.

REPRODUCIR Calcar, copiar, imitar, repetir. *Crear, inventar.* // Engendrar, multiplicarse, propagarse. *Extinguirse.*

REPRODUCTOR Padrillo, semental.

REPTAR Arrastrarse, serpentear. *Caminar, erguirse.*

REPTIL Ofidio. // Pérfido. // Rastrero, servil.

REPÚBLICO Estadista, patricio.

REPUDIAR Desechar, desdeñar, repeler. *Aceptar, acoger, tomar.*

REPUDIO Desprecio, repulsa. *Aceptación, casamiento.* // Expulsión, dejación. *Inclusión.*

REPUESTO Restablecido, restituido, sustituido. // Provisión. // Apartado, retirado, oculto.

REPUGNANCIA Asco, náusea. // Aversión, oposición, tedio. *Atracción.*

REPUGNANTE Asqueroso, repulsivo, nauseabundo, repelente, sucio. *Limpio.* // Incompatible, indeseable. *Compatible, simpático.*

REPUGNAR Rechazar, rehusar, rehuir, repeler, asquear. *Atraer, simpatizar.* //

Contradecir, negar. *Aceptar, aprobar.*

REPUJADO Cincelado, relieve, labrado.

REPUJAR Cincelar, labrar, realzar, escamar.

REPULGO Borde. // Cicatriz. // Inquietud, recelo. // Afectación, ridiculez.

REPULIDO Acicalado, peripuesto, relamido, afectado.

REPULSA Desaire, repudio, repulsión.

REPULSIÓN Asco, aversión, disgusto, repugnancia. *Atracción, simpatía.* // Repulsa. *Afirmación.*

REPULSIVO Asqueroso, repelente, sucio. *Agraciado, limpio.*

REPUNTA Indicio, síntoma, atisbo. // Desazón, contienda, resquemor.

REPUTACIÓN Crédito, fama, gloria, honra, prestigio, renombre. *Desprestigio, indignidad.*

REPUTAR Apreciar, conceptuar, estimar, juzgar, calificar.

REQUEBRAR Galantear, piropear.

REQUECHOS Desechos, restos, sobras.

REQUEMARSE Tostarse. // Afligirse, dolerse. // Consumirse.

REQUERIMIENTO Aviso, intimación.

REQUERIR Avisar, intimar, notificar, prevenir. // Necesitar, pretender, solicitar. // Convencer, inducir, persuadir.

REQUESÓN Cuajada, ricota.

REQUIEBRO Flor, galantería, lisonja, piropo, terneza. *Insulto.*

REQUILORIO Futileza, insignificancia, nimiedad.

REQUINTAR Aventajar, exceder, superar, aumentar. *Disminuir.*

REQUISA Recuento. // Inspección, revista, registro.

REQUISAR Confiscar, decomisar, incautarse. *Proveer.*

REQUISICIÓN Comiso, confiscación, decomiso, embargo. // Requerimiento, apercibimiento.

REQUISITO Circunstancia, condición, formalidad.

RES Mamífero, cuadrúpedo, animal, rumiante, ganado, cabeza.

RESABIARSE Disgustarse, malacostumbrarse, malograrse.

RESABIO Mala costumbre, vicio. *Virtud.* // Desabrimiento, disgusto, desazón. *Gusto, sabor.*

RESALTAR Abultar, descollar, destacarse, sobresalir, proyectarse. *Confundirse.* // Rebotar.

RESALTE Relieve, saliente, resalto. *Grieta, hendidura, ranura.*

RESALTO Resalte, relieve, relevación, repisa, reborde, rebaba, prominencia, saliente, saledizo.

RESARCIMIENTO Compensación, indemnización, reparación.

RESARCIR Compensar, desagraviar, indemnizar, reparar. *Agraviar, dañar.* // Desquitarse, vengarse, recobrarse, reintegrarse. *Perder.*

RESBALADIZO Escurridizo, lábil, resbaloso, aceitoso. *Áspero.*

RESBALAR Deslizarse, escurrirse, patinar. *Mantenerse.*

RESBALÓN Desliz, traspié.

RESBALOSO Resbaladizo.

RESCATAR Recobrar. *Perder.* // Libertar, librar, redimir. *Encarcelar.*

RESCINDIR Anular, cancelar, abolir, invalidar. *Confirmar, convalidar.*

RESCISIÓN Anulación, invalidación, abrogación, abolición.

RESCOLDO Brasa. // Escozor, escrúpulo, recelo.

RESENTIMIENTO Animosidad, antipatía, rabia, resquemor, tirria. *Afinidad, amistad.*

RESENTIRSE Aflojarse, debilitarse, flaquear. *Fortalecerse.* // Agraviarse, disgustarse, enojarse, ofenderse. *Contentarse, alegrarse.*

RESEÑA Inspección, revista. // Narración. // Descripción, detalle, nota.

RESEÑAR Inspeccionar. // Contar, describir, detallar.

RESERVA Ahorro, economías, prevención, previsión. *Despilfarro.* // Cautela, prudencia, sigilo, tino. *Imprevisión, sinceridad.* // Circunspección, comedimiento, discreción, secreto. *Locuacidad.*

// Reservación. // Custodia, defensa, guarda, protección. *Desamparo.*

RESERVADAMENTE Discretamente. // Cautelosamente, confidencialmente.

RESERVADO Ahorrado, guardado. *Derrochado.* // Circunspecto, comedido. // Callado, cauteloso, discreto, secreto. *Locuaz.*

RESERVAR Ahorrar, economizar, guardar, retener. *Dilapidar, gastar.* // Callar, encubrir, ocultar. *Publicar.* // Dispensar, exceptuar, relevar. *Cumplir.* // Conservarse, mantenerse. // Precaverse, resguardarse. *Confiar.*

RESFRIADO Catarro, resfrío, romadizo.

RESFRIARSE Acatarrarse, constiparse.

RESGUARDARSE Defenderse, guarecerse, protegerse. *Desamparar.*

RESGUARDO Recibo, talón. // Contraseña. // Amparo, custodia, defensa, garantía, protección, reparo.

RESIDENCIA Casa, domicilio, morada, nido, techo, vivienda.

RESIDIR Alojarse, domiciliarse, habitar, morar, parar, vivir. *Ausentarse, vagar.*

RESIDUO Resto, remanente, sobrante, sobras. *Primicia.* // Basura, desechos, desperdicios.

RESIGNACIÓN Conformidad, paciencia, sumisión. *Deseo, rebeldía, resistencia.* // Renuncia.

RESIGNAR Dimitir, renunciar. // Condescender, conformarse, someterse. *Insistir, resistir.* *Resinar.

RESINA Gomorresina, óleorresina, almáciga, bálsamo, barniz, mástique, goma, laca, pez, brea, benjuí, ámbar. *Resigna (resignar).

RESISTENCIA Aguante, firmeza, fuerza, vigor, vitalidad. *Debilidad.* // Oposición, rechazo, renuencia. *Pasividad, renunciamiento.*

RESISTENTE Duro, firme, fuerte. *Débil.* // Incansable, infatigable, robusto, sólido, tenaz, vigoroso.

RESISTIR Aguantar, soportar, sufrir, tolerar. *Morir.* // Contrariar, hacer frente, rebelarse, rechazar. *Someterse.*

RESOLLAR Jadear, resoplar, respirar.

RESOLUCIÓN Decreto, ordenanza, providencia. // Ánimo, arrojo, audacia, brío, decisión, determinación, empuje, espíritu, guapeza, viveza. *Abstención, cobardía, irresolución.*

RESOLVER Satisfacer, solventar. // Descifrar, descubrir, despejar, hallar. // Aclarar, desenredar, disipar, ventilar, zanjar. // Recapitular, resumir.

RESONANCIA Eco, repercusión, sonoridad. // Divulgación, publicación. *Olvido, silencio.*

RESONANTE Retumbante, sonoro.

RESONAR Repercutir, retumbar.

RESOPLAR Resollar.

RESORTE Muelle. // Medio, recurso. // Influencia.

RESPALDAR Avalar, garantizar, apoyar. // Respaldo.

RESPALDO Dorso, reverso, vuelta. // Espaldar, respaldar.

RESPECTAR Atañer, concernir, pertenecer, tocar. **Respetar.*

RESPECTIVO Atinente, concerniente, referente, relativo.

RESPECTO Razón, relación, atingencia, relatividad. **Respeto.*

RESPETABILIDAD Autoridad, prestigio, decoro, dignidad, majestad, representación. *Indignidad.*

RESPETABLE Acatable, considerable, honorable, venerable. // Autorizado, calificado. // Sagrado, venerando. // Imponente, tremendo. *Común, vulgar.*

RESPETAR Acatar, honrar, reverenciar, venerar, adorar. *Desacatar, insultar. *Respectar.*

RESPETO Acatamiento, cortesía, atención, consideración, miramiento, obediencia, reverencia, sumisión, veneración. *Desacato, desobediencia, irreverencia, profanación.*

RESPETUOSO Atento, cortés, educado, deferente, reverente. *Irrespetuoso.*

RÉSPICE Reproche, reprimenda, reconvención, sermón, filípica, recorrido. *Elogio.*

RESPINGAR Cocear, resistir, sublevarse. *Acatar.* // Gruñir, protestar, replicar, rezongar.

RESPINGO Gruñido, rezongo. // Sacudida, sobresalto.

RESPIRACIÓN Respiro, aspiración, inspiración, inhalación, espiración, suspiro. // Aliento, resuello.

RESPIRADERO Abertura, tragaluz, tronera, conducto.

RESPIRAR Alentar, aspirar, inspirar, espirar, resoplar, exhalar, hablar, resollar, vivir. *Ahogar, asfixiar, sofocar.* // Animarse, descansar, aliviarse.

RESPIRO Alivio, calma, descanso, reposo, sosiego. *Trajín.* // Prórroga.

RESPLANDECER Brillar, destellar, lucir, relucir, relumbrar. *Apagarse.* // Destacarse, resaltar, sobresalir.

RESPLANDECIENTE Brillante, centelleante, deslumbrante, luciente, radiante, reluciente. *Opaco.*

RESPLANDOR Brillo, destello, esplendor, fulgor, lucimiento, lustre, refulgencia. *Opacidad.*

RESPONDER Contestar, replicar, retrucar. *Interrogar, preguntar.* // Acudir. // Agradecer, corresponder, pagar, reconocer, satisfacer. // Garantizar, responsabilizarse, avalar. *Desentenderse.*

RESPONDÓN Deslenguado, insolente.

RESPONSABILIDAD Obligación, carga, empeño, garantía, vínculo, gravamen, compromiso, deber, cumplimiento. *Irresponsabilidad.*

RESPONSABLE Fiador, garante, comprometido, solidario. *Irresponsable.* // Culpable.

RESPONSO Responsorio. // Reprimenda, represión.

RESPUESTA Contestación, refutación, réplica. *Pregunta.*

RESQUEBRAJADURA Abertura, hendedura, fractura, grieta.

RESQUEBRAJAR Agrietar, cuartear, rajar, fracturar.

RESQUEMAR Requemar. // Enfadar, irritar. *Agasajar.*

RESQUEMOR Desazón, escozor, resentimiento, molestia, disgusto. *Armonía.*
RESQUICIO Abertura, hendedura. // Coyuntura, ocasión, pretexto.
RESTA Sustracción, diferencia. *Adición, suma.* // Residuo.
RESTABLECER Rehabilitar, reparar, reponer, restaurar, restituir. *Deshacer, inhabilitar.* // Convalecer, curar, recuperarse, rejuvenecerse, sanar. *Decaer, enfermar.*
RESTABLECIMIENTO Reinstalación, reposición. // Reconstitución, reforma, renovación, reparación, restauración, restitución. // Curación, convalecencia. *Recaída.*
RESTALLAR Crujir, chasquear.
RESTAÑAR Contener, detener, cauterizar, estancar, parar. // Restallar.
RESTAR Cercenar, deducir, disminuir, quitar, rebajar, sacar, sustraer. *Añadir, agregar.*
RESTAURACIÓN Reparación, reconstitución, reposición.
RESTAURADOR Renovador.
RESTAURANTE Restorán, comedor, fonda. // Fortificante, reconfortante, reconstituyente, reparador.
RESTAURAR Recobrar, recuperar, restablecer. *Destruir.*
RESTITUCIÓN Devolución.
RESTITUIR Devolver, reintegrar, reponer, remitir, restablecer. *Detentar, exonerar, quitar.* // Regresar, tornar, volver.
RESTO Diferencia, sobrante, remanente, residuo, saldo.
RESTREGAR Frotar, refregar.
RESTRICCIÓN Coartación, impedimento, limitación, modificación. *Abuso, anuencia.*
RESTRICTO Ceñido, limitado, preciso, restringido. *Abusivo, ilimitado.*
RESTRINGIR Ceñir, coartar, circunscribir, limitar, reducir. *Ampliar.*
RESTRIÑIR Astringir, constreñir, restringir, contraer. // Apretar, achicar, disminuir, estrechar.

RESUCITAR Renacer, resurgir, revivir. *Asesinar, matar, morir.*
RESUDARSE Escurrirse, filtrarse, rezumar, colarse.
RESUELLO Aliento, respiración, resoplo, resoplido, ronquido, hálito, rebufe.
RESUELTAMENTE Atrevidamente, decididamente, intrépidamente, osadamente, audazmente.
RESUELTO Arrojado, audaz, decidido, denodado, diligente, expedito, libre. *Prudente, temeroso.*
RESULTA Resultado, secuela, producto, fruto, trascendencia, alcance.
RESULTADO Consecuencia, efecto, fruto, secuela, corolario, resulta, conclusión. *Causa, origen.*
RESULTAR Deducirse, inferirse, redundar, seguirse. // Comprobarse, evidenciarse, manifestarse.
RESUMEN Abreviación, compendio, epítome, síntesis. *Ampliación, desarrollo.* *Rezumen* (rezumar).
RESUMIR Abreviar, compendiar, condensar, reducir, sintetizar. *Ampliar, desarrollar, explicar.*
RESURGIMIENTO Reaparición, renacimiento, regeneración.
RESURGIR Reaparecer, renacer, resucitar, revivir.
RETAGUARDIA Zaga. *Avanzada.*
RETAHÍLA Sarta, serie, conjunto, rosario, progresión.
RETAL Desperdicio, recorte, sobrante.
RETAR Desafiar, provocar. // Reprender, reprochar.
RETARDACIÓN Retardo, atraso, aplazamiento, tregua, tardanza, demora. *Adelanto, rapidez.*
RETARDAR Demorar, detener, diferir, dilatar, entorpecer, entretener, retrasar, aplazar. *Acelerar, adelantar, anticiparse, apurar.*
RETARDO Demora, dilación, retraso, tardanza. *Adelanto.*
RETAZO Pedazo, recorte, retal.
RETEMBLAR Estremecerse.
RETÉN Provisión, repuesto, reserva,

acopio. *Reten (retar).
RETENER Detener, estancar. *Largar, movilizar.* // Conservar, guardar, suspender. // Arrestar. *Soltar.*
RETENTIVA Memoria, recuerdo, evocación. *Olvido.*
RETICENCIA Omisión, tapujo, restricción. *Desenfado, soltura.*
RETÍCULO Malla, red, redecilla.
RETINTÍN Son, sonido, sonsonete. // Énfasis.
RETIRADA Repliegue, retroceso. *Adelantamiento, avance.*
RETIRADO Aislado, alejado, apartado, desviado, distante. *Céntrico, cercano, próximo.*
RETIRAR Alejar, apartar, privar, quitar, sacar, separar. *Acercar.* // Acostarse. // Jubilarse. // Aislarse, desaparecer, recogerse, retraerse, retroceder. *Exhibirse, aparecer.*
RETIRO Aislamiento, apartamiento, soledad. *Acompañamiento, compañía.* // Extracción. *Depósito.* // Jubilación. // Encierro, clausura.
RETO Amenaza, desafío, provocación. // Reprimenda.
RETOBADO Indómito, obstinado, redomado, rencoroso, respondón, taimado, terco.
RETOCAR Corregir, perfeccionar, restaurar, modificar.
RETOÑAR Brotar, rebrotar, reproducirse. *Secarse.*
RETOÑO Botón, brote, renuevo, pimpollo, vástago, rebrote. // Hijo.
RETOQUE Corrección, modificación.
RETORCEDURA Retorcimiento, torcijón, alabeo, contorsión.
RETORCER Combar, torcer, encorvar, enroscar. *Enderezar, estirar.*
RETORCIDO Sinuoso, tortuoso. // Maligno, astuto, maquiavélico.
RETORCIMIENTO Alabeo, contorsión, retortijón, sinuosidad, torcijón.
RETÓRICO Declamador, ampuloso, altisonante, pomposo, almibarado.
RETORNAR Devolver, restituir. *Retener.*

// Regresar, volver. *Ausentarse, irse.*
RETORNO Devolución, restitución. // Regreso, vuelta. *Emigración, ida, marcha.* // Paga, recompensa, satisfacción. // Cambio, permuta, trueque.
RETORTIJÓN Retorcijón, retorcimiento, contorsión.
RETOZAR Brincar, corretear, jugar, saltar, travesear.
RETOZÓN Alegre, juguetón, travieso.
RETRACTARSE Desdecirse, rectificarse. *Ratificar.* *Retratarse.
RETRAER Apartar, disuadir. // Acogerse, guarecerse, huir, refugiarse, retirarse, retroceder. *Permanecer.*
RETRAÍDO Retirado, refugiado, escondido, aislado. // Abastraído, recogido. // Tímido, reservado, corto. *Extravertido, audaz.*
RETRAIMIENTO Aislamiento, refugio, retiro, soledad. *Sociabilidad.* // Cortedad, reserva, timidez. *Audacia.*
RETRASAR Atrasar, demorarse, diferir, retardar, suspender. *Adelantar.* // Endeudarse. *Cumplir, pagar.*
RETRASO Atraso, demora, dilación, retardo, atrasamiento. *Adelanto.*
RETRATAR Describir, dibujar, pintar. // Copiar, imitar. // Fotografiar.
RETRATO Efigie, fotografía, imagen. // Descripción.
RETREPARSE Recostarse.
RETRETE Común, excusado, letrina.
RETRIBUCIÓN Pago, recompensa, remuneración, premio.
RETRIBUIR Corresponder, pagar, recompensar, premiar, remunerar, gratificar. *Adeudar, privar.*
RETROCEDER Desandar, retirarse, recular, retrogradar. *Avanzar, progresar.*
RETROCESO Contramarcha, reculada, regresión, retirada. *Avance, mejora, progreso.*
RETROGRADAR Recular, refluir, replegarse, retirarse, retroceder. *Adelantar, avanzar.*
RETRÓGRADO Cavernícola, retardatario, reaccionario. *Innovador, progre-*

sista, reformador, creador.
RETUMBANTE Resonante, rimbombante, ruidoso, atronador, estridente, estrepitoso, fragoroso. *Silencioso.*
RETUMBAR Atronar, estallar, tronar, resonar. *Acallar.*
RETUMBO Ruido, resonancia, estampido, explosión, estruendo.
RETRUCAR Replicar. *Callar.*
REUMA Reumatismo.
REUNIÓN Corro, grupo, peña, rueda.
REUNIR Acopiar, agrupar, amontonar, compilar, concurrir, congregar, juntar. *Desparramar, dispersar, separar.*
REVALIDACIÓN Confirmación, ratificación, reválida.
REVALIDAR Comprobar, confirmar, ratificar.
REVELACIÓN Confidencia, declaración, descubrimiento, manifestación. // Difusión, publicación. // Acusación, soplo. // Indicación, indicio, señal.
REVELAR Confesar, descubrir, exteriorizar, manifestar. *Callar, encubrir.* // Publicar. *Ocultar.* // Franquearse. // Reflejarse, transparentarse. *Disimular.* *Rebelar, relevar.*
REVENIRSE Consumirse, encogerse. // Acedarse, avinagrarse, acidularse. // Retractarse, ceder.
REVENTAR Estallar. // Brotar. // Aplastar, desbaratar. // Cansar, extenuar, fatigar, molestar.
REVENTÓN Estallido, explosión. // Pinchazo. // Aprieto, dificultad, fatiga, trabajo.
REVERBERACIÓN Reflejo, resol, reverbero, llamarada, destello, tornasol, brillo. *Opacidad.*
REVERBERAR Reflejar.
REVERBERO Reverberación. // Cocinilla, infiernillo.
REVERDECER Rejuvenecer, renovarse. *Agostarse.*
REVERENCIA Inclinación, saludo. // Respeto, veneración. *Ofensa.*
REVERENTE Piadoso, respetuoso, sumiso, obediente.

REVERSO Dorso, revés, envés, contrario. *Anverso, cara, derecho.*
REVÉS Dorso, envés. // Contratiempo, desgracia, infortunio. // Bofetada. // Mudanza, vuelta.
REVESADO Indomable, pertinaz, travieso, revoltoso. // Difícil, intrincado, oscuro. *Fácil.*
REVESAR Arrojar, vomitar, devolver. *Revezar.*
REVESTIDO Cubierto, recubierto, encofrado. // Engalanado.
REVESTIMIENTO Capa, cubierta, enlucido, revoque.
REVESTIR Cubrir, enlucir, recubrir, revocar. *Desnudar.* // Afectar, simular. // Engreírse.
REVEZAR Sustituir, reemplazar, relevar. *Revesar.*
REVISAR Inspeccionar, repasar, rever, examinar, estudiar.
REVISIÓN Control, examen, inspección, revista.
REVISOR Examinador, inspector.
REVISTA Periódico. // Desfile, parada. // Examen, inspección, revisión.
REVISTAR Controlar, examinar, inspeccionar, reconocer.
REVIVIR Renacer, resucitar, resurgir, reanimar, rejuvenecer.
REVOCABLE Anulable, cancelable, derogable.
REVOCAR Anular, desautorizar, invalidar, rescindir. *Validar.* // Apartar, disuadir, retraer. *Cumplir.* // Enjalbegar, enlucir.
REVOLCAR Apabullar, derribar, pisotear, vencer. // Reprobar, suspender. // Restregarse.
REVOLTIJO Confusión, enredo, mezcolanza, revoltillo. *Orden.*
REVOLTOSO Enredador, perturbador, vivaracho, nervioso, travieso. *Tranquilo.* // Alborotador, rebelde, sedicioso, insurrecto.
REVOLUCIÓN Alboroto, alteración, conmoción, insurrección, rebelión, revuelta, sedición. *Disciplina, orden, paz.*

// Giro, rotación.

REVOLUCIONARIO Ácrata, anarquista, perturbador, sedicioso, turbulento. *Reaccionario.* // Innovador, inventor. *Rutinario.*

REVOLVER Buscar, registrar. // Agitar, enredar, inquietar, menear, trastornar. // Cavilar, discurrir. // Aborrascarse, encapotarse. **Revólver.*

REVÓLVER Pistola. **Revolver.*

REVOQUE Enlucido.

REVUELO Agitación, conmoción, turbación. *Calma.*

REVUELTA Pendencia, riña. // Alboroto, asonada, insurrección, motín, sedición. // Mudanza, vuelta.

REVUELTO Travieso, inquieto, revoltoso. *Sosegado.* // Revesado, abstruso, intrincado. *Sencillo.*

REY Monarca, soberano.

REYERTA Alteración, altercado, contienda, cuestión, disputa, pelea, riña, trifulca. *Avenencia, conciliación.*

REZAGADO Lento, calmoso, atrasado, tardo, remolón. *Adelantado.*

REZAGAR Atrasar, diferir, retardarse, retrasarse. *Adelantar.*

REZAGO Atraso, tardanza, dilación. // Resto, residuo.

REZAR Orar, pedir, recitar. // Refunfuñar, rezongar.

REZO Oración, plegaria, preces.

REZONGAR Gruñir, murmurar, refunfuñar, mascullar.

REZONGÓN Gruñón, refunfuñador, rezongador.

REZUMAR Exudar. // Traslucirse.

RIACHUELO Arroyo, riacho.

RIADA Aluvión, avenida, crecida, inundación, anegación.

RIBERA Orilla, margen, borde. // Litoral, costa, estuario, playa. **Rivera.*

RIBEREÑO Costero, litoral, costanero.

RIBETE Acrecentamiento, añadidura. // Asomo, indicio.

RIBETEAR Bordear, festonear, orlar.

RICAMENTE Opulentamente, primorosamente, excelentemente.

RICO Acaudalado, acomodado, millonario, opulento, próspero, pudiente. *Indigente, menesteroso, pobre.* // Abundante, fecundo, fértil, pingüe. *Estéril.* // Excelente, valioso. *Barato, vulgar.* // Apetitoso, exquisito, sabroso. *Desabrido, soso.*

RICTUS Crispamiento, gesto, contracción. *Relajación.*

RIDICULEZ Extravagancia. *Elegancia, primor.*

RIDICULIZAR Burlarse, caricaturizar, parodiar. *Admirar, encomiar.*

RIDÍCULO Extravagante, grotesco, risible. *Maravilloso.* // Adefesio, esperpento, irrisorio, mamarracho. *Costoso, elegante.* // Corto, escaso, mezquino. *Abundante.*

RIEGO Irrigación, regadío, regadura, baldeo, rociamiento.

RIEL Carril.

RIELAR Brillar, reflejar, titilar, destellar, fucilar, resplandecer. *Apagarse.*

RIENDAS Dirección, gobierno, mando.

RIESGO Peligro, aventura, azar, exposición, trance, lance. *Seguridad, tranquilidad.*

RIESGOSO Arriesgado, aventurado, peligroso. *Seguro.*

RIFA Sorteo, tómbola, lotería.

RIFAR Sortear.

RIFLE Carabina, fusil.

RIGIDEZ Dureza, rigor, endurecimiento, tiesura. // Inflexibilidad, severidad, austeridad, rigor. *Blandura, condescendencia, flexibilidad, tolerancia.*

RÍGIDO Duro, endurecido, tieso, yerto, agarrotado, anquilosado. *Blando, maleable.* // Estricto, inflexible, riguroso, severo, tenaz.

RIGOR Aspereza, austeridad, dureza, inclemencia, rigidez, rigurosidad, severidad. *Afabilidad, tolerancia.* // Intensidad, vehemencia. *Suavidad.* // Precisión, propiedad. *Imprecisión.*

RIGUROSO Áspero, crudo, duro, glacial, inclemente, rígido, severo, austero, recio, cruel. *Compasivo, sensible, sua-*

ve, templado. // Estricto, exacto, preciso, fiel, justo, cabal, detallado, ajustado.

RIJA Pelea, riña, reyerta, contienda.

RIJOSO Lujurioso, sensual. Casto. // Pendenciero.

RILAR Tiritar, temblar, estremecerse.

RIMA Asonancia, consonancia.

RIMAR Asonantar, consonantar, versificar, metrificar.

RIMBOMBANTE Altisonante, retumbante, resonante. Silencioso. // Ostentoso, llamativo, fastuoso. Discreto.

RIMERO Cúmulo, montón, pila.

RINCÓN Ángulo, esquina, recodo. // Escondrijo, escondite.

RINCONERA Ménsula, repisa.

RINGLERA Fila, hilera, serie.

RIÑA Altercado, agarrada, contienda, cuestión, gresca, pelea, pelotera, pendencia, quimera, reyerta, trifulca. Concordia, paz.

RIÑÓN Centro, interior, corazón. // Rene, riñonada.

RÍO Corriente, afluente, torrente, riachuelo, arroyo. // Abundancia, afluencia, caudal.

RIPIO Cascajo, residuo. // Superfluidad.

RIQUEZA Abundancia, copia, fortuna, opulencia, profusión. Miseria.

RISA Carcajada, risita, risotada. Gemido, quejido. *Riza (rizar).

RISCO Peñasco, peñón, picacho, escarpadura, roca, acantilado.

RISIBLE Cómico, irrisorio, ridículo, burlesco, divertido, alegre, jocoso, festivo, gracioso. Serio, grave, solemne.

RISOTADA Carcajada, risa.

RISTRA Sarta, serie. *Ristre.

RISUEÑO Festivo, riente, sonriente, reidor. Lloroso, triste. // Agradable, deleitable, placentero. // Favorable, prometedor, próspero, halagüeño.

RÍTMICO Armonioso, mesurado, cadencioso, acompasado. Arrítmico.

RITMO Armonía, cadencia, compás. // Equilibrio. // Orden, regularidad.

RITO Ceremonia, costumbre, regla.

RITUAL Ceremonial, protocolo.

RIVAL Adversario, competidor, contrario, contrincante, émulo, enemigo, luchador, antagonista. Aliado.

RIVALIDAD Competencia, emulación, enemistad, pugna.

RIVALIZAR Competir, contender.

RIVERA Arroyo, cauce. *Ribera.

RIZAR Ensortijar, ondular. Estirar.

RIZO Bucle, onda, tirabuzón.

RIZOMA Raíz.

RIZOSO Ensortijado, ondulado, rizado, crespo, rufo.

ROBAR Defraudar, desvalijar, despojar, estafar, hurtar, limpiar, quitar, rapiñar, sisar, timar, sustraer, apoderarse, llevarse, asaltar, pillar, escamotear, atracar. Donar, regalar, devolver, restituir.

ROBÍN Orín, moho, herrumbre.

ROBLÓN Remache.

ROBO Desfalco, escamoteo, estafa, fraude, hurto, latrocinio, pillaje, rapiña, ratería, saqueo, sisa, sustracción, timo. Donación, regalo.

ROBORAR Confortar, estimular, serenar, tonificar, afianzar, asegurar. Irritar, desanimar.

ROBUSTECER Consolidar, fortalecer, vigorizar, tonificar. Debilitar.

ROBUSTEZ Fuerza, fortaleza, vigor, resistencia, musculatura, energía, salud, reciedumbre, lozanía, pujanza, fibra, dinamismo. Debilidad, endeblez.

ROBUSTO Firme, fuerte, membrudo, recio, vigoroso. Débil.

ROCA Peñasco, peña, piedra, risco, peñón, roquedo, escollo.

ROCE Frotamiento, rozamiento. // Frecuentación, trato.

ROCIADA Salpicadura, aspersión, rocío. // Murmuración, chismorreo, hablilla. // Represión, filípica.

ROCIAR Asperjar, salpicar, regar, irrigar, esparcir, hisopear, diseminar. Secar.

ROCÍN Caballo, caballejo, jamelgo, mancarrón, penco, rocinante, sotreta, matalón. // Ignorante, rudo, tosco, zafio, zote. Inteligente.

ROCINANTE Rocín.

ROCÍO Escarcha, sereno, helada, relente, aljófar, aguada. // Rociada.

ROCOSO Pedregoso, peñascoso, roqueño, riscoso.

RODADA Costalada. // Carril, carrilada, lendel, cauce.

RODADO Carruaje, vehículo.

RODAJA Lonja, tajada, loncha. // Rueda, disco.

RODAR Caer, girar, voltear, moverse. // Errar, vagabundear. *Radicarse.* // Pulular, abundar.

RODEAR Acordonar, encerrar, cercar, circuir, circunvalar, sitiar. // Desviarse, esquivar. // Divagar.

RODEO Desviación, desvío, descarrío, virada, extravío, zigzag. *Recta.* // Ambages, circunloquio, evasiva, indirecta. *Claridad, concisión.*

RODILLO Cilindro.

RODRIGÓN Puntal, caña, estaca. // Tutor, preceptor.

ROER Carcomer, corroer, desgastar. // Afligir, desazonar, intranquilizar. *Tranquilizar.* *Raer.

ROGACIÓN Petición, rogativa.

ROGAR Implorar, orar, pedir, suplicar. *Conceder.*

ROGATIVA Plegaria, súplica, rezo, ruego, petición, imploración.

ROÍDO Carcomido, mordido, mordisqueado, dentellado. *Completo.* // Corto, despreciable, escaso, exiguo, mezquino.

ROJO Bermellón, carmesí, colorado, encarnado, escarlata, grana, granate, rubro, púrpura, carmín.

ROL Lista, nómina.

ROLDANA Rodaja, rueda, polea.

ROLLIZO Gordo, robusto. // Durmiente.

ROLLO Cilindro, columna. // Discurso, exposición.

ROMADIZO Catarro, coriza, resfrío.

ROMANA Balanza, báscula.

ROMANCE Novela, poema. // Amorío, noviazgo, galanteo.

ROMANTICISMO Novelería, sentimentalismo. *Realidad.*

ROMÁNTICO Novelesco, sensible, pasional, sentimental, apasionado, patético. // Quijotesco. *Realista.* *Románico.

ROMANZA Aria.

ROMERÍA Peregrinación. // Muchedumbre, multitud, tropel.

ROMO Chato, ñato, despuntado, aplastado, mocho. *Afilado, agudo, picudo.* // Obtuso, rudo, torpe. *Listo.*

ROMPECABEZAS Acertijo, problema, enigma, pasatiempo.

ROMPEOLAS Dique, escollera, malecón, muelle.

ROMPER Partir, quebrar, rajar, fracturar, destrozar, destruir, desgarrar, deshacer, desmenuzar, astillar, rasgar, reventar, triturar, tronchar, desgajar. *Componer, reparar.* // Brotar. // Interrumpir, cortar.

ROMPIENTE Bajo, escollo, rompeolas, arrecife.

ROMPIMIENTO Fractura, quebradura, rotura. // Desavenencia, ruptura. *Avenencia, arreglo.*

RONCEAR Dilatar, entretener, aplazar, haraganear, remolonear.

RONCERÍA Lentitud, tardanza, pachorra. *Rapidez.* // Mimo, halago, cariño. *Aspereza.*

RONCHA Cardenal, equimosis. // Daño, estafa, hurto.

RONCO Afónico, enronquecido. // Áspero, bronco. *Suave.*

RONDA Guardia, patrulla, vigilancia. // Convite. // Turno, distribución.

RONDAR Patrullar, velar, vigilar. *Dormir.* // Cortejar, requebrar, galantear. // Asediar, importunar, molestar. // Amagar, amenazar.

RONQUERA Afonía, enronquecimiento, ronquez, carraspera.

RONQUIDO Resuello, estertor, jadeo, gañido, gruñido.

RONZAL Cabestro, camal, ramal.

ROÑA Mugre, porquería, suciedad, inmundicia, pringue. *Aseo, limpieza.* // Astucia. *Ingenuidad.*

ROÑERÍA Cicatería, roñosería, tacañería. *Desinterés, largueza.*

ROÑOSO Cochino, mugriento, puerco, sucio. *Limpio.* // Amarrete, cicatero, mezquino, miserable, agarrado. *Dadivoso, generoso.*

ROPA Ropaje, vestido, indumentaria, vestimenta, vestidura.

ROPAJE Vestidura, indumentaria, ropa, traje, vestido. // Expresión, lenguaje.

ROQUEDAL Peñascal, roqueda.

RORRO Crío, nene, niño.

ROSARIO Letanía. // Sarta.

ROSCA Espiral. // Vuelta.

ROSICLER Alba, aurora. *Atardecer.*

ROSTRO Cara, faz, fisonomía, jeta, semblante, facciones, rasgos.

ROTACIÓN Giro, revolución, vuelta.

ROTAR Rodar.

ROTATIVA Imprenta.

ROTATORIO Circulatorio, giratorio.

ROTO Fracturado, quebrado. // Andrajoso, harapiento.

RÓTULA Choquezuela.

ROTULAR Intitular, sobrescribir.

RÓTULO Cartel, letrero, título.

ROTUNDIDAD Redondez, esfericidad.

ROTUNDO Redondo. *Recto.* // Claro, concluyente, lleno, preciso, sonoro, terminante. *Impreciso.*

ROTURA Fractura, quebradura, rompimiento, ruptura. // Desgarradura, destrozo, siete. **Ruptura.*

ROTURAR Arar.

ROYA Sarro, herrumbre.

ROZADURA Restregamiento, roce, frotadura. // Arañazo.

ROZAGANTE Ufano, vistoso. *Deslucido, infortunado.*

ROZAMIENTO Frotamiento, frote, fricción. // Discordia, disgusto, rompimiento. *Concordia, amistad.*

ROZAR Acariciar, frotar, rascar, tocar, besar, lamer, trabarse. // Relacionarse, tratarse. *Aislarse, retraerse.*

RÚBEO Rojizo, rubescente.

RUBÍ Rojo, granate.

RUBICUNDO Rojo, colorado, escarlata. // Rubio. // Sanguíneo. // Rechoncho.

RUBIO Blondo, bermejo, rubicundo, rubial, dorado, rúbeo, rufo. *Morocho, moreno, oscuro, atezado. trigueño.*

RUBOR Sonrojo, bochorno, colores, calores. *Palidez.* // Timidez, candor, vergüenza, modestia, turbación, confusión. *Desvergüenza, impasibilidad.*

RUBORIZARSE Abochornarse, avergonzarse, sonrojarse. *Insolentarse.*

RUBOROSO Abochornado, rojo. // Vergonzoso, tímido.

RÚBRICA Firma.

RUBRICAR Firmar, signar, suscribir.

RUBRO Rótulo, título. // Rojo, encarnado, granate.

RUCIO Asno, burro.

RUDEZA Aspereza, brusquedad, descortesía, grosería, torpeza, tosquedad, brutalidad. *Afabilidad, cortesía, gentileza, habilidad.*

RUDIMENTARIO Elemental, embrionario, primario.

RUDIMENTO Embrión, principio, comienzo, esbozo, germen.

RUDIMENTOS Abecé, elementos, nociones, principios.

RUDO Basto, tosco. *Pulido.* // Descortés, grosero. *Educado, servicial.* // Riguroso. *Suave.* // Impetuoso, violento, brutal. *Tranquilo.*

RUEDA Círculo, corro. // Tanda, turno, vez. // Rodaja, rebanada.

RUEDO Círculo, circunferencia, contorno, límite, término.

RUEGO Petición, súplica.

RUFIÁN Alcahuete. // Perverso. *Caballero, noble.*

RUGIDO Bramido, estruendo, grito.

RUGIR Bramar, gritar, atronar.

RUGOSIDAD Arruga, pliegue, estría, frunce, desigualdad, imperfección. *Estiramiento, tersura.*

RUGOSO Arrugado, desigual, doblado, áspero. *Liso, raso, terso.*

RUIDO Barullo, batifondo, bochinche. *Quietud.* // Crujido, chasquido, chirrido, estallido, estrépito, estridor, estruendo, explosión, fragor, sonido, trueno. *Silencio.*

RUIDOSO Escandaloso, estrepitoso, fragoroso, atronador, estridente, retumbante, sonoro, estruendoso. *Silencioso.*

RUIN Bajo, despreciable, vil. *Digno.* // Desmedrado, humilde, pequeño. *Alto, fuerte.* // Avariento, mezquino, tacaño. *Generoso.*

RUINA Caída, decadencia, destrozo, destrucción, perdición, devastación. *Apogeo, construcción, prosperidad.* // Bancarrota, fracaso, hundimiento, quiebra. *Éxito, fortuna.*

RUINDAD Bajeza, indignidad. *Nobleza.* // Avaricia, mezquindad, tacañería. *Generosidad, magnanimidad.*

RUINOSO Desmantelado, destartalado, estropeado. *Sano.* // Desmedrado, pequeño. // Caro, costoso. *Barato.*

RUMBO Camino, dirección, ruta, senda, derrotero. // Boato, ostentación, pompa, suntuosidad. *Sencillez.* // Desinterés, generosidad, liberalidad.

RUMBOSO Aparatoso, lujoso, magnífico, pomposo. *Sencillo, sobrio.* // Desprendido, generoso, liberal. *Cicatero, mezquino.*

RUMIAR Mascar, masticar. // Refunfuñar, rezongar. // Estudiar, examinar, meditar.

RUMOR Murmullo, runrún, susurro, bisbiseo. *Clamor, gritería.* // Chisme, hablilla, murmuración.

RUMOREAR Runrunear, sonar, susurrar, murmurar, secretear, circular, cuchichear, divulgar, bisbisear. *Callar.*

RUNFLA Muchedumbre, sarta, serie.

RUNRÚN Rumor.

RUPTURA Desavenencia, rompimiento, rotura. *Avenencia, contacto, unión, amistad.* ***Rotura.**

RURAL Agrario, campesino, rústico, aldeano, agreste, pastoril, campestre, rustical, labriego. *Urbano.* // Inculto, torpe, tosco.

RUSTICIDAD Rustiquez, rustiqueza, tosquedad. *Pulimiento.* // Grosería, ordinariez, zafiedad. *Educación.* // Incultura, patanería. *Cultura.*

RÚSTICO Grosero, rudo, tosco, zafio. *Distinguido, fino.* // Aldeano, campesino, labriego. *Urbano.* // Agreste, campestre, pastoril.

RUTA Camino, derrota, derrotero, dirección, itinerario, rumbo, vía.

RUTILANTE Brillante, resplandeciente, fulgurante, centelleante, fulgente. *Apagado, oscuro, sombrío.*

RUTILAR Brillar, resplandecer, rielar, titilar, refulgir, centellear, fulgurar, fucilar, relucir. *Oscurecer, apagarse.*

RUTINA Costumbre, hábito, usanza. *Novedad.*

RUTINARIO Rutinero, acostumbrado, frecuente, habitual, tradicional, común, repetido. *Desusado, original, insólito, raro.* // Aburrido, desganado, indiferente, apático. *Activo, interesado.*

RUZAFA Parque, jardín, vergel.

S

SABANA Llanura, planicie. *Serranía.* ***Sábana.**

SABANDIJA Bicho. // Granuja.

SABEDOR Consciente, enterado, entendido, instruido. *Ignorante.*

SABER Sabiduría, sapiencia, erudición. *Ignorancia.* // Conocer, entender, comprender, observar, dominar. *Ignorar.*

SABIDO Consabido, corriente, notorio, público. *Ignorado.*

SABIDURÍA Conocimiento, saber. *Desconocimiento, ignorancia.* // Experiencia, pericia. *Imprudencia.* // Noticia. // Cordura, juicio. *Irreflexión.*

SABIHONDO Sabelotodo, pedante, doctoral. *Modesto.*

SABIO Docto, sapiente, culto, erudito, pensador. *Inculto, insipiente, lego.* // Cuerdo, prudente.

SABLAZO Espetón, mandoble. // Pechazo, préstamo, petición.

SABLE Cris, chafarote, charrasca.

SABOR Gusto, sapidez, paladar, dejo. // Sazón, condimento, salsa. *Insipidez, desazón.*

SABOREAR Gustar, paladear, relamerse, catar, probar.

SABOTAJE Daño, deterioro.

SABROSO Apetitoso, delicioso, gustoso, sazonado. *Insípido, soso.*

SABUESO Detective, espía, indagador, policía.

SACA Extracción, exhumación. // Costal, talega. // Exportación, transporte. // Copia, duplicado.

SACACORCHOS Tirabuzón.

SACAMUELAS Charlatán, embaucador. // Dentista.

SACAR Arrancar, extirpar, extraer, quitar, separar. *Llenar, meter, poner.* // Alejar, apartar. *Traer.* // Descubrir, desenterrar, vaciar. *Ocultar.* // Descifrar, hallar, resolver, solucionar. // Deducir, inferir, colegir. // Elegir, sortear. // Alcanzar, conseguir, ganar, lograr. // Exceptuar, excluir, librar. *Incluir.* // Copiar, crear, imitar, inventar, producir, trasladar. // Citar, mencionar, nombrar.

SACAROSA Azúcar.

SACERDOTAL Clerical, eclesiástico. *Seglar.*

SACERDOTE Clérigo, cura, padre, pastor, pope, rabino. *Lego, seglar.*

SACIADO Lleno, repleto, ahíto, harto, satisfecho. *Hambriento.*

SACIAR Hartar, llenar, satisfacer. *Carecer, vaciar.*

SACIEDAD Atracón, hartazgo, hartura, panzada, satisfacción. *Apetito, hambre.*

SACO Bolsa, costal, talega. // Chaqueta. // Saqueo, desvalijamiento. // Hato, montón. // Bahía, ensenada. // Saque.

SACRAMENTAL Indeleble. // Ritual, acostumbrado, consagrado, habitual.

SACRIFICAR Inmolar, matar. // Arriesgarse, exponerse, resignarse. *Liberar, perdonar, redimir.*

SACRIFICIO Holocausto, inmolación, ofrenda. // Misa. // Abnegación, renunciamiento.

SACRILEGIO Profanación, perjurio, blasfemia. *Devoción, veneración.*

SACRÍLEGO Profano, impío, blasfemo. *Devoto.*

SACRO Sagrado.

SACUDIDA Conmoción, sacudimiento, sacudón.

SACUDIDO Agitado, zarandeado. // Indócil, intratable, díscolo. *Dócil.* // Audaz, resuelto, atrevido. *Tímido.*

SACUDIMIENTO Agitación, zarandeo. *Inmovilidad.* // Sacudida, temblor, terremoto. *Quietud.*

SACUDIR Agitar, remover, zamarrear, zarandear. *Aquietar, inmovilizar.* // Golpear, pegar, zurrar. *Acariciar.* // Apartarse, librarse.

SAETA Brújula. // Dardo, flecha. // Manecilla. // Copla.

SAGA Leyenda. // Adivina, bruja, hechicera. *Zaga.

SAGACIDAD Astucia, penetración, perspicacia, sutileza. *Bobería, estupidez, ingenuidad, sandez.*

SAGAZ Astuto, avisado, lince. *Tonto.* // Previsor, prudente.

SAGITARIO Arquero, saetero.

SAGRADO Sacro, santo, sacrosanto, bendito, santificado. *Maldito, profano.* // Venerable, inviolable, respetable. *Profanable.* // Asilo, amparo.

SAHUMAR Aromatizar, incensar, perfumar, aromar.

SAÍN Grasa, grosura.

SAL Salobridad, salsedumbre, salmuera. // Agudeza, donaire, donosura, garbo, gracia, salero. *Adustez.*

SALA Aposento, habitación, pieza.

SALACIDAD Lascivia, lubricidad. *Honestidad, pureza.*

SALADO Salino, salobre, salobreño. *Dulce.* // Agudo, chistoso, donoso, gracioso, ingenioso, ocurrente. *Desabrido, soso.*

SALAR Sazonar, curar, conservar.

SALARIO Estipendio, jornal, paga, sueldo, mensualidad.

SALAZ Lujurioso, lascivo, lúbrico, libidinoso. *Casto.* *Salas.

SALDAR Liquidar, pagar. *Deber.*

SALDO Pago. // Resto, retal.

SALERO Chispa, donaire, donosura, garbo, gracia.

SALEROSO Agudo, chistoso, garboso, gracioso, ingenioso, ocurrente. *Pavo, soso.*

SALIDA Excursión, paseo. // *Éxodo. Entrada.* // Fuga, huida. *Llegada.* // *Orto. Ocaso.* // Fin, término. // Chiste, ingeniosidad, ocurrencia. *Sosería.* // Pretexto, recurso.

SALIENTE Relieve, resalte, resalto. // Levante, oriente. // Aparente, manifiesto, prominente, visible. *Invisible.*

SALINO Salado, salobre.

SALIR Borrarse, desaparecer. // Aparecer, emerger, manifestarse, mostrarse. // Ocurrir, sobrevenir. // Brotar, manar, nacer, proceder, surgir. *Morir.* // Costar, importar. // Derramarse, escaparse. // Parecerse. // Resultar. // Irse. *Entrar.*

SALITRAL Nitral, salitrera.

SALITRE Nitro.

SALITROSO Nitroso.

SALIVADERA Escupidera.

SALIVAZO Escupitajo, salivajo.

SALMO Cántico, alabanza.

SALOBRE Salado. *Dulce.* *Salubre.

SALPICADO Rociado, aspergeado, irrigado. // Manchado, picado, pecoso, jaspeado.

SALPICADURA Aspersión, rociamiento, rociada, rocío.

SALPICAR Asperjar, esparcir, hisopear, rociar.

SALPIMENTAR Adobar, sazonar. // Amenizar, entretener.

SALPULLIDO Sarpullido, erupción.

SALTAMONTES Langosta.

SALTAR Brincar, botar, retozar. *Inmovilizar.* // Franquear. // Arrojarse, lanzarse. // Picarse, resentirse, romperse. // Omitir, pasar. *Recordar.*

SALTARÍN Bailarín, danzarín, saltador.

SALTEADOR Asaltante, bandido, bandolero. *Guardián, policía.*

SALTEAR Acometer, asaltar, atracar. // Sobrevenir, sorprender.

SALTO Ascenso. // Brinco. // Cascada, catarata. // Omisión. // Despeñadero, precipicio. // Cambio, tránsito.

SALUBRE Saludable. *Salobre.

SALUBRIDAD Salud, sanidad.

SALUD Sanidad, salubridad, lozanía. *Enfermedad.*

SALUDABLE Salubre, sano, lozano, fuerte, fresco. *Enfermizo, insalubre, malsano.* // Fresco, fuerte. // Provechoso, beneficioso. *Dañino, nocivo.*

SALUDADOR Curandero.

SALUDO Salutación, salva, reverencia, inclinación, venia.

SALVA Bienvenida, saludo. // Descarga. // Juramento, promesa.

SALVACIÓN Salvamento. *Perdición.*

SALVADO Afrecho.

SALVADOR Jesucristo, redentor. // Defensor, protector, liberador.

SALVAGUARDAR Amparar, defender, proteger.

SALVAGUARDIA Amparo, custodia, garantía. // Pase, pasaporte.

SALVAJADA Atrocidad, barbaridad, brutalidad.

SALVAJE Inculto, incivil, bruto, brutal, bestial. *Culto, civilizado.* // Arisco, insociable, bravío. *Dócil.*

SALVAJISMO Barbarie, vandalismo. *Civilización.* // Incultura. *Cultura.* // Brutalidad. *Bondad, educación.*

SALVAR Exculpar, librar, proteger. *Condenar, esclavizar.* // Evitar, exceptuar, excluir. *Perder.* // Franquear, rebasar, saltar, superar, vencer.

SALVEDAD Descargo, excusa, excepción, enmienda. *Inclusión.*

SALVO Ileso, indemne, inmune. // Excepto, exceptuado.

SALVOCONDUCTO Pase, pasaporte, aval, permiso, licencia.

SAMBENITO Descrédito, difamación, vituperio.

SANALOTODO Curalotodo, panacea.

SANAMENTE Saludablemente, higiénicamente. // Razonablemente, sensatamente, sinceramente.

SANAR Curar, reponerse, restablecerse. *Desmejorar, enfermar.*

SANATORIO Clínica, nosocomio.

SANCIÓN Castigo, pena. *Recompensa.* // Aprobación, autorización. *Invalidación.* // Estatuto, ley.

SANCIONAR Castigar, penar. *Perdonar, recompensar.* // Aprobar, autorizar, convalidar, ratificar, homologar. *Invalidar, rectificar.*

SANDEZ Despropósito, necedad, idiotez. *Sagacidad.*

SANDIO Necio, tonto, simple. *Sagaz, ingenioso.*

SANDUNGA Donaire, gracejo, salero. *Insulsez.*

SANEAMIENTO Limpieza, higiene. *Suciedad.* // Purificación. // Arreglo, remedio, reparación.

SANEAR Higienizar, purificar. *Ensuciar, impurificar, infectar.* // Remediar, reparar, arreglar. *Descomponer, estropear.*

SANGRE Linaje, parentesco, estirpe, familia, abolengo.

SANGRIENTO Sanguinolento, ensangrentado, cruento, sanguinario, mortífero, sangrante.

SANGUINARIO Cruel, feroz, vengativo, inhumano.

SANGUINOLENTO Sangriento.

SANIDAD Salubridad, salud, higiene. *Infección, insalubridad.*

SANO Salubre, saludable, higiénico. // Bueno, entero, ileso, lozano, robusto. *Enfermo.* // Recto, sincero. *Malo.*

SANTIAMÉN Instante, momento, periquete, segundo, tris.

SANTIFICACIÓN Canonización.

SANTIFICAR Canonizar, beatificar. // Disculpar, justificar. *Culpar, pecar.*

SANTIGUARSE Persignarse, signarse.

SANTO Sagrado, san, venerable. // Inocente, perfecto, virtuoso. *Perverso.* // Dibujo, estampa, grabado, imagen, viñeta. // Onomástico. // Consigna.

SANTUARIO Capilla, iglesia, templo.

SANTURRÓN Beato, hipócrita, santón, gazmoño, mojigato.

SAÑA Crueldad, encono, furor, rencor. *Dulzura, mansedumbre, piedad.*
SAPIENCIA Saber, sabiduría. *Ignorancia, incultura.*
SAPIENTE Sabedor, sabio.
SAQUEAR Depredar, pillar, robar.
SARCASMO Ironía, mordacidad, sátira. *Delicadeza, gracia, humor.*
SARCÁSTICO Burlón, cáustico, irónico, mordaz, venenoso. *Encantador, seductor.*
SARCÓFAGO Ataúd, tumba, sepulcro.
SARDÓNICO Sarcástico.
SARNOSO Roñoso.
SARRACENO Árabe, musulmán, islámico, moro.
SARRACINA Contienda, pelea, riña. // Matanza.
SARRO Sedimento.
SARTA Retahíla, ristra, serie, sucesión.
SATÁN Diablo, demonio, Luzbel.
SATÁNICO Diabólico, endemoniado, perverso. *Angelical, bueno.*
SATÉLITE Dependiente. // Prosélito, secuaz.
SATINADO Lustroso, pulido, terso. *Opaco, áspero.*
SÁTIRA Crítica, ironía, mordacidad, diatriba. *Alabanza, loa.*
SATÍRICO Irónico, mordaz, punzante, cáustico. *Elogioso, encomiástico.*
SÁTIRO Lascivo, lúbrico, lujurioso, libidinoso. *Casto.*
SATISFACCIÓN Pago, retribución. *Deuda.* // Solución. // Descargo, excusa. // Reparación. *Agravio, insulto.* // Contestación, respuesta. // Complacencia, confianza, gusto, placer. *Desagrado, disgusto.* // Presunción, vanagloria. *Humildad.* // Cumplimiento, observancia. *Incumplimiento.*
SATISFACER Pagar, saldar. *Deber.* // Compensar, indemnizar, reparar, resolver. // Hartar, llenar, saciar. *Mezquinar.* // Cumplir, desempeñar. // Aquietar, tranquilizar. *Mortificar.* // Contentar, convencer. // Desquitarse, resarcirse, vengarse.

SATISFACTORIO Solvente, soluble. // Grato. // Próspero.
SATISFECHO Harto, lleno. *Hambriento.* // Complacido, contento. *Disconforme.* // Presumido, vanidoso, orgulloso. *Humilde.*
SATURACIÓN Saciedad. *Deseo, escasez, gana, hambre.*
SATURAR Colmar, satisfacer, saciar. *Apetecer, carecer, vaciar.*
SATURNINO Triste, sombrío, taciturno, melancólico. *Alegre.*
SAVIA Jugo. // Sangre. // Vigor, fuerza, energía. *Sabia.*
SAYA Falda, pollera. *Pantalones.*
SAYO Vestido, vestidura, traje. // Capote, casaca.
SAYÓN Verdugo.
SAZÓN Punto, madurez. *Verdor, acidez.* // Ocasión, oportunidad, lance, circunstancia. *Inoportunidad.* // Perfección, cumplimiento, culminación. *Imperfección, incumplimiento.*
SAZONAR Aderezar, aliñar, salpimentar. // Madurar, perfeccionar.
SEBO Gordura, grasa, pringue, unto, lardo, enjundia. *Cebo.*
SECA Sequía. *Humedad.* *Ceca.*
SECADERO Tendedero, secadal.
SECAMENTE Ásperamente. *Cortésmente, dulcemente.*
SECANTE Desecante, enjugador. // Enfadoso, pesado. *Entretenido.*
SECAR Desecar, enjugar, orear. *Mojar.* // Agostar, marchitar. *Florecer.* // Apergaminarse, enflaquecer. *Engordar.* // Cansar, aburrir, fastidiar, hastiar. *Divertir, entretener.*
SECCIÓN División, fracción, grupo, parte, separación. *Totalidad.* // Corte, perfil. *Cesión, sesión.*
SECCIONAR Dividir, partir, fraccionar. *Anexar, unir.* *Sesionar.*
SECESIÓN Apartamiento, segregación, separación. *Unión.* *Sucesión.*
SECO Enjuto, reseco. *Húmedo, mojado.* // Marchito, muerto. *Florecido, verde, feraz.* // Flaco, magro. *Gordo.* // Adusto,

áspero, desabrido. *Afable, bondadoso, cortés.* // Estricto, riguroso.
SECRECIÓN Segregación, evacuación, exudado.
SECRETAR Excretar, expeler, segregar, evacuar, sudar. *Secretear.
SECRETO Arcano, misterio, reserva, sigilo. // Escondrijo. // Oculto, recóndito, reservado, escondido. *Conocido, notorio, público.*
SECTA Doctrina, grupo. // Herejía. *Sexta, ceta, seta, zeta.
SECTARIO Secuaz, fanático. *Comprensivo, transigente.*
SECTOR Distrito, división, grupo, parte. *Todo, total.*
SECUAZ Partidario, satélite, sectario, seguidor, adepto. *Opositor, enemigo, rival.*
SECUELA Consecuencia, corolario, resulta, resultado. *Causa.*
SECUENCIA Continuación, serie, sucesión, orden.
SECUESTRAR Embargar, incautarse. // Plagiar, raptar. *Rescatar.*
SECUESTRO Embargo, incautación. *Liberación.* // Rapto. *Rescate.*
SECULAR Seglar. *Religioso.* // Centenario. *Nuevo, reciente.*
SECUNDAR Apoyar, ayudar, colaborar. *Sabotear, oponerse.*
SECUNDARIO Accesorio, segundo, auxiliar. *Esencial, fundamental, necesario, primordial, principal.*
SED Ansia, deseo, gana, necesidad, avidez. *Adipsia, hidrofobia.*
SEDANTE Calmante, tranquilizante, sedativo. *Excitante.*
SEDAR Apaciguar, calmar, mitigar, tranquilizar. *Irritar.*
SEDATIVO Sedante.
SEDE Asiento, trono. *Cede (ceder).
SEDENTARIO Inmóvil. *Ambulante, errante, nómada.* // Poltrón. *Movedizo.*
SEDENTE Sentado. *Cedente.
SEDICIÓN Alzamiento, insurrección, sublevación. *Sometimiento.*
SEDICIOSO Amotinado, faccioso, in-

surrecto, sublevado, rebelde. *Sumiso.*
SEDIENTO Ansioso, deseoso.
SEDIMENTAR Asentar, depositar, precipitar. *Fluir, revolver.*
SEDIMENTO Asiento, hez, madre, poso, sarro, sedimentación.
SEDOSO Asedado, liso, suave. *Áspero.*
SEDUCCIÓN Atractivo, encanto. // Persuasión, captación, fascinación, atracción, sugestión. *Repulsión.*
SEDUCIR Fascinar, cautivar, conquistar, hechizar, galantear, enamorar. *Repeler.* // Engañar, sobornar, inducir. *Disuadir.*
SEDUCTOR Cautivante, cautivador, engañador, fascinador, sugestionador. *Repelente.*
SEGAR Cortar, guadañar. *Cegar.
SEGLAR Civil, laico, mundano, lego, profano, secular. *Cura, eclesiástico, religioso.*
SEGMENTO Parte, pedazo, división, sección, trozo. *Cemento.
SEGREGACIÓN Secreción. // Desmembración, secesión, separación, diferenciación. *Unificación.*
SEGREGAR Secretar. *Absorber, succionar.* // Apartar, desmembrar, dividir, escindir, separar. *Articular, unir.*
SEGUIDAMENTE Consecutivamente, enseguida.
SEGUIDO Continuo, sucesivo. *Discontinuo, interrumpido.* // Subsiguiente, ulterior.
SEGUIR Acosar, perseguir. *Dejar.* // Resultar, sobrevenir, suceder. *Causar, originar.* // Escoltar. *Abandonar.* // Estudiar, profesar. // Conformarse, convenir. *Discrepar.* // Copiar, imitar, influirse. *Inventar.* // Deducirse, derivarse, inferirse, originarse, proceder.
SEGÚN A juzgar por, como, conforme a, con arreglo a, de acuerdo con.
SEGUNDO Accesorio, inferior, posterior, secundario. *Primordial, principal, esencial.* // Suplente, ayudante, lugarteniente. *Principal, titular.*
SEGUR Hacha, hoz.
SEGURIDAD Aval, garantía. // Salvo-

conducto. *Riesgo.* // Certeza, certidumbre. *Desconfianza, incertidumbre.* // Tranquilidad. *Irritabilidad.*
SEGURO Firme, fijo, salvo. *Inestable.* // Guardado, protegido, garantizado. *Indefenso.* // Positivo, cierto, indudable. *Dudoso.* // Tranquilo, confiado, sereno. *Receloso.* // Seguridad, certeza, confianza. // Contrato, acuerdo.
SEÍSMO Sacudimiento, terremoto, sismo, sacudida.
SELECCIÓN Preferencia, distinción, elección, opción, separación.
SELECTO Atrayente, distinguido, escogido, seleccionado, preferido. *Común.*
SELLAR Estampillar, lacrar, sigilar, timbrar. // Concluir, terminar. *Iniciar.* // Cerrar, cubrir, tapar. *Abrir.*
SELLO Estampilla, timbre. // Carácter, impresión, marca.
SELVA Bosque, espesura, floresta. *Desierto.*
SELVÁTICO Rústico, tosco, agreste.
SEMANAL Hebdomadario.
SEMANARIO Periódico, revista.
SEMÁNTICA Semasiología.
SEMBLANTE Cara, rostro, faz. // Aspecto, expresión.
SEMBLANZA Analogía, parecido. *Disparidad.* // Biografía.
SEMBRADÍO Labrantío, plantío.
SEMBRAR Desparramar, diseminar, esparcir. *Cosechar, recoger, recolectar.* // Publicar. *Ocultar.*
SEMEJANTE Afín, análogo, parecido, similar. *Diferente, distinto.* // Prójimo.
SEMEJANZA Afinidad, analogía, parecido, similitud. *Contraste, desigualdad, variación, diferencia.*
SEMEJAR Asemejarse, parecerse. *Diferenciar.*
SEMEN Esperma, leche, simiente.
SEMENTAL Padre, padrillo.
SEMENTERA Siembra.
SEMICÍRCULO Anfiteatro, hemiciclo.
SEMILLA Simiente, germen, pepita, hueso, grano, cuesco, almendra. // Causa, origen.

SEMILLAS Granos.
SEMITA Hebreo, judío.
SEMPITERNO Eterno, inmortal, perdurable, infinito, perpetuo. *Finito, mortal, perecedero.*
SENCILLAMENTE Naturalmente, llanamente, simplemente, sinceramente.
SENCILLEZ Naturalidad, simplicidad. *Afectación, ostentación.* // Candidez, ingenuidad. *Soberbia.*
SENCILLO Afable, natural, simple. *Altivo.* // Cándido, incauto, ingenuo. // Comprensible, fácil. *Difícil.* // Monedas, suelto.
SENDA Sendero, trocha, vereda, camino.
SENDERO Senda.
SENDOS Respectivos.
SENECTUD Ancianidad, senilidad, vejez. *Fortaleza, infancia, juventud.*
SENIL Anciano, caduco, provecto, viejo. *Fuerte, juvenil.*
SENO Mama, pecho, regazo. // Concavidad, hueco. // Matriz. // Golfo. // Amparo, protección. *Ceno (cenar).
SENSACIÓN Emoción, impresión, percepción, sentimiento, representación. *Apatía, indiferencia.*
SENSACIONAL Extraordinario, impresionante. *Común, vulgar.*
SENSATAMENTE Prudentemente, juiciosamente, cuerdamente, cautamente, discretamente. *Alocadamente.*
SENSATEZ Cordura, juicio, moderación, prudencia. *Imprudencia, irreflexión, locura.*
SENSATO Cuerdo, juicioso, prudente, sesudo. *Alocado, insensato.*
SENSIBILIDAD Perceptividad, compasión, humanidad, ternura. *Impasibilidad, insensibilidad.*
SENSIBLE Impresionable, sensitivo, sentimental. *Insensible.* // Manifiesto, aparente, patente, perceptible. *Imperceptible.* // Desgraciado, doloroso, lamentable, lastimoso.
SENSUAL Epicúreo. // Lascivo, libidinoso, rijoso, voluptuoso. *Casto, honesto.* *Censual.

SENSUALIDAD Sensualismo, voluptuosidad, lujuria, placer. *Castidad, honestidad.*

SENTADO Sedente, arrellanado, repantigado. // Fijo, establecido, determinado. // Juicioso, tranquilo, sosegado. *Alocado.*

SENTAR Asentarse, arrellanarse, tomar asiento, repantigarse, posarse. // Asentar, aplanar, allanar. // Anotar, registrar, inscribir.

SENTENCIA Decisión, dictamen, fallo, parecer, veredicto. *Indulto, revocación, sobreseimiento.* // Adagio, proverbio, refrán, máxima.

SENTENCIAR Condenar, fallar, resolver, laudar, arbitrar, pronunciar, dictar.

SENTENCIOSO Proverbial. // Grave, solemne.

SENTIDO Sensorio. // Conmovido, expresivo. *Indiferente, frío.* // Conocimiento, entendimiento, discernimiento, razón. // Opinión, juicio, parecer. // Facultad, aptitud. // Significado, significación, acepción. // Expresión, realce.

SENTIMENTAL Romántico, sensible, tierno, conmovedor, emocionante.

SENTIMIENTO Emoción, pena, dolor, tristeza. // Sensación, impresión. // Disposición, temple, humor. // Efusión, gozo, amor, odio. // Pasión, afectividad, emotividad, sensibilidad. *Insensibilidad, flema.*

SENTINA Albañal, cloaca, resumidero.

SENTIR Experimentar, percibir. // Alterarse, conmoverse, dolerse, emocionarse, estar, hallarse, lamentar, presionarse, resentirse. // Barruntar, presentir. // Juzgar, opinar, creer. // Oír.

SEÑA Anticipo. // Además, gesto, indicio, señal.

SEÑAL Indicación, indicio, pista, seña. // Cicatriz, costurón, marca. // Hito, huella, jalón, signo, vestigio. // Inscripción, letrero. // Asterisco, llamada, nota.

SEÑALADO Anunciado, predicho. // Indicado, marcado. // Insigne, famoso, ilustre, destacado.

SEÑALAR Indicar, marcar. // Firmar, suscribir. // Aludir, designar. // Determinar, fijar. // Destacarse, distinguir, singularizarse.

SEÑAS Dirección, domicilio.

SEÑERO Aislado, solo, solitario. // Único, insigne.

SEÑOR Dios. // Dueño, patrón, propietario. *Criado, servidor.*

SEÑORA Dama, dueña, patrona.

SEÑOREAR Dominar, gobernar, mandar. // Sujetar, someter.

SEÑORIAL Majestuoso, noble. *Innoble, villano.*

SEÑORÍO Dominio, mando, potestad. // Dignidad, distinción, gravedad.

SEÑUELO Carnada, cebo.

SEPARABLE Disociable, desprendible, desgajable, apartable, segregable.

SEPARACIÓN Apartamiento, cisma, disociación, división, divorcio, secesión. *Casamiento, unión, vínculo.* // Desglose, desprendimiento. // Destitución, expulsión, remoción, retiro. *Ascenso.*

SEPARADAMENTE Aparte, apartadamente, desunidamente. *Juntamente.*

SEPARADO Aislado, distanciado. *Adyacente, contiguo.*

SEPARAR Alejar, apartar, desunir, distanciar. *Aproximar.* // Divorciarse, retirarse. *Juntar.* // Desglosar, desprender, cortar, descoser. *Unir.* // Desconectar. *Conectar, vincular.*

SEPARATISTA Secesionista. *Unionista.*

SEPIA Jibia.

SEPTENARIO Semanal, hebdomadario.

SEPTENTRIÓN Norte. *Sur.*

SEPTENTRIONAL Ártico, boreal, nórdico, norteño. *Antártico, meridional, sur, austral.*

SÉPTICO Corruptivo, putrefacto, contagioso. *Antiséptico.*

SEPTUAGENARIO Setentón.

SEPULCRO Sepultura.

SEPULTAR Enterrar, inhumar, soterrar. // Esconder, ocultar. *Exhibir.*

SEPULTURA Fosa, hoyo, huesa, sepulcro, tumba.

SEPULTURERO Enterrador.

SEQUEDAD Sequía. *Humedad.* // Aspereza, desabrimiento, dureza. *Cortesía, suavidad.*

SÉQUITO Acompañamiento, comitiva, cortejo, corte. *Soledad.* // Fama, popularidad.

SER Ente, entidad, esencia, existencia, naturaleza. *Inexistencia, nada.* // Estimación, precio.

SER Estar, existir, hallarse, vivir. // Aprovechar, servir, utilizarse. // Acontecer, suceder. // Costar, valer. // Corresponder, formar parte, pertenecer, tocar.

SERÁFICO Angélico, santo, puro, humilde, virtuoso. *Diabólico.*

SERAFÍN Ángel. // Beldad, hermosura.

SERENAR Aclarar, despejar. *Oscurecer, encapotarse.* // Apaciguar, aquietar, calmar, sosegar, tranquilizar, templar. *Alterar, intranquilizar.* // Consolar.

SERENIDAD Calma, placidez, quietud, tranquilidad. *Ansiedad, impaciencia.* // Entereza, impavidez.

SERENO Claro, despejado. *Borrascoso.* //Inalterable, inmutable, templado, tranquilo, valiente. *Alterado, sobresaltado, turbado.* // Relente.

SERIAR Dividir, clasificar, catalogar, escalonar.

SÉRICO Sedoso, suave, terso.

SERIE Retahíla, sarta, sucesión. *Unidad, discontinuidad.*

SERIEDAD Formalidad, gravedad, severidad, circunspección. *Alegría, humorismo, insensatez.*

SERIO Formal, grave, importante, respetable, severo, sensato, sincero. *Bromista, fútil, insensato.* ***Cerio.**

SERMÓN Plática, homilía, prédica, mandato, discurso. // Represión. *Elogio.* // Lenguaje, habla, idioma.

SERONDO Maduro, tardío.

SEROSIDAD Humor, secreción, pus, pituita. *Sequedad.*

SERPENTEAR Culebrear, reptar, zigzaguear.

SERPIENTE Culebra, sierpe.

SERRALLO Harén.

SERRANÍA Sierra, cordillera, montaña. *Llanura, planicie.*

SERRAR Aserrar, serruchar. ***Cerrar.**

SERRÍN Aserrín.

SERVICIAL Diligente, atento, complaciente, obsequioso. *Egoísta, grosero, impertinente.*

SERVICIO Asistencia, ayuda, servidumbre. // Favor, gracia, provecho, utilidad. *Trastada.* // Cubierto, vajilla.

SERVIDOR Criado, doméstico, lacayo, sirviente. *Patrón.*

SERVIDUMBRE Criados, servicio. // Esclavitud, sujeción. *Dominio, poder.*

SERVIL Rastrero, vil, bajo. *Respetable.* // Humilde. *Señorial.*

SERVILISMO Abyección, adulación, envilecimiento. *Dignidad, orgullo.*

SERVILMENTE Abyectamente, rastreramente. *Despectivamente.*

SERVIR Aprovechar, ser útil, suplir, valer. *Estorbar, exigir.* // Asistir, ayudar. // Adorar, reverenciar. *Despreciar.* // Cortejar, festejar. *Dominar.*

SESENTÓN Sexagenario.

SESERA Cerebro, sesos.

SESGADO Sesgo, inclinado, oblicuo, transversal, diagonal. //Tranquilo, quieto, sosegado.

SESGAR Inclinar, ladear, nesgar, torcer, soslayar. // Orzar.

SESGO Sesgado, soslayo, oblicuo, transversal, diagonal. // Tranquilo, sosegado, reposado.

SESIÓN Conferencia, reunión, deliberación. *Dispersión.* ***Cesión, sección.**

SESO Juicio, madurez, prudencia, sesera. *Irreflexión, locura.* ***Ceso** (cesar), **sexo.**

SESUDO Grave, juicioso, maduro, prudente. *Imprudente, necio.*

SETA Hongo. ***Ceta, zeta.**

SETENTÓN Septuagenario.

SETO Cercado, cerco, valla, vallado, matorral, estacada.

SEUDO Falso, supuesto.

SEUDÓNIMO Sobrenombre, apodo, alias, mote.

SEVERIDAD Aspereza, estrictez, gravedad, rigor. *Amabilidad, complacencia, flexibilidad.* // Exactitud, puntualidad. *Informalidad, tolerancia.*

SEVERO Áspero, grave, rígido, riguroso, serio. // Exacto, puntual.

SEVICIA Crueldad, maldad, inclemencia, impiedad. *Bondad, clemencia.*

SEXAGENARIO Sesentón.

SEXO Género, sexualidad. // Generación, reproducción. // Placer. *Seso, ceso (cesar).

SEXUAL Erótico, carnal. // Íntimo, amatorio.//Genital,venéreo.*Asexual.*Sensual.

SIBARITA Epicúreo, refinado, sensual. *Abstemio, morigerado.*

SIBILA Adivina, bruja, pitonisa.

SIBILINO Misterioso, oscuro.

SICARIO Esbirro, sayón.

SICALÍPTICO Pornográfico.

SIDERAL Astral.

SIEGA Cosecha, segada, segazón, mies. *Ciega.

SIEMBRA Diseminación, sembrado.

SIEMPRE Perpetuamente. *Jamás, nunca, temporalmente.*

SIERPE Serpiente.

SIERRA Serrucho. // Cordillera, montaña. *Cierra (cerrar).

SIERVO Esclavo, servidor. *Amo, dueño, jefe, libre, patrono, señor.* *Ciervo.

SIETE Desgarrón, rasgón.

SIGILO Sello, marca. // Secreto, reserva, silencio.

SIGLA Inicial.

SIGLO Centuria. // Mundo.

SIGNAR Firmar, rubricar. // Persignar. // Marcar, señalar.

SIGNATARIO Firmante.

SIGNATURA Firma, rúbrica. // Marca, señal.

SIGNIFICACIÓN Acepción, sentido, significado. *Misterio.* // Importancia.

SIGNIFICAR Distinguir, representar, valer. // Declarar, manifestar.

SIGNIFICATIVO Representativo, revelador. *Inexpresivo, insignificante.*

SIGNO Indicio, señal, síntoma. // Hado, destino, sino.

SIGUIENTE Consecutivo, posterior, ulterior. *Antecesor, anterior, precedente.*

SILABARIO Abecedario.

SILABEAR Deletrear.

SILBA Abucheo, rechifla, siseo. *Aplauso, ovación.* *Silva.

SILBAR Chiflar, rechiflar, pitar. // Abuchear, reprobar. *Aplaudir.*

SILBATO Pito, sirena, chiflo.

SILBIDO Chiflido, pitido, silbo.

SILENCIO Mudez, afonía, mutismo, afasia. // Insonoridad. *Voz, ruido, sonoridad, estruendo.* // Disimulo, discreción. // Calma.

SILENCIOSO Callado, mudo, silente, tranquilo, taciturno. *Hablador.*

SILENTE Silencioso. *Sonoro.* // Tranquilo, sosegado.

SÍLFIDE Ninfa.

SÍLICE Silicato, roca, cuarzo, calcedonia, pedernal, ágata, ónice, ópalo.

SILLA Asiento, trono, sillón. // Montura. *Cilla.

SILO Granero, hórreo, troj.

SILUETA Contorno, trazo.

SILVESTRE Montaraz, salvaje. // Campestre. *Urbano.* // Inculto, rústico. *Culto, refinado.*

SIMA Abismo, cavidad, fosa. *Altura, cima.* *Cima.

SIMBÓLICO Alegórico, emblemático, figurado. *Real, vivo.*

SIMBOLIZAR Alegorizar, representar, significar, figurar, encarnar, personificar, personalizar.

SÍMBOLO Alegoría, emblema. // Figura, tipo, imagen. *Realidad.* *Címbalo.

SIMETRÍA Armonía, proporción. *Asimetría, desigualdad, desproporción.*

SIMIENTE Semilla. // Germen.

SÍMIL Comparación, semejanza. // Similar. *Diferente.*

SIMILAR Afín, análogo, parecido, semejante. *Desigual, distinto.*

SIMILITUD Semejanza. *Desemejanza.*

SIMIO Mono, macaco.

SIMPATÍA Afición, apego, inclinación. *Antipatía, desagrado, repulsión.* // Analogía, conformidad. *Disonancia.*

SIMPÁTICO Agradable, amable, atractivo. *Antipático, desabrido, repulsivo.*

SIMPATIZAR Amistar, congeniar. *Enemistarse.*

SIMPLE Elemental, sencillo. *Complejo, complicado, compuesto.* // Bobo, cándido, inocente, manso. *Astuto.*

SIMPLEMENTE Cándidamente. // Absolutamente, estrictamente, sencillamente, meramente.

SIMPLEZA Bobería, necedad. *Argucia.*

SIMPLICIDAD Candor, ingenuidad, sencillez. *Heterogeneidad, picardía.*

SIMPLIFICAR Facilitar, estilizar, abreviar, resumir, reducir, compendiar. *Dificultar, ampliar.*

SIMULACIÓN Fingimiento, simulacro. *Sinceridad, verdad.*

SIMULACRO Representación, especie, imagen, idea. // Simulación, maniobra.

SIMULADO Imitado, falso, fingido. *Real, verdadero.*

SIMULAR Aparentar, disimular, fingir, imitar. *Crear, realizar.*

SIMULTANEIDAD Coincidencia, actualidad, coexistencia, concurrencia, compatibilidad, sincronismo. *Incompatibilidad, discrepancia, antagonismo.*

SIMULTÁNEO Coexistente, isócrono, sincrónico. *Discrepante.*

SIN Además de, fuera de.

SINALAGMÁTICO Bilateral.

SINALEFA Enlace, trabazón, unión.

SINCERAMENTE Francamente, ingenuamente, llanamente.

SINCERARSE Justificarse.

SINCERIDAD Franqueza, ingenuidad, sencillez, veracidad. *Fingimiento, hipocresía, simulación.*

SINCERO Abierto, ingenuo, veraz. *Doble, falso, solapado.*

SINCOPAR Abreviar, acortar, compendiar. *Ampliar.*

SÍNCOPE Colapso, desmayo, desvanecimiento. *Síncopa.*

SINCRÓNICO Simultáneo, isócrono, concordante. *Asíncrono.*

SINDICAR Acusar, delatar, denostar, incriminar. // Agremiarse.

SÍNDROME Síntomas.

SINECURA Prebenda.

SINFÍN Infinidad, sinnúmero.

SINFONÍA Armonía.

SINGULAR Impar, único. *Plural.* // Excelente, extraordinario, original, raro. *Ordinario, vulgar.*

SINGULARIDAD Distinción, particularidad.

SINGULARIZARSE Caracterizarse, distinguirse, particularizarse, señalarse. *Confundirse, vulgarizarse.*

SINGULARMENTE Separadamente.

SINIESTRA Izquierda, zurda.

SINIESTRO Izquierdo, zurdo. *Derecho, diestro.* // Aciago, funesto, infeliz. *Alegre, feliz.* // Avieso, perverso. // Catástrofe, desastre, incendio.

SINNÚMERO Sinfín, multitud.

SINO Destino, hado, suerte. *Signo.

SÍNODO Concilio, junta.

SINÓNIMO Equivalente, igual, semejante. *Antónimo, contrario.*

SINOPSIS Síntesis, sumario. *Hipnosis.

SINRAZÓN Iniquidad, desafuero, injusticia. *Justicia.*

SINSABOR Desabrimiento, desazón, disgusto, pesadumbre, pena, pesar.

SÍNTESIS Compendio, extracto, resumen, suma. *Análisis, descomposición.*

SINTETIZAR Abreviar, compendiar, extractar, recapitular, resumir. *Ampliar, desarrollar.*

SÍNTOMA Indicio, señal, manifestación.

SINTONIZAR Armonizar, concordar, acordar.

SINUOSIDAD Recodo, seno. *Rectitud.*

SINUOSO Meandroso, ondulante, tortuoso. *Derecho, directo, recto.*

SINVERGÜENZA Bribón, pícaro. *Correcto, respetuoso.*

SIRENA Náyade, ondina. // Pito.

SIRGA Cuerda, maroma. // Remolque.

SIRGAR Arrastrar, remolcar.

SIRVIENTA Doncella, fámula, fregona, mucama. *Ama, señora.*

SIRVIENTE Asistente, criado, doméstico, fámulo, lacayo, mucamo. *Amo, patrono, señor.*

SISA Estafa, merma, ratería.

SISAR Defraudar, hurtar, robar.

SISEAR Abuchear, silbar. *Ovacionar.*

SISEO Desaprobación, abucheo, silba, chifla, protesta.

SISTEMA Método, norma, plan, procedimiento. // Régimen.

SISTEMÁTICO Metódico, regular. *Arbitrario.*

SISTEMATIZAR Metodizar, normalizar, reglamentar.

SITIADO Bloqueado, cercado, asediado.

SITIAL Asiento, sede, solio, trono.

SITIAR Asediar, bloquear, cercar, rodear. *Escabullirse.*

SITIO Asedio, bloqueo, cerco. // Espacio, lugar, paraje, punto.

SITUACIÓN Colocación, condición, disposición, estado, posición, postura, ubicación. // Cargo, empleo.

SITUAR Colocar, poner, ubicar. *Desacomodar, sacar.*

SOASAR Asar, dorar.

SOBA Paliza, tunda, zurra. *Caricia.*

SOBACO Axila.

SOBADO Mugriento, manoseado, ajado. *Limpio, impecable.*

SOBAR Manosear. // Molestar. // Palpar. // Golpear, vapulear.

SOBARBA Papada.

SOBERANÍA Autoridad, dominio. *Dependencia.*

SOBERANO Emperador, monarca, rey, señor. *Vasallo.* // Elevado, excelente, supremo. *Insignificante, pésimo.*

SOBERBIA Altanería, arrogancia, orgullo, presunción. *Humildad, modestia.* // Cólera, ira. *Abatimiento.*

SOBERBIO Altanero, altivo, arrogante. // Grandioso, magnífico, suntuoso. *Sencillo.* // Fogoso, iracundo, violento. *Manso.*

SOBÓN Empalagoso, fastidioso, to-queteador, acariciador. // Holgazán.

SOBORNAR Cohechar, comprar, untar, corromper.

SOBORNO Cohecho, coima, corrupción, compra, venalidad.

SOBRA Demasía, exceso. *Déficit, falta.* // Agravio, injuria.

SOBRADO Sobrante, excesivo, demasiado, innecesario.

SOBRANTE Excedente, restante.

SOBRAR Exceder, quedar, rebasar, restar, superar. *Escasear, faltar.*

SOBRAS Desechos, desperdicios, restos, sobrantes.

SOBRE Encima. *Debajo.* // Acerca de, referente a, relativo a. // Sobrescrito, carpeta.

SOBRECARGA Exceso.

SOBRECOGER Asustar, espantar, intimidar, sorprender. *Tranquilizar.*

SOBRECOGIDO Alelado, estupefacto, pasmado.

SOBREEXCITACIÓN Agitación, nerviosidad. *Tranquilidad.*

SOBREFAZ Apariencia. // Cubierta.

SOBRELLEVAR Aguantar, sufrir, tolerar. *Irritarse, rebelarse.*

SOBREMANERA Excesivamente, muchísimo.

SOBRENADAR Flotar.

SOBRENATURAL Milagroso, prodigioso. *Explicable, humano, normal.*

SOBRENOMBRE Apodo, calificativo, mote, alias.

SOBRENTENDIDO Virtual, implícito, tácito. *Explícito.*

SOBREPASAR Aventajar, exceder.

SOBREPONER Superponer. *Quitar.* // Dominarse. *Irritarse.* // Mejorarse. *Desmejorarse.*

SOBREPRECIO Recargo. *Rebaja.*

SOBREPUJAR Aventajar, exceder, superar. *Disminuir.*

SOBRESALIENTE Aventajado, excelente, superior.

SOBRESALIR Descollar, destacarse, distinguirse. *Confundirse.* // Exceder, prevalecer, señalarse. *Empequeñecerse.*

SOBRESALTADO Nervioso, inquieto, angustiado, temeroso, intimidado, alterado, intranquilo. *Tranquilo, apacible, sereno.*

SOBRESALTAR Alterar, asustar, atemorizar, intranquilizar, turbar. *Aquietar, tranquilizar.*

SOBRESALTO Susto, temor, turbación, sorpresa.

SOBRESEER Suspender, cesar, diferir, aplazar.

SOBRESTANTE Capataz.

SOBRETODO Abrigo, gabán.

SOBREVENIR Acaecer, acontecer, ocurrir, suceder.

SOBREVIENTA Huracán, ventolera. // Ímpetu, furia. // Sobresalto.

SOBREVIVIENTE Supérstite, redivivo, superviviente. *Extinto.*

SOBRIEDAD Frugalidad, moderación, mesura, parquedad, templanza. *Charlatanería, destemplanza, gula.*

SOBRIO Frugal, moderado, parco, prudente, templado. *Vicioso.*

SOCAPA Disimulo, pretexto.

SOCARRÓN Astuto, burlón, solapado, taimado. *Formal, serio.*

SOCARRONERÍA Astucia, bellaquería, disimulo.

SOCAVAR Minar, excavar.

SOCIABLE Afable, civilizado, comunicativo, educado. *Descortés, esquivo, huraño, retraído.*

SOCIEDAD Agrupación, asociación, compañía, corporación, consorcio, cooperativa // Humanidad, población. *Individuo, particular, persona.*

SOCIO Asociado, participante.

SOCORRER Auxiliar, ayudar, defender, favorecer, proteger, remediar. *Atacar, desamparar.*

SOCORRO Auxilio, ayuda, donación, limosna, subsidio, subvención. *Defraudación, robo.* // Apoyo, defensa, refuerzo. *Abandono, desamparo.*

SODOMITA Invertido, homosexual.

SOEZ Bajo, grosero, indecente, vil, indigno. *Educado, fino.*

SOFISTICAR Adulterar, falsificar, retorcer, tergiversar, falsear.

SOFLAMA Acaloramiento, bochorno. // Reverberación. // Alocución, perorata.

SOFLAMAR Tostar, requemar. // Avergonzar, abochornar, sofocar.

SOFOCACIÓN Acaloramiento, bochorno, sofocón. *Aspiración.*

SOFOCANTE Afixiante, tórrido, cálido. // Opresor, enervante.

SOFOCAR Ahogar, asfixiar. *Respirar.* // Apagar, extinguir, reprimir. *Encender.* // Abochornar.

SOFOCÓN Sofocación, sofoco. // Desazón, disgusto, inquietud. *Sosiego.*

SOFRENAR Contener, refrenar. // Reprender, reñir.

SOGA Cuerda.

SOJUZGAR Avasallar, dominar, someter, subyugar, sujetar. *Emancipar, independizar, liberar.*

SOLADO Suelo, pavimentación, embaldosado, enlosado, empedrado, asfaltado, adoquinado.

SOLAMENTE Sólo, únicamente. *Conjuntamente.*

SOLAPADO Astuto, hipócrita, disimulado, taimado. *Franco, sincero.*

SOLAPAR Ocultar, esconder, disimular, fingir, falsear. *Mostrar, sincerarse.*

SOLAR Heliocéntrico. // Linaje, casa, descendencia. // Terreno. // Enlosar, embaldosar, pavimentar.

SOLAZ Descanso, entretenimiento, esparcimiento, expansión, ocio, placer, recreo. *Labor, trabajo.* // Alivio, gozo.

SOLAZARSE Alegrarse, distraerse, divertirse, entretenerse, expansionarse, recrearse, refocilarse, esparcirse. *Aburrirse, trabajar.*

SOLDADO Conscripto, militar, recluta. // Adherido, pegado.

SOLDAR Pegar, unir. *Despegar.* // Componer, enmendar.

SOLEDAD Aislamiento. *Compañía.* // Desierto. // Melancolía, pena, pesar, añoranza. *Alegría.*

SOLEMNE Ceremonioso, fastuoso,

grandioso, majestuoso. *Austero, sencillo.* // Formal, grave. // Crítico, interesante. *Vulgar.*

SOLEMNIDAD Aparato, etiqueta, fausto, pompa, protocolo, ceremonia. *Sencillez.* // Fiesta.

SOLER Acostumbrar, estilar.

SOLERA Suelo, fondo. // Antigüedad, sustancia.

SOLFA Música. // Zurra.

SOLICITACIÓN Solicitud, invitación, pedido, gestión, insistencia.

SOLICITANTE Aspirante, pretendiente. // Demandante, suplicante.

SOLICITAR Gestionar, pedir, pretender, requerir. *Conceder, proponer.*

SOLÍCITO Atento, cuidadoso, diligente.

SOLICITUD Atención, cuidado, diligencia. *Desatención.* // Memorial, petición.

SOLIDARIO Asociado, junto, unido.

SOLIDEZ Consistencia, estabilidad, firmeza, fortaleza, resistencia. *Debilidad, fragilidad, inconsistencia.* // Volumen, cohesión, densidad.

SOLIDIFICACIÓN Consolidación, congelación, coagulación, cuajo. *Licuefacción, liquidación, derretimiento.*

SOLIDIFICADO Sólido, endurecido, condensado, helado. *Licuado, líquido.*

SÓLIDO Consistente, denso, duro, firme, fuerte, macizo, resistente. *Débil, frágil, líquido.* // Asentado, establecido.

SOLILOQUIO Monólogo.

SOLIO Sitial, trono. *Sollo.

SOLITARIA Tenia.

SOLITARIO Señero, solo. // Anacoreta, ermitaño. // Aislado, desamparado, deshabitado, desierto, retirado. *Concurrido, acompañado.*

SÓLITO Acostumbrado. *Insólito.*

SOLIVIANTADO Inquieto, perturbado, rebelde. *Apaciguado.*

SOLIVIANTAR Incitar, rebelar, sublevar. *Aquietar, someter.*

SOLLOZAR Gimotear, llorar, lloriquear. *Reír.*

SOLO Aislado. // Único.

SÓLO Solamente, únicamente.

SOLTAR Desasir, desceñir, desatar, desenganchar, desprender, libertar, separar. *Agarrar, asir, coger, encarcelar, prender, sujetar.*

SOLTERÍA Celibato. *Matrimonio.*

SOLTERO Célibe, libre. *Casado.*

SOLTURA Agilidad, facilidad, prontitud. *Pesadez, torpeza.*

SOLUCIÓN Desenlace, fin, terminación. *Comienzo.* // Arreglo, explicación. *Propuesta.*

SOLUCIONAR Resolver. *Complicar.*

SOLVENCIA Honorabilidad, responsabilidad, seriedad. *Irresponsabilidad.* // Bienes. *Insolvencia.*

SOLVENTAR Arreglar, solucionar, resolver. *Adeudar, desarreglar.*

SOMÁTICO Corporal. *Psíquico.*

SOMBRA Penumbra, oscuridad, umbría. *Claridad, luz.* // Espectro, fantasma. // Ayuda, defensa, protección. // Mácula, defecto. *Perfección.* // Apariencia, parecido, semejanza, vislumbre. // Fortuna, suerte.

SOMBRILLA Quitasol.

SOMBRÍO Melancólico, taciturno, tenebroso, tétrico, umbroso. *Alegre, brillante, claro, luminoso.*

SOMERO Ligero, superficial. *Esmerado, prolijo.*

SOMETER Avasallar, dominar, esclavizar, humillar, reducir, subordinar, subyugar, sujetar, supeditar. *Rebelarse.* // Entregarse, obedecer, resignarse. *Desobedecer, resistir.*

SOMETIMIENTO Acatamiento, resignación, sumisión.

SOMNÍFERO Narcótico, soporífero. *Excitante.*

SOMNOLENCIA Amodorramiento, modorra, sueño, sopor, pesadez. *Vivacidad.* // Torpeza. *Alacridad, ligereza, presteza.*

SON Sonido. // Fama, noticia, rumor. // Excusa, pretexto. // Manera, tenor.

SONADO Afamado, célebre, mentado, renombrado, conocido, famoso. *Desco-*

nocido, ignorado. // Ruidoso, vibrante. *Silencioso.*

SONAJERO Cascabelero.

SONAR Repiquetear, resonar, retumbar. // Tintinear, tocar. // Tronar. // Acordarse. // Parecer, semejar. // Decirse, rumorearse. *Callar.*

SONDA Tienta. **Zonda.*

SONDAR Averiguar, inquirir, rastrear, sondear, sonsacar.

SONIDO Son. // Sonoridad, resonancia, eco, retumbo. // Acento, voz, tañido, canto. *Silencio.*

SONORO Resonante, sonante, sonoroso. *Sordo.*

SONRIENTE Risueño, contento, alegre. *Triste.*

SONROJAR Avergonzar, ruborizarse. *Palidecer.*

SONROJO Rubor, timidez, vergüenza, bochorno, erubescencia, soflama. *Palidez, desvergüenza.*

SONSACAR Averiguar, sondear, indagar, investigar.

SONSONETE Retintín, tonillo.

SOÑADOR Iluso, quimérico, imaginativo, utopista. *Realista.*

SOÑAR Dormir, reposar, descansar. // Divagar, fantasear, meditar, pensar.

SOÑERA Somnolencia, soñolencia, duermevela, sopor. // Sueño.

SOÑOLIENTO Amodorrado, somnoliento, semidormido. *Despierto.*

SOPA Caldo.

SOPAPEAR Abofetear, cachetear. *Acariciar, mimar.*

SOPAPO Bofetada, cachetada, mamporro, torta.

SOPESAR Tantear, balancear.

SOPETÓN Golpe, empujón, empellón.

SOPLADO Hinchado, inflado, hueco. // Engreído, estirado, infatuado. *Modesto.* // Compuesto, acicalado, recargado. *Sencillo.*

SOPLAMOCOS Sopapo, trompada.

SOPLAR Inflar. *Aspirar.* // Hurtar, quitar. *Regalar.* // Apuntar, sugerir. *Callar.* // Denunciar.

SOPLO Hálito, soplido. // Aviso, denuncia. // Acusación, delación. // Instante, momento, tris. *Eternidad.*

SOPLÓN Acusador, acusón, delator, denunciante. *Encubridor.*

SOPONCIO Congoja, desmayo, desvanecimiento, patatús.

SOPOR Adormecimiento, modorra, somnolencia. *Alacridad, dinamismo, insomnio, vivacidad.*

SOPORÍFERO Aburrido, somnífero.

SOPORTABLE Llevadero, tolerable. *Insoportable, insufrible, intolerable, molestísimo.*

SOPORTAL Porche, pórtico.

SOPORTAR Sostener. *Rechazar.* // Sobrellevar, sufrir, tolerar. *Irritarse.*

SOPORTE Apoyo, sostén, sustentáculo.

SOR Hermana, religiosa, monja.

SORBER Absorber, chupar, tragar, mamar, beber, libar. *Escupir.*

SORBETE Helado.

SORBO Trago. // Succión.

SORDAMENTE Ocultamente, secretamente, sigilosamente. *Abiertamente, claramente, ruidosamente.*

SORDIDEZ Avaricia, cicatería, mezquindad, tacañería. *Generosidad, larguesa, liberalidad.* // Pobreza, miseria. *Riqueza.* // Impureza, indecencia. *Decencia.*

SÓRDIDO Avariento, avaro, mezquino, tacaño. *Pródigo.* // Miserable. // Sucio. *Aseado, limpio.*

SORDO Indiferente, insensible. *Afectado.* // Amortiguado. *Chillón, estridente.* // Callado, silencioso. *Ruidoso.*

SORNA Bellaquería, disimulo. // Lentitud, pachorra.

SOROCHE Puna.

SORPRENDENTE Chocante, inesperado, extraño, extraordinario, imprevisto, pasmoso, peregrino, raro.

SORPRENDER Atrapar, descubrir, pillar. // Asombrar, conmover, maravillar, suspender.

SORPRENDIDO Asombrado, estupefacto, patitieso, admirado, maravillado, pe-

trificado. *Frío, indiferente, impasible.*
SORPRESA Asombro, extrañeza, estupor, sobresalto, admiración.
SORTEAR Rifar. // Eludir, evitar, soslayar. *Caer.*
SORTEO Jugada, rifa.
SORTIJA Anillo. // Rizo.
SORTILEGIO Embrujo, hechizo. // Adivinación.
SOSEGADO Calmado, pacífico, quieto, sereno, tranquilo. *Excitado, nervioso.*
SOSEGAR Aplacar, aquietar, calmar, pacificar, tranquilizar, serenar. *Destemplar, irritar.* // Descansar, dormir, reposar. *Velar.*
SOSERÍA Insulsez, zoncera, sosera, pesadez. *Agudeza, chiste, gracia.*
SOSIEGO Calma, paz, placidez, quietud, serenidad, tranquilidad. *Agitación, ansiedad, nerviosidad.*
SOSLAYAR Ladear, inclinar, sesgar. // Evitar, esquivar, eludir, rehuir. *Afrontar.*
SOSLAYO Oblicuo, ladeado, inclinado, diagonal, sesgo, transversal.
SOSO Desabrido, insípido, insulso, pavo, zonzo, anodino, deslucido. *Gracioso, sabroso.*
SOSPECHA Barrunto, duda, presunción, suposición, desconfianza, conjetura, espina, recelo. *Confianza, fe.*
SOSPECHAR Barruntar, desconfiar, dudar, maliciar, recelar, presumir, temer. *Confiar, creer.*
SOSPECHOSO Suspicaz, receloso, desconfiado. *Confiado.* // Dudoso, equívoco, suspecto. *Inequívoco.*
SOSTÉN Apoyo, base, sustentáculo. // Amparo, protección. // Amparador, mantenedor, protector.
SOSTENER Apoyar, auxiliar, defender. *Abandonar, rechazar.* // Mantener, sustentar. *Rebatir.* // Afirmar, ratificar. *Contradecir.* // Sufrir, tolerar, soportar.
SOSTENIDO Constante, seguido, consecutivo, continuo, ininterrumpido. *Discontinuo, interrumpido.*
SOSTENIMIENTO Apoyo, sostén. // Mantenimiento, sustento.

SOTABANCO Buhardilla, desván, ático, buharda, sobrado. *Sótano.*
SÓTANO Bóveda, subsuelo, cueva, subterráneo. *Ático, buhardilla, desván.*
SOTECHADO Pórtico, porche, cobertizo, tinglado, cochera.
SOTERRAR Enterrar, sepultar. // Esconder, guardar. *Desenterrar.*
SOTO Arboleda, bosquecillo.
SUAVE Blando, liso. *Áspero, rugoso.* // Agradable, dulce, grato. *Bronco.* // Apacible, quieto, tranquilo. *Irritable.* // Lento, moderado. *Raudo.* // Dócil, manejable, manso. *Rebelde.*
SUAVIDAD Blandura, lisura. *Aspereza.* // Calma. *Cólera.* // Delicadeza, dulzura, finura. *Irritación, grosería.*
SUAVIZAR Alisar, pulir. // Apaciguar, calmar, pacificar, mitigar. *Destemplar, exacerbar.*
SUBA Alza. *Baja.*
SUBALTERNO Dependiente, inferior, subordinado. *Jefe, superior.*
SUBASTA Remate.
SUBASTAR Licitar, rematar.
SUBEROSO Acorchado.
SUBIDA Cuesta, pendiente, repecho. *Bajada.* // Ascensión, ascenso, elevación. *Caída, descenso.* // Aumento, alza, suba. *Disminución, rebaja.*
SUBIDO Alto, caro, elevado, excesivo. *Acomodado, barato.* // Vivo, fuerte. *Suave.*
SUBIR Ascender, crecer, elevar, erguir, escalar, montar, remontar, trepar. *Apearse, bajar.* // Alzarse, encaramarse. *Caer, descender.* // Enarbolar, izar, levantar. *Arriar.* // Aumentar, encarecer. *Abaratar, decrecer, disminuir.* // Agravarse. *Mejorar.* // Encimar, remangar.
SÚBITO Imprevisto, inesperado, inopinado, repentino. *Esperado, previsto.* // Impetuoso, precipitado, violento. *Manso.* // *Súbitamente.*
SUBJETIVO Personal.
SUBLEVACIÓN Alzamiento, insurrección, motín, rebeldía, revolución. *Sometimiento, sumisión.*

SUBLEVAR Alzar, amotinar, insurreccionar, rebelarse. *Obedecer.* // Indignar, irritar. *Complacer.*

SUBLIMACIÓN Enaltecimiento, exaltación, ensalzamiento, engrandecimiento. *Denigración.*

SUBLIMAR Enaltecer, engrandecer, ensalzar, exaltar. *Denigrar, humillar.* // Volatilizar.

SUBLIME Elevado, eminente, excelso, sobrehumano.

SUBORDINACIÓN Acatamiento, dependencia, obediencia, sumisión. *Insubordinación, desacato, rebeldía.*

SUBORDINADO Dependiente, inferior, sometido, subalterno. *Superior.*

SUBORDINAR Someter, sujetar, disciplinar, supeditar. *Sublevar.* // Relacionar, clasificar.

SUBRAYAR Destacar, recalcar, insistir.

SUBREPTICIO Furtivo, oculto, ilícito, tortuoso. *Autorizado, legalizado.*

SUBROGACIÓN Reemplazo, relevación, relevo, sustitución.

SUBROGAR Reemplazar, substituir.

SUBSANAR Enmendar, remediar, reparar, corregir, resarcir. *Ratificar.* // Excusar. *Reiterar.*

SUBSIDIARIO Accesorio, auxiliar, complementario. *Principal.*

SUBSIDIO Auxilio, ayuda, contribución, subvención. *Susidio.*

SUBSISTENCIA Alimento, manutención, alimentación, nutrición, sostenimiento. *Hambre, desnutrición, putrefacción.* // Permanencia, estabilidad, conservación. *Inestabilidad.*

SUBSISTIR Durar, existir, permanecer, vivir. *Morir, perderse, pudrirse.*

SUBSUELO Sótano. *Altillo, desván.*

SUBTERFUGIO Efugio, escapatoria, excusa. *Exigencia.*

SUBTERRÁNEO Bóveda, subsuelo, túnel, sótano, cueva.

SUBURBIO Afueras, arrabal. *Centro.*

SUBVENCIÓN Auxilio, ayuda, socorro, subsidio.

SUBVENIR Auxiliar, ayudar, socorrer.

SUBVERSIÓN Desorden, destrucción, revuelta, trastorno. *Disciplina, orden.*

SUBVERSIVO Revolucionario, sedicioso, revoltoso. *Disciplinado, pacífico.*

SUBVERTIR Arruinar, destruir, perturbar, revolver, trastornar.

SUBYUGAR Avasallar, dominar, esclavizar, sojuzgar. *Libertar, redimir, rebelarse.*

SUCCIÓN Chupada, libación, mamada, sorbo.

SUCCIONAR Chupar, libar, mamar, sorber, absorber. *Escupir.*

SUCEDER Acaecer, acontecer, ocurrir, pasar. // Heredar. *Legar.* // Reemplazar, sustituir. *Confirmar.* // Descender, proceder, provenir. *Preceder.*

SUCEDIDO Caso, suceso.

SUCESIÓN Herencia. // Continuación. // Descendencia, prole. *Ascendencia.*

SUCESIVO Siguiente, subsiguiente, continuo. *Anterior, precedente.*

SUCESO Acontecimiento, evento, hecho, lance, novedad, ocurrencia, sucedido. // Resultado, éxito.

SUCESOR Continuador. *Predecesor.* // Descendiente, heredero. *Antepasado, ascendiente.*

SUCIEDAD Basura, inmundicia, porquería, roña. *Limpieza, pureza.*

SUCINTO Breve, compendioso, extractado. *Amplio, difuso, largo.*

SUCIO Desaseado, asqueroso, inmundo, manchado, mugriento, mugroso, obsceno, puerco, roñoso. *Aseado, pulcro, limpio, puro.*

SÚCUBO Demonio, espíritu.

SUCUCHO Rincón.

SUCULENTO Sustancioso, jugoso, nutritivo.

SUCUMBIR Caer, ceder, rendirse, someterse. *Resistir.* // Morir, perecer. *Nacer, vivir.*

SUCURSAL Agencia, dependencia, filial, rama.

SUDAR Transpirar, trasudar. // Destilar, rezumar.

SUDARIO Mortaja. // Sudadero.

SUDOR Transpiración, resudor, segregación, secreción. // Fatiga, trabajo, afán.

SUELDO Estipendio, haberes, jornal, paga, remuneración, salario.

SUELO Pavimento, piso. *Techo.* // Mundo, tierra. // Asiento, poso.

SUELTO Disgregado, separado. *Acompañado.* // Libre. *Preso.* // Ligero, presto, veloz. // Ágil, desembarazado, diestro, expedito. *Pesado, torpe.* // Atrevido. // Corriente, fácil, llano. // Artículo, gacetilla. // Monedas.

SUEÑO Anhelo, fantasía, ilusión. // Somnolencia, sopor. *Desvelo.*

SUERTE Azar, fortuna, potra. *Desventura.* // Destino, estrella, hado, sino. // Condición, estado. // Manera, modo.

SUFICIENCIA Aptitud, competencia, idoneidad. *Incapacidad, ineptitud.* // Engreimiento, presunción. // Bienestar, medianía. *Escasez, miseria.*

SUFICIENTE Bastante, harto. *Exiguo, insuficiente, poco.* // Apto, competente, idóneo. *Inepto.* // Pedante. *Discreto.*

SUFRAGAR Auxiliar, ayudar, favorecer. // Costear, pagar, satisfacer, subvenir. // Votar.

SUFRAGIO Auxilio, ayuda, protección. // Funeral, rezos. // Dictamen, voto.

SUFRIBLE Soportable, tolerable, aguantable, llevadero, resistible. *Intolerable, insoportable.*

SUFRIDO Paciente, resignado, tolerante, resistente.

SUFRIMIENTO Conformidad, estoicismo, tolerancia, paciencia. *Goce, impaciencia, intolerancia.* // Dolor, martirio, padecimiento, pena, tortura.

SUFRIR Aguantar, experimentar, padecer, penar, resistir, sobrellevar, sentir, soportar, tolerar. *Disfrutar, gozar, rebelarse.*

SUGERENCIA Insinuación, inspiración, sugestión.

SUGERIR Aconsejar, infiltrar, insinuar, inspirar. *Disuadir.*

SUGESTIÓN Fascinación, hechizo, sortilegio. // Insinuación.

SUGESTIONAR Fascinar, hechizar, hipnotizar. // Inducir, inspirar.

SUICIDARSE Eliminarse, matarse.

SUI GÉNERIS Especial, excepcional, original, particular, distinto.

SUJECIÓN Contención, fijación, ligadura, traba. *Desunión.* // Obediencia, dependencia, esclavitud, subordinación. *Insubordinación, libertad.*

SUJETAR Acogotar, inmovilizar, retener, trabar, trincar. *Soltar.* // Encadenar, sojuzgar, someter. *Rebelarse.*

SUJETO Fijo, firme, inmóvil. // Subyugado, sumiso. // Expuesto, propenso. // Asunto, tema. // Individuo, tipo.

SULFURARSE Enfurecerse, enojarse, indignarse. *Calmarse.*

SUMA Adición, agregado. *Resta.* // Colección. *Disgregación.*

SUMAR Adicionar, agregar, poner, anexionar, añadir. *Restar, separar.* // Recopilar, abreviar, compendiar, resumir. // Ascender, importar, llegar, montar, elevarse.

SUMARIO Compendio, extracto, índice, resumen. *Ampliación.* // Juicio, proceso, causa. // Breve, conciso, corto, sucinto. *Extenso.*

SUMERGIBLE Submarino.

SUMERGIR Hundir. *Emerger, flotar.* // Abismarse, sumir. // Naufragar.

SUMERSIÓN Inmersión, hundimiento, zambullida, chapuzón, buceo.

SUMIDERO Alcantarilla, cloaca, desagüe, albañal.

SUMINISTRAR Abastecer, proveer, surtir. *Privar.* // Facilitar, prestar. *Quitar.* // Guarnecer.

SUMINISTRO Abastecimiento, provisión, víveres.

SUMIR Sumergir. *Surgir.*

SUMISIÓN Acatamiento, sometimiento, subordinación. *Desacato, indisciplina, rebelión.*

SUMISO Rendido, sometido. *Rebelde.* // Dócil, obediente. *Indócil.*

SUMMUM El colmo, lo sumo, apogeo, vértice, cúspide.

SUMO Altísimo, enorme, máximo, superlativo, supremo. *Ínfimo, mínimo.*

*Zumo.

SUNTUOSIDAD Aparato, esplendidez, fausto, magnificencia, pompa, riqueza. *Modestia, sencillez.*

SUNTUOSO Costoso, lujoso, magnífico, ostentoso, pomposo, rico. *Modesto, pobre.*

SUPEDITAR Avasallar, oprimir, sojuzgar, subyugar, sujetar. *Libertar.*

SUPERABUNDANTE Pletórico, ubérrimo, copioso, excesivo, abundante, exuberante. *Escaso.*

SUPERACIÓN Dominio, mejoramiento, vencimiento.

SUPERAR Aventajar, exceder, ganar, pasar, sobrepujar, vencer.

SUPERÁVIT Exceso, residuo, sobra. *Déficit, pasivo.*

SUPERCHERÍA Engaño, fraude, impostura, falsedad, mentira, invención, dolo. *Verdad.*

SUPERFICIAL Aparente, frívolo, insustancial. *Grave, reflexivo.* // Exterior. *Interior, profundo.*

SUPERFICIE Área, extensión. // Cara, faceta.

SUPERFLUO Innecesario, inútil. *Necesario, útil.*

SUPERIOR Bonísimo, excelente, mejor, culminante, sumo, preeminente, principal. *Defectuoso, imperfecto, inferior.* // Director, jefe, rector.

SUPERIORIDAD Excelencia, preeminencia, primacía, supremacía, ventaja. *Inferioridad.* // Dirección, gobierno, jefatura.

SUPERLATIVO Sumo, supremo.

SUPERNUMERARIO Excedente.

SUPERPONER Aplicar, sobreponer, añadir, incorporar.

SUPERSTICIÓN Credulidad, fetichismo, cábala, magia.

SUPERSTICIOSO Agorero, fetichista, maniático, crédulo.

SUPÉRSTITE Superviviente, sobreviviente.

SUPINO Horizontal, tendido. *Levantado, perpendicular, erguido, vertical.*

SUPLANTAR Falsificar. // Sustituir.

SUPLEMENTARIO Adicional, complementario, subsidiario. *Principal.*

SUPLEMENTO Agregado, apéndice, complemento, anexo. // Reemplazo.

SUPLENTE Reemplazante, sustituto.

SÚPLICA Demanda, imploración, petición, ruego. // Memorial, instancia, solicitud.

SUPLICAR Impetrar, implorar, pedir, rogar. *Atender, conceder.*

SUPLICIO Cadalso. // Castigo. // Martirio, tormento, tortura. *Alivio.*

SUPLIR Reemplazar, sustituir. // Integrar. // Disimular.

SUPONER Creer, figurarse, imaginar. // Conjeturar, sospechar.

SUPOSICIÓN Hipótesis, postulado, presunción, supuesto. *Comprobación.* // Conjetura, sospecha. *Certeza.* // Falsedad, impostura. *Verdad.*

SUPREMACÍA Superioridad. // Hegemonía, predominio, preponderancia.

SUPREMO Altísimo, sumo, superior, último, soberano, potente, culminante. *Inferior, ínfimo.*

SUPRESIÓN Anulación, eliminación, exterminio. // Elisión. *Agregado.*

SUPRIMIR Abolir, anular, borrar, derogar, excluir, extirpar, tachar. *Autorizar, incluir, fundar.* // Callar, omitir, quitar. *Dar.*

SUPUESTO Fingido, presunto, seudo. // Hipótesis, suposición.

SUPURACIÓN Humor, pus, infección.

SUR Antártico, austral, meridional. *Ártico, boreal.* // Mediodía. *Norte, septentrión.*

SURCAR Cortar, hender, navegar.

SURCO Arruga. // Hendedura, pliegue.

SURGIR Manifestarse, aparecer, levantarse, asomar, salir, presentarse, revelarse. *Ocultarse.* // Fondear, anclar.

SURTIDO Variado. *Igual.* // Conjunto, juego, mezcla, colección, repertorio.

SURTIDOR Bomba, chorro, fuente.

SURTIR Proveer, suministrar, abastecer, equipar. // Brotar, fluir, saltar, surgir.

SURTO Anclado, fondeado. // Tranquilo, reposado, quieto, silencioso.

SUSCEPTIBLE Apto, dispuesto. *Incapaz.* // Puntilloso, quisquilloso. *Apático, indiferente.*

SUSCITAR Causar, levantar, motivar, provocar.

SUSCRIBIR Firmar. // Acceder, adherir, asentir. // Abonarse.

SUSCRIPTOR Abonado, firmante.

SUSIDIO Inquietud, angustia, intranquilidad, desazón. *Calma, tranquilidad.* *Subsidio.

SUSODICHO Antedicho, citado, mencionado.

SUSPENDER Colgar, levantar, tender. *Arriar.* // Detener, diferir, interrumpir, parar. *Impulsar, soltar.* // Admirar, embelesar, maravillar, pasmar. // Aplazar, reprobar. *Aprobar.*

SUSPENDIDO Pendiente, colgante, volador, pensil, péndulo, ahorcado.

SUSPENSIÓN Colgamiento. // Detención, interrupción, parada, pausa, tregua. // Admiración, asombro, pasmo.

SUSPENSO Colgante, suspendido. // Asombrado, maravillado, pasmado. // Reprobado. *Aprobado.*

SUSPICACIA Desconfianza, recelo, sospecha. *Confianza, credulidad.*

SUSPICAZ Desconfiado, receloso. *Candoroso, crédulo.*

SUSPIRAR Quejarse. // Anhelar, apetecer, desear, querer.

SUSTANCIA Entidad, esencia, naturaleza, ser. *Inexistencia.* // Fondo. // Materia, médula, meollo. // Estimación, importancia, valor. // Juicio, madurez.

SUSTANCIAL Concreto, esencial, importantísimo, inherente. *Insustancial.*

SUSTANCIAR Compendiar, extractar.

SUSTANCIOSO Jugoso, nutritivo, sabroso, suculento.

SUSTENTÁCULO Apoyo, sostén.

SUSTENTAR Alimentar, conservar. *Desnutrir.* // Defender, sostener. *Negar, soltar.*

SUSTENTO Alimento, manutención. // Apoyo, sostén, sostenimiento.

SUSTITUCIÓN Cambio, permuta, reemplazo, relevo. *Efectividad, permanencia.*

SUSTITUIBLE Reemplazable, suplantable, cambiable, relevable, delegable. *Insustituible.*

SUSTITUIR Cambiar, reemplazar, relevar, suplir. *Permanecer.*

SUSTITUTO Reemplazante, auxiliar, suplente. *Efectivo, titular.*

SUSTO Miedo, pavor, temor.

SUSTRACCIÓN Resta, descuento, deducción. *Adición, añadidura, suma.* // Separación. // Hurto, robo, sisa.

SUSTRAER Deducir, quitar, restar. *Aumentar.* // Hurtar, robar, sisar. *Dar.* // Evitar, separarse. *Agregarse.*

SUSURRAR Cuchichear, murmurar, musitar, rumorear. *Gritar, vociferar.*

SUSURRO Cuchicheo, murmullo, rumor, runrún. *Gritería, vocerío.*

SUTIL Delgado, delicado, tenue, vaporoso. *Pesado, recargado.* // Agudo, ingenioso, perspicaz. *Tonto.*

SUTILEZA Sutilidad, agudeza, argucia, ingenio, habilidad, ligereza, perspicacia, astucia, paradoja. *Tontería.*

SUTILIZAR Adelgazar, atenuar, limar. // Profundizar, teorizar.

SUTURA Costura, soldadura, juntura, unión.

T

TABA Astrágalo.

TABALEAR Tamborilear.

TABAQUERA Cigarrera, petaca, pitillera, cajetilla.

TABAQUERÍA Cigarrería.

TABARRA Lata. // Importunación, molestia, pesadez.

TABERNA Bodegón, cantina, tasca, bodega, pulpería.

TABERNÁCULO Sagrario.

TABERNARIO Bajo, grosero, vil.

TABICAR Cerrar, murar, tapar.

TABIQUE Pared, muro, parapeto.

TABLA Lámina, plancha, tablón. // Pliegue. // Índice, catálogo, lista. // Cuadro. // Mostrador, mesa.

TABLADO Escenario, plataforma. // Patíbulo. // Andamio, tarima.

TABLAS Empate. // Escenario.

TABLETA Comprimido, pastilla. // Tablilla, lámina.

TABUCO Cuartucho, cuchitril, desván.

TABURETE Banco, banquillo, escabel.

TACAÑERÍA Mezquindad, miseria, avaricia, roñería, ruindad. *Generosidad.*

TACAÑO Avaro, mezquino, miserable, roñoso, ruin. *Dadivoso, espléndido, gastador.*

TACHA Defecto, falta, imperfección, mancha. *Honor, perfección.* // Tachuela.

TACHAR Borrar, suprimir, anular, testar. // Acusar, censurar, culpar, notar, tildar, incriminar.

TACHÓN Enmienda, raya, tachadura. // Tachuela, clavo.

TACHONAR Clavetear.

TACHUELA Clavo, tachón.

TÁCITO Implícito, sobreentendido, omiso, virtual. *Claro, explícito.* // Reservado, taciturno, callado, silencioso.

TACITURNO Sombrío, ensimismado, callado, melancólico, triste. *Alegre, locuaz, optimista.*

TACO Baqueta, bloque, tarugo. // Juramento, palabrota, pestes, reniego.

TÁCTICA Método, sistema, procedimiento, conducta.

TACTO Palpación, toque, rozamiento. // Acierto, destreza, discreción, maña, tino. *Indiscreción.*

TAHONA Panadería.

TAHÚR Fullero, jugador, timbero.

TAIMADO Astuto, bellaco, ladino, tunante. *Ingenuo.*

TAJADA Parte, porción, rebanada, sección, rueda, raja, trozo.

TAJAMAR Dique, escollera, espolón, malecón.

TAJANTE Categórico, concluyente, terminante, concreto, incisivo.

TAJAR Cortar, dividir.

TAJO Corte, filo, herida. // Escarpadura, precipicio, sima.

TALABARTE Cinturón.

TALADRAR Agujerear, atravesar, barrenar, horadar, perforar. *Obstruir, taponar.* // Desentrañar, penetrar.

TALADRO Agujero, perforación, trepanación. // Barrena, berbiquí, broca, trépano, fresa.

TÁLAMO Cama, lecho.

TALANTE Estilo, manera, modo. // Aspecto, semblante. // Ánimo, deseo, disposición, humor. // Voluntad. // Gusto.

TALAR Arrasar, destruir, devastar, arruinar. // Segar, cortar, tajar.

TALEGA Alforja, bolsa, bolso, talego.

TALENTO Caletre, capacidad, entendimiento, genio, ingenio, inteligencia. *Estupidez*. // Habilidad. *Inhabilidad*.

TALISMÁN Amuleto, mascota, fetiche, reliquia.

TALLA Altura, estatura. // Escultura. // Talladura.

TALLAR Entallar. // Cincelar, esculpir, labrar. // Medir. // Tasar, valuar. // Dirigir, mandar.

TALLE Cintura. // Apariencia, figura, proporción, traza.

TALLER Escuela, fábrica, laboratorio.

TALLO Retoño, brote, renuevo, vástago, cogollo, pimpollo. **Talio.

TALLUDO Alto, crecido, espigado. // Maduro. *Verde*.

TALÓN Calcañar. // Cupón. // Recibo.

TALUD Declive, rampa.

TAMAÑO Dimensión, grandor, magnitud, volumen.

TAMBALEARSE Bambolearse, moverse, oscilar, trastabillar, vacilar. *Inmovilizarse, aquietarse*.

TAMBALEO Oscilación, vaivén, bamboleo, movimiento, zangoloteo.

TAMBIÉN Además, asimismo, hasta, igualmente. *Tampoco*.

TAMBO Vaquería.

TAMBOR Atabal, caja, parche, tamboril, timbal. // Cilindro. // Lata, tanque. // Tamiz.

TAMBORIL Tamborín, tamborilete, tamborino, atabal.

TAMBORILEAR Tabalear. // Alardear, anunciar, divulgar.

TAMIZ Cedazo, criba, harnero, zaranda, cernedor, tambor.

TAMO Pelusa, polvo.

TANDA Alternativa, turno, vez. // Cantidad, conjunto, grupo, partida.

TANGENTE Lindante, tocante, vecino, rayano, contiguo, próximo.

TANGIBLE Palpable, tocable. *Impalpable, inmaterial*. // Perceptible. *Inasequible, incierto*.

TANQUE Aljibe, depósito, estanque.

TANTEAR Apuntar, averiguar, calcular, comparar, considerar. // Ensayar, examinar, explorar, pulsar, sondear.

TANTEO Ensayo, examen, exploración, prueba, sondeo, tienta.

TANTO Unidad, punto, ficha.

TAÑER Pulsar, repicar, tocar, voltear, doblar, rasguear.

TAÑIDO Campaneo, sonido.

TAPA Tapadera, tapón, obturador, cubierta. // Compuerta.

TAPABOCA Bufanda. // Réplica.

TAPADERA Tapa. // Encubridor, pantalla. *Acusador, espía*.

TAPADO Abrigo.

TAPAR Cerrar, cubrir, obstruir, obturar, taponar. // Abrigar, arropar. *Destapar*. // Disimular, encubrir, ocultar. *Abrir, descubrir*. // Arrebujarse, embozarse, tapujarse. *Desembozarse*.

TAPIA Muro, pared.

TAPIAR Cercar, cerrar, murar.

TAPICERÍA Colgadura, cortinaje, dosel, palio, tapiz.

TAPIZ Alfombra. // Colgadura.

TAPIZAR Entapizar, forrar, guarnecer.

TAPÓN Corcho, obturador.

TAPONAR Tapar.

TAPUJAR Cubrir, envolver, embozar. *Destapar, abrir, desembozar, descubrir*.

TAPUJO Disfraz, embozo. // Disimulo, pretexto, reserva, simulación, engaño. *Averiguación*.

TAQUIGRAFÍA Estenografía.

TAQUILLA Boletería, ventanilla. // Casillero. // Papelera.

TARA Envase, embalaje. // Defecto, tacha. *Cualidad*. // Tarja.

TARACEA Marquetería. // Damasquinado, embutido, incrustación.

TARAMBANA Alocado, botarate.

TARAREAR Canturrear.

TARASCÓN Bocado, mordedura, mordisco, tarascada.

TARDANZA Demora, lentitud, retraso. *Alacridad, ligereza, rapidez.*

TARDAR Demorar, detenerse. *Adelantarse, apresurar.*

TARDE Tardíamente, a deshora. *Temprano.* // Siesta, vísperas, crepúsculo, anochecer, atardecer.

TARDÍO Lento, moroso, pausado, rezagado, tardo, perezoso. *Adelantado, precoz, prematuro.*

TAREA Labor, obra, ocupación, quehacer, trabajo. *Descanso, ocio.* // Afán, cuidado. *Pasividad.*

TARIFA Arancel, tasa, coste.

TARIMA Entablado, entarimado, peana, tablado, estrado.

TARJETA Etiqueta, rótulo.

TARRO Bote, lata.

TARTA Pastel, torta.

TARTAJEAR Tartamudear.

TARTAJOSO Tartamudo.

TARTAMUDEAR Balbucir, farfullar, tartajear.

TÁRTARO Averno, infierno.

TARUGO Taco, zoquete.

TASA Precio, valor. // Medida, norma, pauta, regla. ***Taza.***

TASAJO Cecina, charque.

TASAR Apreciar, estimar, evaluar, valuar. // Metodizar, ordenar, regular. // Reducir, restringir. ***Tazar.***

TASCA Bodegón, figón, taberna.

TAU Divisa, insignia, emblema, distintivo, símbolo.

TAUMATÚRGICO Milagroso, prodigioso, sobrenatural.

TAURÓMACO Torero, taurino, tauromáquico.

TAXATIVAMENTE Concretamente, expresamente, categóricamente.

TAXATIVO Limitativo, preciso, determinativo, categórico, concluyente, expreso. *Ilimitado, impreciso, tácito.*

TAXÍMETRO Odómetro, taxi.

TAZA Pocillo. ***Tasa.***

TÉ Cha. // Infusión. ***Te.***

TEA Antorcha.

TEATRAL Dramático, escénico, trágico, cómico, melodramático. // Aparatoso, conmovedor, fantástico.

TEATRO Escena, escenario, farándula, farsa, tablas, candilejas.

TECHADO Techo, techumbre, tejado.

TECHAR Cubrir, cerrar, envigar, artesonar, revestir.

TECHO Cielo raso, techumbre, tejado. *Piso, suelo.* // Casa, domicilio, hogar, morada.

TECHUMBRE Techo, tejado.

TECLA Pulsador, palanca.

TECLEAR Tocar. // Intentar, probar.

TÉCNICA Habilidad, maña, pericia.

TÉCNICO Perito. *Inexperto.*

TEDIO Aburrimiento, esplín, fastidio, desgana, hastío, molestia, repugnancia, monotonía. *Afán, diversión, entretenimiento, pasatiempo.*

TEDIOSO Enfadoso, fastidioso, molesto, pesado, aburrido. *Agradable, ameno.*

TEGUMENTO Membrana, telilla.

TEJADO Techo, techumbre. *Sótano, subsuelo.*

TEJAR Tejería, ladrillería.

TEJEMANEJE Destreza, habilidad. *Inhabilidad, inactividad.*

TEJER Enredar, maquinar, tramar, urdir. // Entrelazar, entretejer, trenzar.

TEJIDO Tela, textura, trama, urdimbre.

TEJO Cospel, disco.

TELA Género, lienzo, paño, tejido. // Caudal, dinero. // Membrana, nata. // Telaraña. // Embuste, enredo, maraña. // Asunto, materia, tema.

TELEFONEAR Hablar, comunicar.

TELÓN Decorado, bastidor. // Cortinón, cortinaje.

TEMA Argumento, asunto, cuestión, materia, sujeto. // Pensamiento. // Antipatía, contumacia, manía, porfía.

TEMBLADOR Temblón, tembloroso, trémulo. // Cuáquero.

TEMBLAR Estremecerse, temblequear, temer, tiritar, retemblar, trepidar, vibrar, rilar, azogarse, calofriarse.

TEMBLEQUEAR Temblar.

TEMBLÓN Temblador.

TEMBLOR Convulsión, escalofrío, estremecimiento. *Flema, serenidad, valor.* // Seísmo, terremoto.

TEMBLOROSO Temblador, temeroso, trémulo, miedoso.

TEMER Dudar, recelar, sospechar. *Confiar, creer.* // Amedrentarse, asustarse, espantarse. *Dominarse, envalentonarse, sobreponerse.*

TEMERARIO Audaz, imprudente, inconsiderado, irreflexivo, osado. *Cobarde, temeroso.* // Infundado, inmotivado. *Fundado, motivado.*

TEMERIDAD Atrevimiento, audacia, imprudencia, osadía. *Cautela, cobardía, prudencia.*

TEMEROSO Cobarde, irresoluto, medroso. *Valeroso, valiente.* // Terrible, terrífico.

TEMIBLE Aterrador, espantoso, terrorífico, tremebundo. *Atrayente.*

TEMOR Presunción, recelo, sospecha. *Confianza.* // Aprensión, julepe, miedo, pánico, pavor, timidez. *Arrestos, valor.*

TEMOSO Insistente, pesado, tenaz.

TEMPERADO Templado.

TEMPERAMENTO Carácter, complexión, constitución, naturaleza. // Temperie. // Temple.

TEMPERANCIA Templanza, moderación, prudencia, parsimonia. *Destemplanza, irritación.*

TEMPERAR Atemperar, calmar, moderar, sosegar, templar.

TEMPERATURA Calor. // Fiebre.

TEMPESTAD Borrasca, ciclón, huracán, temporal, tormenta. *Bonanza, calma.* // Multitud, disturbio.

TEMPESTIVO Oportuno, ocasional, congruente. *Intempestivo.*

TEMPESTUOSO Borrascoso, inclemente, proceloso, tormentoso. *Apacible, sereno.*

TEMPLADO Tibio. *Abrasador, helado.* // Mesurado, moderado, parco, sereno, valiente. *Arrebatado, atropellado.*

TEMPLANZA Continencia, moderación, sobriedad, prudencia. *Abuso, concupis-*

cencia, destemplanza, exceso, intemperancia, irritación.

TEMPLAR Afinar. *Desafinar.* // Atemperar, entibiar, moderar, suavizar. *Destemplar, irritar.* // Tesar.

TEMPLE Arrojo, valentía. *Cautela, prudencia.* // Carácter, dureza, elasticidad.

TEMPLETE Glorieta, pabellón, quiosco, oratorio.

TEMPLO Basílica, catedral, iglesia, oratorio, santuario. // Mezquita, pagoda, sinagoga.

TEMPORADA Época, estación.

TEMPORAL Tempestad. *Bonanza.* // Interino, pasajero, precario, provisional, provisorio, temporero, transitorio. *Duradero, eterno, perenne, vitalicio.* // Laico, profano, secular.

TEMPORARIO Precario, temporal.

TEMPORIZAR Contemporizar, acomodarse, adaptarse, recrearse, entretenerse, divertirse. *Enemistarse, aburrirse.*

TEMPRANO Adelantado, anticipado, precoz, prematuro, tempranero. *Maduro, retrasado, tardío.*

TENACIDAD Constancia, firmeza, obstinación, porfía, tesón. *Inconstancia, pasividad.*

TENAZ Empeñoso, firme, obstinado, pertinaz, porfiado, temeroso, terco. *Tornadizo, variable, voluble.* // Duro, resistente, sólido. *Endeble, flojo, frágil, quebradizo.*

TENAZA Alicate, pinza, sacaclavos.

TENDAL Tendedero. // Toldo.

TENDENCIA Inclinación, propensión.

TENDENCIOSO Propenso, aficionado, adicto, fanático.

TENDER Alargar, desdoblar, desplegar, esparcir, estirar, extender, inclinarse, propender. *Encoger.* // Acostar, echar, tumbar, acomodar. *Levantar.* // Abandonarse, descuidarse. *Cuidarse, preocuparse.* ***Ténder.**

TENDIDO Echado, acostado, horizontal, yacente. *Erguido.*

TENEBROSO Lóbrego, oscuro. *Alegre, brillante, claro, luminoso.*

TENEDOR Poseedor.

TENER Haber, poseer. *Carecer.* // Comprender, contener, incluir. // Afirmarse, asegurarse, asir, cumplir, detener, dominar, frenar, mantener, parar, resistir, sostener, sujetar. *Aflojar, soltar.* // Apreciar, estimar. // Juzgar, reputar. // Adherirse, atenerse. // Hospedar. *Echar.*

TENIA Solitaria.

TENOR Contenido, estilo, texto.

TENORIO Galanteador, mujeriego.

TENSIÓN Tiesura, rigidez, tirantez. *Blandura, distensión, flojedad, relajación.* *Tención.

TENSO Estirado, tirante, rígido. *Flojo, laxo, relajado.*

TENTACIÓN Incitación, instigación, seducción. *Aversión.*

TENTADOR Atrayente, encantador, incitador, provocativo, seductor. *Desagradable, repelente.*

TENTAR Palpar, tocar, reconocer. // Intentar, tantear. // Inducir, instigar, provocar, seducir.

TENTATIVA Ensayo, examen, experimento, intento, prueba.

TENTEMPIÉ Bocadillo, piscolabis, refrigerio, colación.

TENUE Delgado, delicado, sutil, vaporoso. *Denso, pesado.*

TENUIDAD Delgadez, delicadeza, fragilidad, sutileza. *Gordura, resistencia.*

TEÑIR Colorar, entintar.

TEORÍA Especulación, hipótesis, suposición. *Demostración, empirismo, experimentación, práctica.*

TEÓRICO Hipotético, imaginario, supuesto. *Comprobado, pragmático, real.*

TERAPEUTA Médico.

TERAPÉUTICA Tratamiento, medicina, régimen.

TERCERÍA Arbitraje, mediación.

TERCERO Árbitro, tercio, intermediario.

TERCETO Trío.

TERCIAR Interponerse, intervenir, mediar. *Apartarse.*

TERCO Irreducible, obstinado, pertinaz, porfiado, tozudo. *Transigente.*

TERGIVERSACIÓN Ambigüedad, pretexto, rodeos, enredo, evasiva, argucia. *Claridad, verdad.*

TERGIVERSAR Desfigurar, torcer, trabucar, trastocar. *Comentar, descifrar, explicar, interpretar.*

TERMAL Caliente.

TERMINACIÓN Conclusión, desenlace, fin, final. *Comienzo, inauguración, iniciación.* // Extremo, término, remate.

TERMINAL Final, último. *Inicial.*

TERMINANTE Claro, concluyente, definitivo, final, preciso, decisivo. *Ambiguo, indeciso.*

TERMINAR Acabar, concluir, finalizar, finiquitar, liquidar, ultimar. *Empezar, inaugurar, principiar.*

TÉRMINO Fin, objeto. // Confín, extremo, final, límite, plazo. // Palabra, vocablo, voz.

TERNERO Becerro.

TERNEZA Requiebro, ternura.

TERNILLA Cartílago.

TERNO Juramento, reniego.

TERNURA Afecto, bondad, cariño, delicadeza. *Desafecto, dureza, hosquedad.* // Requiebro, piropo. *Grosería.*

TERQUEDAD Obstinación, pertinacia, porfía, testarudez. *Arrepentimiento, blandura, comprensión, condescendencia.*

TERRADO Azotea, terraza.

TERRÁQUEO Terrestre.

TERRATENIENTE Hacendado, latifundista, potentado.

TERRAZA Azotea, terrado. *Subsuelo.*

TERREMOTO Sacudida, sacudimiento, sismo, conmoción.

TERRENO Solar, suelo. // Terrenal, terrestre. *Celestial.*

TÉRREO Terroso.

TERRESTRE Terreno.

TERRIBLE Aterrador, atroz, espantoso, terrorífico. *Cautivante, hermoso.* // Áspero, violento. *Bonancible, suave.*

TERRÍFICO Terrorífico.

TERRITORIO Jurisdicción, término. // Comarca, región.

TERROR Espanto, miedo, pavor, susto,

horror, pánico. *Coraje, valor.*
TERRORÍFICO Aterrador, espantoso, horrible, terrible.
TERSAR Atezar. // Abrillantar. // Alisar, bruñir, limar, limpiar, pulir.
TERSO Bruñido, claro, limado, limpio, liso, resplandeciente. *Áspero, opaco.* // *Fluido. Sólido.*
TERSURA Claridad, limpidez, lisura, resplandor. *Aspereza, opacidad.* // *Fluidez. Dureza, solidez.*
TERTULIA Reunión, peña. // Charla, conversación.
TESAR Atirantar. *Aflojar.*
TESIS Disertación. // Exposición, proposición, conclusión. *Hipótesis.*
TESITURA Actitud, disposición.
TESO Estirado, tenso, tieso, tirante.
TESÓN Constancia, empeño, firmeza, inflexibilidad. *Flexibilidad, inconstancia, renuncia.*
TESORO Erario. // Dineral, platal.
TESTA Cabeza. // Anverso, cara, frente. // Capacidad, entendimiento, prudencia, sensatez.
TESTAMENTARIO Sucesorio, hereditario. // Albacea.
TESTAR Tachar. // Legar, otorgar, disponer, testamentar, mandar.
TESTARUDEZ Terquedad. *Condescendencia, renuncia.*
TESTARUDO Porfiado, temoso, terco.
TESTIFICAR Atestiguar, deponer, explicar, testimoniar.
TESTIGO Declarante.
TESTIMONIAR Testificar. *Impugnar.*
TESTIMONIO Atestación, declaración, deposición. *Refutación.*
TESTUZ Frente. // Nuca.
TETA Mama, ubre, pezón.
TÉTRICO Fúnebre, lóbrego, pesimista. // Melancólico, triste. *Alegre, animado, optimista.*
TEXTO Cita, escrito, pasaje.
TEXTUAL Exacto, literal, idéntico. *Apócrifo, falso, inexacto.*
TEXTURA Contextura, disposición, estructura, disposición.

TEZ Cara, cutis, piel, rostro.
TIBIEZA Temple, templanza, suavidad.
TIBIO Templado. // Descuidado, flojo, negligente. *Acérrimo.*
TIEMPO Duración, época, estación, temporada. *Eternidad.* // Ocasión, oportunidad, sazón. // Espacio, lugar, proporción. // Cariz, temperatura.
TIENDA Carpa. // Comercio, despacho, negocio.
TIENTO Cautela, consideración, cuidado, prudencia, tino. *Descuido.*
TIERNO Afectuoso, amable, cariñoso. *Insensible.* // Blando, delicado. *Duro, fuerte.* // Dócil, flexible. // Moderno, reciente. *Viejo.*
TIERRA Mundo, globo, orbe. // Campo, suelo, superficie, terreno, territorio. *Espacio, mar, océano.* // País, patria, región, terruño.
TIESO Tenso, tirante. *Flojo.* // Duro, firme, rígido. *Maleable.* // Yerto. *Vivo.* // Obstinado, tenaz, tozudo. *Dúctil.* // Esforzado, animoso, valiente. // Circunspecto, estirado, grave, mesurado, orgulloso. // Robusto, fuerte.
TIESTO Maceta, macetón.
TIESURA Empaque, envaramiento. *Naturalidad, sencillez.* // Dureza, rigidez, tensión, tirantez. *Blandura, flojedad.*
TIFÓN Huracán, tromba. *Céfiro, brisa.*
TIGRADO Rayado, cebrado, manchado.
TIJERETEAR Cortar, trasquilar, esquilar, pelar.
TILDAR Borrar, tachar. // Censurar, denigrar. *Encomiar.*
TILDE Censura, nota, tacha. *Alabanza, elogio.* // Virgulilla.
TILÍN Campanilleo.
TIMAR Estafar, hurtar. // Engañar.
TIMBA Garito.
TIMBAL Atabal, tambor.
TIMBRAR Sellar. // Estampillar.
TIMBRE Estampilla, sello. // Llamador. // Blasón, proeza.
TIMIDEZ Apocamiento, cortedad, pusilanimidad, vergüenza. *Audacia, desvergüenza, resolución.*

TÍMIDO Apocado, corto, encogido, pusilánime, vergonzoso. *Atrevido, audaz, osado.*

TIMO Engaño, estafa, fraude.

TIMÓN Gobernalle. // Dirección, gobierno, mando.

TIMORATO Tímido.

TINGLADO Cobertizo. // Tablado. // Enredo, maquinación.

TINIEBLAS Oscuridad, tenebrosidad, lobreguez. *Claridad, luz.*

TINO Acierto, cordura, destreza, juicio. *Desacierto, desatino, inhabilidad.*

TINTA Matiz, tono, coloración.

TINTAR Entintar, colorear, teñir.

TINTE Color, tintura.

TINTERILLO Empleado, oficinista, dependiente, chupatintas.

TINTO Rojo, aloque. // Teñido, entintado, retinto. // Vino.

TINTURA Afeite, cosmético, tinte.

TIÑA Avaricia, escasez, mezquindad. *Generosidad.* // Roña. *Limpieza.*

TIÑOSO Agarrado, mezquino, miserable, roñoso, ruin.

TIOVIVO Caballitos, calesita.

TIPIADORA Dactilógrafa, mecanógrafa.

TÍPICO Característico, simbólico, claro. *General.*

TIPO Ejemplar, modelo. // Apariencia, físico. // Individuo, sujeto.

TIRA Banda, cinta, faja, lista, lonja.

TIRABUZÓN Descorchador, sacacorchos. // Rizo, bucle.

TIRADA Distancia. // Edición. // Serie.

TIRADO Caído. *Erguido.* // Barato. *Caro.* // Pobre. *Acaudalado, rico.*

TIRADOR Asa, asidero, puño, empuñadura, agarrador.

TIRANÍA Absolutismo, autocracia, arbitrariedad, despotismo, opresión. *Democracia, justicia, liberalismo.*

TIRÁNICO Abusivo, arbitrario, despótico, opresivo, dictatorial.

TIRANIZAR Avasallar, esclavizar, oprimir, sojuzgar, subyugar. *Libertar.*

TIRANO Autócrata, déspota, dictador, opresor. *Democrático, justo.*

TIRANTE Estirado, tenso, tieso. *Flojo, laxo, relajado.*

TIRANTEZ Tiesura, tensión. *Relajación, distensión.* // Hostilidad, animadversión. *Amistad.*

TIRAR Arrojar, despedir, echar, lanzar. *Coger, recoger.* // Disparar. *Cargar.* // Arruinar, derribar, destruir. *Construir, reconstruir.* // Derrochar, disipar, malgastar. *Ahorrar.* // Derramar, volcar. // Estirar, extender. *Aflojar.* // Imprimir. // Dirigirse, encaminarse. *Permanecer, volver.* // Conservarse, durar, mantenerse. *Desmejorar.* // Inclinarse, propender, tender. // Asemejarse, parecerse. *Distinguirse.* // Abalanzarse, embestir. *Retroceder.* // Tenderse, tumbarse. *Levantarse.* // Arrastrar, conducir, llevar. *Empujar, impulsar, propulsar.*

TIRITAR Temblar. *Calentarse.*

TIRO Alcance, detonación, disparo, estampido. // Anchura, holgura, longitud. // Tramo. // Indirecta, insinuación.

TIRRIA Manía, odio, ojeriza, tema. *Afecto, predilección, simpatía.*

TISIS Tuberculosis.

TITÁN Cíclope, coloso, gigante. *Pigmeo.* // Superhombre.

TITÁNICO Desmesurado, enorme, excesivo. *Débil, escaso, mínimo.*

TÍTERE Fantoche, marioneta, muñeco, polichinela.

TITILAR Centellear, refulgir.

TITIRITERO Titerero, volatinero.

TITUBEAR Dudar, fluctuar, oscilar, vacilar. *Creer, decidir, definirse.*

TITUBEO Duda, indecisión, oscilación, vacilación. *Resolución.*

TITULAR Efectivo. *Suplente.* // Intitular, nombrar, rotular.

TÍTULO Denominación, inscripción, letrero, nombre, rótulo. // Causa, fundamento, motivo, razón. // Nombramiento. // Diploma.

TIZA Clarión, yeso.

TIZNADO Ahumado, fumoso, negro, fuliginoso.

TIZNAR Ensuciar, manchar. *Limpiar.*

TIZNE Hollín, suciedad.

TIZÓN Leño, tronco, tizne. // Baldón, deshonra, mancha, oprobio.

TIZONA Espada.

TOCA Sombrero, casquete, gorra, velo.

TOCADO Peinado, adorno.

TOCAR Acariciar, palpar, toquetear. // Tañer, teclear. // Chocar, rozar, tropezar. // Arribar, llegar, alcanzar. // Atañer, concernir, corresponder, pertenecer. // Importar. // Limitar, lindar.

TOCAYO Homónimo.

TOCÓN Muñón.

TODAVÍA Aún.

TODO Completamente, enteramente. // Conjunto, total, entero. *Nada, parte, división.*

TODOPODEROSO Dios, omnipotente.

TOGA Ropa, ropón, investidura.

TOLDO Palio, tendal, entoldado, colgadura, carpa.

TOLERABLE Aguantable, llevadero, pasadero, sufrible. *Inaguantable, insufrible, intolerable.*

TOLERANCIA Condescendencia, indulgencia. *Fanatismo, intransigencia, porfía, tozudez.* // Diferencia, margen.

TOLERANTE Consentidor, paciente, conforme, resignado, sufrido. // Liberal, considerado, flexible, humano. *Intolerante, inflexible.*

TOLERAR Aguantar, permitir, resistir, soportar, sufrir. *Prohibir, rebelarse.*

TOLETOLE Alboroto, bochinche, gresca, mezcolanza.

TOLVANERA Polvareda, remolino.

TOMA Conquista, ocupación. *Entrega.* // Asunción. *Renuncia.* // Dosis. // Abertura, orificio.

TOMAR Agarrar, asir, coger. *Dejar, soltar.* // Abrazar, asumir, ocupar, reasumir. *Dimitir, renunciar.* // Captar, entender. // Apresar, arrebatar, conquistar. *Liberar.* // Adoptar, adquirir, contraer, contratar, emplear. *Despedir, echar, vender.* // Quitar, robar, usurpar. *Devolver.* // Beber, comer.

TÓMBOLA Quermés, rifa.

TOMO Libro, volumen. // Estima, importancia, valor.

TONADA Aire, canción.

TONALIDAD Matiz, gama.

TONEL Barrica, barril, cuba.

TONELAJE Arqueo.

TÓNICO Reconfortante, estimulante, reconstituyente, reforzante, cordial.

TONIFICAR Entonar, estimular, reconstituir, vigorizar. *Debilitar, decaer.*

TONO Inflexión, matiz, tonada, tonillo. // Carácter, fuerza, energía, vigor. // Modo, tonalidad.

TONTERÍA Nadería. // Bobada, necedad, simpleza, tontera, zoncera. *Agudeza, astucia, sagacidad.*

TONTO Bobalicón, estulto, majadero, mentecato, necio, zonzo. *Avispado, despierto, talentoso.*

TOPAR Chocar, tropezar. // Hallar, encontrarse. *Desencontrarse.*

TOPE Parachoque. // Choque, encuentro, estorbo, impedimento, tropiezo. // Reyerta, riña. // Ápice, punta, extremo. *Basa, pie.*

TÓPICO Apósito, sinapismo. // Asunto. // Adocenado, vulgar.

TOPO Cegato, torpe. *Astuto, inteligente, perspicaz.*

TOPOGRAFÍA Geodesia, geomorfia, planimetría.

TOQUE Tañido. // Pincelada, retoque. // Ensayo, experiencia, prueba. // Advertencia, indicación.

TOQUETEAR Manosear.

TÓRAX Busto, pecho.

TORBELLINO Remolino. // Atropellado, irreflexivo. *Cauteloso, prudente.*

TORCEDURA Desviación, distensión, distorsión, luxación.

TORCER Desviar, doblar, encorvar, inclinar. *Enderezar, estirar.* // Tergiversar. *Aclarar.* // Frustrarse.

TORCIDA Mecha, pabilo.

TORCIDO Inclinado, combado, oblicuo, sesgado, alabeado, sinuoso, retorcido. *Derecho.*

TOREAR Lidiar. // Burlarse, molestar.

TORMENTA Tempestad, borrasca, temporal. *Calma.* // Adversidad, desgracia. *Bienandanza.*

TORMENTO Martirio, suplicio, tortura. *Alivio.* // Aflicción, angustia, congoja, dolor. *Consuelo.*

TORMENTOSO Borrascoso, proceloso, tempestuoso. *Bonancible, calmo.*

TORNADIZO Inconstante, mudable, versátil, voluble, cambiante. *Constante, firme, tenaz.*

TORNAR Regresar, retornar, volver. *Irse, marcharse.* // Devolver, restituir. *Quitar.* // Transformar.

TORNASOLADO Cambiante, irisado.

TORNEAR Redondear, labrar, pulir. // Combatir.

TORNEO Justa, combate, desafío. // Certamen, controversia.

TORPE Desmañado, inhábil, rudo, tardo, tosco, chambón. *Ágil, astuto, hábil, ligero.* // Deshonesto, impúdico. *Casto, puro.* // Indecoroso, infame.

TORPEZA Desacierto, error, inhabilidad, ineptitud, inexperiencia. *Acierto, aptitud, habilidad, lucimiento.*

TORRAR Tostar.

TORRE Torreón, alminar, atalaya, roque, campanario.

TORREFACCIÓN Tostado, tostadura, tostación, calcinación.

TORRENCIAL Abundante, tempestuoso, violento, arrasador, copioso. *Escaso, lento, suave.*

TORRENTE Muchedumbre, multitud.

TÓRRIDO Abrasador, canicular, quemante. *Gélido, helado.*

TORSIÓN Torcedura, torcimiento. *Enderezamiento, estiramiento.*

TORSO Tórax, busto, tronco, talla.

TORTA Bizcocho, bizcochuelo, tarta. // Bofetada, cachete, sopapo, tortazo. *Caricia.*

TORTUGA Quelónido, carey, galápago.

TORTUOSO Laberíntico, sinuoso. *Recto.* // Artero, solapado, taimado. *Claro, franco, leal, sincero.*

TORTURA Tormento. // Sufrimiento.

TORTURADOR Martirizante, verdugo.

TORTURAR Atormentar, martirizar. *Acariciar.* // Acongojar, angustiar, apenar. *Aquietar, consolar.*

TORVA Nevasca, nevisca.

TORVO Airado, espantoso, fiero, terrible, amenazador.

TOSCO Basto, grosero, inculto, ordinario, zafio. *Delicado, educado, fino, primoroso.*

TÓSIGO Ponzoña, veneno. // Angustia, congoja. ***Tóxico.***

TOSQUEDAD Incultura, rudeza, rusticidad. *Cultura, educación, suavidad.*

TOSTADO Moreno, oscuro, atezado, curtido, asoleado.

TOSTAR Torrar, asar, dorar, quemar, cocer. *Enfriar.* // Asolear, atezar, curtir.

TOTAL Completo, íntegro. *Fraccionado, incompleto, parcial.* // General. // Todo, totalidad, suma. *Cuota, elemento, parte, pedazo, porción, trozo.*

TOTALIDAD Conjunto, todo. *Componente, integrante, nada.*

TOTALMENTE Completamente, íntegramente. *Parcialmente.*

TÓXICO Deletéreo, ponzoñoso, venenoso. *Inocuo.* // Veneno. ***Tósigo.***

TOZUDO Obstinado, testarudo. *Condescendiente, comprensivo, transigente.*

TRABA Ligadura, estorbo, impedimento, inconveniente, obstáculo. *Ayuda, facilidad, libertad.*

TRABAJADO Asendereado, cansado, molido, rendido. *Descansado.*

TRABAJADOR Asalariado, bracero, jornalero, obrero, operario. // Laborioso. *Haragán.*

TRABAJAR Laborar, labrar, hacer, actuar, elaborar. // Ocuparse, consagrarse, dedicarse, atarearse. *Descansar, vaguear, holgar.*

TRABAJO Faena, labor, ocupación, tarea. *Descanso, holgazanería, ocio.* // Dificultad, estorbo, impedimento. *Facilidad.* // Molestia, penalidad, tormento. *Alegría, diversión.*

TRABAJOSO Difícil, ímprobo, laborioso, penoso. *Fácil, sencillo.*

TRABAR Coordinar, enlazar, juntar, unir. *Separar.* // Agarrar, asir, prender. *Soltar.* // Encajarse. *Desencajar.*

TRABAZÓN Coordinación, conexión, enlace, juntura.

TRABUCAR Confundir, desordenar, enredar, trastornar, trastocar.

TRACCIÓN Arrastre, remolque.

TRADICIÓN Costumbre, uso. *Novedad, originalidad, rareza.*

TRADICIONAL Acostumbrado, legendario, proverbial.

TRADUCCIÓN Traslación, versión.

TRADUCIR Interpretar, trasladar, verter. // Descifrar, esclarecer. // Convertir, mudar, trocar.

TRADUCTOR Intérprete.

TRAER Transportar, trasladar. // Acercar, aproximar, atraer. *Alejar, llevar.* // Acarrear, causar, ocasionar. // Llevar, vestir. // Constreñir, obligar. // Persuadir. // Tratar.

TRÁFAGO Tráfico, trajín.

TRAFICANTE Comerciante, mercader, negociante, tratante.

TRAFICAR Comerciar, negociar.

TRÁFICO Circulación, tránsito. // Comercio, negocio.

TRAGADERAS Faringe, fauces. // Credulidad. *Escepticismo.*

TRAGALDABAS Comilón, tragón, voraz. *Sobrio.*

TRAGALUZ Claraboya, ventana.

TRAGAR Comer, deglutir, devorar, engullir, ingurgitar, pasar, manducar, zampar. *Devolver, vomitar.* // Absorber, consumir, gastar. // Abismar, hundir. // Aguantar, soportar, tolerar. *Rechazar.*

TRAGEDIA Desdicha, desgracia, infortunio. *Dicha, felicidad, ventura.* // Drama. *Comedia.*

TRÁGICO Desdichado, desgraciado, infausto, terrorífico. *Feliz.*

TRAGICÓMICO Jocoserio.

TRAGO Bebida, sorbo. // Adversidad, contratiempo, infortunio.

TRAGÓN Comilón, glotón, tragaldabas.

TRAICIÓN Deslealtad, felonía, infidelidad, perfidia. *Fidelidad, lealtad.*

TRAICIONAR Abandonar, apostatar, desertar. // Delatar, engañar, entregar, vender. *Ayudar, defender.*

TRAÍDO Gastado, llevado, manoseado, usado. *Nuevo.*

TRAIDOR Alevoso, desertor, desleal, felón, pérfido, perjuro, renegado, tránsfuga. *Cumplidor, fiel, leal.*

TRAÍLLA Jauría.

TRAJE Ambo, indumento, ropa, terno, vestido, vestimenta.

TRAJÍN Acarreo, ajetreo, tráfago, tránsito. *Pasividad, permanencia.*

TRAJINAR Acarrear, transportar, trasladar. *Detenerse, reposar.*

TRALLA Fusta, látigo. // Cuerda, soga.

TRAMA Confabulación, intriga, maquinación. // Argumento, asunto. // Contextura, ligazón.

TRAMAR Conspirar, confabularse, conjurar, maquinar, complotar. // Urdir, preparar, forjar, fraguar, planear.

TRAMITACIÓN Diligencia, gestión, trámite, procedimiento. *Estancamiento, impedimento, traba.*

TRAMITAR Cursar, diligenciar, despachar, gestionar, expedir. *Dificultar, entorpecer, paralizar.*

TRÁMITE Tramitación.

TRAMO Parte, trecho.

TRAMOYA Enredo, farsa, intriga.

TRAMPA Artimaña, artificio. // Ardid, engaño, estratagema, asechanza. // Estafa, timo.

TRAMPAL Pantano, ciénaga, lodazal, cenagal.

TRAMPEAR Entrampar, estafar, sablear.

TRAMPOSO Fullero, sablista.

TRANCA Borrachera. // Garrote, palo.

TRANCADA Paso, tranco, zancada.

TRANCAZO Garrotazo, bastonazo, palo, golpe.

TRANCE Momento. // Aprieto, brete, compromiso, lance.

TRANCO Paso, zancada.

TRANQUILAMENTE Quietamente, sosegadamente, suavemente, plácidamente, serenamente.

TRANQUILIDAD Calma, placidez, quietud, reposo, serenidad, silencio, sosiego. *Actividad, desasosiego, inquietud, intranquilidad, miedo, trabajo.*

TRANQUILIZANTE Sedante.

TRANQUILIZAR Apaciguar, calmar, sedar, serenar. *Inquietar, turbar.*

TRANQUILO Pacífico, quieto, sosegado. *Agitado.* // Flemático, imperturbable, impertérrito. *Perturbado.* // Sereno, silencioso. *Bullicioso.*

TRANSACCIÓN Arreglo, avenencia, convenio, pacto, trato. // Concesión, transigencia. *Controversia, desarreglo, intransigencia.*

TRANSAR Transigir, ajustar, convenir. *Tranzar.

TRANSCRIBIR Trascribir, copiar, trasladar. *Borrar.*

TRANSCRIPCIÓN Trascripción, copia, traslación.

TRANSCURRIR Trascurrir, pasar, sucederse. //Correr, deslizarse. *Detenerse.*

TRANSCURSO Trascurso, curso, decurso, paso, sucesión. // Lapso.

TRANSEÚNTE Caminante, paseante, peatón, viandante.

TRANSFERENCIA Trasferencia, cesión, transmisión, traslado, trasposición, traspaso. *Retención.*

TRANSFERIBLE Trasferible, enajenable, endosable, transmisible. *Inalienable, intransferible.*

TRANSFERIR Trasferir, pasar, transmitir, trasladar, traspasar. // Diferir, dilatar, retardar. // Ceder, renunciar.

TRANSFIGURAR Trasfigurar, metamorfosear, transformar.

TRANSFORMACIÓN Trasformación, cambio, metamorfosis, modificación, mudanza. *Igualdad, inmutabilidad.*

TRANSFORMAR Trasformar, cambiar, metamorfosear, mudar, transmutar. *Mantener, persistir.*

TRÁNSFUGA Trásfuga, desertor, fugitivo, prófugo.

TRANSGREDIR Trasgredir, infringir, quebrantar, violar, vulnerar. *Acatar, cumplir, obedecer, respetar.*

TRANSGRESIÓN Trasgresión, infracción, violación.

TRANSICIÓN Cambio, mutación, paso. *Inmutabilidad.*

TRANSIDO Acongojado, angustiado, aterido. // Consumido, fatigado.

TRANSIGIR Acceder, ceder, condescender, contemporizar, deferir, dignarse, prestarse. *Negarse, oponerse.*

TRANSITABLE Libre, practicable. // Concurrido, frecuentado.

TRANSITAR Caminar, circular, pasar, viajar. *Quedarse, sentarse.*

TRÁNSITO Paso, cruce, traslación, viaje, paseo, carrera, trayecto, circulación.

TRANSITORIO Caduco, fugaz, momentáneo, pasajero, perecedero, temporal. *Duradero, eterno, permanente.*

TRANSLÚCIDO Traslúcido, diáfano, transparente. *Opaco.*

TRANSMISIÓN Trasmisión, cesión, enajenamiento, paso, transferencia, traspaso. // Difusión. // Entrega, envío.

TRANSMITIR Trasmitir, ceder, enajenar, legar, pasar, transferir, traspasar. *Apropiarse, retener.* // Comunicar, enviar, informar. // Contagiar.

TRANSMUTACIÓN Trasmutación, cambio, mudanza, transformación, conversión, alteración.

TRANSMUTAR Trasmutar, cambiar, convertir, transformar, trocar.

TRANSPARENCIA Trasparencia, diafanidad, translucidez. *Opacidad.*

TRANSPARENTARSE Trasparentarse, traslucirse.

TRANSPARENTE Trasparente, claro, cristalino, diáfano, límpido, traslúcido. *Esmerilado, opaco.*

TRANSPIRAR Traspirar, rezumar, sudar.

TRANSPONER Trasponer, atravesar, cruzar. // Desparecer, ocultarse.

TRANSPORTAR Trasportar, acarrear, carretear, llevar, portear, traer, trajinar, trasladar. // Exportar, importar.

TRANSPORTE Trasporte, acarreo, conducción, llevada, traída, trajín, transportamiento, traslado.

TRANSPOSICIÓN Trasposición, inversión, cruzamiento.

TRANSVASAR Trasvasar, trasegar.

TRANSVERSAL Trasversal, atravesado, cruzado, diagonal. *Paralelo.*

TRANZAR Cortar, tronchar. *Transar.

TRAPACERÍA Engaño, fraude. *Sinceridad, verdad.*

TRAPISONDA Embrollo, enredo, intriga, riña, lío, bulla.

TRAPISONDISTA Embrollón, enredador, intrigante, liero.

TRAPO Género, paño, tela. // Velamen.

TRAPOS Ropa, vestidos. // Velamen.

TRAQUETEAR Sacudir, mover, agitar. // Resonar, retumbar. // Frecuentar, manejar, usar.

TRAQUETEO Agitación, movimiento, sacudimiento. *Quietud.*

TRASCENDENCIA Consecuencia, resultado. *Intrascendencia.* // Penetración, perspicacia. *Ingenuidad.*

TRASCENDENTAL Culminante, metafísico, superior.

TRASCENDER Difundirse, extenderse, manifestarse, propagarse. *Ignorar, limitar, ocultar.*

TRASEGAR Transvasar. // Beber, chupar. // Trastornar.

TRASERO Asentaderas, culo, nalgas. // Posterior. *Delantero.*

TRASGO Duende, fantasma.

TRASLACIÓN Traslado, locomoción, mudanza, cambio, tránsito, marcha, remoción. *Quietud, permanencia.*

TRASLADAR Llevar, mudar, transportar. *Dejar.* // Traducir. // Dirigirse, encaminarse, ir. *Quedarse.* // Acudir, venir, viajar.

TRASLADO Traslación. // Copia.

TRASLUCIRSE Transparentarse. // Deducirse, inferirse.

TRASNOCHADO Anacrónico, anticuado. // Desmejorado, macilento.

TRASPAPELARSE Extraviarse, perderse, confundirse, enredarse.

TRASPASAR Ceder, transferir. *Conservar, retener.* // Avanzar, cruzar, franquear, transponer. *Permanecer.* // Atravesar, horadar, perforar. // Excederse, rebasar, transgredir.

TRASPASO Cesión, transferencia. *Conservación.* // Cruce, paso. // Ardid, astucia. // Aflicción, angustia, congoja, pena, tormento.

TRASPIÉ Tropezón, tropiezo, resbalón. // Zancadilla.

TRASPUNTE Apuntador.

TRASQUILAR Esquilar, pelar, rapar. // Menoscabar, disminuir.

TRASTABILLAR Trastrabillar.

TRASTADA Bribonada, tunantada, picardía. *Favor.*

TRASTAZO Porrazo, golpazo.

TRASTE Trasero.

TRASTEAR Menear, revolver.

TRASTO Mueble. // Herramienta, instrumento, utensilio.

TRASTOCAR Revolver, trastornar, desordenar, perturbar. *Trastrocar.

TRASTORNADO Chiflado, ido, perturbado, tocado. *Cuerdo.*

TRASTORNAR Inquietar, perturbar. *Serenar.* // Confundir, desarreglar, desordenar, mezclar, revolver. *Arreglar, ordenar.*

TRASTORNO Desarreglo, desorden, confusión. // Inquietud, perturbación, desazón, desasosiego.

TRASTRABILLAR Tropezar. // Tambalearse, vacilar. // Tartamudear.

TRASTROCAR Cambiar, mudar, invertir, girar. *Trastocar.

TRASUNTAR Copiar, transcribir. // Compendiar, epilogar.

TRASUNTO Copia, imitación. *Original.* // Resumen, síntesis, compendio.

TRATABLE Accesible, afable, amable, cortés. *Hosco, huraño, insociable.*

TRATADO Ajuste, convenio, pacto. // Escrito, discurso.

TRATAMIENTO Trato. // Procedimiento, sistema.

TRATANTE Traficante.

TRATAR Alternar, conocer. // Codearse, frecuentar, relacionarse, rozarse, visitarse. *Enemistarse, separarse.* // Conducirse, portarse. // Disponer, gestionar, manejar, proceder. // Intentar, pretender, procurar. *Olvidar.* // Comerciar, negociar. // Asistir, atender, cuidar. *Descuidar.* // Discurrir, disputar, versar.

TRATO Amistad, frecuentación, relación, roce. *Enemistad.* // Ajuste, arreglo, contrato, convenio, negocio. *Tracto.

TRAUMATISMO Golpe, lesión.

TRAVÉS Inclinación, sesgo, torcimiento. // Desgracia, infortunio, revés.

TRAVESAÑO Barrote, barra, cancha.

TRAVESEAR Enredar, juguetear, retozar, revolotear.

TRAVESÍA Callejón, calle. // Viaje, trayecto, recorrido.

TRAVESURA Chiquillada, diablura, enredo. *Formalidad.* // Desenfado, viveza. *Tranquilidad.*

TRAVIESO Diablillo, enredador, inquieto, juguetón, revoltoso, vivaracho. // Atravesado, sesgado.

TRAYECTO Recorrido, trecho.

TRAZA Apariencia, facha, figura, indicio. // Diseño, medio, modo, plano, plan, planta. // Arbitrio, invención, recurso.

TRAZADO Diseño, gráfico, plano. // Dirección, recorrido, trayecto.

TRAZAR Delinear, describir, dibujar, discurrir, diseñar, disponer, esbozar.

TRAZO Delineación, línea, raya.

TREBEJO Trasto, utensilio.

TREBEJOS Útiles, bártulos, enseres, instrumentos.

TRECHO Distancia, espacio, recorrido, tramo, trayecto.

TREGUA Descanso, detención, intermisión, interrupción, pausa, suspensión. *Actividad, insistencia, ininterrupción, lucha, porfía.*

TREMEBUNDO Espantoso, horrendo, horrible, horripilante. // Tremendo.

TREMEDAL Cenagal, tembladal, trampal, tolla.

TREMENDO Enorme, fenomenal, gigantesco. *Exiguo, pequeño.* // Terrible, tremebundo.

TREMOLAR Enarbolar, ondear.

TREMOLINA Alboroto, bulla, confusión. *Calma, orden, paz.*

TRÉMULO Tembleque, tembloroso. *Sereno, tranquilo.*

TREN Convoy, ferrocarril. // Boato, ostentación, pompa. *Sencillez.*

TRENCILLA Galoncillo, ribete.

TRENZAR Entrelazar, entretejer, urdir. // Enzarzarse.

TREPANAR Agujerear, horadar, perforar, taladrar. *Cerrar, obturar.*

TREPAR Trepanar. // Ascender, encaramarse, escalar, gatear. *Arrastrar, bajar, descender.* // Arrellanarse, retreparse.

TREPIDACIÓN Conmoción, estremecimiento, temblor.

TREPIDAR Estremecerse, retemblar, temblar. *Aquietar.* // Dudar.

TRETA Artificio, artimaña. // Engaño, estratagema.

TRIAR Seleccionar, escoger, elegir, separar, entresacar.

TRIBU Clan.

TRIBULACIÓN Adversidad, desgracia. *Felicidad.* // Aflicción, amargura, congoja, pena, tormento. *Alegría, júbilo, regocijo.*

TRIBUNA Estrado, plataforma.

TRIBUNAL Justicia, fuero, juzgado, audiencia, corte, parlamento.

TRIBUTAR Ofrecer, rendir.

TRIBUTARIO Afluente. // Dependiente, feudatario, vasallo.

TRIBUTO Carga, contribución, gravamen, impuesto. // Homenaje, pleitesía.

TRIDENTE Arpón.

TRIFULCA Alboroto, confusión, disputa, pendencia, reyerta, riña. *Calma, tranquilidad.*

TRILLADO Común, conocido, sabido, vulgar. *Ignorado, raro.*

TRINAR Gorjear. // Enfadarse, irritarse, rabiar.

TRINCAR Amarrar, atar, ligar, oprimir,

sujetar. *Desatar.* // Beber, empinar, escanciar.

TRINCHAR Cortar, dividir, partir, seccionar. // Decidir, disponer, resolver.

TRINCHERA Zanja, foso, parapeto.

TRINO Gorgoriteo, gorjeo. // Ternario.

TRÍO Terceto.

TRIPA Abdomen, barriga, panza, vientre, andorga.

TRIPAS Entrañas, intestinos. // Interior, intimidad.

TRIPE Felpa.

TRÍPODE Trébede, soporte. // Banquillo, armazón.

TRIPÓN Barrigón, tripudo.

TRIPUDO Barrigudo, panzón, tripón. *Enjuto, flaco.*

TRIPULACIÓN Dotación, marinería.

TRIQUIÑUELA Artería, ardid, efugio, evasiva, rodeo, subterfugio.

TRIS Instante, momento, segundo, soplo, periquete, santiamén.

TRISCAR Enredar, juguetear, retozar, travesar. // Patalear, patear.

TRISTE Afligido, apenado, desconsolado, doliente, dolorido, melancólico, penoso, tristón. *Alborozado, contento, satisfecho.* // Deplorable, funesto, lamentable, luctuoso, patético, penoso. // Insignificante, insuficiente. *Significativo, valioso.*

TRISTEZA Aflicción, congoja, desconsuelo, entristecimiento, pesadumbre, sinsabor. *Alegría, felicidad.*

TRISTURA Tristeza, aflicción.

TRITURACIÓN Molienda, molturación.

TRITURAR Aplastar, desmenuzar, machacar, moler, pulverizar. // Censurar, criticar. // Maltratar, molestar, vejar.

TRIUNFADOR Vencedor, victorioso, triunfante, triunfal, exitoso. *Derrotado.*

TRIUNFAL Victorioso, glorioso, radiante, apoteótico.

TRIUNFAR Batir, ganar, superar, vencer. *Fracasar, perder.*

TRIUNFO Éxito, ganancia, victoria. *Derrota, desastre, frustración, revés.*

TRIVIAL Común, insignificante, insustancial, ordinario, vulgar, baladí. *Excepcional, importante, valioso.*

TRIVIALIDAD Fruslería. *Importancia.* // Vulgaridad. *Finura, originalidad.*

TRIZA Fragmento, partícula, trozo, migaja, pizca.

TRIZAR Trozar, trocear, destrozar, despedazar, desmenuzar, deshacer, romper.

TROCAR Alterar, cambiar, canjear, mudar, permutar. // Desfigurar, equivocar, tergiversar.

TROCHA Senda, sendero, vereda.

TROFEO Triunfo, victoria. // Botín, despojo. // Premio.

TROGLODITA Cavernícola. // Bárbaro, cruel.

TROJ Granero, silo, troje.

TROLA Mentira, embuste, patraña, engaño, embrollo. *Verdad.*

TROLERO Mentiroso, embustero, falaz, patrañero, embaucador. *Veraz.*

TROMBA Manga, tifón, ciclón, torbellino, huracán, remolino.

TROMPADA Puñetazo, soplamocos, trompazo, trompis.

TROMPAZO Batacazo, costalada, porrazo. // Trompada.

TROMPETA Clarín. // Informal, sinvergüenza, ruin.

TROMPICAR Tropezar.

TROMPO Peón, peonza, perinola.

TRONADA Tormenta, borrasca, tempestad, inclemencia.

TRONADO Arruinado, deteriorado, estropeado, maltrecho, fundido, pobre. *Opulento, rico.*

TRONAR Arruinarse, quebrar. // Atacar, impugnar.

TRONCHAR Partir, romper.

TRONCO Cuerpo, torso. // Madero, leño. // Vía, conducto, canal. // Linaje, ascendencia, raza. // Inútil, insensible, indolente, impasible.

TRONERA Abertura, tragaluz, ventana. // Juerguista, perdulario, vicioso.

TRONIDO Estruendo, trueno.

TRONO Monarquía. // Solio, sitial.

TRONZAR Tronchar. *Arreglar, reparar.*

// Cansar, fatigar. *Descansar, reposar.*
TROPA Milicia. // Manada, caterva, multitud, muchedumbre.
TROPEL Movimiento, prisa, tumulto, turba.
TROPELÍA Abuso, arbitrariedad, atropello, ilegalidad, vejación, violencia. *Justicia, legalidad.*
TROPEZAR Chocar, encontrarse, topar.
TROPEZÓN Choque, encontrón.
TROPICAL Ardiente, caliente, sofocante, tórrido. *Frío.*
TROPIEZO Choque, tropezón. // Dificultad, inconveniente. *Ayuda, facilidad.* // Desliz, falta, yerro. *Acierto, cumplimiento.* // Delito.
TROPILLA Caballada, manada.
TROQUEL Cuño, molde.
TROQUELAR Acuñar.
TROTAR Ajetrearse, andar, apresurarse, cabalgar, correr. *Detenerse, retrasarse.*
TROTÓN Caballo, corcel, flete, pingo.
TROVA Canción, poesía, verso.
TROVADOR Bardo, poeta, juglar.
TROZAR Despedazar, tronchar.
TROZO Pedazo, parte, fracción, fragmento, tajada, rebanada, cacho.
TRUCO Ardid, treta, artimaña, trampa. *Candidez, verdad.*
TRUCULENTO Atroz, cruel, tremendo. *Bueno, dulce, suave.*
TRUENO Estampido, estruendo, ruido, tronido. *Silencio.*
TRUEQUE Cambio, canje, permuta.
TRUHÁN Bufón, desvergonzado, pícaro.
TRUHANERÍA Bellaquería, canallada, charranada, trastada, villanía. *Bondad, seriedad.*
TRUNCADO Mutilado, tronchado, trunco. *Completo, entero.*
TRUNCAR Amputar, cortar, mutilar, suprimir. // Callar, omitir, prescindir, saltar, silenciar. // Interrumpir, quebrar, trabucar.
TRUNCO Cercenado, incompleto, mutilado. *Resuelto, terminado.*
TUBERCULOSIS Tisis.
TUBERCULOSO Tísico.

TUBERÍA Cañería.
TUBO Cánula, caño, cañón, cañuto, conducto. **Tuvo (tener).*
TUERTO Torcido, izquierdo. // Perjuicio, daño. // Agravio, insulto, ofensa, injuria.
TUÉTANO Caracú, médula.
TUFO Hedor, olor, emanación, efluvio. *Aroma.* // Humos, petulancia, soberbia, vanidad. *Humildad, modestia.*
TUGURIO Cuchitril, cueva, choza, desván, camaranchón. *Casa, mansión, palacio.* // Garito.
TULIPA Pantalla.
TULLIDEZ Atrofia, anquilosis, parálisis, mutilación.
TULLIDO Baldado, inválido, lisiado, paralítico, anquilosado.
TUMBA Nicho, sepulcro, sepultura. // Tumbo, voltereta, acrobacia.
TUMBADO Tirado, echado, derrumbado, abatido, derrocado. *Levantado.*
TUMBAR Abatir, derribar, revolcar, tirar. *Construir, edificar.* // Caerse, rodar, voltear. *Alzarse.* // Acostarse, echarse, tenderse. *Levantarse.*
TUMBO Barquinazo, caída, vaivén, vuelco. // Ondulación.
TUMBÓN Gandul, haragán, holgazán, perezoso, poltrón, vago. *Activo, laborioso, trabajador.*
TUMEFACCIÓN Hinchazón.
TUMEFACTO Edematoso, hinchado. *Deshinchado.*
TUMOR Absceso, bulto, dureza, hinchazón, lipoma, quiste.
TÚMULO Mausoleo, sepultura.
TUMULTO Alboroto, asonada, confusión, motín, turba. *Calma, orden.*
TUMULTUOSO Agitado, alborotado, revuelto, ruidoso. *Aquietado, calmo, tranquilo, silencioso.*
TUNANTE Bribón, pícaro, pillo, truhán. *Decente, honrado, serio.*
TUNDA Paliza, vapuleo, zurra. *Caricia.*
TUNDEAR Pegar, zurrar, vapulear.
TUNDIR Desmotar. // Castigar, golpear, zurrar.

TÚNEL Galería, mina.
TUPÉ Copete, flequillo. // Atrevimiento, descaro, desfachatez, desvergüenza, frescura. *Educación, timidez, vergüenza.*
TUPIDO Apretado, cerrado, espeso. *Ralo.* // Obtuso, torpe. *Lúcido.*
TUPIR Apretar, atestar, atiborrar, compactar. *Acomodar, aflojar.* // Ocluir. *Destapar.* // Hartarse. *Ayunar.*
TURBA Carbón. // Horda, muchedumbre, plebe, populacho, tropel, turbamulta. *Individuo, persona.*
TURBACIÓN Aturdimiento, confusión, desconcierto, timidez. *Apatía, indiferencia, serenidad.*
TURBADO Aturdido, avergonzado. *Imperturbable, ecuánime, sereno.*
TURBAMULTA Multitud, plebe, populacho, turba.
TURBAR Alterar, azorar, conmover, desconcertar, enturbiar, perturbar, sorprender. // Demudarse, inmutarse. *Serenarse, sosegarse.*
TÚRBIDO Turbio.
TURBIEDAD Turbieza, enturbiamiento, opacidad, oscuridad. *Limpieza, claridad, transparencia.*
TURBIO Borroso, confuso, dudoso, oscuro, revuelto, turbulento. *Claro, nítido.*

// Difícil, embrollado, incomprensible. *Claro, comprensible.*
TURBIÓN Aguacero, chaparrón, chubasco, tormenta.
TURBULENCIA Alboroto, alteración, confusión, perturbación. *Calma, tranquilidad, claridad.*
TURBULENTO Agitado, confuso, turbio. *Calmo, claro.* // Alborotador, revoltoso, tumultuoso. *Pasivo, plácido, sumiso.*
TURGENTE Abultado, elevado, erecto, hinchado, túrgido. *Deshinchado, fláccido, blando.*
TURISTA Excursionista, paseante.
TURNAR Alternar.
TURNO Alternativa, orden.
TURULATO Alelado, atónito, estupefacto, pasmado.
TUSAR Pelar, trasquilar.
TUTELA Amparo, patrocinio, dirección, protección, tutoría, guarda, guía, apoyo. *Abandono.*
TUTELAR Defensor, protector, tutor. *Enemigo.*
TUTOR Administrador, curador, defensor, protector, valedor. // Rodrigón, sostén.
TUTORÍA Tutela.

UBÉRRIMO Fecundo, productivo, feraz, fértil, abundante, pletórico. *Estéril, infecundo.*

UBICACIÓN Situación, sitio, lugar, posición, emplazamiento.

UBICAR Colocar, estar, hallarse, situar. *Cambiar, descolocar, sacar.*

UBICUIDAD Omnipresencia.

UBRE Mama, pecho, teta.

UFANARSE Engreírse, gloriarse, jactarse, pavonearse, envanecerse. *Avergonzarse, humillarse.*

UFANO Arrogante, engreído, orgulloso, envanecido, jactancioso, presuntuoso. *Humilde, modesto.* // Alegre, contento, satisfecho. *Insatisfecho, triste.*

UJIER Portero, bedel, guardián.

ÚLCERA Llaga.

ULCERADO Ulceroso, fistuloso, llagado, herido.

ULIGINOSO Cenagoso, pantanoso, fangoso, húmedo.

ULTERIOR Posterior, siguiente. *Anterior, previo.* // Allende. *Aquende.*

ÚLTIMAMENTE Finalmente, al cabo, en conclusión.

ULTIMAR Acabar, concluir, finalizar, finiquitar. *Comenzar, empezar, iniciar.* // Matar, rematar. *Resucitar.*

ULTIMÁTUM Exigencia, amenaza, intimidación. *Excusa, pretexto.*

ÚLTIMO Final, postrer, postrero, postrimero, remoto, lejano, extremo. *Inaugural, inicial, primero, primitivo.*

ULTRA Además de, más allá de, al otro lado de.

ULTRAJADO Injuriado, ofendido, insultado, afrentado, agraviado, deshonrado, difamado. *Honrado.*

ULTRAJAR Afrentar, ajar, despreciar, injuriar, vejar, agraviar. *Admirar, honrar, respetar.*

ULTRAJE Afrenta, baldón, desprecio, injuria, insulto.

ULTRANZA (A) A todo trance, resueltamente.

ULULAR Aullar, clamar, gritar.

ULULATO Aullido, alarido, grito, lamento.

UMBRAL Limen, paso. // Entrada. *Dintel.* // Comienzo, origen, principio. *Fin, término.*

UMBRÍA Sombra, follaje, boscaje. *Claridad, luminosidad.*

UMBROSO Sombreado, sombrío, umbrío, boscoso, frondoso. *Soleado.*

UNÁNIME General, total. *Parcial.*

UNANIMIDAD Conformidad, totalidad. *Disconformidad, discrepancia.*

UNCIÓN Extremaunción, ungimiento. // Devoción, fervor. *Frialdad, indiferencia, irreverencia.*

UNCIR Enyugar, acoyundar, juñir.

UNDULAR Ondear, ondular, culebrear, serpentear, flamear, flotar.

UNGIR Untar, embadurnar. // Dignificar, sacramentar. // Investir, proclamar, conferir.

UNGÜENTO Pomada.

ÚNICAMENTE Precisamente, solamente, sólo, tan sólo, meramente, exclusivamente.

ÚNICO Solo, singular. *Compuesto, divisible, varios.* // Excelente, extraordinario, sin par. *Común, vulgar.*

UNICOLOR Monocromo. *Multicolor, policromo.*

UNIDAD Singularidad, unicidad. *Colectividad, multiplicidad, pluralidad.* // Conformidad, unanimidad, unión. *Desunión.*

UNIFICAR Aunar, adunar, centralizar, juntar, unir. *Descentralizar, desunir, desparramar.*

UNIFORMAR Igualar. *Desigualar, diversificar.*

UNIFORME Conforme, igual, parejo, semejante. *Diferente, distinto, diverso, multiforme, variado.*

UNIFORMIDAD Igualdad, monotonía, semejanza, similitud, coincidencia. *Diversidad, desigualdad, inexactitud.*

UNIÓN Adherencia, cohesión, fusión, mezcla. *Disgregación, separación.* // Ayuntamiento, cópula. // Concordia, conformidad, correspondencia. *Desunión, discordia, divergencia.* // Casamiento, enlace, matrimonio. *Divorcio.* // Alianza, coalición, compañía, federación, liga. *Disidencia, escisión, independencia.* // Agregación, incorporación. *Disociación.* // Aproximación, inmediación. *Alejamiento.*

UNIR Acoplar, anexar, articular, asociar, atar, aunar, casar, incorporar, juntar, mezclar, reunir. *Separar.* // Empalmar, ensamblar, fundir, fusionar, ligar, pegar, soldar. *Desconectar.* // Aliarse, confederarse, federarse. *Desvincularse.*

UNÍSONO Acorde, conteste, unánime.

UNITARIO Uno, indiviso, junto, inseparable. *Separable.*

UNIVERSAL Total, general, absoluto, íntegro, corriente, frecuente, vulgar. *Parcial, limitado.* // Mundial, internacional, cosmopolita, católico, enciclopédico. *Nacional.*

UNIVERSIDAD Facultad, estudio, enseñanza.

UNIVERSO Cosmos, mundo, orbe.

UNO Idéntico, simple, solo, unitario. *Compuesto, par, plural.*

UNOS Algunos, varios. *Muchos.*

UNTAR Manchar, pringar, ungir. // Cohechar, corromper, sobornar.

UNTO Grasitud, gordura, grosura. // Dádiva, gratificación, propina. // Coima.

UNTUOSO Aceitoso, oleoso, grasiento, graso, pegajoso, pingüe.

UNTURA Unto, engrase, unción.

UÑA Casco, pezuña.

UÑADA Arañazo, rasguño.

URBANIDAD Educación, cortesía, civilidad, finura, comedimiento, afabilidad, sociabilidad. *Descortesía, desatención, incorrección.*

URBANO Atento, comedido, cortés, cortesano. *Descortés.* // Ciudadano. *Rural.*

URBE Ciudad. *Campo.* // Capital, metrópoli. *Aldea, pueblo, villa.*

URDIMBRE Tejido, estambre, puntilla, encaje.

URDIR Fraguar, maquinar, tramar, tejer, armar.

URENTE Abrasador, urticante, ardiente, escocedor. *Fresco, templado.*

URGENCIA Apremio, aprieto, necesidad, perentoriedad, precisión, premura, prisa. *Dilación, lentitud, retraso.*

URGENTE Apremiante, imperioso, necesario, perentorio. *Aplazable.*

URGIR Apremiar, apurar, instar, precisar. *Retrasar.*

URINARIO Mingitorio, común, excusado, letrina, meadero, retrete.

URNA Arca, arquita, vaso.

URTICANTE Picante, irritante, urente, escocedor, quemante, punzante. *Emoliente, refrescante, fresco.*

URTICARIA Sarpullido, irritación, erupción, picazón, comezón.

USADO Deslucido, gastado, viejo. *Nuevo.* // Ejercitado, habituado. *Desusado, inexperto.*

USANZA Uso, costumbre, práctica, moda, hábito, conducta, rutina, tradición, procedimiento. *Desuso.*

USAR Disfrutar, emplear, llevar, practicar. *Desaprovechar.* // Acostumbrar, soler, estilar. ***Húsar.**

USO Disfrute, empleo, gasto, goce, función, utilidad, provecho, usufructo, manejo, servicio. *Inutilidad.* // Costumbre, moda, práctica, usanza, hábito, estilo. *Desuso.* ***Huso.**

USTIÓN Quema, ignición, combustión.

USUAL Cómodo, común, corriente, frecuente, habitual, general, vulgar. *Desusado, inusual.*

USUFRUCTO Disfrute, fruto, goce, provecho, uso, utilidad.

USUFRUCTUAR Disfrutar, gozar, fructificar. *Desperdiciar.*

USUFRUCTUARIO Beneficiario, usuario, fructuario.

USURA Explotación, ganancia, interés, utilidad, provecho. *Desinterés, generosidad, pérdida.*

USURERO Explotador, logrero, prestamista. *Altruista, dadivoso, espléndido.*

USURPACIÓN Apropiamiento, incautación, apoderamiento, toma, robo. *Restitución, devolución.* // Asunción, detentación, arrogación.

USURPAR Apropiarse, arrogarse, despojar, detentar, expoliar, quitar, robar. *Dar, devolver, restituir.*

UTENSILIO Artefacto, herramienta, instrumento, útil, aparejo, enseres.

ÚTERO Matriz.

ÚTIL Eficaz, provechoso, beneficioso, fructuoso, ventajoso, bueno, conveniente, favorable, lucrativo, productivo. *Desventajoso, infructuoso, superfluo.* // Servible, utilizable, aprovechable. *Inservible, inútil.*

ÚTILES Aparejos, avíos, pertrechos, trastos, enseres.

UTILIDAD Conveniencia, comodidad, uso, empleo, aplicación, servicio, validez. // Beneficio, ventaja, fruto, ganancia, producto, provecho, rendimiento. *Desventaja, inutilidad, pérdida.*

UTILITARIO Aprovechador, aprovechado, egoísta, interesado, materialista, positivista. *Altruista, desinteresado.*

UTILIZABLE Aprovechable, disponible, servible, útil, explotable, valioso. *Inútil, inservible.*

UTILIZAR Aprovechar, emplear, esgrimir, prevalerse, servirse, usar, valerse, aplicar, explotar, dedicar. *Abandonar, desaprovechar, desechar.*

UTOPÍA Ensueño, ilusión, quimera, ideal, anhelo. *Realidad.*

UTÓPICO Fantástico, ilusorio, quimérico, ficticio. *Real.*

ÚVULA Campanilla.

VACACIÓN Asueto, descanso, recreo, holganza, pausa. *Trabajo.*
VACANTE Disponible, libre. *Contratado.* // Vacío. *Completo, lleno.* ***Bacante.**
VACAR Holgar, descansar, holgazanear, haraganear, feriar, vegetar. *Trabajar.* // *Carecer, faltar.*
VACIADO Moldeado. // Excavación.
VACIAR Agotar, desaguar, desocupar, extraer, sacar, verter, arrojar. *Llenar.* // Moldear.
VACIEDAD Necedad, sandez, vacuidad.
VACILACIÓN Duda, indecisión, irresolución, titubeo. *Certeza, decisión, seguridad.* // Balanceo, oscilación, vaivén. *Firmeza.*
VACILANTE Titubeante, fluctuante, remiso, indeciso, irresoluto, perplejo. *Firme, decidido.*
VACILAR Dudar, titubear. *Actuar, creer, decidir.* // Bambolearse, oscilar, tambalearse. *Afirmarse.* ***Bacilar.**
VACÍO Desocupado, hueco, vacuo. *Lleno, repleto.* // Deshabitado, desierto, despoblado. *Habitado.* // Fatuo, presumido, presuntuoso, vano. *Modesto.* // Concavidad, oquedad, falta, carencia, ausencia.
VACUIDAD Necedad. // Vacío.
VACUNAR Inocular, inmunizar. *Contagiar.*
VACUNO Bovino.
VACUO Necio. *Inteligente, sagaz.* // Vacío. *Lleno.*
VADEABLE Pasable, superable, vencible, franqueable.

VADEAR Pasar, cruzar, franquear. // Superar, vencer.
VADEMÉCUM Memorándum, prontuario, agenda.
VADO Paso.
VAGABUNDEAR Callejear, corretear, errar, merodear, vagar, vaguear. *Encerrarse, permanecer.*
VAGABUNDO Callejero, holgazán, nómada, trotamundos, vago. *Casero, trabajador, sedentario.*
VAGANCIA Gandulería, haraganería, holgazanería, ociosidad, poltronería, vagabundeo.
VAGAR Errar, holgazanear, ociar, pasear, vagabundear. *Permanecer, trabajar.*
VAGIDO Gemido, llanto, plañido, lloriqueo, gimoteo, lloro. ***Vahído.**
VAGO Gandul, haragán, vagabundo. *Laborioso, trabajador.* // Confuso, impreciso, indefinido. *Claro, preciso.* // Sutil, vaporoso.
VAGÓN Carruaje, coche, furgón.
VAGUADA Cañada, barranca, arroyada, cauce.
VAGUEAR Vagabundear.
VAGUEDAD Imprecisión, indefinición, indeterminación. *Claridad, decisión, precisión.*
VAHARADA Aliento, soplo, inhalación, espiración. // Suspiro, sollozo.
VAHÍDO Desmayo, desvanecimiento, vértigo, mareo. ***Vagido.**
VAHO Efluvio, emanación, vapor, hálito, exhalación. ***Bao.**
VAINA Cáscara, envoltura, funda, estu-

che, forro, protección. // Contrariedad.

VAIVÉN Balanceo, oscilación. // Inconstancia, inestabilidad, mudanza. *Constancia, estabilidad, firmeza.*

VAJILLA Loza. // Platos, fuentes, vasos, tazas.

VALE Bono, entrada. *Bale (balar).

VALEDERO Firme, obligatorio, válido, vigente. *Ineficaz.*

VALEDOR Defensor, padrino, protector, favorecedor, patrocinador.

VALENTÍA Aliento, arrojo, bravura, coraje, denuedo, entereza, esfuerzo, gallardía, hombría, impavidez, intrepidez, temeridad, temple, valor. *Cobardía.* // Hazaña, heroicidad.

VALENTÓN Bravucón, fanfarrón, guapo, jactancioso, matasiete, matón, perdonavidas. *Modesto.*

VALER Costar, elevarse, equivaler, importar, montar, subir, sumar. *Devaluar, disminuir.* // Fructificar, producir, redituar, rentar. // Amparar, auxiliar, patrocinar, prevalecer, proteger, servir. *Abandonar, desamparar.*

VALEROSO Valiente, animoso, bravo, denodado, esforzado, gallardo, temerario. *Irresoluto, medroso, temeroso.*

VALETUDINARIO Achacoso, delicado, enclenque, enfermizo. *Fuerte, joven, sano.*

VALÍA Aprecio, estimación, utilidad, valor. // Favor, privanza, valimiento.

VALIDACIÓN Aprobación, autorización, certificación, consolidación, homologación, revalidación, sanción. *Desaprobación, rectificación.* // Firmeza, fuerza, garantía, seguridad, subsistencia. *Debilidad, inseguridad.*

VALIDAR Autorizar, aprobar, aceptar, admitir, certificar, homologar, legalizar, revalidar. *Anular, invalidar, revocar.*

VALIDEZ Autenticidad, fuerza, vigencia, vigor. *Ineficacia, inutilidad.*

VÁLIDO Firme, subsistente, valedero, vigente. *Desautorizado, inservible, nulo.* // Fuerte, robusto, sano, vigoroso. *Enclenque.* *Valido.

VALIDO Apreciado, estimado. // Favorito, privado. *Balido, válido.

VALIENTE Valeroso. *Cobarde, miedoso, pusilánime.*

VALIJA Maleta.

VALIMIENTO Amparo, defensa, favor, influencia, privanza. *Desamparo.*

VALIOSO Excelente, meritorio. *Desdeñable.* // Acaudalado, adinerado, rico. *Pobre.*

VALLA Barrera, estacada, vallado, cerca, empalizada. *Abertura, facilidad.*

*Vaya (ir), baya.

VALLE Cuenca, arroyada, hondonada, cañada.

VALOR Precio. // Valentía. *Cobardía.* // Alcance, peso, trascendencia, valía. *Insignificancia.* // Eficacia, fuerza, poder, virtud. *Intrascendencia.* // Fruto, producto, rédito. // Descaro, insolencia. *Vergüenza.*

VALORAR Ajustar, apreciar, estimar, evaluar, tasar, valuar. *Despreciar, desacreditar, desmerecer, subestimar.*

VALORES Acciones, títulos.

VALORIZAR Incrementar, aumentar, acrecentar. *Desvalorizar.*

VALUAR Evaluar, valorar.

VÁLVULA Lámpara. // Obturador.

VAMPIRO Murciélago. // Usurero.

VANAGLORIA Arrogancia, engreimiento, envanecimiento, fatuidad, jactancia, presunción, vanidad, altivez. *Humildad, modestia.*

VANAGLORIARSE Alabarse, engreírse, envanecerse, gloriarse, jactarse, pavonearse, preciarse, presumir. *Humillarse, rebajarse.*

VANAGLORIOSO Arrogante, altivo, altanero, envanecido, engreído. *Modesto, humilde.*

VANAMENTE Infundadamente. // Inútilmente. *Fructuosamente, provechosamente.*

VANDALISMO Asolación, bandolerismo, depredación, devastación, destrucción, pillaje.

VÁNDALO Bárbaro, desalmado, forajido. // Asolador, destructor, exterminador, devastador.

VANIDAD Arrogancia, endiosamiento, fatuidad, hinchazón, humor, ínfulas, ostentación, pedantería, presunción, pompa, vanagloria. *Humildad, modestia, timidez.*

VANIDOSO Envanecido, fatuo, presumido, vano.

VANO Huero, vacío. // Ineficaz, infructuoso, inútil. *Fructuoso, provechoso, útil.* // Ilusorio, inestable, imaginario, insubsistente. *Real, verdadero.* // Insustancial, presuntuoso, superficial. // Hueco, arcada, galería, ventana, arco, puerta. // Alféizar, barandal, barandilla.

VAPOR Fluido, vaho, gas. // Aliento, hálito. // Vértigo, desmayo, síncope. // Barco, buque, nave.

VAPORIZAR Difundir, evaporar, evaporizar.

VAPOROSO Aéreo, flotante, etéreo, ligero, sutil, tenue. // Aeriforme, gaseiforme, humoso, volátil. *Denso.*

VAPULEAR Azotar, golpear, zurrar. *Acariciar, halagar.*

VAPULEO Paliza, zurra, azote.

VAQUERO Pastor.

VARA Bastón, pértiga, palo.

VARADA Encallada, varamiento, naufragio, varadura.

VARAPALO Bastonazo, estacazo, trancazo. // Reprimenda, crítica. *Elogio.* // Inquietud, pesadumbre.

VARAR Embarrancar, encallar.

VAREAR Apalear, golpear. // Enflaquecer, adelgazar.

VÁRGANO Estaca, mástil, listón, tabla, mojón.

VARIABILIDAD Alterabilidad, inestabilidad, mudanza, variedad. *Certidumbre, estabilidad.*

VARIABLE Cambiante, inconstante, inseguro, inestable, mudable, tornadizo, vario, veleidoso, versátil, voluble. *Constante, estable, fijo, permanente.*

VARIACIÓN Alteración, cambio, variedad, modificación, mutación, trasfor-

mación. *Monotonía, estabilidad.*

VARIADO Vario. // Transformado, cambiado, distinto.

VARIAR Alterar, cambiar, diferenciar, diversificar, modificar, mudar, transformar.

VARIEDAD Diferencia, diversidad. *Igualdad, semejanza.* // Inconstancia, inestabilidad, instabilidad, mutabilidad. *Estabilidad, fijeza, permanencia.*

VARIO Variado, múltiple, híbrido, dispar, disímil, distinto, desigual, diferente, diverso. *Igual.* // Indeterminado. // Tornadizo. *Firme.* *Bario.

VARIOS Algunos, diferente, distintos, diversos.

VARÓN Hombre, macho. *Hembra, mujer.* *Barón.

VARONA Hembra, mujer.

VARONIL Masculino, viril. *Femenino, afeminado.* // Animoso, esforzado, firme, valeroso. *Débil, medroso.*

VASALLAJE Dependencia, sujeción, sumisión. *Dominación, emancipación.*

VASALLO Feudatario, súbdito, tributario. *Señor.*

VASAR Anaquelería, estante, repisa, vasera. *Basar, bazar.

VASIJA Recipiente, alcuza, vaso, cacharro, tacho.

VASO Pote, copa, cubilete. // Bacín, orinal. *Baso (basar), bazo.

VÁSTAGO Brote, renuevo, talluelo. // Descendiente, hijo.

VASTEDAD Anchura, dilatación, grandeza, inmensidad. *Escasez, finitud, pequeñez.* *Bastedad.

VASTO Ancho, anchuroso, dilatado, grande, inmenso, amplio. *Angosto, pequeño.* *Basto.

VATE Aedo, bardo, poeta, rapsoda. *Bate (batir).

VATICINAR Adivinar, predecir, profetizar, pronosticar, presagiar.

VATICINIO Conjetura, profecía, augurio, adivinación, agorería.

VAYA Burla. *Baya, valla.

VECINDAD Vecindario. // Cercanía,

contigüidad, inmediación, proximidad. *Lejanía.* // Alrededores, contornos, inmediaciones.

VECINDARIO Población, vecindad, vecinos.

VECINO Convecino, habitante, morador. // Adyacente, contiguo, inmediato, lindante, próximo. *Lejano.* // Análogo, coincidente, parecido.

VEDAR Acotar, estorbar, impedir, prohibir, privar. *Autorizar, facilitar, otorgar, permitir.*

VEEDOR Inspector.

VEGA Huerta.

VEGETAL Planta. *Animal, mineral.*

VEGETAR Germinar, crecer, brotar, desarrollarse, verdear.

VEHEMENCIA Ardor, calor, fogosidad, ímpetu, impetuosidad, intensidad, pasión, violencia. *Flema, impasibilidad, indiferencia.*

VEHEMENTE Apasionado, ardoroso, efusivo, fogoso, impulsivo, vivo. *Apático, frío, indiferente.*

VEHÍCULO Coche, automóvil, carruaje, ferrocarril.

VEJAMEN Afrenta, burla, represión. *Alabanza.*

VEJAR Insultar, maltratar, molestar, mortificar, ofender, perseguir. *Alabar, encomiar, entretener, honrar.*

VEJATORIO Insultante, humillante, ofensivo, mortificante.

VEJEZ Ancianidad, senectud, senilidad, vetustez. *Juventud.*

VEJIGA Ampolla, bolsa.

VELA Bujía, candela, cirio. // Vigilancia, vigilia. *Modorra, sueño.* // Velamen, lona, toldo.

VELADA Fiesta, festejo, tertulia, velorio, velatorio.

VELADO Oculto, oscuro, opaco, secreto, misterioso, disimulado, escondido, cubierto, enmascarado. *Claro, inteligible, descubierto.* // Esposo, cónyuge, consorte.

VELADOR Candelero, candelabro, lámpara, palmatoria. // Mesita, trípode. //

Guardián, celador, vigilante.

VELAR Atenuar, cubrir, ocultar. *Descubrir.* // Trasnochar. *Madrugar.* // Cuidar, guardar, proteger, vigilar. *Descuidar, dormir.*

VELEIDAD Versatilidad, ligereza, inconstancia, mutabilidad, volubilidad, diversidad. *Firmeza, constancia, inmutabilidad.*

VELEIDOSO Antojadizo, mudable, tornadizo, veleta, versátil, voluble. *Constante, firme, persistente, tesonero.*

VELERO Bajel, buque.

VELLO Pelusa. **Bello.*

VELLOSIDAD Pelusa, pilosidad, lanosidad.

VELO Cortina, manto. // Excusa, ficción, pretexto. // Oscuridad, confusión.

VELOCIDAD Celeridad, ligereza, presteza, prisa, prontitud, rapidez. *Lentitud, pasividad.*

VELORIO Velatorio.

VELOZ Acelerado, ágil, ligero, pronto, rápido, raudo.

VELOZMENTE Rápidamente, raudamente, aceleradamente, presurosamente, ágilmente. *Lentamente.*

VENA Filón, veta. // Inspiración.

VENABLO Azagaya, dardo, flecha.

VENADO Ciervo.

VENAL Sobornable, vendible. *Incorruptible, íntegro.*

VENCEDOR Ganador, triunfador, triunfante, victorioso. *Perdedor.*

VENCER Aplastar, arrollar, aventajar, batir, derrotar, dominar, prevalecer, reducir, rendir, someter, subyugar, superar, triunfar. *Perder, resistir.* // Allanar, zanjar.

VENCIDO Derrotado. *Vencedor.* // Convencido, persuadido, subyugado.

VENCIMIENTO Derrota. // Plazo, término, época.

VENDAVAL Huracán, ventarrón. *Brisa.*

VENDER Despachar, enajenar, expender. *Adquirir, comprar.* // Delatar, descubrir, traicionar.

VENENO Ponzoña, tósigo, tóxico, toxi-

na. *Antídoto, contraveneno.*
VENENOSO Ponzoñoso, tósigo, tóxico. *Inocuo.* // Intencionado, mordaz, sarcástico.
VENERABLE Santo, virtuoso, honorable, respetable, considerado, respetado. *Despreciable.* // Anciano, patriarcal.
VENERACIÓN Acatamiento, respeto, reverencia. *Desdén, menosprecio.*
VENERAR Acatar, honrar, respetar, reverenciar, adorar. *Deshonrar, despreciar, insultar.*
VENERO Fuente, manantial, pozo, mina. *Mar.* // Origen, principio, inicio. *Fin.*
VENGANZA Desquite, represalia, revancha, satisfacción, vindicta. *Clemencia, indulto, perdón.*
VENGARSE Desquitarse, satisfacerse, desagraviarse. *Perdonar.*
VENGATIVO Rencoroso, vindicativo. *Clemente, indulgente.*
VENIA Perdón, remisión. // Autorización, licencia, permiso. *Denegación.* // Saludo. *Venía* (venir).
VENIAL Intrascendente, leve. *Grave.*
VENIDA Aparición, arribada, llegada, regreso, vuelta. *Ida.*
VENIDERO Futuro. *Pasado, pretérito.*
VENIR Aparecer, arribar, llegar, regresar, retornar. *Ausentarse, irse, marchar, partir, retirarse.* // Acomodarse, ajustarse, avenirse, conformarse. // Acontecer, producirse, sobrevenir.
VENTA Despacho. *Compra.* // Hospedería, mesón, posada.
VENTAJA Ganancia, provecho, utilidad. *Pérdida.* // Superioridad, delantera. *Desventaja, inferioridad.*
VENTAJOSO Barato, conveniente, provechoso. *Caro, inconveniente, perjudicial.*
VENTANA Abertura, vano, ventanilla, ventanuco, luminaria, tragaluz.
VENTEAR Airear, ventilar. // Olfatear, husmear, indagar.
VENTERO Posadero, hostelero, figonero, mesonero.
VENTILACIÓN Aireamiento.

VENTILAR Airear, orear. // Aclarar, dilucidar. *Embrollar.*
VENTISCA Nevisca, nevasca, ventisquero.
VENTISQUERO Glaciar, helero. // Ventisca.
VENTOLERA Sobreviento, ramalazo, torbellino, vorágine. // Presunción, soberbia, jactancia. *Modestia.*
VENTRUDO Barrigudo, obeso, panzón. *Flacucho.*
VENTURA Dicha, felicidad, fortuna, suerte. *Desgracia, infortunio, revés.* // Casualidad, contingencia, acaso. // Peligro, riesgo.
VENTUROSO Afortunado, dichoso, feliz, suertudo. *Desastroso, infeliz, infortunado.*
VER Apariencia, aspecto. // Advertir, avistar, columbrar, descubrir, distinguir, divisar, hallar, notar, observar, percibir, reparar, vislumbrar. *Cegarse, inadvertir.* // Atender, cuidar. *Descuidar.* // Ensayar, experimentar, probar. // Conocer, considerar, examinar, juzgar, reconocer. *Desconocer, desoír, ignorar.*
VERA Borde, lado, orilla, cercanía, proximidad.
VERACIDAD Autenticidad, franqueza, lealtad, sinceridad. *Deslealtad, fingimiento, hipocresía, insinceridad.*
VERANDA Galería, terraza, mirador.
VERANIEGO Estival. *Hibernal, invernal.* // Ligero, liviano, transparente. *Grueso, pesado.*
VERANO Canícula, estío. *Invierno.*
VERAS Autenticidad, exactitud, realidad. *Falsedad.* // Eficacia, empeño, firmeza. *Verás* (ver), **veraz.**
VERAZ Fidedigno, franco, sincero, verdadero, verídico. *Embustero, falso, mendaz.* *Verás* (ver), **veras.**
VERBA Verbosidad, verborrea, labia, locuacidad.
VERBAL Oral. *Escrito.*
VERBIGRACIA Ejemplo, consideración.
VERBO Lengua, palabra, lenguaje. // Conjugación.

VERBOSIDAD Facundia, labia, locuacidad, verba. *Concisión, discreción, laconismo, sequedad.*

VERDAD Certeza, certidumbre, veras, evidencia, autenticidad, realidad. *Calumnia, mentira, embuste, error, falsedad, impostura, invención, patraña.*

VERDADERO Auténtico, cierto, efectivo, indubitable, indudable, exacto, evidente, legítimo, real, serio. *Engañoso, feliz, incierto, mítico.*

VERDE Verdemar, glauco, verdoso, cetrino, aceitunado. // Fresco, precoz, tierno. *Hecho, maduro.* // Libre, obsceno, picante, indecoroso. *Decoroso, honesto.*

VERDÍN Cardenillo.

VERDOR Fortaleza, juventud, lozanía, mocedad, vigor. *Debilidad, senectud.*

VERDUGO Ajusticiador, martirizador. // Sanguinario, cruel, criminal. // Brote, renuevo, vástago.

VERDUGÓN Cardenal, equimosis, roncha, hematoma.

VERDURA Hortaliza, legumbre. // Verdor, follaje. // Indecencia, obscenidad.

VERECUNDO Vergonzoso.

VEREDA Acera. // Senda, sendero.

VEREDICTO Fallo, sentencia, juicio. *Revocación.*

VERGA Palo, garrote, fusta, tranca, vara.

VERGEL Huerto, jardín.

VERGONZANTE Vergonzoso.

VERGONZOSO Apocado, tímido. *Audaz, osado.* // Deshonroso, infamante, torpe. *Honorable, meritorio.*

VERGÜENZA Bochorno, cortedad, empacho, rubor, timidez, turbación. *Cinismo, descaro, tupé.* // Honrilla, pundonor. *Indignidad.*

VERÍDICO Verdadero. *Engañoso, falso.*

VERIFICACIÓN Comprobación, compulsa, constatación, control, examen, prueba, revisión. // Realización.

VERIFICAR Comprobar, compulsar, controlar, examinar, probar, revisar. *Confiar, suponer.* // Ejecutar, realizar. *Omitir, prescindir.*

VERJA Cerca, cercado, enrejado.

VERME Gusano, lombriz.

VERNÁCULO Doméstico, nativo, indígena, patrio. *Extranjero, foráneo.*

VEROSÍMIL Aceptable, creíble, posible, probable, verosímil. *Absurdo, improbable, increíble, inverosímil.*

VEROSIMILITUD Probabilidad, credibilidad, certidumbre, posibilidad. *Incredibilidad, inverosimilitud.*

VERRACO Cerdo, puerco, marrano, cochino, verrón.

VERRAQUEAR Llorar, gritar, rabiar, patalear.

VERRUGA Carnosidad, excrecencia. // Defecto, tacha.

VERSADO Competente, conocedor, ducho, ejercitado, enterado, instruido, práctico, experto. *Ignorante, incompetente, inexperto.*

VERSAR Tratar. // Avezarse.

VERSÁTIL Inconstante, mudable, variable, veleidoso, voltario. *Constante, firme, inmutable, permanente.*

VERSE Avistarse, encontrarse, visitarse.

VERSIÓN Explicación, interpretación, traducción.

VERSO Poesía.

VERTEDERO Derramadero, sumidero.

VERTER Derramar, vaciar, volcar. // Traducir, trasladar.

VERTICAL Perpendicular. *Horizontal.* // Derecho, erguido, parado, erecto. *Acostado, tendido.*

VÉRTICE Ápice, cumbre, cúspide, extremo, remate. *Vórtice.

VERTIENTE Declive, ladera, pendiente, inclinación.

VERTIGINOSO Rápido, raudo. *Lento, tardo.*

VÉRTIGO Desmayo, desvanecimiento, mareo, vahído. *Lucidez.*

VESANIA Demencia, locura. *Cordura, juicio.*

VESICANTE Escocedor, irritante.

VESÍCULA Ampolla, bolsa, vejiga.

VESTÍBULO Atrio, portal, zaguán, porche, galería.

VESTIDO Atuendo, ropa, vestidura, vestimenta, atavío, indumentaria, traje.

VESTIGIO Huella, indicio, rastro, señal, pista, marca, resto, residuo, reliquia, signo. // Cardenal, cicatriz, verdugón. ***Vestiglo.**

VESTIMENTA Vestido.

VESTIR Adornar, ataviar, cubrir, disfrazar, engalanar, envolver, exornar. *Desnudar, desvestir.*

VETA Estrato, filón, vena. // Faja, franja, lista. ***Beta.**

VETEADO Estriado, jaspeado, rayado. *Liso.*

VETERANO Antiguo, viejo. *Incipiente, joven, novicio.* // Aguerrido, avezado, ducho, experto. *Inexperto.*

VETO Negativa, oposición, obstáculo, impedimento. *Anuencia, aprobación.*

VETUSTO Antiguo, decrépito, ruinoso, viejo. *Joven, reciente, nuevo.*

VEZ Coyuntura, ocasión, tiempo, turno, mano, vuelta, ciclo, período. ***Ves** (ver).

VÍA Acceso, arteria, calle, camino, carril, conducto, riel, ruta, senda, sendero, vereda.

VIABLE Factible, hacedero, posible, realizable. *Imposible.*

VIAJAR Andar, caminar, vagar, marchar, pasear.

VIAJE Excursión, travesía.

VIAJERO Caminante, excursionista, turista, pasajero.

VIANDA Comida, sustento.

VIANDANTE Andarín, caminante, peatón, transeúnte, trotamundos, viajero.

VIÁTICO Eucaristía. // Provisión, víveres, reservas, equipaje.

VÍBORA Áspid.

VIBRACIÓN Agitación, oscilación, temblor. *Inmovilidad, quietud.*

VIBRANTE Tembloroso, oscilante. *Quieto.* // Vibratorio, cimbreante. // Sonoro, retumbante, resonante. *Sordo.*

VIBRAR Cimbrear, cimbrar, ondular, oscilar. *Aquietar, inmovilizar.*

VICEVERSA Al contrario, por el contrario, recíprocamente, al revés.

VICHAR Vichear, espiar, acechar.

VICIAR Adulterar, dañar, enviciar, corromper, pervertir, torcer. *Corregir, enmendar, regenerar.*

VICIO Daño, defecto, imperfección. *Perfección.* // Engaño, falsedad. *Verdad.* // Libertinaje, licencia. *Honestidad, moralidad, virtud.* // Alabeo, desviación. // Condescendencia. // Mimo.

VICIOSO Pervertido, crápula, depravado, disoluto, perdulario. // Fuerte, lozano, vigoroso. // Malcriado, mañoso, mimado. // Perezoso.

VICISITUD Albur, alternativa, inconstancia, inestabilidad.

VÍCTIMA Sacrificado, mártir, inmolado. *Victimario.*

VICTO Pábulo, sustento, alimento.

VICTOREAR Vitorear.

VICTORIA Superioridad, triunfo, vencimiento. *Derrota, desastre, fracaso.*

VICTORIOSO Ganador, triunfante. *Fracasado, perdidoso.* // Decisivo.

VID Parra, cepa.

VIDA Existencia, subsistencia, vitalidad, vivir. *Inexistencia, muerte.* // Actividad, energía, movimiento. // Conducta. // Persona. // Biografía.

VIDENTE Profeta, adivino, iluminado, médium. ***Bidente.**

VIDRIERA Escaparate.

VIDRIOSO Frágil, quebradizo, resbaladizo. // Delicado, susceptible. *Fácil, sencillo.*

VIEJO Anciano. *Joven, mozo.* // Antiguo, añejo, desusado, vetusto. *Moderno, nuevo.* // Deslucido, estropeado, usado. *Flamante.*

VIENTO Aire, brisa, soplo, racha, corriente, vendaval, ventarrón, ventolera, hálito, aura, céfiro, chiflón.

VIENTRE Abdomen, andorga, barriga, mondongo, panza, tripa.

VIGA Madero, tirante.

VIGENCIA Validez, eficacia.

VIGENTE Válido, valedero, eficaz, actual. *Caducado.*

VIGÍA Atalaya, centinela, observador, guardia, vigilante.

VIGILANCIA Atención, cuidado, observación, vela. *Desatención, descuido, sueño.*

VIGILANTE Celador, guardián, policía, sereno. // Alerta, atento, cuidadoso. *Distraído, dormido.*

VIGILAR Atender, custodiar, celar, observar, velar, atalayar. *Desatender, descuidar, dormir.*

VIGILIA Desvelo, insomnio, vela. *Sueño.* // Víspera.

VIGOR Eficacia, energía, fuerza, reciedumbre, robustez, viveza, vitalidad. *Debilidad, impotencia.*

VIGORIZAR Animar, esforzar, robustecer, vitalizar. *Desalentar, debilitar.*

VIGOROSO Animoso, enérgico, fuerte, robusto, eficaz.

VIHUELA Guitarra.

VIL Bajo, despreciable, indigno, infame, torpe. *Digno, noble.* // Alevoso, desleal, traidor. *Bueno, leal.*

VILEZA Alevosía, bajeza, infamia, ruindad, traición. *Bondad, dignidad, honor.*

VILIPENDIAR Denigrar, desacreditar, desprestigiar, difamar, escarnecer, infamar, insultar, envilecer. *Dignificar, honrar, prestigiar.*

VILIPENDIO Infamia, servilismo, desprestigio, difamación, deshonra, desprecio. *Honra, dignificación.*

VILLA Pueblo. *Ciudad.* // Quinta.

VILLANÍA Alevosía, bajeza, indignidad, maldad, obscenidad, vileza. *Decencia, dignidad, grandeza, honorabilidad, honestidad.*

VILLANO Bajo, descortés, grosero, indigno, infame, miserable, perverso. // Plebeyo, rústico, tosco. *Educado, noble.*

VILLORRIO Aldea, lugar, poblado.

VILO (EN) Colgado, suspendido, inestable. // En suspenso, en zozobra.

VINCULAR Asegurar, atar, sujetar. *Desligar.* // Emparentarse, relacionarse.

VÍNCULO Atadura, lazo, ligadura, nexo, unión.

VINDICAR Defender, recobrar, reivindicar, vengar.

VINDICTA Venganza.

VIÑA Viñedo.

VIOLA Violeta.

VIOLÁCEO Violado.

VIOLACIÓN Estupro, violencia, profanación. // Atentado, infracción, quebrantamiento. *Cumplimiento, respeto.*

VIOLADO Morado, violáceo.

VIOLAR Deshonrar, estuprar, forzar, profanar. // Conculcar, infringir, quebrantar, transgredir, vulnerar. *Cumplir, respetar.* // Ajar, deslucir.

VIOLENCIA Ardor, brutalidad, fuerza, ímpetu, impetuosidad, rudeza. *Calma, mansedumbre, serenidad.* // Violación.

VIOLENTAR Atropellar, forzar, profanar, quebrantar, romper, transgredir, violar, vulnerar. *Respetar.* // Excitarse, irritarse. *Serenarse.* // Contenerse, dominarse, retenerse, vencerse.

VIOLENTO Agresivo, arrebatado, brutal, cruel, duro, forzado, furioso, furibundo, impetuoso, intenso, iracundo, rudo, virulento. *Manso, sereno, suave.* // Falso, torcido.

VIPERINO Pérfido, venenoso.

VIRAR Girar, torcer.

VIRGEN Doncella. // Impoluto, inmaculado, intacto, puro, cándido. // Entero. // Inculto.

VIRGILIANO Bucólico, eglógico.

VIRGINAL Impoluto, incólume, inmaculado, intacto, puro.

VIRGINIDAD Doncellez, integridad, pureza, virgo. *Impureza, sensualidad.*

VÍRGULA Rayita, coma, trazo.

VIRIL Firme, masculino, varonil, vigoroso. *Afeminado, débil.* *Veril.

VIROLA Contera, regatón.

VIRTUAL Aparente. // Implícito, tácito. *Taxativo.*

VIRTUALIDAD Potencia, posibilidad.

VIRTUD Castidad, continencia, honestidad, integridad. *Corrupción, depravación, vicio.* // Bondad. *Maldad, perversidad.* // Eficacia, fuerza, poder, potestad, valor, vigor. *Cobardía, debilidad.*

VIRTUOSO Bueno, honesto, incorru-

tible, probo, íntegro. *Corrupto.*
VIRULENCIA Acrimonia, malignidad, mordacidad, saña. *Amistad, bondad.*
VIRULENTO Maligno, mordaz, ponzoñoso, sañudo, violento.
VISAJE Gesto, mueca, guiño.
VISAR Examinar, firmar, refrendar, confirmar. // Ajustar, apuntar, encarar.
VÍSCERA Entraña. **Visera.*
VISCOSO Glutinoso, pegajoso.
VISIBLE Distinguible. *Invisible, indistinguible.* // Cierto, claro, evidente, manifiesto, palmario, patente. *Borroso, oscuro.* // Conspicuo, notable, sobresaliente. *Anónimo, oculto.*
VISILLO Cortinilla.
VISIÓN Atisbo, mirada, ojeada, revisión, vistazo. *Ceguera.* // Alucinación, aparición, espectro, fantasía. *Realidad.*
VISIONARIO Iluso, soñador. *Realista.*
VISITA Recepción, recibimiento. // Examen, inspección.
VISLUMBRAR Columbrar, entrever. // Conjeturar, sospechar. *Conocer, saber.*
VISLUMBRE Atisbo. // Reflejo, resplandor. // Apariencia, semejanza. // Conjetura, indicio, sospecha. *Certeza.*
VISO Apariencia, aspecto. // Figuración, importancia.
VÍSPERA Inmediación, proximidad, contigüidad. // Vigilia.
VISTA Ojo, visión. // Atisbo, mirada, ojeada, vistazo. // Perspicacia. *Ceguera, ignorancia, ingenuidad.* // Apariencia, aspecto. // Cuadro, estampa, paisaje, panorama, perspectiva. // Abertura, ventana. // Intento, propósito.
VISTAZO Ojeada.
VISTO Advertido, avistado, distinguido, mirado, notado, percibido. // Corregido, examinado, verificado.
VISTOSO Atrayente, brillante, llamativo, sugestivo, hermoso, seductor, deleitable. *Repulsivo.*
VITAL Nutritivo, vivificante, estimulante. // Capital, importantísimo, trascendental. *Intrascendente.*
VITALIDAD Actividad, eficacia, fuerza,

vigor. *Debilidad, ineficacia.*
VITANDO Abominable, execrable, odioso. *Admirable, excelente.*
VITOREAR Aclamar, aplaudir. *Abuchear, silbar.*
VITRIOLO Sulfato.
VITUALLA Provisiones, víveres.
VITUPERABLE Censurable, reprobable. *Loable.*
VITUPERAR Afear, censurar, criticar, motejar, reprochar, vilipendiar. *Alabar, defender, encomiar, excusar, justificar, ponderar.*
VITUPERIO Afrenta, baldón, censura, oprobio, vilipendio. *Elogio, encarecimiento, loa.*
VIUDEDAD Viudez.
VIVACIDAD Agudeza, ingenio, viveza. // Actividad, energía, vigor. *Pasividad.*
VIVARACHO Alegre, avispado, listo, travieso, vivo.
VIVAZ Agudo, brillante, ingenioso, perspicaz. *Adocenado, soso.* // Eficaz, enérgico, vigoroso, vívido. *Ineficiente.*
VÍVERES Alimentos, bastimento, comestibles, provisiones, vituallas.
VIVERO Criadero, semillero.
VIVEZA Actividad, celeridad, dinamismo, prontitud. *Pasividad, lentitud.* // Agudeza, perspicacia, picardía, sagacidad, vivacidad. // Animación, ardimiento, ardor, energía, fogosidad. *Calma, pachorra.* // Esplendor, lustre.
VÍVIDO Vivaz.
VIVIDOR Parásito, vivillo.
VIVIENDA Casa, domicilio, habitación, morada, residencia.
VIVIFICANTE Reconfortante, excitante, estimulante, tónico.
VIVIFICAR Confortar, reanimar, tonificar. *Desanimar, enfermar.*
VIVIR Durar, existir, mantenerse, subsistir. *Morir.* // Habitar, morar, residir. *Ausentarse, marchar.* // Comportarse, conducirse.
VIVO Vital. // Vivaz. // Vividor. // Sobreviviente, supérstite. *Difunto, exánime, muerto.* // Agudo, avispado, ingenioso,

perspicaz, sutil. *Torpe.* // Ardiente, fuerte, intenso, persuasivo. // Durable, perseverante. *Fugaz.* // Ágil, diligente, listo, pronto, ligero. *Remolón, tardo.* // Borde, canto, orilla. // Cordoncillo, filete, trencilla.

VOCABLO Dicción, expresión, palabra, voz.

VOCABULARIO Diccionario, léxico.

VOCACIÓN Afición, disposición, inclinación, propensión, tendencia.

VOCEAR Gritar, llamar, vociferar. *Callar, murmurar, susurrar.* // Pregonar, publicar. *Ocultar.* // Aclamar, aplaudir. *Abuchear.* ***Vosear.**

VOCERÍO Algarabía, clamor, escándalo, gritería, vocería, vocinglería. *Silencio.*

VOCIFERAR Desgañitarse, vocear. *Cuchichear, musitar, susurrar.*

VOCINGLERO Charlatán, chillón, gritón, alborotador.

VOLADIZO Cornisa, saledizo.

VOLANTE Volátil, volador. // Suelto, libre, errante, independiente, ambulante. // Aviso, apunte, anotación.

VOLAR Cernerse, revolotear. // Apresurarse, correr, desaparecer, huir. *Aparecer, venir.* // Extenderse, propagarse. *Reducirse.* // Enfadarse, irritarse.

VOLÁTIL Inconstante, mudable. // Volador. *Denso, espeso, pesado.*

VOLATILIZAR Evaporar, vaporizar, volatizar, gasificar.

VOLATINERO Acróbata, equilibrista.

VOLCÁNICO Apasionado, ardiente, fogoso. *Frío, indiferente.*

VOLCAR Derramar, derribar, torcer, tumbarse, verter. *Sostener.*

VOLFRAMIO Tungsteno.

VOLTARIO Versátil, voluble.

VOLTEAR Invertir, mudar, trastrocar, volcar, voltejear.

VOLTERETA Pirueta, vuelta.

VOLTERIANO Burlón, escéptico, incrédulo. *Crédulo, creyente.*

VOLUBLE Tornadizo, versátil. *Constante, fiel.*

VOLUMEN Bulto, corpulencia, cuerpo, magnitud, mole. // Libro, tomo.

VOLUMINOSO Abultado, corpulento, gordo, obeso. *Flaco, magro.*

VOLUNTAD Albedrío, ánimo, arbitrio, disposición, gusto, mandato, orden, resolución. *Abulia, desgana, inconstancia.* // Aquiescencia, asentimiento, consentimiento. // Afecto, afición, amor, benevolencia, cariño. *Desafecto.* // Apetencia, ansia, antojo, gana.

VOLUNTARIAMENTE Buenamente, espontáneamente.

VOLUNTARIO Espontáneo, discrecional, intencional, libre, volitivo. *Forzado, impuesto.*

VOLUNTARIOSO Caprichoso, terco, testarudo. // Deliberado, intencionado.

VOLUPTUOSIDAD Concupiscencia, placer, sensualidad. *Dolor, honestidad, templanza.*

VOLUPTUOSO Apasionado, carnal, concupiscente, mórbido, sensual. *Frío, puro, virginal.*

VOLUTA Espiral, hélice.

VOLVER Represar, tornar. *Irse.* // Corresponder, devolver, pagar, restituir, satisfacer. // Restablecer, restaurar. // Traducir. // Girar, torcer, voltear, trocar. // Vomitar.

VOMITAR Devolver, lanzar. *Engullir, tragar.* // Confesar, declarar. // Proferir, prorrumpir. *Callar.* // Restituir.

VOMITIVO Emético.

VORACIDAD Adefagia, glotonería, avidez, gula, ansia. *Inapetencia, desgana.*

VORÁGINE Remolino, torbellino, tromba, vórtice.

VORAZ Ávido, comilón, tragón, ansioso, hambriento, insaciable. *Parco, sobrio.* // Consumidor, devorador, violento, colérico.

VÓRTICE Vorágine. ***Vértice.**

VOTACIÓN Elección, sufragio.

VOTAR Elegir, sufragar. // Blasfemar, jurar, denostar. // Ofrendar, dedicar. ***Botar.**

VOTO Voz, parecer, elección, dictamen. // Ruego, petición, deseo, súplica. //

Promesa, compromiso, ofrecimiento. // Blasfemia, juramento, palabrota, maldición. // Papeleta. ***Boto** (botar).

VOZ Palabra, vocablo. // Grito, sonido. // Derecho, facultad, poder. // Fama, opinión, rumor. // Mandato, precepto. ***Vos.**

VUELCO Tumbo.

VUELO Revuelo, revoloteo, volada. // Calada, migración. // Amplitud, anchura, desarrollo.

VUELTA Regreso, retorno. *Ida.* // Conversión. // Giro, revolución. // Recodo, rodeo. // Rotación, viraje, voltereta. // Dorso, espalda, revés. *Cara, frente.* // Devolución, recompensa. // Mudanza, mutación. // Estribillo, repetición.

VULGAR Común, corriente, chabacano, general, manido, ordinario, prosaico, ramplón, sabido, trillado. *Distinguido,* *elegante, fino, excelente, nuevo, selecto, único.*

VULGARIDAD Trivialidad, ordinariez, chabacanería, impertinencia. *Elegancia, excelencia, finura, distinción.*

VULGARIZAR Divulgar.

VULGARMENTE Comúnmente, ordinariamente.

VULGO Gente, plebe, pueblo. *Aristocracia, burguesía, nobleza.*

VULNERABLE Dañable, débil, indefenso, inerme. *Defendido, fuerte, invulnerable.*

VULNERAR Herir, lesionar, ofender, perjudicar. // Infringir, quebrantar, violar. *Cumplir.*

VULTUOSO Abultado, abotagado, hinchado, congestionado.

VULTURNO Calina, bochorno, insolación, sofocación.

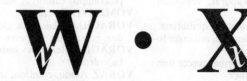

WOLFRAMIO Volframio, tungsteno.

XENOFILIA Foranismo, extranjerismo. *Xenofobia.*

XENOFOBIA Antiextranjerismo. *Xenofilia.*

Y

YA Ahora, aunque, inmediatamente, luego. *Antes.*

YACARÉ Caimán.

YACENTE Tendido, plano, horizontal, supino. *Erguido, levantado, vertical.*

YACER Descansar, echarse, tenderse, dormir, reposar, acostarse. *Levantarse.* // Ayuntarse, cohabitar, juntarse, encontrarse, estar, hallarse.

YACIJA Cama, camastro, catre, lecho. // Fosa, sepultura.

YACIMIENTO Filón, mina, cantera.

YAGUAR Jaguar.

YANQUI Estadounidense, norteamericano.

YANTAR Comida, alimento, vianda. *Ayuno.*

YEGUA Potranca. *Caballo.*

YEMA Brote, renuevo, botón, capullo.

YERBA Hierba.

YERMAR Asolar, desocupar, deshabitar, despoblar, desraizar. *Poblar, plantar, cultivar, habitar, fertilizar.*

YERMO Erial, páramo. *Vergel.* // Inculto. *Cultivado, fértil.* // Despoblado, inhabitado, inhóspito, solitario. *Habitado, poblado.*

YERRO Equivocación, errata, error, falta. *Acierto, verdad.* // Torpeza. *Perfección.* *Hierro.*

YERTO Entumecido, rígido, tieso, helado, congelado. *Cálido, flexible, tibio.*

YESO Escayola, estuque, lechada, enyesadura.

YUCA Mandioca.

YUGO Coyunda. // Dominio, esclavitud, obediencia, servidumbre, sujeción, tiranía. *Libertad.*

YUNQUE Bigornia, tas.

YUNTA Casal, pareja, biga.

YUSIÓN Mandato, ley, orden, precepto, prescripción.

YUXTAPONER Adosar, apoyar, arrimar. *Alejar, separar.*

Z

ZAFADO Atrevido, descarado. *Avergonzado, cortado.*

ZAFAR Desembarazar, libertar, librar, soltarse, escaparse. *Atarse, encerrarse.* // Esquivar, excusarse, rehuir. *Obligarse.* // Adornar, acicalar, guarnecer, engalanar. *Despojar, afear.*

ZAFARRANCHO Destrozo, riña.

ZAFIEDAD Incultura, ordinariez, tosquedad. *Cultura, educación, finura.*

ZAFIO Grosero, inculto, ordinario, rudo, rústico, tosco. *Fino, culto.*

ZAFIRO Corindón.

ZAFRA Cosecha. // Escombro, restos, residuos.

ZAGA Retaguardia. *Delantera.* *Saga.

ZAGAL Mozo, muchacho, pastor.

ZAGUÁN Atrio, vestíbulo.

ZAGUERO Posterior, postrero, rezagado. *Delantero.*

ZAHERIR Censurar, criticar, mortificar, pinchar, satirizar. *Agradar, alabar, lisonjear.*

ZAHORÍ Adivino, pronosticador.

ZAHÚRDA Cuchitril, chiquero, pocilga, tugurio. *Mansión.*

ZAINO Falso, desleal, felón, hipócrita. *Leal, sincero.* *Saino.

ZALAMERÍA Arrumaco, carantoña, halago. *Pelea, riña.*

ZALEMA Reverencia, saludo, cortesía. *Desprecio.*

ZAMACUCO Ladino, solapado, astuto, zorro. // Borracho. // Tonto, necio.

ZAMARRA Chaqueta, chaquetón.

ZAMARREAR Golpear, sacudir, maltratar, pegar, agitar. *Acariciar.*

ZAMARREO Zarandeo, sacudimiento.

ZAMBRA Algazara, bulla, fiesta, jolgorio. *Aburrimiento, funeral.*

ZAMBULLIRSE Hundirse, sumergirse. *Emerger.*

ZAMPAR Devorar, embuchar, tragar. *Ayunar.*

ZANCA Pata, pierna.

ZANCADA Paso, tranco.

ZANCADILLA Ardid, celada, engaño, trampa. *Auxilio, ayuda.*

ZANCAJEAR Apresurarse, deambular, vagabundear. *Remolonear.*

ZANCUDO Patilargo, zanquilargo. *Paticorto.*

ZANGANADA Impertinencia.

ZANGANDUNGO Gandul, holgazán, vago. // Inhábil, torpe.

ZANGANEAR Callejear, vagabundear. *Afanarse, trabajar.*

ZÁNGANO Haragán, holgazán, perezoso, remolón, vagabundo. *Activo, laborioso, trabajador.*

ZANGOLOTEAR Zarandear.

ZANGUANGO Zángano, indolente, desganado.

ZANJA Cuneta, excavación, trinchera.

ZANJAR Arreglar, allanar, obviar, terminar, dirimir, resolver. *Suscitar.*

ZAPA Pala. // Lija. // Excavación.

ZAPALLO Calabaza.

ZAPAPICO Pico, piqueta, azadón, azada.

ZAPAR Cavar, desmontar, minar.

ZAPARRASTROSO Zarrapastroso.

ZAPATAZO Pateadura, puntapié.

ZAPATETA Brinco, pirueta, salto.
ZAPATILLA Alpargata, pantufla, babucha, chancleta.
ZAQUIZAMÍ Cuartucho, desván, tabuco, tugurio, zahúrda. *Palacio.*
ZARABANDA Bulla, griterío, jaleo, jolgorio. *Silencio, tranquilidad.*
ZARAGATA Alboroto, camorra, pendencia, tumulto.
ZARANDA Cedazo, criba, harnero.
ZARANDAJAS Bagatelas, fruslerías, menudencias. *Alhajas, joyas.*
ZARANDAR Cerner. // Mover, remover.
ZARANDEAR Agitar, ajetrear, menear, revolver, sacudir. *Aquietar.*
ZARCILLO Arete, aro, pendiente.
ZARPA Garra.
ZARPAR Partir, marchar, salir. *Arribar.*
ZARRAPASTROSO Andrajoso, astroso, desaseado, harapiento, roto, zaparrastroso. *Aseado, elegante, limpio, pulcro.*
ZARZA Zarzamora, espino.
ZASCANDIL Charlatán, mequetrefe, pícaro, pillo.
ZIGZAGUEAR Culebrear, ondular, serpentear.
ZIPIZAPE Alboroto, escándalo, pelea, riña, jaleo, zafarrancho. *Calma, paz.*
ZÓCALO Basa, friso, peana.
ZOCATO Izquierdo, siniestro, zurdo. *Derecho, diestro.*
ZOILO Murmurador, maligno, censurador, criticón.
ZOLLIPAR Gimotear, sollozar. *Reír.*
ZONA Faja, lista. // Demarcación, región, territorio.
ZONCERA Bobería, sosera, tontería, zoncería. *Agudeza, gracia, ingenio.*
ZONZO Insulso, ñoño, pavo, tonto. *Chistoso, entretenido.*
ZOPENCO Abrutado, bobo, tonto, zoquete. *Avispado, instruido, inteligente.*
ZOQUETE Mendrugo. // Tonto, zopenco. *Avispado, culto, ingenioso.*

ZORRA Raposa. // Vagoneta. // Prostituta, ramera. // Borrachera. // Astuta, solapada, taimada. *Franca, sincera.*
ZORRERÍA Ardid, astucia, camandulería, disimulo.
ZORRO Astuto, cauteloso, disimulado, ladino, pícaro, sagaz, taimado, zorruno. *Ingenuo, sincero.*
ZOTE Ignorante, necio. *Culto, sagaz.*
ZOZOBRA Aflicción, angustia, ansiedad, congoja, desasosiego, inquietud, sobresalto. *Calma, quietud, tranquilidad.* // Naufragio. *Salvación.*
ZOZOBRAR Hundirse, naufragar, sumergirse. *Emerger, salvarse.* // Acongojarse, afligirse. *Alegrarse, animarse.*
ZUECO Almadreña, galocha. *Sueco.*
ZULLA Excremento.
ZUMBA Burla. // Tunda.
ZUMBAR Retumbar. // Atizar, propinar.
ZUMBÓN Bromista, burlón, chistoso, guasón. *Formal, grave, serio.*
ZUMO Jugo. // Provecho, utilidad. *Pérdida.* *Sumo.*
ZUNCHAR Reforzar.
ZUNCHO Abrazadera, aro, fleje, grapa.
ZURCIR Coser, remendar, recomponer. // Juntar, unir, reforzar.
ZURDO Izquierdo, siniestro. *Derecho, diestro.*
ZUREAR Arrullar.
ZURRA Azotaina, castigo, felpa, leña, paliza, tunda, vapuleo. *Caricia.*
ZURRAR Apalear, aporrear, azotar, golpear, pegar, sacudir, vapulear. *Acariciar.* // Censurar, fustigar. *Encomiar, halagar.* // Adobar, curtir, tundir.
ZURRIAGAZO Latigazo, vergajazo. *Caricia, mimo.*
ZURRIAGO Correa, látigo, verga.
ZURRÓN Bolsa, morral, mochila, talego, saco.
ZURRONA Ramera.
ZUTANO Fulano, mengano, perengano.

Esta primera edición se terminó de imprimir en agosto de 1996,
en Indugraf S.A., Sánchez de Loria 2251, Buenos Aires.